O Poder Americano

Coleção Zero à Esquerda

Coordenadores: Paulo Eduardo Arantes e Iná Camargo Costa

Conselho Editorial da Coleção Zero à Esquerda:
Otília Beatriz Fiori Arantes
Roberto Schwarz
Modesto Carone
Fernando Haddad
Maria Elisa Cevasco
Ismail Xavier
José Luís Fiori

– *Desafortunados*
   David Snow e Leon Anderson
– *Desorganizando o consenso*
   Fernando Haddad (org.)
– *Diccionario de bolso do almanaque philosophico zero à esquerda*
   Paulo Eduardo Arantes
– *Estados e moedas no desenvolvimento das nações*
   José Luís Fiori
– *A ilusão do desenvolvimento*
   Giovanni Arrighi
– *As metamorfoses da questão social*
   Robert Castel
– *Sinta o drama*
   Iná Camargo Costa
– *A cidade do pensamento único – Desmanchando consensos*
   Otília Arantes, Carlos Vainer e Ermínia Maricato
– *A des-ordem da periferia*
   Andreas Novy
– *O poder americano*
   José Luís Fiori (org.)
– *Poder e dinheiro – Uma economia política da globalização*
   Maria da Conceição Tavares e José Luís Fiori (orgs.)

Dados Internacionais de Catalogação na Publicação (CIP)
(Câmara Brasileira do Livro, SP, Brasil)

O Poder americano / José Luís Fiori. 3. ed. – Petrópolis, RJ : Vozes, 2007.

Bibliografia.

1ª reimpressão, 2018.

ISBN 978-85-326-3097-1

1. Economia mundial 2. Globalização 3. (Poder Ciências sociais) – Estados Unidos 4. Política mundial 5. Relações econômicas internacionais I. Fiori, José Luís.

04-7110   CDD-337

Índices para catálogo sistemático:
1. Economia política internacional   337

José Luís Fiori
(organizador)

O Poder Americano

EDITORA
VOZES

Petrópolis

© 2004, Editora Vozes Ltda.
Rua Frei Luís, 100
25689-900 Petrópolis, RJ
www.vozes.com.br
Brasil

Todos os direitos reservados. Nenhuma parte desta obra poderá ser reproduzida ou transmitida por qualquer forma e/ou quaisquer meios (eletrônico ou mecânico, incluindo fotocópia e gravação) ou arquivada em qualquer sistema ou banco de dados sem permissão escrita da editora.

CONSELHO EDITORIAL

Diretor
Gilberto Gonçalves Garcia

Editores
Aline dos Santos Carneiro
Edrian Josué Pasini
Marilac Loraine Oleniki
Welder Lancieri Marchini

Conselheiros
Francisco Morás
Ludovico Garmus
Teobaldo Heidemann
Volney J. Berkenbrock

Secretário executivo
João Batista Kreuch

Editoração, Revisão de texto e Revisão técnica: Maria Eneida de Almeida
Capa e Projeto gráfico: Mariana Fix e Pedro Fiori Arantes
Revisão: Silvana Moraes

ISBN 978-85-326-3097-1

Editado conforme o novo acordo ortográfico.

Este livro foi composto e impresso pela Editora Vozes Ltda.

SUMÁRIO

7   apresentação

    I – HEGEMONIA E IMPÉRIO

11 *José Luís Fiori*
    Formação, Expansão e Limites do Poder Global.

    II – GEOPOLÍTICA E GEOECONOMIA

67 *José Luís Fiori*
    O Poder Global dos Estados Unidos: formação, expansão e limites.

111 *Maria Conceição Tavares e Luiz Gonzaga Belluzzo*
    A Mundialização do Capital e a Expansão do Poder Americano.

139 *Carlos Aguiar de Medeiros*
    A Economia Política da Internacionalização sob Liderança dos EUA: Alemanha, Japão e China.

179 *Franklin Serrano*
    Relações de Poder e a Política Macroeconômica Americana, de Bretton Woods ao Padrão Dólar Flexível.

III – ESTRUTURAS E PODERES

225 *Carlos Aguiar de Medeiros*
O Desenvolvimento Tecnológico Americano no Pós-Guerra como um Empreendimento Militar.

253 *José Carlos de Souza Braga e Marcos Antonio Macedo Cintra*
Finanças Dolarizadas e Capital Financeiro: exasperação sob comando americano.

309 *Ernani Teixeira Torres Filho*
O Papel do Petróleo na Geopolítica Americana.

347 *Gloria Moraes*
Telecomunicações e o Poder Global dos EUA.

393 *Gabriel Palma*
Gansos Voadores e Patos Vulneráveis: a diferença da liderança do Japão e dos Estados Unidos, no desenvolvimento do Sudeste Asiático e da América Latina.

455 autores

APRESENTAÇÃO

O PODER AMERICANO, conclui uma série editorial de quatro volumes[1], publicados pela coleção Zero à Esquerda da Editora Vozes sobre as transformações mundiais do final do século XX e sobre os novos cenários do século XXI. Este novo livro[2], entretanto, não encerra nossa pesquisa sobre a economia política internacional contemporânea, que começou na década de 1980, no Instituto de Economia da Universidade Federal do Rio de Janeiro. Seu ponto de partida foi o trabalho seminal de Maria Conceição Tavares, sobre "a retomada da hegemonia norte-americana", publicado em 1985. Logo depois do fim do regime monetário de Bretton Woods e da derrota americana no Vietnã, em 1973, muitos analistas diagnosticaram uma "crise final" da supremacia americana dentro do sistema mundial, e seguiam pensando assim na década de 1980, quando Conceição Tavares publicou seu artigo defendendo a tese de que "os desdobramentos da política econômica interna e externa dos Estados Unidos, depois de 1979, foram no sentido de retomar o controle financeiro internacional através da chamada diplomacia do dólar forte. Esta, apesar de mergulhar o mundo numa recessão generalizada, deu aos Estados Unidos a capacidade de retomar a iniciativa e, por isso, os destinos da economia mundial encontram-se hoje, mais do que nunca, na dependência das ações da potência hegemônica... Esse poder deve-se menos à pressão transnacional de seus bancos e corporações em espaços locais de operação, do que a uma visão estratégica da elite financeira e militar americana que se reforçou com a vitória de Reagan" (Tavares, 1985).

---

[1] Os livros: PODER E DINHEIRO: UMA ECONOMIA POLÍTICA DA GLOBALIZAÇÃO, editado por Tavares, M. C. & Fiori, J. L. publicado em 1997; ESTADOS E MOEDAS NO DESENVOLVIMENTO DAS NAÇÕES, editado por Fiori, J. L. publicado em 1999; e POLARIZAÇÃO MUNDIAL E CRESCIMENTO, editado por Fiori, J. L. & Medeiros, C. A. publicado em 2001.

[2] A montagem deste livro contou com a colaboração decisiva de Maria Eneida de Almeida, que fez um trabalho cuidadoso, de edição e normatização dos artigos, conversando pacientemente com cada um dos autores.

Apresentação

Na segunda metade da década de 1980, nossa pesquisa nos levou à Europa e à Ásia para estudar os efeitos internacionais das políticas de desregulação financeira, e as políticas nacionais de "ajuste" do Japão, Coreia, Itália e Espanha. E no início dos anos 90 fomos pesquisar, em Washington, a nova estratégia global dos Estados Unidos, depois da Guerra do Golfo e do fim da Guerra Fria. Naquele momento ficou absolutamente claro para todos nós que a nova "ordem política e econômica emergente tinha pouco ou nada a ver com o conceito de hegemonia, e parecia muito mais próxima da ideia de um sistema imperial, (...) e que por isto, talvez estivesse definitivamente afastada a possibilidade de novas hegemonias mundiais" (Fiori, 1997). Até porque, na década de 1980 e, sobretudo nos anos 90, diminuiu significativamente a convergência de interesses entre as Grandes Potências. A economia americana cresceu de forma quase contínua, enquanto as economias das demais potências estagnaram, e a possibilidade de mobilidade da periferia dentro do sistema ficou praticamente reduzida aos casos da Índia e da China.

Mais recentemente, nossa pesquisa focou os primeiros passos do poder americano, no início do século XXI, e se debruçou sobre dois temas fundamentais: primeiro, o das relações entre a geopolítica e a geoeconomia do novo hiperpoder americano; e segundo, o da forma de exercer este poder global, através do controle estrutural da produção, das finanças, do comércio, da energia e das telecomunicações do sistema mundial. *O PODER AMERICANO* é o produto desta última etapa da nossa pesquisa. Seus artigos e autores não compartem necessariamente a mesma visão analítica, o que eles têm em comum é sua visão do poder global americano e seu desejo de compreender a dinâmica e as tendências da economia política internacional contemporânea, preocupados com os espaços e perspectivas dos estados situados na periferia do sistema, em particular a América Latina e o Brasil.

José Luís Fiori
Rio de Janeiro, 13 de outubro de 2004.

I

HEGEMONIA E IMPÉRIO

José Luís Fiori

Formação, Expansão e Limites do Poder Global

Na minha opinião, as razões pelas quais os atenienses e os peloponésios romperam sua trégua de trinta anos, concluída por eles após a captura de Eubeia, é que os atenienses estavam tornando-se muito poderosos, e isto inquietava os lacedemônios, compelindo-os a recorrer à guerra.

Tucídides, *História da Guerra do Peloponeso,*1987, Livro I, cap. 23.

O Paradoxo do Hiperpoder.

No início do século XXI, o poder militar e econômico dos Estados Unidos é incontrastável. Os analistas internacionais falam cada vez mais em império e muitas vezes comparam os Estados Unidos com o Império Romano, o que só é válido como exercício impressionista. O que é certo é que os Estados Unidos saíram da Guerra Fria na condição de uma "hiperpotência" e, durante o século XX, muitos autores afirmaram que esta concentração de poder global, num só estado, seria a condição essencial de uma paz mundial duradoura e de uma economia internacional estável.

No início da década de 1970, Charles Kindleberger e Robert Gilpin formularam a tese fundamental da "teoria da estabilidade hegemônica". O mundo vivia o fim do Sistema de Bretton Woods e assistia a derrota dos Estados Unidos no Vietnã. Estes dois autores estavam preocupados com a possibilidade de que se repetisse a Grande Depressão dos anos 30, por falta de uma liderança mundial. Foi quando Kindleberger propôs a tese de que "uma economia liberal mundial, necessita de um estabilizador e um só país estabilizador" (Kindleberger, 1973: 304). Um país que assuma a responsabilidade e forneça ao sistema mundial alguns "bens públicos" indispensáveis para o seu funcionamento, como é o caso da moeda internacional, do livre-comércio e da coordenação das políticas econômicas nacionais. A preocupação de Kindleberger era propositiva, mas sua tese também tinha uma pretensão teórica e se baseava na mesma leitura da história do capitalismo, feita por Robert Gilpin: "a experiência histórica sugere que, na ausência de uma potência liberal dominante, a cooperação econômica internacional mostrou-se extremamente difícil de ser alcançada ou mantida..." (Gilpin, 1987: 88). Kindleberger falou primeiro de uma "liderança" ou "primazia" dentro do Sistema Mundial, mas depois, um número cada vez maior de autores utilizou o conceito de "hegemonia mundial". Às vezes, se referindo simplesmente a um poder acima de todos os demais poderes, outras vezes, numa linha mais gramsciana, ao poder global de um estado que fosse aceito e legitimado pelos demais estados. De qualquer maneira, esta tese não era completamente nova, e já havia sido formulada no campo político em 1939, por Edward Carr, o pai da teoria realista internacional. Carr estava discutindo o problema da paz num sistema estatal anárquico, mas, também neste campo, chegou a uma conclusão análoga a de Kindleberger e Gilpin: para que exista paz, é necessário que exista uma legislação internacional, e para que "possa existir uma legislação internacional, é necessário que exista um superestado" (Carr [1939], 2001: 211). Uma nova versão do velho argumento de Thomas Hobbes: "antes que se designe o justo e o injusto deve haver alguma força coercitiva". Alguns anos depois, Raymond Aron se afastaria um pouco da ideia hobbesiana do "superestado", alinhando-se ao lado da visão cosmopolita e liberal de Kant, mas também reconhecia a impossibilidade da paz mundial "enquanto a humanidade não se tivesse unido num Estado Universal" (Aron, 1962: 47).

Durante a década de 1980, a "teoria da estabilidade hegemônica" foi submetida a uma crítica minuciosa de suas inconsistências teóricas e históricas. (McKeown, 1983; Rogowski, 1983; Stein, 1984; Russet, 1985; Snidal, 1985; Strange, 1987; Walter, 1993). Mas, a despeito das críticas, a tese inicial de Kindleberger e Gilpin se transformou no denominador comum de uma extensa literatura sobre a necessidade e a função dos "países estabilizadores" ou "hegemônicos", e sobre as "crises e transições hegemônicas". De um lado, se alinharam, desde o início, os "realistas" ou "neorrealistas" de variados matizes, aprofundando a discussão sobre a origem e o poder dos estados hegemônicos e sobre a sua "gestão global", baseada no seu controle das matérias-primas estratégicas, dos capitais de investimento, das tecnologias de ponta, das armas e das informações. Kindleberger e Gilpin pertenciam a este grupo realista inaugurado por Edward Carr, mas também Suzan Strange, que criticava a teoria da estabilidade hegemônica, mas reconhecia a existência de "poderes estruturais globais" capazes de induzir o comportamento dos demais estados, sem necessidade de recorrer à força. Paralelamente, um outro grupo de autores marxistas ou neomarxistas, como Immanuel Wallerstein e Giovanni Arrighi, chegaram a conclusões muito parecidas com as dos realistas. Eles partem do conceito e da história do *Modern World System*, criado na Europa, no século XVI, para concluir que a competição entre os estados nacionais europeus só não degenerou em caos político e econômico graças ao comando – ao longo dos últimos 500 anos – de três grandes potências hegemônicas que teriam sido capazes de organizar ou "governar" o funcionamento hierárquico deste Sistema Mundial. Esta organização teria dado origem a uma espécie de "ciclos hegemônicos" liderados, sucessivamente, pelas Províncias Unidas no século XVII, pela Grã-Bretanha no século XIX e pelos Estados Unidos no século XX.

Do lado oposto ao dos realistas, sempre estiveram os "liberais" ou "pluralistas", como Joseph Nye e Robert Keohane, convencidos de que os estados nacionais estão perdendo sua importância e de que está nascendo uma nova ordem política e econômica mundial, regulada por "regimes supranacionais" legítimos, capazes de funcionar com eficácia, mesmo na ausência de potências hegemônicas. Verdadeiras "redes de regras, normas e procedimentos que regularizem os comportamentos e controlem seus efeitos, e que uma vez estabelecidas é muito difícil erradicá-las ou mesmo mudá-las radicalmente" (Keohane & Nye, 1977: 19-55). Mas mesmo Keohane e Nye reconhecem a existência de situações "em que não existe acordo sobre as normas e os procedimentos, ou em que as exceções às regras são mais importantes que as adesões" (Ibidem: 20), e defendem que nestes casos a hierarquia e o poder dos estados seguem sendo decisivos para a estabilização da comunidade internacional. Num outro momento, Raymond Aron tentou resolver esta mesma ambiguidade, propondo uma distinção entre dois tipos de sistemas internacionais que coexistiriam lado a lado. Um mais "homogêneo" e o outro mais "heterogêneo", dependendo do grau em que os estados envolvidos compartissem ou não as mesmas concepções e valores internacionais. Mas Raymond Aron nunca conseguiu explicar por que as grandes guerras sempre se deram dentro dos sistemas "homogêneos", e entre os países que compartiam os mesmos valores e objetivos políticos e econômicos.

Edward Carr e Raymond Aron, assim como Joseph Nye e Robert Kehoane, estavam preocupados com o problema da guerra e da paz; Charles Kindelberger, Robert Gilpin e Suzan Strange, com o bom funcionamento da economia internacional; e Immanuell Wallertein e Giovanni Arrighi, com a trajetória econômica e política de longo prazo do Sistema Mundial. Mas todos chegam a uma mesma conclusão: a presença de um estado com poder global é indispensável para assegurar a ordem e a paz do sistema interestatal e o bom funcionamento da economia internacional, mesmo que seja por um período transitório, porque sempre haverá um novo *hegemon*[3]. No entanto, apesar deste enorme consenso teórico e normativo, o funcionamento do hiperpoder global norte-americano, depois de 1991, vem contradizendo estas teorias e suas previsões históricas.

---

[3] A mesma posição defendida mais recentemente, de uma maneira ou de outra, por Charles Krauthammer (2001); Philip Bobbit (2001); Robert Kaplan (2001); Paul Kennedy (2002); Nial Ferguson (2002 e 2004); e pelo próprio Joseph Nye (2002).

A União Soviética se desintegrou junto com o projeto socialista, e a Rússia ainda precisará de tempo para reconstruir sua potência econômica; o Japão e a Alemanha, segunda e terceira maiores economias do mundo, seguem estagnadas e ainda se mantêm na condição de protetorados militares dos Estados Unidos; a União Europeia move-se em câmara lenta, rumo à unificação efetiva, contida por suas divergências e conflitos seculares que impedem, por enquanto, que ela se transforme num verdadeiro estado supranacional; a China é a economia que mais cresce no mundo e o estado chinês tem um projeto estratégico de grande potência, mas ela não se mostra disposta a antecipar enfrentamentos que não sejam por causa de Taiwan. No resto do mundo, o que se viu depois da Guerra Fria foi um conflito prolongado no Oriente Médio, a exclusão econômica da África Negra e o crescimento errático e sem maior relevância geopolítica da América Latina. Em síntese, nada parece ameaçar imediatamente o poder global dos Estados Unidos que, por sua vez, vêm dando demonstrações claras e sucessivas de que pretendem manter e expandir este poder sem fazer maiores concessões às demandas "multilateralistas" das demais potências. Esta supremacia político-militar transformou os Estados Unidos numa espécie de "superestado", como preconizava Edward Carr. Mas apesar disto, neste mesmo período aumentou o número de guerras, e os Estados Unidos se envolveram em quarenta e oito intervenções militares, três vezes mais do que durante toda a Guerra Fria (conforme dados da U.S. Comission National Security 1999 *apud* Bacevich, 2002: 143). Ao mesmo tempo, a legislação e os regimes internacionais existentes têm sofrido uma perda de legitimidade constante na medida em que foram sendo atropelados pelas decisões e pelas ações, sobretudo do "superestado", que deveria resguardá-los e garanti-los, segundo as previsões teóricas. Depois de 2001, a nova doutrina estratégica americana do Governo Bush assumiu plenamente a unipolaridade e o projeto imperial americano. Mas, também neste caso, os resultados das ações do "superestado" têm sido frustrantes do ponto de vista dos seus próprios objetivos, porque o hiperpoder americano não conseguiu controlar nem reduzir o terrorismo, que se expandiu e se universalizou depois dos ataques americanos ao Afeganistão e ao Iraque. Por outro lado, estas guerras e a ocupação militar do Afeganistão e do Iraque demonstraram falta de planejamento estratégico e despreparo para o exercício "estabilizador" do poder colonial, ou para a reconstrução nacional dos países que foram conquistados ou derrotados. Em síntese, o balanço da primeira década de exercício do poder global e unipolar americano não correspondeu às expectativas e às previsões teóricas: não houve paz, nem estabilidade política dentro do Sistema Mundial.

Por outro lado – como preconizaram Kindleberger, Gilpin e Strange – os Estados Unidos concentraram nas suas mãos, durante a década de 1990, todos os instrumentos de poder indispensáveis ao exercício da liderança ou hegemonia econômica mundial, arbitraram isoladamente o sistema monetário internacional, promoveram a abertura e a desregulação das demais economias nacionais, defenderam o livre-comércio e promoveram ativamente a convergência das políticas macroeconômicas de quase todos os países capitalistas relevantes. Além disto, mantiveram e aumentaram seu poder no plano industrial, tecnológico, militar, financeiro e cultural. Mas, apesar de tudo isto, o mundo viveu nesse período uma sucessão de crises financeiras, e a maior parte da economia internacional entrou num período de baixo crescimento prolongado com a notável exceção dos próprios Estados Unidos, da China e da Índia.

O grande problema teórico, entretanto, não está apenas na dificuldade dos Estados Unidos para estabilizar a paz e o crescimento econômico do Sistema Mundial. Está no paradoxo, absolutamente inexplicável do ponto de vista de todas as teorias existentes sobre as lideranças ou hegemonias mundiais: a descoberta de que as principais crises do sistema foram provocadas pelo próprio poder que deveria ser o seu grande pacificador e estabilizador. Já havia sido assim na crise econômica e militar da década de 1970 quando os Estados Unidos decidiram "escalar" unilateralmente a Guerra do Vietnã, iniciando os bombardeios de Hanói, da mesma forma em que decidiram abandonar o regime monetário internacional que haviam proposto e aprovado em Bretton Woods e iniciar a desregulamentação unilateral dos mercados financeiros. Mas este impulso desestabilizador da hiperpotência ficou muito mais visível depois de 1991, quando os Estados Unidos se expandiram e se envolveram cada vez mais em todo o mundo, fazendo intervenções militares, inovando e aumentando sem parar seus arsenais e abandonando, sucessivamente, quase todos os regimes e acordos que haviam defendido nas últimas décadas. Como explicar este surpreendente paradoxo histórico, e que conclusões tirar deste desencontro total, entre as teorias e os fatos históricos?

Uma possibilidade de explicar a impotência da teoria frente aos fatos contemporâneos seria a hipótese de Immanuell Wallerstein (2003 e 2004) e de Giovanni Arrighi (2001 e 2003), de que o sistema mundial estaria vivendo uma situação de "crise terminal". No caso de Arrighi, se trataria da crise final da hegemonia norte-americana, de tipo clássica, como aconteceu também, no seu devido tempo, com as hegemonias da Holanda e da Inglaterra. Para Wallerstein, entretanto, o Sistema Mundial estaria vivendo uma crise ainda mais profunda e radical, a crise do próprio *Modern World System*, que nasceu no século XVI e deverá sobreviver, segundo o autor, até 2050.

Immanuell Wallerstein não tem uma teoria que sustente sua tese do fim do "Sistema Mundial Moderno", e as evidências que apresenta são dispersas, heterogêneas e extremamente impressionistas, passando pela demografia, pela ecologia e pelo mundo da cultura. E fica difícil aceitar sua hipótese de que a crise final virá também pelo lado econômico, produzida por um *profit squeeze* de escala planetária, isto dito num momento em que se reduz, *urbe et orbi,* o "trabalho necessário", que se aumenta a exclusão dos trabalhadores e cai a participação dos salários na renda nacional de quase todos os países do mundo. Tampouco fica claro, na obra de Wallerstein, de como se originam, se identificam e se distinguem as crises de hegemonia dos demais momentos de tensão e retrocesso dentro do Sistema Mundial. E como, finalmente, se pode distinguir uma "crise de hegemonia" de tipo clássica, de uma "crise terminal" do próprio Sistema Mundial Moderno? Talvez por isto, a visão de Wallerstein parece, às vezes, dividida entre grandes panoramas históricos onde quase não há lugar para mudanças e análises de conjunturas, onde tudo está sempre em estado de "crise final".

O mesmo não pode ser dito de Giovanni Arrighi que parte de uma teoria extremamente elaborada sobre os ciclos de acumulação e hegemonia do desenvolvimento capitalista para diagnosticar a "crise terminal" da hegemonia norte-americana, que teria começado na década de 1970. Para Giovanni Arrighi, as "crises de hegemonia" podem ser identificadas através de quatro sintomas fundamentais que apareceriam associados em todas as grandes crises e transições hegemônicas: i) as grandes "expansões financeiras sistêmicas", que seriam o efeito combinado de uma crise de sobreprodução com o aumento da disputa estatal pelos capitais circulantes no mundo; ii) a intensificação da competição estatal e capitalista; iii) a escalada global dos conflitos sociais e coloniais ou civilizatórios; e iv) a emergência de novas configurações de poder capazes de desafiar e vencer o antigo estado hegemônico.

Em primeiro lugar, com relação às "grandes expansões financeiras", não está claro, na história econômica, a relação que existe entre elas e as crises cíclicas do sistema capitalista mundial, e muito menos com relação às crises hegemônicas do sistema político mundial. No caso inglês, a expansão financeira do início do século XIX foi decisiva para a consolidação, e não para a crise da hegemonia inglesa, ajudando a financiar a passagem da indústria algodoeira para a indústria metalúrgica das estradas de ferro. Logo em seguida, na segunda metade do século XIX, ocorreu uma nova grande expansão financeira que foi contemporânea da crise econômica inglesa entre 1873 e 1893. Mas também neste caso, a expansão financeira não deu origem apenas a movimentos especulativos, tendo sido um fator decisivo no sucesso das exportações inglesas e na expansão do território econômico controlado pelo capital financeiro, além de ter servido para injetar recursos na montagem do Império Britânico. No final do século XX, a expansão financeira que começa na década de 1970 foi, sobretudo, uma consequência da abundância de petrodólares no mercado europeu; e nos anos 80 foi um fenômeno que se restringiu quase que só aos mercados desregulados anglo-saxões, tendo sido acompanhado da retomada do crescimento da economia norte-americana que se prolongou através de toda a década seguinte. Por fim, nos anos 90 se pode falar, sem dúvida, de uma "expansão financeira sistêmica"; mas esta foi consequência da desregulação generalizada dos mercados de capitais através do mundo, além de ter-se dado num dos períodos de mais intenso e continuado crescimento da economia norte-americana. Nestes trinta anos, por outro lado, apesar da migração de capitais para o leste asiático, os Estados Unidos seguiram sendo o principal território econômico de aplicação e investimento dos capitais do mundo inteiro.

Em segundo lugar, não há evidências suficientes de que o acirramento da competição interestatal e interempresarial tenha ocorrido apenas nos momentos das grandes transições, entre distintos ciclos de acumulação. Não parecem ser causa, nem são um indicador suficiente de uma crise de hegemonia.

Em terceiro lugar, mesmo que pareça uma questão de senso comum prever o aumento da "conflitividade social" em períodos de erosão dos poderes dominantes, é muito mais complicado demonstrar que as lutas revolucionárias e os movimentos sociais tenham aumentado durante os períodos de transição da hegemonia. Pelo contrário, a "era das revoluções" de Hobsbawm coincidiu com o período de consolidação, e não de crise, da hegemonia inglesa, enquanto que a crise mundial dos últimos vinte anos do século XX, ao contrário do previsto pelo modelo, foi uma conjuntura de desaceleração dos conflitos e de derrota dos movimentos trabalhistas e sociais em quase todo o mundo.

Além disto, é importante sublinhar que estas grandes ondas de descolonização e independência dos novos estados – que tiveram lugar no início do século XIX e através do século XX – coincidiram com a ascensão, e não com a crise das hegemonias inglesa e norte-americana. Por fim, existe uma última objeção à tese de Giovanni Arrighi sobre a "crise terminal" da hegemonia americana. O autor parte da hipótese de que os Estados Unidos se fragilizaram nas últimas décadas ao se endividarem excessivamente e ao permitirem a transferência do "caixa" do sistema para o leste asiático. Com relação ao problema do endividamento, o autor confunde o funcionamento do atual sistema monetário internacional – "dólar-flutuante" – com o que foram os sistemas monetários internacionais anteriores, baseados nos padrões ouro-libra e ouro-dólar. Nestes dois últimos, "os países que emitiam a moeda-chave podiam fechar o saldo de sua balança de pagamentos com *déficits* globais, mas tinham que se preocupar permanentemente com sua posição externa, para impedir que se alterasse o preço oficial da sua moeda em ouro" (Serrano, 1998: 1). Entretanto, no novo sistema monetário internacional – que se consolidou nas décadas de 1980/1990 – "os Estados Unidos podem incorrer em *déficits* em balanço de pagamentos de qualquer monta e financiá-los tranquilamente com ativos denominados em sua própria moeda. Além disto, a ausência de conversibilidade em ouro dá ao dólar e aos Estados Unidos, a liberdade de variar sua paridade em relação às moedas dos outros países conforme sua conveniência, através da movida das taxas de juros. E, nesse sentido, a ausência de conversibilidade em ouro elimina pura e simplesmente o problema da restrição externa para os Estados Unidos" (Ibidem: 8-9). Assim, ao contrário do que pensa Arrighi, a crise dos anos 70, a "expansão financeira" posterior e o fim da Guerra Fria, transferiram para os Estados Unidos uma centralidade militar, monetária e financeira sem precedentes na história da economia-mundo capitalista. E não há nada, portanto, no cenário mundial, que sustente a ideia de que ocorreu uma "bifurcação" entre o poder militar e o poder financeiro globais nos últimos vinte anos do século XX. Pelo contrário, ambos estão concentrados nas mãos de uma única potência que responde ainda pelo nome de Estados Unidos. Neste contexto, fica difícil imaginar que possa surgir uma "nova configuração de poder" com capacidade hegemônica mundial em territórios que não passam de protetorados militares e cujo dinamismo econômico depende radicalmente da evolução dos acontecimentos nos próprios Estados Unidos. Concluindo, não há dúvida de que o Sistema Mundial está em transe e é bem provável que os Estados Unidos enfrentem dificuldades crescentes, nas próximas décadas, para manter o seu controle global. Mas não há evidências de que estas transformações sejam parte de uma crise terminal da hegemonia americana, e muito menos ainda, da *Modern World System*.

Em síntese, existem fortes inconsistências teóricas e históricas nas teorias de Immanuel Wallerstein e de Giovanni Arrighi, e não há como contestar suas previsões porque são de natureza secular. Mas o que fica claro em todos os autores e teorias que trabalham, de uma forma ou outra, com os conceitos de liderança ou hegemonia mundial, é que estes conceitos não são suficientes para dar conta do funcionamento do sistema político e econômico mundial. Eles têm um viés excessivamente funcionalista e não captam o movimento contínuo e contraditório das relações complementares e competitivas do *hegemon* com os demais estados do sistema durante sua ascensão, mas também não o captam durante o seu "reinado". Em quase todas estas teorias, o *hegemon é* uma "categoria virtual", muito mais do que um estado real, como se ele não fosse o resultado de um conflito permanen-

Formação, Expansão e Limites do Poder Global

te e fosse apenas uma "exigência funcional", imposta ou deduzida da natureza anárquica do sistema político criado pela Paz de Westfália e do sistema econômico criado pela globalização das economias nacionais europeias. Por isto, o "líder", o "hegemon", ou mesmo, o "superestado" são vistos, quase sempre, pelo lado de suas contribuições positivas para o sistema, sem que se analise os "efeitos" negativos de suas ações expansivas que se mantêm e se ampliam, mesmo durante seus períodos de supremacia inconteste. É por isto que estas teorias não conseguem dar conta da relação aparentemente paradoxal, que liga o *hegemon* às próprias crises do sistema. Neste sentido, se pode concluir com toda segurança que os conceitos de "liderança" ou "hegemonia internacional" ajudam a compreender a estabilização e o funcionamento "normal" do Sistema Mundial, mas não dão conta das suas contradições e do desenvolvimento tendencial dos seus conflitos que existem e se mantém ativos, mesmo nos momentos de maior legitimidade e paz hegemônica.

A frustração teórica com as teorias da liderança ou hegemonia mundial, e com a tese do superestado universal, está na origem do nosso trabalho que recua no tempo histórico para examinar teoricamente a relação das guerras com o processo de formação e expansão dos poderes territoriais europeus; e para captar o momento e os desdobramentos do encontro entre este processo de centralização de poder com o movimento simultâneo da acumulação da riqueza, antes e depois do surgimento dos estados e das economias nacionais europeias. São novas estruturas de poder político e econômico que se projetam em conjunto – desde seu nascimento – para fora da Europa, criando o sistema político e econômico mundial pela força de suas armas e de suas economias nacionais. Do nosso ponto de vista, é indispensável reconstruir este processo competitivo e conflitivo para que se possa compreender: i) como aparecem e funcionam os países que assumem posições transitórias de liderança ou hegemonia, sem deixar de seguir competindo com os demais estados e economias nacionais, para expandir seu poder e sua riqueza; ii) por que o processo de internacionalização ou globalização do capitalismo não foi uma obra do "capital em geral", e sim uma obra de estados e economias nacionais que tentaram ou conseguiram impor ao resto do Sistema Mundial o seu poder soberano, a sua moeda, a sua "dívida pública" e o seu sistema de "tributação", como lastro de um sistema monetário internacional transformado no espaço privilegiado de expansão do seu capital financeiro nacional; iii) por que não existe um estado ou um império que absorve e dissolve os demais estados nacionais, e sim um estado nacional mais poderoso que se impõe aos demais durante um determinado período e, ao impor-se aos demais, impõe seus interesses nacionais ao resto do mundo; e finalmente iv) por que existem dezenas, ou mais de uma centena, de

19

estados nacionais que não têm soberania real, nem tampouco têm possibilidade de ter uma economia capitalista nacional como capacidade de desenvolvimento sustentado.

O *"Jogo das Trocas" e o "Jogo das Guerras".*

A formulação de uma nova economia política do Sistema Mundial deve partir do "momento" lógico e histórico em que o "poder político" se encontra com o "mercado" e recorta as fronteiras dos primeiros "estados/economias" e "identidades/interesses" nacionais. No terceiro volume de sua história da "Civilização Material, Economia e Capitalismo dos Séculos XV-XVIII", Fernand Braudel diz que "na origem do mercado nacional existiu uma vontade política centralizadora: fiscal, administrativa, militar ou mecantilista" (Braudel, 1996b: 265) desenvolvendo uma tese que havia apresentado, pela primeira vez, numa conferência feita na Universidade de John Hopkins em 1977: "a economia nacional é um *espaço político* que foi transformado pelo Estado, devido às necessidades e às inovações da vida material, num *espaço econômico* coerente, unificado, cujas atividades passaram a se desenvolver em conjunto numa mesma direção... uma façanha que a Inglaterra realizou precocemente, a revolução que criou o mercado nacional inglês" (Braudel, 1987: 82). Do ponto de vista teórico, o importante na pesquisa histórica de Braudel é a afirmação de que foi o poder político, e não o desenvolvimento endógeno das trocas, que deu origem aos mercados nacionais, e de que este fenômeno só aconteceu plenamente na Inglaterra, porque no caso das Províncias Unidas o mercado interno não entrava no cálculo dos capitalistas holandeses voltados, quase exclusivamente, para o mercado externo, e no caso da França, a criação do mercado nacional foi atrasada pela vastidão do seu território, pela falta de ligações internas suficientes e por causa da ausência de uma "centralidade" política indiscutível, como aconteceu com Londres, no caso inglês. O importante é que mesmo depois da Inglaterra, os mercados nacionais foram sempre uma criação do poder político, uma estratégia dos estados territoriais que recortam o novo espaço e criam a nova unidade econômica a partir de um conjunto mais amplo e preexistente, que Braudel chamou de "economia-mundo europeia". Este "ato criador", portanto, só foi possível porque já preexistia, ao mercado nacional, uma concentração de poder territorial suficientemente unificada, com claro sentido de identidade e com uma orientação estratégica competitiva na hora em que o estado decidiu "nacionalizar" a atividade econômica existente dentro do espaço territorial do seu poder político. Foi quando criou as suas fronteiras tributárias externas, eliminou

Formação, Expansão e Limites do Poder Global

as suas barreiras internas e deu origem, através de sua dívida pública, a um sistema nacional de crédito. Mas este não foi um acontecimento isolado porque, na hora da "revolução que criou o mercado nacional inglês" já existia um sistema competitivo de poderes políticos e de estados que haviam se consolidado durante todo o "longo século XVI". Neste sentido, a pergunta que segue do ponto de vista lógico é: como se relacionam estes poderes vitoriosos na origem da criação das economias nacionais?

Começando pelo lado da riqueza, não há dúvida de que a acumulação originária do capital europeu veio do comércio de longa distância. Segundo Braudel, estas redes comerciais se concentraram em vários espaços, que ele chamou de "economias-mundo", situadas em distintos pontos da terra, e não necessariamente conectadas entre si. "(...) pedaços do planeta economicamente autônomos, capazes, no essencial, de bastar-se a si próprio e aos quais suas ligações e trocas internas conferiam certa unidade orgânica" (Braudel, 1996b: 12). Um território unificado por uma rede mais densa de comércio que unia, entre si, um conjunto hierarquizado de cidades, portos e feiras mercantis – onde nasceram as moedas privadas e quase todos os instrumentos modernos dos mercados financeiros – articulado em torno da liderança de uma cidade ou polo dominante que comandava o comércio e as finanças do sistema. Nesse espaço, onde os comerciantes e os produtores praticavam o "jogo das trocas", é que se deu a concentração e a centralização da riqueza que esteve na origem das finanças e dos "grandes predadores" que criaram o capitalismo. Ao mesmo tempo, Braudel identifica, neste mesmo espaço, a existência de "regiões privilegiadas, núcleos imperiais, a partir dos quais começaram lentas construções políticas, que estão no início dos Estados territoriais" (Braudel, 1996b: 265). Existiu, portanto, uma certa sobreposição inicial entre o território onde nasceram os estados nacionais e o território onde nasceu o capitalismo europeu. Mas antes da revolução que criou o mercado nacional, esses territórios não eram coincidentes, nem os primeiros estados territoriais nasceram, necessariamente, onde mais se concentrava a riqueza. Se fosse assim, o primeiro estado nacional deveria ter sido a Itália, que só se tornou um estado unificado na segunda metade do século XIX. Portanto, eis aí uma incógnita fundamental situada na origem do sistema político e econômico mundial: onde foi e como se deu o bem-sucedido encontro da geometria do poder com a geometria da riqueza europeia?

Para avançar neste ponto é preciso criar um novo conceito paralelo e simultâneo ao da "economia-mundo", que denomino de "política-mundo". Isto é, pedaços do planeta integrados e unificados por conflitos e guerras quase permanentes. Territórios ocupados por vários centros de poder e alguns "núcleos imperiais", contíguos e competitivos, que acabaram se im-

21

pondo aos demais – a partir dos séculos XIII e XIV – e acumulando o poder indispensável à criação dos estados nacionais, através de alianças e matrimônios, mas, sobretudo através da guerra. Braudel fala no "jogo das trocas", mas se pode e se deve falar também de um outro jogo que foi absolutamente decisivo para o nascimento dos estados: o "jogo das guerras". "Foi a guerra que teceu a rede europeia de estados nacionais, e a preparação para a guerra foi que obrigou a criação das estruturas internas dos estados situados dentro desta rede" (Tilly, 1996: 133). No "jogo das trocas" acumulava-se a riqueza e no "jogo das guerras", o poder, e assim como o comércio aproximava os portos e os povos, a guerra também cumpriu o papel de aproximar territórios e unificar populações, eliminando concorrentes e centralizando poder. Pouco a pouco, as guerras foram desenhando as fronteiras externas e internas destes centros de acumulação de poder que se transformaram nos estados ganhadores, responsáveis pelo nascimento, nos séculos XVII e XVIII, dos mercados e das economias nacionais. Durante este longo período secular de acumulação originária do poder e da riqueza, estabeleceram-se relações incipientes entre o mundo das trocas e o mundo das guerras, mas só depois que os poderes e os mercados se "internalizaram" mutuamente é que se pode falar do nascimento de uma nova força revolucionária, com um poder de expansão global, uma verdadeira máquina de acumulação de poder e riqueza que só foi inventada pelos europeus: os "estados/economias nacionais".

Não existiu nenhum cálculo racional ou planejamento estratégico de longo prazo nesse movimento expansivo dos poderes locais. Não houve determinismo de nenhuma espécie, nem é possível identificar nenhum centro de poder ou príncipe que tenha sido o sujeito consciente do projeto que conduziu a Europa na direção dos estados nacionais. O espaço das "políticas-mundo", na altura dos séculos XIII e XIV, eram verdadeiras "nuvens de oportunidades" onde o "jogo das guerras" poderia ter tido vários "encaminhamentos" ou resultados diferentes. O que havia, eram "unidades de poder" que competiam pelo mesmo território, e foi essa luta que orientou o movimento expansivo dos ganhadores que depois seguiram lutando com novos vizinhos e competidores, num processo continuado de "destruição integradora". No seu conjunto, entretanto, as guerras constituem um processo quase contínuo e espalhado por todo o território europeu. No início eram extremamente fragmentadas e seus resultados incertos e reversíveis, como se pode ver, por exemplo, nos estudos de Norbert Elias ([1939], 1976: 87) sobre as guerras do norte da França no século XII, momento em que o Império Franco do Ocidente se havia transformado num aglomerado de domínios separados, como em vários outros pontos do antigo império de Carlos Magno. Mas, depois que se definiram e consolidaram as coordenadas do universo vitorioso – já nos séculos XIV e XV –, é possível identificar uma verdadeira hierarquia darwinista das guerras europeias, e algumas delas foram certamente mais importantes do que outras para o processo de centralização do poder que culminou na formação dos estados nacionais.

O mais antigo e permanente de todos estes conflitos se estende por todo o Mediterrâneo e chega até a região dos Bálcãs. Braudel afirma, com razão, que foram os muçulmanos que converteram os europeus ao cristianismo, mas além disto, foram eles também que homogeneizaram o território e quase transformaram o Império Habsburgo num império unificado de toda a Europa. A guerra milenar com os muçulmanos e depois, com o Império Otomano, começa com a invasão da Península Ibérica no século VIII d.C., e retoma seu fôlego com a tomada de Constantinopla em 1453 e a conquista otomana, no século XVII, da Crimeia, da Wallachia, da Albânia, do Peloponeso, da Sérvia, da Bósnia Herzegovinia, e de uma parte da Hungria na direção dos Bálcãs, chegando às portas de Viena; e da Síria, do Egito, do Iraque e do Yemen, no Oriente Médio, além do norte da África. Essa verdadeira divisão do Mediterrâneo marca o fim do Império Romano e se estende até a I Guerra Mundial, no século XX, mas perde intensidade a partir da Paz de Karlowitz em 1699. "Karlowitz significou, para os turcos, a adesão ao conceito europeu de inviolabilidade do território de um estado soberano, em lugar da noção de uma guerra contínua contra os infiéis" (Black, 1990: 14). Enquanto durou este enfrentamento secular, as guerras com os muçulmanos e com os otomanos cumpriram um papel decisivo na construção da identidade e do próprio conceito de Europa, desenhando, praticamente, suas fronteiras ao sul e ao sudeste, onde se criaram zonas de fratura geopolítica e geocultural que se estendem até o século XXI.

A segunda região, ou "tabuleiro de guerra", importante para a criação posterior dos estados e do sistema político europeu e que foi integrada pelas suas guerras intestinas, foi a do Mar Báltico, onde a expansão territorial da Dinastia dos Vasa, na Suécia, foi quase contínua entre 1520 e 1660. As guerras suecas tiveram um papel decisivo para a construção das fronteiras e das identidades da própria Suécia, da Dinamarca-Noruega e da Polônia-Lituânia. "É interessante observar que a Suécia foi um grande poder que governou por cerca de um século, de forma imperial, a região do Báltico. Mas como o Báltico e a Europa do Leste eram periferias na história europeia, esta história é vista, em geral, como menos importante até o momento em que ocorreu a intervenção sueca em território germânico, na Guerra dos Trinta Anos" (Glete, 2002: 174).

Por fim, foi no norte da Europa que começou a guerra mais importante para o nascimento dos estados nacionais, a Guerra dos Cem Anos (1337-1453), onde se construíram as identidades nacionais da França e da

Inglaterra, e de onde veio o impulso centralizador do poder, depois de 1450, representado por Luiz XI na França e por Henrique VII na Inglaterra. Foi o mesmo movimento centralizador que ocorreu na Península Ibérica com a união de Fernando e Izabel, Reis de Aragão e Castela, e com a "Guerra da Reconquista" (1480-1492) que se prolongou nos "descobrimentos" e na colonização ibérica dos territórios americanos, e na exploração mercantil dos portos e feitorias asiáticas. Mas também, na tentativa de unificação imperial do continente europeu que está na origem da longa guerra do Império Habsburgo com a França, no território italiano (1494-1559) com a Inglaterra no Mar do Norte (1588), e com os holandeses nas Províncias Unidas (1560-1648). Estas "guerras espanholas" foram, de fato, as verdadeiras parteiras dos primeiros estados nacionais europeus: Portugal, já no fim do século XIV, e depois, França, Inglaterra e Holanda.

Mais tarde, no século XVII, a "Guerra dos Trinta Anos" (1618-1648) travada no território germânico acabou se transformando na primeira "guerra mundial europeia". Nela participaram os exércitos de quase todos os grandes "núcleos imperiais" que haviam saído vitoriosos das lutas travadas desde o século XIV/XV. Foi esta guerra que "integrou" as várias regiões ou "políticas-mundo" preexistentes, criando um sistema bélico unificado que é a verdadeira origem do "sistema político europeu", consagrado pela Paz de Westfália, de 1648. Esse sistema foi completado, um pouco mais tarde, pela "Grande Guerra do Norte" (1700-1721) que trouxe finalmente a Rússia de Pedro 'o Grande', para dentro do mesmo e velho "jogo das guerras" europeias. De tal forma que, na segunda década do século XVIII já se podia falar, finalmente, de um sistema de poderes integrados pelas guerras, dentro de um território homogêneo que ia de Lisboa a Moscou, de Estocolmo a Viena, e de Londres a Constantinopla. Foi assim que nasceu o sistema interestatal europeu que se transformaria, um século depois, no núcleo dominante do "sistema político mundial". Mas mesmo depois de Westfália, e do século XVIII, as guerras seguiram sendo o motor fundamental deste sistema, sua verdadeira força expansiva e "integradora", o seu instrumento preferencial de acumulação e centralização do poder político, nos séculos seguintes.

As Guerras e a Acumulação do Poder.

Evan Luard calcula que tenha havido cerca de 1000 guerras, em todo o mundo, no período entre 1400 e 1984, e 120, envolvendo uma ou mais das Grandes Potências, no período entre 1495 e 1975 (Luard,1987; apêndice). Para analisar a forma como estas guerras operaram na história, como mecanismo de acumulação de poder e de integração territorial, pode-se imaginar um ponto qualquer do espaço e partir de um modelo simplificado, onde existam pelo menos três "poderes territoriais" que tenham fronteiras comuns e que compartilhem as características das "unidades imperiais" e das "regiões privilegiadas" onde "começaram [– segundo Braudel –] os lentos processos de construção política, que estão no início dos estados territoriais" (1996b: 265). Neste caso, cabe se perguntar: por que estas unidades iniciais tiveram, em algum momento, que se expandir e conquistar novos territórios, em vez de se manterem dentro de suas fronteiras originárias? E por que foram "compelidas a recorrer à guerra", para usar a expressão clássica de Tucídides, na sua "História da Guerra do Peloponeso"?

A pesquisa histórica de Charles Tilly sobre a origem dos estados territoriais da Europa, chega à seguinte conclusão: "os europeus seguiram uma lógica padronizada de provocação da guerra: todo aquele que controlava os meios substanciais de coerção, tentava garantir uma área segura dentro da qual poderia desfrutar dos lucros da coerção, e mais uma zona tampão fortificada para proteger a área segura. Quando essa operação era assegurada por algum tempo, a zona-tampão se transformava em área segura, que encorajava o aplicador de coerção a adquirir uma nova zona-tampão em volta da antiga. Quando as potências adjacentes estavam perseguindo a mesma lógica, o resultado era a guerra... A coerção é sempre relativa e quem quer que controle os meios concentrados de coerção corre o risco de perder vantagens quando um vizinho cria os seus próprios meios" (Tilly, 1996: 127-128). Uma generalização que segue válida, mesmo depois que os estados nacionais, já constituídos, começaram a construir "zonas de segurança" longe das fronteiras do seu próprio território. O que não fica claro, entretanto, é: por que as unidades ou regiões iniciais precisam das "zonas de segurança"? Por que precisam se defender, e de quem? Para Tilly, a guerra é uma consequência provável, ou inevitável, de uma expansão territorial defensiva, feita ao mesmo tempo por duas unidades fronteiriças que se propõem a construir suas "zonas de segurança" num mesmo território. Portanto, estas duas unidades territoriais acabam entrando em guerra porque estão fazendo o mesmo movimento com o objetivo de se defender uma da outra. O argumento de Tilly, entretanto, esconde uma "circularidade lógica", porque a guerra aparece, simultaneamente, no início e no fim do próprio processo de causação. Senão, vejamos: se as "zonas de segurança" são construídas como barreiras defensivas é porque todos já supõem que exista, desde o início, intenções agressivas por parte das unidades de poder vizinhas. Nesse sentido, a guerra não pode ser vista como uma consequência da expansão territorial, pelo contrário, ela tem que ser vista como a causa do próprio movimento de expansão.

Para responder este problema, John Herz propôs, em 1950, a tese da existência de um "dilema de segurança" dentro de qualquer sistema anárquico de poder: "para garantir sua própria segurança, os estados são levados a adquirir cada vez mais poder para escapar ao impacto do poder dos outros. Mas isto, por sua vez, torna-os demais inseguros e os leva a se prepararem para o pior. Dado que nenhum poder pode se sentir inteiramente seguro, num mundo de unidades competitivas, se estabelece um círculo vicioso de acumulação contínua de segurança e poder" (Herz, 1950: 165). Tucídides já havia identificado este dilema na origem da Guerra do Peloponeso, e Francis Bacon o havia transformado – em 1625 – numa norma válida para todo "bom governo": "os soberanos devem estar em guarda para que nenhum dos seus vizinhos cresça em proporções tais que chegue a constituir uma ameaça contra ele maior do que era antes" (apud Heckscher, [1931], 1955: 468).

Norbert Elias respondeu a esta mesma questão, de uma forma um pouco diferente, com base na sua pesquisa sobre a origem e os desdobramentos das guerras do norte da Europa, nos séculos XIII e XIV: "a mera preservação da existência social exige, na livre-competição, uma expansão constante. Quem não sobe cai. E a expansão significa o domínio sobre os mais próximos e sua redução ao estado de dependência... Em termos muito rigorosos, o que temos é um mecanismo social muito simples que, uma vez posto em movimento, funciona com a regularidade de um relógio. Uma configuração humana em que um número relativamente grande de unidades de poder, em virtude do poder que dispõem, concorrem entre si, tendem a desviar-se desse estado de equilíbrio e a aproximar-se de um diferente estado, no qual um número cada vez menor de unidades de poder compete entre si. Em outras palavras, acerca-se de uma situação em que apenas uma única unidade social consegue, através da acumulação, o monopólio do poder" (Elias, 1993: 94). Em síntese, para Norbert Elias, a expansão contínua dos territórios e as guerras eram uma consequência inevitável da necessidade de zelar pela "preservação da existência social". Não havia possibilidade de que uma unidade de poder se satisfizesse com o seu próprio território porque, neste jogo, o princípio geral de que "quem não sobe cai", se transforma numa regra implacável e, logo em seguida, num mecanismo quase automático de repetição do mesmo movimento, em patamares cada vez mais elevados de conflito e de poder acumulado. A lógica implacável desta competição obriga, portanto, que todas as unidades de poder envolvidas participem de uma corrida armamentista permanente, em nome da paz. Todos têm que se armar e expandir para preservar a segurança, a paz e a tranquilidade das suas populações. Nos séculos XIII e XIV, a acumulação de recursos de poder para inibir o ataque dos competidores passava, sobretudo, pela posse ou domínio de novos territórios, camponeses, alimentos e tributos. E, portanto, era a acumulação de recursos para a paz que empurrava os "príncipes" na direção da conquista de novos territórios, desde o momento em que se esgotaram as terras livres, produtivas e desabitadas. Do ponto de vista lógico, portanto, não há como fugir a uma conclusão implacável: a guerra foi a força ou a energia que impeliu e alimentou a expansão territorial das primeiras "unidades imperiais" de que fala Braudel. Além disto, foi ela que criou as primeiras hierarquias de poder entre as unidades que se saíram vitoriosas desta luta, dentro do território europeu. A guerra foi condição básica de sobrevivência de cada uma destas unidades e, ao mesmo tempo, foi a força destrutiva que as aproximou e unificou, integrando-as, primeiro, em várias sub-regiões e, depois, dentro de um mesmo sistema unificado de competição e poder. Por isto, toda e qualquer unidade que se inclua neste sistema e tenha pretensões de "não cair", está sempre obrigada a expandir o seu poder, de forma permanente, porque a guerra é uma possibilidade constante, e um componente essencial do cálculo estratégico de todas as unidades do sistema. Para todas elas existe sempre, no horizonte, uma guerra virtual ou possível, que só pode ser protelada pela conquista e acumulação de mais poder, um caminho que leva, uma vez mais, de volta à guerra. Nesse sentido, apesar do paradoxo aparente, se pode dizer que a necessidade de expandir o poder para conquistar a paz acaba transformando a paz na justificativa número "um" da própria guerra. Por outro lado, a presença contínua desta "guerra virtual" atua como estímulo para a mobilização interna e permanente de recursos para a guerra, por parte de cada uma das "unidades imperiais" originárias. Uma tendência que foi se reforçando através do tempo na medida em que cresceram as resistências e as barreiras ao expansionismo e à dominação dos mais fracos.

Agora bem, como diz Norbert Elias, esta "compulsão expansiva" que se transforma numa regra de comportamento quase mecânica dentro do sistema político europeu, aponta na direção inevitável do monopólio. Isto é, todas as unidades competidoras se propõem, em última instância, a conquistar um poder global e incontrastável que possa ser exercido sobre um território cada vez mais amplo e unificado, sem fronteiras. Portanto, as "unidades imperiais" de que fala Braudel, se não forem contidas, tendem a se alargar até impor, aos demais, o seu *imperium*. Nesse sentido, em clave psicanalítica, se pode falar da existência de uma "pulsão" ou "desejo de exclusividade" em toda e cada uma das "unidades imperiais" deste sistema de poder territorial. Mas, ao mesmo tempo, se alguma destas unidades conseguisse se impor, de forma imperial, a todas as demais, isto implicaria na eliminação de todos os demais poderes territoriais concorrentes. E se isto ocorresse, no limite, estaria suspenso o próprio processo de acumulação do poder. Esta é a contradição essencial do "jogo das guerras" e deste sistema de acumulação de poder que supõe ou requer a existência de, pelo menos, três jogadores e dois adversários competitivos, e que se movam sempre orientados pelo "desejo da exclusividade", sem jamais conseguir alcançá-la. Se a exclusividade fosse alcançada, e fosse criada uma situação de monopólio absoluto, o sistema de acumulação do poder entraria em crise, e tenderia a um estado de entropia por causa do desaparecimento das hierarquias, da competição e da guerra. Portanto, neste sistema, a excessiva concentração do poder político não leva, necessariamente, ao aumento da ordem, e pode levar a uma situação de total desorganização e caos. Nos termos do debate contemporâneo se poderia dizer, a partir desta análise estilizada da origem do sistema político moderno, que nem a hegemonia nem o império são capazes de ordenar e estabilizar o sistema político mundial de forma permanente. As únicas forças capazes de mantê-lo ordenado e hierarquizado são a competição e a própria guerra ou, pelo menos, a possibilidade permanente de uma nova guerra. Essa foi a intuição genial de Maquiavel na hora em que o novo sistema interestatal europeu estava nascendo: "os principais fundamentos de todos os estados são as boas leis e as boas armas, mas não é possível que haja boas leis onde não existam boas armas..." (Maquiavel [1513], 1952: 324).

Resumindo o argumento: na medida em que as primeiras unidades de poder territorial foram dando origem a estruturas de poder mais amplas e complexas por causa das guerras e da centralização do poder, duas coisas foram ficando cada vez mais claras: em primeiro lugar, as guerras aumentam os laços de integração e mútua dependência entre os poderes territoriais deste sistema político que nasceu na Europa a partir dos séculos XIII e XIV; em segundo lugar, do ponto de vista estritamente lógico, os poderes expansivos ganhadores no "jogo da guerra", dentro deste sistema político, não podem destruir seus concorrentes/adversários, ou estão obrigados a recriá-los, uma vez concluída a submissão ou destruição do adversário anterior. Se isto não ocorrer, o "poder expansivo" perde "energia" porque desaparece a força e o mecanismo através do qual ele pode seguir acumulando mais poder. E, portanto, neste tipo de sistema político territorial, na ausência de uma concorrência espontânea, o poder expansivo tem que gerar o seu próprio concorrente ou inventar algum adversário que permita a sequência do "jogo da guerra". Este talvez seja o segredo mais bem guardado deste sistema: o próprio "poder expansivo" é quem cria ou inventa, em última instância, os seus competidores e adversários, indispensáveis para a sua própria acumulação de poder.

As Guerras, o Poder e a Acumulação da Riqueza.

O movimento de concentração e centralização do poder, através das guerras, não foi linear nem irreversível. Deslocou-se pelo espaço, teve fluxos e refluxos e nem sempre o poder ganhador conseguiu manter por muito tempo as suas conquistas. O que cresceu de forma regular e constante foram as dimensões e os custos das guerras, ficando cada vez mais difícil enfrentá-las e vencê-las sem dispor de recursos abundantes, e em expansão exponencial. "Acima de tudo, foi a guerra que levou os beligerantes a gastar mais dinheiro do que nunca, e a buscar uma soma correspondente em receitas. Nos últimos anos do reinado de Isabel, na Inglaterra, ou de Felipe II, na Espanha, nada menos que três quartos das despesas do governo eram destinadas à guerra, ou ao pagamento das despesas dos anos anteriores" (Kennedy 1989: 75). Na medida em que venciam, e para seguirem vencendo, os "príncipes" precisavam cada vez de mais recursos bélicos, e estes recursos eram, em última instância, de natureza econômica. Foi o que disse o marechal Tribulzio, ao seu Rei Luiz XII da França, discutindo sua possibilidade de vitória na campanha militar da Itália em 1499: "o que Vossa Majestade necessita para ganhar sua guerra na Itália é dinheiro, dinheiro e mais dinheiro." (*cit. in* Parker, 1974). A convergência entre o mundo da guerra e o mundo dos negócios se aprofundou sempre mais e a própria guerra acabou se transformando em um grande negócio do ponto de vista econômico: "a situação política estimula uma mistura de sucesso das ações de guerra e de mercado, que florescem nos centros econômicos mais ativos da Europa ocidental" (McNeill,1984: 69).

A história desta convergência, entretanto, começou muito antes do século XVI, quando são tecidos os primeiros laços de dependência mútua entre o "jogo das trocas" e o "jogo das guerras", dentro dos espaços da "economia-mundo" e da "política-mundo" europeias. Para compreender melhor este momento da história é possível também construir um modelo simplificado destas primeiras relações. Um modelo que facilite a descrição estilizada e a compreensão lógica deste encontro originário e "virtuoso" das guerras e do poder político, com as redes do comércio e das finanças que ligavam as cidades e regiões europeias, e que faziam a ponte da Europa com a "economia-mundo asiática". A construção de uma "máquina de guerra", por mais simples que fosse, requeria uma quantidade significativa de homens, alimentos e dinheiro que eram, a um só tempo, recursos bélicos e econômicos. A própria conquista e controle de novos territórios, as "zonas de segurança" de que fala Charles Tilly, visava estabelecer fronteiras estratégicas, mas tinha, ao mesmo tempo, o objetivo de conquistar e acumular recursos que também eram econômicos: terras produtivas, mão de obra camponesa, colheitas e, sobretudo taxas e tributos, os recursos líquidos e monetizados que tanto necessitavam os governantes das "unidades imperiais". É neste ponto também que aparecem as "moedas estatais", aceitas pelo poder político como pagamento dos impostos e das dívidas dos soberanos.

Norbert Elias sublinha a importância decisiva desta nova forma de riqueza para o processo da acumulação do poder, um verdadeiro ponto de inflexão na história da Europa: "o ritmo que repetidamente ameaçou provocar a dissolução dos grandes monopólios de poder foi modificado e acabou se rompendo apenas na medida em que a moeda e não mais a terra tornou-se a forma dominante de riqueza. Só então é que os grandes monopólios de poder deixam de se fragmentar e sofrem uma lenta transformação centralizante..." (1993: 142). As conquistas ampliavam os territórios e dificultavam sua administração, problema que foi facilitado com o aparecimento da moeda pública e com a sua universalização e homogeneização, dentro do espaço político do poder emissor. Mas nada disto conseguiu dar conta da necessidade crescente de recursos dos príncipes, até a criação e consolidação das dívidas públicas que se transformaram na principal "arma de guerra" dos grandes ganhadores. Foi quando se deu o primeiro encontro do poder político e militar com o dinheiro e a riqueza dos comerciantes e dos banqueiros.

A relação entre o Poder e o Dinheiro, ou entre os Príncipes e os Banqueiros, é muito antiga e remonta às cidades do norte da Itália, onde nasce o sistema bancário moderno ligado ao comércio de longa distância e à administração das dívidas do Vaticano. Daí vêm os primeiros empréstimos para as guerras dos donos do poder, como no caso de Eduardo III, da Inglaterra, que se endividou com os banqueiros de Siena, em 1339, para financiar a guerra de conquista do País de Gales. Saiu vitorioso da guerra, mas não pagou sua dívida e levou o sistema bancário de Siena à falência, transferindo para Florença a hegemonia financeira da Itália. O mesmo se repetiu muitas vezes, mais tarde, como na relação de Carlos V com os banqueiros alemães que financiaram a sua eleição como Imperador do Sacro Império Romano-Germânico e depois financiaram também suas guerras, e a criação do seu "império mundial" – o primeiro "poder global" da história, onde o "sol nunca se punha" – até o momento em que Carlos V decretou a moratória de 1557, antes de retirar-se para a vida monacal e falir os Fugger, que foram os banqueiros do império. Mas, apesar das sucessivas moratórias reais e falências privadas forja-se, desde então, uma complementaridade de visões e interesses cada vez maior, entre os poderes territoriais expansivos e os detentores da riqueza líquida de que necessitavam os soberanos. O príncipe vê na riqueza do comerciante e do banqueiro o financiamento que precisa para as guerras, e os banqueiros descobrem nos empréstimos para as guerras uma máquina multiplicadora de dinheiro, uma verdadeira varinha mágica que "chove o dinheiro do céu", como diria Marx, muito mais tarde. O risco dos banqueiros era a derrota dos príncipes nas suas guerras, mas os seus lucros eram muito mais generosos do que em qualquer outra aplicação mercantil. Sobretudo, porque não se tratava apenas de retornos em dinheiro, se tratava da conquista de posições monopólicas, no plano comercial e financeiro, ou mesmo da concessão da cobrança de impostos e tributos dentro do território das "unidades imperiais" endividadas. É por isso que Braudel volta até o século XII e XIII para pesquisar as origens do capital e do capitalismo no momento em que se dá o encontro do dono do dinheiro com o dono do poder, e não com o dono da força de trabalho que só ocorrerá muito mais tarde. Foi o verdadeiro "berço de ouro" em que nasceram e se multiplicaram os "grandes predadores" que estão na origem do capitalismo, junto com os grandes e sistemáticos "lucros extraordinários", que foram desde sempre, a verdadeira mola propulsora do capitalismo, por cima da economia de mercado onde se produzem e acumulam os "lucros normais", incapazes, por si só, de explicar o "milagre europeu" no campo da acumulação e da concentração da riqueza mundial.

Ao discutir as relações entre "coerção" e "capital" no processo de formação dos estados europeus, Charles Tilly fala de uma "época patrimonialista", em que os monarcas viviam dos tributos ou rendas da terra e da população, e recrutavam seus exércitos entre seus vassalos; e depois, fala de uma "época da corretagem", em que os monarcas passam a depender fortemente dos empréstimos de capitalistas independentes para financiar os seus exércitos mercenários. Essa distinção pode ser útil para periodizar o processo de casamento entre o poder e a riqueza capitalista, e para formalizar nossa tese sobre a origem política do capital financeiro. Ao combinar a classificação de Tilly com o esquema formal utilizado por Marx, na sua análise da "transformação do dinheiro em capital", se pode dizer que na "fase patrimonialista", a expansão do poder (P) se daria, sobretudo, através da conquista de novos territórios (T) que, por sua vez, potenciariam a capacidade de P expandir ainda mais os territórios já conquistados. E neste caso, como já vimos, a ampliação dos territórios significa, ao mesmo tempo, aumento do poder e da riqueza econômica:

$$P - T - P'$$
$$T - P - T'$$

Mas, logo em seguida, na "fase de corretagem", quando o dinheiro (D) substitui a terra como forma fundamental de propriedade e os príncipes recorrem com mais frequência aos empréstimos dos banqueiros é quando, de fato, se pode falar do aparecimento de uma "mais-valia política", capaz de transformar o dinheiro em capital através do poder e das guerras. E neste caso, a expansão da riqueza se daria na forma clássica do dinheiro que se multiplica a si mesmo, isto é, o dinheiro se multiplica e se transforma em capital ao "revestir a forma do poder", e não a "forma da mercadoria", como acontece numa "economia de mercado":

$$P - D - P'$$
$$D - P - D'$$
$$D - D'$$

Também neste caso, como na explicação de Marx, no capítulo quarto do primeiro volume do Capital, o processo $D - D'$, de transformação do dinheiro em capital "não deve seu conteúdo a nenhuma diferença qualitativa entre seus dois polos, pois ambos são dinheiro, senão simplesmente a uma diferença quantitativa. O processo acaba sempre subtraindo, da circulação, mais dinheiro do que lançou nela. Portanto o valor desembolsado inicialmente não só se conserva, senão que sua magnitude de valor experimenta uma mudança, se incrementa com uma mais-valia, se valoriza. E é este processo que o converte em capital" (Marx, 1980: 107). A diferença com a fórmula de Marx é que, no nosso caso, não é a força de trabalho que explica o incremento do valor inicial, é a mais-valia criada pelo poder e por sua capacidade de multiplicar-se de várias formas, mas sobretudo através da preparação das guerras e das conquistas em caso de vitória. Neste ponto há que ter atenção porque a preparação das guerras mobiliza e multiplica recursos, enquanto que as guerras, propriamente ditas, destroem recursos e capacidade produtiva. Mas o importante é o resultado final, isto é, o aumento do poder dos vitoriosos e, como consequência, todo tipo de concessões monopólicas depois cedidas ao capital, pelo poder político.

Foi assim que nasceu esta relação extremamente "virtuosa" entre os processos de concentração e centralização do poder e da riqueza. Nesta nova aliança, os detentores do poder político (P) e os detentores do dinheiro (D) transformado em capital ($D - D'$), se propõem acumular seus recursos através da monopolização das oportunidades que podem ser criadas em benefício mútuo, do "príncipe" e do "capitalista", dentro dos seus universos específicos, o da autoridade e o do lucro. Tanto P quanto D, portanto, se propõem criar, em conjunto, barreiras à entrada, ou mesmo, destruir eventuais concorrentes nas suas duas lutas pela acumulação do poder ($P - P'$) e do capital ($D - D'$). Nesse sentido, P contribui decisivamente para a multiplicação de D, mas ao mesmo tempo, foi a existência do D que permitiu que o processo de acumulação do poder se transformasse num movimento contínuo em direção ao monopólio da coação, até o limite, se possível, do "poder global". Sem o apoio do capital, o poder se fragmentaria com mais facilidade, e sem o apoio do poder, o capital teria mais dificuldade para estabelecer situações monopólicas. Em síntese, do nosso ponto de vista, foi a combinação do "jogo das guerras" com o "jogo das trocas" que criou as condições originárias da economia capitalista, uma economia que passa pelos mercados, mas que se alimenta, sobretudo, das trocas dos "não equivalentes". A partir deste encontro, os poderes territoriais ganhadores foram, quase sempre, os que acumularam maior quantidade de riqueza e de crédito, ao mesmo tempo em que os comerciantes e banqueiros ganhadores foram, quase sempre, os que souberam se associar com os poderes vitoriosos; e as guerras, finalmente, adquiriram uma nova função: além da "destruição integradora" de povos e territórios, a multiplicação da riqueza. Teoricamente, qualquer comerciante ou banqueiro poderia emprestar dinheiro para vários soberanos, ao mesmo tempo. Mas o que se assistiu, desde a primeira hora deste "casamento", foi uma tendência à monogamia. A própria concorrência entre os bancos forçou uma certa especialização das casas bancárias em determinadas dinastias, reinos ou estados territoriais. Foi o que aconteceu, por exemplo, na relação dos bancos de Siena com a Inglaterra, de Florença com a França, de Gênova com a Espanha e Portugal, ou mesmo da casa Fuggers com Carlos V e seu vasto Império Habsburgo. Por isso, num primeiro momento, os banqueiros e seus capitais foram obrigados a trocar seu cosmopolitismo de mercado por uma aliança quase política, e perderam espaços de mercado. Mas, logo depois, num segundo momento, estes mesmos bancos e capitais retomaram, com muito mais força, o seu impulso "globalizante", apoiados por poderes políticos vitoriosos e expansivos. Sobretudo, a partir do momento em que esta aliança se transforma na base social e política das novas economias nacionais europeias.

Os Estados e as Economias Nacionais.

A convergência progressiva dos processos de acumulação do poder e da riqueza, e sua concentração em alguns territórios vencedores, deslocou o eixo do sistema político e econômico europeu da Itália e do Mediterrâneo para o norte da Europa, seguindo o movimento dos ponteiros do relógio. Nesse trajeto, a guerra contínua nos vários "tabuleiros" europeus decantou, lentamente, os primeiros estados territoriais: Portugal, França, Inglaterra, Holanda, Suécia, a Dinamarca-Noruega e a própria Espanha que, neste período, foi mais um império do que um estado nacional, mas que cumpriu um papel decisivo como pivô deste "nascimento coletivo". Nos séculos XVII e XVIII, entretanto, só na Inglaterra ocorreu a "revolução financeira" que permitiu ao estado inglês transformar seu espaço político num "espaço econômico, coerente e unificado", a primeira economia nacional capitalista. "Essa revolução financeira que redunda numa transformação do crédito público só foi possível graças a uma profunda reorganização prévia das finanças inglesas. As primeiras medidas foram a estatização das alfândegas (1671) e do *excise* (1683), imposto de consumo copiado da

Holanda... No seu conjunto, e na nossa linguagem atual, diríamos que houve uma nacionalização das finanças implicando, nesse lento processo, o controle do Banco da Inglaterra, e depois, já em 1660, a intervenção decisiva do Parlamento no voto dos créditos e dos novos impostos" (Braudel, 1996a: 468). De um ponto de vista diferente, Marx descreve esta mesma revolução, no capítulo XXIV do seu Capital: "as diversas etapas da acumulação originária tiveram seu centro, por ordem cronológica mais ou menos precisa, na Espanha, Portugal, Holanda, França e Inglaterra. Mas foi na Inglaterra, em fins do século XVII, onde este processo se resumiu e sintetizou sistematicamente no "sistema colonial", no "sistema da dívida pública", no "moderno sistema tributário" e no "sistema protecionista". Em grande medida, todos estes métodos se basearam na mais avassaladora das forças. Todos eles se valeram do *poder do estado*" (Marx, 1980: 638). E, logo em seguida, Marx destaca também o papel decisivo da dívida do estado, na criação do sistema de bancos e de crédito inglês: "a dívida pública veio dar um impulso às sociedades anônimas, à loteria da Bolsa e à moderna bancocracia (...) Desde o momento em que nasceram os grandes bancos adornados com títulos nacionais, não foram mais do que sociedades de especuladores privados que cooperavam com os governos e que graças aos privilégios que lhes outorgavam os governos, estavam em condições de adiantar-lhes dinheiro" (Marx, 1980: 642).

Como no passado, uma vez mais, foi a necessidade de financiamento das guerras inglesas que esteve na origem dessas mudanças. Mas desta vez, o encontro do poder com os bancos produziu um fenômeno absolutamente novo e revolucionário: os "estados-economias nacionais". Verdadeiras máquinas de acumulação de poder e riqueza que se expandiram a partir da Europa e através do mundo, numa velocidade e numa escala que permitem falar num novo universo em expansão, com relação ao que havia acontecido nos séculos anteriores. Junto com a nacionalização dos bancos, das finanças e do crédito, criou-se um sistema de tributação estatal e se nacionalizaram o exército e a marinha, que passam para o controle direto da estrutura administrativa do estado. E o que é mais difícil de definir e de medir consolida-se em um novo conceito e em uma nova identidade, no mundo da guerra, dos negócios e da cidadania: o "interesse nacional". Uma vez que se constitui a primeira economia nacional, na Inglaterra, muda radicalmente a natureza da interação entre os governantes e os banqueiros. A partir daquele momento, já não se tratava mais de uma relação e de um endividamento pessoal, do soberano, com uma casa bancária de qualquer nacionalidade. E por outro lado, o banqueiro sofreu um processo de "territorialização" ou de "nacionalização" do seu capital. Ao invés de ser apenas um membro de uma rede financeira cosmopolita, cada vez mais universal, ele se transforma num elo de uma rede nacional de bancos e comércio, ao mesmo tempo em que passa a designar a sua riqueza na moeda emitida pelo seu estado nacional.

Dentro deste novo contexto e desta nova relação, a dívida pública passou a ser gerida pelo Banco da Inglaterra transformando-se, ao mesmo tempo, no fundamento de todo o sistema de crédito privado nacional. A conjunção, no mesmo território, dos dois processos de acumulação, do poder e da riqueza, sob a bandeira do "interesse nacional", criou uma "vontade comum" e expansiva, de tipo imperial, para fora do território inglês, mas que teve, ao mesmo tempo, uma importância decisiva para o fortalecimento interno, do estado e da economia da Inglaterra. "Não podemos deixar de pensar que este processo (de formação do "mercado nacional" inglês) poderia ter tido resultados muito diferentes, se a Inglaterra não tivesse, ao mesmo tempo, se assenhorado da dominação do mundo" (Braudel, 1996a: 471).

Na hora desta revolução, entretanto, a Inglaterra não estava só. Era apenas uma unidade política e, com certeza, não era a unidade mais poderosa dentro do sistema de poderes e de estados europeus que foram se consolidando através do "jogo das guerras" a partir dos séculos XIII e XIV; atores centrais deste novo sistema político e econômico internacional, diferente do anterior que era organizado em torno das grandes cidades mercantis da Itália e do norte da Europa. A Inglaterra e a França se constituíram como estados autônomos porque resistiram, com sucesso, à pressão imperial dos Habsburgo durante todo o século XVI. E a Holanda nasceu de uma longa guerra de "libertação nacional", de dentro do próprio império espanhol. Mas, logo em seguida, estes três estados nacionais entraram numa competição política e econômica que passou por várias guerras, e que teve papel decisivo no seu renascimento sob a forma de "estados/economias nacionais". A Inglaterra enfrentou a Holanda, em 1652-1654; 1665-1667; 1672-1674, nas sucessivas guerras "anglo-holandesas" do século XVII; e depois, no século XVIII, entre 1782 e 1783. E manteve uma competição política e econômica com a França que se estendeu até as "guerras napoleônicas", prolongando-se, depois, na competição colonial do século XIX. Neste sentido, apesar das mudanças radicais do ponto de vista da extensão e da força dos novos atores, este novo sistema político europeu, de tipo interestatal, manteve duas características essenciais do sistema anterior: nasceu igualmente competitivo e bélico. E o que é mais interessante é que, na primeira hora deste novo sistema de poder, a Inglaterra era o ator mais fraco do ponto de vista territorial, demográfico e militar, em relação à Holanda até 1650 e em relação à França, pelo menos até a Guerra do Sete Anos em meados do século XVIII.

É neste contexto que deve ser colocada e explicada a criação precoce – e única, no século XVII – da "economia nacional" inglesa. Ela foi, de fato, uma resposta defensiva e estratégica da potência mais fraca dentro do novo jogo das guerras, entre estados nacionais. Pesaram, também, a insularidade inglesa e sua proximidade de Amsterdam, mas as decisões cruciais para o nascimento da primeira economia nacional europeia foram tomadas em nome da proteção da ilha contra seus inimigos ou competidores continentais. Da mesma forma em que pesou – pela razão inversa – no nascimento tardio da economia nacional francesa, a superioridade militar incontestável da França de Luiz XIV, dentro da Europa, logo depois da Paz de Westfália. Depois da Inglaterra, todas as demais economias nacionais "tardias" foram sendo criadas, com maior ou menor sucesso, como respostas defensivas ou competitivas com relação à própria Inglaterra, já então vitoriosa no campo econômico, depois da sua Revolução Industrial e no campo militar, depois das Guerras Napoleônicas. Este foi o verdadeiro significado estratégico do mercantilismo e a Inglaterra foi, sem dúvida, a experiência mercantilista mais bem sucedida da Europa. Um sistema de poder voltado para a unificação e homogeneização do mercado interno, ao mesmo tempo em que foi uma política e um instrumento de competição e guerra, usado pela Inglaterra contra a Holanda e a França. O mesmo objetivo perseguido por todos os demais estados e economias que ingressaram depois no novo sistema interestatal, sempre numa situação hierarquicamente inferior a dos estados pioneiros. Nesse sentido, não há dúvida que o verdadeiro "milagre" inglês foi uma obra do mercantilismo, que teve um momento decisivo nos Atos da Navegação de Cromwell, editados logo depois da Revolução de 1648 e dirigidos diretamente contra os interesses da Holanda, com quem a Inglaterra competia economicamente e com quem entraria em guerra, logo em seguida, a partir de 1652. A Inglaterra só abandonou sua estratégia mercantilista e se transformou numa potência liberal no século XIX, quando já ocupava a posição de liderança inconteste dentro do sistema econômico capitalista e dentro do sistema político interestatal. Neste sentido, se pode dizer que o mercantilismo foi o bisturi utilizado pelos estados territoriais para extrair os "mercados nacionais" de dentro da "economia-mundo europeia" do século XVI. E depois, foi a política utilizada, pelos mesmos estados, para proteger sua nova "criatura" contra a concorrência e o ataque dos demais "estados/economias nacionais" emergentes.

Max Weber descreveu esta nova realidade, com absoluta precisão, sobretudo as novas relações entre a competição política dos estados e a acumulação do capital, dentro deste sistema internacional nascido em Westfália: "os estados nacionais concorrentes viviam numa situação de luta perpétua pelo poder, na paz ou na guerra. Essa luta competitiva criou as mais amplas oportunidades para o moderno capitalismo ocidental. Os estados separadamente tiveram que competir pelo capital circulante, que lhes ditou as condições através das quais poderia auxiliá-los a ter poder. Portanto, foi o Estado nacional bem delimitado que proporcionou ao capitalismo sua oportunidade de desenvolvimento..." (Weber, 1961: 249). A partir do momento da constituição das economias nacionais capitalistas, a competição política dos estados e a competição econômica dos capitais seguem orientadas pelo objetivo da monopolização das oportunidades, no campo do poder e da acumulação do capital. Mas agora, os estados e seus capitais nacionais podem atuar em conjunto reforçando-se mutuamente, mesmo se tratando de dois atores e processos autônomos. Assim mesmo, os laços entre o poder e o grande capital nacional tendem a se estreitar nos tempos de guerra e nos momentos em que estão em disputa de oportunidades estratégicas de acumulação de poder e de criação de lucros extraordinários. Isto é, a partir do século XVII, os caminhos do poder e do capital nacional foram sempre mais próximos e convergentes quando estiveram em disputa de situações monopólicas e estratégicas decisivas para a ampliação do poder e da riqueza do bloco político-econômico nacional. Neste ponto se esconde uma contradição fundamental do novo sistema composto por estados e economias nacionais. Como no primitivo jogo das trocas e das guerras, o objetivo da disputa e o prêmio dos vencedores seguem sendo o monopólio, as barreiras à entrada ou, por último, a destruição do concorrente ou adversário. Mas, ao mesmo tempo, os "estados/economias nacionais" não têm como aumentar seus poderes se seus concorrentes desaparecerem, nem têm como enriquecer se seus competidores empobrecerem de forma absoluta.

A Expansão do Poder dos Estados Nacionais.

Nossa análise nos trouxe de volta ao momento do encontro entre o poder e o mercado, que deu origem aos "estados-economias nacionais", uma nova unidade territorial com uma imensa capacidade de acumulação de poder e de riqueza. Mas, apesar de que sua força e dinamismo venham da interação que se estabeleceu entre a política e a economia, é possível e necessário separar analiticamente os dois processos, para que se possa compreender melhor o caminho que levou à Europa, da formação dos seus primeiros estados até a criação do sistema político mundial, e da formação das suas primeiras economias nacionais até a globalização do sistema capitalista. Dois processos igualmente expansivos, ao contrário do que pensam alguns historiadores que costumam identificar apenas a "compulsão" global do capital, sem perceber que os estados nacionais europeus também expandiram seu *imperium*, desde a primeira hora do seu nascimento.

Paul Kennedy, por exemplo, considera que "ao contrário dos impérios otomano e chinês, ao contrário do domínio imperial dos mongóis na Índia, não houve nunca uma Europa unida, na qual todas as partes reconhecessem um líder secular ou religioso" (Kennedy, 1989: 14). Uma tese parecida com a de Immanuel Wallerstein, que fala da existência de "impérios-mundo" – do tipo otomano e chinês – que teriam sido derrotados e superados pelo sistema estatal que surgiu no território da "economia-mundo europeia" e que resistiu à dominação de um só império, ao contrário do que se passou na Ásia. Para Kennedy, como para Wallerstein, o estado nacional foi uma forma superior de organização do poder político que venceu e substituiu os grandes impérios, durante o século XVI e, portanto, para eles, os estados e os impérios são duas formas de poder político territorial excludentes.

Do nosso ponto de vista, entretanto, não foi isto o que ocorreu na formação do sistema estatal europeu, nem tampouco na história do sistema político mundial que se formou a partir da expansão europeia. Não há dúvida de que o sistema europeu e o próprio sistema político mundial se mantiveram durante 500 anos sob a liderança dos seus estados nacionais mais poderosos, mas em nenhum momento desta história os estados destruíram ou substituíram, de forma definitiva, as demais formas de organização do poder territorial, e menos ainda, os impérios. Os primeiros estados europeus se transformaram quase imediatamente, ao nascer em cabeças de novos impérios, dentro e fora da Europa. "No mesmo momento em que os impérios se estavam desfazendo dentro da Europa, os principais estados europeus criavam impérios fora da Europa, nas Américas, na África, na Ásia e no Pacífico. A construção de impérios externos propiciou alguns dos meios e parte do ímpeto de moldar, dentro do continente, estados nacionais relativamente poderosos, centralizados e homogeneizados, enquanto as potências europeias passavam a lutar entre si nessas zonas imperiais" (Tilly, 1996: 244). Portanto, se pode falar de um paradoxo na origem do sistema estatal: seus "pais fundadores", os primeiros estados que nasceram e se expandiram imediatamente para fora de seus próprios territórios eram seres híbridos, uma espécie de "minotauros", meio estado-meio império. Enquanto lutavam para impor seu poder e sua soberania interna, já estavam se expandindo para fora dos seus territórios e construindo seus domínios coloniais. Nesse sentido, o mais correto é dizer que o "império" ou a "vontade imperial" foi uma dimensão essencial dos primeiros estados nacionais europeus. Como resultado, desde o seu início, o novo sistema estatal europeu esteve sobre o controle compartido ou competitivo de um pequeno número de "estados/impérios" que se impuseram dentro da própria Europa, conquistando, anexando ou subordinando outras formas de poder local menos poderosas que os novos estados. Foi assim que nasceram as primeiras potências, um pequeno número de "estados-impérios" que se impuseram na sua região e se transformaram no "núcleo central" do sistema estatal europeu, o núcleo das Grandes Potências. Este pequeno grupo de países nunca foi homogêneo, coeso ou pacífico, pelo contrário, viveu em estado de quase permanente guerra, exatamente porque todos seus estados eram ou tinham "vocação imperial" e mantinham, entre si, relações, a um só tempo, complementares e competitivas. Mas sua composição interna foi extremamente estável, devido às "barreiras à entrada" de novos "sócios" que foram criadas e recriadas pelas potências ganhadoras, ao longo dos séculos. Primeiro se destacaram Portugal, Espanha, França, Suécia, Holanda e Inglaterra, mas na entrada do século XVIII, depois da decadência de Portugal, Espanha, Suécia e mesmo da Polônia, o grupo das grandes potências ficou restrito à França, Holanda, Inglaterra, Rússia, Áustria e Prússia, delimitado, em conjunto, por suas fronteiras militarizadas, com o Império Otomano. E assim mesmo, dentro deste pequeníssimo clube, sempre existiu uma hierarquia onde se destacavam, sobre todos os demais: a França e a Inglaterra. "Em 1748, Frederico II da Prússia já dizia, que a Inglaterra e a França eram os poderes que determinavam o que acontecia em toda a Europa" (Black, 1990: 67).

Até a primeira metade do século XVIII, o novo sistema político se restringia aos estados europeus, mas seu território já havia se estendido muito além das fronteiras europeias. O primeiro passo foi dado por Portugal, em 1415, quando conquistou Ceuta, no norte da África. Menos de um século depois, em 1494, os europeus repartiram o mundo entre si, pela primeira vez, em Tordesilhas. Depois vieram os impérios marítimos asiáticos e a colonização americana, uma caminhada que nunca mais se interrompeu nos 500 anos seguintes, em que oito estados nacionais, com apenas 1,6% do território global (Portugal, Espanha, Holanda, França, Inglaterra, Bélgica, Alemanha e Itália) conquistaram ou submeteram quase todo o resto do mundo, construindo "territórios políticos" supranacionais que se somaram, de uma forma ou de outra, aos seus territórios originários, na forma de colônias, domínios, províncias de além mar, mandatos, protetorados etc.

Nestes cinco séculos é possível identificar duas grandes "ondas expansivas" do poder e dos territórios dos estados europeus: a primeira ocorreu no período entre os séculos XV e XVIII, e a segunda, entre os séculos XIX e XX. Esses dois passos imperiais, das Grandes Potências europeias, foram absolutamente decisivos para a formação do sistema político mundial. Em primeiro lugar, porque aproximaram e integraram regiões que estavam desconectadas entre si, "economias-mundo" e "políticas-mundo" distantes e autônomas. E em segundo lugar, porque foi no espaço colonial destes "territórios políticos" que nasceram e se multiplicaram os estados nacionais extraeuropeus, como produto de duas grandes "ondas de descolonização". A primeira, entre 1776 e 1825, quando se independizam as colônias americanas, e a segunda, entre 1945 a 1975, quando as colônias europeias da África e da Ásia se transformam em estados nacionais autônomos, processo que se completa, depois de 1991, com a decomposição da União Soviética. Entre 1945 e 1990, foram criados cerca de 100 novos estados e, portanto, a maior parte dos estados que compõe hoje o sistema estatal mundial foi criada depois da II Guerra Mundial e foram quase todas colônias das Grandes Potências europeias. Foi assim que se globalizou o sistema estatal e nasceu o sistema político mundial que seguiu sendo hierárquico depois de sua universalização. Durante este processo, e mesmo quando o número de estados extraeuropeus superou a própria Europa, as Grandes Potências seguiram sendo as mesmas, e determinando a direção e o ritmo geopolítico e geoeconômico de todo o sistema, até a primeira metade do século XX, quando o sistema incorporou, no seu núcleo central, duas potências "expansivas" e extraeuropeias: os Estados Unidos e o Japão.

Os estados americanos, criados no século XIX, não dispunham, no momento de suas independências, de centros de poder legítimos e eficientes, nem contavam com "mercados nacionais" integrados e coerentes, até o momento em que se transformaram em segmentos produtivos especializados da economia inglesa, em torno de 1860/1970. Tampouco existia, na América, alguma coisa que se pudesse chamar de um "sistema político regional", com estados que competissem e se completassem, como no caso do sistema europeu. Este cenário se repetiu, depois de 1945, com os novos estados criados na África, na Ásia Central e no Oriente Médio: na maioria dos casos, não possuíam uma estrutura centralizada e eficiente de poder, nem tampouco dispunham de verdadeiras economias nacionais. Só no sul e no sudeste da Ásia se pode dizer que foi criado um sistema de estados e economias nacionais fortemente competitivos, do ponto de vista militar e econômico, e que parecem reproduzir, até o momento, as mesmas condições do "modelo" originário europeu. São estados que nasceram sobre o recorte de civilizações milenares, e que dispõem de economias nacionais extremamente dinâmicas e complementares, dentro de um sistema econômico regional competitivo.

Resumindo nosso argumento: a formação do sistema político mundial não foi o produto de uma somatória simples e progressiva de territórios, países e regiões, foi uma criação do poder expansivo de alguns estados nacionais europeus que conquistaram e colonizaram o mundo, durante os cinco séculos em que lutaram entre si pela conquista e monopolização das hegemonias regionais e do "poder global". Como resultado deste movimento competitivo e expansivo, os europeus criaram seus "territórios políticos" supranacionais e seus impérios coloniais de onde vieram a nascer a maioria dos estados do Sistema Mundial, criados fora da Europa, e sem as características políticas e econômicas das Grandes Potências. De uma forma ou outra, a maioria dos novos estados nacionais extraeuropeus se transformou imediatamente após suas independências, em aliados ou protetorados militares das Grandes Potências. Muitos deles ainda não conquistaram uma verdadeira soberania interna e externa, não têm uma identidade nacional nítida, nem muito menos demonstraram, até hoje, qualquer tipo de "ímpeto imperial". E mesmo os que se propuseram a mudar de posição hierárquica, tiveram enorme dificuldade para acumular os recursos de poder indispensáveis à condição de candidato à Grande Potência, com a grande exceção dos Estados Unidos, Alemanha e Japão que conseguiram ingressar no núcleo central do sistema no início do século XX. Por isso, o pequeno núcleo das Grandes Potências mantém sua centralidade dentro do sistema político mundial, e ainda são as suas decisões e conflitos que determinam a dinâmica do sistema, incluindo as "janelas de oportunidade" abertas para os estados situados na sua periferia.

O novo sistema, formado pelos estados nacionais, manteve as características fundamentais do sistema político anterior formado pelas cidades e pelas "unidades imperiais" menores que os estados: ele também nasceu competitivo e bélico, e se expandiu graças às suas disputas territoriais e às suas guerras de conquista. O historiador Jack Levy, estima que as Grandes Potências tenham estado em guerra durante 75% do período que vai de 1495 a 1975, começando uma nova guerra a cada sete ou oito anos (Levy, 1983). E mesmo no período mais pacífico desta história, entre 1816 e 1913, ele contabiliza 100 guerras coloniais, a maioria delas envolvendo a Inglaterra, a França e a Rússia. Por isso, Charles Tilly afirma, com razão, que as guerras foram a principal atividade dos estados nacionais europeus durante seus cinco séculos de existência, consumindo cerca de 80 a 90% dos seus orçamentos nacionais até o século XIX. Por isso mantiveram-se válidas, para o novo sistema de poder, as observações de Norbert Elias a respeito das guerras do século XIV. Na relação entre os estados nacionais, como antes, "a mera preservação da existência social exige, na livre-competição, uma expansão constante, quem não sobe cai". Ou seja, toda Grande Potência está obrigada a seguir expandindo o seu poder, mesmo que seja em períodos de paz, e se possível, até o limite do monopólio, absoluto e global. John Mearsheimer chamou de "realismo ofensivo" esta condenação ou "tragédia das Grandes Potências": "as grandes potências têm um comportamento agressivo não porque elas queiram, mas porque elas têm que buscar acumular mais poder se quiserem maximizar suas probabilidades de sobrevivência, porque o sistema internacional cria incentivos poderosos para que os estados estejam sempre procurando oportunidades de ganhar mais poder às custas dos seus rivais..." (Mearsheimer, 2001: 21). Como no caso das primeiras "unidades imperiais" contíguas, a relação entre as Grandes Potências é sempre de competição, e o seu comportamento expansivo também atende às mesmas necessidades defensivas de segurança e paz. No caso dos estados nacionais, entretanto, o potencial expansivo e bélico é muito maior e sua disputa já não se restringe às fronteiras comuns ou às "zonas de segurança" próximas dos seus territórios. A competição entre os estados nacionais, sobretudo entre as Grandes Potências, gira em torno da conquista e monopolização das hegemonias regionais e da construção de um sistema de poder global. Já vimos que, antes do surgimento dos estados nacionais, a competição e a guerra, entre os primeiros "núcleos imperiais", apontava na direção do "poder global", mas ele não estava ao alcance dos recursos destes primeiros poderes territoriais. E mais a frente, quando eles chegaram próximos a um poder de tipo global, como no caso do Império Habsburgo de Carlos V, as resistências externas e internas cresceram, e os custos aumentaram até o ponto em que o projeto ficou insustentável: Carlos V declarou moratória com relação aos seus banqueiros, renunciou e dividiu seu império para impedir sua decomposição. Depois de Carlos V, a França e a Alemanha tentaram, várias vezes, e sem sucesso, impor sua hegemonia à Europa; e o Japão também fracassou ao tentar impor a sua hegemonia na Ásia, depois de 1890. Só os Estados Unidos conquistaram e mantiveram, desde o século XIX, uma posição hegemônica incontestável dentro do continente americano. E só a Inglaterra e os Estados Unidos – os "estados-impérios capitalistas" por excelência – se colocaram o objetivo do "poder global". No caso da Inglaterra, com a limitação de que jamais teve poder territorial sobre a Europa e nunca disputou a América com os Estados Unidos. Mas, depois do fim da Guerra Fria, com o desaparecimento da União Soviética, não há dúvida que os Estados Unidos chegaram mais perto do que nunca da conquista de um poder global ou, pelo menos, do exercício sem contestação de um poder global de natureza militar. "O que é mais curioso e fascinante no desenvolvimento desta forma de império americano é que ele é um império só de bases militares, não de territórios, e estas bases atualmente cercam a terra de tal maneira que ficou possível o velho sonho secular de uma dominação global" (Johnson, 2004: 188-189).

A Globalização das Economias Nacionais.

Foi Marx quem fez a primeira e mais brilhante descrição do processo histórico de expansão das economias nacionais europeias, até a constituição do sistema econômico mundial e capitalista: "movida pela necessidade de novos mercados, a burguesia invadiria todo o globo. Necessitaria estabelecer-se em toda parte, exploraria em toda parte, criaria vínculos em toda parte. Pela exploração do mercado mundial a burguesia imprimiria um caráter cosmopolita à produção e ao consumo em todos os países" (Marx [1848], 1953: 24). Mais tarde, no Capital, Marx formulou a "Lei Geral da Acumulação" e identificou a tendência de longo prazo da concentração e centralização do capital, destacando a importância decisiva da concorrência e do acesso ao crédito. Alguns aspectos econômicos essenciais do seu argumento foram confirmados pela história da expansão capitalista, nos séculos XIX e XX. Mas a teoria do capital e do desenvolvimento capitalista de Marx não toma em conta a importância dos territórios e dos estados para a expansão vitoriosa da economia capitalista europeia, e acredita, em última instância, que o "capital em geral" marcha na direção de uma economia global, cosmopolita e sem fronteiras. Marx só inclui o problema dos estados nacionais e de suas guerras, na sua análise da "acumulação originária" e da "gênese do capitalista industrial", momentos transitórios de uma história estritamente econômica.

No início do século XX, entretanto, Rudolf Hilferding refez o argumento de Marx, trazendo os estados nacionais e suas guerras para dentro de sua teoria do desenvolvimento do capital "monopolista" e "financeiro". Hilferding percebeu que "o poder político era decisivo na luta competitiva de caráter econômico, e que para o capital financeiro, a posição do poder estatal é vital para o seu lucro" (Hilferding [1910], 1985: 311). Um pouco mais tarde, Nicolai Bukharin completou esta nova visão marxista do desenvolvimento capitalista sublinhando, também, a importância dos estados nacionais e de sua aliança com o capital financeiro: "as diferentes esferas do processo de concentração e de organização se estimulam mutuamente e fazem surgir forte tendência à transformação de toda a economia nacional numa gigantesca empresa combinada sob a égide dos magnatas das finanças e do Estado capitalista: uma economia que monopoliza o mercado mundial" (Bukharin [1917], 1984: 66). Além disto, Bukharin percebeu e identificou a existência de uma contradição fundamental na globalização capitalista, que não foi vista nem considerada por Marx: "o desenvolvimento do capitalismo mundial traz como resultado, de um lado, a internacionalização da vida econômica e o nivelamento econômico; e, de outro, em medida infinitamente maior, o agravamento extremo da tendência à nacionalização dos interesses capitalistas, à formação de grupos nacionais estreitamente ligados entre si, armados até os dentes e prontos, a qualquer momento, a lançar-se uns sobre os outros". (Ibidem: 97). Mas, apesar disto, mesmo depois de identificar e descrever a natureza contraditória do processo de globalização, Bukharin volta, no final, à posição inicial de Marx e prevê, no longo prazo, um império do capital, sem estados nem fronteiras. "(...) uma unidade econômica que não se baste a si mesma e que estenda infinitamente sua força imensa até transformar o mundo num império universal, tal é o ideal sonhado pelo capital financeiro" (Ibidem: 99).

Hilferding, pelo contrário, não recua e propõe um novo conceito capaz de avançar a análise histórica e teórica do papel dos "territórios" e do "poder", na expansão das economias nacionais vitoriosas: "a política do capital financeiro procura um tríplice objetivo. Em primeiro lugar a criação de um "território econômico" tão vasto quanto possível. Em segundo lugar, a defesa desse território por meio de barreiras aduaneiras. E a seguir, em terceiro lugar, sua transformação em campo de exploração para os monopólios do país" (Hilferding [1910], 1985: 314). Não importa que Hilferding considerasse este processo uma novidade do início do século XX quando, na verdade, se trata de um objetivo muito mais antigo e permanente na história das relações do poder político com o capital, desde a primeira vez em que os príncipes, os comerciantes e os banqueiros se aliaram para fazer a guerra e para conquistar e proteger posições monopólicas dentro dos territórios conquistados pelos vencedores. Como já vimos, esta aliança se aprofundou e se potencializou com o nascimento dos "estados-economias nacionais" e sua estratégia competitiva e expansiva. Por isso, a partir do século XVII, o "território econômico" supranacional conquistado pelo capital financeiro – de que fala Hilferding – foi quase sempre a outra face do "território político", conquistado pelas Grandes Potências. Quando a coincidência foi completa, esses novos territórios conquistados se transformaram em colônias e foram monopolizados por suas metrópoles. Mas, quando a coincidência não foi completa, nem houve colonização, a competição das Grandes Potências se deslocou para o campo monetário, financeiro e comercial, e quem ganhou a disputa pelo novo "território econômico" foi quem conseguiu impor sua moeda nacional, como moeda de referência dos negócios externos do novo domínio, criando uma barreira não alfandegária de proteção dos seus investimentos, mas, sobretudo criando um ambiente favorável e seguro para a multiplicação do seu capital financeiro, dentro da economia "conquistada".

O essencial, do ponto de vista da competição capitalista, é a conquista permanente de novas posições monopólicas, capazes de gerar lucros extraordinários. Este é o móvel do sistema capitalista e o único objetivo dos seus capitais individuais, que precisam se inovar permanentemente para conquistar e manter suas posições exclusivas, do ponto de vista tecnológico e organizacional, mas também, do ponto de vista do controle de mercados cativos. Por isso, ao contrário do senso comum institucionalista, o segredo da acumulação do capital nunca esteve no respeito e na manutenção de regras e instituições duradouras. Pelo contrário, na competição capitalista, os que ganham são sempre os que demonstram maior capacidade para contor-

Formação, Expansão e Limites do Poder Global

nar ou romper as regras e as instituições construídas em nome do mercado e da competição perfeita, e que cumprem o papel de bloquear e atrasar o acesso às novidades, dos concorrentes que se submetem às regras ou se atrasam em rompê-las. Por isso também, a despeito da retórica liberal, neste sistema capitalista que substituiu as "economias-mundo" mercantis, os "estados/economias nacionais" que ganharam também foram os que souberam navegar na contramão das "leis do mercado", praticando políticas mercantilistas durante o tempo em que lutaram para ascender dentro da hierarquia mundial, mas também durante o tempo em que se mantiveram no topo do sistema. No caso dos estados, como no caso do capital, eles também tiveram que inovar e sofisticar permanentemente seus sistemas de proteção, inclusive para poder dar alguma credibilidade à sua retórica liberal que foi, e será sempre, o discurso de todos os vitoriosos, dentro dos "territórios econômicos" conquistados ou submetidos à condição de periferia econômica dos ganhadores. Em princípio, do ponto de vista dos estados como do próprio capital, estas novas barreiras protetoras se deslocam na direção dos setores de ponta da economia associados, de uma forma ou de outra, ao campo da produção de recursos úteis para o "jogo das guerras". Portanto, os dois movimentos protetores convergem e se ajudam mutuamente porque fora da pequena economia de mercado, a regra que comanda o comportamento dos grandes "estados/economias nacionais" é a mesma dos seus "grandes predadores" privados: a conquista sem fim de novas posições monopólicas e a reprodução contínua de relações desiguais e assimétricas. Mas este é um jogo para poucos competidores, e sempre foi ganho pelos capitais que foram escudados pelo poder das Grandes Potências que dispunham de cotas nacionais importantes dentro da massa do capital financeiro mundial. É quase impossível imaginar a existência de "territórios econômicos" que tenham sido conquistados sem uma aliança do capital financeiro com o poder político, e não é provável que esta aliança possa ser desfeita nem que o capital financeiro possa impor seu império mundial, como pensa Bukharin, sem o apoio do poder político. Mas apesar disto, a ideia de Bukharin está por trás de todas as leituras "economicistas" do processo de globalização da economia capitalista.

Do nosso ponto de vista, entretanto – fiel ao conceito de Hilferding, a globalização capitalista foi, e será sempre, um movimento expansivo e uma resultante transitória do processo de competição entre as Grandes Potências e seus capitais financeiros, pela conquista de novos "territórios econômicos". Foi esta competição entre as Grandes Potências que foi alargando o espaço originário da "economia-mundo europeia" no século XVI, até transformá-la numa "economia mundial" nos séculos XIX e XX, e a globalização é o nome que se dá a este movimento contínuo, de alargamento do

45

"território econômico" das potências ganhadoras do jogo das finanças e das guerras. O território do sistema estatal foi sempre mais amplo que o território capitalista, e deste ponto de vista, a competição capitalista sempre teve novos espaços a serem disputados e conquistados. Mas, como já vimos, só duas destas Grandes Potências, conseguiram expandir as fronteiras de suas economias nacionais, até o ponto em que elas se transformaram em "territórios econômicos" mundiais: a Inglaterra e os Estados Unidos. Um processo lento e secular que deu um grande passo depois da generalização do padrão ouro e da desregulação financeira promovido pela Inglaterra, na década de 1870, e deu outro passo gigantesco depois da generalização do padrão "dólar-flexível" e da desregulação financeira, promovido pelos Estados Unidos, a partir da década de 1970.

Resumindo nosso argumento: a expansão e a universalização do sistema capitalista não foram uma obra do "capital em geral"; foram, e serão sempre, o resultado da competição e expansão dos "estados-economias nacionais" que conseguem impor a sua moeda, a sua "dívida pública", o seu sistema de crédito" e o seu sistema de "tributação", como lastro monetário do seu capital financeiro dentro destes territórios econômicos supranacionais e em expansão contínua. Por isto, a capacidade de endividamento e o crédito internacional dos estados vitoriosos corre sempre na frente da capacidade e do crédito dos demais estados concorrentes. No caso dos vitoriosos, a "dívida pública" pode crescer por cima do produto criado dentro do seu território nacional, ao contrário das demais economias, mesmo das Grandes Potências que ficam prisioneiras de uma capacidade de endividamento menor, restrita a sua zona mais limitada de influência monetária.

Os ganhadores desta competição foram, sempre, os que conseguiram chegar mais longe e garantir o controle de "territórios políticos e econômicos" supranacionais mais amplos do que o de seus concorrentes, seja na forma de colônias, domínios ou de periferias independentes. Como consequência, este sistema político e econômico mundial criado a partir da expansão europeia foi, e será sempre, desigual. Não porque as Grandes Potências dependam da exploração dos mais pobres ou dos mais fracos para sobreviver, do ponto de vista econômico ou político. O que se passa é que a lógica expansiva do sistema impõe a promoção e renovação contínua de situações que, por definição, serão sempre desiguais. Ou seja, como no campo político, também do ponto de visa econômico, a expansão das unidades capitalistas deste sistema não precisa da pobreza, pelo contrário, necessita de outras unidades que também sejam ricas e poderosas, mas ao mesmo tempo, a lógica expansiva e implacável do sistema renova a cada passo as desigualdades, e por isso se pode dizer que este sistema é essencialmente "desigualizante".

Colônias, "Quase-Estados" e Periferia.

Como já vimos, o núcleo central do sistema interestatal, formado pelas Grandes Potências, sempre foi pequeno e impermeável. Mas além disto, teve uma composição muito estável através dos séculos, com uma mobilidade ascendente muito baixa. O grupo das primeiras potências do século XVI sofreu defecções, como no caso de Portugal, Espanha, Suécia, Holanda e mais tarde, da Áustria. Mas o grupo formado pela França, Inglaterra, Prússia e Rússia, se mantém até o século XXI. A única grande mudança, nestes 500 anos, foi a entrada simultânea da Alemanha (unificada em 1871), Estados Unidos e Japão, no final do século XIX. Nestes séculos, sempre existiram poderes políticos e militares regionais, com sua competição e suas guerras, mas seu poder nunca foi além da própria região e jamais ameaçou a posição hegemônica do núcleo central do sistema. No século XX, a mobilidade ascendente ficou ainda mais difícil, e praticamente impossível para os estados que não dispunham de uma economia nacional extremamente vigorosa.

Esse problema da concentração do poder dentro do sistema mundial se ampliou com a multiplicação dos estados nacionais fora da Europa, a partir do início do século XIX. Desde então, o núcleo central das Grandes Potências se enfrenta com o desafio da convivência política e econômica com estes novos atores internacionais que nasceram dos impérios criados pela expansão dos seus "estados-economias nacionais". Foram suas colônias que depois se transformaram, na maioria dos casos, em "quase-estados", com uma soberania política e econômica extremamente limitada. Para os países centrais, o problema sempre foi como manter a hierarquia e impedir o aparecimento de novas potências regionais que pudessem ameaçar sua supremacia histórica. Do ponto de vista das ex-colônias, o problema sempre foi a afirmação de suas novas soberanias, junto com a reivindicação de mobilidade política e econômica dentro de um Sistema Mundial cada vez mais polarizado, e de um núcleo de poder central cada vez mais impermeável.

Ao se formarem, na América, os primeiros estados nacionais fora do território europeu, a Inglaterra vitoriosa se colocou, de imediato, o problema da relação com os novos sócios do sistema interestatal. Em grandes linhas, é possível identificar duas posições fundamentais que se mantêm até hoje, neste debate econômico e estratégico. De um lado, Adam Smith e quase toda a economia política clássica, convencidos de que o poder econômico da Inglaterra, no final do século XVIII, dispensava o uso de monopólios coloniais e de conquistas territoriais muito custosas do ponto de visa humano e financeiro. Sustentavam a tese de que a superioridade econômica inglesa – acentuada pela Revolução Industrial – e a força do seu capital financeiro, eram suficientes para obrigar a especialização "primário-exportadora" das economias que se tornassem independentes e se transformassem em "periferia" político-econômica dos estados mais ricos e poderosos. Numa posição oposta, se colocaram, na segunda metade do século XIX, Benjamim Disraeli, Cecil Rhodes e todos os demais que defendiam a retomada do colonialismo, dentro e fora da Inglaterra.

A posição de Adam Smith predominou na primeira metade do século XIX, mas as posições de Disraeli e de Cecil Rhodes se impuseram de forma avassaladora depois de 1870. Mas é importante compreender que esta não foi uma vitória intelectual ou apenas política; foi muitas vezes o resultado da aplicação da própria proposta de Adam Smith. É exemplar, neste sentido, a história da conquista e colonização de quase todos os territórios que pertenceram, em algum momento, ao antigo Império Otomano. Em quase todos os casos, esta história começava pela assinatura (muitas vezes imposta pela força) de Tratados Comerciais que obrigavam os países signatários a eliminarem suas barreiras comerciais, permitindo o livre acesso das mercadorias e dos capitais europeus. Esses tratados foram estabelecidos com países de quase todo o mundo, que acabaram por se especializar na exportação das matérias-primas necessárias à industrialização europeia. Com a abertura de suas economias, os governos destes países tiveram que se endividar junto à banca privada inglesa e francesa, para cobrir os recursos perdidos com o fim das taxas alfandegárias. Por isto, nos momentos de retração cíclica das economias europeias, estes países periféricos enfrentaram, invariavelmente, problemas de balanço de pagamentos, sendo obrigados a renegociar suas dívidas externas ou a declarar moratórias nacionais. No caso da América Latina, as dívidas e moratórias foram solucionadas através de renegociações com os credores e a transferência destes custos para as populações nacionais. No resto do mundo, a história foi diferente: a cobrança das dívidas acabou justificando a invasão e a dominação política de muitas destas novas colônias, criadas no século XIX.

Durante o século XX, os Estados Unidos e a União Soviética, as duas potências que bipolarizaram o mundo a partir da II Guerra Mundial, se opuseram à continuação dos impérios europeus para poder expandir seu próprio poder global, e tiveram um papel decisivo na independência das suas colônias na África e na Ásia. Depois das novas independências, o socialismo e o "desenvolvimentismo capitalista" se transformaram na utopia ou esperança destes novos estados que tinham um só e mesmo objetivo: um crescimento econômico acelerado que permitisse a recuperação do atraso, a mobilidade social e a diminuição das assimetrias de riqueza e de poder do Sistema Mundial. No fim da década de 1970, entretanto, o "desenvolvimentismo" já perdera fôlego na maioria dos países periféricos, assim como o socialismo, que logo depois também entrou em crise e perdeu sua força atrativa como estratégia de redução do atraso econômico. Em quase todas as ex-colônias, depois dos anos 80, o relógio deu volta para trás, em direção ao projeto liberal-smithiano do século XIX: de novo, a promessa de desenvolvimento e a esperança de mobilidade na hierarquia de poder e riqueza internacional passariam pela aceitação, por parte deste "estados-economias nacionais" periféricas, das regras do livre-comércio e da política econômica ortodoxa, propostas ou impostas pelas Grandes Potências, como havia ocorrido na segunda metade do século XIX. Por fim, na década de 1990, depois do fim da Guerra Fria, recolocou-se, num outro patamar, o problema da anarquia política e da desigualdade econômica do Sistema Mundial, agora com cerca de 195 estados e "quase-estados", e sem mais contar com a bipolaridade política e com a ideologia que havia mantido a "ordem" deste imenso universo depois da II Guerra Mundial. Foi neste contexto que o inglês Richard Cooper – cientista político e assessor internacional do governo Blair – publicou um livro que recoloca o velho problema inglês do século XIX e propõe uma "síntese" do debate atual entre as Grandes Potências. Cooper propõe uma estrutura de gestão global apoiada em três tipos simultâneos de imperialismo: um "imperialismo cooperativo", entre o mundo anglo-saxão e o resto dos países desenvolvidos; um "imperialismo baseado na lei das selvas", entre as Grandes Potências e os países incapazes de assegurar seus próprios territórios nacionais; e por fim, um "imperialismo voluntário da economia global, gerido por um consórcio internacional de instituições financeiras como o FMI e o Banco Mundial", e próprio para países que "se abram e aceitem pacificamente a interferência das organizações internacionais e dos estados estrangeiros" (Cooper, 1996). Em síntese, uma coalizão das Grandes Potências, que aplicaria em conjunto a "lei da selva" nos estados "pré-modernos" e o imperialismo do "livre-comércio" nos países que Adam Smith chamou de "nossos aliados mais fiéis, afeiçoados e agradecidos".

O Sistema Mundial, entretanto, é hierárquico e polarizado, mas não tem um lado só, porque já generalizou a forma política dos estados nacionais e a expectativa do desenvolvimento de capitalismos nacionais competitivos. Por isso, é possível e necessário olhar também para o funcionamento do sistema, pelo lado dos estados que são periféricos, mas que mantém o objetivo estratégico de mudar sua posição dentro da hierarquia de poder e da riqueza global. Neste ponto é possível definir uma primeira regra geral: há países ricos que não são, nem nunca serão, potências expansivas, nem farão parte do jogo competitivo das Grandes Potências. E há alguns estados militarizados, na periferia do Sistema Mundial, que nunca chegarão a ser potências econômicas. Mas não há possibilidade de que algum estado se transforme numa nova potência sem dispor de uma economia competitiva, vigorosa e inovadora. Foi assim, desde o início da história deste sistema, e hoje é rigorosamente impossível conceber um processo sustentado de acumulação de poder sem que esteja apoiado por uma economia dinâmica, expansiva e ganhadora. E fica cada vez mais difícil que algum capital individual ou bloco de capitais periféricos possa se expandir para fora de suas fronteiras nacionais, sem contar com o apoio ativo de estados que tenham pretensões igualmente expansivas.

Depois da primeira revolução industrial e da primeira divisão internacional do trabalho liderada pela Inglaterra, nós identificamos três modelos básicos de desenvolvimento capitalista bem-sucedido, no século XIX, e mais três, depois que os Estados Unidos impuseram sua supremacia dentro do mundo capitalista. No século XIX, existiram: i) os domínios ou "colônias brancas" inglesas, em particular o Canadá e a Austrália; ii) os países da periferia econômica independente que se especializaram e promoveram uma integração liberal e complementar com a economia inglesa e sem projeto expansivo de poder, como a Argentina, México e Brasil; e, finalmente iii) o caso dos países que fizeram *catch up* com a Inglaterra adotando políticas mercantilistas ou nacionalistas, como os Estados Unidos, a Alemanha e o Japão. Já no século XX, é possível falar de sucesso econômico: i) nas "zonas de coprosperidade estratégica dos Estados Unidos, verdadeiros protetorados militares e econômicos americanos, como foi o caso Japão, da Coreia e de Taiwan, na Ásia, e também, da Alemanha e da Itália, dentro da Europa; ii) alguns poucos casos de sucesso "desenvolvimentista" em zonas não estratégicas, como o Brasil e o México, mas que acabaram em grandes crises; e, finalmente iii) as versões contemporâneas do velho *catch up* e das políticas neomercantilistas ou nacionalistas, onde se destacam, atualmente, a China e a Índia.

O modelo dos "domínios" ingleses, no século XIX, e dos "protetorados militares" americanos, no século XX, permitem a acumulação da riqueza, mas impedem qualquer projeto autônomo de construção de uma Grande Potência; por sua vez, o modelo de "integração liberal", do tipo praticado pela Inglaterra na América Latina, na segunda metade do século XIX, pode gerar riqueza como no caso da Argentina, mas também é incompatível com projetos nacionais de potência; e o modelo "desenvolvimentista", sem conotação nacionalista nem militar, como foi experimentado no Brasil e no México, na segunda metade do século XX, teve sucesso econômico em poucos países e foi abandonado depois da crise das dívidas externas da década de 1980. Esta foi uma experiência frustrada de desenvolvimento das forças produtivas, sem inclusão social nem projeto nacional, e portanto, sem possibilidade, nem direito a qualquer tipo de expansão extraterritorial do seu poder ou do capital nacional que não fosse na forma da multiplicação patrimonial da riqueza privada da sua burguesia. Por fim, é muito mais complicado fazer a avaliação do modelo de *catch up*, neomercantilista ou nacionalista, seguido por alguns países ganhadores, nos séculos XIX e XX. Não foram os países que tiveram maior crescimento do PIB, mas com certeza, foram os únicos casos em que o desenvolvimento nacional provocou uma redistribuição do poder internacional. Todos tiveram projetos nacionais expansionistas, se propuseram entrar no núcleo central das Grandes Potências e utilizaram retóricas nacionalistas. Mas, ao mesmo tempo, apesar do paradoxo aparente, todos mantiveram relações de complementaridade virtuosa e acumulativa com a economia-líder do Sistema Mundial, primeiro a Inglaterra, e depois os Estados Unidos; até o momento em que entraram em guerra com seus antigos "protetores". Ou seja, no início, os países que escolheram este tipo de estratégia contaram com a "desatenção" ou o "convite" da potência econômica dominante, mas na hora em que se propuseram a se expandir para fora de suas fronteiras, foram bloqueados. Assim se pode compreender melhor porque estes projetos mercantilistas/nacionalistas de expansão do poder e do capital chegam sempre a um ponto de "saturação" que os leva à guerra. Do nosso ponto de vista, seu "belicismo" não foi uma consequência automática e necessária do seu nacionalismo ou mercantilismo. Na maioria das vezes, o que ocorreu foi exatamente o contrário: a guerra se impõe na hora em que estes "estados-economias nacionais" se propõem a expandir para além de suas fronteiras nacionais e são bloqueados pelas potências que já haviam se expandido previamente, e que monopolizam e bloqueiam as novas oportunidades de expansão. Isto só não ocorreu no caso dos Estados Unidos porque sua expansão se deu de forma associada com a Inglaterra, que se transformou na sócia preferencial do novo poder ganhador.

É esta regra histórica da luta pelas hegemonias regionais que está por trás da observação de John Mearsheimer, sobre as relações entre Estados Unidos e China, no seu livro *Tragedy of Great Power Politics*: "a política dos Estados Unidos na China está mal orientada, porque uma China rica não será um poder que aceite o *status quo* internacional. Pelo contrário, será um estado agressivo e determinado a conquistar uma hegemonia regional. Não porque a China ao ficar rica venha a ter instintos malvados, mas porque a melhor maneira para qualquer estado maximizar as suas perspectivas de sobrevivência é se tornar hegemônico na sua região do mundo. Agora bem, se é do interesse da China ser o *hegemon* no nordeste da Ásia, não é do interesse da América que isto aconteça" (Mearsheimer, 2001: 402). O que John Mearsheimer não entende é que a China necessita dos Estados Unidos, mas como já vimos, os Estados Unidos também precisam da concorrência chinesa para poder expandir seu próprio poder econômico e militar. Do nosso ponto de vista, este é o verdadeiro segredo do sucesso e da tragédia deste Sistema Mundial.

Hegemonia, Império e "Governança Global".

Apesar da continuidade das guerras dentro da história do Sistema Mundial, não existe uma explicação convincente da sua periodicidade, nem se consegue saber exatamente porque alguns períodos de paz são mais longos do que os outros. As várias teorias existentes sobre os "ciclos das guerras" não apresentam evidências conclusivas, e enquanto alguns atribuem os períodos de paz à existência de situações de "equilíbrio de poder" entre as Grandes Potências, outros, pelo contrário, acham que a paz depende da existência de um só poder ou de uma potência hegemônica capaz de impor a sua *"pax"* ao resto do mundo. Pelo lado econômico do Sistema Mundial, existem teorias muito mais desenvolvidas sobre as causas e a periodicidade das grandes crises capitalistas, mas quando elas associam estas crises ao "ciclo das guerras", em geral o fazem de forma muito superficial e mecanicista.

Do ponto de vista da "paz", Raymond Aron propôs uma distinção entre dois tipos de sistemas internacionais que coexistiriam, lado a lado, e manteriam relações diferentes com a "compulsão à guerra", de que fala Tucídides, na sua "História da Guerra do Peloponeso". O primeiro seria mais "homogêneo", e o outro mais "heterogêneo", dependendo do grau em que os estados envolvidos compartissem ou não das mesmas concepções e valores. Para Aron, as guerras seriam um fenômeno típico ou mais frequente dos subsistemas "heterogêneos". Henry Kissinger propôs uma separação parecida, entre duas ordens internacionais opostas, uma delas "legítima" e a outra, "revolucionária", dependendo de que os seus estados compartilhem ou não um mesmo código de conduta internacional. Nas duas tipologias, as guerras deveriam ser mais frequentes nos sistemas que Aron chama de "heterogêneos" e que Kissinger chama de "revolucionários". Mas nem Raymond Aron, nem Henry Kissinger conseguem explicar porque as Grandes Guerras que afetaram a história do Sistema Mundial se deram exatamente entre os países "homogêneos" ou "legítimos". As guerras entre as Grandes Potências na luta pelo "poder global" que afetaram a totalidade do sistema, provocando mudanças periódicas e radicais na ordem política mundial, e as guerras destas mesmas potências, nas periferias do sistema, pelo controle das hegemonias políticas e econômicas regionais.

Por outro lado, do ponto de vista da estabilidade e das crises econômicas do Sistema Mundial, a tentativa mais ambiciosa de explicação foi a da "teoria da estabilidade hegemônica" que já foi apresentada e criticada no tópico inicial deste artigo sobre "o paradoxo do hiperpoder americano".

Formação, Expansão e Limites do Poder Global

Em poucas palavras, desde a segunda metade dos anos 80, o mundo esteve sob a "liderança" incontestável de uma só potência orientada por um forte *commitment liberal*. Nesse período, os Estados Unidos arbitraram o sistema monetário internacional, promoveram ativamente a abertura e a desregulação das economias nacionais e o livre-comércio, incentivaram a convergência das políticas macroeconômicas e atuaram – pelo menos em parte – como *last resort lender* em todas as crises financeiras que abalaram o mundo dos negócios mantendo, ao mesmo tempo, um poder incontrastável no plano militar, industrial, tecnológico, financeiro e cultural. Apesar de tudo isto, o mundo viveu, no último quarto do século XX, um momento de grande instabilidade econômica sistêmica e a teoria foi incapaz de explicá-las. Por isso é fundamental uma rediscussão da própria ideia de hegemonia, econômica e política, antes de qualquer proposta sobre o tema da "governabilidade global".

Em primeiro lugar, há que se diferenciar claramente uma hegemonia econômica do exercício de um poder ordenador ou "pacificador". Mas, além disto, mesmo no campo econômico, o *hegemon* não pode ser entendido como um "gerente funcional", nem como uma função institucional que possa ser ocupada por qualquer tipo de governante coletivo. Ao contrário, a hegemonia econômica, assim como o poder político global, é sempre posição em disputa e conquista transitória, e nunca será o resultado de um consenso ou de uma escolha "democrática". A posição hegemônica, portanto, é uma conquista, uma vitória do estado mais poderoso em um determinado momento, e neste sentido se pode dizer que é apenas um "ponto possível" na curva ascendente dos "estados-impérios" que lutam pelo poder global. Só quando ocuparam esta posição transitória foi que os países hegemônicos puderam exercer um poder global favorável, eventualmente, ao desenvolvimento dos demais membros do sistema. O que, em geral, fica menos visível ou destacado nas discussões sobre as "hegemonias mundiais", é esta disputa que está por trás do poder hegemônico. Quando se olha o sistema pelo lado geopolítico fica mais fácil de perceber que sempre existiu, na história do sistema estatal, e em particular na história de suas Grandes Potências, um conflito central, mais permanente que serve como eixo organizador de todo sistema. Uma polaridade mais ou menos nítida que orienta as opções estratégicas dos demais estados, e que funciona como uma espécie de "negarquia", impedindo o uso abusivo e unilateral dos mais poderosos porque, "na ausência de outros poderes e de uma capacidade efetiva de veto, o exercício sem limites do poder, como demonstra fartamente a história passada, não conduz o mundo na direção de uma soberania absoluta e benevolente como chegaram a sonhar Bodin e Hobbes, mas à arbitrariedade, à arrogância e ao fascismo em última instância" (Fiori, 1997: 131). Estas polarizações foram uma forma recorrente, e muito específica, de or-

53

ganização do "equilíbrio de poder", que nunca chega a ser estritamente multilateral, e que gira em torno de pelo menos três grandes centros de poder político e econômico. Foi o que se passou com a prolongada guerra entre a Espanha, a Áustria (o Império Habsburgo) e a França, no século XVI; depois, com a competição econômica e os conflitos militares da França e da Inglaterra com a Holanda, em distintos momentos do século XVII; com a prolongada competição entre a França, a Inglaterra e a Rússia, nos séculos XVIII e XIX; e, finalmente com o conflito entre Inglaterra, Alemanha e Estados Unidos, na primeira metade do século XX, e com a "Guerra Fria" depois da II Guerra Mundial.

Nem sempre os principais atores da competição econômica foram os mesmos da competição político-militar, mas ambos conflitos conviveram com uma enorme complementaridade entre todos os estados envolvidos. Às vezes predominou o conflito, às vezes a complementaridade, mas foi esta "armação" que permitiu a existência de períodos mais ou menos prolongados de paz e crescimento econômico convergente entre as Grandes Potências. Só nestes momentos excepcionais, em que se deu esta convergência, é que se pode falar de hegemonia, e só se pode falar de uma hegemonia mundial, nesse sentido, em dois momentos da história do sistema moderno: entre 1870 e 1900, e entre 1945 e 1973. Assim mesmo, a cooperação que existiu entre as Grandes Potências, nestes dois únicos períodos hegemônicos da história, baseou-se em situações objetivas, com regras e instituições completamente diferentes.

A Inglaterra construiu um império colonial que foi decisivo para a reprodução do seu poder econômico e militar, e sua hegemonia não se apoiou em nenhum tipo de regime ou governança coletiva. No período da hegemonia inglesa não existiram regimes nem instituições multilaterais ou supranacionais, e a cooperação resultou das próprias características da Inglaterra que tinha uma economia extremamente aberta e dependente do seu comércio externo. O sistema monetário internacional baseado na moeda inglesa não foi objeto de nenhum tipo de acordo ou regime monetário pactuado entre as Grandes Potências. Pelo contrário, foi um sistema que nasceu da adesão progressiva dos demais estados e economias europeias, obrigadas a utilizar a libra nas suas novas investidas comerciais e imperiais, sobre um mundo que já era "território econômico" inglês. Os Estados Unidos, por sua vez, depois da II Guerra Mundial, não recorreram à colonização direta dos povos periféricos, e organizaram sua hegemonia de maneira diferente da Inglaterra. O período entre 1945 e 1973 foi o único momento na história do sistema político e econômico mundial em que foi tentado o exercício de uma "governança global", baseada num sistema de regimes e instituições supranacionais, apesar de que vários destes regimes e instituições concebidas na primeira hora da vitória militar, nunca se concretizaram. Além disto, a cooperação e a convergência entre os principais países capitalistas, neste período, se deveu muito mais à ameaça da Guerra Fria e ao medo da mobilização das grandes massas insatisfeitas, dentro e fora da Europa, do que à opção por um regime de "governança internacional".

Por isso, uma vez mais, não há como explicar a formação e a crise das "situações hegemônicas" sem tomar em conta, simultaneamente, o ímpeto expansivo e ao mesmo tempo "destrutivo' do *hegemon*, e a "armação" dentro da qual se constitui e se desenvolve a liderança hegemônica, entre as Grandes Potências. No caso da Inglaterra, constituída por sua aliança estratégica com os países da Santa Aliança e por sua competição militar e colonial com a França e a Rússia. E no caso dos Estados Unidos, baseada na aliança dos Estados Unidos com os países atlânticos e na sua competição militar e global com a União Soviética. Sem esquecer a importância decisiva das relações econômicas preferenciais e específicas da Inglaterra com os Estados Unidos e a Índia; e, depois da II Guerra Mundial, dos Estados Unidos com seus dois "protetorados militares" recém-derrotados, a Alemanha e o Japão.

Em 1973, os Estados Unidos abandonaram o sistema monetário internacional pactuado em Bretton Woods e, naquele momento, começou uma nova conjuntura "não hegemônica", em que o conflito se sobrepôs à cooperação dentro do núcleo das Grandes Potências, numa progressão que culminou com o fim da Guerra Fria. Na década de 1990, entretanto, depois da vitória dos Estados Unidos e das ideias liberais, o Sistema Mundial chegou mais perto do que nunca do limite último da sua tendência à formação de um "império mundial". Mas, depois do ano 2000, o que estamos assistindo é a rapidíssima reversão deste processo. O que parecia ter sido uma vitória quase religiosa do liberalismo, se transformou numa volta ao mundo da primazia excludente dos interesses nacionais de cada uma das Grandes Potências. Por outro lado, nas décadas de 80 e de 90, a economia americana cresceu de forma quase contínua, enquanto as economias das demais potências estagnaram, e a possibilidade de mobilidade da periferia dentro do sistema ficou praticamente reduzida aos casos da Índia e da China.

Desde todos os pontos de vista, o mundo nunca esteve tão longe de qualquer coisa que se possa chamar de hegemonia. Os Estados Unidos defendem, há duas décadas, a desregulação de todos os mercados e sistemas de comunicação, energia e transportes. E vem abandonando, sucessivamente, todos os acordos, compromissos e regimes internacionais que afetem sua capacidade de ação unilateral. Sua moeda, agora, é rigorosamente universal e não obedece nenhum regime, apenas às decisões soberanas do FED. Sua economia nacional conquistou espaços fundamentais na direção da globalização da sua moeda, dívida e sistema de tributação. Mas, ao mesmo tempo, estilhaçou-se o apoio à sua liderança moral-internacional, e cada uma das Grandes Potências dedica-se a "recolher os cacos" e redefinir seus interesses e espaços de influência, à sombra do hiperpoder norte-americano.

Do nosso ponto de vista, neste momento da história, não há como pensar o futuro e uma eventual governabilidade deste Sistema Mundial sem partir das premissas que estivemos tentando expor neste artigo: i) no universo em expansão, dos "estados-impérios" e de suas economias nacionais capitalistas, não há possibilidade lógica de uma "paz perpétua", nem tampouco, de mercados equilibrados e estáveis; ii) não existe a possibilidade de que as Grandes Potências possam praticar, de forma permanente, uma política apenas voltada para a preservação do *status quo*, deixando de lutar pela mudança da distribuição do poder mundial, como chegou a pensar Hans Morgenthau, apesar de ser um dos pais da teoria realista no campo das relações políticas internacionais; iii) não existe, tampouco, a possibilidade que a liderança da expansão econômica do capitalismo passe das mãos dos "grandes predadores" aliados às suas "Grandes Potências" para as mãos do empreendedor típico-ideal, dos modelos da "economia de mercado", dos manuais de economia; iv) o sistema é movido em conjunto, por duas forças político-econômicas contraditórias, como percebeu corretamente Nicolai Bukharin: por um lado, existe uma tendência que aponta na direção de um império ou estado universal, mas por outro, existe uma "contra-tendência" que aponta para o fortalecimento dos blocos de capital e poder nacional; v) estas forças não são apenas sistêmicas ou globais, elas atuam através da competição dos estados e das economias nacionais, e em particular da luta permanente de cada uma das Grandes Potências que têm que se opor ativamente à vocação imperial dos seus "pares" que sabem que "os impérios não têm interesse em operar dentro de um sistema internacional; eles aspiram ser o próprio sistema internacional" (Kissinger, 2001: 84) e, por fim, se até hoje não foi possível a criação do "império mundial", tampouco houve caos, porque o sistema se hierarquizou e criou, na prática, várias estruturas competitivas e complementares que "atrasaram" periodicamente as guerras. Mas estas estruturas têm muito pouco a ver com o conceito de "hegemonia mundial" e, menos ainda, com o sonho federativo e cosmopolita e liberal de Kant. Pelo contrário, sempre foram "formas de gestão" imperfeitas e transitórias, atropeladas e destruídas recorrentemente, por novos impulsos da tendência imperial de outros estados e economias nacionais.

Tendências e Limites do Poder Global.

Para explorar teoricamente o futuro do Sistema Mundial, criado a partir da expansão dos estados e das economias nacionais europeias, o caminho mais fecundo é partir da sua contradição fundamental e de suas consequências, para poder calcular sua capacidade de reprodução e seus limites de resistência. Como vimos, essa contradição aponta, no limite, por um lado, na direção do "poder global" e da construção de um "império mundial", e por outro lado, na direção do fortalecimento do poder territorial, dos estados e capitais nacionais. Não é impossível especular sobre o limite

Formação, Expansão e Limites do Poder Global

deste império global porque ele significaria – por definição – o fim político do sistema interestatal. E o mais provável, do ponto de vista econômico, que também signifique o fim do capitalismo. Como diz Max Weber, "foi o estado nacional bem delimitado que proporcionou ao capitalismo sua oportunidade de desenvolvimento – e, enquanto o Estado nacional não ceder lugar a um império mundial, o capitalismo também persistirá" (Weber, 1961: 249). Numa linguagem mais próxima da física e da termodinâmica, do que da dialética hegeliana, se pode dizer que a expansão do poder global, na direção do império mundial, é uma força que levaria à entropia do sistema ao provocar sua homogeneização interna com o desaparecimento das hierarquias e conflitos das suas unidades constitutivas responsáveis pelo dinamismo e pela ordem do próprio sistema. "Um só império seria sinônimo de um só "território econômico" com uma só moeda. Isto suporia a eliminação simultânea das soberanias políticas e das moedas nacionais dissolvidas no comando único, político e monetário do império que passaria a ser responsável pela política monetária e orçamentária de todas as províncias. Neste caso se eliminaria também o habitat do capital financeiro, que se alimenta da competição interestatal. O cenário mais provável para este império seria uma tendência ao estado de estagnação ou a uma grande reversão histórica, em direção ao que foi no passado, durante séculos, o império chinês" (Fiori, 1999: 63). Mas, mesmo na hipótese em que ocorresse este desaparecimento do sistema interestatal e capitalista, não se consegue ver, no presente, nenhum indício efetivo de um novo sistema que pudesse surgir e que fosse, por exemplo, mais pacífico ou igualitário. Nesta história global dos estados e economias nacionais, não se consegue identificar estados que sejam portadores de algum projeto revolucionário de reorganização do Sistema Mundial. Todos se movem com os mesmos objetivos e suas diferenças internas, de regime político e organização social, não parecem ter maior impacto no seu comportamento internacional, pelo menos nos momentos decisivos da história e do seu envolvimento em conflitos de maior proporção. No mundo das Grandes Potências, e de todos os demais estados e economias nacionais, portanto, não existem bons e maus, nem melhores ou piores, em termos absolutos. O que existe são estados que, em determinados momentos da história, assumem posições mais ou menos favoráveis à paz e à convergência das riquezas nacionais. Mas, mesmo nestes casos, há que distinguir a retórica ideológica dos comportamentos concretos, e além disto, estar atento para as mudanças de comportamento de um mesmo estado, dependendo do momento e da posição que estiver ocupando dentro da hierarquia de poder e riqueza internacionais. Quase todas as Grandes Potências já foram colonialistas e anticolonialistas, pacifistas e belicistas, liberais e mercantilistas, e quase todas elas, além disto, já mudaram de posição várias vezes ao longo da história. Neste contexto, todas as previsões, liberais ou marxistas, do fim dos estados ou das economias nacionais, ou mesmo da formação de algum tipo de federação cosmopolita e pacífica, são utopias, com toda a dignidade das utopias que partem de argumentos éticos e expectativas generosas, mas são ideias ou projetos que não têm nenhum apoio objetivo na análise da lógica e da história passada do Sistema Mundial. E neste ponto, como diz Hobsbawm, é bom "lembrar que a esperança e a previsão, embora inseparáveis, não são a mesma coisa (...) e toda previsão sobre o mundo real tem que repousar em algum tipo de inferência sobre o futuro a partir daquilo que aconteceu no passado, ou seja, a partir da história" (Hobsbawm, 1998: 67).

Apesar desta opacidade, como na física também no caso do Sistema Mundial existem forças que atuam em direção contrária desse poder global e do império mundial, forças que impediram, até hoje, que este processo de centralização do poder chegasse até o ponto da entropia ou dissolução do sistema. A primeira e mais importante destas contratendências opera no campo geopolítico e geoeconômico, e tem a ver com o comportamento contraditório das próprias potências expansivas que aspiram ao império mundial. Já vimos que não há possibilidade lógica de que uma potência ganhadora possa seguir acumulando poder e riqueza sem contar com novos competidores e adversários, econômicos e militares. Por isso ela própria promove, sempre que necessário, o desenvolvimento econômico dos seus futuros concorrentes, como aconteceu com a Inglaterra em relação à Alemanha, aos Estados Unidos e ao Japão, no século XIX, e voltou a acontecer com os Estados Unidos, no século XX, em relação à Alemanha, ao Japão, à Coreia, à Taiwan e, mais recentemente, com a própria China. Hoje se pode ver melhor a contribuição dos Estados Unidos, também no sucesso do antigo projeto russo de construção de uma Grande Potência durante o século XX, ao colocar a União Soviética na condição de seu principal inimigo, na sua estratégia de Guerra Fria. A potência expansiva e ganhadora pode prever, com base na experiência da história passada, que o crescimento econômico e militar dos seus competidores mais próximos produzirá, no médio prazo, uma redistribuição territorial da riqueza e um deslocamento dos seus centros de acumulação mundial. E, muito provavelmente, acabará provocando, no longo prazo, uma redistribuição do próprio poder mundial. Mas a potência expansiva não tem como evitar esta consequência e por isto se pode dizer, em última instância, que é o seu próprio comportamento que cria seus principais obstáculos e adversários. É ela mesma que alimenta a contratendência "nacionalizante" dos demais estados que bloqueiam sua marcha em direção ao poder global, e ao império mundial.

Mas atenção, porque este comportamento não se restringe apenas ao campo econômico. Por mais paradoxal que possa parecer, ele também acontece no campo militar porque, em última instância, são as potências ganhadoras que também armam os seus futuros e eventuais adversários, pelo menos até o momento em que eles adquiram autonomia tecnológico-militar. Mesmo depois do fim da Guerra Fria, os Estados Unidos (com 56,7% do mercado) e a Rússia (com 16,8% de todas as vendas de 2003) continuam dominando o mercado internacional de armamentos, e os países asiáticos, a China em particular, seguem sendo os seus maiores compradores. E não é necessário acrescentar que, depois dos Estados Unidos e da Rússia, os maiores vendedores são a Alemanha, a Inglaterra e a França, os demais membros do clube das Grandes Potências. Isto, a despeito de que a maioria dos analistas internacionais considere que o maior desafio ao poder americano deverá vir, no longo prazo, da Ásia e da China. Já foi assim no passado, mas depois da II Guerra Mundial, por exemplo, quando os Estados Unidos estimularam decisivamente o crescimento econômico dos seus concorrentes e adversários da guerra, eles mantiveram a Alemanha, o Japão e a Itália, na condição de seus "protetorados militares". Enquanto que agora, no período mais recente, os Estados Unidos não exercem nenhum tipo de protetorado, nem têm nenhum tipo de presença militar direta dentro do território chinês. Mas, além disto, as Grandes Potências também vendem suas armas para todos os demais países do mundo, mesmo os que não têm nenhuma perspectiva de se transformar em potência. Com isto, contribuem para a militarização dos conflitos internacionais em todos os patamares do Sistema Mundial, alimentando as guerras entre os países periféricos que podem não ter maior impacto sobre as grandes coordenadas do sistema, mas que recriam permanentemente suas regras de funcionamento, em todos os níveis da luta, pelo poder e pela riqueza. Como se a história do "jogo das guerras" entre as antigas "unidades imperiais", de que falava Braudel, reaparecesse e recomeçasse de novo, e todos voltassem a competir por sua segurança com os seus vizinhos mais próximos. Nesses níveis de competição, não importa a assimetria global de poder entre as Grandes Potências, porque se trata de lutas mais restritas que envolvem sócios menores do "grande jogo", e onde as Grandes Potências podem experimentar suas novas tecnologias sem maiores riscos globais, ao mesmo tempo em que fazem seus "ajustes de contas" com as mãos de terceiros. Esta recriação da competição e dos conflitos e guerras nestes patamares inferiores da hierarquia do poder militar, dificultam a convergência de interesses e a possibilidade de uma aliança estável entre os estados insatisfeitos com o *satus quo* mundial. Mas, ao mesmo tempo, estes conflitos reproduzem e aprofundam as contradições do próprio sistema e contribuem para a mobilização interna das populações que quase sempre se unem e se solidarizam com seus estados quando seus governantes decidem lutar por mudanças na posição do seu país dentro da hierarquia de poder e riqueza mundial. Ainda mais em conjunturas de excessiva polarização ou "desigualização" na distribuição da riqueza entre as nações e as classes sociais. Deste ponto de vista, se não há dúvida que a multiplicação destes conflitos locais fragmenta os países periféricos e dificulta o "internacionalismo dos países pobres", ao mesmo tempo em que estes conflitos aumentam a força das lutas sociais e nacionais, contra a centralização do poder e da riqueza internacional. "Salvo raras exceções, se pode afirmar que a aproximação nacionalista das elites com seus povos só ocorreu quando algum tipo de bipolarização ou competição política, militar ou econômica, no campo internacional ameaçou ou afetou os interesses do Estado e a riqueza das burguesias locais. Essa "lei" atuou de forma implacável na história europeia e se mantém vigente nas relações entre as grandes potências que compõem o núcleo central do sistema, mas só se manifesta excepcionalmente na periferia do sistema quando não existe um verdadeiro desafio geopolítico ou geoeconômico" (Fiori, 2001: 72).

Ao analisar esta mesma convergência periódica entre o "nacional" e o "social", Karl Polanyi formulou uma tese e uma versão extremamente original e provocadora dos efeitos da contradição central do Sistema Mundial, dentro de algumas sociedades e economias nacionais. Resumindo seu argumento, Karl Polanyi identifica a existência de um "duplo movimento" na história do capitalismo, desde o século XIX, resultado da ação permanente e contraditória de dois princípios organizadores das economias e sociedades de mercado, cada um deles apontando para objetivos diferentes. Um, seria o "princípio do liberalismo" econômico que propõe, desde as origens do sistema, a globalização ou universalização dos mercados autorregulados, através da defesa permanente do *laissez faire* e do livre-comércio, processo análogo ao da construção do império mundial do capital financeiro, previsto por Nicolai Bukharin. E o outro, seria o princípio da "autoproteção social", uma reação defensiva que se articula historicamente "não em torno de interesses de classes particulares, mas em torno da defesa das "substâncias sociais ameaçadas pelos mercados" (Polanyi [1944], 1980: 164). Muitos intérpretes de Polanyi leram sua tese sobre o "duplo movimento" das economias e sociedades capitalistas como se fosse uma sequência no tempo ou como se tratasse de um movimento pendular ao longo da história. A visão de Karl Polanyi, entretanto, é mais dialética do que pendular porque, para ele, os dois princípios têm raízes materiais e sociais que convivem de forma necessária, permanente e contraditória dentro do capitalismo. Os 'anticorpos', que acabam paralisando e corrigindo a expansão entrópica dos mercados autorregulados, nascem de dentro da própria expansão mercantil, se manifestam esporadicamente nos interstícios do mundo liberal, e se fortalecem com a destruição que os mercados desregulados produzem, no longo prazo, no mundo do trabalho, da terra, do dinheiro e da própria capacidade produtiva das nações. Além disto, este princípio da "autoproteção social" pode se manifestar de duas maneiras diferentes: i) dentro das sociedades nacionais através de várias formas de democratização política e social e da construção de redes de proteção coletiva das populações; e ii) dentro do sistema internacional, na forma de uma reação defensiva dos estados que decidem proteger seus sistemas econômicos nacionais, em situações de crise ou de competição desigual. No caso dos países europeus, e no período histórico analisado por Polanyi, estes dois movimentos de autoproteção convergiram, invariavelmente, devido à permanente competição interestatal europeia e ao lugar central ocupado pelas guerras dentro destas competições. Segundo Polanyi, dentro dos países que se envolvem nestas competições e guerras, o desafio externo dilui as fronteiras de classe e estimula várias formas de solidariedade e consciência nacional, como aconteceu na "era da catástrofe", entre 1914 e 1945, momento em que se criaram as bases para o maior "choque distributivo" e democratizante da história do capitalismo, que viria a ocorrer depois de 1945 com as políticas de pleno emprego e de proteção pública e universal das populações, propostas que eram consideradas verdadeiras heresias durante a época de ouro da "civilização liberal", entre 1840 e 1914. Hoje, olhando retrospectivamente, se pode ver que a própria revolução comunista, "num só país" – independente de sua gigantesca especificidade social – também cumpriu o papel vitorioso de atualizar o antigo projeto russo de construção de uma Grande Potência, durante o século XX.

Na virada do século XXI, a história pode estar anunciando uma nova etapa de convergência entre as lutas nacionais e sociais dos povos menos favorecidos, segundo o modelo de Polanyi. O Sistema Mundial viveu uma era de euforia liberal depois de 1990 e de novo, em muito pouco tempo, de desorganização do mundo do trabalho, da terra e do dinheiro, que levou à corrida imperialista e às Grandes Guerras dos séculos XIX e XX. Além disto, guardadas as diferenças, os tambores de guerra já voltaram a soar, anunciando o retorno do "poder das armas" ao epicentro do Sistema Mundial, ao mesmo tempo em que se multiplicam as formas de protecionismo das Grandes Potências econômicas. Por isso, não é improvável um novo momento de convergência entre movimentos de autoproteção nacional que questionem o *status quo* internacional e movimentos sociais que pressionem contra a excessiva polarização da riqueza entre as classes sociais. É interessante observar, entretanto, que se esta convergência voltar a ocorrer, será também um movimento de resistência contra a entropia do Sistema Mundial, anunciada pela acelerada centralização do poder num só estado nacional, os Estados Unidos, que hoje se propõem a realizar, explicitamente, a previsão de Kant, de que "o desejo de todo estado e de seus governantes é alcançar uma condição de paz perpétua, através da conquista de todo mundo".

REFERÊNCIAS BIBLIOGRÁFICAS

ARON, R. [1962] (2002). *Paz e guerra entre as nações*. Brasília: Ed. UnB.

ARRIGHI, G. (2003). Tracking global turbulence. *New Left Review*, 20, mar/abr, Londres.

_____ (2001). *Caos e governabilidade*. Rio de Janeiro: Contraponto.

_____ (1994). *O longo século XX*. Rio de Janeiro: Contraponto.

BACEVICH, A J. (2002). *American Empire*. Cambridge: Harvard University Press.

BLACK, J. (1990). *The Rise of European Powers*. Nova York: Edward Arnold.

BOBBIT, P. (2001). *The Shield of Achilles*. Nova York: Knoopf.

BRAUDEL, F. (1996a). *O jogo das trocas*. São Paulo: Martins Fontes.

_____ (1996b). *O tempo do mundo*. São Paulo: Martins Fontes.

_____ (1987). *A dinâmica do capitalismo*. Rio de Janeiro: Rocco.

BUKHARIN, N. [1917] (1984). *A economia mundial e o imperialismo*. São Paulo: Abril Cultural.

CARR, E. [1939] (2001). *The Twenty Year's Crisis:* 1919-1939. Londres: Perennial.

COOPER, R. (1996). *The Post-Modern State and the World Order*. Londres: Demos.

ELIAS, N. [1939] (1993). *O processo civilizador*. Rio de Janeiro: Jorge Zahar Editores.

FERGUSON, N. (2004). *Colossus:* The Price of American Empire. Nova York: Penguin Press.

_____ (2002). *The Cash Nexus*. Londres: Penguin Books.

FIORI, J.L. (2001). *Brasil no espaço*. Petrópolis: Vozes.

_____ (1999). De volta à questão da riqueza de algumas nações. In: FIORI, J.L. (org.). *Estados e moedas no desenvolvimento das nações*. Petrópolis: Vozes.

_____ (1997). Globalização, hegemonia e império. In: TAVARES, M.C. & FIORI, J.L. *O poder e o dinheiro*: uma economia política da globalização. Petrópolis: Vozes.

_____ (1991). A Guerra do Golfo: uma Guerra "Ética". *Cadernos de Conjuntura*, n. 8, Rio de Janeiro: Instituto de Economia Industrial da UFRJ.

GILPIN, R. (1987). *The Political Economy of the International Relations*. Princenton: Princenton University Press.

_____ (1975). *US Power and the Multinational Corporations*. Nova York: Basic Books.

_____ (1972). The politics of transnational economic relations. In: KEOHANE. R. & NYE, J. (1972). *Transnational Relations and World Politics*. Cambridge: Harvard University Press.

Formação, Expansão e Limites do Poder Global

GLETE, J. (2002). *War and the State in Early Modern Europe*. Londres: Routledge.

HERCKSHER, E.F. [1931] (1955). *La época mercantilista*. México: Fondo de Cultura Economia.

HERZ, J. (1950). Idealist Internationalism and the Security Dilemma! *World Politics 2*, n. 2, janeiro, p. 157-180.

HILFERDING, R. [1910] (1985). *O capital financeiro*. São Paulo: Nova Cultural.

HOBSBAWM, E. (1998). *Sobre a história*. São Paulo: Companhia das Letras.

JOHNSON, C. (2004). *The Sorrows of Empire*. Nova York: Metropolitan Books.

KANT, I., Apud WIGHT, M. (1946). *Power Politics*. Londres: Royal Institute of Royal Affairs.

KANT, I. (1958). *Filosofía de la Historia*. Buenos Aires: Nova Buenos Aires.

KAPLAN, R. (2001). *Warrior Politics*: Why Leadership Demands a Pagan Ethos. Nova York: Random House.

KENNEDY, P. (2002). The greatest superpower ever. *New Perspective Quarterly*, inverno.

_____ (1989). *Ascensão e queda das grandes potências*. Rio de Janeiro: Campus.

KEOHANE & NYE, J.S. (eds.) (1972). *Transnational Relations and World Politics*. Cambridge: Harvard University Press.

_____ (1977). *Power and Interdependence*: World Politics in Transition. Boston: Littlebrown.

KINDIEBERGER, C. (1973). *The World in Depression*: 1929-1939. Los Angeles: University of California Press.

KISSINGER, H. (2001). *Does America need a Foreign Policy?* Nova York: Simon & Shulster.

KRAUTHAMER, C. (1991). The Unipolar Moment. *Foreign Affairs*, 1990/1991.

LEVY, J. (1983). *War in the Modern Great Power System*. Lexington: Ky.

LUARD, E. (1987). *War in International Society*: A Study in International Sociology. Londres: New Haven.

MAQUIAVEL, N. [1513] (1952). Le Prince. In: *Oeuvre Complètes*. Paris: Bibliothèque de la Plêiade.

MARX, K. (1980). *El Capital*. Vol. 1. México: Fondo de Cultura Económica.

_____ [1848] (1953). Manifesto do Partido Comunista. In: MARX, K. & ENGELSF. *Obras Escolhidas*, vol. 1. São Paulo: Alfa Omega.

MCKEOWN, T.J. (1983). Hegemonic stability theory and 19th century tariff levels in Europe. *International Organization*, vol. 37, n. 1, inverno.

MCNEILL, W.H. (1984). *The Pursuit of Power*. The University of Chicago Press.

MEARSHEIMER, J. (2001). *The Tragedy of Great Power Politics*. Nova York: W.W Norton & Company.

MORGENTHAU, H. (1993). *Politics among Nations*: The Struggle for Power and Peace. Boston: McGraw Hill.

NYE, J. (2002). *O paradoxo do poder americano*. São Paulo: Unesp.

PARKER, G. (1974). The emergence of modern finance in Europe: 1500-1730. In: CIPOLLA, C. (ed.). *The Fontana History of Europe*. Londres.

POLANYI, K. [1944] (1980). *A grande transformação*. Rio de Janeiro: Campus.

ROGOWSKI, R. (1983). Structure, growth and power: three rationalist accounts. *International Organization*, vol. 37, n. 4, inverno.

RUSSET, B. (1985). The mysterious case of vanishing hegemony or, is Mark Twain really dead? *International Organization*, vol. 39, n. 2, primavera.

SECURITY/21 ST CENTURY (1999). Washington D.C. BACEVICH, A.J. (2002:143). *American Empire*. Cambridge: Harvard University Press.

SERRANO, F. (1998). *Do ouro móvel ao dólar flexível*. Rio de Janeiro: Instituto de Economia da UFRJ [Mimeo.].

SNIDAL, D. (1985). The limits of hegemonic stability theory. *International Organization*, vol. 39, n. 4, outono.

STEIN, A. (1984). The hegemon's dilemma: Great Britain, the United States, and the international economic order. *International Organization*, vol. 38, n. 2, primavera.

STRANGE, S. (1987). The persistent myth of lost hegemony. *International Organization*, vol. 41, n. 4, outono.

TILLY, C. (1996). *Coerção, capital e estados europeus*. São Paulo: Edusp.

WALLERSTEIN, I. (2003). Entering global anarchy. *New Left Review*, 22, jul/ago. Londres.

_____ (2002). *Após o liberalismo*. Petrópolis: Vozes.

_____ (1974). *The Modern World System*. Nova York: Academic Press.

WALTER, A. (1993). *World Power and World Money*. Londres: Harvester, Wheatsheaf.

WEBER, M. (1982). Estado nacional e política econômica. *Escritos políticos I*. México: Fólios Ediciones.

_____ (1961). *General Economic History*. Nova York: Collier.

II

GEOPOLÍTICA E GEOECONOMIA

José Luís Fiori

O Poder Global dos Estados Unidos: formação, expansão e limites

> *O desejo de todo estado e de seus governantes é alcançar uma condição de paz perpétua, através da conquista de todo mundo.*
>
> Immanuel Kant, *Ensaio Filosófico sobre a Paz Perpétua*, 1795.

A Formação do Minotauro Americano.

A história dos Estados Unidos não constitui uma exceção em relação ao "modelo" dos estados e economias nacionais europeias. Pelo contrário, ela é um produto e uma parte essencial do processo de expansão do próprio modelo, diferente do que pensam muitos historiadores e cientistas sociais, inclusive marxistas. O nascimento dos Estados Unidos é inseparável da competição e das guerras entre as Grandes Potências europeias, da mesma forma que o seu desenvolvimento capitalista não foi uma obra exclusiva das suas grandes corporações privadas. E é impensável sem a intervenção decisiva do estado e das guerras americanas e sem o apoio inicial e permanente do capital financeiro inglês. O aparecimento dos Estados Unidos foi, sem dúvida, um fato revolucionário na história do sistema mundial, por ser o primeiro estado nacional que se formou fora do território europeu. Mas esta revolução não caiu do céu, ela foi provocada pelas contradições do sistema político criado pelos europeus e pela expansão de suas Grandes Potências. Por isso, os Estados Unidos foram uma novidade, porém, não foram uma exceção e logo se transformaram numa nova peça do próprio sistema.

Para começar, a independência americana foi uma "guerra europeia", mas além disto, desde o início de sua história independente, os Estados Unidos expandiram seu poder e seu "território econômico" de forma contínua, como aconteceu com todos os "estados-impérios" europeus que se transformaram em Grandes Potências. No século XX, os Estados Unidos assumiram a liderança do sistema que havia sido dos europeus e levaram ao extremo sua tendência contraditória à formação de um império mundial e, ao mesmo tempo, ao fortalecimento do seu poder nacional. As duas faces do impasse contemporâneo do sistema mundial e da incógnita que paira sobre o futuro do poder global dos Estados Unidos, na entrada do século XXI.

- A "Guerra da Independência" e a Formação do Primeiro Estado "Extra-Europeu".

Os Estados Unidos foram o primeiro estado nacional que nasceu fora da Europa e, ao mesmo tempo, foi um estado nacional "tardio", porque nasceu dentro de um sistema de estados que já estavam formados, hierarquizados e em expansão contínua, desde o século XVII. Na verdade, o seu próprio nascimento constitui um episódio deste movimento expansivo e competitivo dos estados e dos capitais europeus. Mas além disto, os Estados Unidos foram uma colônia que se separou de um "estado imperial" vitorioso, ao contrário de todos os demais estados não europeus que hoje compõem o sistema político mundial, e que nasceram invariavelmente de impérios em decadência ou em franco processo de decomposição. Como aconteceu com os estados latino-americanos, no século XIX, e com todos os estados africanos e asiáticos, que se formaram no século XX, em particular depois da II Guerra Mundial.

Os Estados Unidos são o único caso de um estado nacional que sai de dentro de um império em expansão, durante as guerras que definiram a hegemonia inglesa dentro da Europa e do seu mundo colonial, e no período em que a Inglaterra faz sua revolução industrial e cria as bases materiais e financeiras da primeira divisão internacional do trabalho. Na mesma hora em que a cidadela mercantilista e colonialista era atacada pelo liberalismo econômico de Adam Smith que propunha a troca das colônias por um "imperialismo do livre-comércio". Por isso, ao romper seus laços políticos com a Inglaterra, os Estados Unidos se transformaram imediatamente numa periferia "primário-exportadora" da economia e da industrialização inglesa. Neste novo contexto histórico, absolutamente original, não se poderia esperar que repetisse, na América do Norte, o mesmo processo de acumulação do poder e da riqueza que havia ocorrido na Europa, depois do século XV. Nem tampouco seria possível que um estado nascido abruptamente de uma guerra entre as Grandes Potências europeias pudesse realizar, de imediato, "a façanha que a Inglaterra realizou precocemente, a revolução que criou o mercado nacional inglês: um *espaço político* transformado pelo Estado num *espaço econômico* coerente, unificado, cujas atividades passaram a se desenvolver em conjunto numa mesma direção" (Braudel, 1987: 82). Mas, apesar destas diferenças e da especificidade norte-americana, os Estados Unidos apresentaram uma tendência expansiva, desde o início, como os primeiros estados europeus que nasceram na forma de "minotauros", meio estado-meio império. Uma tendência expansiva que não se encontra nos demais estados "tardios" que foram criados na América Latina, no início do século XIX. Do nosso ponto de vista, esta característica dos Estados Unidos se explica a partir de duas circunstâncias fundamentais: a primeira foi a sua inserção geopolítica inicial; e a segunda foi a sua relação econômica com a metrópole inglesa, que não foi interrompida pela independência.

Do ponto de vista geopolítico, o fator que mais pesou na independência e na formação do estado americano foi ter ocorrido enquanto as Grandes Potências disputavam a hegemonia europeia, entre o fim da Guerra dos Sete Anos, em 1763, e o fim das guerras napoleônicas, em 1815. E mais exatamente ainda, na época em que o *Ancien Régime* era posto na defensiva, em quase toda a Europa, pelo medo da Revolução Francesa, de 1789, e pelo avanço dos exércitos de Bonaparte, pelo menos até a consagração da vitória conservadora, no Congresso de Viena, em 1815. É exatamente neste período de guerra europeia que os Estados Unidos conquistam sua independência, consolidam seu território, escrevem sua Constituição de Filadélfia e elegem seu primeiro governo republicano, aproveitando-se de sua "insularidade" territorial em relação ao continente europeu e adotando uma posição de neutralidade dentro do conflito entre as Grandes Potências. Na verdade, a própria guerra da independência americana foi um capítulo da grande guerra europeia em que se decidiu, finalmente, a disputa secular entre a França e a Inglaterra pela hegemonia dentro do continente europeu. Depois da derrota para os ingleses, na Guerra dos Sete Anos, a França perdeu suas posições na Índia, no Canadá e na Louisiana, mas mesmo assim liderou a aliança com a Espanha, apoiada pela Holanda, e fortalecida pelas posições antibritânicas da Rússia, Dinamarca, Suécia e Prússia a favor da independência americana, ocupando um papel decisivo na batalha naval que decidiu a sorte da Inglaterra, em Yorktown, em outubro de 1781. Apesar desta vitória, entretanto, a França acabou definitivamente derrotada em Waterloo, sendo submetida, a partir de 1815, ao policiamento da Santa Aliança sob controle distante da Inglaterra. Neste momento, entretanto, quando a Europa conseguiu se levantar depois de vinte anos de guerra contínua, e quando suas forças e governos conservadores conseguiram retomar o controle de suas periferias, definindo as bases de uma nova ordem política mundial, os Estados Unidos já estavam postos sobre seus próprios pés, do ponto vista do seu território e do seu estado, definitivamente estabelecidos depois da sua última guerra com a Inglaterra, em 1812. Durante todo este período de formação, os Estados Unidos tiveram que negociar com todas as Grandes Potências presentes na América do Norte, num momento em que elas estavam fragilizadas por suas lutas e sem capacidade de sustentar seus interesses em territórios considerados, naquele momento, longínquos, onerosos e mal defendidos, com exceção exatamente da Inglaterra. Por isso, desde a primeira hora de sua independência, os Estados Unidos negociaram suas fronteiras e seus tratados comerciais com o "núcleo duro" das Grandes Potências europeias, com quem sempre mantiveram relações privilegiadas, em particular com a Inglaterra. E acabaram obtendo vitórias diplomáticas notáveis, porque souberam utilizar a seu favor as divisões das Grandes Potências e sua fragilidade temporária, começando pelo tratado de paz, cuja versão preliminar foi assinada, em Paris, em 30 de novembro de 1782 e a versão definitiva, assinada em 3 de setembro de 1783, com a Inglaterra, onde os ingleses reconheceram a independência de cada uma de suas antigas colônias, e definiram as fronteiras do novo estado: ao norte, na região dos Lagos; a oeste, no Rio Mississipi; e ao sul, na região da Flórida[1]. Foi neste mesmo contexto de fragilidade europeia que os Estados Unidos conseguiram impor, aos ingleses, quase todas as suas condições, no Tratado de Fort Greenville, em 1795, com relação às terras indígenas da zona fronteiriça com o Canadá, onde veio a ser criado o estado de Ohio; e o mesmo aconteceu nos tratados assinados com a Espanha, neste mesmo ano, definindo as fronteiras comuns, no sudoeste do novo estado americano. Um pouco depois, em 1803, os Estados Unidos ainda conseguiram uma nova vitória, ao conseguir comprar o território da Louisiana dos franceses, que o haviam recuperado da Espanha, pelo Tratado de Santo Ildefonso, de 1800. O mesmo procedimento utilizado com relação à Espanha, no caso da anexação da Flórida em 1819. Mas nesta história de pequenas batalhas americanas e de grandes negociações feitas à sombra da guerra europeia que se estende entre 1793 até 1815, o momento mais importante aconteceu depois da guerra dos Estados Unidos com a Inglaterra, em 1812, que terminou, em 1814, quando foi assinado o Tratado de Ghent, consagrando o "princípio da arbitragem" para os novos conflitos que pudessem surgir entre os dois países anglo-saxões. Princípio que foi ativado com o acordo de desarmamento da região dos Grandes Lagos, junto ao Canadá, assinado em 1818 – *The Rush-Bagot Agreement* –, verdadeiro ponto de inflexão na história geopolítica dos Estados Unidos, apesar de que os conflitos anglo-americanos não tenham cessado definitivamente até a assinatura do Tratado de Washington, em 1871. Assim mesmo, o tratado assinado com a Inglaterra, em 1818, pesou decisivamente a favor do governo americano nas negociações com a Espanha que culminaram em 22 de fevereiro de 1819, quando Fernando VII cedeu, aos Estados Unidos, todos os territórios que lhe pertenciam, situados ao leste do Mississipi e na região da Flórida.

---

[1] As informações utilizadas neste artigo, sobre a história diplomática americana – sobretudo com relação ao século XIX, e até a Primeira Guerra Mundial – foram tiradas basicamente da obra de J.W. Pratt, *A History of United States Foreign Policy, Prentice Hall*.

Do ponto de vista econômico ou geoeconômico, o ponto decisivo que diferencia a formação da economia americana, durante as primeiras décadas de vida independente, é sua relação complementar, funcional e privilegiada com a economia inglesa, naquele momento, a principal economia capitalista do mundo, em pleno processo de revolução industrial. Do ponto de vista inglês, os Estados Unidos se transformaram numa experiência pioneira do seu novo sistema de divisão internacional do trabalho que seria estendido durante o século XIX à América Latina, norte da África e a alguns países asiáticos. Neste sentido, não há dúvida que na primeira metade do século XIX os Estados Unidos foram uma economia "primário-exportadora" como tantas outras através do mundo, especializada na produção de tabaco e algodão, para o mercado inglês. Com a diferença fundamental de que a Inglaterra e seu capital financeiro privilegiaram alguns destes países, muito mais do que outros, garantindo-lhes os capitais de investimento indispensáveis às suas grandes plantações e à construção da infraestrutura para o escoamento da produção. A pesquisa de Angus Madison (2001), sobre o desenvolvimento comparado do século XIX, permite identificar e hierarquizar os países que ocuparam posições privilegiadas como celeiros da Inglaterra e como receptadores preferenciais de seus capitais de investimento; alguns países nórdicos e a Argentina, e os domínios ou colônias brancas da Inglaterra, como foi o caso do Canadá, Nova Zelândia, Austrália e África do Sul. Mas os números indicam que foram os Estados Unidos que ocuparam, durante todo o século XIX, a principal posição dentro deste grupo de países que teve a vantagem de pertencer a uma espécie de "zona de coprosperidade" da Inglaterra. Em alguns períodos, e em alguns casos, o investimento direto inglês nestes territórios chegou a ser 60% do investimento total do período, o que é compreensível em colônias que foram grandes plantações ou fornecedores minerais da Inglaterra. Mas este não foi o caso dos Estados Unidos que, apesar de terem deixado de ser colônia, mantiveram uma posição privilegiada dentro do "território econômico anglo-saxão" e, neste sentido, os Estados Unidos foram muito mais do que uma mera periferia agrário-exportadora da Inglaterra; foram de fato um caso pioneiro de "desenvolvimento a convite". Laços que foram interrompidos durante o período da Guerra Civil devido à simpatia inglesa pela causa da Confederação, mas que foram imediatamente retomados depois da vitória da União, e se mantiveram e se aprofundaram a partir de 1870. Mas, a partir daí, a história já seria outra, porque foi o momento em que os Estados Unidos realizaram, também tardiamente, "a revolução que criou o mercado nacional americano" e, portanto, seu Estado também já tinha criado "um espaço econômico coerente, unificado, cujas atividades passaram a se desenvolver em conjunto numa mesma direção" (Braudel, 1987: 85).

Do ponto de vista americano, a opção por esta aliança econômica com a Inglaterra não foi apenas uma imposição de sua estrutura produtiva colonial, foi também uma opção política e estratégica tomada já no primeiro governo constitucional dos Estados Unidos, presidido por George Washington. Em abril de 1794 Washington enviou a Londres John Jay, presidente da Corte Suprema de Justiça, na busca de um acordo com a Inglaterra sobre várias matérias em disputa entre os dois países. Jay representava as posições federalistas, em particular a posição pró-inglesa de Alexander Hamilton, secretário do Tesouro de George Washington, que estava preocupado, naquele momento, sobretudo com o sucesso de sua política monetário-financeira que dependia do apoio financeiro da Inglaterra. O *Jay's Treaty* entre Inglaterra e Estados Unidos, negociado por John Jay, foi assinado em 1794, e se transformou no ponto de partida da parceria econômica entre Estados Unidos e Inglaterra. Uma parceria que funcionou a despeito de algumas disputas periódicas, dando aos Estados Unidos todas as vantagens dos futuros Domínios ingleses, mas sem que os Estados Unidos tivessem que abrir mão de sua autonomia e de suas políticas de proteção neomercantilistas. Em 1815 o Congresso autorizou o presidente americano a remover, dos seus portos, todas as formas de discriminação com relação aos navios de países que tivessem abandonado as mesmas práticas com relação aos americanos. E a Inglaterra respondeu, em 1822, com uma decisão do seu Parlamento abrindo aos americanos vários portos de suas colônias selando-se, desta forma, uma espécie de acordo progressivo de comércio preferencial, entre os Estados Unidos e a Inglaterra. O que não impediu que os americanos assinassem, nesta mesma época, outros tantos acordos comerciais bilaterais: com a Dinamarca, a Suécia, a Holanda, a França e mesmo com a Espanha, mas que não tinham a importância econômica dos acordos com a Inglaterra.

Foi logo depois do *Boundary Treaty*, assinado em 20 de outubro de 1818 com a Inglaterra e do *Transcontinental Treaty*, assinado em 22 de fevereiro de 1819 com a Espanha, que o Secretário de Estado John Quincy Adams falou pela primeira vez da existência de um "destino manifesto", na história dos Estados Unidos e, imediatamente, propôs a Jefferson a anexação de Cuba e da Flórida (Pratt, 1955: 165). Estava chegando a hora da Doutrina Monroe, mas esta é uma história que precisa ser relida com maior cuidado, para que se possa compreender melhor o expansionismo americano a partir da década de 1820. Depois de 1815, as forças conservadoras retomam o governo da Europa sob a hegemonia inglesa e o controle militar da Santa Aliança, composta pelos exércitos da Rússia, da Áustria e da Prússia, mobilizados para conter, definitivamente, a França. E, ao mesmo tempo, acertam entre si as regras básicas de funcionamento da nova ordem mundial criada pela expansão imperial das Grandes Potências europeias.

Foi o momento em que se encerrou um longo ciclo de guerras e revoluções dentro do território europeu, na mesma hora em que se multiplicavam as guerras de independência dentro dos domínios coloniais dos impérios ibéricos. Por isso, a questão da "descolonização" ocupou um lugar cada vez maior nas reuniões da Quádrupla Aliança e do Concerto da Europa, em Aix-en Chapelle, (1818), Troppau, (1820), Laibach, (1821) e Verona (1822). Em particular, depois da restauração de Fernando VII na Espanha e de Luiz XVIII na França, acontecimentos que reacenderam os ânimos conservadores e sua disposição de lutar contra os liberais na Europa e na América Latina. As primeiras tropas repressivas foram enviadas para conter os rebelados nos reinos de Nápoles e do Piemonte, mas esta repressão provocou o distanciamento da Inglaterra com relação aos demais governos conservadores e a aproximação de sua ex-colônia, os Estados Unidos, visando impedir a intervenção da Santa Aliança no território americano, em apoio à Coroa Espanhola. Os Estados Unidos já haviam reconhecido as independências que precederam o Congresso de Viena, mas depois de consultar os governos da Inglaterra, da França e da Rússia, mantiveram-se em posição de espera, frente aos novos movimentos independentistas. Foi neste contexto que o ministro de relações exteriores da Inglaterra, George Canning, propôs ao embaixador americano em Londres, Richard Rush, em agosto de 1823, uma tomada de posição conjunta da Inglaterra e dos Estados Unidos, desaprovando qualquer tentativa das potências europeias de restaurar o papel da Espanha, nas suas ex-colônias (Pratt, 1955: 175).

Os ex-presidentes Jefferson e Madison manifestaram seu apoio radical ao projeto inglês e a uma aliança estratégica de mais longo prazo com a Inglaterra. Mas o presidente Monroe, apoiado na posição de Adams, preferiu declinar o convite inglês e anunciar, pelo seu lado, frente ao Congresso americano, sua nova doutrina para a América em termos quase idênticos aos da proposta da Inglaterra. A Doutrina Monroe, anunciada em dezembro de 1823, foi uma declaração política destinada às Grandes Potências, e sem maior consideração pela vontade política dos novos estados recém-criados na América espanhola e portuguesa. Mas, pelo seu lado, os europeus simplesmente desconheceram o discurso de Monroe, enquanto os ingleses tentavam ridicularizá-lo, divulgando os termos do seu acordo com o ministro francês Polignac, a favor da não intervenção na América e assinado em outubro de 1823, portanto antes do discurso de Monroe. "Os Estados Unidos ainda eram uma potência muito pequena, e suas posições no contexto internacional eram de menor significação. Por isso, a reação continental à mensagem de Monroe pode ser sintetizada como sendo uma declaração impertinente e sem importância" (Pratt, 1955: 179).

Logo em seguida do discurso de Monroe, os governos da Argentina, Brasil, Chile, Colômbia e México solicitaram a intervenção americana a favor de suas posições e receberam a mesma resposta negativa, o que os fez compreender, de imediato, que a verdadeira "âncora" de suas independências seria o protetorado da Marinha Britânica e dos mercados e capitais ingleses. Nesse sentido, se pode dizer que a Doutrina Monroe só passou de fato às mãos americanas no momento em que os Estados Unidos acumularam o poder indispensável para sustentar suas posições internacionais, e isto só ocorreu no final do século XIX. Até lá, a América Latina foi "território econômico" do capital financeiro inglês, e os Estados Unidos procuraram restringir sua ação direta e militar ao território norte-americano, só agindo fora de sua zona imediata de influência quando tiveram o apoio ou contaram com a neutralidade da Inglaterra. Foi assim no caso da anexação do Texas em 1845, e na guerra com o México, em 1848, onde os Estados Unidos aumentaram em 60% o tamanho do território americano com a conquista e anexação do Novo México e da Califórnia. Gigantesco território que se somou ao Oregon, recém-negociado com a Inglaterra, para abrir as portas do Pacífico para os Estados Unidos. O século XIX ainda não havia chegado à metade e o comércio de longa distância dos Estados Unidos já havia dado seus primeiros passos em direção à Ásia, sempre que foi possível, com o apoio da diplomacia americana.

O tratado assinado pelos Estados Unidos com a Inglaterra, em 1794, já admitira que os navios americanos comerciassem com as colônias inglesas do oriente, e logo em seguida eles estariam chegando a Oman, Batavia, Manilha e Cantun. Foi na Ásia que os Estados Unidos começaram a definir sua política anticolonialista de expansão extracontinental. Uma opção pelo "território econômico" sem responsabilidade administrativa, mas também uma estratégia para competir com a influência francesa e inglesa, baseada no uso da força e na conquista colonial. Por isso sua defesa permanente da política de "portas abertas" e de preservação da unidade territorial, sobretudo no caso da China e do Japão. Mas, também no caso do Canadá, com quem os Estados Unidos assinou o Tratado Marcy Elgin, em 1854, abrindo mão definitivamente da anexação que sempre atraiu uma parte dos seus governantes e optando pela integração econômica do território canadense.

Como relata J.W. Pratt, em 1844 o presidente americano, John Tyler, mandou seu enviado Caleb Cushiong à China com a missão de conseguir o mesmo tratamento dado à Inglaterra, pelo Tratado de Nanking, imposto à China, depois da Guerra do Ópio, em 1842. A missão de Cushing foi bem-sucedida e o Tratado de Wanghia abriu os portos de Canton, Amoy, Foochow, Ningpo e Shangai para os navios norte-americanos. O princípio das "portas abertas" foi mantido, depois, pelo Tratado de Tientsin assinado

O Poder Global dos Estados Unidos: formação, expansão e limites

simultaneamente pela Inglaterra, França, Rússia e Estados Unidos, depois de mais uma guerra vencida pelas duas principais potências coloniais da Europa. No caso do Japão, entretanto, a iniciativa coube ao presidente norte-americano Millard Fillmore que enviou o Comodoro Perry, em 1853, com a missão de conseguir a abertura dos portos japoneses. Este objetivo foi logrado através do tratado assinado entre os dois governos, em 1854, o primeiro tratado assinado pelo Japão com um governo ocidental, o governo dos Estados Unidos, somente depois seguido pelos governos da Inglaterra, da Rússia e da Holanda.

Quando chegou a hora da Guerra Civil Americana, os Estados Unidos já tinham completado a conquista do seu território continental e haviam dado passos diplomáticos e comerciais extremamente importantes no tabuleiro geoeconômico asiático. Mas seguiam sendo uma economia fundamentalmente primário-exportadora e dependente do capital financeiro inglês, e mantinham-se alinhados com a estratégia imperial inglesa em todos os territórios que não fizessem parte de sua zona imediata de influência, na América do Norte, respeitando o domínio inglês do Canadá.

• A "Guerra Civil", a Revolução Econômica e a Hegemonia Hemisférica.

A Guerra Civil Americana mudou o rumo da história dos Estados Unidos, na segunda metade do século XIX. Desde o início do conflito militar em 1861, até a assinatura do Compromisso entre democratas e republicanos em 1877, que determinou a desocupação militar dos estados confederados e deu por encerrado o projeto da União de Reconstrução da economia e da sociedade dos estados sulistas. Este longo período de guerra e desorganização econômica acabou tendo um efeito paradoxal ao provocar uma enorme redistribuição e centralização do poder, que colocou os Estados Unidos de "cabeça para cima", e a par com a história e com o modelo de formação e desenvolvimento dos estados e das economias nacionais europeias. Nesse sentido, a Guerra Civil, ao mesmo tempo em que provocou enorme destruição física e humana, cumpriu também um papel revolucionário, do ponto de vista da reorganização do estado nacional e do capitalismo americano. Como se, nesse caso, tivesse ocorrido uma "segunda rodada", concentrada no tempo, de "centralização do poder" e, só então, sob pressão das guerras ou das revoluções, o estado fosse obrigado a criar – por razões bélicas ou estratégicas – uma economia nacional do ponto de vista monetário, financeiro e creditício, capaz de se desenvolver em conjunto numa mesma direção. Foi neste momento que se consolidou nos Estados Unidos a "memorável aliança" de que fala Max Weber, entre o estado e o capital financeiro nacional, tal como ocorrera na Inglaterra, no século

75

XVII. Uma visão diferente da que sustenta, por exemplo, Alfred Chandler, e que serviu de base até hoje para quase todos os estudos marxistas a respeito da excepcionalidade empresarial do capitalismo americano. Para Chandler, "o crescimento da moderna empresa industrial americana, entre 1880 e a I Guerra Mundial foi pouco afetada pela política pública, pelos mercados de capitais porque ela foi parte de um desenvolvimento econômico mais fundamental" (Chandler, 1977: 376).

Do nosso ponto de vista, pelo contrário, a Guerra Civil Americana teve características e consequências típicas das guerras europeias clássicas entre dois estados nacionais fronteiriços, no caso, entre a União e a Confederação. E esta Guerra Civil é que foi a grande responsável pela construção do estado moderno e da economia nacional americana, na medida em que obrigou a nacionalização do exército e a consolidação de uma dívida pública da União, que se transformou no lastro do sistema bancário e financeiro, e que se expandiu e nacionalizou naquele período, ao mesmo tempo em que se montava um novo sistema de tributação capaz de avalizar o endividamento de guerra, exatamente como acontecera no caso das guerras europeias, do século XVII e XVIII. E, depois da guerra, durante o período da Reconstrução, os títulos da dívida pública contraída pela União tiveram um papel fundamental no financiamento das ferrovias que atravessaram o território americano, abrindo os caminhos para a expansão dos negócios e das grandes corporações que integraram o mercado nacional americano. Foi o momento em que se formou, de fato, o capital financeiro americano que só conseguiu se autonomizar do capital inglês durante a Guerra Civil, na medida em que estabeleceu vínculos sólidos e permanentes com o poder ganhador. Aliança entre o poder da União e o novo capital financeiro que foi decisiva para o sucesso da revolução econômica que sacudiu os Estados Unidos nas últimas décadas do século XIX, retratada por John Hobson, na sua obra clássica, sobre o *modern capitalism* norte-americano.

Como diz um historiador norte-americano, durante a Guerra Civil, "a União desenvolveu políticas de rendas que transformaram a maior parte da comunidade financeira em clientes do estado. Os financistas foram atraídos e coagidos a se transformarem em agentes da política fiscal da União, e a cooperar com o Tesouro, na venda dos títulos da dívida pública, e na circulação da moeda da União. De tal forma que quando a Guerra Civil acabou, os interesses do capital financeiro e do estado americano estavam ligados de forma mais estreita do que em qualquer outro momento do século XIX. (...) A queda do investimento inglês durante a guerra encorajou a acumulação do capital doméstico e o aparecimento de uma classe americana de financistas. Entre 1864 e 1879, por exemplo, o número de banqueiros em New York aumentou de 167 para 1800" (Bensel, 1990: 238-249). Exatamente no mesmo período em que a produção americana de carvão aumentou 800%, a produção de trilhos de aço, 523%, a milhagem de estradas de ferro cresceu 567%, e a produção de trigo 256%, enquanto a imigração dobrava o tamanho da população americana.

Uma revolução econômica paralela e semelhante, em muitos aspectos, à que ocorreu depois da unificação alemã, a partir da década de 1870. Também neste caso, as guerras da Prússia com a Dinamarca, Áustria e França ajudaram a construir ou aprofundar os laços entre o poder político e o capital financeiro que atuaram como uma força propulsora do salto da economia alemã, nas últimas décadas do século XIX, descritos na obra clássica de Rudolph Hilferding sobre o "capital financeiro". Guardadas algumas diferenças importantes, existe também um forte paralelismo entre as trajetórias dos Estados Unidos e da Alemanha com o que ocorreu no Japão, depois da Guerra Civil da década de 1860, a Revolução Meiji, que derrubou o regime feudal do xogunato e iniciou um rapidíssimo processo de modernização da sociedade e industrialização da economia japonesa. É interessante observar que estes três estados nacionais "tardios" acabaram dando seus primeiros passos imperiais para fora do seu território ou continente, quase ao mesmo tempo, no final do século XIX. O Japão, depois de um rápido processo de modernização e de industrialização, invadiu e derrotou a China em 1894-1895, e a Rússia, em 1904-1905, aumentando seu território e impondo seu poder na Coreia e na Manchúria. Na mesma época em que a Alemanha abandonou a diplomacia de Bismarck e começou sua expansão imperial na África propondo-se, ao mesmo tempo, igualar o poderio naval da Inglaterra. Movimento expansivo que aproximou a França da Rússia e provocou uma mudança radical da política externa inglesa, entre 1890 e 1914. Por fim, em 1898, os Estados Unidos também saíram da "toca" ao declarar e vencer a Guerra Hispano-Americana e conquistar – pelo Tratado de Paris de 1898 – Cuba, Guam, Porto Rico e Filipinas, começando uma escalada colonial que prosseguiu com a intervenção no Haiti em 1902, no Panamá em 1903, na República Dominicana em 1905, em Cuba, novamente, em 1906 e, de novo, no Haiti em 1912. O mesmo período em que os Estados Unidos assumiram plenamente a responsabilidade militar pela Doutrina Monroe ao conseguir impedir a invasão da Venezuela, projetada em 1895 pela Inglaterra e Alemanha, e destinada a cobrar as dívidas do governo venezuelano com os bancos europeus.

Exatamente no ano de 1890, o Capitão Alfred Thayer Mahan publicou sua obra clássica sobre "A Influência do Poder Marítimo na História, 1660-1783", que exerceu enorme influência sobre seu amigo Theodore Roosevelt e sobre o Senador Henry Cabot Lodge, duas figuras centrais no processo decisório da política externa norte-americana, na hora em que os

Estados Unidos começaram efetivamente sua expansão imperial para fora da América do Norte. Sua tese central reforça a percepção de alguns militares da Guerra Civil sobre a necessidade de que os Estados Unidos tivessem bases navais no Caribe e no Pacífico, capazes de sustentar o seu avanço rumo à Ásia, onde se concentrou uma parte da competição colonial depois de 1870. Estas ideias provocaram uma imediata expansão da marinha de guerra dos Estados Unidos que chegou a estar entre as três maiores marinhas do mundo, no começo da I Guerra Mundial, em 1914. Mas além disto, foram estas mesmas que orientaram a decisão de anexar o Hawaii aos Estados Unidos, em 1897, e sobretudo, a decisão de iniciar a Guerra Hispano-Americana, de 1898, que resultou na conquista de Cuba e das Filipinas.

Entre 1900 e 1914, o governo americano foi obrigado a definir sua política frente a estes novos territórios conquistados além-mar e optou por um novo tipo de controle político, na forma de protetorados militares e financeiros, dos Estados Unidos, como foi o caso da República Dominicana, Haiti, Nicarágua, Panamá e Cuba. Estes países mantinham sua soberania interna, mas não tinham direito à política externa, nem tampouco à execução de uma política econômica que não estivesse de acordo com as exigências do pagamento de suas dívidas com os bancos norte-americanos. Além disto, os Estados Unidos mantinham seu direito de intervenção em todo e qualquer momento em que ocorressem desordens internas ou ameaças à manutenção do seu protetorado. Foi o momento em que os Estados Unidos assumiram, pela primeira vez, o papel de polícia internacional, transformando o Caribe numa espécie de zona colonial, sem o ônus da administração direta, como no caso das Filipinas que foram, de fato, a primeira colônia dos Estados Unidos e seu primeiro passo na luta pela hegemonia no tabuleiro asiático. Depois das Filipinas, os Estados Unidos intervieram de forma cada vez mais frequente nos negócios asiáticos, como aconteceu no caso da Guerra dos Boxers na China em 1900, onde os Estados Unidos mobilizaram as demais Grandes Potências a favor da manutenção da integridade territorial chinesa. Mas, também no caso da Guerra Russo-Japonesa, onde os Estados Unidos adotaram uma posição de neutralidade, mas foram francamente favoráveis ao Japão sediando, inclusive, a pedido dos japoneses, a Conferência de Paz de 1905, em Portsmouth, New Hampshire.

Finalmente, no dia 6 de dezembro de 1904, o Presidente Theodore Roosevelt reformulou a Doutrina Monroe e adequou-a aos novos tempos, em sua mensagem anual ao Congresso americano. A nova doutrina estratégica que estava por trás de sua ofensiva no Caribe e na Ásia e que ficou conhecida como "o corolário Roosevelt da Doutrina Monroe". A primeira vez em que um governante norte-americano defendeu o direito dos Estados Unidos ao "ataque preventivo" contra estados que se mostrassem "ineficientes" do ponto de vista de sua ordem interna, ou que ficassem "inadimplentes" do ponto de vista de suas dívidas externas. A nova fórmula foi antecipada por Roosevelt numa carta dirigida ao seu secretário Root, em maio de 1904, e depois foi repetida no discurso de 6 de dezembro do mesmo ano: "Qualquer país ou povo que se comporte bem, pode contar com nossa amizade cordial. Se a nação demonstra que ela sabe agir com razoável eficiência e decência nos assuntos sociais e políticos, se ela sabe manter a ordem e paga suas dívidas, ela não precisa ter medo da interferência dos Estados Unidos. Um mau comportamento crônico, ou uma impotência que resulte no afrouxamento dos laços de civilidade social podem requerer, na América ou em qualquer outro lugar do mundo, a intervenção de alguma nação civilizada, e no caso do Hemisfério Ocidental, a adesão dos Estados Unidos à Doutrina Monroe, pode forçar os Estados Unidos a exercer um poder policial internacional, mesmo que seja relutantemente" (Pratt, 1955: 417). Ao entrar na I Guerra Mundial, em 1917, os Estados Unidos eram a única potência hegemônica no seu próprio continente, e já tinham uma posição de destaque no tabuleiro asiático. Foi a hora em que começou a sua luta pela hegemonia na Europa, o verdadeiro segredo da conquista do poder global.

A Conquista do Poder Global dos Estados Unidos.

Entre 1914 e 1945, o sistema político mundial enfrentou uma nova "guerra dos trinta anos", como a que ocorreu em território alemão antes da Paz de Westfália, entre 1618 e 1648. Com a diferença de que, no século XX, foi uma guerra mundial, envolvendo países de todos os continentes e atingindo os territórios da Europa, África do Norte e Ásia. Foi o período em que o sistema mundial "digeriu" a entrada revolucionária de três novas potências políticas e de três novas economias nacionais expansivas – duas delas situadas fora da Europa – no seu núcleo central de comando. Duas guerras mundiais e uma crise econômica mundial, que teve seu epicentro nos Estados Unidos. Mas, além da guerra e da grande crise econômica, neste mesmo período houve uma revolução comunista bem-sucedida na Rússia e várias outras que não tiveram o mesmo sucesso, mas que agitaram o cenário social e político europeu, em particular o dos territórios da Europa Central, contribuindo para a grande reação fascista que instalou, na década de 30, governos conservadores e autoritários em Portugal, Espanha, Itália e Alemanha.

Depois da II Guerra Mundial, durante a Guerra Fria com a União Soviética e sob a hegemonia dos Estados Unidos entre as demais Grandes Potências, a economia capitalista viveu sua "época de ouro" e o mundo experimentou uma gestão global baseada em regimes e instituições supranacionais, mesmo quando tuteladas pelos Estados Unidos. Mas este período de "hegemonia mundial" durou apenas até a década de 1970, quando os Estados Unidos mudam sua estratégia internacional. Foi o momento em que perderam a Guerra do Vietnã e se aproximaram da China, abandonaram o regime monetário internacional criado em Bretton Woods e adotaram progressivamente o sistema dólar-flexível e, finalmente desmontaram os controles sobre a circulação internacional dos capitais privados e optaram pela desregulação completa dos mercados financeiros, que já vinham apoiando e promovendo onde possível, desde a década de 1960. Uma nova estratégia internacional de escalada na direção do poder global unipolar e imperial, conquistado depois da Guerra do Golfo e da dissolução da União Soviética em 1991.

Existe uma teoria muito difundida, no campo da economia política internacional, sobre as origens da "era da catástrofe" e sobre as mudanças da década de 1970. Depois de Charles Kindleberger e Robert Gilpin, vários autores falaram de uma "crise da hegemonia americana" na década de 1970 e atribuíram à mesma causa fundamental da crise de 30: a ausência de uma potência claramente hegemônica, capaz de impor a ordem e liderar a economia internacional. Isto teria ocorrido depois de 1918, quando os Estados Unidos não teriam querido assumir a liderança mundial no lugar da Inglaterra, e o mesmo teria voltado a ocorrer nos anos 70, quando a hegemonia americana teria sido ameaçada pela ascensão econômica da Alemanha e do Japão, pelo avanço tecnológico-militar da União Soviética e pela derrota americana na Guerra do Vietnã.

Do nosso ponto de vista, entretanto, os Estados Unidos não abdicaram voluntariamente da liderança mundial depois da I Guerra Mundial. O que estava em questão, em 1918, era uma luta pela hegemonia dentro da Europa onde existiam ainda contradições e resistências objetivas que bloquearam a passagem americana e impediram que os Estados Unidos assumissem a posição de comando político e econômico da região. A Alemanha havia sido derrotada e o Japão já havia sido "cooptado" pela Inglaterra, desde o início do século XX. Mas não existia acordo entre a Inglaterra e a França sobre as bases da nova ordem mundial, nem muito menos sobre o lugar e o papel que estavam dispostos a conceder aos Estados Unidos, dentro do clube das Grandes Potências. Por isto, muitos consideram que os Acordos de Paris, de 1918, foram um grande erro de cálculo estratégico e geopolítico quando, na verdade, foram apenas o resultado possível de uma negociação marcada pelas divisões e conflitos entre as potências vitoriosas, e pela existência de um veto terminante, dos franceses e ingleses, a qualquer tipo de hegemonia americana na Europa.

Por outro lado, do nosso ponto de vista, a "crise dos 70" tampouco foi apenas o resultado de uma perda de densidade da hegemonia mundial dos

Estados Unidos provocada por suas derrotas militares e diplomáticas, e pelo desafio econômico das demais potências econômicas capitalistas. Do ponto de vista da dinâmica de longo prazo do sistema mundial, a "crise dos 70" foi o produto da "compulsão" expansiva e da tendência destrutiva das potências hegemônicas na busca do poder global.

- A I Guerra Mundial e a Luta Americana pela Hegemonia Europeia.

A I Guerra Mundial é um dos episódios mais enigmáticos da história moderna. Acumulam-se as teorias, mas nenhuma consegue explicar a forma súbita e sequenciada em que 32 nações – incluindo os Domínios Britânicos e a Índia – se envolveram numa guerra contra a Alemanha a partir de um episódio, absolutamente prosaico, ocorrido em Sarajevo, no dia 28 de junho de 1914. Incluindo o Japão, que declarou guerra à Alemanha em agosto do mesmo ano, com os olhos postos no território controlado pelos alemães na península chinesa de Shantung e nas ilhas germânicas do norte do Pacífico. Os norte-americanos haviam acabado de confirmar seu poder hegemônico no continente americano, e já tinham posições sólidas no território asiático quando começou a I Guerra Mundial, e os Estados Unidos proclamaram, uma vez mais, sua posição de neutralidade com relação à luta pela hegemonia europeia. Posição mantida pelo presidente Woodrow Wilson, durante dois anos e meio, apesar das pressões da França e da Inglaterra. Os Estados Unidos declaram-se em "estado de guerra" com o governo do Império Alemão, no dia 6 de abril de 1917, mas até este momento sua posição foi favorável à negociação e ao estabelecimento de uma "paz sem vitoriosos", como propôs, várias vezes, o presidente Woodrow Wilson, objetivando estabelecer um novo equilíbrio de poder dentro da Europa, capaz de assegurar uma paz duradoura e uma posição americana análoga à que foi ocupada pela Inglaterra durante o século XIX. E mesmo quando entraram em guerra com a Alemanha, os Estados Unidos não se declararam em conflito com os demais aliados germânicos, nem tampouco estabeleceram qualquer tipo de tratado ou aliança com a França e a Inglaterra, adotando uma posição de "poder associado" dentro da mesma guerra. Além disto, os americanos entraram na guerra escudados nos "Quatorze Pontos" do presidente Wilson e propondo, de imediato, uma paz que fosse justa para todos os envolvidos no conflito, incluindo os alemães.

As negociações de paz em Paris, em 1919, entretanto, excluíram a presença alemã e deram pouco espaço às delegações italiana e japonesa, transformando-se, de fato, num Conselho de Três, formado por Wilson, Chamberlain, Clemenceau, e suas respectivas delegações e equipes técnicas. O programa de paz proposto por Wilson tinha quatro objetivos muito claros:

restabelecer o equilíbrio de poder europeu, desmontar os impérios coloniais da França e da Inglaterra, reativar o comércio e a economia internacional, e criar uma Liga das Nações. Em nenhum caso esse projeto pode ser considerado uma obra do idealismo desinteressado dos Estados Unidos, mas, mesmo assim, suas principais propostas foram bloqueadas ou distorcidas pelos acordos prévios entre os vitoriosos e pelo veto conjunto ou dividido dos demais aliados, em particular a França e a Inglaterra.

A grande vitória de Wilson, nas negociações de Paris, foi a aceitação da Liga das Nações, mas ela acabou se convertendo numa "vitória de pirro" no momento em que o Senado americano vetou a participação dos Estados Unidos na Liga. Em compensação, Wilson concedeu no ponto das "reparações" econômicas impostas pela França à Alemanha, e não conseguiu abrir as portas comerciais dos impérios coloniais europeus. Por sua vez, Inglaterra e Estados Unidos se aliaram para vetar a proposta francesa de divisão do território alemão, ambos preocupados com o expansionismo francês. Por outro lado, a França e a Inglaterra se juntaram para obrigar Wilson a restringir sua defesa da "autodeterminação dos povos" às nações da Europa Central, e a aceitar que os territórios do antigo Império Otomano fossem transformados em "mandatos" ou "protetorados" da França e da Inglaterra. E, mesmo na Europa Central, a criação dos novos estados só foi aceita por todos na medida em que fragilizava a Alemanha e criava uma trincheira de contenção da União Soviética. Por fim, Estados Unidos, França e Inglaterra estiveram juntos na hora de negar algumas reivindicações da Itália e do Japão, aprofundando a divisão entre os vitoriosos da I Guerra. Finalmente, no dia 23 de junho de 1919, a Alemanha aceitou o tratado extremamente desfavorável que lhe foi imposto, pelos vitoriosos. Antes disto, contudo, a destruição alemã e russa desequilibrou o núcleo duro das Grandes Potências. Não havia mais como equilibrar o poder e estabeleceu-se uma espécie de empate entre os vitoriosos, onde predominou o poder de veto mútuo sobre a capacidade de qualquer um dos vitoriosos imporem sua hegemonia aos demais, em particular dentro do tabuleiro geopolítico europeu. Foi este empate que prevaleceu na rejeição pelo Senado americano do projeto da Liga das Nações. Não foi uma vitória das forças que se opunham à presença mundial dos Estados Unidos; foi uma rejeição dos termos do acordo proposto pelos europeus que não aceitaram as mudanças sugeridas pelo Senado: i) o reconhecimento do direito dos países abandonarem a Liga; ii) a eliminação das questões domésticas, referente à jurisdição da Liga; e iii) a aceitação, por parte de todos os membros da Liga, da Doutrina Monroe. E, finalmente, foi este empate na luta pela hegemonia europeia que paralisou, na década de 30, os "aliados" da I Guerra e a Liga das Nações, quando os estados derrotados ou penalizados pela Paz de Versailles retomaram seu ímpeto expansivo e iniciaram a reconquista dos seus territórios perdidos depois da guerra. Foi o que aconteceu frente à invasão japonesa da Manchúria, em 1931; à invasão italiana da Etiópia, em 1935; à intervenção da Itália e da Alemanha fascistas na Guerra Civil espanhola; à retomada alemã do Rhin, em 1936; à invasão alemã da Áustria, em 1928 e da Checoeslováquia, em 1939. E depois do Acordo de Munique entre a Alemanha e a União Soviética, em 1939, seguiram paralisados frente à invasão russa da Polônia, Finlândia, Romênia e dos estados bálticos. Mas, mesmo neste momento, só a Inglaterra e a França reagiram à invasão alemã da Polônia, dando início à II Guerra Mundial, enquanto os Estados Unidos se mantinham à distância até 1941.

No campo econômico, o conflito e a divisão entre as três principais potências vitoriosas na Guerra de 1914 reapareceu em todas as discussões do pós-guerra: sobre a questão do novo sistema monetário internacional e sobre o problema das "reparações", em particular no caso da Alemanha. Durante a guerra, os Estados Unidos deixaram de ser um país devedor, transformando-se no principal credor de todos os países europeus envolvidos no conflito, incluindo seus aliados que radicalizaram suas exigências com relação à Alemanha para poder quitar suas dívidas com os bancos norte-americanos. Com relação à nova ordem monetário-financeira, todos estiveram de acordo, num primeiro momento, com a volta ao padrão ouro e às regras vigentes antes da guerra de 1914. Mas os interesses nacionais não eram convergentes, nem havia nenhuma possibilidade de que algum dos países ganhadores se impusesse aos demais. Por isso, a Conferência de Bruxelas, convocada pela Liga das Nações e realizada em setembro de 1920 – reunindo 34 países, e apenas um observador dos Estados Unidos – foi um rotundo fracasso, e nenhuma de suas recomendações à Liga das Nações foi levada à prática. O mesmo voltou a acontecer com a Conferência de Gênova em 1922, convocada pela França e pela Inglaterra, mas que tampouco contou com a adesão dos Estados Unidos. Impasse que se repetiu, uma vez mais, na Conferência Econômica Mundial realizada em Londres, em junho de 1933. Suas propostas foram rejeitadas por Roosevelt, e cada um dos principais atores acabou recuando para sua própria solução: o Império Britânico formou uma área da libra esterlina, enquanto os franceses formaram o "bloco do ouro" com a Bélgica, a Holanda a Suíça e a Itália.

O mesmo conflito entre franceses, ingleses e norte-americanos esteve presente nas negociações relativas ao pagamento das "reparações" alemãs. Quinze meses depois do acordo de paz, a Alemanha já estava inadimplente com seus credores, e apesar da objeção da Inglaterra, a "Comissão de Reparações" autorizou, em 1923, a ocupação da área industrial alemã do Ruhr por tropas francesas e belgas. Como consequência, a economia alemã entrou em profunda crise inflacionária, interrompendo completamente o pagamento da sua dívida. Por isso a França concordou com a criação de uma comissão especial para estudar um plano de reescalonamento da dívida alemã sob a liderança do banqueiro norte-americano Charles Dawns. Apesar das profundas divergências, entre ingleses e franceses, foi possível chegar a uma proposta final e a um acordo, em 1924, que recebeu o nome de Plano Dawns, e que funcionou satisfatoriamente durante os anos de prosperidade, entre 1924 e 1928. Depois da crise de 1929, entretanto, foi necessária uma nova reprogramação dos pagamentos, o Plano Young, aprovado em abril de 1930, seis meses depois do colapso da Bolsa de New York. Logo depois, a crise econômica mundial apressou a liquidação da dívida alemã, decidida em Lausanne, em julho de 1932, no exato momento em que começava a ascensão nazista e o retorno da Alemanha à luta pela hegemonia europeia. Mas em todas estas negociações e acordos, o que primou foram as divergências radicais entre os aliados – que chegaram próximos da ruptura diplomática – e a impossibilidade de que se estabelecesse qualquer tipo de hegemonia clara entre eles.

Nessa luta com seus aliados europeus, os Estados Unidos se enfrentaram com um outro problema extremamente complicado, de natureza geopolítica e militar: a sua "insularidade" territorial que havia sido, até então, uma trincheira protetora dos ataques externos. Logo aprenderam que "o poder terrestre é a forma decisiva do poder militar, e que as grandes massas de água limitam profundamente a capacidade de projeção do poder em terra. Por isso, quando os exércitos opostos têm que atravessar grandes extensões de água, como no caso do Oceano Atlântico, por exemplo, para atacar um ao outro, os dois perdem capacidade ofensiva, independente do tamanho e da qualidade das forças adversárias" (Mearsheimer, 2001: 83). Esta limitação dos Estados Unidos explica, em parte, o "idealismo" de Woodrow Wilson e sua defesa de um sistema de "segurança coletiva", onde os americanos pudessem exercer seu poder dentro da Europa, na forma de um *offshore balancer*, como havia sido o caso dos ingleses, durante o século XIX. Não se tratava de abandonar o projeto de poder internacional de Theodore Roosevelt, nem de abdicar do seu programa expansionista, se tratava de adequá-lo à realidade e às possibilidades dos Estados Unidos naquele momento do desenvolvimento da tecnologia militar. Além disto, depois da I Guerra Mundial, já não havia mais nada a conquistar no mundo que não fossem as próprias colônias dos dois grandes impérios europeus, aliados dos Estados Unidos, os impérios coloniais da Inglaterra e da França. Os Estados Unidos estariam dispostos, e teriam as condições, naquele momento, de iniciar uma competição militar com a França e Inglaterra? Tudo indica que não dispunham da vontade nacional, nem dos recursos militares para começar esta "corrida aos extremos", que teria significado a implosão definitiva do bloco aliado e sua fragilização frente à Alemanha e à União Soviética. Deste ponto de vista, a defesa da "autodeterminação dos povos" coincidia com o interesse nacional dos Estados Unidos em desmontar os impérios coloniais dos seus aliados. Uma posição que foi anunciada em 1917, mas que só se tornou realidade depois do fim da II Guerra Mundial, quando a Inglaterra e a França já não tiveram mais condições de competir com os Estados Unidos, nem tampouco de manter o controle de suas velhas colônias. Nesse momento, entretanto, os Estados Unidos já haviam imposto sua hegemonia na Europa e haviam superado definitivamente suas limitações territoriais, tecnológicas e militares, para enfrentar a luta pela conquista do poder global.

- A II Guerra Mundial e a Hegemonia Mundial dos Estados Unidos.

Entre 1939 e 1945, a II Guerra Mundial produziu uma verdadeira revolução dentro do núcleo hierárquico das Grandes Potências. Foi uma guerra em dois movimentos, na verdade se pode inclusive falar na existência de duas guerras em uma só: a primeira, entre 1939 e 1941, envolveu somente os europeus e foi vencida pela Alemanha; e a segunda, entre 1941 e 1945, envolveu a Alemanha, o Japão e os Estados Unidos, e foi vencida pelos norte-americanos. A Carta Atlântica assinada por Churchill e Roosevelt, em agosto de 1941, foi uma espécie de ponto de passagem entre os dois conflitos. Do ponto de vista do seu conteúdo, a Carta assinada num Cruzador, em frente à costa de Newfoundland, no Canadá, continha uma versão atualizada dos "Quatorze Pontos" de Woodrow Wilson. Na prática, entretanto, ela significou a transferência do poder anglo-saxônico para os Estados Unidos, que assumem a disputa com a Alemanha quase ao mesmo tempo em que entram em guerra com o Japão, em dezembro de 1941. Uma espécie de "ajuste de contas" entre as três "grandes potências tardias", que nasceram para o jogo do poder mundial, quase um século antes, na década de 1860. Do ponto de vista dos Estados Unidos, representou a decisão de lutar simultaneamente pela hegemonia na Europa e no sudeste asiático, onde se posicionou de imediato ao lado da China, renunciando a todos os seus direitos extraterritoriais, e patrocinando a entrada chinesa no grupo dos "três grandes" que assinaram, em Moscou, a convocação da Conferência das Nações Unidas, realizada em São Francisco, em 1945.

Este segundo período da guerra, entre 1941 e 1945, foi também o tempo em que se negociaram as bases hierárquicas, funcionais e competitivas da nova ordem política mundial, que nasceria sob a forma simultânea e complementar, da Guerra Fria com a União Soviética, e da hegemonia econômica e militar dos Estados Unidos dentro do mundo capitalista. A derrota da França, da Alemanha e do Japão, e a transformação da União Soviética no novo inimigo e principal competidor dos Estados Unidos, deixaram nas mãos dos Estados Unidos e da Inglaterra o desenho desta nova ordem, vigente partir de 1947. Ela foi uma obra conjunta, definida basicamente pelos Estados Unidos e Inglaterra, mas sua construção não foi simples nem linear. Do ponto de vista geopolítico, Roosevelt também defendia, como Wilson, um sistema de "segurança coletiva", mas ao mesmo tempo acreditava na necessidade de "quatro polícias internacionais" que atuassem em conjunto, e garantissem a paz mundial: Estados Unidos, Inglaterra, União Soviética e China. Roosevelt resistia à velha fórmula europeia do "equilíbrio de poder" apoiada por Churchill, e tinha uma posição frente à União Soviética extremamente mais benevolente que a do primeiro-ministro inglês, favorável à uma ajuda econômica substantiva para a reconstrução da economia soviética. Roosevelt tampouco se opunha às reivindicações soviéticas na região da Europa Central, ao contrário dos ingleses, mas todas estas divergências ficaram ultrapassadas com a morte de Roosevelt, em abril de 1945, cinco meses antes de o presidente Truman autorizar o bombardeio atômico de Hiroshima e Nagasaki, e de inaugurar uma nova relação de poder com seus aliados e inimigos da II Guerra Mundial. As discussões entre Estados Unidos, Inglaterra e União Soviética, nas reuniões de Yalta, em fevereiro de 1945, e depois, em Potsdam, em setembro do mesmo ano, foram rigorosamente inconclusivas, e a partir daí, o desenho hierárquico e as posições territoriais de cada um dos ganhadores foram sendo estabelecidas, na prática, caso a caso, em função dos interesses de cada um, e da correlação de poder local. Em grandes linhas, a União Soviética estendeu sua presença à sua "zona de segurança" imediata na Europa Central, e foi contida na Grécia, na Turquia e no Irã, conseguindo dividir o território alemão. Foram necessários dois anos para que se definisse finalmente a nova doutrina estratégica dos Estados Unidos com a escolha do inimigo e a definição das fronteiras e das regras da Guerra Fria. O resultado foi uma política traçada exclusivamente pelos ingleses e norte-americanos a partir da proposta feita por Churchill, no seu famoso discurso em Fulton, Missouri, em março de 1946, onde se falou, pela primeira vez, em "cortina de ferro", ideia recolhida e transformada em fundamento ético da Doutrina Truman, anunciada pelo presidente americano em março de 1947. A ideia central do discurso de Winston Churchill era uma só: o sistema mundial não tem como funcionar se não for definido um novo mapa do mundo e uma nova fronteira ou clivagem capaz de organizar o cálculo estratégico das Grandes Potências; no caso, a "cortina de ferro" que recolocava a Rússia – velha concorrente imperial inglesa – na condição de nova adversária dos países anglo-saxões, agora sob a liderança dos Estados Unidos, e aliados com seus adversários da véspera, a Alemanha, o Japão e a Itália. "Churchill foi o primeiro e mais duro opositor da Alemanha na década de 1930, mas se transformou no primeiro e mais entusiasta advogado da reconciliação com a Alemanha, depois do fim da guerra" (Kissinger, 1994: 442). Estas teses foram rapidamente incorporadas e aceitas pelo *establishment* norte-americano, e consagradas pela Doutrina Truman em 1947, como a nova estratégia global dos Estados Unidos: "(...) a política dos Estados Unidos será de apoio permanente aos povos livres que queiram resistir à dominação de minorias armadas ou de forças externas" (Truman, *cit. in* Kissinger, 1994: 453). E de contenção permanente e global da União Soviética, segundo a concepção do seu primeiro arquiteto, George Kennan: "a política de firme contenção foi desenhada para confrontar os russos, com toda a força necessária, em todo e qualquer ponto do mundo onde eles mostrem sinais de querer agredir os interesses de um mundo pacífico e estável" (Kennan, 1947: 581).

Em 1949, depois da divisão da Alemanha, da ocupação soviética da Europa Central e da formação da OTAN e do Pacto de Varsóvia, estava definitivamente consolidada a estratégia de bipolarização da Europa, defendida por Churchill. A nova trincheira passava, inicialmente, pelo meio do velho continente, mas depois da revolução comunista na China, em 1949, da Guerra da Coreia, entre 1950 e 1953, e do início da Guerra do Vietnã, a Guerra Fria se "deseuropeizou". Um momento decisivo deste processo de deslocamento do epicentro do conflito foi a crise do Canal de Suez em 1956, momento em que os Estados Unidos estenderam sua hegemonia também ao tabuleiro geopolítico do Oriente Médio, depois de recusar seu apoio à invasão do Sinai pelas forças de Israel, França e Inglaterra. Acabou-se, ali, a incondicionalidade na relação entre os "aliados" de 1918 e 1945, ao mesmo tempo em que era desfechado o ataque final dos Estados Unidos aos impérios coloniais da Inglaterra e da França. "Pela primeira vez na história os americanos mostraram independência com relação às políticas anglo-francesas na Ásia e na África, que refletiam sua tradição colonial" (Kissinger, 1994: 545).

Depois do fim da Guerra do Vietnã e da Revolução no Irã, o eixo da Guerra Fria voltou a se deslocar para o Oriente Médio e a Ásia Central, e na década de 1980 chegou até o Caribe, sem nunca mais se aproximar do território europeu, até a hora da queda do Muro de Berlim e o início da nova reunificação alemã. Neste confronto global dos Estados Unidos, a União Soviética só cumpriu o papel de competidor militar, indispensável à acumulação e expansão do seu poder político e territorial, mas jamais cumpriu o papel de competidor complementar da economia norte-americana. Com exceção de alguns momentos, na segunda metade do século XX, a União Soviética aventurou-se muito pouco, durante a Guerra Fria, fora de sua "zona de segurança" imediata. Isto só aconteceu em Cuba, em 1961, e em alguns pontos da África, antes da invasão do Afeganistão em 1979. Pelo contrário, a estratégia de "contenção universal" dos Estados Unidos permitiu uma implantação progressiva e global de suas forças militares, mesmo sem que tivesse havido uma nova Guerra Mundial. Ao se dissolver a União Soviética e terminar a Guerra Fria, os Estados Unidos tinham bases ou acordos militares em cerca de 130 dos 194 países existentes no mundo, e mantinham cerca de 300.000 soldados fora dos Estados Unidos, mantendo o controle militar de todos os oceanos e do próprio espaço. Uma "implantação" militar de tipo imperial e que é quase global, só não incluindo diretamente os territórios da China, Índia e Rússia. "Uma vasta rede de bases militares norte-americanas em todos os continentes exceto na Antártica, que constituem uma nova forma de império" (Johnson, 2004: 1).

No mesmo período, entre 1941 e 1945, os aliados negociaram as bases da nova arquitetura monetário-financeira que deveria regular as relações dentro da economia capitalista mundial depois do fim da guerra. Também neste campo, a nova ordem que nasceu finalmente dos Acordos de Bretton Woods foi uma obra exclusiva dos Estados Unidos e da Inglaterra. Harry White e Keynes capitalizaram a discussão teórica, mas nenhum dos dois esteve em Bretton Woods para participar de um debate acadêmico, pelo contrário, representavam os interesses muito concretos dos seus estados e dos seus capitais financeiros. Por isso, independente das afinidades teóricas dos dois representantes anglo-saxões foram impostas, em quase todos os pontos, as posições dos Estados Unidos que começavam a exercer, neste momento, sua condição de *hegemon* dentro do mundo capitalista. E com relação ao tópico fundamental da administração das contas de capitais, os banqueiros de ambos os lados do Atlântico só consentiram com a criação de sistemas de controle que fossem temporários e sem cooperação obrigatória entre os países. Na verdade, a posição ultraliberal dos financistas só foi dobrada transitoriamente pela crise de escassez de dólares na Europa em 1947; pela ameaça de vitória político-eleitoral dos comunistas na França e na Itália, nas eleições de 1948; e pelo colapso da economia japonesa em 1949. Suas ideias predominaram entre 1945 e 1947, mas acabaram sendo revertidas pelo novo quadro internacional e pela imposição das prioridades estratégicas da nova Doutrina da Guerra Fria. É neste contexto que se explica o Plano Marshall, assim como todas as demais concessões feitas pelos Estados Unidos, com relação ao protecionismo dos europeus, em particular com relação à retomada dos velhos caminhos heterodoxos das economias alemã e japonesa. E, apesar da pressão inglesa, só em 1958 foi restaurada a conversibilidade das moedas europeias e, ainda assim, só para as transações em conta corrente.

Esta mudança da posição americana com relação à estratégia de desenvolvimento dos países derrotados, em particular o Japão, a Alemanha e a Itália, se transformou na pedra angular da engenharia econômico-financeira do pós-II Guerra Mundial, em particular depois da década de 1950, quando estes países se transformaram nos grandes "milagres" econômicos da economia capitalista. No médio prazo, a relação econômica dos Estados Unidos com estes países se transformou numa parceria estratégica de longo prazo, sobretudo no caso da Alemanha e do Japão, criando-se entre eles uma "zona de coprosperidade" norte-americana, onde foram incluídos, mais tarde, Taiwan, a Coreia do Sul, e alguns dos "tigres" do sudeste asiático. Em todos os casos, foram países que se transformaram num tipo híbrido de estados nacionais que não se transformaram em colônia norte-americana, mas foram "desarmados" de forma permanente, sendo transformados em elos de um "cinturão de segurança", constituído em torno da União Soviética e onde foram instaladas as principais bases militares americanas, fora do território dos Estados Unidos. Em outras palavras, viraram "protetorados militares" e "convidados econômicos" dos Estados Unidos, e no caso da Alemanha e do Japão, foram transformados em "pivôs" regionais de uma máquina global de acumulação de capital e riqueza que funcionou de forma absolutamente virtuosa entre as Grandes Potências e em algumas economias periféricas até a crise da década de 70. E foi esta combinação de protetorado militar dos derrotados com a integração e coordenação global de suas economias, que se transformou na base material e dinâmica da "hegemonia" mundial exercida pelos Estados Unidos até a década de 1970.

Neste período, portanto, se pode dizer que os Estados Unidos expandiram seu poder político através da competição militar com a União Soviética, uma potência com quem não mantinham relações de complementaridade econômica, e que portanto poderia ser destruída em caso de necessidade, sem ônus para a economia dos Estados Unidos. E, ao mesmo tempo, os Estados Unidos expandiram sua riqueza através de relações econômicas complementares e dinâmicas, com competidores desarmados e incapazes de enfrentar militarmente os Estados Unidos. Uma fórmula absolutamente original, com relação à experiência histórica passada do sistema mundial, que acabou se transformando na chave do sucesso da hegemonia mundial norte-americana, que durou duas décadas.

• A Guerra do Vietnã e a Escalada em direção ao Império Mundial.

A "ordem" criada pela hegemonia americana e pela competição global da Guerra Fria acabou tendo efeitos contraditórios. A "armação" inicial começou a ruir por força do próprio sucesso do mecanismo de acumulação de poder e de riqueza que foi criado. A partir de um certo momento, a União Soviética deu vários sinais de que já tinha condições de sair de sua zona de influência, escapado ao sistema de controle e contenção americano, em particular no caso da invasão do Afeganistão, em 1979. Enquanto que os "socioeconômicos" começavam a competir por mercados e territórios que ameaçavam os interesses do *hegemon*. Acabara-se o espaço e o tempo da parceria virtuosa, e multiplicavam-se os sinais de que o *sparring militar* e os "protetorados econômicos" desejavam retomar seus projetos nacionais de expansão territorial e econômica. Foi quando ocorreu a ruptura e o fim da "era de ouro" do crescimento capitalista, e terminou a "hegemonia mundial" exercida pelos Estados Unidos entre 1945 e 1973[2].

Existe uma visão dominante sobre a "crise dos 70" que realça a derrota americana no Vietnã, e seu "efeito dominó" no Laos e no Camboja, mas também na África, na América Central, e finalmente no Oriente Médio, em 1979, com a revolução xiita do Irã e a invasão soviética do Afeganistão. Pelo lado econômico, esta mesma visão destaca, nos anos 70, o fim do sistema monetário internacional montado depois da II Guerra Mundial, a ruptura do regime energético baseado no petróleo barato e o início da primeira grande recessão econômica mundial posterior à II Guerra Mundial.

Esta descrição da mudança que começa na década de 1970 é correta, mas não é suficiente, porque a crise não se explica a si mesma e não é fácil compreender como se gerou uma mudança de tamanhas proporções numa conjuntura geopolítica caracterizada pela "coexistência pacífica" entre os Estados Unidos e a União Soviética, e numa conjuntura econômica caracterizada pelo crescimento contínuo da economia capitalista mundial. Não faz sentido colocar a "crise do dólar" ou a simples derrota no Vietnã como ponto de partida de uma ruptura tão profunda, sem que se consiga explicar a própria origem da crise monetária e da escalada americana no sudeste asiático.

O envolvimento dos Estados Unidos na Guerra do Vietnã começou na década de 1950 com o financiamento e apoio logístico dado aos franceses logo depois da Guerra da Coreia. Fez parte da luta pela hegemonia no sudeste asiático, onde os americanos haviam ganho um ponto decisivo com a derrota do Japão e a "cooptação" da China na primeira metade da década de 40. Mas onde haviam perdido outros tantos pontos, com a vitória da Revolução Comunista na China em 1949, e a ofensiva soviética na Coreia e no Vietnã a partir de 1950.

---

[2] As transformações mundiais deste período foram amplamente mapeadas, descritas e analisadas no livro de TAVARES, M.C. & FIORI, J.L. (org). *Poder e dinheiro – Uma Economia Política da Globalização, editado em 1997 pela Editora Vozes, Petrópolis.*

A presença militar americana, na região, cresce de forma lenta mas constante na década de 1950, e se acelera geometricamente na década de 1960 até o ataque ao Vietnã do Norte, em 1968. Foi um envolvimento contínuo e cada vez mais extenso, explicado pela necessidade de expansão permanente do poder hegemônico mundial, e pela sua intolerância a qualquer tipo de ameaça regional. A hegemonia mundial não interrompe o expansionismo, nem apazigua o *hegemon*, pelo contrário, é uma posição transitória que deve ser conquistada e mantida pela luta constante por mais poder, e neste sentido ela é autodestrutiva, porque o próprio *hegemon* quer se desfazer de suas limitações para alcançar a conquista completa do poder global. Por isso, o *hegemon* se transforma num desestabilizador da sua própria hegemonia e, neste sentido, não foi propriamente a derrota no Vietnã que provocou a mudança de rumo da década de 1970, mas foi a própria "compulsão" expansiva do *hegemon* que o levou a uma derrota passageira, sem, entretanto, afetar sua capacidade de iniciativa estratégica. Enquanto eram derrotados no Vietnã, os Estados Unidos já se aproximavam do governo chinês, numa das iniciativas diplomáticas mais ousadas da administração Nixon. Primeiro foi a visita secreta de Henry Kissinger a Pequim, em 1971, que abriu as portas das negociações que culminaram com a assinatura do Comunicado de Shangai, em fevereiro de 1972 e, finalmente, com o tratado de fevereiro de 1973, em que os chineses e os norte-americanos "concordavam em resistir conjuntamente à tentativa de qualquer país que se propusesse a dominar o mundo, de tal forma que no espaço de um ano e meio, as relações sino-americanas, passaram da hostilidade e do isolamento para uma aliança de fato" (Kissinger, 1994: 729). Hoje se pode ver com clareza que os norte-americanos responderam, de imediato e de forma contundente, à sua perda de posição na península da Conchinchina, bloqueando a possibilidade de uma hegemonia russa no sudeste asiático e, ao mesmo tempo, propondo aos chineses um retorno à velha parceria econômica que havia começado com o tratado de 1844, em torno à defesa da política de "portas abertas", e que havia se revigorado com a aproximação sino-americana de 1943. Assim mesmo, não há dúvida que a derrota no Vietnã acabou se transformando num momento decisivo na trajetória da luta americana pelo poder global, porque foi ali que se viabilizou a vitória, dentro do *establishment* da política externa americana, dos que defendiam, e já fazia tempo, a necessidade dos Estados Unidos se desfazerem de seu "comportamento hegemônico" para poder lutar "pela conquista de todo mundo" e a formação de um "império mundial".

O mesmo deve ser dito, com relação à crise do "padrão dólar-ouro", no início da década de 1970. Ela teve consequências econômicas profundas e prolongadas, mas é importante ir mais atrás e compreender suas causas mais antigas, os processos de mais longo fôlego que culminaram na ruptura de 1973. A "crise do dólar" e do "petróleo" não foram um "raio em céu azul", e deitam raízes no período de sucesso econômico das duas décadas anteriores. O primeiro passo da globalização dos mercados financeiros foi dado muito antes da crise de 1971/73, com a criação do *Euromarket*, no final da década de 1950, com o apoio decisivo do governo dos Estados Unidos e da Inglaterra. O mercado operava na praça de Londres, mas a presença dominante era a dos bancos e a das grandes corporações americanas. "De fato, em meados da década de 1960, as autoridades americanas estavam encorajando ativamente os bancos e as corporações para que fizessem suas operações no mercado *offshore* de Londres" (Helleiner, 1994: 82). O mesmo ocorrendo com as autoridades britânicas, para quem o *Euromarket* representava uma saída para o problema da conciliação entre as políticas keynesianas do *welfare state*, com a preservação da posição financeira internacional da própria Inglaterra. Por outro lado, foi no início da década de 1960 que se deu o primeiro ataque europeu contra o dólar e as primeiras soluções adotadas foram insuficientes e não conseguiram deter a saída de capitais, o que levou os Estados Unidos a pressionarem os governos europeus para que liberalizassem seus mercados de capitais, permitindo que as taxas de juros refletissem as diferenças nacionais de produtividade do capital. Em 1961, a OCDE tomou posição nesta mesma direção, apoiando a liberalização imediata das contas de capitais, e o governo americano passou a defender uma liberalização do mercado financeiro internacional como a única forma de manter a autonomia da sua política econômica e de suas decisões estratégicas frente às crescentes pressões externas. "É importante destacar que os Estados Unidos e a Inglaterra promoveram uma maior abertura da ordem financeira mundial através de uma ação rigorosamente unilateral e que a liberalização unilateral se mostrou eficaz para o rápido aumento da atividade financeira internacional" (Helleiner, 1994: 99). No início da década de 1970 os europeus e os japoneses advogaram uma ação cooperativa para lograr um maior controle dos movimentos de capitais, do tipo discutido em Bretton Woods, mas foram derrotados pela oposição radical dos Estados Unidos a qualquer tipo de ação cooperativa. No seu Relatório Econômico Presidencial ao Congresso Americano, de 1973, o presidente Richard Nixon defendeu explicitamente que os "controles de capitais para fins de balanço de pagamentos não devem ser encorajados" e que, pelo contrário, o livre-movimento de capitais é a melhor forma de promover políticas econômicas corretas. Logo depois, o governo americano desvalorizou o dólar e aboliu, em 1974, o seu sistema de controle de capitais, em perfeita continuidade com todas as decisões estratégicas que já vinham sendo tomadas desde a década de 1960 para viabilizar a expansão do capital americano e manter a autonomia americana no manejo de sua política interna. Portanto, a chamada "crise do dólar" não foi um acidente nem uma surpresa, nem muito menos uma derrota; foi um objetivo buscado de forma consciente e estratégica pela política econômica internacional do governo norte-americano.

Desta perspectiva, se pode compreender melhor a afinidade que existe, em última instância, entre as três estratégias que se colocaram na década de 70 para enfrentar as consequências das próprias políticas expansivas dos norte-americanos. A primeira, do governo Nixon, propunha o retorno ao mundo multipolar, acompanhado de uma política econômica internacional de tipo liberal e desregulacionista. A assessoria econômica de Nixon já era radicalmente neoliberal e contava com nomes de peso como Gottfried Haberler, George Schultz, William Simon e Paul Volcker, adversários ferrenhos do *embedded liberalism* do pós-II Guerra. Todos eles tinham plena clareza de que a desregulação dos mercados financeiros era o único caminho possível para aumentar o poder americano. Nesse sentido, eles eram, ao mesmo tempo, advogados do neoliberalismo econômico e do nacionalismo americano, preocupados com a preservação da capacidade autônoma dos Estados Unidos seguirem ampliando seu poder e sua riqueza dentro e fora do seu próprio território. Além disto, a comunidade dos negócios já havia apoiado a eleição de Nixon em 1968, em troca da promessa da remoção dos controles de capitais, um retrato da nova coalizão de forças que surgiu na segunda metade da década de 1960, aproximando os velhos industrialistas do New Deal com os interesses financeiros e favoráveis às ideias neoliberais. Nixon, entretanto, foi derrubado pelo escândalo do Watergate. A segunda estratégia, proposta pelos democratas de Jimmy Carter, propunha a retomada da liderança moral e messiânica dos Estados Unidos no mundo, combinada com uma política econômica internacional de corte keynesiano, liderada pela ação conjunta dos Estados Unidos, Alemanha e Japão, que deveriam se transformar na locomotiva do crescimento mundial. Carter foi atropelado pela revolução xiita no Irã, pela invasão soviética do Afeganistão e pela disparada da inflação e do preço do petróleo. Enquanto que a terceira estratégia, que foi vitoriosa – no governo Reagan – combinou o messianismo anticomunista de Carter com o liberalismo econômico de Nixon, propondo-se a eliminar a União Soviética e a construir uma nova ordem política e econômica mundial, sob o comando inconteste dos Estados Unidos.

Hoje está claro que esta terceira estratégia, adotada na década de 1980 sob liderança dos Estados Unidos e da Inglaterra, apressou a reviravolta na organização e funcionamento do sistema mundial que vinha sendo elaborada, pelo menos por duas décadas precedentes. Pouco a pouco, o sistema mundial foi deixando para trás um modelo "regulado" de "governança global" liderado pela "hegemonia benevolente" dos Estados Unidos, e foi se movendo na direção de uma nova ordem mundial com características mais imperiais do que hegemônicas. "O que a princípio parecia uma visão conspiratória, agora já parece um fato normal e consolidado: ganhou força no fim do século XX, um novo projeto de organização imperial do poder mundial (...) a possibilidade de fazer guerras, à distância e sem perdas humanas, e o controle de uma moeda internacional sem padrão de referência que não seja o próprio poder do emissor, mudaram radicalmente a forma de exercício do poder americano sobre o mundo. Com a eliminação do poder de contestação soviético e com a ampliação do espaço desregulado da economia mundial de mercado, criou-se um novo tipo de território submetido à senhoriagem do dólar e à velocidade de intervenção das suas forças militares" (Fiori, 2001: 62-63).

Na hora da vitória, o desaparecimento da União Soviética e o fim da Guerra Fria colocaram os Estados Unidos, e o mundo, pela primeira vez na história, frente à possibilidade de um "poder global", sem limites militares e sem colônias, que se apoia apenas "no controle de estruturas transnacionais, militares, financeiras, produtivas e ideológicas de alcance global, mas não suprime os estados nacionais" (Fiori, 2001: 63). Uma situação mundial que é nova, mas que não é um fato excepcional e imprevisível na perspectiva de longo prazo do sistema mundial, criado pela expansão dos estados e das economias nacionais europeias. Pelo contrário, ela aproximou o sistema do seu limite tendencial e contraditório: a constituição de um "império global". E do ponto de vista dos Estados Unidos, representou mais uma etapa de um processo contínuo de concentração e centralização de poder político e econômico, que começou no século XIX no continente americano, e se globalizou depois do fim da II Guerra Mundial.

A "Guerra do Golfo" e o Projeto do "Império Mundial".

Segundo Henry Kissinger, os Estados Unidos enfrentaram, em 1991, pela terceira vez na sua história, o desafio de redesenhar o mundo à sua imagem e semelhança, divididos, uma vez mais, entre o "realismo geopolítico" de Theodore Roosevelt e o "idealismo messiânico" de Woodrow Wilson. Do nosso ponto de vista, entretanto, esta divisão do início do século XX não existe mais no início do século XXI. Nem tampouco 1918, 1945 e 1991 devem ser vistos como tentativas fracassadas de modelagem do mundo pelos Estados Unidos. Foram, na verdade, três marcos ou momentos fundamentais da mesma luta na conquista do poder global pelos Estados Unidos da América. A Guerra Fria terminou sem uma nova guerra mundial. E depois da dissolução da União Soviética, as Grandes Potências não se reuniram, nem definiram a nova "constituição do mundo", como haviam feito em Westfália em 1648, em Viena em 1815, em Versailles em 1918, ou mesmo em Yalta, Potsdam e São Francisco em 1945. Mesmo reconhecendo a superioridade inconteste do poder militar e econômico dos Estados Unidos, as Grandes Potências não estabeleceram entre si nenhum princípio normativo, nem um acordo operacional sobre a paz e sobre a guerra, ou sobre a criação e legitimidade das novas leis internacionais; tampouco sobre o funcionamento do novo sistema monetário e financeiro internacional.

Na verdade, antes da Guerra do Golfo, que começou em fevereiro de 1991, as Grandes Potências já haviam realizado duas reuniões – em Huston e Dublin – convocadas explicitamente para discutir o fim da Guerra Fria e a nova ordem mundial que estava nascendo dos escombros do Muro de Berlim, sob o signo liberal da democracia e dos mercados. Mas antes que se estabelecesse qualquer tipo de acordo, a estrondosa demonstração da força militar americana na Guerra do Golfo acabou se impondo a todas as demais negociações, e anunciando ao mundo o seu novo princípio organizador porque como diz, com toda razão, Henry Kissinger, "os impérios não têm interesse em operar dentro de um sistema internacional; eles aspiram ser o próprio sistema internacional" (Kissinger, 2001). O bombardeio do Iraque cumpriu, em 1991, um papel equivalente ao de Hiroshima e Nagasaki em 1945: estabeleceu, através do poder das armas, quem seria o novo "poder soberano" no campo internacional. Mas desta vez, diferente de 1945, sem que existisse nenhum outro poder com capacidade de questioná-lo ou de limitar o exercício de sua vontade absoluta e arbitrária. Esta nova situação imperial não ficou visível num primeiro momento, graças à combinação de autossatisfação e prosperidade econômica da década de 1990, invadida pela ideologia da globalização e do fim da história, dos estados, das economias nacionais e das guerras. "Mas na entrada do século XXI, este projeto perdeu força frente às evidências da polarização do poder e da riqueza, que ocorreu à sombra da utopia da globalização. Logo depois, começou a desaceleração do 'milagre econômico' americano e assumiu a Administração Bush, que retomou a equipe e as ideias estratégicas formuladas uma década antes, no governo do seu pai, logo depois da queda do Muro de Berlim. E o que nos anos 90 podia parecer o início de uma nova fase de hegemonia global 'benevolente', ficou claro na década seguinte, que se tratava de fato de um projeto imperial explícito" (Fiori, 2001: 5).

Por isso, do nosso ponto de vista, não foi o desaparecimento do comunismo, em 1991, que deixou o mundo desorientado; foi o desaparecimento de uma situação de poder bipolar, envolvendo dois "estados-impérios" com capacidade de intervenção militar global. O sistema mundial sempre teve algum tipo de bipolarização regional do poder, sobretudo na Europa.

Mas, entre 1945 e 1991, esta bipolarização tinha alcance mundial, e seu desaparecimento não deixou apenas um vácuo no campo do poder e dos valores internacionais; deixou uma incógnita absolutamente nova e radical, porque até então o sistema mundial ainda não tinha vivido a possibilidade real de constituição de um "império mundial" capaz de impor sua vontade política e seu arbítrio econômico sem enfrentar nenhum tipo de resistência política ou militar, como sempre aconteceu nas situações de "equilíbrio de poder", ou mesmo, nas "situações hegemônicas", dentro do núcleo central do sistema.

Do ponto de vista da política externa dos Estados Unidos, entretanto, não existe nenhum vácuo, assim como não existiu nenhuma divisão interna depois da Guerra do Golfo, porque desde o primeiro momento estabeleceu-se um consenso entre republicanos e democratas a respeito da nova doutrina estratégica dos Estados Unidos. Logo depois da queda do Muro de Berlim, no seu discurso na Assembleia Geral das Nações Unidas de 1990, o presidente Bush fez uma proposta à comunidade mundial que lembrava o projeto do presidente Woodrow Wilson, em 1918: "nós temos um projeto de uma nova parceria entre as nações que transcende as divisões da Guerra Fria. Uma parceria baseada na consulta mútua, na cooperação e na ação coletiva, especialmente através das organizações internacionais e regionais. Uma parceria baseada no princípio da lei e suportada por uma repartição justa dos custos e das responsabilidades. Uma parceria cujos objetivos sejam aumentar a democracia, a prosperidade e a paz, e reduzir as armas" (*cit. in* Kissinger, 1994: 805). No entanto, o próprio presidente Bush constituiu, em 1989, uma força-tarefa encarregada de delinear as bases do que deveria ser a nova estratégia mundial dos Estados Unidos depois da Guerra Fria, presidida pelo seu secretário de defesa, Dick Cheney e com a participação de Paul Wolfowitz, Lewis Libby, Eric Edelman e Donald Rumsfeld, além de Colin Powell. Foi com base no relatório deste grupo de trabalho que o presidente Bush (pai) fez outro discurso frente ao Congresso Americano – em agosto de 1990 – absolutamente diferente ao das Nações Unidas, onde defendeu, pela primeira vez, uma política externa de contenção ativa que impedisse o aparecimento de qualquer tipo de potência regional que pudesse concorrer com os Estados Unidos na sua própria região ou que pudesse aspirar algum dia ao poder global, como havia sido o caso da União Soviética.

Um pouco depois, em setembro de 1993, o novo presidente democrata, Bill Clinton, ao falar na sessão de abertura da Assembleia Geral das Nações Unidas, repetiu quase integralmente a proposta que George Bush havia feito três anos antes: "numa nova era de perigos e oportunidades, nosso propósito é expandir e fortalecer a comunidade mundial e as democracias baseadas no mercado. Agora nós queremos alargar o círculo das nações que vivem sob instituições livres, porque nosso sonho é um dia em que as opiniões e energias de cada pessoa no mundo tenham plena expressão dentro de democracias prósperas que cooperam entre si e vivam em paz" (*cit. in* Kissinger, 1994: 805). E essa foi a imagem que ficou em quase todo mundo, da "era Clinton", como um período em que o governo americano acreditou no poder pacífico dos mercados e na força econômica convergente da globalização, ao mesmo tempo em que propunha uma "parceria para paz" quase universal. Como se a retórica dos anos 90 repetisse o que se passou na década de 1920, outro período da história em que se generalizou a impressão de que a política do poder e da força havia cedido lugar à força dos mercados e à política econômica internacional das Grandes Potências. Mas a história da década de 1920 é bem conhecida, porque logo em seguida veio a crise de 1929, e os *roaring twenties* deram lugar a uma nova escalada bélica que culminou na II Guerra Mundial.

Nos anos 90 também se difundiu a mesma crença no poder pacífico dos mercados e na força econômica convergente da globalização, como se tivesse chegado finalmente a hora de um império mundial cosmopolita, pacífico e democrático, sob a liderança benevolente dos Estados Unidos. Mas, na prática, a administração Clinton seguiu as mesmas ideias básicas do governo de George Bush (o pai), igualmente convencido de que o século XXI seria um "século americano", e de que o "mundo necessitava dos Estados Unidos", como costumava repetir Magdeleine Albright, a Secretária de Estado de Clinton. Durante os oito anos de seus dois mandatos, a administração Clinton manteve um ativismo militar sem precedentes, apesar de sua retórica "globalista" que propunha uma "convivência pacífica pelo mercado", desde que fossem respeitadas as regras do novo império. No seu governo, "os Estados Unidos se envolveram em 48 intervenções militares, muito mais do que em toda a Guerra Fria, período em que ocorreram 16 intervenções militares" (Bacevich, 2002: 143). Incluindo os ataques à Somália em 1992/1993; o bombardeio da Bósnia nos Bálcãs, em 1995; o bombardeio do Sudão em 1998; a guerra do Kosovo, na Iugoslávia, em 1999; e o bombardeio quase constante ao Iraque, entre 1993 e 2003. Além disto, foi o presidente Bill Clinton que anunciou, em fevereiro de 1998, ao lado do primeiro ministro inglês Tony Blair, a nova Guerra do Golfo ou do Iraque, que acabou sendo protelada até o ano de 2003. O que demonstra uma extraordinária continuidade política e estratégica dos Estados Unidos depois de 1991, ao contrário dos que imaginam que o mundo esteja num vácuo, ou que os Estados Unidos ainda não tenham definido ou assumido completamente seu projeto de império mundial.

Pelo contrário, na década de 1990, ao lado da retórica da economia global, os Estados Unidos consolidaram e expandiram seus acordos e bases militares, estendendo sua presença militar à Europa Central e a mais de 130 países distribuídos por todos os continentes. "Entre 1989 e 2002 ocorreu uma revolução nas relações da América com o resto do mundo. No início deste período, a condução da política externa norte-americana era basicamente uma operação civil. Por volta de 2002, tudo isto mudou. Os Estados Unidos não têm mais uma política externa, eles têm um império militar. Durante este período de pouco mais do que uma década, nasceu um vasto complexo de interesses e projetos que eu chamo de império e que consiste de bases navais permanentes, guarnições, bases aéreas, postos de espionagem e enclaves estratégicos em todos os continentes do globo" (Johnson, 2004: 22-23).

Depois de 2001, a nova administração Bush (o filho) mudou a retórica dominante da política externa americana do período Clinton, voltou a usar a linguagem bélica e a falar dos inimigos externos e internos, e passou a defender de forma explícita o direito unilateral dos Estados Unidos de intervenção militar e preventiva, em qualquer lugar do mundo. Mas apesar do seu militarismo, a administração Bush (o filho) não abandonou o discurso do liberalismo econômico e a defesa intransigente da abertura e desregulação de todos os mercados do mundo.

Neste sentido, parece cada vez mais claro que depois do fim da Guerra do Golfo – a despeito das diferenças retóricas e de estilo – formou-se um grande consenso, entre republicanos e democratas, a respeito dos objetivos de longo prazo dos Estados Unidos. Como no início do século XIX, agora também é possível distinguir e identificar dois grandes grupos dentro da política externa americana: "aqueles que advogam a dominação americana irrestrita e unilateral do mundo, e aqueles que defendem um imperialismo com objetivos 'humanitários'" (Johnson, 2004: 67). Mas do ponto de vista estratégico e de longo prazo, o objetivo é um só, e aponta na direção de um império mundial.

Quando se olha desta perspectiva, se compreende melhor a lógica geopolítica da ocupação americana dos territórios que haviam estado sob influência soviética, depois de 1991. Começou pelo Báltico, atravessou a Europa Central, a Ucrânia e a Bielorússia, se transformou em guerra nos Bálcãs; e depois de confirmada a aliança com a Turquia, chegou até a Ásia Central e o Paquistão, com a guerra do Afeganistão; e até Bagdá e a Palestina, com a última guerra do Iraque. Essa mesma lógica explica a rapidez com que os Estados Unidos levaram à frente seu projeto de ampliação da OTAN, mesmo contra o voto dos europeus. Ao terminar a década, o mapa geopolítico das bases militares norte-americanas não deixa dúvida: de que existe hoje, no mundo, um poder militar global, mas não há dúvida que também existe um "cinturão sanitário", separando a Alemanha da Rússia, e a Rússia da China.

No campo geoeconômico, por sua vez, a estratégia americana de promoção ativa da abertura e desregulação de todas as economias nacionais multiplicou a velocidade do processo da globalização, em particular dos mercados financeiros. E, no fim da década, o balanço econômico também era muito claro: os Estados Unidos haviam vencido em todos os sentidos. Sua moeda era a base do sistema monetário internacional e a dívida pública norte-americana havia se transformado no principal ativo financeiro de todos os governos do mundo. Em síntese, no final dos anos 90, o poder militar americano havia se transformado na infraestrutura coercitiva de um novo tipo de "império militar mundial". E o processo da globalização financeira havia universalizado a moeda e o capital financeiro norte-americano, chegando mais perto do que nunca de um "império financeiro global". Numa década, a estratégia americana depois da Guerra Fria multiplicou o poder militar dos Estados Unidos e transformou o projeto de "abertura" no grande instrumento de globalização do "território econômico", da moeda, do crédito, das finanças e da tributação dos Estados Unidos.

Desta perspectiva também se pode entender melhor o significado da última Guerra do Iraque, que se transformou numa espécie de síntese de todas as incógnitas e impasses da conjuntura mundial. À primeira vista, não passou de mais uma guerra colonial, do tipo clássico, como tantas outras do século XIX, envolvendo duas grandes potências e um estado situado fora do núcleo central do sistema. Mas, na verdade, a Guerra do Iraque foi muito mais do que isto e envolveu todas as demais Grandes Potências porque, através da guerra, os Estados Unidos e a Inglaterra colocaram sobre a mesa sua proposta de reorganização do sistema político mundial, que não havia sido discutida depois do fim da Guerra Fria e da Guerra do Golfo. Não houve um desacordo fundamental entre as Grandes Potências com relação ao regime de Saddam Hussein; o que houve foi um desacordo com o novo projeto imperial proposto pelos Estados Unidos, secundado pela Inglaterra.

Em primeiro lugar, a Guerra do Iraque formulou uma proposta e fez uma ameaça direta às demais Grandes Potências, que são as maiores produtoras de armas de destruição de massas. Anunciou, de forma clara e inequívoca, que o objetivo último da nova doutrina dos ataques preventivos é impedir o aparecimento, em qualquer ponto, e por um tempo indefinido, de qualquer outra nação ou aliança de nações que rivalize com os Estados Unidos. Uma estratégia de "contenção", como a que foi sugerida por George Kennan e adotada pelos Estados Unidos com relação à União Soviética, depois de 1947, só que agora visando o exercício de um poder global que requer a contenção permanente e universal de todas as demais Grandes Potências.

Em segundo lugar, a guerra no Iraque enviou uma mensagem para os estados da periferia do sistema mundial. Daqui para frente, haverá dois pesos e duas medidas: a "lei das selvas", para os países "incapazes de assegurar seus próprios territórios nacionais"; e a "lei dos mercados", para os demais países da periferia que aceitarem pacificamente o "imperialismo voluntário da economia global, gerido por um consórcio internacional de instituições financeiras como o FMI e o Banco Mundial", segundo a definição de Richard Cooper, assessor internacional do governo inglês de Tony Blair (Cooper, 1996).

Se olharmos com atenção para os dois lados, entretanto, perceberemos que a Guerra do Iraque se propôs enviar uma só e mesma mensagem principal para todos os estados do sistema político mundial. E esta mensagem fala da disposição dos Estados Unidos de manter uma dianteira tecnológica e militar inquestionável com relação a todos os demais estados do sistema. Uma vez que os Estados Unidos se propõem arbitrar isoladamente a hora e o lugar em que seus adversários reais, potenciais ou imaginários devam ser "contidos", através da mudança de regimes e governos, através da "mão invisível dos mercados" ou da intervenção militar direta. Às vezes por motivos humanitários, às vezes com objetivos econômicos e às vezes com o objetivo puro e simples de reproduzir e expandir o poder americano.

A "Guerra do Iraque" e a Experiência do Limite.

Em 1991, uma coalizão militar liderada pelos Estados Unidos e Inglaterra, junto com outros 28 países, venceu a Guerra do Golfo e derrotou o Iraque, depois de um mês de bombardeio aéreo contínuo no território inimigo. Expulsou as tropas iraquianas do Kuwait, mas não conquistou Bagdá e não depôs Saddam Hussein. Entre 1991 e 2003, os Estados Unidos e a Inglaterra bombardearam o território iraquiano, de forma quase contínua, mas não conseguiram atingir e mudar o regime político, nem liquidar o aparato militar de Saddam Hussein. Em 1999, as tropas da OTAN, sob a liderança militar dos Estados Unidos, fizeram uma "intervenção humanitária" no Kosovo, bombardearam e destruíram a economia iugoslava e assumiram a administração direta da província, sem conseguir reorganizar o país, nem muito menos eliminar os conflitos étnicos que seguem dividindo a população local, e que foram o motivo explícito da ocupação militar. Em 2002, a coalizão militar liderada pelos Estados Unidos derrotou e depôs o governo do Afeganistão, mas aos poucos "os senhores da guerra" e os próprios talibãs retomaram o controle de quase todo o país, e os soldados aliados mal conseguem manter a ordem na região em torno à cidade de Cabul. Em 2003, os Estados Unidos e a Inglaterra venceram a Guerra do Iraque, conquistaram Bagdá, destruíram as forças militares iraquianas e destituíram Saddam Hussein. Mas depois não conseguiram reconstruir o país nem definir com precisão os objetivos de longo prazo das tropas de ocupação que permanecem em território iraquiano, depois da constituição de um governo local sob tutela americana. Portanto, treze anos depois da Guerra do Golfo e do fim da Guerra Fria, o balanço que se pode fazer deste novo tipo de império, do ponto de vista dos objetivos norte-americanos, é bastante negativo. Suas intervenções militares não expandiram a democracia nem os mercados livres; as guerras aéreas não foram suficientes, sem a conquista territorial; e a conquista territorial militar não conseguiu dar conta da reconstrução nacional dos países derrotados.

O fracasso no Iraque, depois da vitória militar de 2003, recolocou em pauta a questão do futuro do poder global dos Estados Unidos, num debate onde se distinguem três posições fundamentais. De um lado, estão autores, como Philip Bobbit (2002) e Niall Ferguson (2001 e 2004)[3], que consideram necessário e defendem que os Estados Unidos assumam plenamente a condição de um império mundial benevolente, um "império liberal", diferente dos antigos impérios, mas igualmente incompatível com qualquer tipo de multilateralismo. "O que falta aos Estados Unidos é a vontade de exercer o papel cumprido pela Inglaterra no século XIX, apesar de que tenha os meios econômicos para fazê-lo" (Ferguson, 2001: 421). De outro lado, se encontram autores como John Mearsheimer (2001) e Chalmers Johnson (2004), entre outros[4], que se colocam numa posição oposta e criticam o papel imperial norte-americano, propondo ou prevendo uma volta ao multilateralismo. "Todos os grandes impérios da história foram enfraquecidos por uma combinação de expansão excessiva, com instituições rígidas e inabilidade para reformar-se, ficando vulneráveis frente a situações de guerra desastrosas. Não há razão para pensar que não ocorrerá o mesmo com um império americano..." (Johnson, 2004: 310).

Por fim, existe um terceiro grupo de autores que se inscrevem dentro da nossa mesma tradição, que Robert Cox chamou de *critical theory*, entre outros, Michael Hardt, Antonio Negri, Immanuell Wallerstein e Giovanni Arrighi. Segundo Michael Hardt & Antonio Negri (2000), as transformações econômicas e políticas, iniciadas na década de 1970, deram origem a uma nova forma "pós-moderna" de organização política mundial, onde os estados nacionais cederam seu lugar a um novo tipo de Império, que já não seria mais a projeção imperialista do poder de um estado nacional, seria um

---

[3] Com pequenas variações, esta é, em última instância, a mesma posição defendida por Charles Krauthammer (2001), Robert Kaplan (2001), Paul Kennedy (2002) e Joseph Nye (2002), entre outros autores, sobretudo norte-americanos.

[4] Pelo menos, Charles Kupchan (2002), Andrew Bacevich (2003), Michael Mann (2003).

novo tipo de soberania supranacional, que corresponderia à superestrutura da economia capitalista globalizada. Hardt e Negri vêem, neste novo tipo de Império, a forma política pós-nacional do mercado global e, neste ponto, incorrem no mesmo erro de vários outros marxistas que não conseguem entender que a globalização do capitalismo, a partir do século XVII, não foi uma obra do "capital em geral"; foi obra de estados e economias nacionais que tentaram impor ao resto dos estados e das economias nacionais a sua moeda, a sua "dívida pública" e o seu sistema de "tributação", como lastro de um sistema monetário internacional transformado no espaço privilegiado de expansão do seu capital financeiro nacional. Numa linha parecida, Immanuell Wallerstein (2003 e 2004) também diagnostica a "crise terminal da hegemonia norte-americana", que teria começado na década de 1970 e que teria se transformado na crise final do próprio "sistema mundial moderno", que começou no século XVI e deverá terminar por volta de 2050, dando lugar a algo que será novo, mas que é ainda desconhecido e imprevisível. Nesse sentido, para Wallerstein, o mundo estaria vivendo neste momento uma prolongada mudança de galáxia ou de Universo. Giovanni Arrighi (2001 e 2004) também sustenta a tese da crise terminal americana, mas prevê apenas uma "crise de hegemonia". Segundo Arrighi, depois do fim da Guerra Fria, os Estados Unidos aumentaram sua vantagem militar sobre seus concorrentes, mas ao mesmo tempo se fragilizaram como potência hegemônica, devido ao crescimento de seu endividamento externo e do seu desequilíbrio comercial, em particular, com relação às principais economias asiáticas.

Do nosso ponto de vista, entretanto, neste início do século XXI, não se divisa no horizonte do sistema mundial, nem a apoteose de um império mundial bem-sucedido nem o apocalipse da crise final. Não há dúvida que os Estados Unidos enfrentarão dificuldades crescentes nas próximas décadas para manter o seu controle global no campo político e econômico. Mas não há sinais econômicos ou militares de que estas dificuldades sejam parte de uma crise terminal, nem muito menos de que os Estados Unidos estejam deixando de ser um Estado Nacional, com seu projeto de poder global. Mas, tampouco parece provável que consigam impor ao mundo o seu projeto de império mundial.

Do nosso ponto de vista, essa discussão sobre o futuro do poder americano e do sistema mundial deve partir de algumas premissas teóricas e históricas, que já expusemos em outro artigo sobre a "Formação, expansão e limites do poder global[5]": i) no universo em expansão dos "estados-impé-

---

[5] Publicado neste mesmo livro, na seção Hegemonia e Império.

O Poder Global dos Estados Unidos: formação, expansão e limites

rios" e de suas economias nacionais capitalistas, não há possibilidade lógica de uma "paz perpétua", nem tampouco de mercados equilibrados e estáveis; ii) não existe a possibilidade de que as Grandes Potências possam praticar, de forma permanente, uma política apenas voltada para a preservação do *status quo*; e iii) não existe tampouco, a menor possibilidade que a liderança da expansão econômica do capitalismo passe das mãos dos "grandes predadores" aliados às suas "grandes potências", para as mãos do empreendedor típico-ideal, dos modelos da "economia de mercado", dos manuais de economia. Por isso, historicamente, os "estados-imperiais" ou "grandes potências" sempre recriaram seus concorrentes e adversários, logo depois de submeter ou destruir o concorrente anterior. Exatamente como na concorrência capitalista, onde o próprio capital recria sem cessar as suas novas formas de competição, porque perderia capacidade de acumulação se ocorresse uma monopolização completa dos mercados.

E foi isto que aconteceu entre 2001 e 2003, depois de uma década em que o mundo experimentou a possibilidade e o limite de um possível império mundial. Foi o momento em que os Estados Unidos definiram seu novo inimigo bipolar, e propuseram uma parceria estratégica global, com todas a grandes potências, para combater o "terrorismo internacional". O problema é que o terrorismo é um inimigo que não se identifica com nenhum estado, não tem território e não estabelece nenhum tipo de complementaridade econômica com seu adversário. Ele é universal e ubíquo, um inimigo tipicamente imperial, da humanidade, e não de algum estado em particular. Aceitá-lo significa entrar numa guerra em que os Estados Unidos definem, a cada momento, quem é e onde está o adversário, numa guerra que não terá fim e que será cada vez mais extensa, uma guerra permanente e "infinitamente elástica".

Basta ver que no início se tratava de destruir a rede Al-Qaeda e o regime talibã do Afeganistão, mas hoje as tropas americanas já estão presentes – em nome da mesma guerra – na Argélia, Somália, Yemen, Afeganistão, Filipinas, Indonésia e Colômbia. A própria definição do inimigo já foi modificada várias vezes nos últimos anos: primeiro foram as "redes terroristas"; depois, o "eixo do mal", constituído pelo Iraque, Irã e Coreia do Norte; e, finalmente, os "estados produtores de armas de destruição de massa", categoria que inclui – neste momento – quase todos os aliados americanos na guerra do Afeganistão e do Iraque. As características deste novo inimigo bipolar escolhido pelos Estados Unidos não cumprem com os requisitos fundamentais indispensáveis ao funcionamento do sistema mundial e, além disto, colocam dificuldades e limites imediatos para a execução desta nova estratégia de contenção global dos Estados Unidos.

Em primeiro lugar – do ponto de vista da segurança interna dos Estados Unidos – é da natureza do novo inimigo, segundo Donald Rumsfeld, mover-se no campo "do desconhecido, do incerto, do inesperado", aproveitando-se de toda e qualquer "vulnerabilidade americana". Uma ameaça, portanto, que pode ser nuclear, mas também pode ser cibernética, biológica, química e pode estar no ar, na terra, na água, nos alimentos, enfim, em centenas de veículos ou lugares diferentes. Neste sentido, nesta guerra escolhida pelos Estados Unidos, tudo pode se transformar numa arma, em particular as inovações tecnológicas dos próprios americanos. E tudo pode se transformar num alvo, em particular as coisas mais prezadas e desprotegidas dos norte-americanos. Daí a necessidade defendida pelo governo Bush (o filho) de uma "rede cidadã" de espionagem, constituída por milhões de homens e mulheres comuns que gastariam parte dos seus dias controlando e vigiando seus próprios vizinhos. E é isto que explica, também, a criação pelo governo americano de novas "equipes vermelhas" encarregadas de planejar ataques contra os Estados Unidos, pensando como terroristas, para poder identificar as "vulnerabilidades" do país. Deste ponto de vista, a visão imperial dos Estados Unidos e a ubiquidade do seu adversário "interno", exigirá um controle permanente e cada vez mais rigoroso da própria sociedade americana, vista pelo governo como um imenso universo de possibilidades agressivas.

Em segundo lugar, do ponto de vista da segurança externa dos Estados Unidos, a nova estratégia cria uma situação de insegurança coletiva e permanente dentro do sistema mundial. O novo adversário não é, em princípio, uma religião, uma ideologia, uma nacionalidade, uma civilização ou um estado, e pode ser redefinido a cada momento pelos próprios Estados Unidos, sendo portando, variável e arbitrário. E, nesse sentido, os Estados Unidos se guardam no direito de fazer ataques preventivos contra todo e qualquer estado onde eles considerem existir bases ou apoio às ações terroristas, o que significa a autoatribuição de uma soberania imperial. Também no campo internacional, a nova doutrina estratégica norte-americana cria uma situação de guerra permanente, que pode ser declarada pelos Estados Unidos no momento em que se considerarem ameaçados. Problema que deverá se agravar, ainda mais, na medida em que todos os demais países, e em particular, as demais Grandes Potências, se sentirem ameaçadas por forças consideradas terroristas, qualquer que seja a sua natureza, incluindo nações ou minorias externas ou internas aos seus territórios. Da mesma forma, todos os que tiverem a capacidade militar necessária seguirão o caminho aberto por Israel, e seguido pelos Estados Unidos no que se refere aos ataques preventivos aos lugares onde consideram que estejam escondidos os terroristas, incluindo aí, em algum momento, o território das demais potências que possam ser acusadas de estar protegendo seus inimigos. A lógica da nova doutrina estratégica americana é muito simples e perversa porque, uma vez estabelecido e aceito o princípio geral, não há nenhum acordo possível sobre o que seja, e quem sejam os terroristas, para cada uma das potências que detêm atualmente os armamentos de destruição de massa.

Tudo indica, portanto, que a estratégia da luta global contra o terrorismo não tem sustentabilidade no médio prazo, e não conseguirá bipolarizar e equilibrar o sistema mundial no longo prazo. Pelo contrário, deve aumentar as resistências dentro dos próprios Estados Unidos, e acelerar o retorno do conflito entre as grandes potências, no médio prazo. Neste ponto, não há como se enganar, do ponto de vista histórico: as resistências ao poder americano acabarão vindo de onde sempre vieram, de dentro do núcleo central de poder do sistema mundial, das suas Grandes Potências. A própria necessidade norte-americana de alianças e apoios nas guerras do Afeganistão e Iraque acabou devolvendo a liberdade de iniciativa militar ao Japão e à Alemanha, ao mesmo tempo em que permitiu à Rússia reivindicar de volta o seu direito de "proteção" na sua "área de influência" ou "zona de segurança" clássica, onde estão incluídos vários territórios que já foram ocupados militarmente pelos Estados Unidos depois de 1991. Enquanto a Europa continental começa a rebelar-se contra sua situação de refém militar da OTAN e dos Estados Unidos, o que prenuncia o retorno da luta pela hegemonia dentro do continente europeu, mesmo que seja na forma de uma luta prolongada pelo controle da União Europeia. Nesta região, se a Inglaterra sair da União Europeia, não é improvável que as capitais alemães acabem seguindo o caminho da história e estabelecendo uma nova e surpreendente "memorável aliança" (Weber, 1961) com o poder militar "ocioso" da Rússia. Enquanto isto, do outro lado do mundo, o sistema estatal asiático se parece cada vez mais com o velho modelo de competição pelo poder e riqueza que foi a marca originária do "milagre europeu", desde o século XVI. E não é provável que se repita na Ásia algo parecido com a União Europeia. Pelo contrário, o que se deve esperar é uma intensificação da competição econômica e política pela hegemonia regional entre a China, o Japão e a Coreia.

Mas não há dúvida que a grande novidade geopolítica e geoeconômica do sistema mundial, desde os anos 90, é a nova relação entre os Estados Unidos e a China. Ela reproduz e prolonga o eixo Europa-Ásia que dinamizou o sistema estatal e capitalista desde sua origem, e a relação privilegiada dos Estados Unidos com o Japão, desde 1949. Mas ao mesmo tempo, ela contém algumas novidades notáveis. Em primeiro lugar, o novo motor geoeconômico do capitalismo mundial deslocou e esvaziou o tripé da "época de ouro" da economia mundial – Estados Unidos, Alemanha e Japão – que funcionou de maneira extremamente virtuosa entre 1945 e 1980. Em segundo lugar, esta nova engenharia econômica mundial e a prolongada estagnação das economias alemã e japonesa vem recolocando o problema dos seus projetos nacionais derrotados ou bloqueados, e a necessidade de retomá-los como forma de sair da crise, sem contar com a ajuda americana. Em terceiro lugar, esta nova aliança apressou a volta da Rússia às suas posições clássicas de corte nacionalista e militarista, obrigada por sua posição eternamente dividida, entre sua presença na Ásia e na Europa. Mas não há dúvida que o aspecto mais importante desta nova relação entre Estados Unidos e China é que ela é complementar e competitiva a um só tempo, e ao mesmo tempo ela é econômica e militar.

Já vimos em outro lugar[6] que este foi o grande segredo do sistema mundial criado na Europa, no século XVI. Mas esta regra não foi obedecida durante a Guerra Fria, quando os Estados Unidos mantiveram sua competição militar com um país com quem não mantinham relações econômicas importantes para o dinamismo de sua própria economia nacional. E mantiveram relações econômicas dinâmicas com países que não tinham autonomia militar, nem possibilidade de expandir seu poder político nacional. Com a relação americano-chinesa, o sistema mundial volta aos seus trilhos normais, e não há como a China não reivindicar a hegemonia regional asiática com o Japão, com a Rússia e com os próprios Estados Unidos. Neste momento, os Estados Unidos não tem mais como se desfazer economicamente da China. Mas chegará a hora em que os Estados Unidos terão que bloquear o movimento expansivo da China para fora de si mesma, no momento em que este movimento não seja mais apenas econômico, e assuma a forma de uma vontade política imperial.

Em síntese, o projeto do império mundial dos Estados Unidos está experimentando seus limites contraditórios depois da Guerra do Iraque e não é provável que possa se realizar plenamente porque, neste momento, cada uma das antigas Grandes Potências dedica-se a reafirmar seus espaços tradicionais de influência e a construir alianças que acabarão bloqueando ou limitando a expansão americana. Tudo indica que estas divergências tenderão a crescer mais do que a diminuir, e no médio prazo, Alemanha e Japão se tornarão autônomos dos Estados Unidos. A Rússia voltará ao seu papel tradicional e a China tentará impor sua hegemonia dentro da Ásia, uma situação muito difícil de ser controlada ou administrada pelos Estados Unidos. Quando esta hora chegar, e isto pode tomar anos ou décadas, o mais provável é que o mundo volte a ler com atenção a polêmica do início do século XX – entre Karl Kautsky e Vladimir Lênin – sobre os limites e o futuro da

---

[6] No nosso artigo, neste mesmo livro, "Formação, Expansão e Limites do Poder Global".

ordem política e econômica mundial. Um, acreditando na possibilidade de uma coordenação "ultra-imperialista" entre os estados e os capitais das Grandes Potências; e o outro, convencido da inevitabilidade das guerras, devido ao desenvolvimento desigual do poder dos estados e da riqueza das nações. Os que relerem esta polêmica, entretanto, se darão conta que ela tem uma natureza rigorosamente circular, porque em última instância, como ensinou Adam Smith, ao discutir o papel da "coragem e força" na distribuição desigual da riqueza das nações: "o temor mútuo, constitui o único fator suscetível de intimidar a injustiça de nações independentes e transformá-la em certa espécie de respeito pelos direitos recíprocos" (Smith [1776], 1983: 101).

REFERÊNCIAS BIBLIOGRÁFICAS

ARRIGHI, G. (2004). "Rpugh Road to Empire", paper apresentado na conferência *The triad as rivals? US, Europe and Japan*. Georgetown University, Washington D.C. April 25-26 de 2003.

_____ (2001). *Caos e governabilidade*. Rio de Janeiro: Contraponto. UFRJ.

BACEVICH, A. (2003). *American Empire*. Cambridge: Harvard University Press.

BENSEL, R.B. (2000). *The Political Economy of American Industrialization, 1877-1900*. Cambridge: Cambridge University Press.

_____ (1990). Yankee Leviathan. *The Origins of Central State Authority in America, 1859-1877*. Cambridge: Cambridge University Press.

BOBBIT, P. (2002). *The Shield of Achilles*: War, Peace and the Course of the History. Nova York: Michael Knopf.

BRAUDEL, F. (1987). *A dinâmica do capitalismo*. Rio de Janeiro: Rocco.

CARR, E.H. (2001). *The Twenty Years' Crisis, 1919-1939*. Londres: Perennial.

CHANDLER, A.D.JR. (1977). *The Visible Hand*: The Managagerial Revolution in American Business. Cambridge: Harvard University Press.

COOPER, R. (1996). *The Post-Modern State and the World Order*. Londres: Demos.

FERGUSON, N. (2004). *Colossus*: The Price of America's Empire. Londres: Penguin Press.

_____ (2001). *The Cash Nexus*. Londres: Penguin Books.

FIORI, J.L. (2001). Sistema mundial: império e pauperização. In: FIORI, J.L. & MEDEIROS, C. *Polarização mundial e crescimento*. Petrópolis: Vozes.

_____ (2001). Pacto de guerra? *Correio Brasiliense*, 23 de setembro de 2001.

_____ (1997). Globalização, hegemonia e império. In: TAVARES, M.C. & FIORI, J.L. *Poder e dinheiro*. Uma economia política da globalização. Petrópolis: Vozes.

_____ (1994). As palavras e as coisas. Caderno mais! *Folha de S. Paulo*, 14 de agosto de 1994.

_____ (1991). A guerra do golfo, uma guerra "ética". *Cadernos de conjuntura*, n. 8, de abril de 1991. Instituto de Economia Industrial da UFRJ.

HARDT, M. & NEGRI, A. (2000). *Empire*. Paris: Exils Editeur.

HELLEINER, E. (1994). *States and the Reemergence of Global Finance*. Londres: Cornell University Press.

JOHNSON, C. (2004). *The Sorrows of Empire*. Nova York: Metropolitan Books.

KAPLAN, R. (2001). *Warrior Politics*: Why Leadership Demand a Paghan Ethos. Nova York: Random House.

KENNAN, G. (1947). The sources of the soviet conduct. *Foreign Affairs*, vol. 25 n. 4, julho.

KENNEDY, P. (2002). The greatest superpower ever. *New Perspective Quarterly*, inverno.

KISSINGER, H. (2001). *Does America Need a Foreign Policy?* Nova York: Simon & Schuster.

_____ (1994). *Diplomacy*. Nova York: Simon & Schuster.

KRAUTHAMMER, C. (2001). The unipolar moment. *Foreign Affairs*, 1990-1991.

KUPCHAN, C. (2002). *The End of the American Era*. Nova York: Alfred Knopf.

MADISON, A. (2001). *The World Economy*. França: OECD.

MANN, M. (2003). *Incoherent Empire*. Nova York: Verso.

MEARSHEIMER, J.J. (2001). *The Tragedy of Great Powers*. Nova York: W.W Norton & Company.

MORRAY, J.P. (1961). *Origens da guerra fria*. Rio de Janeiro: Zahar.

NYE, J. (2002). *O paradoxo do poder americano*. São Paulo: Unesp.

PRATT, J.W. (1955). *A History of United States Foreign Policy*. Buffallo: Prentice-Hall.

WALLERSTEIN, I. (2004). *O declínio do poder americano*. Rio de Janeiro: Contraponto.

_____ (2003). Entering global anarchy. *New Left Review*, 22, jul-ago.

WEBER, M. (1961). *General Economic History*. Nova York: Collier.

CONSULTA HISTÓRICA

DEROSA, M.L. (1991). *The Confederate Constitution of 1861, an Inquiry into American Constitutionalism*. Columbia: University of Missouri Press.

HALBERSTAN, D. (2001). *War in a Time of Peace*. Nova York: Scribner.

JENNINGS, F. (2000). *The Creation of America*: Through Revolution to Empire. Cambridge: Cambridge University Press.

KENNAN, G. (1984). *American Diplomacy*: Expanded Edition. Chicago: The University of Chicago Press.

KENNEDY, D. (1999). *Freedom from Fear*: The American People in Depression and War 1919-1945. Nova York: Oxford University Press.

KENNEDY, D.M. (1980). *Over Here*: The First World War and American Society. Nova York: Oxford University Press.

KINDLEBERGER, C. (1993). *A Financial History of Western Europe*. Oxford: Oxford University Press.

MCPHERSON, J.M. (1988). *Battle Cry of Freedom*. The Cicil War Era. Nova York: Ballantine Books.

MIDDLEKAUFF, R. (1982). *The Glorious Cause*. Nova York: Oxford University Press.

MILLER, J.C. (1988). *The Federalist Era 1789-1801*. Illinois: Waveland Press.

PATTERSON, J.T. (1996). *Grand Expectations*. Nova York: Oxford University Press.

PERKINS, D. (1937). *The Monroe Doctrine, 1867-1907*. Baltimore: The John Hopkins Press.

PHILLIPS, K. (2002). *Wealth and Democracy*. Nova York: Broadway Books.

_____ (1999). *The Cousins Wars. Religion, Politics & The Triumph of Anglo-America*. Nova York: Basic Books.

PRATT, W.J. (1955). *A History of United States Foreign Policy*. Buffalo: Prentice Hall.

SMELSER, M. (1968). *The Democratic Republic, 1801-1815*. Illinois: Waveland Press.

ZIMMERMAANN, W. (2002). *First Great Triumph*. Nova York: Farbar, Straus and Giroux.

Maria Conceição Tavares e Luiz Gonzaga Belluzzo

A Mundialização do Capital e a Expansão do Poder Americano

Formação e Expansão do Sistema Capitalista.

O circuito do capital mercantil articulou a primeira "economia mundo" europeia em simultâneo com a formação dos Estados Nacionais Modernos no chamado 'longo século XVI'. Estes dois movimentos (o do capital e o dos Estados) essenciais à formação do sistema capitalista não se confundem entre si. A Europa foi progressivamente integrada pelos circuitos do capital mercantil, cujo movimento era periodicamente bloqueado pelas guerras intraeuropeias. Os banqueiros tiveram um duplo papel, o de agentes da expansão capitalista e o de financiadores das guerras e da expansão ultramarina dos Impérios. Vários bancos quebraram com as derrotas dos príncipes ou com os excessos de gastos do poder imperial em territórios de onde não se podiam extrair impostos e excedentes mercantis suficientes para o pagamento das dívidas. A localização e o deslocamento das principais praças financeiras tem muito a ver não só com as rotas do capital mercantil, mas com os caminhos dos Impérios.

Portugal e Espanha tinham burguesias nacionais fracas e tiveram de se apoiar nos banqueiros do Mediterrâneo para as suas expansões ultramarinas. A Holanda forjou o seu Estado Nacional na defensiva contra o Império Espanhol, mas possuía uma burguesia forte e altamente internacionalizada desde que o centro financeiro europeu se deslocara para Amsterdã (a expansão europeia do império de Carlos V custara a sobrevivência dos banqueiros árabes, italianos e alemães). Podemos dizer que a expansão mundial do capital teve, na Companhia das Índias Holandesas, a sua primeira grande empresa multinacional. No entanto a Holanda, não tendo por trás um projeto de Estado Nacional forte, não conseguiu assegurar um projeto imperial de dominação política de longa duração nem nas Américas nem na África.

As únicas potências capitalistas que foram capazes de manter a hegemonia política de seus Estados Nacionais e expandir o seu capital sem limites territoriais a todos os continentes foram as anglo-saxônicas: a Inglaterra no século XIX e os EUA na segunda metade do século XX, depois da vitória na segunda guerra mundial. A união do poder político-militar e do capital financeiro deu-lhes um fôlego e uma dimensão global antes inexistentes. Tiveram como instrumento principal a emissão de uma moeda internacional dominante que exprimia o seu poder político e a força de seu capital financeiro. Tanto a sua dívida pública interna quanto o movimento de mercadorias e de capitais no mercado internacional estavam denominadas na sua moeda nacional.

O deslocamento dos centros do capitalismo produz as modificações na divisão internacional do trabalho e nas relações centro-periferia, isto é, na geoeconomia. Estas mudanças podem ser retardadas ou facilitadas pela geopolítica dos centros imperiais. As guerras foram determinantes periódicas no bloqueio do comércio internacional e afetaram profundamente o desenvolvimento das forças produtivas de muitas nações, tanto das grandes potências no último quartel do século XIX, quanto de algumas nações periféricas no século XX.

A expansão do capital tem sua expressão mais geral na apropriação privada da riqueza e na vocação compulsiva para a acumulação sem limites, que se expressa, na sua forma mais geral – o Dinheiro. Este é o Deus do Mercado, mas também o instrumento dos Príncipes. A expansão do capital não se processa em forma de "crescimento sustentado". Tem ciclos de acumulação, de incorporação de progresso técnico, de valorização e desvalorização do capital financeiro, e de deslocamento espacial. A conquista de novos mercados, a incorporação de novos consumidores e a expansão da força de trabalho a taxas de exploração variável, são forças imanentes da concorrência capitalista. Suas contradições são expressas concretamente em termos de deslocamentos econômicos sociais e políticos, que geram crises periódicas no sistema[1].

Já a expansão do poder dos Estados Nacionais com vocação de potência imperial é limitada pelo poder internacional de seu "dinheiro público" e pela rivalidade imperialista. Nenhuma potência capitalista teve expansão territorial ilimitada nem mesmo sua hegemonia alcançou a duração dos impérios antigos. Os limites à expansão imperial são sempre "externos", já que nenhuma foi derrubada ou barrada sem que outra a detivesse pelo poder das armas e do dinheiro. A ligação entre a expansão geográfica do capitalismo e a expansão dos impérios – decisiva para a história do sistema – não é dedutível do movimento imanente do capital, nem de uma teoria geopolí-

---

[1] Não há modelo lógico do tipo "teoria objetiva" do Valor que dê conta das contradições do capitalismo, assim como tampouco existe uma "filosofia" da história que determine o seu movimento concreto.

tica abstrata. A concorrência dos capitais e a rivalidade entre potências dão a este sistema um dinamismo fantástico, incompatível com a noção de "estado estacionário", "equilíbrio de mercado" ou "equilíbrio de poder".

Tampouco existe um padrão monetário estável, como pretendem postular as teorias monetárias desde os economistas clássicos ingleses que sempre andaram em busca de uma "constante", na qual se pudesse medir o valor da riqueza universal. Tornar a moeda independente do poder político dos Estados é uma obsessão recorrente dos economistas, como o demonstra a proposta do Plano Keynes nas reuniões preparatórias de Bretton Woods e a atual doutrina neoliberal dos Bancos Centrais Independentes. O padrão dólar-ouro já terminou há mais de trinta anos, passando ao "padrão dólar-flexível", que acelerou a globalização financeira e levou ao paroxismo a politização do valor da moeda americana.

Para alguns economistas e sociólogos de esquerda e de direita a ruptura do chamado "sistema de Bretton Woods" e as periódicas desvalorizações do dólar estão associadas à decadência da hegemonia americana ou à crise definitiva da "ordem capitalista". Para outros, agora que os Impérios milenares – a Índia e a China – estão sendo incorporados à economia capitalista mundial como Estados Nacionais independentes e o Império Soviético ruiu, tratar-se-ia de uma vitória definitiva do capitalismo liberal e o caminho para uma "ordem unipolar".

O fato é que mais uma vez estamos num momento de descompasso entre a geoeconomia e a geopolítica, tanto na Europa quanto na Ásia, sem esquecer as periferias sul-americanas e africanas. Não estão à vista nem a "decadência do Império americano", nem o surgimento de um novo *hegemon*, nem o "fim da história".

Emergência do Poder Americano na Ordem Liberal Burguesa.

A 1ª Revolução Industrial acrescentou o traço "liberal" ao caráter intrinsecamente "internacional" e "mercantil" do capitalismo inglês. Por outro lado, ao mesmo tempo em que a *Pax Brittanica* constituiu a nova periferia e destruiu os sistemas produtivos dos impérios milenares, também impulsionou as industrializações retardatárias no continente europeu e na Nova Inglaterra. Os nexos produtivos, comerciais e financeiros, propostos pela Inglaterra ensejaram de fato a adoção de estratégias industriais às regiões em que a divisão do trabalho, as relações de mercado (sobretudo na mobilização da força de trabalho) e a formação do Estado Nacional haviam atingido um maior desenvolvimento relativo.

Nas três últimas décadas do século XIX a economia mundial viveu o tempo da Grande Depressão e das profundas transformações da 2ª Revolução Industrial. Entre 1873 e 1896 o aço, a eletricidade, o motor a combustão interna, a química da soda e do cloro, o telégrafo e o navio frigorífico alteraram radicalmente o panorama da indústria, dos transportes e das comunicações, até então marcado pelo carvão, pelo ferro e pela máquina a vapor. A aplicação simples da mecânica cedeu lugar à utilização e integração sistemáticas da ciência nos processos produtivos.

Esta segunda revolução industrial veio acompanhada de um processo extraordinário de ampliação das escalas de produção. O crescimento do volume de capital requerido pelos novos investimentos impôs novas formas de organização à empresa capitalista. A sociedade anônima por ações tornou-se a forma dominante de estruturação da propriedade.

O final do século XIX foi marcado pelo desdobramento de cinco processos inter-relacionados: 1) a consolidação do sistema monetário e de pagamentos internacional, mediante a adoção generalizada do padrão-ouro; 2) a metamorfose do sistema de crédito que ajusta suas funções e formas de operação à nova economia capitalista global; 3) a constituição de forças produtivas especificamente capitalistas, consubstanciada na crescente separação técnica e econômica entre o departamento de meios de consumo e o departamento de meios de produção; 4) o desenvolvimento da divisão internacional do trabalho entre um centro produtor de manufaturas e uma periferia produtora de matérias-primas e alimentos; 5) a emergência das "novas" potências industriais, construídas à sombra das relações comerciais e financeiras proporcionadas pela hegemonia liberal britânica.

Os EUA, a Alemanha e o Japão ingressaram no cenário mundial, fazendo valer a modernidade de suas respectivas estruturas capitalistas, especialmente a agilidade de seus bancos e a presença ativa de seus respectivos Estados nacionais. A emergência de novas potências inaugurou um período de grande rivalidade internacional. A disputa pela preeminência econômica intensificou a penetração de capitais nas áreas provedoras de matérias-primas e alimentos, alterando a configuração da chamada periferia do mundo capitalista.

Nos capitalismos retardatários do século XIX, o sistema bancário, que concentrava suas operações no financiamento da dívida pública e no giro dos negócios, passa a avançar recursos para novos empreendimentos e a promover a fusão entre as empresas já existentes. Pouco a pouco todos os setores industriais foram dominados por grandes empresas, sob o comando do capital financeiro. O movimento de concentração do capital produtivo e de centralização do comando capitalista tornou obsoleta a figura do empresário frugal que confundia o destino da empresa com sua própria biografia. O magnata da finança é o herói e o vilão do mundo que nasce.

A economia americana construiu sua trajetória de expansão no século XIX sobre quatro vertentes: a inserção "virtuosa" na divisão internacional do trabalho proposta pela hegemonia britânica, a finança doméstica "desregulada", o protecionismo comercial e os privilégios concedidos por seu Estado Nacional aos promotores de negócios. Na verdade, o peculiar caráter "liberal" do Estado americano, desde a sua constituição, está relacionado com seu papel decisivo na garantia das normas da concorrência darwinista.

A porosidade do poder político aos interesses privados deu origem a um Estado plutocrático, na medida em que não só os grupos econômicos mais poderosos se desenvolveram à sua sombra e sob seu patrocínio, mas também se valeram da permissividade das instituições liberais. Charles Morris escreve em *Money, Greed and Risk*[2] que, até o final do século XIX, os EUA não dispunham de uma legislação comercial adequada. Os ingleses do Barings queixavam-se frequentemente dos riscos que corriam, caso seus correspondentes americanos entrassem em *default*. "Não era claro", diz Morris, "se poderiam exercer seus direitos contra os inadimplentes". O escritor Kevin Phillips, em *Wealth and Democracy*[3], sugere que, desde a Guerra Civil, esta precariedade institucional sustentou o avanço das sucessivas gerações de "barões ladrões" que transformaram a economia e comandaram a política americana.

Os EUA, uma economia em rápida ascensão, terminou o século XIX como a maior economia industrial do planeta, tornando-se poderoso competidor nos mercados mundiais de alimentos, matérias-primas e manufaturados. Ainda assim, a economia americana protagonizou frequentes e severas crises financeiras e cambiais, dada a posição subordinada do dólar, a organização "desregulada" de seu sistema bancário e às intervenções arriscadas e especulativas dos bancos de investimento na promoção dos negócios. Colapsos de preços dos títulos e corridas bancárias sucederam-se na posteridade da Guerra Civil.

Nas últimas décadas do século XIX e no início do século XX, as práticas financeiras especulativas e os sucessivos episódios de deflação de preços – sempre acompanhados de liquidação dos devedores e de destruição da riqueza do "público" – suscitaram surtos violentos de centralização do capital e permitiram a consolidação do assim chamado capitalismo trustificado. Essa forma "moderna" assumida pelo capitalismo foi desenvolvida a partir das modificações ocorridas na economia americana, depois da Guerra de Secessão. Os resultados das transformações observadas bem merecem a qualificação de "capitalismo moderno", sobretudo no sentido de que o surgimento e desenvolvimento da grande corporação americana se constituem no embrião nacional do posterior desdobramento transnacional do grande capital.

Hobson em seu livro *Modern Capitalism*[4] mostra como as mudanças radicais operadas na organização industrial e no avanço tecnológico da grande empresa vão acompanhar o aparecimento de uma "classe financeira", o que tende a concentrar nas mãos dos que operam a máquina monetária das sociedades industriais desenvolvidas, isto é, dos grandes Bancos, um poder

---

[2] Ver Morris, 1999.

[3] Ver Phillips, 2002.

[4] Ver Hobson, 1965.

crescente no manejo estratégico das relações intersticiais (intersetoriais e internacionais) do sistema. Por maior que seja a extensão do espaço nacional monopolizado e protegido pelo Estado nacional, como era o caso dos EUA, a expansão contínua dos lucros excedentes obriga a busca de mercados externos, tanto para as mercadorias quanto para os investimentos diretos e exportação "financeira" de capital.

Em outras palavras, a internacionalização do capital se dá a partir da estrutura da grande empresa, aqui já referida, e condensa todos os mecanismos interiores de expansão: mercantis, industriais e financeiros. Condensam também as práticas dos Estados imperiais anteriores, desde o impulso expansionista, até a face protecionista interna e francamente intervencionista na defesa das reservas estratégicas de matérias primas.

Os chamados movimentos "populistas" foram tentativas – efêmeras e recorrentes – de interromper o processo de fusão entre os grandes negócios e o Estado. A Era Progressiva do começo do século XX foi um momento de rebelião "democrática" dos pequenos proprietários, dos novos profissionais liberais e das massas trabalhadoras contra o poder dos bancos e das grandes corporações. "Os progressistas", escreve Sean Cashman, em *America Ascendant*[5], queriam limitar o poder do *big business,* tornar o sistema político mais representativo e ampliar o papel do governo na proteção do interesse público e na melhoria das péssimas condições sociais e de pobreza. Estas consignas foram retomadas e aprofundadas com o *New Deal* que, pela primeira vez, representou uma fratura entre a "classe financeira" de Wall Street e as novas grandes empresas industriais fortemente atingidas pela depressão dos anos 30.

A Passagem da Hegemonia Inglesa para a Hegemonia Americana.

O equilíbrio entre as potências e o padrão-ouro clássico foram, como já mencionamos, as marcas registradas do apogeu da Ordem Liberal Burguesa, um conjunto de práticas e instituições encarregadas da coordenação de um arranjo internacional que abrigava forças contraditórias: a hegemonia financeira inglesa, exercida através do seu poderoso sistema bancário internacionalizado; a exacerbação da "concorrência" entre a Inglaterra e as "novas" economias industriais dos *trusts* e da grande corporação, nascidos na Alemanha e nos EUA; a exclusão das massas trabalhadoras do processo político (inexistência do sufrágio universal) e a constituição de uma periferia "funcional", fonte produtora de alimentos, matérias primas e, sobretudo, fronteira de expansão dos sistemas de crédito dos países centrais.

As transformações ocorridas no sistema capitalista ao longo do século XX não podem ser compreendidas sem se levar em conta três fatores: os

---

[5] Ver Cashman, 1998.

efeitos das guerras mundiais, as mudanças no padrão monetário internacional e as alterações da divisão internacional do trabalho. Todos eles afetaram poderosamente as mudanças na sociabilidade burguesa com a ruptura da ordem liberal, o surgimento de reações nacionalistas autoritárias (nacional socialismo nazista e o socialismo "nacional" soviético) ou experiências intervencionistas e social-democratas que acompanharam a constituição de sociedades de massas na Europa e nos EUA.

Às vésperas da I Guerra Mundial explicita-se a fragilidade da Inglaterra como centro principal capaz de coordenar as finanças internacionais, dada a presença perturbadora de Wall Street e a ascensão dos centros financeiros concorrentes no continente europeu. Por outro lado, a crescente tensão política na Europa continental desgasta a diplomacia inglesa de equilíbrio entre as potências.

A I Guerra Mundial foi, de fato, uma guerra interimpelialista assimétrica; de um lado os aliados Inglaterra, França e Rússia, potências industrialmente fracas frente à Alemanha (e aos EUA) que tinham se afirmado na segunda revolução industrial. O elo mais fraco, tanto do ponto de vista econômico financeiro como do ponto de vista militar, a Rússia, capitula em 1917 assinando a Paz de Brest-Litovsky e entrando num processo de desintegração imperial e revolucionário. Neste mesmo ano, os EUA – que a despeito da neutralidade tinham concedido ajuda financeira aos aliados – entram no conflito e determinam a derrota definitiva da Alemanha.

Na Conferência de Paris os vencedores impõem ao Estado Imperial alemão o desarmamento e o peso das reparações de guerra. Modificam o mapa da Europa criando dezenas de países na Europa Central. Segue-se um período de turbulência financeira e política que isola a União Soviética e leva a república de Weimar ao colapso. Ao mesmo tempo, diante da atitude isolacionista americana, a Inglaterra tenta reassumir a hegemonia ressuscitando o padrão-ouro e mantendo suas pretensões a comandar a ordem liberal-burguesa já em ruínas.

Enquanto a década de 20 foi um período de expansão – embora desequilibrado – para o capitalismo americano, consolidando uma sociedade de consumo de massas (*roaring twenties*), na Europa, as hiperinflações e os programas de estabilização na Alemanha e na Europa Central, as políticas de *stop and go* na Inglaterra e a crise econômica no norte da Europa, geraram desemprego e tensões sociais, intensificação das lutas sindicais e populares, bem como o fortalecimento dos partidos social-democratas na Europa continental, dos trabalhistas na Inglaterra, e nos seus domínios "brancos" Canadá e Austrália.

O período de entreguerras liquidou de vez a hegemonia inglesa consubstanciada no "imperialismo do livre-comércio" e no padrão libra-ouro. O velho Império britânico manteve as suas colônias e domínios e estendeu os seus "protetorados" para a Palestina e Oriente Médio. As dívidas de guerra e a inexistência de uma nova divisão internacional do trabalho que lhes fosse favorável converteram rapidamente o padrão-ouro num anacronismo não operacional. Os EUA assumem a posição dominante em termos econômicos e financeiros e saem do conflito com mais da metade das reservas em ouro mundiais. Nesta condição, os americanos se negam a renegociar a dívida dos aliados, transferindo para os banqueiros de Wall Street as negociações. A Inglaterra é devedora líquida dos EUA, mas ficou credora dos devedores de moeda fraca, sobretudo Rússia, Países do Leste Europeu e Itália, mas também da França, com o que se transformou no vértice do triângulo entre o credor em última instância (os EUA) e o resto dos países devedores. Isto aumentou a pressão sobre as reparações de guerra alemãs, o que levou esse país ao colapso financeiro, à hiperinflação e às negociações em 1924 com a Comissão Dawes sob o comando do Banco Morgan.

O contubérnio entre os negócios e o Estado chegou ao ápice nos anos 20. O Banco Morgan transformou-se no braço financeiro da política de Washington. Os funcionários do Morgan comandaram os empréstimos destinados a garantir reservas em moeda forte para o plano de estabilização da Alemanha em 1924 e para a França em 1926. Feito o empréstimo de estabilização, a Alemanha regressou ao padrão-ouro, o que forçou a Inglaterra a regressar em 1925, com a libra apreciada em relação ao dólar, fixada na paridade anterior à guerra. Neste momento é deflagrado um forte movimento de capitais dos EUA em direção à Europa estabilizada e à periferia endividada do sistema inglês. A partir daí, o Banco Morgan tornou-se o carro chefe da enxurrada de empréstimos baratos para a Europa e América Latina.

A ordem liberal começa a ruir de alto a baixo, tanto do ponto de vista econômico-financeiro quanto do ponto de vista social e político. A crise de 1930 agrava a desorganização do sistema mundial e leva ao surgimento de experiências nacionalistas e estatizantes de vários matizes. No extremo liberal democrático, os EUA tentam a experiência do *New Deal* enquanto a Inglaterra sai do padrão-ouro e faz uma política de juros baixos e gasto público compensatório. No continente europeu, a gravidade do desemprego, a deflação e a contração do comércio internacional decorrente das desvalorizações competitivas levam a um alto grau de intervenção do Estado. A arregimentação de massas sem precedentes leva ao surgimento de nacionalismos autoritários que reforçam o expansionismo bélico das chamadas potências do Eixo e levaram à eclosão da II Guerra Mundial.

A guerra de 1914/19 promoveu mudanças radicais na geopolítica da Europa, cujos efeitos se fazem sentir até hoje e marcou também a entrada em cena de um novo poder mundial: os EUA. Estes compareceram às negociações da Paz de Versailles como poder arbitral, mas retiraram-se unilateralmente. O projeto wilsoniano da Liga das Nações foi rejeitado pelo Congresso norte-americano. O poder econômico-financeiro dos grandes *trusts* americanos regressou à tradição do *business as usual*. Os EUA abriram mão (ou não puderam) de estabelecer uma nova "ordem mundial".

As Guerras Mundiais e o Poder Americano.

No final do século XIX os EUA já eram a economia industrial mais poderosa do planeta, além de ostentar – graças à excepcional dotação de recursos naturais – a posição de grande exportadora de matérias-primas e alimentos, e de contar com Nova York, um centro financeiro e de negócios, capaz de promover simultaneamente o investimento de alto risco em novos setores e a rápida centralização de capitais[6].

Em 1913, a capacidade industrial americana havia ultrapassado, com folga, a de seus principais competidores europeus, Alemanha e Inglaterra. Mas a constituição da hegemonia americana não pode ser compreendida sem a avaliação dos efeitos das duas grandes guerras – a de 1914-1918 e a de 1939-1945.

Os historiadores reconhecem que a guerra de 14-18 foi inovadora nos aspectos tecnológico, econômico, social e político, se comparada com os conflitos anteriores. A conflagração não foi apenas mundial, por conta do número de países envolvidos, mas também total: pela primeira vez o chamado "esforço de guerra" comprometeu a quase totalidade dos recursos materiais e humanos das sociedades envolvidas, ou seja, exigiu a mobilização do conjunto das forças produtivas. Tal mobilização impôs o abandono drástico dos cânones da economia liberal, o que significou, então, a substituição dos mecanismos de mercado pela centralização das decisões nos órgãos estatais de coordenação; o abandono, de fato ou *de jure*, das regras de conversibilidade do padrão-ouro; e a adoção de esquemas de financiamento do gasto governamental, apoiados na elevação da carga tributária e, sobretudo, na colocação de dívida junto ao público e ao sistema bancário.

Na primeira Grande Guerra, o potencial tecnológico e econômico desenvolvido a partir da 2ª Revolução Industrial foi colocado a serviço dos combatentes nos campos de batalha. Esta circunstância representou um salto no poder destrutivo dos armamentos e uma ampliação das vantagens competitivas da indústria norte-americana que, desde o final do século dezenove vinha liderando, juntamente com a Alemanha, as inovações nos setores químico, metalúrgico, metal-mecânico e transportes. Estes setores foram "convertidos" para a produção de canhões de longo alcance, fuzis, metralhadoras, carros de combate, navios, submarinos, aviões, para não falar de munições de alto teor letal, além de armas químicas.

---

[6] Para a importância da guerra civil americana como o primeiro passo para a "Curta Marcha" para a Hegemonia, ver Teixeira, 1999.

Na I Guerra, sob o comando do Council of National Defense, organismos como o War Industrial Board, o United States Shipping Board e o Director General of Railroads estabeleceram o controle generalizado de preços, o planejamento da rede de transportes, o racionamento de alimentos e de carvão para aquecimento, a programação de compras do governo e a sustentação de um nível elevado de dispêndio público. Estas formas de controle e coordenação foram compatíveis com a subida expressiva dos lucros do setor privado e com a elevação dos salários reais, a despeito da duplicação do nível geral de preços entre 1913 e 1918. Tal como ocorreria também depois da II Guerra, a acumulação de poder de compra "represado" por parte das famílias consumidoras teve impacto significativo no desempenho da economia americana no imediato pós-guerra.

Provedores de material bélico, os Estados Unidos saíram da 1ª guerra na condição de país credor, o que afetou profundamente, como já foi dito, as negociações de Versailles e o encaminhamento das tentativas frustradas de "normalização" econômica ao longo da década de 20.

Na Europa, as dívidas de guerra e as reparações exigiram um esforço adicional de obtenção de recursos fiscais que as populações – principalmente as classes abastadas – não estavam dispostas a conceder aos governos. Os níveis de preços foram multiplicados por quatro ou cinco e os países submetidos ao ônus de reparações e sobrecarregados com a reconstrução do aparato produtivo, sofreram o flagelo da hiperinflação. A generalização do sufrágio universal e a percepção da natureza "imperialista" da guerra – atribuída à insensatez das elites econômicas e políticas – concederam um peso maior à opinião das classes subalternas.

Neste quadro, na primeira metade dos anos 20, tornou-se impossível restaurar o regime monetário que prevaleceu no período anterior à guerra. Os primeiros anos da paz permitiram que se observasse e se avaliasse o funcionamento de um sistema de "flutuação livre" das taxas de câmbio. A experiência foi negativa e só aumentou a ansiedade pela restauração de um padrão monetário estável.

Em sua ressurreição, no entanto, o padrão-ouro foi incapaz de reanimar as convenções e de reproduzir os processos de ajustamento e as formas de coordenação responsáveis pelo sucesso anterior. O último país a declarar oficialmente sua adesão ao padrão-ouro foi a França em 1928. Antes dela, entre 1923 e 1925, retornaram a Alemanha e seus parceiros na hiperinflação, Áustria, Hungria e Polônia. A Inglaterra retornou em 1925. O estabelecimento da paridade da libra com o ouro no mesmo nível que prevalecia antes da guerra foi a causa de muitos dos problemas de coordenação que se apresentaram durante os conturbados anos 20 e 30.

O regime do Gold Exchange Standard permitia – diante da escassez de ouro – a acumulação de reservas em moeda "forte" (basicamente o dólar e a libra). A decisão da Inglaterra, tomada em 1925, de voltar à paridade do período anterior à guerra, era claramente incompatível com o novo nível de preços internos e tampouco reconhecia o declínio de seu poderio econômico e financeiro.

A "sobrevalorização" da libra e a "subvalorização" de outras moedas, principalmente do franco, causou, ao longo do tempo, o aprofundamento dos desequilíbrios do balanço de pagamentos e pressões continuadas sobre a moeda inglesa. As perspectivas dos mercados quanto à sustentação da paridade eram pessimistas e os ajustamentos entre países superavitários e deficitários não ocorriam. Muito ao contrário, os déficits e os superávits tendiam a se tornar crônicos, em boa medida porque os países superavitários tratavam de trocar seus haveres em "moeda forte" por ouro. Os Estados Unidos, a França e a Alemanha acabaram por concentrar uma fração substancial das reservas em ouro, contribuindo para confirmar as expectativas negativas quanto ao futuro da libra.

Os problemas de ajustamento tornaram-se mais graves porque os capitais privados, principalmente de origem norte-americana, entre 1925 e 1928, estimulados pelos diferenciais de juros (e ativos baratos) nos países de moeda recém-estabilizada, em particular na Alemanha, formaram bolhas especulativas, ávidos em colher as oportunidades de ganhos de capital. O ciclo de "inflação de ativos" estrangeiros foi concomitante à rápida valorização das ações da bolsa de valores americana. Esta onda de especulação altista, como não poderia deixar de ser, foi alimentada pela expansão do crédito nos EUA, onde as taxas de desconto ainda foram reduzidas em 1927 para aliviar as pressões exercidas contra a libra.

O desastre que se seguiu foi consequência da mudança de sinal da política monetária americana, em meados de 1928. O Federal Reserve, preocupado com o aquecimento da economia e com a febre dos mercados financeiros subiu a taxa de desconto, provocando o "estouro" da bolha especulativa em outubro de 1929. Os "grilhões dourados" do regime monetário tiveram grande responsabilidade na imobilização das políticas-econômicas, determinando uma quase completa incapacidade de resposta e de coordenação dos governos da Europa e, pelos menos até 1933, dos EUA.

Entre 1929 e o início da II Guerra, as economias capitalistas mergulharam na violenta queda de preços das mercadorias, na deflação de ativos, nas sucessivas e intermináveis crises bancárias, nas desvalorizações competitivas das moedas, na ruptura do comércio internacional, do sistema de pagamentos e, finalmente, no colapso do Gold Exchange Standard. Nos EUA as taxas de desemprego atingiram cifras superiores a 20% da população economicamente ativa e os níveis de utilização da capacidade caíram dramaticamente, chegando, em alguns casos, a 30% do potencial instalado.

Não obstante as idas e vindas da política de Roosevelt, a ideia de intervenção planejada do Estado esteve presente nas várias etapas do New Deal. Na área industrial, os primeiros anos assistiram às tentativas de "restrição da concorrência", com a fixação de salários e preços. O objetivo era impedir que a concorrência predatória levasse à guerra destrutiva de preços e à queda dos salários nominais. No âmbito monetário e fiscal o Estado envolveu-se nas operações de salvamento dos bancos e na estrita regulação do sistema de crédito com a edição do Glass-Steagall Act. A isto se juntaram, ainda tímidos, os programas de gasto público destinados a estimular a recuperação do emprego.

Apesar de tudo isso, a economia americana continuava em marcha lenta e sofreu uma nova recessão em 1937: Roosevelt, atacado pela direita, resolveu "equilibrar o orçamento". Os sinais de recuperação firme só apareceram depois que a Inglaterra declarou guerra à Alemanha em maio de 1940 e começou a ordenar a compra de material bélico. Em 1941, ainda antes de Pearl Harbour a produção industrial estava 40% acima do nível observado em 1929, antes da depressão.

Os EUA entraram na guerra com reservas consideráveis de recursos não empregados – tanto de capacidade industrial instalada quanto de mão de obra. Mas a forte recuperação promovida pela demanda militar iria exigir, muito rapidamente, a "conversão" da indústria civil. O papel da mobilização bélica no crescimento rápido da economia é inequívoco: Em 1940 – apesar da expansão observada durante o New Deal – o gasto público federal representava apenas 8,2% do PIB. Em 1944, os gastos do governo federal chegaram a 52,3% do produto interno bruto.

A participação americana nas duas guerras foi, sem dúvida, peculiar e decisiva. Não só entraram tardiamente nos dois conflitos – em 1917 e 1941 – como, protegidos pelos oceanos Atlântico e Pacífico, os EUA não sofreram danos em seu território continental. Assim, a utilização de seu enorme potencial econômico foi realizada em condições ideais: o "esforço de guerra" legitimou a centralização das decisões nos órgãos estatais de coordenação, ao mesmo tempo em que a "segurança" do território garantiu a incolumidade do aparato produtivo e das redes de transportes e comunicações. Isto, sem dúvida, estimulou o avanço tecnológico (sobretudo nos ramos eletroeletrônico, químico e metal-mecânico) e a ampliação da capacidade em muitos setores. Os setores de transportes e telecomunicações ligados à guerra sofreram verdadeiras revoluções estruturais[7].

Terminada a guerra, muitos temeram os efeitos depressivos da desmobilização e da redução do gasto público. Mas a economia americana contou, mais uma vez, com o poder de compra acumulado pelas famílias durante o esforço de guerra, sob a forma de ativos financeiros emitidos pelo governo para financiar os gastos militares.

A reconversão da indústria de duráveis, por exemplo, encontrou consumidores solventes, ávidos em substituir os velhos automóveis, sobrevi-

---

[7] Para o setor de telecomunicações ver o artigo de Moraes "Telecomunicações e o Poder Global dos EUA", neste volume.

ventes do período em que esteve vedada a produção para fins civis. Não menos importante para o desempenho da economia americana no imediato pós-guerra foi a ajuda financeira destinada a sustentar a reconstrução da Europa e a recuperação da economia japonesa.

Depois da II Guerra Mundial e no âmbito da Guerra Fria, o chamado complexo militar-industrial incorporou-se à dinâmica do capitalismo americano. Suas ligações com o *establishment* acadêmico são uma fonte permanente de desenvolvimento científico-tecnológico autônomo destinado a manter e ampliar o poder militar norte-americano[8].

Da Construção Política à Crise da Hegemonia Americana.

O surgimento de uma nova ordem mundial teve de esperar até o fim da II Guerra Mundial, quando se constitui a hegemonia americana sob a égide do padrão-dólar, no interior de uma ordem geopolítica bipolar, que dividiu o mundo em duas esferas de influência. Os EUA emergiram da II Guerra Mundial com um projeto claro de afirmar sua posição de potência hegemônica do mundo capitalista. Este propósito era justificado em termos de evitar as consequências desastrosas do "isolacionismo" que guiou a política americana no primeiro pós-guerra.

A marca registrada deste período do após guerra é a subordinação da economia à política. O economista americano Michael Hudson, em seu livro *Superimperialism*[9] teve a primazia de desvelar a subordinação da economia à política no processo de construção das instituições criadas em Bretton Woods e Dumbarton Oaks. Em sua essência, a criação das Nações Unidas, do Fundo Monetário, do Banco Mundial e do Gatt significou o reconhecimento do desmoronamento definitivo dos pilares da ordem liberal burguesa, ou seja, do equilíbrio entre as potências e dos supostos automatismos do padrão-ouro. Por isso, os princípios que informaram a construção da nova ordem estavam claramente dirigidos contra o que havia sobrado do velho Império britânico.

Assim, em primeiro lugar, os EUA aliaram-se com a União Soviética no propósito de desmontar o sistema colonial que servira de base de sustentação ao Império britânico. Segundo, os EUA montaram um sistema de instituições internacionais de controle político-militar (Otan) e econômico-financeiro (Gatt, FMI, Banco Mundial) e uma instância jurídica global capaz de incorporar na Assembleia os sucessivos países descolonizados,

---

[8] Ver Medeiros "O desenvolvimento tecnológico americano no pós-guerra como um empreendimento militar", neste volume.

[9] Hudson, 2003.

mas mantendo o poder decisório no núcleo das potências vitoriosas (Conselho de Segurança).

O poder soviético, por sua vez, tinha-se expandido durante a guerra até Berlim (com o acordo de Roosevelt e a oposição de Churchill), o que em pouco tempo levou à Guerra Fria. A Alemanha Ocidental foi rapidamente reconstruída com apoio americano, transformando-se no primeiro milagre econômico europeu. O mesmo ocorreu na Ásia com o Japão, Taiwan e Coreia do Sul depois da vitória da revolução chinesa. A geopolítica na Europa ficou praticamente congelada até à implosão da União Soviética e da Iugoslávia, continuou ativa na Ásia até a derrota no Vietnã e num jogo de intervenções americanas no Oriente Médio, que ainda continua num impasse.

As movidas hegemônicas para assegurar o controle do sistema capitalista compreendem: 1) a instalação de bases militares nas fronteiras no sistema socialista rival; 2) o apoio decidido à recuperação econômica das ex-potências do Eixo derrotadas e desarmadas; 3) a substituição no Oriente Médio do tabuleiro montado pelas ex-potências imperiais, França e Inglaterra; 4) a tentativa de estender a *gendarmerie* à escala global. Ao alcançar o Extremo-oriente, culminou na adoção de uma estratégia de contenção em relação à China, o que propiciou o desenvolvimento a convite do Japão, da Coreia do Sul e de Taiwan.

A expansão mundial do capitalismo sob a hegemonia americana muda a divisão internacional do trabalho e o esquema centro-periferia proposto pela hegemonia inglesa, tanto porque a natureza e a dimensão do novo centro é radicalmente diferente quanto porque a sua expansão para fora e a incorporação de periferias funcionais não correspondem mais à divisão clássica entre um centro produtor de manufaturas e uma periferia produtora de matérias-primas. Como já foi dito, a economia norte-americana, desde o século XIX, é simultaneamente grande produtora de manufaturas, matérias-primas e alimentos. Assim, a sua expansão para fora não se dá apenas nem fundamentalmente pelo comércio, mas, sobretudo pelas filiais do grande capital financeiro trustificado. Este é dominante internamente desde o final do século XIX e internacionalmente desde o começo do século XX.

No segundo pós-guerra, a expansão da grande empresa vai promovendo paulatinamente o aparecimento de fluxos comerciais entre países que são, na verdade, comércio entre matrizes e filiais. Este movimento vai se deslocando do Atlântico Norte para a América Latina, avançando depois para o Pacífico. Ao chegar à Ásia muda novamente a divisão do trabalho em que esta região se torna grande produtora de manufaturas baratas e importadora de matérias-primas. Estas modificações alteram completamente os termos da relação Centro-Periferia propostos pela Inglaterra e teorizados por Raul Prebish o "fundador" da Comissão Econômica para a América Latina (CEPAL). As relações de troca no comércio mundial deixam de inclinar-se a favor das manufaturas e contra os Produtos Primários porque é no território dos países asiáticos de mão de obra barata e com abundância de IDE que se produzem as novas manufaturas. Assim enquanto a deflação de ativos veio dos EUA, no final do século XX a deflação de preços de manufaturas veio da Ásia, bem como a grande demanda de alimentos e matérias-primas.

Com a nova divisão internacional do trabalho, facilitada pelo deslocamento das filiais *multi-sourcing*, a economia nacional americana se vê forçada a ampliar o seu grau de abertura comercial e a gerar um déficit comercial crescente para acomodar a expansão comercial assimétrica dos países asiáticos produzida em grande parte pela expansão global do grande capital americano. Este movimento está na raiz da ruptura definitiva do sistema de Bretton Woods e da crescente liberalização financeira imposta pela potência hegemônica aos demais países a partir da década de 80.

O gesto do presidente Richard Nixon em 1971 ao decretar a inconversibilidade do dólar em relação ao ouro, teve consequências que os protagonistas e observadores da época foram incapazes de avaliar. Depois da desvinculação do ouro em 1971 e da introdução das taxas de câmbio flutuantes em 1973, a demanda da moeda americana para transações e como reserva praticamente entrou em colapso, dando origem a um instável e problemático sistema de flutuações cambiais. O dólar "flutuava" continuamente para baixo. Sendo assim, não era de espantar que o papel da moeda americana nas transações comerciais e financeiras começasse a declinar, assim como a sua participação na formação das reservas em divisas dos bancos centrais. A continuada desvalorização do dólar, ao provocar a queda das receitas e do valor das "reservas de óleo" denominadas na moeda americana, está também na origem dos dois choques do petróleo deflagrados em 1973 e 1979. Esta "crise do dólar" chegou a suscitar, no final dos anos 70, as tentativas de sua substituição por Direitos Especiais de Saque, ou seja, ativos líquidos emitidos pelo Fundo Monetário Internacional e lastreados em uma "cesta de moedas".

A decisão do FED de subir unilateralmente as taxas de juros americanas em outubro de 1979 (antes do 2º choque de petróleo) foi uma resposta à investida de europeus e japoneses, tomada com o propósito de resgatar a supremacia do dólar como moeda de reserva. Ao impor a regeneração do papel do dólar como *standard* universal através de uma elevação sem precedentes das taxas de juros, em 1979, os EUA, além de deflagrarem uma crise de liquidez para os devedores do Terceiro Mundo, deram o derradeiro golpe nas pretensões de reformar a ordem monetária de Bretton Woods[10].

Na verdade, neste momento – argumenta corretamente Michael Hudson[11], os EUA estavam impondo aos detentores de excedentes em dólar o *US Treasury Bill Standard,* um padrão monetário cujos ativos líquidos de úl-

---

[10] Ver Tavares, 1985. In: Fiori, 1997.

[11] Ver Hudson, M., op. cit.

tima instância passaram a ser os títulos de dívida do Tesouro americano ampliando o poder de *seignorage* da moeda americana. A partir de então, libertos das cadeias da conversibilidade e da paridade fixa com o ouro, os EUA podem atrair capitais para os seus mercados e dar-se ao luxo de manter taxas de juros moderadas, fenômeno que se acentua nos anos 90 com a acumulação de reservas pelos países asiáticos a partir da ampliação dos déficits comerciais crescentes com a área.

Assim, enquanto os conflitos geopolíticos reais e potenciais continuam concentrados nas fronteiras movediças da Eurásia, a geoeconomia global, sob a égide do capital financeiro americano e do novo padrão monetário, tomou uma direção diferente deslocando-se para o extremo oriente. A partir da década de 1970, sobretudo depois do desastre do Vietnã e da política de contenção militar da China, a diplomacia americana na Ásia concentrou-se nos aspectos econômicos e financeiros. O processo de mundialização do capital comandado pelos EUA, através da liberalização comercial e financeira e do investimento direto, avançou rapidamente a partir da década de 1980 e terminou abarcando a velha Ásia ressurgente. Esta última etapa, a da globalização financeira, ocorreu junto com o maior e mais duradouro ciclo de crescimento da economia americana no pós-guerra enquanto se reduz o ritmo de expansão dos demais parceiros da Tríade (Japão e Alemanha) e a Periferia endividada entra em crise[12].

Mundialização Financeira e Mutação na Riqueza Capitalista.

Com a ruptura sistêmica da década de 1970, a "acumulação" de ativos financeiros ganhou na maioria dos países *status* permanente na gestão da riqueza capitalista e o rentismo se ampliou de forma generalizada. Aceleram-se as mutações na composição da riqueza social do mundo capitalista e acentuaram-se as assimetrias de crescimento entre países e distribuição de renda interclasses.

As classes altas e médias passaram a deter importantes carteiras de títulos e ações, diretamente, mas, sobretudo através de cotas em fundos de investimentos, de fundos de pensão e de seguro. O patrimônio típico de uma família de renda média passou a incluir ativos financeiros em proporção crescente, além dos imóveis e bens duráveis, o que altera substantivamente a distribuição de renda entre salários e rendas provenientes de ativos financeiros.

---

[12] Ver Maddison, 2001, Capítulo 3.

O Federal Reserve informa no *Flow of Funds Accounts*[13] que, no primeiro trimestre de 2004 (depois do estouro da bolha dos anos 90), o valor dos ativos financeiros detidos pelas famílias americanas – ações, cotas de fundos, títulos de dívida públicos e privados) era de US$ 34,8 trilhões contra US$ 20,1 trilhões em ativos tangíveis (casa própria, bens duráveis).

As empresas em geral também ampliaram expressivamente a posse dos ativos financeiros e não apenas como reserva de capital para efetuar futuros investimentos fixos, mas como mudanças decisivas na estrutura de sua riqueza patrimonial. Por isso, a expectativa de variação dos preços dos ativos financeiros passou a exercer um papel muito relevante nas decisões das empresas e bancos, e os lucros financeiros a superarem como tendência os lucros operacionais.

Observadas do ponto de vista das instituições e dos instrumentos financeiros, estas transformações na riqueza espelham a maior importância da finança direta e "securitizada" em relação ao crédito bancário. A desregulamentação financeira rompeu os diques impostos depois da crise dos anos 30 à atuação dos bancos comerciais, transformados agora em supermercados financeiros. Esta mudança engendrou a "securitização" de créditos e facilitou o envolvimento dos bancos com o financiamento de posições nos mercados de capitais e em operações "fora do balanço" que envolvem derivativos. Isto não só vem permitindo maior liquidez para os mercados, mas também ensejando um elevado grau de "alavancagem" das corretoras, fundos e bancos de investimento.

A concorrência entre as instituições financeiras foi um fator decisivo na atração da clientela e na aceleração das inovações financeiras. Os administradores de portfólios, no afã de carrear mais dinheiro para os seus fundos mútuos e de pensão, e na ânsia de bater os concorrentes, procuram exibir as melhores performances. Para tanto, abriu espaço em suas carteiras para produtos e ativos de maior risco. A expectativa de variação dos preços dos ativos financeiros passa assim a exercer um papel muito relevante nas decisões das empresas e bancos[14].

O professor José Carlos Braga, em sua tese de Doutoramento, já advertira de forma pioneira a tendência à "financeirização" e ao novo rentismo nas economias capitalistas, processo que não ficou confinado às fronteiras nacio-

---

[13] O Federal Reserve publica o *Flow of Funds Accounts of the United States.* Neste relatório trimestral estão registrados os fluxos gerados pelas distintas instituições provedoras de crédito e apontados os principais tomadores de recursos. O estudo apresenta também dados sobre o estoque de dívida acumulados no fim de cada período, bem como a situação do patrimônio líquido dos tomadores finais de crédito.

[14] Ver Belluzzo, L.G., op.cit.

nais[15]. Muito embora a maior parcela dos ativos financeiros em cada país seja de propriedade dos seus residentes, cresceu bastante a participação cruzada de investidores estrangeiros, com a liberalização dos mercados de câmbio e desregulamentação dos controles sobre os fluxos de capitais. O valor da massa de ativos financeiros transacionáveis nos mercados de capitais de todo o mundo saltou de cerca de US$ 5 trilhões no início dos anos 80 para mais de US$ 100 trilhões no final dos anos 90, segundo as estimativas do BIS.

Acompanhando o movimento de financeirização, os países centrais caminharam na direção de um sistema de taxas flutuantes. Tratava-se, na visão de muitos, de escapar das aporias da "trindade impossível" ou seja, da convivência entre taxas fixas, mobilidade de capitais e autonomia da política monetária doméstica. As flutuações cambiais pronunciadas exacerbaram o papel das expectativas de valorização/desvalorização das moedas na avaliação dos diferentes ativos. Para os países de moeda conversível, sobretudo para o gestor da moeda central, a política monetária tornou-se, de fato, um instrumento eficaz de estabilização do ciclo de negócios e do nível geral de preços. Mas, ao mesmo tempo em que nos países centrais, as flutuações do nível de atividade eram "amortecidas" e as taxas de inflação de bens e serviços produzidos retrocediam, também se ampliaram as possibilidades de ocorrência de "bolhas" e crises sucessivas nos mercados financeiros.

Em artigo recente[16], os economistas Ben Bernanke e Mark Gertler reconheceram a importância da riqueza financeira e da situação patrimonial de empresas e famílias na concessão do crédito e, portanto, na determinação do gasto capitalista: "No mundo em que vivemos, em oposição àquele vislumbrado pelos modelos neoclássicos – os mercados de crédito não estão a salvo de imperfeições; isto é, problemas de informação, incentivos e cumprimento de contratos estão em toda a parte. Por causa disto, o crédito pode ser concedido mais livremente e a custos menores aos devedores que têm uma sólida posição financeira".

As pesquisas sugerem, segundo Bernanke e Gertler, que os efeitos das variações de preços dos ativos na economia "são transmitidos através das mudanças no balanço das famílias, das empresas e dos intermediários financeiros". Os dois autores constroem um modelo de crescimento com expansão do crédito, ampliação do investimento e inflação de ativos, em que há um "prêmio de financiamento externo" (recursos de terceiros). Este prêmio varia inversamente às condições financeiras do tomador, isto é, será

---

[15] Ver Braga, 1997.
[16] Bernanke & Gertler, 1999.

declinante para os demandantes de empréstimos que possam oferecer melhores garantias colaterais.

À medida que os preços dos ativos aumentam rapidamente e "inflam" o patrimônio líquido das empresas e das famílias, torna-se irresistível a utilização do endividamento como forma de alavancar o investimento produtivo ou posições que prometem expressivos ganhos de capital.

A sucessão de episódios de "inflação" de ativos e de risco de crises tem sido enfrentada – até agora com sucesso – pela política monetária americana. Assim foi na aguda crise do *hedge-fund Long Term Capital Management* em 1998 quando os administradores de riqueza, surpreendidos por movimentos bruscos e não antecipados de preços, foram obrigados à liquidação de posições em geral excessivamente "alavancadas". A pronta reação do FED obviou uma crise sistêmica. O fato é que, ao longo dos últimos vinte anos, a política econômica americana mostrou-se capaz de compatibilizar três objetivos: 1) administrar as condições de liquidez doméstica nas etapas de expansão e de contração dos dois ciclos americanos; 2) garantir a resiliência do seu mercado financeiro, mediante intervenções de última instância; e 3) manter as condições de financiamento externo com elevadas flutuações na liquidez internacional, mas preservando o papel do dólar como moeda-reserva.

Já nas economias periféricas, de moeda não conversível, isto é, com demanda nula por parte de agentes de terceiros países – a nova interdependência financeira introduziu constrangimentos importantes: as taxas de juros e de câmbio se tornaram mais sensíveis às bruscas mudanças de expectativas dos possuidores de riqueza. Para estes países, a nova integração financeira tem sido acompanhada de frequentes problemas de liquidez externa, com amplas flutuações nos preços dos ativos e das moedas. Daí decorrem as severas limitações impostas às políticas monetária e fiscal que, sem dúvida, têm sido mais inflexíveis e duradouras no caso dos países que abriram suas contas de capital, surfaram nos ciclos de crédito externo e se tornaram amplamente devedores em moeda estrangeira.

Na fase de saída líquida de capitais as reservas se reduzem, mas os juros as sobem, o que engorda o estoque da dívida e promove a dolarização do passivo interno do governo. Esta situação, diga-se, ocorre tanto no regime de câmbio fixo quanto no de câmbio flutuante. Em ambos os casos o Banco Central é obrigado a comprar e vender dólares numa tentativa de acalmar o curso do câmbio e impedir um crescimento indesejável da relação dívida/PIB.

O montante relativamente elevado de reservas que os bancos centrais devem manter para aparentar uma situação de solvência é um dos sintomas da impossibilidade de adoção da flutuação cambial pura. Como os títulos de riqueza em moeda local e os denominados em dólares são substitutos muito imperfeitos, o mercado financeiro continua a arbitragem entre juros internos e externos – atento ao risco cambial, de liquidez e de solvência – o que impede a convergência das taxas de juros e exige a administração do câmbio.

Em países com elevado endividamento externo – mesmo quando conseguem reduzir de forma significativa o déficit em conta corrente – o câmbio flutuante não elimina o risco cambial e o Banco Central está sempre obrigado a "sujar" as flutuações. As tendências à apreciação ou depreciação dependem, no curto prazo, de condições de abertura financeira, no estágio em que se encontra o fluxo de capitais e do maior ou menor "descasamento" entre os ativos e os passivos em dólar dos bancos, empresas e famílias rentistas sediados no país periférico.

A Reafirmação do Poder Americano.

Nos anos 70, como já foi dito, a ruptura do padrão-dólar fixo, a derrota do Vietnã e as crises do petróleo, balançaram os pilares do poder americano. A maioria dos analistas continuou a proclamar a derrota definitiva da hegemonia americana, mesmo depois de 1985 quando a crise já tinha sido superada e os EUA avançavam na direção de um poder global.

A vulnerabilidade do dólar como moeda internacional foi contornada pela da "diplomacia do dólar forte" do governo Reagan (Volker), executada sem piedade no início dos anos 80[17]. O fortalecimento do dólar, como moeda de reserva e de denominação das transações comerciais e financeiras, promoveu profundas alterações na estrutura e na dinâmica da economia mundial. As transformações envolveram a redistribuição da capacidade produtiva na economia mundial – sobretudo na indústria manufatureira, o aparecimento de desequilíbrios duradouros nos balanços de pagamentos entre os EUA, a Ásia e a Europa e o avanço da chamada globalização financeira.

Em dois momentos (1980-85 e 1995-2001), a valorização do dólar e a consequente expansão da posição devedora líquida dos EUA definiram o curso das transformações. No início dos anos 80, a elevação sem precedentes da taxa de juros fomentou, ao mesmo tempo, o déficit orçamentário do governo Reagan e a valorização do dólar, responsável pelo crescimento rápido do, até então, mais imponente déficit comercial do pós-guerra. Já nos anos 90, a ampliação do déficit em conta corrente dos EUA foi provocada

---

[17] Ver Tavares, op. cit.

por um forte crescimento do gasto e do endividamento privados. Nos dois momentos, é fundamental sublinhar, a economia americana ganhou liberdade para adotar, primeiro uma política fiscal expansionista e, nos anos 90, uma política monetária e de crédito permissiva. Em ambas as situações o crescimento a taxas elevadas foi caracterizado por uma expansão da demanda nominal a um ritmo bem superior ao exibido pela produção doméstica, bem como por um crescimento da relação endividamento total/PIB.

Importante para a revitalização da finança de mercado foi o papel desempenhado, no início dos anos 80, pela ampliação do endividamento público americano, de maior qualidade, fenômeno crucial para socorrer as carteiras e conter o colapso dos bancos envolvidos com a crise da dívida externa do Terceiro Mundo. As dívidas públicas dos EUA e da Europa cresceram rapidamente na década de 1980, engordadas pelas taxas de juros elevadas. O crescimento "endógeno" do endividamento público foi acompanhado de uma maior dependência dos governos em relação aos mercados financeiros internacionalizados. A partir de então, de forma inédita na história da internacionalização capitalista, os EUA passaram da posição de maiores credores à de maiores devedores do mundo – tanto do ponto de vista interno quanto do externo.

Passado o choque inflacionário do início dos anos 80, a política de *supply side economics* combinada com a sobrevalorização do dólar permitiu, à economia americana, retomar o crescimento sem pressões inflacionárias, com elevação do poder de compra dos salários apoiada em importações de bens de consumo baratos e expansão monetária acima da renda nominal. "Neste verdadeiro ajuste às avessas, os EUA conseguem, simultaneamente, obter transferências de liquidez, de renda real e de capitais do resto do mundo... A retomada do crescimento americano se fez com uma função de oferta global com rendimentos crescentes e grande capacidade de resposta aos estímulos da demanda. A elevação do déficit comercial americano corresponde a uma tentativa de obtenção de saldos comerciais crescentes dos demais países industrializados. Exportar é a solução para todos, menos para a economia dominante, cuja solução é importar barato"[18].

A política econômica de Reagan – com seu dólar supervalorizado, enormes déficits orçamentários e nas contas de comércio – foi chuva "criadeira" para os países da Ásia, em particular para o Japão, Coreia e Taiwan. Esse foi o período dos grandes superávits comerciais japoneses, taiwaneses e coreanos. O aparecimento dos bancos, corretoras e seguradoras japonesas no cenário das finanças globais foi o produto inevitável da acumulação dos enormes excedentes financeiros, decorrentes dos sucessivos e crescen-

---

[18] Ver Tavares & Belluzzo, 1986.

tes superávits comerciais do Japão, principalmente, com os EUA, mas também com a Europa.

Quando, porém, em meados dos anos 80, os EUA resolveram reverter a brutal valorização do dólar, que já havia causado danos quase irreparáveis à sua indústria, foi dado um sinal claro de que, pelo menos "esta parte da festa" estava prestes a acabar. Os japoneses foram obrigados a engolir a valorização do yen, o que, por um lado, afetou suas exportações para a área de predominância da moeda americana e, por outro, causou sérios prejuízos para os bancos, corretoras e seguradoras que carregavam em suas carteiras ativos em dólar. A famosa *endaka* dará impulso ao movimento de "deslocalização" da indústria japonesa para os países da região, apoiado na capacidade de financiamento de seus bancos, que tentavam compensar as perdas incorridas nos ativos denominados em dólar.

Coreia, Taiwan e os Tigres de segunda geração, como Tailândia, Malásia e Indonésia, haviam atrelado suas moedas ao dólar, o que tornava atraente o deslocamento do investimento nipônico. Por outro lado, taxas de juros em yen eram extremamente convidativas e compensavam pelos menos em parte o risco de uma valorização adicional da moeda japonesa.

A China, e seu já desvalorizado yuan, iria completar a primeira década de crescimento acelerado. Este novo e gigantesco protagonista do "milagre asiático" vinha executando seus programas de reforma econômica com grande eficácia. Estas reformas buscavam a combinação entre uma agressiva estratégia exportadora, atração de investimentos diretos estrangeiros nas zonas liberadas e a forte intervenção do Estado. A ação estatal concentrou-se no estímulo à agricultura familiar, em maciços investimentos em infraestrutura e na utilização das empresas públicas como "âncora" para a constituição de grandes conglomerados industriais. Tudo isso foi acompanhado de uma cuidadosa transição do sistema de preços da antiga economia de comando para a "nova" economia de mercado.

As praças financeiras "internacionalizadas" de Hong Kong e Singapura integraram-se rapidamente ao complexo "asiático" em formação, através dos bancos locais e estrangeiros aí sediados. Estes fluxos cruzados de investimento direto, de expansão do crédito e, mais tarde, de aplicações de portfólio, estimularam o crescimento muito rápido do comércio entre os países da região, sobretudo através das transações intrafirmas. Desde o final dos anos 80, o comércio entre os países da área iria se expandir a taxas impressionantemente altas, superando as relações comerciais com a Europa e a América do Norte. Carlos Medeiros, em seu excelente artigo "Globalização e Inserção Internacional[19]", mostra que "foi se afirmando um *cluster* regional de investimento e de comércio intra-indústria e intrafirmas permitindo

---

[19] Medeiros, 1997.

A Mundialização do Capital e a Expansão do Poder Americano

às empresas, sobretudo às japonesas e coreanas, formar no setor manufatureiro importantes economias de escala e de especialização... Esta dinâmica não pode, contudo, ser explicada fora de um contexto marcado por expansão macroeconômica regional, combinando investimentos, comércio interindústria e penetração nos grandes mercados da OCDE". Tampouco pode ser explicada fora do contexto da forte expansão macroeconômica norte-americana dos anos 90 e da estagnação japonesa no mesmo período.

O exuberante ciclo de expansão americano dos anos 90 – outra vez escoltado por gigantescos déficits em transações correntes – vai reforçar as relações de solidariedade e, ao mesmo tempo, de forte concorrência dentro do bloco asiático. A Coreia e o Japão, por exemplo, tornaram-se ferozes competidores, em terceiros mercados, nos setores de maior dinamismo como o automobilístico, os microprocessadores e a eletrônica de consumo. De outra parte, a expansão coreana apoiou-se fortemente na importação de bens de capital e no financiamento dos bancos japoneses para manter as elevadas taxas de acumulação exibidas ao longo dos anos 90. Essas relações de "concorrência e solidariedade" são ainda mais evidentes no caso da China, cuja "competitividade" é crescente, tanto nos mercados menos qualificados quanto, em ritmo acelerado, nos de tecnologia mais sofisticada. Sobretudo depois da desvalorização de 1994, o *drive* exportador chinês vai deslocando a participação de seus parceiros asiáticos em terceiros mercados, ao mesmo tempo em que estimula as importações de peças e componentes dos países da região. Simultaneamente, os chineses sustentam a continuada elevação da taxa de acumulação interna de capital e a rápida incorporação de novas tecnologias mediante o estímulo às *joint-ventures* com empresas coreanas, japonesas e de Taiwan (com capitais sobrantes nas crises asiáticas da década de 1990 e menor taxa de crescimento de seus mercados internos daí em diante). Estas relações de interdependência tornaram essas economias muito sensíveis com, é óbvio, as alterações nas taxas de câmbio relativas e particularmente as alterações nas relações de valor entre o dólar e o yen, e entre ambas e a moeda chinesa. Esta, depois da desvalorização real de 1994/95, manteve-se ancorada nominalmente no dólar.

A posição chinesa na economia mundial melhorou rapidamente a partir de uma alta taxa de crescimento interno, de absorção de IDE e de crescimento das exportações que se manteve a mais estável e vigorosa desde 1970 em relação ao resto do mundo, antes mesmo das reformas liberais. É o segundo maior absorvedor de investimento direto depois dos EUA e mantém com este país uma relação especial de competição e complementaridade. Ao contrário do Japão, que não contou com uma importante absorção externa de capitais e se mantém, até hoje, como país credor dos EUA, a China

133

é simultaneamente devedora (pelo IDE) e credora (pela acumulação de enormes reservas em dólar aplicados em títulos do Tesouro americano).

Qualquer diminuição acentuada no comércio e no investimento da China afetaria dramaticamente a economia do leste asiático – do qual a expansão chinesa é hoje o principal motor – e poderia provocar um "enfarte" numa das artérias mais importantes da globalização americana. A pressão exercida por expoentes do poder americano para penalizar o sistema de proteção chinês e diminuir seu superávit, parece uma vez mais o cacoete protecionista para dentro e liberal para fora, em que as lideranças americanas recaem periodicamente. Pode tratar-se também de uma manobra de *real politik*, apoiada pelo Japão para obter maiores concessões comerciais e financeiras da China e manter o "equilíbrio de poder" na Ásia. O governo chinês resiste e além de manter alta a taxa de investimento para expandir o seu mercado interno está iniciando uma ofensiva para investir em alta tecnologia e buscar complementaridades com países provedores de recursos naturais. Perseguir uma inserção internacional mais ampla faz parte de uma estratégia que libere a China do seu dilema secular – fechar-se no seu imenso espaço territorial ou ficar à mercê do jogo das grandes potências.

Conclusões

Os EUA, a despeito do monumental déficit em transações correntes, não precisaram se preocupar com o risco de uma fuga do dólar. A demanda pela moeda americana nasce hoje do papel dos EUA como economia dominante no comércio internacional e nos mercados financeiros onde continua a atração dos títulos públicos como ativos líquidos de última instância na economia global. Enorme vantagem para quem tem um déficit de transações correntes da ordem de US$ 550 bilhões. Com um déficit dessa magnitude, qualquer outro país teria sofrido um ataque contra sua moeda. No entanto, apesar dos augúrios, não parece provável uma derrocada do dólar. A demanda de não residentes por títulos do governo americano, especialmente a que nasce dos saldos comerciais e enormes reservas dos países asiáticos, vem permitindo a expansão do crédito e sustentação do preço dos ativos no mercado financeiro americano. Enquanto isso, as famílias se endividam ainda mais para adquirir produtos baratos oriundos dos "produtivistas" da Ásia.

A "globalização americana" ensejou, de forma inédita, a articulação estrutural entre o sistema de crédito, a acumulação produtiva das empresas, o consumo privado e a gestão das finanças privadas e do Estado (particularmente da dívida pública). Esta verdadeira fusão de funções e de interesses reafirma o caráter essencialmente "coletivista" (e macroeconômico) da nova dinâmica de reprodução do capitalismo central. Uma exibição prática da "macroeconomia política" do Poder e da Riqueza Americanos, fundados nas relações entre hegemonia monetária, expansão do crédito, valorização de ativos e crescimento econômico.

As relações entre Estado e Mercado (uma forma imperfeita de exprimir as relações entre política e economia) não são "externas", de mero intervencionismo. São orgânicas e constitutivas. Nos tempos da "economia global", tais formas socializadas do poder privado permitem diversificar a riqueza de cada grupo, distribuí-la por vários mercados e assegurar o máximo de ganhos patrimoniais, se possível no curto prazo. Os agentes destas operações são as instituições da finança privada. São elas que definem os preços de venda, os métodos de financiamento, a participação acionária dos grupos, as estratégias de valorização das ações. A garantia final – mas certamente não definitiva – do processo de valorização de ativos é a existência de um estoque de ativos líquidos e seguros emitidos pelo governo do país hegemônico. Este é o mercado "competitivo" do capitalismo formado por empresas gigantes na era da desregulamentação e da liberalização.

Nos dois "mercados flexíveis", o dólar e o petróleo, os EUA deixaram de arcar internamente com o ônus da desregulação que caracterizou o período da transição 1973/85 e passaram a uma economia de comando na qual a política norte-americana faz unilateralmente as intervenções preventivas ou corretivas, segundo a conjuntura. Sem regras gerais autoaplicáveis e sem consideração pelas regras dos organismos internacionais que eles mesmos ajudaram a criar, o intervencionismo preventivo norte-americano expandiu como nunca o seu poder global.

A gestão econômica interna do intervencionismo preventivo norte-americano tornou-se mais complexa com a reafirmação da hegemonia norte-americana. No entanto, as eventuais divergências entre a Secretaria do Tesouro e o FED a respeito da política econômica são facilmente contornáveis quando se tem à disposição uma política fiscal e monetária elásticas (sem restrição de balanço de pagamentos), e nenhum dos seus dirigentes pensa em contrariar os interesses dos grandes bancos americanos e da "comunidade financeira internacional", novamente consolidada em Walll Street depois de 1985. O mesmo não se pode dizer do petróleo e das armas. Afinal, o Texas não tem o poder de coordenar o mercado mundial de petróleo, e muito menos as políticas setoriais e globais do complexo militar americano.

A política externa dos EUA, depois da movida diplomática de Nixon (Kissinger) em relação à China, tinha deixado de se concentrar apenas nos conflitos Leste-Oeste, congelados pela distensão da guerra fria e deslocado seu foco para o Oriente Médio. As pretensões "arbitrais" da velha Inglaterra no Oriente Médio estavam definitivamente minadas desde a crise do Canal de Suez e requeriam a passagem do bastão para os EUA. Tratava-se de resolver em simultâneo a geopolítica da área e a geoeconomia do petróleo, ambas em grande período de turbulência. No que diz respeito à regulação e à geopolítica do petróleo o condomínio americano-saudita-iraniano reafirmado pelo acordo de Teerã de 1971 durou pouco, graças à instabilidade do Sistema Monetário Internacional e aos conflitos crescentes nos países árabes que se agravaram com a derrubada do Xá do Irã[20].

O tabuleiro político-militar no Oriente Médio não deixou de mover-se aceleradamente desde então. A estratégia da intervenção preventiva prosperou. No caso do Oriente Médio, os EUA não esperaram para substituir a velha *gerdarmerie* colonial como ocorreu no caso do Vietnã. Intervieram em todos os conflitos, fizeram tratados unilaterais com o Egito e com Israel, apoiaram primeiro o Xá do Irã e, quando este foi derrubado pela "revolução xiita" em 1979, armaram o Iraque na longa guerra que se seguiu, apoiando Saddam Hussein que viriam a derrubar duas décadas depois. A Arábia Saudita manteve-se até hoje como o único aliado fiel dos EUA, depois das mudanças sucessivas de alianças e dos conflitos nos demais países árabes.

Dentro da lógica da expansão contínua e permanente da presença militar no mundo, os Estados Unidos mantiveram as antigas bases, instaladas após a II Guerra Mundial dentro da União Europeia e expandiram-se para o leste europeu, depois da implosão da União Soviética. As bases mais recentes, no entanto, estão localizadas em países possuidores de petróleo ou nas atuais fronteiras russas e chinesas da Ásia Menor[21].O fato de que as bases militares no exterior respondem, em suas tarefas múltiplas, a comandos das forças armadas e da espionagem norte-americanas, não unificados internamente, perturba e distorce muitas vezes as informações disponíveis no Pentágono e no resto dos órgãos de segurança. Isso agrava as disputas entre a Secretaria de Defesa e o Departamento de Estado que vêm se acentuando desde o governo Reagan. Não existe, na verdade, um comando unificado da Segurança Nacional norte-americana (como se viu no desastre de 11 de setembro), talvez porque a "doutrina de segurança" e as agências de inteligência se espalharam a todos os escalões do governo, desde que o poder nacional se confundiu com o poder global.

O cruzamento dos grandes interesses corporativos e militares que atravessam a geografia mundial, em particular desde a guerra do Iraque, tor-

---

[20] Sobre petróleo, ver Torres Filho "O Papel do Petróleo na Geopolítica Americana" neste volume.

[21] Sobre a geopolítica das bases ver Johnson, 2004.

nam os "dissensos de Washington" sobre decisões da política externa norte-americana, um verdadeiro quebra-cabeça. O aumento desmedido do poder global dos EUA, sem o consenso compartilhado dos seus antigos associados é incompatível com a noção de Ordem Internacional, por sua inerente instabilidade estrutural.

Do ponto de vista da mundialização do capital o "objeto do desejo" do Ocidente voltou a ser a China, como nos tempos do veneziano Marco Pólo no começo da modernidade mediterrânica. As zonas especiais de exportação começaram pelos mesmos portos ocupados, no século XIX, pelas grandes potências imperiais. Não se trata, porém de uma ocupação bélica ou colonial, mas de aplicação das velhas teses da "abertura dos portos" ao livre-comércio e ao movimento de capitais, hoje expressas na Organização Mundial do Comércio. O governo chinês, mesmo depois das reformas liberais e da sua entrada na OMC, manteve o controle de câmbio e resiste à abertura de sua conta de capitais, o que não a impede de ser o maior absorvedor de investimento direto das filiais globais. É também o segundo maior financiador do déficit americano através da retenção de reservas vultosas aplicadas em títulos da dívida pública.

No começo do século XXI está configurada uma nova anatomia da geoeconomia capitalista. O cérebro é o poder de contenção e de controle geopolítico da superpotência hegemônica e o coração da economia mundial continua sendo a sua gigantesca economia continental. O pulmão por onde respira e se expande a "2ª onda de globalização americana" é a Ásia ressurgente, em particular a China. A Índia apesar de sua forte taxa de crescimento e de ser uma potência atômica não é um ator financeiro relevante na globalização do capitalismo, já que ao contrário do sudoeste da Ásia, não possui praças financeiras internacionais relevantes para o movimento de capitais. A velha Europa continental, até há pouco uma fortaleza mercantil que incluía apenas 12 países, mantém-se em crescimento lento. A União Europeia aparece hoje como um enorme estômago às voltas com a digestão dos problemas acumulados desde a paz de 1919 na sua "fronteira oriental" e retomados com a desestruturação da União Soviética. A África tornou-se um continente em desagregação pelo fracasso do desenvolvimento autônomo depois da descolonização. A América Latina continua uma zona endividada de baixo crescimento. A Rússia, depois do desmantelamento do Império ficou isolada e economicamente depauperada, embora continue uma grande potência militar. A maior zona de instabilidade econômica (o petróleo) e política (guerras sucessivas) continua sendo o Oriente Médio, onde o sonho wilsoniano da paz universal e da autodeterminação dos povos se tornou um pesadelo.

REFERÊNCIAS BIBLIOGRÁFICAS

BELLUZZO, L.G.M. (1999). Finança global e ciclos de expansão. In: FIORI, J.L. *Estados e moedas no desenvolvimento das nações*. Petrópolis: Vozes.

BERNANKE, B. & GERTLER, M. (1999). Monetary Policy and Asset Prices Volatility. *Federal Reserve Bank of Kansas City Review*, outubro/novembro.

BRAGA, J.C. (1997). Financeirização global – O padrão sistêmico de riqueza do capitalismo contemporâneo. In: TAVARES, M.C. & FIORI, J.L. *Poder e dinheiro – uma economia política da globalização*. Petrópolis: Vozes.

CASHMAN, S. (1998). *America Ascendant*. Nova York: New York University Press.

JOHNSON, C. (2004). *The Sorrows of Empire*: Militarism, Secrecy, and the End of the Republic [The American Empire Project]. Nova York: Metropolitan Books.

HOBSON, J. (1965). *The Evolution of Modern Capitalism*. Londres: Allen and Unwin.

HUDSON, M. (2003). *Superimperialism*: The Origins and Fundamentals of US Dominance. Londres: Pluto Press.

MADDISON, A. (2001). *The World Economy*. Paris: OECD.

MEDEIROS, C.A. (1997). Globalização e inserção internacional. In: FIORI, J.L. & TAVARES, M.C. *Poder e dinheiro – uma economia política da globalização*. Petrópolis: Vozes.

MORRIS, C. (1999). *Money, Greed and Risk*. Nova York: Random House.

PHILLIPS, K. (2002). *Wealth and Democracy*. Nova York: Broadway Books.

TAVARES, M.C. (1985). A retomada da hegemonia norte-americana. In: TAVARES, M.C. & FIORI, J.L. (1997). *Poder e dinheiro*. Petrópolis: Vozes.

TAVARES, M.C. & BELLUZZO, L.G. (1986). Uma reflexão sobre a natureza da inflação contemporânea. In: REGO, J.M. *Inflação inercial, teorias sobre a inflação e o plano cruzado*. São Paulo: Paz e Terra.

TEIXEIRA, A. (1999). Estados Unidos: a "curta marcha" para a hegemonia. In: FIORI, J.L. *Estados e moedas no desenvolvimento das nações*. Petrópolis: Vozes.

Carlos Aguiar de Medeiros

A Economia Política da Internacionalização sob Liderança dos EUA: Alemanha, Japão e China*

Introdução

A retomada da política de hegemonia do dólar no início dos anos 80 interrompeu as possibilidades de se construir, em colaboração com os principais países industrializados, alternativas monetárias a um dólar enfraquecido[1]. A estratégia de enquadramento dos aliados e das moedas rivais[2] se deu como reação ao extraordinário sucesso industrial e exportador da Alemanha e do Japão e da contestação do dólar enquanto moeda internacional que caracterizaram a economia mundial no final dos anos 70. A iniciativa norte-americana de retomada da hegemonia econômica e ideológica nas relações internacionais afirmou-se, também, como uma ampla ofensiva interna liderada pelos EUA e Inglaterra contra os sindicatos, o Estado de Bem-Estar, o "excesso de democracia", interrompendo o crescimento com-

---

* Agradeço a Franklin Serrano pelos inúmeros comentários e discussões, a José Luís Fiori por suas observações e sugestões sobre a estrutura do texto e a Maria da Conceição Tavares por seus comentários sobre a seção relativa à China. Naturalmente, todas as opiniões, aqui expressas, são de minha exclusiva responsabilidade.

[1] Este movimento se dava em combinação com a afirmação do poderio bélico dos EUA que passou a contar com um orçamento recorde, e de sua expansão imperial (envolvimento crescente no Oriente Médio, guerrilhas no Afeganistão, Nicarágua etc). Para uma discussão dos aspectos geopolíticos e macroeconômicos, ver Tavares (1997), Medeiros & Serrano (1999) e Serrano (2002).

[2] Para uma análise fundamental ao entendimento da reação americana e do enquadramento das moedas rivais ver Parboni (1981) e Serrano (2002). Para uma análise macroeconômica do conflito distributivo e da resposta de Reagan, ver capítulo de Serrano neste livro.

partilhado típico do "keynesianismo social" que caracterizou o capitalismo industrial no pós-guerra.

A diplomacia do dólar foi acompanhada de uma ampla ofensiva mercantilista visando eliminar ou reduzir os mecanismos de proteção que, no período anterior, calibraram o grau de inserção dos países na economia mundial. Entre estes se destacava o "protecionismo monetário" plenamente aceito nas regras internacionais construídas em Bretton Woods. De forma progressiva ou abrupta, a globalização financeira, isto é, o livre-comércio de ativos financeiros entre residentes e não residentes representou, finalmente, a vitória "da minoria dos 5%", como assim caracterizou Dexter White, representante dos EUA em Bretton Woods, os interesses dos proprietários de ativos externos que ele, tal como Keynes, considerava serem contraditórios com os interesses da maioria da população[3].

As transformações lideradas por esta estratégia reforçaram, desde o início dos anos 80, a presença do dólar na economia mundial afirmando a sua função de padrão monetário internacional[4]. A demanda por dólares afirmou-se, tanto pelo alto peso dos *dollars goods* quanto pela procura dos *dollars stocks*[5] fortalecendo, significativamente, o predomínio desta moeda na economia internacional[6].

---

[3] Detalhes em Parboni (1981).

[4] Um padrão totalmente fiduciário, não atrelado a qualquer unidade de valor, apenas à força da economia americana. Ver Serrano (2002) e Medeiros & Serrano (1999).

[5] Ver Schulmeister (2000).

[6] Com efeito, observa-se segundo dados do FMI e elaborados por Pollard (1997) que:
1) embora tenha sofrido uma pequena redução – de 4.5 em 1980 para 3.9 em 1995 – "a taxa de internacionalização do dólar", isto é, a relação entre as exportações mundiais denominadas em dólar e as exportações americanas, não tem competidor (o yen atingiu 0.6 e o euro, embora não possua ainda informação, deverá se situar em torno de 1,0);
2) considerando o dólar como moeda financeira observa-se ao longo dos anos 90 uma expansão dos certificados de dívidas denominados em dólar (41,1% em 1993 para 48,7% em 2000), ainda que nos últimos três anos tenha havido um boom nas operações do euro, sobretudo no mercado monetário;
3) no mercado de divisas o domínio do dólar é impressionante. Em 1998 o dólar foi envolvido em 87% de todas as transações com divisas. Esta participação é muito superior à participação do dólar no comércio e nas emissões de dívidas, denotando o seu papel destacado como moeda veículo usada por terceiros países em suas operações correntes, e por sua adoção como moeda oficial em alguns países periféricos;
4) destaca-se nos dados mais recentes o uso, pelos governos, do dólar como moeda internacional. Considerando todos os países, as reservas em dólar totalizam cerca de 70% das reservas totais; de 1990 para hoje, houve um acréscimo nesta relação especialmente entre os países industrializados. Entre os países em desenvolvimento o dólar não tem rival, excedendo mais de quatro vezes a participação do yen ou de cinco vezes a participação do euro. Em relação à composição das dívidas de longo prazo dos países, a participação do dólar caiu de 49,8% em 1989 para 41,2% em 1990 para subir posteriormente para 56,0% em 1999.

A afirmação do dólar na economia mundial colocou os EUA numa posição macroeconômica singular. Por emitirem a moeda internacional e fixarem autonomamente a taxa de juros independente das intervenções dos outros países no mercado de câmbio (Serrano, 2002; McKinnon & Ohno, 1997) os EUA não enfrentam qualquer restrição de balanço de pagamentos. Os seus persistentes e elevados déficits em transações correntes observados nas últimas décadas são financiados em sua própria moeda e o correspondente superávit do resto do mundo – fortemente concentrado no Japão e China – materializa-se em reservas denominadas em dólares.

Além da autonomia macroeconômica, a importância de emitir a moeda internacional e expandir imperialmente o alcance do Estado nacional, tal como ocorreu com a Inglaterra no século XIX e com os EUA desde Bretton Woods, é que a internacionalização consolida a solidariedade no país emissor, entre a riqueza externa dos seus residentes (isto é, os ativos de suas empresas e investidores no exterior) e a economia doméstica. Com efeito, podendo incorrer em déficits em transações correntes e operar como banqueiro do mundo, a economia americana pôde beneficiar-se das importações baratas formando uma nova divisão internacional do trabalho com a Ásia. Por outro lado, viabiliza, pela força do dólar, a valorização de suas empresas e sua capacidade financeira na liderança dos mercados externos. Assim, uma economia internacional em dólar é base essencial da supremacia dos EUA alicerçada no tamanho do seu mercado interno e no tamanho e liderança tecnológica de suas empresas. Estes fatores se realimentam.

Desde a afirmação, nos anos 80, de um padrão monetário baseado no dólar flutuante, a economia mundial vem registrando dois movimentos distintos. Um movimento geral caracterizado por baixas taxas de crescimento, decorrentes em grande medida da longa recessão japonesa e do baixo crescimento da Alemanha e da Europa Ocidental. E um movimento particular marcado por elevadas taxas de crescimento nos países asiáticos integrados à divisão internacional do trabalho liderado pelos EUA[7].

Já é bastante ampla a literatura especializada que busca examinar as implicações da ofensiva comercial e financeira americanas sobre a economia japonesa e, em particular, sobre sua longa estagnação. Do mesmo modo, diversos estudos têm apontado para uma semelhança macroeconômica entre Japão e Alemanha ainda que, em relação a este último país, a formação do euro assuma um lugar central na explicação do baixo crescimento alemão e, por conseguinte, do crescimento europeu. Longe de um ensaio exaustivo desta literatura objetiva-se, neste capítulo, examinar em caráter explorató-

---

[7] Ver World Development Indicators, CD-Rom, Banco Mundial, 2003.

rio algumas hipóteses interpretativas sobre as conexões entre o baixo crescimento e as transformações estruturais recentes na Alemanha e no Japão sob o padrão monetário baseado no dólar. Busca-se, por outro lado, identificar uma realidade emergente construída pela afirmação da China, não apenas como mais um país asiático inserido na divisão do trabalho americana, mas como um centro regional com política econômica autônoma.

A questão macroeconômica mais geral, referente aos países que não emitem a moeda internacional, é a de que a abertura financeira (abertura da conta capital), ao quebrar os "territórios monetários", dilui também a capacidade do estados nacionais de regular com autonomia sua política econômica subordinando o seu crescimento interno às variáveis externas. Por outro lado, ao desvincular as operações financeiras e demandas por divisas da expansão do comércio, a abertura financeira expõe os países a uma maior vulnerabilidade macroeconômica externa decorrente da elevação de passivos externos. Ao nível das empresas a vulnerabilidade financeira significa uma situação de fragilidade decorrente do "desencontro de divisas" na composição de seus ativos e passivos. Observa-se assim que, no padrão monetário baseado no "dólar flutuante" e sob um regime de ampla liberdade dos fluxos de capitais, os esforços de contenção dos efeitos altamente instabilizadores da flutuação do câmbio sobre a economia e sobre a posição patrimonial das empresas têm levado a uma política econômica obcecada com a inflação aprisionando a taxa nominal de juros e a política fiscal na função essencial de controle das flutuações cambiais.

A questão estrutural relacionada com a abertura financeira e com a diluição dos territórios monetários é a introdução de uma fratura nos capitalismos nacionais alterando a articulação preexistente de interesses entre as economias nacionais e os capitais, e a riqueza privada. Este processo se dá, tanto com a "internacionalização dos capitais nacionais" que gera direitos de propriedade de residentes nacionais sobre ativos denominados em outra moeda e garantidos por um código comercial e por um estado estrangeiro, quanto com a "internacionalização do mercado interno" em que não residentes adquirem o controle de ativos submetidos a um código e a um Estado nacional estrangeiro. Com efeito, com a internacionalização a taxa de câmbio e o regime nacional de regulação dos fluxos de capitais e códigos comerciais e de investimento afetam desigualmente a "riqueza externa dos residentes nacionais", a "riqueza externa dos não residentes" e a dos setores produtivos nacionais não internacionalizados. Desde logo, a introdução de dimensões proprietárias coloca, ao lado das questões macroeconômicas, uma dimensão de poder dos estados nacionais. Assim, uma "internacionalização virtuosa" não é, entretanto, uma decorrência espontânea, mas um resultado de articulação de interesses guiado por um estado nacional forte.

Embora os conflitos entre o desenvolvimento do mercado interno e a internacionalização deste predominem na literatura, as mesmas possibilidades de conflito existem com a internacionalização dos capitais nacionais.

A fratura de interesses entre a economia nacional e os capitais privados nacionais que se internacionalizam é, na verdade, de longa data. Mesmo no período de Bretton Woods onde os capitalismos nacionais e os capitais nacionais andavam juntos e atrelados aos ciclos expansivos liderados pelos EUA, a possibilidade de conflito entre a internacionalização dos capitais e os interesses nacionais já existia e foi pioneiramente observada por Bob Rowthorn (1980) em sua análise sobre a economia inglesa dos anos 70. A expansão internacional do grande capital britânico unida à retração do Estado e da economia nacional ampliou os conflitos de interesses entre os capitais ingleses internacionalizados e o capitalismo inglês.

A internacionalização das empresas britânicas no pós-guerra, observava Rowthorn, foi extraordinária, mas se fez acompanhar por políticas econômicas domésticas inibidoras de um crescimento maior do capitalismo inglês. Como resultado gerou-se uma situação,

> (...) em que muitas companhias britânicas realizam grande parte dos negócios em *áreas onde o Estado não exerce qualquer controle e tem pouca influência, oferecendo-lhes escassa ou nenhuma proteção.* Em resultado, as companhias e o capitalismo britânico tornam-se, em geral, *extremamente vulneráveis a represálias,* caso os britânicos sigam políticas econômicas que não sejam do agrado das outras potências. (...) Assim, na medida em que a economia britânica se integrava melhor num capitalismo global, sobre o qual o Estado não exercia controle, internacionalmente se tornou mais vulnerável, e os benefícios potenciais, para o grande capital, de um desenvolvimento nacionalista agressivo, sem reservas, minguaram de todo (Rowthorn, 1980: 63; grifos meus).

Esta questão não se confunde com a fratura existente entre os setores produtivos integrados verticalmente nas cadeias de compras das grandes empresas internacionais e os setores voltados para atividades e mercados nacionais. Trata-se, antes, de um conflito mais geral e que se coloca num plano jurisdicional de poder do estado nacional em relação aos direitos de propriedade dos capitais internacionalizados. O elemento crucial deste conflito é o fato de que a denominação da riqueza de residentes nacionais é realizada numa outra moeda, e a garantia à sua propriedade privada é feita por um outro Estado, ampliando a vulnerabilidade nacional a represálias.

Poder-se-ia considerar, como "internacionalização conflituosa", uma modalidade de internacionalização em que o Estado nacional abre mão ou perde controle da sua política econômica em promover o crescimento articulado da economia nacional.

Assim, a diluição de territórios monetários na ordem liderada pelos EUA e pelo dólar introduz duas questões que se articulam: a subordinação da política macroeconômica à restrição externa, o conflito de interesses entre frações de capital, e a vulnerabilidade a instâncias de poder, independentes do estado nacional.

Nestas condições, a questão do baixo crescimento e da estagnação prolongada deve ser observada a partir das restrições que impedem a política macroeconômica de estimular consistentemente o conjunto da economia através do gasto público e política monetária, e coordenar os diferentes interesses associados à internacionalização.

No caso dos países europeus que têm, na Alemanha, o seu centro cíclico principal, a restrição macroeconômica externa ao crescimento, como será discutido ao longo deste texto, constitui certamente o problema central de sua restrição ao crescimento. Mas a Alemanha, que a despeito de ter passado nos anos recentes de uma posição credora para devedora, mantém sólida inserção externa, e o Japão com seus grandes superávits em transações correntes dificilmente podem ser considerados restringidos por problemas de balanço de pagamentos.

No caso do Japão, a vulnerabilidade financeira existente nos balanços de suas grandes empresas constitui a principal razão, segundo a literatura dominante, para a sua estagnação. Como será argumentado no próximo item, a relutância em promover uma política fiscal expansiva e crescer a partir de sua demanda interna constitui um elemento crucial. Entretanto, esta relutância e o grau maior ou menor da eficácia das políticas econômicas adotadas devem ser situados no plano mais geral do poder do estado japonês, sobre os diferentes blocos de capital e sobre as decisões privadas de investimento.

Ao contrário da Inglaterra do pós-guerra onde a restrição clássica de balanço de pagamentos foi acompanhada por uma bem-sucedida internacionalização dos capitais assegurada pela proteção americana e do estado inglês na posição de sócio menor, no Japão, a "internacionalização conflituosa" se deu num contexto macroeconômico e geopolítico distintos. O Japão não era um sócio menor, mas uma potência derrotada cujo convite ao crescimento induzido pela Guerra Fria havia se interrompido nos anos 80 e que, ao contrário da Inglaterra, havia formado um sistema industrial altamente competitivo, mas fortemente dependente do mercado americano. Com a abrangente abertura financeira realizada nos 80 e, como resposta, a drástica valorização do yen em 1985 – ambas impostas pelas pressões americanas – ocorreu uma meteórica internacionalização produtiva e um inusitado desequilíbrio patrimonial. De um capitalismo fechado, o Japão transformou-se no maior investidor internacional no final da década. A internacionalização japonesa se deu, entretanto, sem se fazer acompanhar por um estado agressivo no plano internacional (regional) ou por uma moeda internacional (regional). Abriu, por outro lado, um conflito entre o Japão das grandes empresas exportadoras e o Japão "para dentro". Seus superávits estruturais no balanço de pagamentos levaram à formação de uma permanente pressão para a valorização do yen com impactos sobre os investimentos e o crescimento econômico. De forma tão abrupta como começou, a internacionalização dos capitais japoneses declinou como consequência da crise do início dos 90. Esta década presenciou uma drástica mudança na internacionalização japonesa. Como resposta às mudanças nos mecanismos de controle e códigos comerciais, o Japão transformou-se em receptor líquido de capitais, alterando uma característica histórica de sua industrialização e acirrando os conflitos com as empresas domésticas e setores *non tradeables*. Com o veto americano a pretensões japonesas de garantir ao yen um papel importante no resgate aos países asiáticos na crise de liquidez de 1997 e com relutância a praticar uma política fiscal expansiva, a política-econômica japonesa parece assim ser contida pela vulnerabilidade e temor a represálias decorrentes de uma "internacionalização conflituosa[8]". Em consequência, a sua articulação com o desenvolvimento econômico asiático contraiu-se abrindo espaço, como será argumentado neste texto, para a China.

A Alemanha, tal como o Japão, é restrita por políticas internas. Mas de forma distinta do Japão. A restrição ao crescimento decorre do conflito político interno entre a defesa da moeda e dos interesses das grandes empresas e uma regionalização socialmente inclusiva, gradual e voltada à redução das disparidades nacionais. Esta última, por seu turno, foi atropelada pelas novas prioridades construídas com a unificação nacional e absorção da ex-Alemanha Oriental.

A europeização da Alemanha desde o pós-guerra e o elevado peso do marco como moeda europeia estabeleceram uma realidade muito distinta historicamente da "internacionalização conflituosa" inglesa. Afirmando-se como uma economia fortemente enraizada na Europa Ocidental, a Alemanha emprestava e investia em sua própria moeda beneficiando-se do alargamento do mercado europeu bastante fechado ao resto do mundo, mas amplamente disputado pela rivalidade das grandes empresas internacionais. Por isto mesmo, a liberalização financeira, ao contrário do que se passou com o Japão, não provocou desequilíbrios profundos na regulação dos capitais e controle da economia. A criação de uma União Monetária e Econômica, a expressão original e oficial da União Européia correspondia,

---

[8] McKinnon & Scnabl (2003) utilizaram a expressão "virtude conflituosa" para descrever os problemas contemporâneos do Japão e da China. O sentido que estamos emprestando ao termo é bastante distinto e será longamente explorado ao longo do texto.

145

por seu turno, a uma estratégia pan-europeia crucial aos interesses tanto do capitalismo alemão quanto dos demais países da Europa Ocidental, permanentemente preocupados com a ameaça de uma Alemanha isolada. Devido aos limites políticos impostos desde o pós-guerra ao Estado alemão, a estratégia alemã era essencialmente uma estratégia compartilhada, e deste modo, esta estratégia coincidia com a dos principais países europeus historicamente envolvidos com o resgate do Estado nacional no contexto de uma Europa unida. Entretanto, a União Monetária Europeia, que é como a União Europeia é correntemente denominada[9], formou-se guiada por interesses e estratégias distintas em que os trabalhadores organizados possuem nenhuma voz. A unificação alemã estabelecida em 1990 demandou um esforço fiscal e financeiro extraordinários. Esta pressão alterou a inserção externa da Alemanha que se transformou num país absorvedor líquido de recursos externos e provocou, através de sua política monetária, um violento choque no Sistema Monetário Europeu (SME). Politicamente, esta unificação foi percebida como uma "virada para o leste" em detrimento do comprometimento com a Europa Ocidental. Os passos seguintes estabelecidos em Maastricht (1992) foram na direção de acelerar o processo de integração econômica através da unificação monetária criando um viés fortemente recessivo para o conjunto das economias europeias.

A meteórica expansão das exportações da China nas últimas décadas se deu, tal como historicamente ocorreu com o Japão, na área do dólar e voltada ao mercado americano. Induzida pelos EUA inicialmente por razões geopolíticas e posteriormente pelos conflitos comerciais deste país com o Japão, a economia chinesa estabeleceu com a americana importante complementaridade. Tal como o Japão, o crescimento das exportações líquidas resultou num elevado saldo de transações correntes e reservas, fazendo destes dois países os principais credores internacionais. Mas ao contrário do Japão e da Alemanha, a China inseriu-se na ordem liderada pelos EUA com maior autonomia em sua política-econômica voltada ao alto crescimento. O controle sobre a política econômica e a autonomia das decisões estratégicas exerceu-se sobre os fluxos de capitais e sobre a extensão da abertura. Ainda que tenha aumentado a regulação institucional externa sobre o poder discricionário do estado chinês com o ingresso da China na OMC, diminuiu também a vulnerabilidade a pressões mercantilistas arbitrárias dos EUA. Tal característica permitiu a China manter sua taxa de câmbio e regime de crescimento, e resistir às pressões americanas. O seu mercado interno é hoje disputado pelos capitais do resto do mundo fazendo da sua in-

---

[9] Ver a respeito Kregel (2000).

ternacionalização uma formidável área de expansão do capitalismo internacional. Por outro lado, devido a sua expansão e elevado coeficiente de importações a China vem se tornando um magneto para o crescimento das economias asiáticas exercendo sobre elas um efeito expansivo, semelhante ao que a Alemanha historicamente exerceu sobre a Europa. Vejamos estas proposições com mais detalhes nas três seções que se seguem a esta introdução.

O Japão e a Internacionalização Conflituosa.

Após décadas de alto crescimento entre 1950 e 1970, e dos 4,1% registrados em média nos anos 80, o Japão registrou uma taxa de 1,3% nos anos 90 testemunhando a maior recessão de sua história do pós-guerra (World Bank, 2003). Devido ao seu elevado e persistente superávit comercial e na balança de transações correntes, o Japão afirmou-se na última década como um polo deflacionista na economia mundial. Desde o estouro da bolha especulativa e do colapso financeiro de 1991, as principais explicações sobre o baixo crescimento japonês identificam o acúmulo de prejuízos financeiros dos grandes bancos e corporações imobiliárias japonesas com elevada relação entre dívidas e ativos e seus efeitos sobre a compressão de créditos, como principal obstáculo ao crescimento dos investimentos e, por esta via, sobre o crescimento econômico. Mas, se não havia como evidente, no caso japonês, uma restrição macroeconômica externa ao crescimento, por que a política-econômica efetivamente praticada ao longo dos anos 90 não foi suficientemente expansiva compensando pelo lado fiscal e monetário a contração dos investimentos privados?

Também para McKinnon & Ohno (1997) o "desencontro de divisas", isto é, a vulnerabilidade financeira constitui um fator importante para o entendimento da crise japonesa, mas os autores buscam articular esta dimensão com aspectos macroeconômicos e geopolíticos que convém explorar.

De acordo com os autores, a abertura de fortes superávits na balança de transações correntes japonesas desde os anos 80 – quase do mesmo tamanho do déficit americano – e as pressões neomercantilistas americanas que se radicalizaram nos anos 80 criaram a "síndrome do yen permanentemente valorizado" alimentada tanto pelas expectativas dos capitais japoneses que antecipam a valorização quanto pela atitude do Banco do Japão. Em um texto recente sobre a China, mas com amplas referências ao Japão, McKinnon & Scnabl (2003) buscam generalizar (e estilizar) o argumento considerando que o excesso de dólares detidos tanto por residentes privados quanto pelo governo sob a forma de reserva num país que não internacionalizou sua moeda leva a uma síndrome da "virtude conflituosa".

A virtude é o superávit estrutural no balanço de pagamentos que permite a estes países autonomia para crescer sem restrições externas, mas e o conflito?

No caso do Japão[10], McKinnon & Ohno (1997) salientaram a existência de duas grandes debilidades deste país às flutuações da taxa de câmbio. A primeira é sobre os preços internos. Ela deriva-se da: 1) dominância do dólar na denominação das exportações e importações japonesas; 2) na forte dependência do Japão às importações dos EUA; 3) na ausência de um arranjo regional de câmbio; e 4) no comovimento de muitas moedas asiáticas atreladas ao dólar. Isto é, uma debilidade decorrente da alta dependência comercial aos EUA e ao dólar como moeda de denominação (unidade de conta), veículo (meio de troca com terceiros países, em particular na Ásia) e ancoragem cambial (unidade de conta entre moedas soberanas) das moedas asiáticas ao dólar.

Esta debilidade que acompanhou a industrialização japonesa não impediu ao Japão de afirmar-se como potência industrial e ampliar de forma inédita sua participação na economia mundial, mas cobrou o seu preço na forma de "vulnerabilidade a represálias" frente às pressões americanas, tal como evidenciado em episódios como a abertura financeira em 1980, no acordo de Plazza em 1985 e na crise asiática em 1997[11].

Mas há uma segunda debilidade. Esta é financeira e deriva-se da transformação do Japão numa economia credora em dólares que não empresta em sua própria moeda. Isto é, o dólar se constitui na principal moeda de denominação dos ativos financeiros privados e na principal moeda de reserva. Este aspecto constituiria, argumentam, uma circunstância inédita para uma nação credora já que, ao contrário do Japão, a Inglaterra do século XIX e os EUA no século XX "emprestavam em termos de suas moedas domésticas". Em consequência, os emprestadores domésticos – instituições ou indivíduos – evitavam qualquer risco cambial direto decorrente de uma desvalorização da moeda doméstica em relação à moeda internacional, como o que se manifesta no Japão[12].

A singularidade japonesa seria, então, ter se tornado um país fortemente credor sem uma moeda internacional[13]. É esta segunda dimensão da fragilidade que constitui a síndrome da "virtude conflituosa". Um país incapaz

---

[10] Os autores também consideram a China nesta mesma síndrome. Uma análise crítica desta semelhança encontra-se na seção final deste capítulo.

[11] Ver Medeiros (2001).

[12] Adicionalmente, prosseguem a existência do câmbio fixo que permitia à Inglaterra e posteriormente aos EUA nos padrões monetários atrelados ao ouro, evitarem um risco cambial indireto. Este risco ocorre quando uma desvalorização da moeda de um país devedor compromete a capacidade dos tomadores deste país em pagar os empréstimos.

[13] *Japan is in the historically unusual situation of being a dominant creditor country whose currency is still surprisingly little used to denominate either current account or capital account transactions...* (McKinnon & Scnabl, 2003: 103).

de emprestar em sua própria moeda como historicamente se deu no Japão gera, cumulativamente, um "desencontro de divisas" que os autores denominam da síndrome da virtude conflituosa[14].

Forma-se assim, um *dollar glut,* resultado de uma permanente pressão para a valorização do yen, quer porque corresponde a uma expectativa dos investidores quer porque justifica, no plano econômico, a manutenção das pressões mercantilistas americanas[15].

Estes dois fatores, por seu turno, se alimentam, combinando-se aqui razões econômicas (o temor da apreciação leva a uma tendência da moeda doméstica a se valorizar) e políticas (as pressões mercantilistas dos EUA levam ao governo do Japão a sancionar a valorização).

McKinnon & Ohno (1997); McKinnon (2003) não examinam a internacionalização do capital japonês, tampouco o conflito entre frações de capitais internacionalizados e os voltados para o mercado interno decorrente da abertura externa. Mantendo-se no plano estritamente macroeconômico e no da rivalidade dos estados nacionais, não avaliam o quanto a "vulnerabilidade a represálias" decorre não apenas dos conflitos externos, mas dos conflitos internos da abertura financeira em que o avanço do capitalismo nacional não se fez acompanhar de uma moeda internacional ou de um estado nacional capaz de garantir e estimular simultaneamente os setores internacionalizados e o capitalismo doméstico, através da moeda e de sua influência política internacional. O capitalismo inglês não possuía qualquer *dollar glut,* ao contrário, os déficits em transações correntes impunham uma política econômica restritiva e subordinada às restrições externas e favoráveis aos setores internacionalizados. O capitalismo japonês, com reservas externas abundantes, não exerce, entretanto, política expansiva compatível, subordinando-se ao temor de que estas são politicamente insustentáveis.

A interpretação de McKinnon & Ohno (1997) sobre como a síndrome do yen sempre valorizado colocou o Japão numa virtual armadilha de liquidez e trajetória de baixo crescimento e fragilidade externa, é sugestiva. A ideia básica é a de que a valorização persistente do yen deprime o investimento e a demanda por crédito, e na presença de reservas externas elevadas forma-se a expectativa de que o yen continuará a se valorizar. Como os passivos das instituições financeiras japonesas são em yen e os ativos em yen e

---

[14] *Any international creditor country that cannot lend in its own currency cumulates a currency mismatch that we call the syndrome of conflicted virtue* (ibidem: 15).

[15] 1) *As the stock of dollars claims cumulates, domestic holders of dollar assets worry more about a self-sustaining run into the domestic currency forcing an appreciation.*
2) *Foreigners start complaining that the country's ongoing flow of trade surpluses is unfair and the result of having an undervalued currency* (ibidem: 15).

dólares, a flutuação da taxa de câmbio aumenta os riscos da posse de dólares. Nestas circunstâncias, as taxas de juros sobre os títulos denominados em yen devem ser consistentemente mais baixas do que as taxas em títulos denominados em dólares (cujo rendimento nominal será desvalorizado com a queda esperada do dólar) refletindo a existência, no caso dos títulos japoneses, de um *negative risk premium*. Se a taxa nominal de juros americana é alta, há manobra para o Banco do Japão; no entanto, quando a taxa de juros americana está baixa como nos anos 90 e o yen muito valorizado (como na primeira metade da década), o Banco Central do Japão torna-se incapaz de reduzir a taxa de juros real. Com efeito, o esforço de reduzir o juro nominal de forma a, endogenamente, responder a pressão externa e reduzir a conversão de dólares em yen segurando a valorização excessiva do câmbio, leva a um simultâneo movimento de taxas nominais de juros próximas a zero, e aumento das reservas. Como a valorização leva à deflação dos preços e a uma taxa real de juros positiva, a redução dos investimentos internos e o aumento do saldo comercial reforçam a síndrome.

Ao investigar as fontes de demanda autônoma para o crescimento, McKinnon & Ohno (1997) limitam-se a examinar os balanços externos e internos. Assim não há qualquer referência do por que, nestas circunstâncias, a política fiscal não pode ser contracíclica. Possivelmente, esta omissão na análise de McKinnon & Ohno (1997) deve-se à consideração de que no Japão, na última década, o déficit público aumentou. Entretanto, os gastos do governo variável central, ao lado das exportações para o entendimento do crescimento do Japão, cresceram muito pouco. De fato, como sublinham Ahearne *et all* (2002), o estímulo fiscal japonês nos anos 90 não foi provido através do orçamento fiscal[16]. Deste modo, a expansão do déficit público, ocorrida no início da década foi resultado de pacotes fiscais suplementares baseados em obras públicas e, principalmente, em redução temporária no imposto de renda. A inferência principal é de que, comparada a situações recessivas em outros países e principalmente nos EUA, a política fiscal japonesa não foi suficientemente expansiva de forma a combater a deflação e a recessão[17]. Por outro lado, se em um aspecto houve aumento das exportações líquidas ao longo da década de 90, em outro aspecto afir-

---

[16] A preocupação fiscal dominante no Japão é com o envelhecimento da população e o seu impacto futuro sobre as despesas públicas.

[17] Segundo Posen (2003: 7), *Since 1990, however, macroeconomic policy in Japan has been on balance contractionary and has worked to deepen rather than offset the post-bubble recession. The popular but incorrect perception of Japanese fiscal policy is that the government has been on a public-works spending binge. Properly measured, however, the Japanese government has provided little added stimulus as the economy has contracted. Over 80% of the increase in Japanese public debt is due to tax revenue shrinking with the economy.*

mou-se também significativa desaceleração das exportações japonesas resultando em uma redução em sua participação nas exportações mundiais. Nesta mesma década, a diferença entre a taxa de crescimento das exportações americanas e a das exportações japonesas foi superior à existente entre as taxas de crescimento de ambas economias.

Quanto ao aprisionamento do Banco do Japão ao *dollar glut* é importante ressaltar que a crise de 1991 foi provocada pela decisão do Banco do Japão de esvaziar a bolha especulativa do final dos anos 80 através de uma política de elevação da taxa de juros e aperto da política fiscal. (Pigeoon, 2000). Em 1994 com a taxa nominal de juros próxima a zero havia espaço para uma política fiscal mais expansiva. Por que esta não foi seguida? As explicações dominantes no Japão referem-se mais ao temor do Banco do Japão, do que uma monetização passiva da dívida do governo poderia provocar sobre a sua credibilidade e sobre a taxa de inflação. Esta direção monetarista de política econômica marcou a década inteira culminada com a nova lei do Banco do Japão em 1998 (Pigeoon, 2000).

Da segunda metade dos anos 90 até os dias de hoje afirma-se um conflito entre o Banco do Japão, o Ministério das Finanças e as agências de regulação financeira, para saber quem mantém, por mais tempo, a política de austeridade e promove as reformas liberalizantes.

Consideremos estas questões em perspectiva. O Japão se industrializou na área do dólar, do mesmo modo, a regionalização do Japão na Ásia nos anos 70 operou-se integralmente no dólar. Assim é que a internacionalização do yen não encontrava qualquer estímulo maior nos anos 70 e, muito menos nas condições internacionais criadas no início dos anos 80, marcadas pela afirmação do dólar e do poder americano. A livre-conversibilidade do yen em meio à forte valorização do dólar levou, não à internacionalização do yen, mas à redução da sua autonomia frente ao dólar. Com efeito, a liberalização financeira no Japão a partir da *Foreign Exchange and Trade Control Law* em 1980 e a desregulação da taxa de juros, provocou uma grande descontinuidade num sistema financeiro caracterizado por uma tendência à especulação, ao *over borrowin* e *over-lending,* mas sob estrito controle do Banco Central sobre o crédito doméstico e amplo controle sobre os fluxos de capitais. Estes mecanismos permitiram articular, de forma exitosa, o *Japan inc.* industrial, exportador e competitivo com o restante da economia doméstica muito menos competitiva, subsidiada e base política do PLD, o partido dominante.

A abertura financeira e a rápida internacionalização do sistema financeiro que se seguiu teve, como contrapartida, a meteórica expansão das aplicações financeiras e investimentos em ativos denominados em dólares e, internamente, a expansão dos empréstimos bancários ao setor imobiliário que se afirmou importante válvula de escape à forte redução da demanda de crédito por parte das grandes corporações e dos investimentos internos decorrentes da violenta valorização do yen em 1985 (Teixeira, 1999 e Posen, 2003).

Desde a abertura financeira, os empréstimos externos realizados por bancos japoneses são essencialmente em moeda internacional, principalmente em dólares. O dólar é, assim, a moeda veículo principal para as operações cambiais do Japão. Como notam McKinnon & Ohno (1997) entre 1981-1990 o Japão transformou-se num grande investidor internacional e a saída de capital de longo prazo mais do que excedeu os superávits em transações correntes. O desequilíbrio foi coberto por entradas de curto prazo formadas por depósitos em dólares nos bancos japoneses atraídos pela abertura financeira e a valorização das ações e terrenos japoneses. Esta captação em curto prazo e aplicação em longo prazo fez do Japão um grande intermediário – fato que teve extraordinárias repercussões no volume de investimento direto nas economias asiáticas a partir de 1985, semelhantes à Inglaterra e aos EUA. A diferença essencial é que esta posição se deu, no caso japonês, em dólares e não em sua moeda doméstica.

Esta posição de intermediário se desfez no Japão no início dos anos 90. Com a crise financeira de 1991 e, depois a de 1995 quando o secretário do Tesouro americano Robert Rubin anunciou uma política de dólar forte, os investimentos diretos contraíram-se significativamente, ao passo que as aplicações de curto prazo em títulos denominados em dólar, afirmou-se como a principal contrapartida ao superávit em transações correntes. Esta movida da taxa de câmbio entre o yen e o dólar teve significativo impacto na Ásia. Como as principais moedas asiáticas seguiram o dólar, a desvalorização do yen provocou redução dos investimentos nipônicos na região e aumento da concorrência com os demais países. A redução do crescimento econômico e das importações japonesas foi um fator importante para o entendimento da crise asiática de 1997[18]. Com efeito, com a estagnação japonesa, as exportações da Associação das Nações do Sudeste Asiático (ASEAN) para o Japão declinaram substancialmente. Nas condições criadas a partir de 1995, o superávit comercial japonês com a maioria dos países da ASEAN, a baixa expansão das suas importações regionais e o declinante nível de investimento externo, fizeram com que sua contribuição para a macroeconomia regional fosse deflacionista. Com o veto dos EUA à proposta japonesa de criar um fundo de estabilização em resposta à crise asiática de 1997, a presença do yen manteve-se limitada.

---

[18] Segundo Sakakibara & Yamakawa (2002), no início da década de 1990 a participação dos investimentos japoneses na ASEAN era de 19%; no final da década, a participação havia contraído para 10-11%.

Em relação aos investimentos externos é importante considerar que, enquanto exportadores integrados a um dinâmico estado industrialista, as grandes empresas japonesas revelaram-se grandes máquinas de crescimento e de progresso técnico. A internacionalização do capital produtivo japonês, desde os anos 80, foi desacompanhada de uma política de promoção externa e de uma moeda internacional. A rigor, a internacionalização do capital produtivo japonês foi uma decorrência das pressões mercantilistas americanas sobre a economia japonesa, e não um processo guiado essencialmente por decisões autônomas das empresas ou, menos ainda, do estado japonês. Esta característica revelou-se bastante significativa nos anos 90. Segundo Peter Nolan (2001), nos últimos dez anos os capitais japoneses no exterior perderam posição na revolução empresarial que marcou a economia ocidental. Fusões como a Daimler e Chrysler, Sandoz e Ciba, Móbil e Exxon, Amoco e BP deixaram as companhias japonesas relativamente *parochial and underscale*. Nos últimos dez anos, o valor das empresas japonesas, negociado em bolsa, caiu dramaticamente em relação às grandes empresas ocidentais diminuindo seu poder de investimento e controle no mercado internacional. Por outro lado, os elevados investimentos japoneses em P&D foram desproporcionalmente canalizados para setores tecnologicamente menos dinâmicos, ampliando os diferenciais com as empresas americanas em atividades nos setores de alta tecnologia.

A hipótese central de Nolan (2001) é a de que a diversificação e a conglomeração típicas das estruturas do Japão (tal como na Coreia) extraordinariamente exitosas no contexto regulatório do capitalismo asiático revelaram-se, com a abertura dos anos 80 e 90, bastante frágeis em face da concorrência global. Assim, por exemplo, ao lado de atividades altamente rentáveis nos *core business* dos *keiretsus*, existia sempre um número muito alto de atividades cuja existência dependia de elevado crescimento do mercado e empréstimos especiais obtidos no próprio grupo. Esta articulação entre e intrassetores de segmentos de diferentes graus de produtividade foi, como antes argumentado, uma característica essencial do crescimento do Japão no pós-guerra e da sua matriz política. O processo, ora em curso, de desmontagem dos *keiretsus* a partir, sobretudo, de fusões bancárias e reestruturações corporativas, revelou a debilidade das estruturas industriais japonesas em relação às empresas ocidentais[19]. Em geral, as empresas japonesas ainda estão no início da montagem de super-redes mundiais de encadeamento vertical.

---

[19] Assim, por exemplo, com o controle da Nissan pela Renault desmontou-se o sistema de fornecedores locais abrindo mercado para os grandes produtores mundiais de autopeças.

Este aspecto é importante para entender a rápida internacionalização do mercado interno japonês ocorrida nos anos 90. Mais do que o estoque efetivo – relativamente pequeno tendo em vista os grandes receptores de Investimento Direto Estrangeiro (IDE) como os EUA ou a China – o que se destaca é a rápida transformação na posição internacional do Japão em que a entrada de IDE vem crescendo a taxas muito mais rápidas do que as de saída. As reformas no Código Comercial, introduzidas no início dos anos 90, precederam a onda de fusões e aquisições que se afirmou na década. Elas foram voltadas à reorganização corporativa e instituídas no espírito de que a estrutura tradicional dos *keiretsus,* ao lado da intermediação financeira centrada nos bancos e liderança administrativa, típicas do Japão, era responsável pela paralisação da economia japonesa. A revisão do Código Comercial e a introdução de uma nova Lei de Telecomunicações, fortemente influenciadas pela Câmara Americana do Comércio no Japão (Francis, 2003), levaram a um rápido processo de fusões e aquisições, sobretudo nos setores bancários, seguros, telecomunicações e automobilística (Francis, 2003)[20]. A desregulamentação nos EUA e na Europa atacaram, sobretudo os sindicatos, limitando sua influência sobre setores estratégicos. A desregulamentação no Japão visa, sobretudo a internacionalização de setores e segmentos produtivos domésticos que sobreviveram de forma articulada com as grandes empresas japonesas.

Sem um estado e uma moeda internacional, a força competitiva das empresas japonesas no exterior é inferior à das grandes corporações americanas e europeias, e a abertura do mercado interno se faz a partir de um marco regulatório construído segundo as normas e os interesses dos EUA. Assim é que, sem poder ou querer praticar uma política fiscal agressiva e ser prisioneiro de uma internacionalização que foge a seu comando, o Japão é paralisado por um potencial *dollar glut.*

Nestas condições, a contribuição positiva que o Japão exerceu no desenvolvimento asiático como supridor de bens de capital, articulador da divisão intrarregional de trabalho e, sobretudo de matriz institucional para os estados desenvolvimentistas, reduziu-se. Como será visto posteriormente, a China vem ocupando parte deste espaço. Consideremos agora o caso da Alemanha.

---

[20] Nesta onda de fusões e aquisições destaca-se, possivelmente, a compra das linhas fixas, de telefonia fixa empresarial da Japan Telecom pela British Telecom em 1999, adquirida posteriormente pela Vodafone e, recentemente por Ripplewood, um fundo de investimento americano com capitais americanos e de bancos japoneses. Estas transformações de certa forma instituídas a partir das pressões americanas sobre o estado japonês estão na base das mudanças do capitalismo nipônico.

A Alemanha, o Euro, o Viés Deflacionista e a Realpolitik.

O baixo crescimento das principais economias europeias ocidentais desde os anos 80 deve ser explicado a partir da Alemanha e do processo de convergência macroeconômica entre as principais economias da Europa Ocidental estabelecido desde Maastricht (1992) e consolidado com a introdução, em 2002, de uma moeda única.

Tal processo se deu num contexto macroeconômico global marcado pelas transformações liberalizantes lideradas pelos EUA na defesa do dólar e no plano político e econômico europeu pela conjunção dos seguintes vetores: o colapso do socialismo na Europa oriental, a unificação da Alemanha, o enquadramento dos sindicatos e o triunfo das visões conservadoras em política econômica, e a aceleração do projeto de unificação da Europa.

Historicamente, a Alemanha teve um papel central para o desenvolvimento econômico europeu. Com efeito, ao contrário do Japão cuja dependência econômica ao mercado americano sempre foi muito alta e apenas nos anos 80 construiu uma rede regional, a Alemanha construiu historicamente um comércio intrarregional fundamental a seus interesses expansivos e, ao mesmo tempo, indutor do crescimento europeu.

De forma ainda mais acentuada que o Japão, as exportações alemãs constituíram, historicamente, um motor essencial de seu crescimento. Lideradas pelo setor de máquinas e equipamentos, a Alemanha beneficiou-se amplamente da corrida armamentista especializando-se na produção de equipamentos de precisão, máquinas e equipamentos utilizados na produção de armamento[21]. As exportações alemãs dirigiam-se em grande parte para a Europa Ocidental, mas foram articuladas com a expansão de um dinâmico mercado interno que arrastava, pelo seu tamanho, as exportações dos países europeus, também, essencialmente dirigidos para a Alemanha[22]. A liderança alemã decorria do fato de que nenhum país isoladamente poderia afetar, através de sua demanda interna, o crescimento alemão. Ao contrá-

---

[21] Michal Kalecki (1955) observava que, com o comprometimento do setor de máquinas e equipamentos americanos com a produção de armas, a indústria de máquinas e equipamentos da Alemanha encontrou amplo espaço internacional para suas exportações.

[22] Nos anos 90, a Alemanha permaneceu sendo o centro cíclico da Europa. Com efeito, *German output accounts for 23 percent of the European Union's GDP and 32 percent of the eurozone's. The Benelux countries sell over $ 90 billion in goods and services to Germany every year, making it the engine of west European growth. From the strategic emerging eastern Europe, Germany takes in 8 percent of Russian exports, 19 percent of Turkish exports, and 31 percent of the exports from the EU accession countries – primarily Poland, Hungary, and Czech Republic – which is over 11 percent of the annual GDP of these NATO members* (Posen, 2003: 4).

rio, a Alemanha, ao se expandir ou se contrair, levava à expansão ou à contração dos demais, se afirmando como o "centro cíclico principal europeu".

Do ponto de vista político, como anota Milward (1992), o resgate do estado nacional europeu no pós-guerra tinha por vetor essencial o reconhecimento político da impossibilidade de um projeto alemão exclusivamente nacional[23]. As elites alemãs perceberam, desde a reconstrução do pós-guerra, que os seus interesses nacionais seriam muito melhor atendidos subsumidos num discurso e numa prática eminentemente europeia, tal como a historicamente construída pelo Tratado de Roma. Esta prática, que muitos denominaram de *soft hegemony* ou *hegemony by stealth* ou ainda *semi-sovereignty,* resultava de um esforço de construir um espaço econômico unificado onde os interesses econômicos e políticos alemães poderiam se exercer sem confrontos políticos e subordinando-se à liderança dos EUA no plano da segurança e defesa externa da Europa. A sua importância na formação da Comunidade Econômica Europeia (CEE) e a sua irrelevância na OTAN traduziam os limites e ambições da Alemanha no contexto criado pela Guerra Fria[24].

É importante observar que a existência de um Banco Central unificado, autônomo quanto aos seus instrumentos, mas cooperativo quanto aos objetivos gerais de política econômica do governo, fazia parte da afirmação do estado alemão liderado por Adenauer (Bibow, 2004).

Assim, até os anos 1970, a Alemanha transmitiu, através de seu crescimento, amplo estímulo aos países da CEE e, sobretudo com a França, construiu um dinâmico mercado comunitário. Como resultado de sua maior articulação regional e da inserção geopolítica da Europa no pós-guerra, o marco afirmou-se como moeda regional e centro das relações econômicas

---

[23] *The rescue of the nation-state from this collapse, which appeared to mark the end of its long domination of European history, is the most salient aspect of Europe's post-war history. The development of the European Community, the process of European integration, was, (...) a part of that post-war rescue of the European nation-state, because the new political consensus on which this rescue was built required the process of integration, the surrender of limited areas of national sovereignty to the supranation* (Milward, 1992: 4). *The basis of the rescue of the nation-state was an economic one, and it follows that Europeanization of its rescue had also to be economic. The interdependence of European states was, however, by no means purely economic. The single greatest problem within that interdependence was political, the future of Germany (...) No European rescue of the nation-state was of any validity, unless it also offered a solution to this new problem. Although therefore the European rescue of the nation-state was necessarily an economic one, it is at the point where that economic rescue intersected with the problem of Germany's future in Europe that the common policies of the European Community developed* (Milward, 1992: 45).

[24] Esta será a direção geral e a base política pela qual a Alemanha aceita, no final dos anos 90, abrir mão de sua moeda, a moeda central da Europa, em troca de uma moeda europeia.

da comunidade econômica europeia, em contraste evidente com o reduzido papel do yen como moeda regional, e do Japão como centro propulsor da economia asiática.

Com a crise do sistema de Bretton Woods, e como reação aos conflitos distributivos que a inflação e a instabilidade cambial dos anos 70 haviam exacerbado, a linha de política econômica adotada pelo Bundesbank, centrada na estabilidade do marco, entrou em rota de colisão com a linha de política econômica keynesiana adotada anteriormente[25]. Já no governo de Schmidt (1974-1982) uma linha de ação conservadora em relação ao gasto social começou por se impor como reação ao aumento do déficit público, ao desemprego e às pressões políticas. Ao mesmo tempo, esta estratégia foi acompanhada por crescente autonomia da política alemã voltada, simultaneamente, a construir acordos de cooperação com a União Soviética e sobretudo com a Alemanha Oriental (RDA), e de alinhamento estratégico com os EUA, na questão militar[26]. Assim, a recusa da pressão americana de inflar a economia e a defesa do marco forte como alternativa ao dólar enfraquecido visava conter as pressões inflacionárias decorrentes da alta do petróleo e dos salários, e era também conveniente aos interesses nacionalistas alemães. Com efeito, tendo em vista a força do marco, a sua valorização em relação ao dólar na segunda metade dos anos 70 arrastou as demais moedas numa direção determinada pela política alemã. No SME, finalmente instituído em 1978, a Alemanha, devido a sua maior produtividade, abriu amplo superávit comercial com os países europeus gerando significativo saldo na sua balança de transações correntes. Este superávit acompanhado de baixo crescimento transformou-se em saídas de capital, principalmente IDE. Embora este movimento correspondesse aos seus objetivos nacionais, interrompeu a regionalização macroeconomicamente expansiva construída historicamente no pós-guerra.

A direção da política econômica alemã possuía, adicionalmente, um outro alvo: a redução das pressões migratórias. Com efeito, o "milagre" alemão do pós-guerra foi construído com forte fluxo migratório procedente em grande parte da Turquia, Espanha, Itália e Grécia. A política de atração de mão de obra foi diretamente promovida pelo estado alemão e foi responsável pela entrada de quase um milhão de *guest-workers* turcos entre 1961 e 1973 (Eryilmaz, 2002) empregados na construção, nas indústrias metalúrgicas, na mineração e na indústria têxtil e metalúrgica. Estes traba-

---

[25] A queda de Karl Schiller, o poderoso premier alemão em 1972 se deu após um confronto público com a política defendida pelo Bundesbank.

[26] Processo que levou posteriormente à instalação de mísseis Pershings no território alemão em 1982.

lhadores, atraídos pelo alto crescimento e isolados da sociedade política alemã, foram essencialmente funcionais para o controle dos sindicatos e regulação nas relações capital-trabalho na Alemanha corporativa. Em 1973 o convite terminou, e as políticas sociais alemãs foram voltadas a desestimular as migrações e a expansão demográfica nas famílias dos trabalhadores estrangeiros pobres. Ainda assim, as migrações não refrearam, e mais de um milhão de turcos chegaram à Alemanha nos anos 70. A crescente hostilidade ao imigrante e a existência de um processo de *ghettoization*, pressionando as políticas públicas, preparou as condições para um endurecimento maior nas políticas públicas nos anos 80 e fez parte das transformações conservadoras na sociedade alemã.

Desse modo, estas transformações já presentes na economia e sociedade alemãs nos anos 70 vão ter profundas repercussões na formação da União Europeia. Assim, ao contrário da direção "keynesiana-expansiva" que marcou o processo de regionalização europeu desde o Tratado de Roma, a direção do processo de convergência regional criado nos anos 80 tinha, por elemento central, a busca de maior convergência das taxas de câmbio nos termos do SME, com o marco afirmando-se como eixo para a integração comercial e financeira europeia. Os países com balanço de pagamentos mais frágeis (Itália, Espanha, mas também França) eram obrigados, para manter a paridade nos limites fixados pelo SME, a elevar suas taxas de juros de forma a atrair capitais de curto prazo necessários ao financiamento do déficit externo, reproduzindo uma restrição clássica de balanço de pagamentos ao crescimento econômico.

Tendo em vista este arranjo monetário e as opções macroeconômicas implícitas, era inevitável o choque, sobretudo nos países com maiores restrições externas, entre os sindicatos e o Estado social com o abandono da política de pleno emprego que caracterizou a Europa do pós-guerra. A estabilização das taxas de câmbio impunha uma disciplina aos sindicatos e uma direção de política econômica distinta.

Este processo gerou, na maioria dos países europeus, uma mudança nas coalizões distributivas deslocando os sindicatos de suas posições francamente combativas e na política econômica que passou a responsabilizar os salários e os gastos sociais pelo elevado nível de desemprego.

Com a vitória conservadora de Reagan[27] e a elevação extraordinária da taxa de juros nos EUA, os anos 80 assistem na Europa Ocidental o reforço desta estratégia com uma guinada ortodoxa da política econômica centra-

---

[27] Para uma interpretação do conflito distributivo deste período, ver o capítulo de Serrano, neste livro.

da na afirmação do marco como eixo da integração comercial e financeira. Na Europa continental não houve, na entrada dos anos 80, uma Thatcher ou um Reagan, e o enfrentamento com os trabalhadores não foi direto, mas principalmente indireto através do desemprego e do seu efeito sobre os salários. Na Alemanha, com o governo de centro-direita de Kohl, a "distribuição de baixo para cima" se deu, sobretudo a partir da redução das despesas de transferência direta de renda e uma retórica voltada ao mercado e ao combate das rigidezes do mercado de trabalho consideradas responsáveis pelo desemprego do início da década.

Após o choque dos juros, a recuperação econômica alemã logo se afirmou. Tendo em vista a elevada produtividade da Alemanha em relação ao demais países europeus, a desvalorização do dólar em 1985 propiciou à Alemanha um elevado saldo em sua balança comercial centrado essencialmente em seu comércio com a Europa. Ampliou, por outro lado, o seu papel de investidor externo e exportador líquido de capitais, sobretudo na Europa. É este contexto de "ancorar a Europa na Alemanha" (Halevi, 1997) e de iniciativas como o *Single European Act* de 1986 que removeu os principais controles sobre fluxos de capitais e mão de obra dos países da CEE e que resultou no projeto de união monetária aprovado em Maastricht (1992). Projeto centrado essencialmente na construção de um único território monetário, mas que ainda assim afirmava-se politicamente como fator de atração para os estados nacionais mais débeis e, sobretudo, delegava para cima as decisões econômicas mais caras aos trabalhadores.

Por estas razões, dificilmente o processo de inserção internacional da Alemanha poderia ser descrito como o de uma "internacionalização subordinada" e, em consequência, suscetível à "vulnerabilidade a represálias" como a que Rowthorn (1980) observou para a Inglaterra, como procuramos descrever para o Japão no item anterior. Esta linha de ação não foi imposta por um temor a represálias por parte dos EUA ou por uma debilidade estrutural imposta pelo balanço de pagamentos, ou menos ainda poderia ser considerada uma via diretamente decorrente do projeto de integração européia na linha estabelecida desde o Tratado de Roma. Tratava-se, assim, de uma estratégia guiada pela inserção geopolítica da Alemanha e por vetores políticos e ideológicos internos.

Os anos 90 foram marcados por dois movimentos centrais: a reconstrução de uma Alemanha unificada, isoladamente o principal fato político e econômico da Alemanha contemporânea e o processo de unificação monetária. Estes dois processos se condicionaram mutuamente e de certa forma sintetizaram a questão estratégica da Alemanha desde o pós-guerra, a fronteira entre o leste e o oeste.

Com a queda do muro de Berlim e a unificação da Alemanha, o regionalismo formado segundo o projeto de Bonn incluía, ao lado da estratégia dos anos 80 (expansão dos investimentos diretos, reestruturação industrial), a busca de um grau de liberdade, de forma a financiar os custos da integração e reconstrução industrial do leste.

A via escolhida para a absorção da Alemanha Oriental foi a da imediata integração monetária "pelo alto", com uma paridade aproximada de 1:1[28] entre o marco oriental e o marco alemão, e unificação de todos os programas sociais de previdência. Estes novos gastos, bem como a criação de um Fundo voltado para a provisão de infraestrutura e para um programa de reconstrução, levou a um volume de transferências – de cerca de 5% do PIB da Alemanha Ocidental – sem precedentes desde o Plano Marshall. Estes recursos permitiram à Alemanha Oriental um "excedente de importações" (isto é, uma absorção agregada superior ao seu PIB) de cerca de 46% do PIB (Sinn & Westermann, 2001).

Os fundos destinados à ex-Alemanha oriental foram obtidos, em sua maioria, por emissão de dívida pública cuja expansão foi estimulada pela elevação da taxa de juros do marco. Com as transferências e os gastos internos em expansão, a posição externa da Alemanha mudou inteiramente; de economia superavitária na balança de transações correntes, a Alemanha tornou-se deficitária nos anos 90[29]. Do mesmo modo, a Alemanha que possuía reduzido ingresso de investimentos de portfólio começou a captar em curto prazo, numa proporção muito maior do que o seu investimento direto no exterior[30].

Com a desvalorização do marco em relação ao dólar na segunda metade da década, o déficit em transações diminuiu para elevar-se em seguida, provocando forte contração da demanda agregada. A política monetária alemã no início, e a fiscal no final da década, constituem, assim, a principal

---

[28] Esta paridade foi defendida pelo Partido Democrata Cristão (CDU) de Kohl contra a posição do Bundesbank (que defendia uma taxa de 1:2), num episódio que revela a mistificação na tão propalada independência deste banco central. A principal preocupação do CDU era com o boom migratório que supostamente ocorreria (só em 1989 mais de 133 mil pessoas saíram do leste em direção à Alemanha Ocidental) se os salários fossem convertidos a uma taxa diferente da paridade unitária.

[29] Depois de elevados superávits em transações correntes obtidos nos anos 80, em 1991, dois anos após a unificação, formou-se um déficit em transações correntes que persiste até os dias atuais.

[30] Ressalta-se que esta transformação nunca se passou no Japão que manteve sua posição de credor líquido (e, como se salientou, submetido a um potencial *dollar glut*). De forma semelhante à economia japonesa, mas por razões distintas, a Alemanha praticou uma política fiscal recessiva nos anos finais da década de forma a atender as metas estabelecidas em Maastricht e manter, através da contenção do déficit em transações correntes, a estabilidade do marco.

causa de sua estagnação e, consequentemente, a da Europa. Vejamos as duas fases.

Entre 1990 e 1992 a política fiscal alemã viabilizou forte expansão dos gastos públicos necessários à integração da Alemanha Oriental. Suas exportações mantiveram-se no mesmo patamar, mas suas importações tiveram um crescimento espetacular[31]. Deste esforço, os países europeus beneficiaram-se enormemente ampliando suas exportações para a Alemanha. Como forma de financiamento aos novos gastos fiscais nos marcos da política macroeconômica estabelecida em Maastricht, o Bundesbank elevou a taxa de juros do marco[32]. Esta decisão gerou efeitos devastadores na Europa que permanecia, nos anos 90, vinculada ao sistema monetário centrado no marco.

A elevação da taxa de juros alemã (atingindo 6%) objetivava, adicionalmente, conter a inflação cujo pequeno recrudescimento nestes anos devia-se à elevação dos impostos e tarifas necessárias à unificação e à elevação dos salários da parte oriental segundo a política de nivelamento dos salários defendida pelos sindicatos. A subida dos juros provocou uma crise no financiamento externo italiano forçando a desvalorização da lira em 1992 e, portanto, a saída na prática do SME. Esta decisão gerou uma onda de rupturas com a desvalorização da libra, da libra irlandesa, da coroa sueca, da peseta e do escudo. Segundo Halevi (1997), a ameaça de uma possível desvalorização também da França poderia minar de forma substancial a competitividade já abalada da Alemanha. Segundo este autor, esta foi a *rationale* da Alemanha na defesa dos objetivos de Maastricht (1992) e da criação do euro com seus critérios fortemente restritivos estabelecidos no Pacto de Crescimento e Solidariedade em 1997. Por outro lado, o temor a desvalorizações competitivas que minassem a integração europeia em curso estava na base de significativa convergência europeia sobre regras tão restritivas cuja manutenção informal revelava-se a base da ruptura em 1992.

---

[31] Mudanças estruturais foram também importantes para a deteriorização da balança de transações correntes na Alemanha, como a forte penetração das importações asiáticas decorrentes do atraso da Alemanha e da Europa na indústria eletrônica.

[32] *From 1989 to 1991, the German Government deliberately relied upon borrowing to take almost the whole unification´s fiscal brunt. Bi 1991, an overall budget deficit of DM 85 billion...had replaced a budget that was balanced in 1989. Starting in 1992 and under mounting pressure from the Bundesbank, the government began to introduce a series of new fiscal measures aimed at cutting its borrowing requirements. Between 1992 and 1995 a cumulative fiscal tightening occurred that was far in excess of initial borrowing requirement* (Bibow, 2001: 13).

Ao convencer os sindicatos de que estes deveriam refrear as pressões salariais – a despeito das perdas reais decorrentes das desvalorizações dos anos 90 – de forma a cumprir os critérios de Maastricht, os governos europeus fizeram da unificação monetária uma âncora contra as pressões sindicais, criando uma nova "constituição monetária" como a que, com anterioridade, o diretor do Banco da Itália reivindicava no início dos anos 80 (Stirati & Levrero, 2003).

No plano geopolítico afirmava-se, também, um outro temor, o de que a unificação da Alemanha fortalecia uma direção e uma prioridade voltada para um alargamento "horizontal" para o leste subordinando o processo de integração "vertical" com a Europa Ocidental. O aprofundamento da convergência econômica, estabelecido em Maastricht, centrado na convergência monetária e a introdução da moeda única constituíam, de certo modo, uma resposta a este temor[33]. A unificação alemã encorajou os estados europeus a acelerar o processo de integração às custas de uma política monetária e fiscal muito restritivas.

Assim, após a onda de desvalorização de 1992, os anos seguintes foram marcados por dois processos. De um lado, pelo esforço de adaptação dos restritivos critérios de Maastricht, ajuste que levou, no caso alemão, à sua pior recessão desde o pós-guerra com efeitos recessivos em toda a Europa; de outro lado, pela expansão da União Europeia com o ingresso da Suécia, Áustria, Finlândia (formando a Europa dos 15) e pelo acordo para o acesso da Polônia, Hungria, República Tcheca e países Bálticos.

As condições criadas em Maastricht para a União Monetária e Econômica (UME)[34], antecedendo a adoção do euro e consolidadas no Pacto de Estabilidade e Crescimento (1997) baseadas nas metas para o déficit fiscal (um teto de 3% do PIB), dívida (teto de 60% do PIB), inflação (uma banda de 1.5% sobre a média ponderada dos três membros do UME com as menores taxas de inflação) e juros (taxas sobre a dívida pública em uma banda de 2% dos três estados da UME com melhor performance) criaram um viés desestabilizador em si: quanto maior a recessão, maior é a possibilidade de quebra da meta de 3% para o déficit levando o corte nos gastos e aprofun-

---

[33] Ver a respeito Prey (1995). Segundo Edouard Balladur, primeiro-ministro francês, o dilema francês em Maastricht era o seguinte: *The rejection of the treaty will not give France more liberty; it will simply allow the bigger Germany to act as it desires, without taking heed of its neighbors or its partners, without being constrained by any set of common European rules in its role as military, economic, financial and monetary power in the center of the continent* (Prey, 1995: 20).

[34] Kregel (2000) nota que esta é a especificação correta para a UME e não a União Monetária Europeia, como comumente é expressa.

damento na recessão[35]. Nestas circunstâncias, defendidas insistentemente pela Alemanha, afirmou-se um viés deflacionário na Europa, muito bem captado por Graziani.

É evidente que um movimento depressivo aplicado simultaneamente em um grupo de países economicamente integrados exercem efeitos multiplicativos recíprocos. A queda da demanda global em qualquer país produz uma contração das importações; isto significa automaticamente para os outros países uma queda das exportações e daí, uma contração na demanda global, que se agrega aos efeitos depressivos derivados das políticas adotadas diretamente da autoridade do governo. Em outros termos, na tentativa de respeitar as condições postas pelo Tratado de Maastricht, os países europeus, certamente independentemente das suas intenções, praticam uma política de contenção da demanda que se contagia de um país ao outro e se acrescenta reciprocamente (Graziani, 2000: 178).

Assim é que a questão geral da criação da moeda única na Europa reside no fato de que os governos abrem mão de sua soberania monetária, isto é, da capacidade de fixar autonomamente sua taxa de juros, abdicando-a para um Banco Central supranacional (isto é, independente dos governos participantes) pautado pelo modelo clássico atribuído ao Bundesbank, sem que, entretanto, seja criado neste mesmo plano um Tesouro e Governo central que possam financiar os desequilíbrios sub-regionais[36].

Com efeito, os fundos de coesão e os fundos estruturais geridos pelo Orçamento Europeu e destinados aos países da União Europeia com menor renda per capita, ainda que tenham sido muito importantes para seus principais receptores como Espanha, Portugal, Grécia e Irlanda, não permitem de *per si* alavancar estas economias e muito menos irradiar, a partir da expansão destas, nos investimentos das demais economias.

Esta desvinculação do âmbito de tomada de decisões da política monetária e da fiscal traduz a proposição defendida pela Alemanha de reduzir as funções do Banco Central ao controle da inflação remetendo a preocupação com o emprego e o crescimento aos governos nacionais. Esta separação obsta

---

[35] Cui (2004) observa que a meta de 3% para o déficit corresponde à defesa das *golden rule* para a política fiscal em que o endividamento não pode exceder o gasto orçamentário para o investimento. Esta recomendação está expressa na Constituição Alemã. Os 3% correspondem, em média, ao percentual do investimento público no PIB dos países da Europa Ocidental.

[36] Godley observou corretamente que, *If there is to be active (collective) fiscal policy there would have to be political institutions and guiding principles which go far beyond those pertaining to a central bank. Mere coordination of budget balances could mean that an overly cautious stance in one part of EMU might impart an undesirable deflationary bias to the Community as a whole and even perhaps to the rest of the world as well* (Godley, 1991: 8).

o crescimento econômico em qualquer economia europeia e, quando seguida pela Alemanha, impede o crescimento dos demais. Por outro lado, conforme observou Halevi (1997) e Graziani (2000), com a proibição dos governos ao financiamento do BC, a necessidade de recorrer aos mercados de capitais "gera um verdadeiro estímulo para as rendas financeiras" (Graziani, 2000) além de se tornarem dependentes de uma taxa de juros exógena a estes.

Com efeito, tal como ocorre com as regiões de um mesmo país, com a unificação monetária não existem problemas de balança de pagamentos (que são relativos a moedas nacionais), mas ao contrário das regiões de um mesmo país onde um déficit comercial é inteiramente financiado pela União, as regras de convergência fazem com que o déficit comercial de cada nação da União Europeia requeira um ajuste na demanda agregada[37].

Nas condições criadas pelo viés deflacionista construído pela contenção fiscal, apenas as transferências, exportações e o investimento estrangeiro poderiam surgir como mecanismos autônomos de crescimento. Em relação às transferências geridas pelo Orçamento, vale as observações anteriores, ainda que significativas não são suficientes para retirar estes países do baixo crescimento da década. Em relação às exportações, a questão central seria: se toda a União Europeia está simultaneamente contida pela contenção da Alemanha, exportar para quem? Inexistindo "terceiros mercados" suficientemente amplos crescendo a taxas elevadas – apenas os EUA poderiam constituir-se neste mercado, mas por razões estruturais e cambiais o seu papel de mecanismo indutor não foi suficiente para compensar o ajuste fiscal – a Europa Ocidental moveu-se "de um alto nível de desemprego com altas taxas de juros observado nos anos 80 para uma alta taxa de desemprego com políticas fiscais restritas[38]" (Halevi, 1997).

---

[37] *(...) the fact that we could no longer run a balance of payments deficit would mean that any failure to sell exports on a sufficient scale would depress total demand and output even more rapidly and directly than at present.* (ibidem: 8)

[38] A Irlanda, ao contrário do resto da Europa afirmou-se, nos anos 90, como uma ilha de crescimento e dinamismo. Indubitavelmente foram as exportações e o investimento estrangeiro a sua principal máquina de crescimento. Mas para isto ocorreu algo que estava inteiramente fora do alcance do Governo irlandês: o declínio da indústria europeia de TI e a sua explosão liderada pelas empresas americanas e asiáticas. Tendo em vista as barreiras protecionistas europeias, a migração das empresas americanas de TI para a Irlanda visando a produção voltada à exportação para os grandes países europeus foi um ingrediente essencial do seu dinamismo exportador liderado por empresas americanas. Estas se beneficiaram adicionalmente da mão de obra educada, barata e de língua inglesa, uma óbvia vantagem competitiva em atividades de serviços, atendimento aos usuários típicos desta tecnologia. O governo irlandês, que perseguia sem sucesso esta estratégia desde os anos 70, aproveitou dos fundos estruturais e dos fundos de coesão propiciados pela União Europeia para criar a infraestrutura adequada a esta indústria.

Com a criação do Banco Central Europeu, a Alemanha se viu constrangida a praticar (até os anos mais recentes quando flagrantemente decidiu não cumprir as metas estabelecidas em Maastricht) uma política fiscal contencionista de forma a atender aos critérios da União Europeia. Esta política de autocontenção[39] possuía (e possui) múltiplos significados para a Alemanha, não apenas econômicos, mas, sobretudo geopolíticos.

Esta questão assume grande importância no momento atual marcado pela decisão da União Europeia, em 2002, de admitir dez novos países membros – oito da Europa central e Oriental mais Chipre e Malta – e da aceitação de sete países da Europa Central na OTAN, acelerando a expansão horizontal para um grupo de países que, historicamente, constituiu-se na periferia da Alemanha. A questão essencial é que as condições macroeconômicas formais de acesso impõem aos novos membros um difícil processo de transição (as condições são semelhantes aos demais países com a diferença que as moedas nacionais continuam existindo com uma flutuação numa banda de 15% em relação ao euro) que nas condições atuais de baixo crescimento significa elevado desemprego e tensões migratórias.

Nos três primeiros anos do novo século, a Alemanha e a França decidiram descumprir as metas para o déficit fiscal acordadas em Maastricht e as sanções consagradas no Pacto de Solidariedade e Crescimento não foram aplicadas. Tal decisão corresponde, na prática, ao fim deste pacto. Tal decisão decorre do poder dos dois países na união das nações, e o seu reconhecimento da impossibilidade de cumprir as metas de convergência sem danosas consequências econômicas e sociais num momento em que a valorização do euro em relação ao dólar deprime a competitividade das exportações europeias. O afrouxamento destas restrições não altera, entretanto, o comprometimento europeu com uma união economicamente liderada pela Alemanha centrada na estabilidade da moeda e na disciplina dos sindicatos e dos estados mais fracos.

---

[39] Em relação à política monetária pode-se observar que com uma taxa de inflação inferior à média dos países da união, a taxa de juros na Alemanha fixada pelo BCE é mais alta do que a que seria estabelecida pelo Bundesbank usando os mesmo critérios do BCE. Como adverte Posen: *Since European monetary unification at the start of 1999, (...) German monetary policy has been set by the European Central Bank, and German fiscal policy has been constrained by the eurozone's Stability and Growth Pact. With the ECB replacing the Bundesbank, Germany has suffered from a centrally set monetary policy aimed at the eurozone in general, rather than set to its own needs (Posen, 2003: 16).*

A Centralização da Ásia na China, Política Cambial e a Corrente de Comércio.

Através de seu alto dinamismo centrado na industrialização acelerada e na sua elevada corrente de comércio, a China constitui hoje um polo de crescimento mundial e, sobretudo regional. Inserida na área do dólar a China voltou-se, como de resto fizeram os demais países asiáticos, para o mercado americano construindo vultuosas reservas nesta moeda. A manutenção de controles de capitais e dos mecanismos de coordenação econômica permitiu à China preservar, após a crise asiática de 1997, a estabilidade do yuan e o seu crescimento econômico. Isto foi possível pelo alto crescimento do mercado interno através de uma política fiscal expansiva. Esta capacidade de praticar uma política econômica autônoma a despeito das pressões americanas sobre a taxa de câmbio não apenas singulariza a China no momento atual como vem afirmando uma nova realidade na economia regional asiática. Vejamos estas questões com alguns detalhes.

Enquanto durou o "endaka[40]", a China, do mesmo modo que diversos países da ASEAN como Tailândia, Malásia, Filipinas e Indonésia, beneficiou-se dos investimentos externos, sobretudo japoneses e do comércio regional a eles associados de forma a contornar a pressão de custos decorrente da valorização do yen em relação ao dólar. Formou-se uma dinâmica triangulação entre o Japão, o principal fornecedor de bens de capital para a China e demais países da ASEAN, o conjunto dos países da ASEAN ao lado da Coreia e China, cuja corrente de comércio sobretudo intrarregional cresceu a taxas extraordinárias, e os EUA, que se afirmaram como importadores líquidos e assim "consumidores de última instância" da produção manufatureira regional.

Esta divisão internacional do trabalho, marcada pelo conflito bilateral entre os EUA e o Japão e pela ampla complementaridade entre os EUA e os países asiáticos produtores de manufaturas baratas, deu lugar a uma ampla divisão regional do trabalho. Esta foi operada em grande parte pelas redes de comércio internas às grandes empresas e levou a uma forte expansão das correntes de comércio, sobretudo em países de menor nível de desenvolvimento ou estreito mercado interno. Como notam Sakakibara & Yamakawa (2002), o comércio intrarregional asiático foi, nos últimos 15 anos, ainda mais intenso do que o registrado entre os países da União Europeia. A China com suas zonas especiais e regimes comerciais voltados especificamente

---

[40] Expressão japonesa para o período marcado pela valorização extraordinária do yen (especialmente entre 1985-95) frente ao dólar.

a absorver os capitais de Hong Kong, Taiwan e Japão, participou amplamente deste movimento. Esta dinâmica, depois de gerar extraordinário dinamismo e viabilizar um crescimento sincronizado e em etapas entre países com estágio de desenvolvimento diferentes como o descrito no modelo dos "gansos voadores" (Medeiros, 1997), entrou em crise em 1995.

A desvalorização do yen a partir de 1995 e a contração abrupta dos IDE japoneses vinculados às exportações asiáticas para terceiros mercados (principalmente os EUA) levou à forte instabilização na dinâmica regional. Com efeito, como estes países possuíam regimes cambiais vinculados ao dólar, a valorização desta moeda em relação ao yen levou a uma valorização real das principais moedas asiáticas, com a exceção do yuan chinês que passara em 1994 por desvalorização. A maior pressão competitiva do Japão em segmentos de maior valor unitário da indústria eletrônica (aumentando a concorrência com a Coreia), a queda do preço dos semicondutores e a afirmação da competitividade da China em manufaturas e segmentos de tecnologia de informação (TI) deslocaram as exportações da ASEAN nos mercados mundiais, em particular nos EUA, devido ao novo alinhamento cambial e, no Japão, devido à recessão que se afirmou na segunda metade dos anos 90. Em relação ao mercado americano, a China e o México (Medeiros, 2001) deslocaram produtores da ASEAN.

Outro fato notável a partir de 1995 foi o declínio dos IDE japoneses e dos investimentos diretamente conectados com as exportações. Este fato, ao lado da abertura e desregulação financeiras, postas em prática na maioria dos países da ASEAN no início dos anos 90, mudou a estrutura do seu financiamento externo com forte expansão dos fluxos de curto prazo. O boom de endividamento em curto prazo em dólares destinados a empréstimos em moedas domésticas em setores voltados ao mercado interno (principalmente imobiliário), tal como o que se deu nos ASEAN-4 e Coreia, foi uma decorrência da abertura financeira e afirmou-se como principal fator da crise de liquidez que, no final de 1997 sacudiu intensamente países como a Tailândia, a Malásia, a Coreia, as Filipinas e a Indonésia (Medeiros, 2001). Como corretamente sublinharam Sakakibara & Yamakawa (2002), esta foi uma "crise da conta-capital" e não uma "crise da conta-corrente" gerada por uma reversão dos fluxos em economias que tiveram sua liquidez externa debilitada muito rapidamente.

Após abrupta recessão e colapso cambial estas economias, com exceção da Indonésia, retomaram suas trajetórias expansivas a partir de uma forte recuperação das suas exportações e recomposição, através do FMI, das suas reservas externas. O fator imediato responsável pelo crescimento das exportações foi o boom da "nova economia" nos EUA e seu impacto na TI (Medeiros, 2001); com o estouro da bolha ocorrida em 2000/2001 as exportações asiáticas foram afetadas, mas as exportações regionais se expandiram em função do alto crescimento da China. Esta transformação – baseada no maior peso da demanda interna – começou por alterar a dinâmica do crescimento regional asiático.

Com efeito, as circunstâncias e o dinamismo regional não mais se assemelharam àquelas que se afirmaram entre 1985/95. O encolhimento do Japão e o novo papel da China alteraram aquela dinâmica. Conforme já observado, com a retração japonesa tornou-se evidente a fraqueza do poder regional do Japão e de sua moeda. Por outro lado, a instabilidade entre o dólar e o yen afirmou-se como uma fonte permanente de instabilidade regional, que a estabilidade do yuan procura se contrapor.

O contraste entre o Japão e a China nos anos 90 não poderia ser maior. Se nos anos 90 o Japão assistiu a uma desmontagem dos seus mecanismos de regulação sob supervisão dos EUA, ao longo desta década o governo chinês selecionou 120 grupos empresariais para formar um *national team* em setores de importância estratégica[41].

O esforço de industrialização chinês requer sempre, como já se observou em outro lugar (Medeiros, 1999), resolver o seu permanente desafio decorrente de uma imensa população e escassez de terra e matérias-primas necessárias a uma elevação sustentada da produção industrial. A necessidade de importações na China é gigantesca. O seu consumo total de minério de ferro (30% do consumo mundial em 2001), platina (21%) e alumínio (15%) está em confronto com os níveis ainda muito modestos destas matérias-primas em termos per capita. Ao lado do petróleo e das demais commodities, as necessidades de importações de máquinas e equipamentos e armas sofisticadas pressionam imensamente a necessidade de divisas e situam a importância do mercado externo para a estratégia de desenvolvimento na China.

É neste sentido que se deve observar a expansão do comércio externo chinês e a configuração de uma dinâmica regional centrada na China. Esta expansão é resultado da afirmação da China como um "duplo polo" na economia mundial: a de principal produtor de manufaturas baratas e o grande mercado para a produção mundial de máquinas e equipamentos, indústrias de tecnologia e matérias-primas. Este duplo polo, jamais exercido pelo Ja-

---

[41] Em setores que são fundamentais para a "força, crescimento continuado e defesa de uma sociedade tecnologicamente avançada, moderna, urbana e industrial". Os setores escolhidos incluíram geração elétrica (8 grupos), carvão (3) automóveis (6), eletrônica (10), ferro e aço (8), máquinas (14) química (7), material de construção (6), transporte (5), aeroespacial (6) e farmacêutica (5) (Nolan, 2001: 18). Este time especial formado por empresas estatais obteve concessões especiais, tarifas protetoras e amplo apoio financeiro dos quatro principais bancos estatais chineses e do Export-Import Bank.

pão, tem gerado importante impacto sobre a região asiática. Como reflexo desta realidade, a China vem ampliando um conjunto de iniciativas políticas voltadas para a região. Consideremos a primeira dimensão.

Como se observou em outro lugar, a influência da China na Ásia vem sendo marcada por dois aspectos:

> (...) de um lado, a China é um grande competidor, deslocando exportações e investimentos; de outro, é um grande mercado em processo de expansão (Medeiros, 2001: 45).

Desde 1995 a China vem aumentando substancialmente seu superávit comercial com os EUA e União Europeia deslocando, parcialmente, as exportações de outros países asiáticos para estes mercados ao mesmo tempo em que elevou também de forma significativa suas importações na Ásia. Tal como ocorrera com o Japão no passado, a China tornou-se mais e mais vinculada à dinâmica das importações americanas (os EUA respondem por mais de 20% das exportações chinesas). Mas, ao contrário do Japão, a China revelou-se também um forte magneto para as exportações da ASEAN. As importações chinesas oriundas da Ásia já vinham em ascensão desde os anos 80, mas elevou-se fortemente a partir de 1995 afirmando-se, sobretudo a partir de 1997, uma máquina para o crescimento asiático (McKinnon & Scnabl, 2003), particularmente importante no caso da Coreia e de Taiwan. A sua posição de importadora líquida da ASEAN decorre, por outro lado, da mudança estrutural da China, sobretudo na indústria de TI e, nos setores de máquinas e equipamentos, vem ocupando uma posição de crescente importância na sua pauta de exportações e na produção voltada para o seu mercado interno.

O deslocamento do comércio promovido pela velocidade das exportações chinesas encontra-se intimamente associado com o deslocamento do investimento externo. Com efeito, a China afirmou-se como um polo de atração dos investimentos externos deslocando fluxos de investimento voltados aos demais países asiáticos. As grandes corporações multinacionais americanas, japonesas e europeias, decidiram consolidar na China a base manufatureira mundial de bens eletrônicos de consumo[42].

Mais significativo ainda, por razões políticas, vem sendo o imenso deslocamento das companhias de TI de Taiwan (líderes mundiais em teclados, monitores, computadores portáteis) para a China com grandes impactos sobre o

---

[42] Como observam Sakakibara & Yamakawa (2002: 44), *China's success is transforming the marketplace for Asia electronics industry. China now accounts for 30 percent of the region's electronics exports, compared to only 14.3% in 1997. China's gains have been most costly for Singapore, which saw its market share slump over the same period from 19.3 percent to 9.8 percent. Other countries, such as Malaysia, Taiwan, and Thailand, are also under pressure.*

comércio regional. O deslocamento dos investimentos tornou-se visível, sobretudo no caso do Japão. Com efeito, em parte a contração dos investimentos externos japoneses para a ASEAN foi acompanhada por sua expansão na China afetando particularmente a Indonésia, Malásia e Tailândia.

A China transforma-se, assim, num polo de atração para as atividades processadoras, mas também, graças ao seu mercado interno, num grande centro importador.

Esta dupla dimensão faz com que a expansão dos investimentos estrangeiros na China volte-se tanto para o mercado externo quanto para o mercado interno chinês. Por outro lado, a velocidade de deslocamento da pauta de exportações chinesas e a sua diversificação vêm ampliando as possibilidades de industrialização na região. Assim se, em 1993, óleos e lubrificantes respondiam por 32% das exportações da ASEAN para a China, em 1999, máquinas e computadores respondiam por 20% e equipamentos elétricos por 18% (Hefeker & Nabor, 2002). A China em 1993 exportava para os países da ASEAN 11% de equipamentos elétricos e 10% de computadores e máquinas; em 1999, as proporções foram 26,6% e 20% respectivamente. Novamente verifica-se uma grande diferença entre o volume dos padrões de comércio que a China apresenta com a ASEAN – mais semelhantes ao da Alemanha com a Europa – e os desta região com o Japão, um padrão de especialização vertical tradicional.

É esta posição da China no comércio mundial e regional que permite entender porque, frente às sucessivas desvalorizações das principais moedas asiáticas decorrentes da crise de 1997 (de até 50% em termos reais), a China manteve fixa a taxa de câmbio nominal do yuan com o dólar e pôs em curso um amplo programa de investimentos e obras públicas voltados a manter o crescimento econômico através da expansão da demanda interna (McKinnon & Scnabl, 2003).

Ao contrário das demais economias asiáticas em que as elevadas correntes de comércio as tornam fortemente dependentes das flutuações cambiais e do comportamento dos mercados externos, a China com um amplo mercado interno e, a despeito de sua magnitude absoluta, uma corrente de comércio externo menor, pôde afirmar uma dinâmica centrada em sua política interna. Para isto manteve estrito controle sobre a conta de capitais do seu balanço de pagamentos[43]; deve-se observar, adicionalmente, que par-

---

[43] O caso da China revela de forma eloquente que a questão central para a maior estabilidade do crescimento em economias abertas não é a magnitude do comércio exterior captada na corrente de comércio em relação ao PIB, mas a solvência externa que depende essencialmente da relação entre o saldo de transações correntes e a evolução do passivo externo líquido e as exportações (Medeiros & Serrano, 1999).

tindo de valores iniciais muito reduzidos, a China começa por afirmar-se também como investidor regional (Sakakibara & Yamakawa, 2002).

É neste contexto que as pressões dos EUA e também do Japão contra o regime cambial chinês e a suposta artificialidade do nível do câmbio real se afirmam. Esta pressão e o fato da China apresentar, tal como o Japão, elevado saldo comercial com os EUA, imensas reservas denominadas basicamente em dólares e ter registrado nos últimos anos baixa inflação, incluindo uma deflação em 1999, levaram a McKinnon & Scnabl (2003) a estender para a China a "síndrome da virtude conflituosa". Tal síndrome levaria, tal como historicamente ocorreu com o Japão, a uma permanente pressão para a valorização do yuan.

No entanto, há uma notável diferença. O Japão é um país credor líquido ao passo que a China é um país devedor líquido. A questão japonesa retratada na "síndrome da virtude conflituosa" é a baixa internacionalização da sua moeda o que o faz ser credor em dólares. A elevada riqueza externa do Japão o expõe ao risco cambial e a pressão deste *dollar glut* sobre o câmbio leva a uma pressão deflacionária. A posição externa da China é totalmente diferente. A China não tem um problema de solvência, e o comprometimento de suas exportações com o serviço da dívida é muito baixo em termos internacionais. Entretanto, a forte expansão dos investimentos externos vem ampliando o seu passivo externo[44].

As pressões bilaterais dos EUA e secundariamente do Japão e da União Europeia contra o regime cambial chinês devem ser vistas em perspectiva. As pressões dos EUA sobre o saldo comercial do Japão foram abrangentes e persistentes, o elevado saldo comercial chinês com os EUA é também um fator de pressão, entretanto há uma grande diferença. Com efeito, ao contrário do Japão, a China é um grande receptor de investimento americano. Com um estoque de $ 70 bilhões de investimento das grandes multinacionais americanas, a China afirma-se como o primeiro país entre os países em desenvolvimento em termos de rendas transferidas para as empresas dos EUA. O volume de vendas destas corporações na China é incomparavelmente superior às realizadas no Japão. Assim, a pressão americana contra o câmbio chinês decorre de segmentos produtivos com menor acesso àquele mercado.

---

[44] Com efeito, se considerarmos a posição externa líquida de um país como a soma da dívida líquida, dos estoques líquidos de investimentos financeiros e dos estoques líquidos de investimento estrangeiro, a China, tal como a maioria dos países em desenvolvimento e em flagrante contraste com a economia japonesa, apresenta uma posição negativa.

Mas, sobretudo, o que parece diferir imensamente as duas economias é a disposição do governo chinês de praticar uma segura expansão dos gastos públicos e dos investimentos das empresas estatais[45].

Em relação à taxa de câmbio do yuan deve-se observar que o fato de manter uma cotação (quase) fixa com o dólar desde 1994, quando diversos países asiáticos competidores desvalorizaram suas moedas incluindo o Japão, levou a uma valorização (e não desvalorização) do yuan frente aos seus competidores asiáticos. Isto pode ser visto claramente nas relações deficitárias da China com os países da ASEAN e a concentração do seu saldo exportador com os EUA. Pode ser visto também em relação à desaceleração do crescimento das exportações japonesas ocorrido nos últimos anos. A rigor, é importante sublinhar (Cui, 2004) que como compensação às desvalorizações dos competidores asiáticos as exportações chinesas, fora das zonas especiais de processamento de exportações, foram estimuladas através de devoluções fiscais aos exportadores.

Em relação ao dólar, deve-se considerar que a evolução da inflação dos EUA (o principal parceiro da China) e a inflação na China (mesmo considerando a deflação de 1999) praticamente se equivaleram. A impressionante expansão das exportações chinesas para este mercado não resulta, assim, de uma desvalorização real do yuan frente ao dólar, mas refletem, como também já se observou, o desvio de comércio e as estratégias de localização das empresas multinacionais americanas. Em relação ao yen, a deflação de preços no Japão provocou uma desvalorização real de sua moeda em relação à moeda chinesa. Desse modo, a pressão sobre o regime cambial chinês deve ser visto como uma pressão contra a centralização cambial e a política de compra de reservas do Banco Central chinês que impedem que o yuan se valorize com o acúmulo dos fluxos de capitais.

A preservação da estabilidade nominal do yuan, ao mesmo tempo em que mantém a expansão do seu mercado interno tem sido, até o presente momento, uma forma de ampliar suas relações de comércio afirmando-se como um pólo regional. Neste contexto deve-se considerar o seu ingresso na OMC, os acordos regionais e a afirmação regional do yuan.

---

[45] Na descrição de McKinnon & Scnabl (2003: 10): *starting in March 1998, China took strong Keynesian measures to slow its internal deflation. Its New Deal encompassed a huge expansion of government expenditure on infrastructure and on mass residential housing. Since 1998 public works have increased by 20% per year. In 2001 as well in 2002, the (announced) stimulus package amounted $18 billion (150 billion RMB).*

O ingresso da China na OMC em 2001 – resultado de uma longa negociação com os EUA iniciada 15 anos antes – constitui uma complexa questão cujo exame ultrapassa evidentemente as razões e os cálculos econômicos imediatos.

A despeito dos argumentos favoráveis, geralmente defendidos por economistas acadêmicos chineses baseados em ganhos estáticos de comércio internacional, deve-se observar que as concessões chinesas em comércio externo, regime de investimentos, compras governamentais, transferência de tecnologia, regime de concorrência foram muito amplas e abrangentes[46].

Os efeitos sobre a agricultura e consequentemente sobre o desemprego (estima-se haver cerca de 200 milhões de trabalhadores excedentes no campo), sobre algumas indústrias-chave (automobilística, química, máquinas e equipamentos) e, sobretudo em serviços (bancos, serviços às empresas) serão possivelmente de grande impacto e dependerão do grau em que a economia chinesa puder sustentar altas taxas de crescimento. Há, entretanto, um aspecto de notável importância. Como a China depende cada vez mais da economia global para o atendimento de suas necessidades de matérias-primas e de bens de capital, a redução dos custos de importação e o livre acesso aos mercados mundiais destes produtos constitui um importante fator para a sua competitividade externa. Por outro lado, como o mercado interno chinês apresenta uma inigualável força, a sua internacionalização crescente dificilmente deverá deixar de estimular as suas exportações. E graças à velocidade em que vem se dando a aprendizagem tecnológica e a modernização da infraestrutura, dificilmente o multiplicador das exportações entrará em colapso, como aconteceu no caso do México.

Do ponto de vista político, os dois vetores mais visíveis subjacentes ao acordo da OMC foram: a tentativa de reduzir a pressão mercantilista americana e a estratégia de isolar politicamente as iniciativas de autonomia de Taiwan (Medeiros, 2001).

---

[46] Segundo Nolan, (2001: 195): *China agreed to dismantle almost the entire range of mechanisms that has formed the core of industrial policy in the past two hundred years as a succession of countries has supported the growth of domestic large corporations. China has accepted that there will be enormous changes in its dealings with the global market-place. Within the WTO it will be extremely difficult for China to limit access to its domestic market. (...) The US-China Agreement is the most detailed agreement yet signed by any country on its entry to the WTO. The US-China WTO Agreement in itself constitutes a massive program of economic system reform. Nine hundred Chinese laws will need to be changed and/or adapted for China to enter the WTO.*

Conclusão

Observou-se, neste trabalho, a vulnerabilidade no caso japonês decorrente do processo de internacionalização. As novas instituições criadas segundo as regras da OMC inegavelmente criam, também na China, mecanismos que tolhem as iniciativas até aqui desenvolvidas pelo estado chinês. Entretanto, o controle dos fluxos de capitais e consequentemente do yuan, a manutenção das empresas públicas em infraestrutura e a busca de mecanismos estatais de conglomeração e internacionalização têm, juntamente com a política fiscal ativa, preservado grande grau de iniciativa do governo chinês no controle de sua economia.

Como resultado da redução prevista das tarifas, a China deverá elevar suas importações e possivelmente consolidará, ainda mais, a sua posição de grande absorvedor de investimento externo na Ásia. Como antes se observou, o deslocamento da indústria eletrônica de Taiwan para a China já é um fato em que o ingresso da China na OMC contribuiu. Neste sentido, a manutenção de uma taxa de câmbio nominal estável e uma taxa real favorável às exportações chinesas é de grande importância estratégica como é, do mesmo modo, buscar consolidar mais e mais o seu desenvolvimento na rede do comércio regional. Com efeito, com a redução das tarifas chinesas, decorrente do ingresso na OMC, as importações chinesas devem aumentar, favorecendo as exportações da ASEAN. A iniciativa de, no mesmo ano de seu ingresso na OMC, estabelecer em 2001 uma área de livre-comércio em 10 anos com os países da ASEAN (Xian, 2003) parece reforçar a estratégia chinesa de consolidar-se na liderança dos países da ASEAN, ao mesmo tempo em que se afirma na construção de crescente cooperação e acordos no âmbito da ASEAN+3 (China, Coreia e Japão), incluindo arranjos monetários e financeiros de forma a reduzir os riscos cambiais na região. Implícita nesta estratégia está a decisão, tomada no "10º Plano Quinquenal (2001)" de acelerar o desenvolvimento da indústria de TI a partir da cooperação regional e concentrar-se na criação da infraestrutura adequada a esta transformação.

Indiscutivelmente esta estratégia passa pela afirmação do yuan (novamente a importância de sua estabilidade) que, devido à própria fraqueza do yen, pode aspirar a uma posição menos frágil em confronto com o dólar[47].

---

[47] *The agreement between China and ASEAN to establish a FTA within 10 years increased the role of China in the region and spurred China's integration in the regional network not only economically but also politically, to the expense of Japan. This should increase mutual confidence between China and its neighbors and therefore stabilize bilateral relations and monetary cooperation* (Hefeker & Nabor, 2002: 17).

Por vias distintas, a China parece exercer hoje, na Ásia, um papel similar ao papel que a Alemanha exerceu na Europa Ocidental na idade dourada do capitalismo de Bretton Woods, o de se constituir num centro cíclico regional expansivo. Um centro que, entretanto, não possui uma base militar americana dirigindo sua política de segurança externa, fator que traz em si uma imensa diferença no contexto geopolítico e nas estratégias de desenvolvimento, e que faz do Estado chinês um permanente alvo para as estratégias imperiais dos EUA.

REFERÊNCIAS BIBLIOGRÁFICAS

AHEARNE, A. et al. (2002). Preventing Deflation: Lessons from Japan's Experience. In: The 1990s International Finance. *Discussions Papers*, n. 729 [Disponível em www.fderalreserve.gov/pubs/ifdp].

BIBOW, J. (2004). Investigating the Intellectual Origins of Euroland's Macroeconomic Policy Regime: Central Banking Institutions and Traditions. In: West Germany after the War. *Working Paper*, n. 406. Nova York: The Levy Economics Institute.

_____ (2001). The Economic Consequences of German Unification. *Public Policy Brief*, n. 67. Nova York: The Levy Economics Institute.

CUI, Z. (2004). The Chinese Response to the U.S. Pressure on RMB Appreciation, apresentado em IDEAS. *International Conference on The Economics of the New Imperialism*. Nova Deli: School of Social Sciences, Jawaharlal Nehru University, 22-24 de janeiro.

ERYILMAZ, A. (2002). *40 years in Germany – At Home Abroad*. Documentation Centre and Museum of the Migration from Turkey. Colônia [Mimeo.].

FRANCIS, S. (2003). FDI Flows into Japan: Changing Trends and Patterns, IDEAS. *International Conference on The Economics of the New Imperialism*. Nova Deli: School of Social Sciences. Jawaharlal Nehru University, 22-24 de janeiro.

GODLEY, W. (1991). *Britain and the Dangers of EMU*. University of Copenhagen, April. Copenhagen [Mimeo.].

GRAZIANI, A. (2000). *Lo Sviluppo dell economia Italiana*. Dalla Eicostruzione alla Moneta Europea. Roma: Bollati Boringhieri.

HALEVI, J. (1997). The Accumulation Process in Japan and East Asia as Compared with the Role of Germany in the European Post-War Growth Conference Which Labor Next? *Global Money, Capital Restructuring and the Changing Pattern of Production*. Bergamo: Universitá di Bergamo, 3-5 de dezembro.

HEFEKER, C. & NABOR, A. (2002). Yen or Yuan? China's Role in the Future of Asian Monetary Integration. Hamburg Institute of International Economics, *Discussion Paper*, n. 206, Hamburg.

KALECKI, M. (1955). The Impact of Armaments on the Business Cycle after the Second World War. In: OSIATINSKY, J. (ed.). Collected Works of Michal Kalecki, vol. II, *Capitalism*: Economic Dynamics. Oxford: Clarendon press, 1991.

KREGEL, I. (2000). Can European Banks Survive a Unified Currency in a Nationally Segmented Capital Market? *Working Paper*, n. 305. Nova York: Institute Jerome Levy.

MCKINNON, R. & SCNABL, G. (2003). *China: A stabilizing or Deflationary Influence in East Asia?* The Problem of Conflicted Virtue [Disponível em URL:http://www.stanford.edu/~mckinnon].

MCKINNON, R. & OHNO, K. (1997). *Dollar and Yen*. Cambridge: The MIT Press.

MEDEIROS, C.A. (2001). A Economia Política da Crise e da Mudança Estrutural na Ásia. *Economia e Sociedade*, n. 17. Campinas.

_____ (1999). China: entre os séculos XX e XXI. In: FIORI, J.L. (org.). *Estados e Moedas no Desenvolvimento das Nações*. Petrópolis: Vozes.

_____ (1997). Globalização e a Inserção Internacional Diferenciada da Ásia e América Latina. In: TAVARES, M.C. & FIORI, J.L. (org.). *Poder e dinheiro*. Petrópolis: Vozes.

MEDEIROS, C.A. & SERRANO, F. (1999). Padrões Monetários Internacionais e Crescimento. In: FIORI, J.L. (org.). *Estados e moedas no desenvolvimento das nações*. Petrópolis: Vozes.

MILWARD, A. (1992). *The European Rescue of the Nation-State*. Berkeley: University of California Press.

NOLAN, P. (2001). *China and the Global Economy*. Londres: Palgrave.

PARBONI, R. (1981). *The Dollar and Its Rivals*. Nova York: Verso.

PIGEOON, M-A (2000). It Happened but not Again: A Minskian Analysis of Japan's Lost Decade. *Working Paper*, n. 32. Nova York: Jerome Levy Economics Institute.

POLLARD, P. (1997). The Role of the Euro as an International Currency. *Working Paper*, 1997-021A FED of St. Louis [Disponível em http:research. stlouis.fed.org/wp/ 1997/97-021.pdf].

POSEN, A. (2003). *Is Germany Turning Japanese?* Institute for International Economics [Disponível em www.iie.com].

PREY, T. (1995). *German Unification and European Integration* [Disponível em www.gerna.unification.htm].

ROWTHORN, B. (1980). O imperialismo na década de 1970: unidade ou rivalidade? In: ROWTHORN, B. *Capitalismo, conflito e inflação*. Rio de Janeiro: Zahar.

SAKAKIBARA, E. & YAMAKAWA, S. (2002). Regional Integration. In: East Asia: Challenges and Opportunities, World Bank East Asia Project. Nova York: Working Paper.

SCHULMEISTER, S. (2000). Globalization without global money: the double role of the Dollar as National Currency and World Currency. Nova York: *JPKE*. Primavera de 2000, vol. 22. n. 3.

SERRANO, F. (2002). Do ouro imóvel ao dólar flexível. Campinas: *Economia e sociedade*, n. 19.

SINN, H-W & WESTERMANN, F. (2001). Two Mezzogiornos. Nova York: *NBER Working Paper*, 8125.

STIRATI, A. & LEVRERO, S. (2003). *Real Wages in Italy 1970-2000*: Elements for an Interpretation of the Data along Classical Lines. Roma [Mimeo.].

TAVARES, M.C. (1997). A retomada da hegemonia norte-americana. In: TAVARES, M.C. & FIORI, J.L. *Poder e dinheiro*. Petrópolis: Vozes.

TEIXEIRA, E. (1999). Japão: da Industrialização tardia à Globalização Financeira. In: FIORI, J.L. (org.). *Estados e moedas no desenvolvimento das nações*. Petrópolis: Vozes.

WORLD BANK (2003). *World Development Indicators*. CD-Rom.

XIAN, G. (2003). The Asian Recentralization and the China Role. In: REEGEN. *Hegemonia e contra-hegemonia*. Rio de Janeiro: Seminário Internacional, 18-22 agosto de 2003.

Franklin Serrano

Relações de Poder e a Política Macroeconômica Americana, de Bretton Woods ao Padrão Dólar Flexível*

Introdução

O objetivo do presente trabalho é tentar mostrar a importância estratégica da política de defesa da posição internacional do dólar e também da orientação geral da política macroeconômica americana para: 1) a vitória do lado capitalista na Guerra Fria; 2) o posterior restabelecimento e aumento do poder de barganha das classes proprietárias em relação à classe trabalhadora nos EUA, e finalmente 3) a consolidação da liderança do Estado Americano em relação aos demais Estados Nacionais, que ocorreu na década de 1980 do século XX.

O outro fator central, e talvez o mais importante de todos, para o sucesso do Estado americano e do capitalismo foi o desenvolvimento do complexo científico-industrial-militar dos EUA, que garantiu a liderança militar e tecnológica americana – conforme mostra Medeiros (2004a, neste volume). Este fator não será tratado neste artigo, a não ser do ponto de vista do seu respectivo impacto macroeconômico sobre a demanda efetiva.

O presente trabalho se diferencia marcadamente de outros sobre este mesmo tema em dois aspectos principais. Em primeiro lugar, o trabalho é

---

* O autor agradece, evidentemente sem implicar responsabilidade pelo resultado, a Carlos Medeiros, Pierangelo Garegnani e Massimo Pivetti (por discussões sobre o tema e acesso a seus trabalhos ainda em andamento), a Julia Braga (pela eficiente assistência de pesquisa) e ao CNPq (pelo apoio financeiro).

explicitamente baseado, tanto a nível teórico quanto de interpretação histórica, na abordagem clássica do excedente desenvolvida pelos seguidores de Piero Sraffa (em particular Pierangelo Garegnani, Massimo Pivetti e Antonella Stirati).

Nesta abordagem, a distribuição de renda, os preços relativos e a inflação são fortemente influenciados por fatores políticos e institucionais enquanto que o crescimento da economia depende fundamentalmente da evolução da demanda efetiva. Esta, por sua vez, depende diretamente do curso das políticas macroeconômicas (fiscais, monetárias, cambiais e de renda) dos Estados Nacionais[1].

Uma segunda diferença marcante, entre este trabalho e outros, vem do fato de que, em nossa opinião, a importância e o poder da economia dos EUA tem sido drasticamente subestimada na literatura crítica, tanto no período da "Idade de Ouro" do segundo pós-guerra quanto especialmente depois da retomada da dominância americana na década de 1980. No período mais recente, a visão da 'decadência econômica americana', isto é, a ideia de que a economia americana seria inerentemente frágil financeiramente e crescentemente 'dependente do exterior' e que, portanto, estaria sempre a beira de uma grave crise, tem ficado cada vez mais popular entre os economistas críticos. Acreditamos que uma reinterpretação das linhas gerais da evolução da política macroeconômica americana desde o pós-guerra sirva para questionar este tipo de interpretação ao mostrar o quanto o Estado americano, de fato, conscientemente tem tentado (e conseguido) manter o sistema sob razoável controle. Na realidade, o resto do mundo é que está cada vez mais dependente do mercado, da moeda e das decisões de política econômica dos EUA, frequentemente tomadas a partir de prioridades internas deste país.

O trabalho está dividido em duas partes. A primeira parte examina as linhas gerais da política macroeconômica americana no período que vai do início da Guerra Fria, em 1947, ao final da década de 1970, enquanto que a segunda parte refere-se ao período de 1979 até os dias atuais.

Ao longo de todo o período posterior à II Guerra Mundial até os dias de hoje, o governo dos EUA, em contextos bastante diversos, teve sempre como prioridade explícita impedir o surgimento de uma restrição externa

---

[1] Esta abordagem, que retoma a longa tradição da "teoria objetiva do valor" que se inicia com William Petty no século XVII tem, em particular, a vantagem de se basear inteiramente em conflitos, técnicas e instituições objetivamente observáveis em situações históricas concretamente definidas (Medeiros, 2001 e Aspromourgos, 1996) e, portanto, não precisa supor que existam invisíveis "tendências imanentes" e inevitáveis do capitalismo (a chamada "teoria da história") que predeterminariam seu curso.

efetiva à política macroeconômica americana. O sucesso destes esforços reforçou substancialmente o poder de barganha dos EUA em relação aos demais países e também deu um grande grau de liberdade para que o Estado americano pudesse implementar o tipo de política macroeconômica (monetária, fiscal, cambial e de rendas) considerada prioritária em cada período.

Como veremos na primeira parte deste trabalho, a prioridade da política macroeconômica norte-americana, de 1947 até meados dos anos 60, foi a obtenção de uma elevada taxa de crescimento e altos níveis de emprego nos EUA, juntamente à rápida reconstrução e o desenvolvimento dos países aliados na Guerra Fria.

No final dos anos 60 se inicia um período de contestação da ordem e do poder americanos, tanto do ponto de vista interno (conflito distributivo, desobediência civil, demandas pela democratização do Estado) quanto externo (expansão do bloco comunista, pressão por maior poder dos aliados e de maior autonomia de países do terceiro mundo). Diante desse quadro, inicialmente o Estado americano manteve como prioridade a perseguição de taxas de crescimento que garantissem um alto nível de emprego interno, a despeito da aceleração da inflação, enquanto ao mesmo tempo começava um endurecimento da política em relação aos aliados externos, através do abandono do sistema de Bretton Woods e de mudanças na política de segurança energética[2].

Na segunda parte do trabalho veremos como, com a ofensiva conservadora interna na virada dos anos 80, a prioridade central mudou, passando a ser o controle da inflação e a resolução do conflito distributivo e de poder interno a favor das classes proprietárias[3]. No plano externo, por sua vez, partiu-se para um endurecimento ainda maior com os aliados, num contexto geopolítico em que se tentava derrotar de vez a União Soviética.

A partir de meados da década de 1980 até o início do século XXI, com a estabilização da inflação, a consolidação do padrão dólar flexível e a vitória nos conflitos de poder internos e externos, a política macroeconômica interna se volta novamente para recuperar o crescimento e a obtenção de níveis toleráveis de desemprego. No lado externo a prioridade se torna admi-

---

[2] Neste trabalho, além das políticas propriamente macroeconômicas, vamos examinar também a política americana no que diz respeito ao preço do petróleo, devido ao seu importante impacto macroeconômico e ao fato de que, em nossa visão, a maioria dos analistas críticos não dá importância suficiente ao papel central que a política energética americana tem na determinação do preço internacional do petróleo.

[3] Neste trabalho seguimos a tradição clássica da abordagem do excedente que define as classes sociais a partir da sua inserção no processo produtivo. Assim, para nossos propósitos, classe trabalhadora é aquela fração da população que não pode sobreviver sem a renda do trabalho.

181

nistrar e estabilizar o novo sistema, no qual a liderança americana não é mais contestada. Chamaremos a atenção em particular para a marcante estabilidade macroeconômica do sistema vigente nas últimas duas décadas.

A ERA DE KEYNES E SUA CRISE [1947-1979].

O COMPROMISSO (1947-1968).

• Três Bretton Woods.

O Padrão Ouro-Dólar, também conhecido como Sistema de Bretton Woods, era baseado em taxas de câmbio fixas dos países centrais, porém reajustáveis, pois podiam mudar por decisões de política em relação ao dólar e em relação ao preço oficial do ouro. O preço oficial do ouro em dólares foi mantido constante até 1971. Fazia também parte do sistema o controle de fluxos de capitais de curto prazo, na maior parte dos países.

Após a II Guerra Mundial houve a tentativa de reconstrução do sistema monetário internacional que havia se desorganizado desde a Grande Depressão dos anos 30. A posição dos EUA neste momento era muito forte, pois praticamente todos os países aliados haviam tomado empréstimos nos EUA durante a guerra, além de que uma boa parte das reservas de ouro do mundo estava nos EUA. Ao vencer a II Guerra Mundial, a vitória militar americana não foi somente contra o eixo Alemanha-Japão-Itália mas, do ponto de vista econômico, os EUA derrotaram de vez toda a Europa Ocidental. Foi com essa posição inicial de poder, particularmente assimétrica dos EUA, que foi construída a ordem financeira e monetária internacional do pós-guerra.

Keynes, como representante da Inglaterra na conferência de Bretton Woods, em 1944, participou das negociações sobre como seria a ordem internacional quando a guerra terminasse e propôs uma espécie de moeda mundial, que não seria a moeda de nenhum país específico e que gerasse maior simetria e estabilidade nas relações econômicas internacionais. Keynes considerava que o sistema monetário internacional tendia a impor um viés deflacionista à economia mundial e pensava em formas de evitar este viés. Para que isso fosse possível, em primeiro lugar, a moeda internacional não deveria ser o ouro, pois Keynes considerava a moeda metálica cara e ineficiente, completamente anacrônica e inadequada a um sistema financeiro moderno. A moeda internacional também não deveria ser a moeda nacional de um país específico, senão este país teria a vantagem assimétrica de ser o único a fechar suas contas externas em sua própria moeda. Keynes propôs então uma moeda nova, o "Bancor", que seria usada somente para pagamentos internacionais e seria emitida por uma autoridade monetária verdadeiramente internacional. Além disso, Keynes achava que a autoridade monetária internacional (papel que seria cumprido pelo FMI) deveria impor regras de ajustamento aos países, de forma que fosse eliminado o viés deflacionista do sistema monetário internacional. Este viés, segundo Keynes, vinha do fato de que normalmente, num sistema de câmbio fixo, nenhum país sofre qualquer sanção ou entra em qualquer dificuldade grave quando tem superávits contínuos na balança de pagamentos e acumula reservas, enquanto os países deficitários que perdem reservas são sempre obrigados (de uma forma ou de outra) a fazer ajustes recessivos. Keynes argumentava que o sistema monetário internacional deveria incluir regras que não apenas forçassem os países deficitários a economizar divisas, mas que também levassem os países cronicamente superavitários a expandir suas economias e suas importações, para que a economia mundial pudesse caminhar na direção do pleno emprego.

Finalmente, Keynes via como essencial, para que fosse possível o crescimento da economia e do próprio comércio internacional, que os fluxos de capitais de curto prazo fossem fortemente controlados. A ideia era evitar que movimentos especulativos na conta de capital perturbassem o ajustamento externo dos países, permitindo que a taxa de câmbio e as reservas internacionais fossem administradas de acordo com as mudanças na competitividade real e nos níveis de atividade produtiva das diversas economias. Esse era, em linhas gerais, o esquema que Keynes queria propor em Bretton Woods. Naturalmente, não foi essa a ideia que foi aprovada.

A proposta aprovada, por influência da delegação americana, tinha pouco a ver com a ideia original de Keynes, exceto pelo fato de que foram aceitas as restrições aos fluxos de capital de curto prazo. A proposta aprovada em Bretton Woods foi a de um sistema no qual as moedas-chave seriam teoricamente o ouro, o dólar e a libra (embora a libra tivesse um papel secundário dado o alto grau de endividamento externo em ouro e dólares da Inglaterra) e, na sua operação prática, era quase que somente o dólar. Além disso, o FMI, em vez de um banco central mundial, se transformou numa fonte de liquidez de emergência com recursos bastante limitados e principalmente numa espécie de comitê de cobrança dos credores internacionais, com a implicação de que todo o ajuste sempre recairia sobre os países deficitários.

Mas se as regras do sistema eram tão contrárias à visão de Keynes porque então todos consideram que o período em que perdurou o sistema de Bretton Woods foi a "Idade de Ouro" do Keynesianismo? Esse paradoxo pode ser explicado se distinguimos três diferentes sistemas de Bretton Woods, a saber: 1) o sistema "utópico" proposto por Keynes; 2) as regras aprovadas no acordo; e 3) a maneira pela qual o sistema foi administrado na prática pelos EUA[4].

A proposta aprovada dava grande poder assimétrico para os países superavitários e o grande país superavitário naquele momento era os EUA. Logo, havia o perigo dos EUA decidirem manter seu superávit, praticar políticas protecionistas e não tolerar ajustes na taxa de câmbio dos países menos competitivos. Se isto tivesse ocorrido, a economia mundial capitalista poderia entrar novamente numa fase de estagnação[5].

No entanto, nada disso ocorreu, pois em 1947 começou a Guerra Fria e a prioridade da política externa americana (exemplificada pelo Plano Marshall) passou a ser a reconstrução e o desenvolvimento acelerado dos países da órbita capitalista. Esse fator geopolítico fez com que os EUA operassem o sistema monetário e financeiro internacional de uma forma extremamente benigna no ponto de vista de estimular o crescimento dos demais países centrais. É por esse motivo que o sistema de Bretton Woods acabou operando em grande parte da forma como Keynes gostaria. Isso se deu pela decisão da política americana de recuperar e desenvolver as economias capitalistas tanto na Europa quanto na Ásia, para defender o "mundo livre" da ameaça do comunismo.

- Kalecki e a "Reforma Crucial".

Em seu famoso artigo "aspectos políticos do pleno emprego" Kalecki (1943) argumentou que embora as classes proprietárias não fossem contra intervenções limitadas do governo em economias em recessão, haveria forte oposição a um conjunto de políticas que implicassem na *manutenção* de condições próximas ao pleno emprego em longo prazo. A oposição seria forte, uma vez que tais políticas necessariamente envolveriam uma crescente participação do governo na economia com a consequente redução da importância da classe capitalista e do poder econômico na sociedade. Haveria uma mudança substancial no poder de barganha (tanto econômico quanto político) dos trabalhadores no sentido de uma diminuição da "disciplina", aumento da demanda por maior participação popular nas decisões do governo e até nas decisões internas das grandes firmas, pressões por aumentos salariais etc. Estas tensões fatalmente levariam a um acirramento do conflito distributivo e a pressões inflacionárias que tenderiam, nos países capita-

---

[4] Para uma análise destes aspectos distintos do sistema de Bretton Woods, ver Panic (1995).

[5] No entre guerras os EUA, mesmo superavitários, praticaram políticas de subir os juros, aumentar tarifas e desvalorizar o câmbio contribuindo, significativamente, para causar a Grande Depressão (ver Medeiros & Serrano, 1999).

listas democráticos, mais cedo ou mais tarde, a trazer ao poder grupos e partidos interessados em restabelecer a ordem via políticas econômicas ortodoxas contracionistas.

Kalecki baseou sua análise nos curtos ciclos políticos de política econômica observados nos anos 30 onde, até o início da II Guerra Mundial, apenas os governos fascistas conseguiram manter de forma permanente políticas de pleno emprego, pois neste caso, como explicava Kalecki, o controle político e social dos trabalhadores eram mantidos diretamente pela repressão[6].

No último parágrafo de seu artigo, Kalecki dizia que, se algum dia os países capitalistas conseguissem adaptar suas instituições sociais e políticas às condições de pleno emprego mais ou menos permanentes e ao consequente crescimento do poder de barganha dos trabalhadores, uma "reforma fundamental" teria sido incorporada ao capitalismo.

Quando observamos a experiência do pós-guerra vemos que a distribuição, tanto pessoal quanto funcional, da renda, tinha melhorado substancialmente durante a II Guerra Mundial, especialmente nos EUA. Esse arranjo distributivo, grosso modo, se manteve pelas duas décadas seguintes. Por outro lado, a inflação nos países industrializados até o final dos anos 60 não foi excepcionalmente baixa em termos absolutos em comparação a períodos históricos anteriores e até se mostrou bem persistente. No entanto, as taxas de inflação mantiveram-se dentro de patamares relativamente baixos se levarmos em conta as excepcionalmente altas taxas de crescimento do produto e baixas taxas de desemprego ao longo deste período.

Esta performance foi resultado de um nível bastante moderado de conflito distributivo nos países capitalistas centrais no pós-guerra praticamente até o fim dos anos 60, contrariando o que Kalecki havia previsto.

Nos EUA, este baixo nível de conflito e contestação parece ter sido resultado da forte, rápida e eficaz repressão aos sindicatos e organizações de esquerda que ocorreu a partir de 1947[7]. Esta repressão fez emergir um processo político em geral, e um padrão de organização sindical e negociações em particular, na qual os sindicatos obtinham alto nível de emprego e salários reais crescentes em troca de relações trabalhistas bastante moderadas e pouco contestatórias da estrutura de poder, tanto das firmas quanto do Estado.

Em outros países industrializados, onde a esquerda e o movimento operário se tornaram mais fortes, a disciplina foi mantida em boa parte pelas

---

[6] De acordo com Kalecki (1943: 352), no fascismo *the necessity for the myth of 'sound finance' ...is removed. In a democracy one does not know what the government will be like. Under fascism there is no next government.*

[7] Sobre as relações políticas entre trabalho e capital nos EUA no pós-guerra ver Kotz, McDonough & Reich (1994) e Marglin & Schor (1990).

restrições externas que o regime de câmbio fixo impunha às políticas econômicas que tentassem acomodar tensões inflacionárias. Em alguns países específicos onde talvez a esquerda fosse "forte demais", o compromisso com a moderação das reivindicações se devia também ao justificado temor de que uma radicalização levasse a golpes militares domésticos patrocinados pelos EUA, em nome da luta do mundo livre contra a ameaça comunista.

Por outro lado, nos EUA, uma crescente presença do Estado na economia de fato se mostrou necessária para fazer prevalecer políticas de alto crescimento da demanda efetiva requerida para a obtenção de condições próximas ao pleno emprego. No entanto, no caso americano, o drástico aumento do tamanho do setor público foi feito especialmente através da expansão acelerada dos gastos militares e do programa espacial. Esta atuação do governo de forma alguma estava sujeita às mesmas objeções por parte das classes proprietárias que ocorreriam se houvesse a necessidade de estatizar parte do investimento privado ou expandir "demasiadamente" o Estado de Bem-estar Social[8].

Nos demais países capitalistas, na Europa e na Ásia, o crescimento do Estado de Bem-estar Social e a estatização do investimento em alguns setores estratégicos foi necessária em nome da reconstrução e do desenvolvimento acelerado. Este maior grau de intervenção estatal era mais aceito pela maior proximidade destes países com a "frente de batalha" da Guerra Fria. Além disso, um componente essencial da expansão da demanda final nestes países foi o crescimento acelerado de suas exportações estimuladas pela expansão da economia americana.

- O Mito do Declínio Econômico Americano.

As decisões americanas destinadas à recuperação das economias capitalistas na Europa e na Ásia envolveram diversos aspectos, quais sejam: 1) mudanças na paridade cambial dos outros países – o preço oficial do ouro em dólar ficou estável mas os próprios americanos apoiaram e ajudaram a promover desvalorizações no câmbio dos outros países para se tornarem mais competitivos em relação aos EUA; 2) promoção de investimentos diretos em massa nos países aliados; 3) missões técnicas de transferência de tecnologia; 4) gastos militares no exterior utilizando estes países como fornecedores; 5) abertura do mercado de importações nos EUA para países aliados em termos vantajosos; 6) ajuda externa direta em termos de doações,

---

[8] Pivetti (1992) chama a atenção para este importante aspecto político do Keynesianismo bélico americano e mostra como os gastos militares americanos foram importantes para a expansão americana (e dos demais países capitalistas) no pós-guerra.

via Plano Marshall; 7) tolerância com tarifas protecionistas, com subsídios às exportações locais e com restrições às importações de produtos americanos nos países aliados; entre outros.

Evidentemente, o sucesso deste conjunto de medidas fez com que, naturalmente, ao longo do tempo, o superávit comercial e de conta-corrente americanos fossem diminuindo cada vez mais até se transformarem em pequenos déficits em 1971. Além disso, o sucesso desta política também fez, não só com que as economias dos países aliados crescessem mais rapidamente do que a americana, como também com que o diferencial de produtividade entre a economia americana e as demais fosse substancialmente reduzido em diversos setores.

Muitos analistas, em nossa opinião incorretamente, interpretam essa queda dos superávits externos americanos e da recuperação dos países aliados como indício de que os EUA viveram uma fase de "declínio econômico" no período de Bretton Woods – visto que, de 1946 até 1970, diversos indicadores, como a parcela americana nas exportações e produção mundiais, naturalmente sofreram uma grande redução. Mais ainda, a partir daí argumenta-se que o fim do sistema de Bretton Woods teria sido causado pelo grande declínio relativo do poder americano em relação aos outros países capitalistas.

Embora seja fato que, uma vez recuperados, os demais países capitalistas aliados passaram a questionar cada vez mais diversas decisões americanas e a tentar influenciar mais nas decisões dos órgãos internacionais supostamente multilaterais, há um grande exagero nestas análises. É evidente que a própria extensão do sucesso da recuperação econômica dos demais países capitalistas e de seu crescimento via exportações não são explicáveis sem a postura francamente favorável da política econômica americana[9].

Esta perspectiva histórica é importante para se qualificar a ideia de grande declínio econômico americano ao longo desse período porque, de outra forma, não é fácil entender como, no início do século XXI, os EUA continuam sendo a maior potência econômica mundial[10].

A crescente integração comercial e o desenvolvimento do sistema financeiro e monetário internacional num período de rápido crescimento

---

[9] Por exemplo, mesmo a integração monetária europeia tem suas origens quando os americanos impuseram à Europa a montagem de um sistema de pagamentos europeu para economizar dólares nas transações comerciais entre os diversos países europeus. Apesar das resistências iniciais de vários países europeus, o sistema de pagamentos europeu foi implantado, e aos poucos virou o núcleo operacional do que veio depois a ser sistema monetário europeu, que algumas décadas depois se transformou no euro, a moeda comum da União Europeia.

[10] Sobre o mito da decadência dos EUA, ver a interessante análise política 'Realista' de Nau (1992), que não chega a ser afetada por sua ortodoxia na parte econômica.

econômico foram resultados do modelo desenhado pelos EUA com a finalidade de vencer a Guerra Fria. Não é demais reiterar que se trata, de fato, de um período de alto crescimento da demanda efetiva, da produção, de altas taxas de crescimento do emprego, alto crescimento da produtividade, recuperação dos países europeus, sucesso de diversos projetos desenvolvimentistas na periferia capitalista e de grande crescimento do comércio mundial. O que hoje em dia é visto por muitos como um período de sucesso da economia de mercado, da assim chamada "globalização" foi, na realidade, resultado de um arranjo internacional baseado em políticas econômicas altamente intervencionistas e inteiramente baseadas numa postura muito "generosa" da potência capitalista dominante.

A "idade de ouro" do capitalismo certamente não foi um processo espontâneo de mercado. Se observássemos a Europa, o Japão e o restante da Ásia em 1945, não se poderia projetar nenhuma "idade de ouro" para as décadas seguintes. A situação destas regiões era de enorme assimetria de poder em relação aos EUA devido à devastação das economias nacionais, inclusive a da Inglaterra, causada pela guerra. O período da "idade de ouro" foi chamado por Hicks (1974) de a "Era de Keynes" por ser a época em que o mundo capitalista desenvolvido foi organizado de acordo com as ideias de Keynes. No entanto, sem dúvida, o motivo para a aceitação e aplicação destas ideias estava ligado fundamentalmente à Guerra Fria.

• O Compromisso Distributivo e a Inflação Rastejante.

É notável que, durante as primeiras duas décadas do pós-guerra, as altas taxas de crescimento e baixas taxas de desemprego não levaram ao acirramento do conflito distributivo e da inflação. Além do regime de câmbio nominal fixo, outro fator importante para a estabilidade de preços a nível internacional foi o controle americano do petróleo do Oriente Médio que permitiu preços nominais internacionais do petróleo em dólares praticamente estáveis até 1970.

Neste ambiente de relativa estabilidade, tanto a tendência dos preços em dólares das commodities negociadas nos mercados internacionais quanto os índices de preços das exportações mundiais em geral, medidos em dólares, ficaram praticamente estáveis em termos nominais por mais de vinte anos.

Durante quase todo este período, as taxas de juros nominais americanas (seguidas pelos outros países) estiveram bastante estáveis, o que certamente contribuiu para a estabilidade das margens de lucro nominais das empresas, uma vez que as taxas de juros de longo prazo representam, seja pelos custos financeiros seja como o custo de oportunidade do capital produtivo, o piso para as taxas de lucro do setor produtivo[11].

Ao mesmo tempo, as baixas taxas de inflação seguiam o padrão da chamada inflação "rastejante". Este tipo de inflação foi resultado do esforço da organização sindical e trabalhista que tentavam, mais do que questionar a distribuição funcional e as relações de poder vigentes, principalmente fortalecer (via mecanismos de solidariedade e justiça) a importância de se manter ou reduzir o leque de salários relativos.

Os segmentos mais combativos e organizados dos trabalhadores obtinham aumentos de salários nominais ligados a (embora com frequência menores que) ganhos de produtividade dos setores industriais líderes em termos de ritmo de progresso técnico. A produtividade nestes setores líderes, que em muitos países fora os EUA eram os setores exportadores, crescia a um ritmo muito mais elevado do que a dos demais setores da economia. Através dos sindicatos e da organização dos mercados internos e externos de trabalho das firmas, estes aumentos dos salários nominais eram em grande parte estendidos também aos trabalhadores ocupados em setores menos dinâmicos em termos de produtividade (em geral bens não comerciáveis e serviços).

Na medida em que o diferencial do crescimento da produtividade entre estes dois tipos de setores era elevado e o grau de solidariedade trabalhista (via sindicatos e/ou políticas de renda do Estado) suficientemente forte, os aumentos da folha de salário para a economia como um todo, ficavam acima do crescimento médio do produto por trabalhador. Isto gerava, a partir do repasse destes aumentos do custo de mão de obra aos preços num contexto de margens de lucro nominais relativamente estáveis, taxas moderadas mas bastante persistentes de inflação, conhecidas como "inflação rastejante"[12].

Estas duas décadas foram, portanto, um período de inflação moderada, combinado com salários reais crescentes e distribuição funcional da renda (parcela dos lucros) mais ou menos estável. Neste contexto, a inflação baixa, apesar de positiva, parece ter tido o papel de permitir que, através da inflação rastejante, os frutos do progresso técnico fossem distribuídos de forma mais equânime, estabilizando ou fechando os leques salariais dos países industrializados. Por outro lado, a barreira do câmbio fixo e dos preços internacionais em dólar das exportações estáveis em termos nominais, somados à estabilidade das taxas de juros nominais de longo prazo (que determinavam tanto os custos financeiros quanto o custo de oportunidade do capi-

---

[11] Sobre a taxa de juros como piso das margens e taxas de lucros normais, ver Pivetti (1991), Serrano (1993) e Stirati (2001).

[12] Sobre a "inflação rastejante", ver Kaldor (1976).

tal produtivo), parece ter permitido uma parcela de salários na renda razoavelmente estável na maior parte dos países industriais. Logo, a despeito das altas taxas de crescimento da produção, da produtividade e do intenso processo de mudança estrutural observados, este período foi de certa forma uma "Idade do Ouro" também em termos distributivos.

Quando Kalecki retoma a discussão dos aspectos políticos do pleno emprego em um artigo de 1971 (Kalecki & Kowalik, 1971), o sucesso deste arranjo do pós-guerra o faz coerentemente argumentar que, de fato, houve uma "reforma crucial" nos países capitalistas. Esta performance econômica e social dos países capitalistas regulados pelo Estado no contexto geopolítico da Guerra Fria, segundo Kalecki, afastou simultaneamente a possibilidade de colapso econômico, de guerras entre os principais países capitalistas e também da revolução socialista nos países avançados, onde a prosperidade dos trabalhadores era crescente. Segundo o autor, os países capitalistas haviam "aprendido o truque" de evitar as crises e a desordem do capitalismo desregulado através da intervenção estatal.

Ao final deste artigo Kalecki, no entanto, chama a atenção para o fato de que a relativa estabilidade do capitalismo reformado dependia de um alto grau de "conformismo social" e que isto talvez estivesse começando a mudar a partir dos movimentos sociais contestatórios que surgiram no final dos anos 60 – ainda que na visão do autor estes não parecessem chegar a ameaçar a existência das relações de propriedade capitalista[13].

A CONTESTAÇÃO (1968-1979).

• A Explosão Salarial e o Fim do Compromisso.

Nos últimos anos da década de 1960 ocorreu uma súbita redução do grau de "conformismo social" nos países industrializados com a chegada no mercado de trabalho de uma nova geração de trabalhadores que havia crescido em um ambiente de excepcional segurança política e econômica. O grau de militância sindical aumentou drasticamente, simultaneamente aos movimentos estudantis e de grupos em luta por direitos civis. No caso dos EUA, o grande ímpeto a esta radicalização política e a contestação da ordem social vigente foi dado pelos conflitos raciais e pela oposição à guerra do Vietnã.

---

[13] Garegnani (em Cavalieri, Garegnani & Lucii, 2004) também chama atenção para o fato de que os movimentos contestatórios de fins dos anos 60 não tinham condições de levar a mudanças de regime, tanto devido à prosperidade ocidental quanto devido à perda de atratividade da opção socialista realmente existente, dada a piora da performance econômica e a insatisfação com a situação política na União Soviética.

A principal consequência econômica direta deste novo ambiente de contestação foi um grande acirramento do conflito distributivo em todos os países centrais (Cavalieri, Garegnani & Lucii, 2004). Cresceram também, com maior força nos EUA, e em menor grau na Europa, as demandas por gastos sociais e a pressão para que estes fossem financiados de forma progressiva através da taxação de rendas da propriedade.

Além disso, o conflito levou a um aumento do ritmo de crescimento dos salários nominais, começando de forma gradual nos EUA e se espalhando rápida e simultaneamente por praticamente todos os países industrializados (Reino Unido, Alemanha, Itália, França, Japão, Suécia, Nova Zelândia, Canadá etc.), em 1968. Na maior parte destes países a taxa de crescimento dos salários nominais no período 1968-1971 – antes do aumento dos preços internacionais das commodities de 1972-1973 e do primeiro choque do petróleo em 1973 – foi mais que o dobro da taxa dos vinte anos anteriores, fenômeno que ficou conhecido como "explosão salarial[14]".

A explosão salarial levou a uma aceleração da inflação na medida em que os reajustes salariais iam sendo repassados aos preços. No entanto, as margens de lucro nominais não subiram o suficiente para fazer face ao aumento do ritmo de crescimento dos custos salariais e o repasse acabou sendo apenas parcial, tendo sido bem maior nos EUA do que nos demais países[15]. Por um conjunto de motivos, a política monetária americana não reajustou as taxas de juros nominais em linha com o aumento da inflação, o que dificultava a subida das margens de lucro nominais, ao mesmo tempo em que erodia a remuneração real dos detentores de ativos financeiros. A explosão salarial levou, em diferentes graus nos diversos países centrais, à compressão das margens reais de lucro e da parcela dos lucros da renda[16].

---

[14] Sobre a explosão salarial ver Cavalieri, Garegnani & Lucii (2004), Nordhaus (1972) e Kaldor (1976). É importante assinalar que não se observa antes do declínio do crescimento dos diversos países pós-73 mudanças muito significativas no ritmo de crescimento da produtividade do trabalho. A posterior queda do crescimento da produtividade parece, assim, ser mais um efeito da desaceleração do crescimento econômico (ver Cesaratto, Serrano & Stirati, 1999).

[15] Para evidências do repasse apenas parcial dos aumentos de custos no período, ver Labini (1984), Cavalieri, Garegnani & Lucii (2004) e Marglin & Schor (1990).

[16] Note que Kalecki (e seus seguidores modernos) argumentam que aumentos de custos salariais não têm como reduzir a parcela de lucros se as margens de lucro estão dadas. Esta conclusão, no entanto, só é válida no caso em que se supõe arbitrariamente que as margens de lucros reais é que estão dadas *a priori*, o que faz os preços aumentarem tanto quanto os custos a cada período. Com margens de lucro nominais dadas, um aumento na taxa de crescimento dos custos aumenta os preços somente com uma defasagem e reduz a margem de lucro real (ver Serrano, 1993 e Stirati, 2001). É bem verdade que o próprio Kalecki (1971) reviu sua posição e em seu último artigo sobre distribuição admite que aumentos nos salários nominais podem reduzir as margens de lucro (reais).

Note que este fenômeno ocorreu antes do grande aumento dos preços internacionais das matérias-primas em geral, em 1972, e do primeiro choque do petróleo, em particular, em 1973.

• O Início da Compressão dos Lucros e da Aceleração do Crescimento.

A compressão da parcela dos lucros naturalmente gerou grande descontentamento político nos meios empresariais. Teoricamente, a redução das margens de lucro implica não somente que uma parcela menor do que é produzido seja apropriada pelas classes proprietárias, mas também, caso seja sistemática, na redução geral da taxa de lucro normal (a taxa de lucro que se pode obter nos novos investimentos, que instalam nova capacidade produtiva no ritmo adequado à expansão da demanda efetiva)[17].

Não obstante, o importante é ressaltar que esta redução das margens de lucro e da taxa de lucro normal, apesar de ter gerado protestos da classe capitalista, não teve efeitos diretos negativos sobre o ritmo de crescimento do investimento privado[18]. Em primeiro lugar, porque o investimento não tinha porque se reduzir, pois as quedas das margens reais de lucro e da taxa de

---

[17] Aqui temos que mencionar outra deficiência da teoria de Kalecki e seus seguidores. É importante ressaltar que a taxa de lucro que interessa para a formação das margens de lucros e preços, e também para o retorno esperado em novos investimentos, necessariamente é aquela que seria obtida ao grau de utilização normal ou planejado da capacidade produtiva, e a não a taxa de lucro corrente sobre o capital já instalado, que naturalmente varia com o grau de utilização efetivo da capacidade. O ponto é que, de um lado, a concorrência (efetiva ou potencial) não permite que as firmas planejem de propósito instalar plantas muito menores do que a demanda efetiva esperada, e acabar tendo que mantê-las cronicamente sobreutilizadas. Por outro lado, não faz sentido fazer plantas sistematicamente maiores do que o justificado pelo tamanho do mercado (já levando em conta uma margem de capacidade ociosa planejada). Assim, é a taxa de lucro normal que determina as margens de lucro e os preços-limite que a concorrência impõe a todos os setores e, portanto, também a taxa de retorno em novos investimentos de ampliação de capacidade produtiva. Sobre isso, ver Cavalieri, Garegnani & Lucii (2004), Petri (1993, 1997) e Ciccone (1991).

[18] Aqui quem faz a confusão são os neomarxistas (ver Marglin & Schor, 1990) que tentam mecanicamente associar a compressão de margens de lucro com redução do ritmo dos investimentos através da postulação arbitrária de que o investimento é uma função direta do nível da margem de lucro. Que menores margens de lucro levam a menores taxas de lucro normais não implica que a opção mais lucrativa seja reduzir o tamanho da capacidade produtiva. O tamanho adequado da capacidade produtiva não vai depender do nível da taxa normal de lucro e sim do tamanho da demanda dos que podem pagar preços que garantem a rentabilidade normal mínima aceita, seja ela alta ou baixa. Ver referências da nota anterior e Serrano (1988 e 1996, cap. 3). É importante notar que o próprio Marglin (1990: 19-20) admite que a queda da parcela dos lucros não foi acompanhada pela redução da taxa de investimento, que só começou a se reduzir nos países industrializados muitos anos depois (e atribui esta discrepância a uma suposta e não observável divergência entre margens esperadas e realizadas).

lucro normal foram acompanhadas por queda equivalente das taxas de juros reais, aparentemente sem alterar significativamente a diferença entre taxas de lucro e taxas de juro que é o que poderia afetar o investimento[19].

Outrossim, por mais que os empresários politicamente prefiram margens e taxas de lucro normais maiores, estes "não investem enquanto classe" e sim de acordo com as oportunidades de investimento existentes e a pressão da concorrência. Suas decisões de investimento não são função inversa do nível da taxa de lucro normal e sim função positiva do tamanho do mercado. Em longo prazo, o volume global de oportunidades lucrativas de investimento é dado pelo nível e crescimento da demanda efetiva – a demanda dos que podem pagar os preços normais (aquele referente à taxa de lucro normal, que define o padrão mínimo vigente de rentabilidade). Se a demanda efetiva estiver se expandindo, estejam as margens e taxas de lucro normais 'altas' ou 'baixas', a concorrência e a busca do maior lucro possível impelem o conjunto das empresas a expandirem seus investimentos[20].

Nos EUA, o aumento da parcela salarial, ao redistribuir renda para classes com maior propensão a consumir, certamente levou a um aumento do consumo induzido dos trabalhadores. Esta expansão do consumo, ao aumentar a demanda efetiva, levou a um aumento dos níveis de investimento privado, mesmo com margens e taxas normais de lucro menores. A compressão das margens de lucros no final dos anos 60 teve o efeito, não só de aumentar o conflito social e distributivo e a inflação, como também de, inicialmente, acelerar ainda mais o crescimento econômico dos principais países industrializados.

O ponto importante a ser assinalado é que a compressão das margens de lucro não causa diretamente uma crise ou redução no crescimento da economia. O que esta redução pode vir a causar é, como Kalecki já havia notado em seu artigo de 1943, uma mudança da orientação da política econômica numa direção contracionista que, em nome do controle da inflação, produza desemprego suficiente para enfraquecer o poder de barganha dos trabalhadores e permitir a restauração das condições gerais de rentabilidade e, em particular, a garantia de taxas de juro reais suficientemente positivas.

---

[19] Sobre a inexistência de uma relação inversa entre a taxa de juros e o investimento não residencial quando a taxa de juros, por um lado, e as margens e taxas de lucro normais, por outro, se movem na mesma direção, ver Garegnani (1978-9), Pivetti (1991) e Petri (1997).

[20] Note que o tamanho do mercado medido pela demanda efetiva limita a tendência do volume agregado de oportunidades de investimento mesmo quando existem investimentos em inovações que buscam gerar lucros bem acima do padrão normal e/ou roubar parcelas de mercado dos rivais. Ver Cesaratto, Serrano & Stirati (2003).

No entanto, no período 1968-71, esta <u>não</u> foi a reação da política econômica americana. Pelo contrário, a resposta inicial do governo americano à aceleração da inflação foi, no primeiro mandato do presidente Nixon, a manutenção das políticas macroeconômicas expansionistas. A prioridade central do governo, naquele contexto político, era evitar o crescimento do desemprego[21]. Desta forma, a política fiscal continuou expansionista, tanto devido aos gastos militares quanto aos crescentes gastos sociais resultantes das políticas de bem-estar dos projetos "Great Society" e da "guerra contra a pobreza", herdados do presidente Johnson. A política monetária também foi expansionista, com reduções nas taxas de juros nominais de curto prazo até 1971, cujo objetivo era evitar a recessão, via estímulo à construção civil e ao consumo de duráveis. Neste contexto, o combate à aceleração da inflação acabou ficando por conta da política de rendas. Controles de preços e salários foram introduzidos nos EUA em 1971 e tiveram muito mais o efeito de reduzir substancialmente o ritmo de crescimento dos salários nominais que dos preços, ainda que durante pouco tempo.

Naturalmente, a taxa de crescimento dos salários nominais, o crescimento da produtividade e o grau em que estas variações de custos eram repassadas aos preços e à inflação não se deram no mesmo ritmo nos diversos países. Em geral, a economia americana teve maior inflação e aumento bem menor dos salários reais do que a maior parte dos demais países capitalistas (Cavalieri, Garegnani & Lucii, 2004). No contexto do regime de câmbio nominal fixo, a inflação maior fez com que a competitividade externa da economia americana com a maior parte dos parceiros comerciais se deteriorasse adicionalmente, apesar da valorização do marco alemão a partir de 1968 e do yen a partir de 1970. Isto aumentou a pressão interna dos setores expostos à concorrência externa para que o governo americano efetuasse, por conta própria, uma desvalorização cambial generalizada.

- "O Dilema de Nixon".

No entanto, a desvalorização do dólar, moeda-chave do sistema de Bretton Woods, não era uma decisão simples. Quando se discutia o problema do déficit da balança de pagamentos americana e suas implicações no

---

[21] A despeito de sua interpretação teórica ortodoxa, De Long (1995a e 1995b) documenta bem a preocupação do governo americano em não causar recessão neste período. Já Nelson (2004) documenta bem como tanto a Casa Branca, o Tesouro e o FED, do governo Nixon até quase o final do governo Carter, tinham uma visão, que este autor ortodoxo considera profundamente equivocada, de que a inflação dos anos 70 era derivada de conflitos distributivos e dos choques do petróleo, e viam políticas recessivas como ineficazes para combatê-la.

sistema monetário internacional nos anos 60, os EUA ainda apresentavam superávit comercial e de conta corrente. Porém já se verificava um grande déficit na balança de pagamentos devido à grande saída de capital resultante dos investimentos diretos, ajuda externa, gastos militares no exterior e empréstimos para os demais países.

Ao longo do período, foram sendo acumulados déficits da balança de pagamentos cada vez maiores. Contudo, como o dólar era a moeda-chave do sistema, os déficits eram pagos em grande parte em dólares, e não em ouro. Além do mais, como os EUA não tinham déficits em conta corrente, seu passivo externo líquido não aumentava, pois a saída de capital de longo prazo era exatamente compensada pela entrada de capital de curto prazo quando os pagamentos em dólares eram aceitos e os bancos centrais dos aliados acumulavam reservas em dólares, que eram aplicadas em títulos de curto prazo americano. Portanto, apesar do déficit global na balança de pagamentos, os EUA não perdiam o ouro, pois seus passivos em ouro não se ampliavam.

Nesse sentido, o déficit americano da balança de pagamentos era bastante diferente do déficit dos demais países, porque era causado por uma saída de capital de longo prazo em dólar que se transformava rapidamente numa entrada de capital de curto prazo em dólar. O único efeito destes déficits na balança de pagamentos era que a proporção entre as reservas em ativos denominados em dólar no mundo e o estoque de ouro guardado em Fort Knox (local em que se mantinham as reservas de ouro americanas) era cada vez maior.

Esse mecanismo monetário gerava uma assimetria muito grande pois, na medida em que os países aceitavam o dólar como moeda de reserva internacional, os EUA podiam financiar um déficit global na balança de pagamentos de qualquer tamanho.

Neste sistema, apesar da vantagem dos EUA de poder fechar a balança de pagamentos em dólar havia, mesmo assim, duas restrições ligadas à necessidade de manter a conversibilidade em ouro[22]. Em primeiro lugar, os EUA podiam ter déficits na conta de capital, mas deveriam evitar ter déficits crônicos em conta corrente. Se os EUA incorressem em um déficit em conta corrente, isso significaria que o passivo externo líquido estaria aumentando, pois neste caso, estaria havendo um aumento da dívida externa líquida com os outros países. Como no sistema de Bretton Woods estas obrigações externas, mesmo se denominadas em dólar, eram plenamente conversíveis

---

[22] Uma análise mais detalhada da balança de pagamentos do país que emite a moeda-chave num padrão referido ao ouro se encontra em Serrano (2002).

em ouro pelos bancos centrais dos demais países, isto implicaria numa perda de ouro por parte dos EUA.

Portanto, se os EUA incorressem em déficits em conta corrente, estes progressivamente iriam perder suas reservas em ouro. Caso isto ocorresse, a ideia de que o dólar era *as good as gold* que garantia sua aceitação internacional, seria minada. Na medida em que as reservas americanas de ouro diminuíssem cada vez mais, os pagamentos internacionais tenderiam a ser feitos diretamente em ouro e não em dólar, e o dólar acabaria por perder seu papel de moeda-chave.

A segunda restrição que o padrão ouro-dólar impunha aos EUA era a necessidade de manter fixo o preço oficial do ouro em dólar. Se o preço oficial do ouro começasse a variar em relação ao dólar, isto poderia dar impulso a movimentos especulativos e posteriormente ao abandono do uso do dólar para pagamentos internacionais. Por isso o preço oficial do ouro em dólares foi tabelado e não foi alterado em nenhuma circunstância de 1947 até 1971.

Essa constância criava um problema para os EUA, pois os impedia de tomar a iniciativa de desvalorizar ou valorizar o dólar em relação às moedas dos demais países. Num sistema de padrão ouro, o câmbio é fixado quando o governo declara o preço do ouro na moeda do país. Durante o período de "câmbio fixo" de Bretton Woods vários países alteraram suas paridades mudando o preço oficial do ouro em suas moedas, alguns inclusive com o apoio dos EUA como parte da estratégia de reconstrução dos aliados. Quando um país desejava desvalorizar sua moeda em relação ao dólar, era só fixar um preço oficial maior para o ouro em sua moeda e, simetricamente, um preço menor, no caso de uma valorização. O único país que não podia se valer desse mecanismo era os EUA, já que não deveriam mudar o preço nominal do ouro em dólar[23].

O problema era que estas duas restrições colocavam os EUA numa contradição fundamental. De um lado, o próprio sucesso da estratégia americana de reconstrução e desenvolvimento dos demais países capitalistas (inclusive aceitando desvalorizações cambiais de outros países) estava reduzindo progressivamente os superávits comerciais e de conta corrente americanos. Mas para manter o papel de moeda internacional do dólar era necessário, como vimos, evitar a ocorrência de déficits na conta corrente. Ao mesmo tempo, a maneira mais simples de melhorar a competitividade ex-

---

[23] Caso os EUA quisessem desvalorizar o dólar em relação à moeda de algum país, sem ameaçar o papel especial do dólar no sistema, os americanos deveriam pedir a este país para baixar o preço oficial do ouro naquela moeda. Não poderiam simplesmente tomar a iniciativa de mudar o preço do ouro em dólar e efetuar a desvalorização. Se isso fosse feito, se romperia a equivalência entre o dólar e o ouro.

terna americana seria através de uma desvalorização do dólar. Mas como desvalorizar o dólar sem ameaçar o seu papel de moeda internacional? A Inglaterra à época do padrão ouro-libra havia enfrentado (e não conseguido resolver) problema semelhante, diante da dificuldade em conciliar o seu papel de moeda internacional (e a vantagem de não enfrentar restrição de balança de pagamentos) e, ao mesmo tempo, proteger sua competitividade real.

Esse era o problema que os EUA tinham que enfrentar, o qual já chamamos em texto anterior de "o Dilema de Nixon" (Serrano, 2002). Esse dilema vinha da vontade de desvalorizar o câmbio e ao mesmo tempo a impossibilidade de fazê-lo, dentro das regras do Sistema Bretton Woods, sem ameaçar a posição do dólar como moeda internacional[24].

É importante assinalar que a alternativa de seguir políticas macroeconômicas contracionistas para garantir a manutenção da taxa de câmbio nominal nunca foi sequer considerada seriamente pelo governo americano, pois entrava em choque com suas prioridades de política interna e externa, e significaria a inaceitável admissão, pelos EUA, de uma restrição externa ao seu crescimento e às suas políticas econômicas em geral.

Durante os anos 60 ocorreram diversas negociações entre os aliados e os EUA a respeito de como mudar o sistema. Alguns países, como a França, pressionavam para ampliar o papel do ouro no sistema com o argumento de que, se todos os países pagassem suas dívidas em ouro, nenhum teria vantagens exclusivas (embora a França por acaso detivesse uma boa parte de suas reservas internacionais em ouro). Porém, num sistema em que o ouro desempenhasse um papel mais importante, os EUA voltariam a ter uma restrição do balanço de pagamentos como todos os outros países. Além disso, grandes produtores de ouro, como a União Soviética e a África do Sul, ganhariam um grande poder de barganha na economia internacional. Evidentemente os EUA não tinham o menor interesse em aceitar este tipo de reforma.

Uma outra proposta, semelhante à proposta original de Keynes em Bretton Woods, era a de usar, para os pagamentos internacionais, os chamados Direitos Especiais de Saque (moeda contábil inventada pelo FMI)

---

[24] Em geral, não é dessa forma que se discute a contradição do Sistema de Bretton Woods. Argumenta-se que existia cada vez menos ouro em Fort Knox em relação à quantidade de dólares em circulação no mundo. Como no final desse período houve uma desregulamentação financeira e o crescimento do mercado internacional de "Eurodólares", se acrescenta a ideia de que esse mercado criou ainda mais dólares sem controle dos Bancos Centrais aumentando, ainda mais, a falta de lastro em ouro do dólar. O mercado teria imposto aos EUA o abandono da conversibilidade do dólar no ouro, o fim do preço oficial do dólar, por conta desta falta de "lastro". Estas análises que fazem referência ao chamado dilema de Triffin dependem de uma série de hipóteses irrealistas de cunho monetarista. Para uma discussão detalhada e uma crítica a estas interpretações, ver Serrano (2002).

com saldos iniciais emitidos na proporção da importância de cada país no comércio mundial. Os EUA vetaram todas as tentativas de ampliação do papel dos Direitos Especiais de Saque e da ideia de que a mesma se tornasse uma nova moeda verdadeiramente internacional.

Como contraproposta, os americanos propunham uma desvalorização do dólar mantendo o preço oficial do ouro em dólar estável, através de uma redução coordenada e proporcional do preço oficial do ouro nas demais moedas nacionais. Todavia, os demais países também não aceitaram esta proposta americana[25].

Diante da falta de acordo, em 1971 o presidente Nixon tomou a decisão unilateral de abandonar a conversibilidade em ouro do dólar. Além disso, diante da dificuldade de negociar novas paridades cambiais com seus principais parceiros, Nixon também impôs unilateralmente uma tarifa extra sobre todas as importações, que deveria ser mantida até que os aliados chegassem a um acordo sobre as taxas de câmbio, acordo este que só veio a ocorrer em 1973.

- As Commodities, o Petróleo e a Estagflação.

Dado o contexto de crescimento acelerado e sincronizado da economia americana e mundial, aumento da inflação nos EUA, taxas de juros de curto prazo nominais e reais baixas em dólar e crescente capacidade de criação de crédito no circuito offshore do eurodollar, o fim da conversibilidade do dólar levou a uma verdadeira explosão dos preços em dólar das matérias-primas nos mercados internacionais a partir de 1972. Estes preços subiram muito mais do que em expansões anteriores e de forma muito mais que proporcional ao aumento anterior dos preços em dólar dos produtos industrializados.

É importante assinalar que o choque das commodities não se mostrou permanente e, a mais longo prazo, não reverteu a tendência declinante dos termos de trocas das matérias-primas e alimentos (embora na época muitos pensassem que havia ocorrido uma quebra nesta tendência)[26]. Mas, mesmo assim, este choque marcou o início de uma era de grande volatilidade nos

---

[25] Sobre estas negociações e impasses, ver Solomon (1982).

[26] Exemplos típicos são Hicks (1974) e Kaldor (1976), que supunham que havia surgido uma rigidez na oferta mundial de matérias-primas. Mais tarde Kaldor admite que mudou de opinião (Kaldor, 1989) depois de ler Labini (1984) que mostra que o que mudou mesmo foi apenas a volatilidade dos preços. Por sua vez, Hicks (1989) não menciona mais a questão da escassez em sua análise sobre o comportamento dos mercados de commodities e implicitamente confirma a tendência secular de queda dos termos de troca das commodities apontada por Prebisch. Para evidências de que o choque de commodities teve efeitos temporários sobre os termos de troca (embora de fato a volatilidade tenha aumentado muito) e de que, além disso, a tendência secular de queda dos termos continua valendo (talvez até com mais força a partir da década de 80), ver O'Connell (2001), Ocampo & Parra (2004), Bunzel & Vogelsang (2003) e Cashin & McDermott (2002).

mercados de commodities internacionais, sem dúvida resultado do novo regime de câmbio flutuante, e que dura até os dias de hoje.

A partir de 1971, a OPEP passou a pressionar por reajustes no preço internacional do petróleo e maior participação nos royalties, que estavam muito defasados em termos reais. Considerações sobre a manutenção de boas relações com os países árabes numa área de grandes tensões geopolíticas, a preocupação com a segurança energética e com a viabilidade econômica da indústria petrolífera americana (cujos custos haviam subido muito com a inflação acumulada) levaram os EUA a aceitar reajustes de cerca de 50% do preço internacional do petróleo de 1971 a 1973. Ao mesmo tempo, em 1971, os EUA começaram a ampliar suas importações de petróleo dos países da OPEP.

Em agosto de 1973, como parte da política de segurança energética, os EUA congelaram o preço do petróleo doméstico produzido em poços já existentes com o objetivo de evitar a exploração predatória nestes poços; ao mesmo tempo, liberaram o preço do petróleo vindo de novos poços americanos, com o objetivo de estimular o investimento nestes últimos. Simultaneamente, para evitar o desabastecimento de uma economia em expansão numa situação internacional tensa, o governo americano aboliu de vez as cotas oficiais de importação de petróleo, o que teve um efeito imediato de aumentar ainda mais a demanda pelo petróleo importado dos países da OPEP. A guerra do Yon Kippur entre os países árabes e Israel, deflagrada poucos meses depois, foi o estopim de um grande aumento do preço internacional do petróleo, que quase quadruplicou no ano de 1973.

Desta forma, o primeiro choque do petróleo, embora representasse uma situação de relativa perda de controle – sendo sem dúvida resultado direto do conflito distributivo entre os países produtores e os países desenvolvidos, num contexto de questionamento da liderança americana – só teve um efeito de tal magnitude devido à política macroeconômica expansionista dos EUA e, especialmente, à sua nova política de segurança energética[27].

A política energética americana priorizava a preservação e a ampliação das reservas internas americanas e simultaneamente a garantia de abastecimento aos EUA. Estas prioridades foram mantidas mesmo com o primeiro choque do petróleo, a despeito dos evidentes custos desta política. Estes custos incluíam o aumento da inflação nos EUA e no resto do mundo, a

---

[27] É importante assinalar que nos EUA a política de segurança energética tem sempre sido um outro nome para uma política que, em geral, tem preservado a rentabilidade da indústria petrolífera interna americana. Entre os poucos autores que enfatizam a importância da política energética americana para reforçar o poder de barganha da OPEP em diferentes períodos históricos, ver Parboni (1981), Ayoub (1994), Rutledge (2003) e também as análises sraffianas de Piccioni & Ravagnani (2002) e Roncaglia (2003).

199

transferência de renda aos países árabes (embora parte das transferências fosse para as multinacionais americanas) e, especialmente, as grandes dificuldades de balança de pagamentos criadas aos demais países industrializados pelo choque do petróleo, que ao contrário dos EUA, não emitiam os dólares necessários para pagar a OPEP.

Estes choques dos preços das commodities e do petróleo acabaram levando a uma grande desaceleração no crescimento da economia mundial. O choque do petróleo teve um efeito recessivo direto advindo da redistribuição de renda a favor dos países produtores que não tinham como gastar uma proporção grande destes ganhos em curto prazo. Por outro lado, os choques do petróleo e das commodities deram novo ímpeto à inflação nos países ricos, onde esquemas formais ou informais de indexação salarial tinham sido implantados no início dos anos 70 em diversos países (em boa parte deles ironicamente com o intuito de moderar e ordenar os aumentos de salários nominais). A aceleração da inflação em todos os países industrializados e os problemas de balanço de pagamentos dos outros países, que não os EUA, acabaram finalmente levando à introdução generalizada, embora em alguns casos ainda de forma parcial e hesitante, de políticas macroeconômicas contracionistas – as chamadas políticas de *stop and go*.

Estes aumentos acirravam ainda mais os conflitos distributivos nos países centrais, pois a mudança nos termos de troca agravava a compressão das margens de lucro enquanto que, ao mesmo tempo, tendia a reduzir os salários reais dos trabalhadores em termos de poder de compra sobre os bens de consumo.

Estes conflitos, por sua vez, faziam a inflação dos preços dos produtos industrializados acelerar ainda mais. Os aumentos dos preços dos produtos industrializados e os aumentos do preço do petróleo acabavam levando, posteriormente, a reajustes compensatórios adicionais nos preços nominais das commodities pelo lado dos custos. No entanto, a rápida inflação nos países industrializados acabou reduzindo novamente os termos de troca das commodities fora o petróleo, que no final dos anos 70 já tinham perdido novamente quase todos os ganhos do início da década[28].

---

[28] A importância da volatilidade dos movimentos especulativos de commodities para a inflação americana e mundial parece ter sido muito superestimada por diversos autores como Tavares & Belluzzo (1986), Schulmeister (2000) e mais recentemente pelo próprio autor deste trabalho (Serrano, 2002 e Medeiros & Serrano, 1999). O problema é que estoques especulativos não conseguem ter impacto prolongado sobre os preços pois, em algum momento, devem ser vendidos. Além disso, qualquer aumento de preços mais sistemático, não acompanhado de aumento de custos, fatalmente leva a uma rápida (e desordenada) expansão da oferta internacional de commodities. De fato, um exame mais detalhado dos dados mostra que o choque inicial dos preços das commodities foi rapidamente corroído pelo choque do petróleo e pela inflação acelerada dos países industrializados (ver referências da nota 26 acima). A prova disso é que, ao longo dos anos 70 os termos de troca dos países em desenvolvimento não exportadores de petróleo declinaram significativamente (O'Connell, 2001).

Nos EUA, onde os trabalhadores tinham menor poder de barganha, o efeito mais forte de queda das margens de lucro reais neste período foi devido às mudanças nos termos de troca devido ao choque do petróleo. Além disso, a desvalorização do dólar, que aumentava o preço das importações americanas de produtos de outros países industrializados que não são denominados em dólares, também contribuía para a inflação nos EUA. Nos demais países industrializados, em geral, a "resistência salarial" era mais forte e o repasse de aumentos de custos domésticos aos preços, mais difícil, por serem economias mais abertas[29].

O choque inflacionário e distributivo temporário decorrente dos aumentos dos preços das commodities e o choque permanente decorrente da alta do preço relativo do petróleo (que são denominados em dólar) tiveram efeitos diferenciados nos diversos países. Nos EUA o impacto era, de um lado, menor, por conta dos menores coeficientes de importação da economia americana e, de outro lado, maior, pelo fato dos preços desses bens serem denominados em dólar. Nos demais países industrializados o impacto era agravado pelos maiores coeficientes de importações de matérias-primas e, por outro lado, amortecido pela valorização destas moedas em relação ao dólar.

É neste ambiente de instabilidade que, em 1979, sob o impacto da recente revolução no Irã, ocorre o segundo choque do petróleo que faz o preço internacional do petróleo quase triplicar. A economia mundial capitalista chegou, assim, ao final da década de 1970, com crescimento reduzido, inflação acelerada e com a ordem da "Era de Keynes" destruída, tanto a nível interno quanto internacional.

A REAÇÃO AMERICANA E A ESTABILIZAÇÃO DO PADRÃO DÓLAR FLEXÍVEL [1979-2004].

A RESTAURAÇÃO DA HIERARQUIA (1979-1984).

• Paul Volcker.

A posse de Paul Volcker no FED em 1979, ainda no governo Democrata de Jimmy Carter, sinalizou o início da virada conservadora nos EUA. Decidido a estabilizar o sistema, Volcker desistiu de tentar coordenar a política em conjunto com os demais países industrializados, pois estes continuavam insistindo na tese de que deveria haver mudanças no que hoje se chama de "arquitetura do sistema monetário financeiro internacional", com objetivo

---

[29] Estes são os bens que Schulmeister (2000) chama de *non-dollar goods*, em contraposição às commodities e ao petróleo que seriam os *dollar goods*.

de reduzir o papel assimétrico do dólar. Pouco depois do segundo choque do petróleo, Volcker elevou a taxa de juros americana unilateralmente, inaugurando um período histórico de taxas de juros reais elevadas. Esta política, junto com as repercussões do segundo choque do petróleo, acabou lançando a economia mundial numa grande recessão e inaugurando um período de valorização do dólar que durou até 1985.

Os demais países industrializados foram forçados a acompanhar de perto este movimento de alta, sem precedentes, das taxas de juros, sob pena de sofrerem uma imensa fuga de capitais e uma desvalorização cambial descontrolada com suas consequências inflacionárias. A partir daí os países industrializados desistiram definitivamente de questionar a dominância do dólar e a Europa defensivamente começou a montar o sistema monetário europeu para estabilizar o câmbio entre os países da própria comunidade europeia.

De qualquer forma, os juros mais elevados em dólares atraíram uma enorme quantidade de capital externo para os EUA. O déficit externo em conta corrente americano se ampliou consideravelmente neste período de valorização do dólar. Este aumento levou diversos autores a pensarem que o objetivo da política de juros altos fosse o de atrair capital externo para financiar o déficit externo americano[30]. No entanto, como o dólar era a moeda de pagamento internacional, isto de forma alguma era necessário. As importações americanas em todo o pós-guerra e até os dias de hoje, mesmo de bens cujos preços não são denominados em dólar, sempre foram pagas em dólar e, portanto, o déficit externo americano é sempre financiado na própria transação que o gera. Os fluxos de capitais afetam a taxa de câmbio, mas não a capacidade de financiamento do déficit externo. Além disso, como vimos acima, desde o fim da conversibilidade em ouro em 1971, os EUA deixaram de ter qualquer tipo de restrição externa e passaram a não se preocupar mais com a ocorrência de déficits em conta corrente.

A recessão mundial e os juros em dólar elevados fizeram cair os preços nominais em dólares das matérias-primas e do petróleo nos mercados internacionais. A inflação americana começou gradualmente a se desacelerar enquanto a situação externa dos países em desenvolvimento endividados foi ficando crítica e explodiu em 1982, após a moratória do México e o corte subsequente do crédito aos países em desenvolvimento. A desaceleração da inflação nos EUA também se beneficiou, em menor grau, da redução dos preços em dólar dos produtos industrializados importados dos países desenvolvidos causada pela valorização do dólar.

---

[30] Ver, por exemplo, Tavares (1985) e em parte, até Pivetti (1992).

• Ronald Reagan.

Com o argumento de que a inflação estava demorando a ceder, a política de juros elevados foi mantida e a economia americana sofreu sua pior recessão do pós-guerra, em parte resultante dos níveis recordes de taxas de juros reais[31]. O presidente Ronald Reagan tomou posse em 1981 e imediatamente começou um ataque frontal à classe trabalhadora, ao movimento sindical e às demais forças progressistas americanas. Além de confrontar diretamente e enfraquecer os sindicatos, Reagan acabou com as políticas de renda de Nixon e Carter e fez avançar o processo de desregulamentação industrial. Esta desregulamentação, em nome de promover a concorrência e a inovação, incentivou fusões e aquisições de empresas que foram "reestruturadas" com nova administração, abandonando contratos e acordos feitos com trabalhadores sindicalizados. A desregulamentação, em conjunto com o dólar valorizado, estimulou um processo de relocalização industrial onde as partes mais intensivas em trabalho não qualificado das cadeias industriais foram transferidas para fábricas em países em desenvolvimento.

Desta forma, no início dos anos 80, o poder de barganha dos trabalhadores americanos sofreu uma forte redução. Além da hostilidade aberta aos sindicatos e da reestruturação industrial, com a crescente concorrência externa e as ameaças das empresas de aprofundar a deslocalização, a taxa de desemprego atingiu níveis recordes jamais vistos desde a grande depressão dos anos 30.

Esta situação naturalmente levou a uma considerável e permanente desaceleração do ritmo de crescimento dos salários nominais, com quedas substanciais de salários reais (especialmente dos trabalhadores menos qualificados) apesar dos preços dos insumos importados e do petróleo estarem se reduzindo[32].

Adicionalmente, o enfraquecimento dos sindicatos e dos trabalhadores menos qualificados em geral, a falta de reajustes do salário mínimo e de benefícios sociais e a facilitação da imigração de trabalhadores não qua-

---

[31] Note que aumentos das taxas de juros reais (*ex-post*) de curto prazo redistribuem renda dos devedores para os credores. Isto leva, em geral, diretamente a reduções permanentes na demanda por bens de consumo duráveis e investimento residencial. O impacto financeiro destes aumentos tende a ter efeitos diretos apenas temporários sobre o investimento não residencial, pois patamares permanentemente mais altos de juros acabam levando as empresas a aumentarem suas margens brutas de lucros (ver referências da nota 19).

[32] Os dados oficiais tanto do Bureau of Economic Analysis quanto do Bureau of Labour Statistics mostram quedas substanciais dos salários reais nos EUA na primeira metade dos anos 80, tanto na indústria quanto na economia como um todo (ver também Pollin, 2002 e Cavalieri, Garegnani & Lucii, 2004). Note que Tavares (1985) e Tavares & Belluzzo (1986) incorretamente afirmam que houve crescimento dos salários reais nos EUA neste período.

lificados, fez aumentar dramaticamente a desigualdade salarial, o que teve o importante efeito macroeconômico adicional de eliminar a chamada inflação rastejante.

Além de seus efeitos negativos sobre a distribuição funcional e pessoal da renda[33], a derrota política dos sindicatos e dos trabalhadores reduziu drasticamente a "inércia inflacionária" da economia americana[34].

O longo período de juros nominais e reais elevados, num contexto destes diversos choques de custo favoráveis às empresas permitiu, não apenas a recuperação, mas também um substancial aumento das margens de lucro nominais e reais nos EUA. Devido ao aumento dos custos financeiros e de oportunidade do capital produtivo, o ritmo de queda do crescimento dos preços foi sistematicamente menor do que o da redução do crescimento nominal dos custos de produção.

Um movimento semelhante foi observado posteriormente nos principais países industrializados onde a nova era de taxa de juros reais elevadas também veio acompanhada de aumento das margens brutas de lucros, a despeito do acirramento da concorrência doméstica e internacional prometida pela desregulamentação, maior abertura das economias neste período e queda na parcela dos salários no produto.

O aumento das taxas de juros não provocou uma redução das margens de lucros líquidos – isto é, descontados os pagamentos de juros – das empresas, pelo fato de que o aumento das margens brutas de lucro ter sido suficiente para que a variável de ajuste fosse os salários reais. Os salários reais caíram ou cresceram bem menos que a produtividade em todos os países centrais. Estas mudanças distributivas mostram que a nova era de juros reais elevados não causou um conflito permanente entre o capital produtivo e o capital financeiro, e sim, faz parte de uma drástica queda do poder de barganha dos trabalhadores em relação às classes proprietárias em geral[35].

---

[33] Para evidência empírica do dramático aumento da desigualdade salarial nos EUA a partir dos anos 80, ver Piketty & Saez (2001). Para dados sobre a queda substancial da parcela dos salários a partir deste período, ver Poterba (1997) e Krueger (1999).

[34] Dados sobre a drástica queda da "inércia inflacionária" na economia americana a partir da primeira metade dos anos 80 (e também nos demais países industrializados) podem ser encontrados em Martin & Rowthorn (2004).

[35] Ver Baghli, Cette & Sylvain (2003) para dados sobre a trajetória em "u" das margens de lucro que caem nos anos 70 e sobem para patamares provavelmente superiores aos dos anos 60 a partir dos anos 80, tanto nos EUA quanto em outros países industrializados. Os autores também mostram a confirmação econométrica da relação positiva entre a trajetória das margens de lucro e da taxa de juros real. Para dados que mostram que o aumento dos juros nos EUA e demais países ricos não reduziu de forma persistente a rentabilidade do setor não financeiro, ver Abrena, Epstein & Power (2003) e Epstein & Power (2003).

Depois da crise financeira internacional de 1982, a política monetária mudou de sinal e os juros começaram a ser reduzidos lentamente. É importante assinalar que essa redução se dá apenas em relação aos níveis recordes do início da década de 1980. Os patamares médios de taxas de juros reais de curto e de longo prazo no período que vai de meados da década de 1980 até o final do século, mais do que dobraram em relação às décadas de 1950 e 160[36].

A economia americana voltou a crescer a partir de 1983, e em 1984 recebeu um grande estímulo de demanda mediante um substancial aumento dos gastos militares resultante da decisão estratégica de Reagan de buscar a derrota final da União Soviética na Guerra Fria através da pressão advinda do acirramento da corrida armamentista.

A ESTABILIZAÇÃO DO PADRÃO DÓLAR FLEXÍVEL (1985-2004).

- Baixa Volatilidade e Retomada do Controle.

Nos anos 50 e 60 os EUA tinham maior taxa de desemprego e menor taxa de crescimento do que seus principais parceiros comerciais. A despeito da maior volatilidade dos juros, do câmbio e dos preços das matérias-primas, a partir dos anos 80 os EUA cresceram consistentemente a taxas mais altas e menos voláteis do que os demais países desenvolvidos, mantendo estável a hierarquia de renda per capita (pois o crescimento mais rápido da população e da força de trabalho americanas em relação aos demais países praticamente compensou a mais alta taxa de crescimento do produto dos EUA). As taxas de desemprego nos EUA, embora substancialmente mais altas do que no período de Bretton Woods, foram muito menores do que nos demais países centrais (fora o Japão). Ao mesmo tempo, as taxas de inflação nos EUA foram bem baixas e pouco voláteis.

Assim, a partir dos anos 80, no *front* externo, os EUA conseguiram enquadrar os Estados e as moedas rivais, ficando livres de qualquer restrição de balança de pagamentos e da necessidade geopolítica de fomentar o desenvolvimento dos demais países centrais e da periferia. Internamente ocorreu, nos EUA, uma grande e decisiva mudança a favor das classes pro-

---

[36] Para a curiosa confirmação empírica por autores ortodoxos do fato de que políticas de taxas de juros nominais elevadas afetam as taxas reais mesmo no longo prazo (invalidando a chamada relação de neutralidade de Fisher, tão cara aos ortodoxos), ver De Long (1999) e Chadia & Dimsdale (1999). Estes últimos mostram também que os patamares de taxas de juros reais elevados nos EUA e em outros países centrais, a partir da década de 1980, trouxeram de volta as taxas de juros reais para os níveis históricos vigentes antes da II Guerra Mundial, confirmando o caráter excepcional da "Idade de Ouro".

prietárias, tanto em termos de distribuição de renda quanto de poder sobre a atuação do Estado[37].

Em nossa opinião esta grande mudança na performance relativa da economia americana está intimamente ligada a estas mudanças substanciais nas relações de poder internas e externas, o que também explica a estabilidade e a persistência desta performance da economia americana[38].

- • O Acordo do Plaza e a Nova Desvalorização do Dólar.

Em 1985 o governo americano concluiu que o dólar estava valorizado demais e decidiu engendrar mais uma desvalorização do dólar. No entanto, ao mesmo tempo em que queriam reduzir os juros nominais para provocar uma desvalorização cambial, os EUA queriam manter as taxas de juros reais em dólar relativamente altas como parte central da nova orientação da política monetária de "dinheiro caro", inaugurada por Volcker em 1979.

A saída deste dilema foi fazer um acordo com os principais países industrializados que ficou conhecido como o Acordo do Plaza, no qual se garantiu, entre outras coisas, que os juros dos demais países ficariam acima da taxa de juros americana, de forma que o dólar pudesse se desvalorizar mesmo com taxas de juros americanas internas relativamente altas em termos reais.

---

[37] Para dados sobre a mudança da performance relativa americana em termos de inflação, crescimento e taxa de desemprego, ver Cavalieri, Garegnani & Lucii (2004) e Cesaratto, Serrano & Stirati (1999: 50). Para dados sobre a queda substancial da variância tanto da inflação quanto do crescimento na economia americana e demais economias centrais a partir da primeira metade dos anos 80, ver Martin & Rowthorn (2004). Note que diversos autores (como Tavares, 1993) argumentavam, até não muito tempo atrás, que no período pós Bretton Woods, as economias centrais teriam ficado muito mais voláteis e instáveis, e também que os concorrentes dos EUA e da Grã-Bretanha tenderiam a ter performances macroeconômicas superiores às dos demais países. A evidência empírica, no entanto, aponta a favor das tendências opostas de maior estabilidade macroeconômica nos países centrais, e melhor performance relativa americana (e até britânica) já a partir da primeira metade dos anos 80.

[38] Para Garegnani (ver Cavalieri, Garegnani & Lucii (2004)) esta performance diferenciada está ligada ao fato de que nos EUA o conflito de poder interno já estava substancialmente "resolvido" nos anos 80, enquanto que, em diversos outros países centrais a luta contra o Estado de Bem-estar Social e o poder dos trabalhadores ainda continua. Isto tornaria desnecessária a continuação da utilização do desemprego em massa para garantir a "estabilidade" nos EUA, ao contrário dos demais países onde os conflitos são mais fortes. Já para Pivetti, enquanto na Europa é comum a justificativa da política econômica conservadora a partir de uma suposta perda da capacidade dos Estados nacionais de fazer política autônoma, "a ortodoxia financeira e o equilíbrio orçamentário representam de fato a última preocupação dos governos americanos: o crescimento é o seu primeiro objetivo, representando esta, num país de soberania ilimitada como os Estados Unidos, a condição fundamental do consenso político interno" (Pivetti, 2002: 3 [tradução nossa]). Ver também Medeiros (2004b, neste volume).

O acordo marcou o início de um período de quase dez anos nos quais o dólar se desvalorizou em quase 50% (em termos nominais) contra as moedas dos seus principais parceiros comerciais. Esta nova desvalorização do dólar foi um sucesso para os EUA, que conseguiu atingir seu objetivo de melhorar a competitividade externa de sua indústria. Ao mesmo tempo, a valorização das demais moedas teve sérias repercussões negativas para os demais países e foi especialmente desastrosa (ao vir junto com a abertura financeira externa, também fruto de pressão americana) para o Japão.

A desvalorização do dólar, a partir do Acordo do Plaza, demonstra o quanto os demais países industrializados estavam cada vez mais incapazes de resistir a "cooperar" com os EUA em mudanças na economia internacional que só beneficiavam diretamente os interesses americanos.

Em meados dos anos 80, a despeito da grande queda da inflação mundial e da demanda por petróleo, a OPEP estava tentando evitar que o preço nominal e real do petróleo se reduzisse muito rapidamente, particularmente através do movimento de restrição de oferta da Arábia Saudita.

Em 1985, com o término da guerra Irã-Iraque e o aumento da oferta, a capacidade ociosa da Arábia Saudita atingiu níveis inviáveis, próximos a 80%, levando este país a desistir de sua política de contenção e forçando uma guerra de preços que reduziu, pela metade, o preço internacional do petróleo em dólares, em 1986. Posteriormente, pressões dos demais membros da OPEP e a pressão diplomática americana[39] sobre a Arábia Saudita resultaram no restabelecimento da coordenação no mercado de petróleo e fizeram os preços voltarem a patamares nominais mais próximos ao que era compatível com a política estratégica de segurança energética americana. Com efeito, esta política tem, como uma de suas diretivas, evitar que o preço do petróleo em dólares fique muito tempo abaixo do custo de produção do petróleo nos EUA, definindo, assim, um piso para o preço internacional do petróleo.

• O *Soft Landing* do Dólar.

A grande desvalorização do dólar no período 1985-1995 ocorreu junto com uma queda substancial, não apenas do preço do petróleo, mas também dos preços das commodities internacionais em geral. A inflação nos EUA também continuou em uma trajetória de queda.

Esta experiência permitiu que se observasse que a inflação nos EUA passou a ser muito pouco afetada pela desvalorização do dólar. Em primeiro lugar,

---

[39] Rutledge (2003).

porque uma boa parte das importações americanas é de commodities e de petróleo que são negociados em mercados internacionais cujos preços são diretamente denominados em dólar. Os preços destas mercadorias são muito afetados no curto prazo pelo crescimento da economia americana e mundial e pelo nível da taxa de juros americana, mas ao contrário do que muitos pensavam baseados na experiência da desvalorização do dólar nos anos 70, estes preços não são afetados diretamente pela desvalorização do dólar[40].

Além disso, mesmo no caso dos preços dos bens importados dos países industrializados que não são denominados em dólar, cujos preços em dólar, em princípio, acabam aumentando com a desvalorização do dólar, o impacto na inflação americana é bastante reduzido, a despeito do grande aumento do coeficiente de importação da economia americana a partir dos anos 80.

De um lado temos que, mesmo para estes produtos diferenciados que não são commodities, o repasse das desvalorizações do dólar aos preços destes produtos no mercado americano tem sido apenas parcial. Uma fração considerável (e aparentemente crescente) destes bens mantém, também, seus preços no mercado americano inalterados, quando o dólar se desvaloriza. Isto provavelmente se deve ao medo dos produtores de perder parcelas do mercado americano para produtos de fornecedores de outros países, dado que raramente o dólar se desvaloriza na mesma proporção em relação às diferentes moedas. Este fenômeno ganha importância crescente de meados dos anos 80 até os dias de hoje, pois a crescente abertura da indústria americana às importações tem vindo junto com o estabelecimento de redes de supridores (com frequência de propriedade de multinacionais americanas) em países em desenvolvimento, especialmente na Ásia, cuja taxa de câmbio é razoavelmente fixa em relação ao dólar por longos períodos de tempo.

Por estes motivos, as desvalorizações do dólar, em geral, geram choques de custos relativamente pequenos na economia americana e afetam mais a taxa de crescimento das exportações americanas do que o ritmo de diminuição das importações.

Mesmo levando em conta estes novos fatores, ainda fica a questão de que, nos anos 70 e no início dos 80, as respectivas desvalorização e valorização do dólar, tiveram algum impacto de, respectivamente, aumentar e diminuir a inflação, e de lá para cá não tem praticamente tido nenhum efeito.

---

[40] Parboni (1981) e Schulmeister (2000) acreditam nesta relação entre desvalorização do dólar e preços internacionais das commodities. Este último tem dificuldade de explicar o que ocorreu nos anos da grande desvalorização de 1985 a 1995, e apela para o colapso da OPEP como justificava ad-hoc da ausência da relação estipulada neste período.

A resposta a esta pergunta parece estar no fato de que, como vimos acima, a "resistência salarial" na economia americana foi drasticamente reduzida a partir do primeiro governo Reagan, o que faz com que qualquer choque inflacionário (interno ou externo) tenha muito pouco ou nenhum efeito persistente sobre a taxa de inflação, pois os salários reais se tornaram bastante "flexíveis" para baixo nos EUA, tanto em resposta a choques temporários quanto a choques distributivos mais permanentes. Neste ambiente de baixa propensão à inflação, as empresas acabam percebendo corretamente a maior parte das grandes flutuações de curto prazo do preço de matérias-primas, alimentos e petróleo como temporárias, e rapidamente reversíveis. Isto fica mais claro quando vemos que os substanciais aumentos dos preços em dólar das commodities em 1986-87 e 1994-95 também não se sustentaram, nem tiveram impacto inflacionário significativo nos EUA.

- Robert Rubin e a Valorização do Dólar (1995-2000).

Em 1995, o secretário do Tesouro, Robert Rubin, em nome de evitar uma crise financeira global fora dos EUA, conseguiu fazer o governo Clinton mudar a direção da trajetória do valor externo do dólar (ver De Long & Eichengreen, 2001).

A preocupação maior parece ter sido que o yen, cada vez mais forte em relação ao dólar, estava levando o Japão a uma situação financeira insustentável, não só pela crescente perda de dinamismo das exportações japonesas, mas principalmente porque o valor em yen dos ativos externos dos bancos e firmas japonesas se desvalorizava continuamente, o que prolongava e agravava a crise financeira doméstica e a estagnação do país.

Além disso, ao mesmo tempo, a Europa caminhava na direção do euro, e a sobrevalorização das moedas europeias significava a perda de dinamismo das exportações externas à da região, o que, combinada com as políticas fiscais internas contracionistas seguindo as regras absurdas do Tratado de Maastricht, estava levando a uma estagnação que colocava em risco a possibilidade de uma passagem tranquila para a moeda única.

A valorização então foi feita através da criação de um diferencial positivo entre os juros nominais dos EUA em relação à Europa e ao Japão. De fato, a taxa de juros americana se manteve superior às demais até o final do século e o dólar se valorizou continuamente. A taxa nominal de juros, acima da dos demais países avançados, mais uma vez atraiu uma grande entrada de capital externo nos EUA. A grande valorização da bolsa que começou em 1995, estimulou ainda mais a entrada de capital externo em busca de ganhos de capital. Estes fluxos de capital externo aumentaram ainda mais a "exuberância irracional" do mercado e a valorização das ações gerando uma verdadeira bolha especulativa, onde os preços das ações cresciam a níveis recordes.

Ao mesmo tempo, os ganhos de capital espetaculares gerados pela bolha da bolsa de valores, particularmente na bolsa Nasdaq de ações de empresas de alta tecnologia, criavam fortes interesses contra a subida da taxa de juros. O próprio Alan Greenspan do FED, que alguns anos antes alertara contra a "exuberância irracional" do mercado de ações americanos, passou a justificar o fato do FED não subir os juros, a despeito da redução da taxa de desemprego abaixo do nível que, supostamente, acabaria acelerando a inflação através de referências a uma suposta mudança estrutural na economia americana devido a "Nova Economia", que permitiria taxas de crescimento não inflacionárias mais elevadas.

O investimento privado não residencial que foi crescendo acompanhando a expansão, começou a se acelerar desproporcionalmente nos setores ligados à chamada "Nova economia" (internet, telecomunicações, informática) quando a disponibilidade de financiamento muito barato, através de esquemas de capital de risco ("venture capital"), ajudava a difundir no mercado expectativas completamente despropositadas da expansão e rentabilidade destes setores no futuro. Este aumento da taxa de investimento privado, que se mostrou insustentável, acelerou o crescimento da demanda agregada e da economia.

Em 1998, em parte como resultado da crise da Rússia, ocorreu outro colapso no preço internacional do petróleo. O governo americano, mais uma vez, atuou diretamente fazendo pressão sobre a Arábia Saudita em apoio a uma maior coordenação da OPEP com o objetivo, não apenas de recuperar o nível de preço anterior, mas também forçar uma elevação do preço para patamares superiores. Esta elevação foi vista como necessária para tornar o preço internacional do petróleo compatível com os novos custos de produção da indústria americana que são crescentes, devido a novos custos regulatórios e ecológicos, e à decisão americana de começar a explorar o petróleo do Alaska (Rutledge, 2003).

Estes esforços acabam sendo bem-sucedidos, e mais recentemente (já no governo W. Bush) os EUA dão continuidade a esta política de sustentação de preços através, inclusive, de um substancial aumento das compras de petróleo para encher os tanques das reservas estratégicas de petróleo do governo americano.

A estratégia de recuperação do preço do petróleo funcionou e ocorre um grande aumento do preço internacional do petróleo em 1999-2000. Este aumento, que tem se mostrado mais permanente, acabou sendo inteiramente absorvido por salários reais mais baixos sem grande impacto permanente sobre a inflação americana, mostrando mais uma vez o quanto a "inércia inflacionária" se reduziu nos EUA.

De qualquer forma, o rápido crescimento da demanda agregada, a queda da taxa de desemprego a níveis baixos que não se viam desde os anos 70, e a modesta aceleração temporária da inflação por conta do aumento do preço do petróleo em 1999-2000, fizeram o FED começar a subir os juros nominais.

Este início de subida dos juros levou a um movimento de realização de lucros das ações que acabou sendo suficiente para estourar a bolha da bolsa Nasdaq, que entrou em colapso. O mercado finalmente percebeu a grande e insustentável capacidade ociosa que estava sendo gerada nestes setores. O investimento privado se reduziu brusca e significativamente, e a economia entrou em recessão por dois trimestres.

- O Crescente Déficit Externo em Conta Corrente.

Em todo este período de valorização do dólar e crescimento acelerado da economia americana, o déficit em conta corrente dos EUA cresceu significativamente, tendo chegado mais recentemente em torno de 5% do PIB.

No entanto, no atual padrão dólar flexível, os crescentes déficits em conta-corrente não impõem nenhuma restrição de balança de pagamentos à economia americana. Como o dólar é o meio de pagamento internacional, ao contrário dos demais países, praticamente todas as importações dos EUA são pagas em dólar. Isto também implica que praticamente todos os passivos externos americanos são também denominados em dólar. Como os dólares são emitidos pelo FED (banco central americano) é simplesmente impossível (enquanto as importações americanas forem pagas em dólar), os EUA não terem recursos (dólares) suficientes para pagar suas contas externas. Além disso, naturalmente é o FED que determina diretamente a taxa de juros de curto prazo do dólar, enquanto as taxas de juros de longo prazo em dólar são inteiramente dominadas pelas expectativas do mercado sobre o curso futuro da taxa do FED.

Portanto, como a "dívida externa" americana é em dólar, os EUA estão na posição peculiar de determinar unilateralmente a taxa de juros que incide sobre sua própria dívida externa. Como a dívida pública americana que paga os juros determinados pelo FED é o ativo financeiro de maior liquidez em dólar, ela é também o ativo de reserva mais importante do sistema financeiro internacional (Serrano, 2002).

Uma outra consequência do fato dos passivos externos americanos serem denominados em dólar é que, quando o dólar se desvaloriza em relação à moeda de algum outro país, quem sofre as perdas patrimoniais são os detentores da dívida externa americana deste país, e não os EUA. Além disso, como vimos acima, mesmo uma grande desvalorização cambial tem muito pouco efeito sobre a inflação nos EUA, enquanto que o impacto inflacionário de uma desvalorização cambial de outras moedas é maior nos demais países, já que estes não emitem a moeda internacional, e que os preços das commodities e do petróleo são fixados em dólar.

Estas assimetrias geradas pelo papel do dólar como moeda internacional foram confirmadas pelos fatos nos últimos anos. Em 2001, a recessão americana já havia se iniciado pela queda do investimento privado, quando houve o ataque terrorista de 11 de setembro. A resposta da política econômica americana à crise foi rápida e drástica. Os juros básicos foram reduzidos; houve uma enorme injeção coordenada de liquidez no sistema financeiro internacional pelo FED em conjunto com os bancos centrais dos demais países ricos, ampliação dos gastos públicos, cortes de impostos, ajuda financeira do governo a setores particularmente prejudicados como companhias aéreas e de seguros etc. Este conjunto de medidas certamente evitou o aprofundamento da recessão e a desorganização do sistema financeiro.

Com os ataques terroristas, houve, naturalmente, um movimento no mercado financeiro internacional de fuga para a "qualidade", devido à percepção de aumento do risco e da incerteza. O movimento foi agravado pelo medo inicial de que a "guerra contra o terrorismo" acabasse levando a uma maior supervisão e controle dos fluxos internacionais de capitais para combater os canais de lavagem de dinheiro, e localizar os fluxos de financiamento do terrorismo. Esta "fuga para a qualidade" levou o mercado a fugir <u>para o dólar</u> e não do dólar, apesar da redução dos juros, mais do que confirmando que o dólar é a moeda de reserva da economia mundial capitalista, para a qual se foge em momentos de crise – mesmo que a crise no caso ocorra no centro financeiro do próprio dólar, ou seja, em Nova York.

Estas medidas expansionistas e de controle de danos, descritas acima, já pareciam estar começando a surtir seus efeitos expansivos em 2002 quando a ENRON e as demais grandes companhias foram pegas falsificando seus balanços contábeis. Isso acabou por estourar de vez a bolha do mercado de ações em geral que tinha sobrevivido, com a ajuda discreta do FED, não apenas ao estouro da bolha Nasdaq, mas até ao ataque terrorista de 11 de setembro.

Como a valorização do dólar estava sendo mantida em boa parte pela demanda de investidores estrangeiros pelos papéis negociados na bolsa de valores americana, e também como o FED já vinha reduzindo rapidamente (e bem mais do que os demais países) a taxa de juros americana depois do ataque, é natural que o dólar tenha começado a se desvalorizar. Mesmo assim, o resultado desta saída de capitais dos EUA e da desvalorização do dólar foi a contínua redução (e não aumento) das taxas de juros americanas, o que amorteceu os prejuízos de agentes americanos endividados internamente – e ajudou a manter o fôlego dos mercados de imóveis e de bens de consumo duráveis.

Isto mostrou mais uma vez que os EUA simplesmente não precisam destes fluxos de capitais externos para financiar seu déficit externo em conta-corrente. O déficit externo americano continua a ser automaticamente financiado no momento em que as transações que geram este déficit são denominadas e pagas na moeda nacional americana. Que outro país tem uma queda da bolsa, uma fuga de capitais externos e reduz a taxa de juros?

Em 2003 e no início de 2004, embora o dólar estivesse tendendo a se desvalorizar, alguns países – particularmente na Ásia, como o Japão a China, entre outros – fizeram o possível para evitar que suas moedas se valorizassem em relação ao dólar. De um lado, estes países não queriam que os custos em dólar de suas exportações aumentassem, gerando queda de rentabilidade ou perda de parcela de mercado para seus produtos nos mercados internacionais. Além disso, a valorização das moedas destes países que detêm grandes quantidades de ativos financeiros em dólar levaria a grandes perdas patrimoniais para as empresas e para os sistemas financeiros locais. Por conta disso, seus bancos centrais deixaram suas reservas externas em dólar aumentar continuamente, na tentativa de evitar a valorização de suas taxas de câmbio.

Diante disso, se houvesse fundamento para os que se preocupam com o déficit externo americano, o governo americano deveria ter comemorado o fato de que, embora os agentes privados tivessem "fugido do dólar" nos últimos tempos, os governos dos países asiáticos estavam ajudando a minorar a desvalorização do dólar e financiando o enorme déficit de conta-corrente americano, evitando assim a "crise do dólar". O que ocorreu, contudo, foi exatamente o oposto. Foi crescente e nada sutil a ofensiva diplomática americana pressionando os países asiáticos para que deixassem suas moedas se valorizarem. A pressão sobre a China para abandonar o câmbio fixo e valorizar o yuan em particular, foi bem forte e foram crescentes as acusações de autoridades americanas de que os países asiáticos eram "mercantilistas" e praticavam "concorrência desleal". A razão desta pressão é bem simples: naquele momento, a prioridade americana era reativar sua própria economia. Para isso, era do interesse americano desvalorizar o dólar, ampliar as exportações e reduzir as importações americanas. Os asiáticos atrapalharam este plano ao evitarem a valorização de suas moedas. Isto mostrou claramente que o governo americano não ficou minimamente preocupado que uma desvalorização do dólar viesse causar qualquer problema.

A retomada da economia americana recente, com o dólar se desvalorizando e déficits fiscais crescentes puxados por gastos militares num contexto de déficit externo em conta-corrente, guarda várias semelhanças com a situação de meados da década de 1980. Naquela época, diversos analistas se mostravam descrentes quanto à possibilidade desta combinação de políticas dar certo. Novamente agora se tornou comum apostar na possibilidade da perda de liderança dos EUA e do dólar, ou numa grave crise econômica mundial, ou ambas as coisas. Esta é uma posição curiosa dado que, como vimos acima, nada disso ocorreu nos anos 80. Apesar da recessão no início do século XXI ter sido historicamente uma das mais suaves (a despeito dos vários choques descritos acima) muitos analistas insistem que, desta vez, a situação da economia americana é de muito maior fragilidade.

Um dos argumentos que está em voga, e foi encampado pelos economistas do Partido Democrata nos EUA, é que o déficit público e a dívida pública estão em trajetórias insustentáveis. Outro é o de que a fragilidade financeira do setor privado americano é muito maior desta vez e que o crescimento só está se sustentando a partir de mais uma bolha artificial movida a crédito, ligada agora aos preços dos imóveis. E o terceiro é que (mais uma vez) o déficit externo em conta-corrente e (por conta disso) o passivo externo líquido americano estão numa trajetória insustentável, que desta vez levará, sim, a uma crise final do dólar. Vamos examinar mais de perto estes três argumentos.

- Minsky versus os Minskyanos?

Tendo seus temores de uma crise americana a partir dos crescentes déficits externos em conta-corrente desmentidos pelos fatos recentes, muitos analistas se voltaram para o argumento de que a fragilidade dos EUA está agora no problema do déficit público e da dívida pública interna, que estariam em trajetórias insustentáveis.

Em sua melhor versão, o argumento é de que os crônicos déficits externos em conta-corrente representam um grande vazamento de demanda agregada no fluxo circular da renda americano. Estes vazamentos acabam requerendo, para que a economia cresça a taxas que gerem níveis aceitáveis de desemprego num contexto em que o setor privado deixa de ter déficits financeiros, crescentes déficits públicos compensatórios[41]. Estes déficits públicos estariam levando a uma dinâmica insustentável da dívida interna americana, e se esta tendência for mantida, rapidamente a dívida atingiria valores inaceitáveis.

---

[41] O principal expoente desta visão é Wynne Godley e seus seguidores no Levy Institute nos EUA e no Cambridge Endowment for Research in Finance, na Inglaterra (ver especialmente Godley & Izurieta, 2004).

Esse argumento nos parece bastante frágil. Em primeiro lugar, devia ser evidente que o governo americano não vai ficar sem dinheiro para pagar sua dívida interna, se algum dia ela chegar a este misterioso nível que seria "inaceitável". Além disso, estes analistas não têm apresentado, explicitamente, que hipóteses estão sendo feitas para se chegar a esta estranha conclusão sobre a dinâmica explosiva da dívida. Na realidade, um déficit público elevado somente gera uma dívida pública crescente e sem limite em relação ao produto se a taxa de juros que incide sobre o passivo do setor público for maior que a taxa de crescimento da economia. Não apenas tal condição não tem ocorrido, como também nesses últimos anos não há motivo para achar que o governo americano, que tem um grau de liberdade maior do que qualquer outro país do mundo para determinar unilateralmente suas taxas de juros, vá permitir que tal condição ocorra por períodos prolongados. Mas mesmo se essa situação crítica viesse a ocorrer isto não levaria a esta ilógica "insolvência do governo"; embora certamente implicaria em crescentes transferências de rendas do governo para os detentores dos títulos públicos – um processo que, se levado longe demais, inevitavelmente acabaria por gerar resistência política de outros grupos não favorecidos.

Quanto ao argumento sobre o setor privado americano, seria interessante, antes de tudo, relembrar as lições de Hyman Minsky, um autor muito admirado por estes analistas por ser um teórico da instabilidade financeira do capitalismo moderno.

Inegavelmente, Minsky argumentava que o setor privado da economia americana tendia a crescer através de bolhas especulativas de valorização de ativos. A expansão do consumo e do investimento privado residencial e não residencial tendia a gerar endogenamente estruturas financeiras cada vez mais frágeis; em parte por conta do "efeito manada" do otimismo que levava a convenções e expectativas que subestimavam os riscos, e também por conta do crescente efeito de vazamento que os impostos e as importações tinham sobre o crescimento da massa de lucros realizada pelas firmas. Estes vazamentos, ao fazer o lucro retido crescer menos que os gastos em investimento, levavam a um aumento da dependência das empresas em relação aos financiadores. Nestas condições de crescente alavancagem, qualquer evento novo que levasse a uma súbita reversão das expectativas podia deflagrar uma crise.

Embora algumas críticas possam ser feitas a esta teoria financeira dos ciclos[42], o que nos interessa aqui é que o próprio Minsky argumentava que,

---

[42] Teoria esta que partilha de alguns dos problemas comuns das funções de investimento kaleckianas, como os apontados por Petri (1993).

apesar do setor privado exibir esta dinâmica financeira inerentemente instável, a economia americana não corria o risco de entrar novamente numa crise séria e prolongada como a da grande depressão dos anos 30. Isso simplesmente porque a política econômica do governo não deixaria que isto ocorresse. De um lado, como apontava Minsky e como mostra a história americana, o governo americano pode e (sempre que quer) usa a política fiscal expansionista, tanto em termos dos efeitos dos estabilizadores automáticos, quanto ativamente com cortes de impostos e especialmente aumentos de gastos públicos (particularmente os militares) para retirar a economia da recessão. Diga-se de passagem, a única recessão mais profunda do pós-guerra foi a do início dos anos 80, onde as políticas contracionistas foram usadas de propósito para derrubar a inflação e enfraquecer o poder de barganha da classe trabalhadora e dos Estados rivais; as políticas expansionistas foram retomadas, assim que estes objetivos foram sendo cumpridos.

Além da política fiscal, que o autor chamava de *Big Government*, para Minsky o governo americano sempre entrava como emprestador de última instância, socorrendo instituições financeiras capazes de gerar risco sistêmico, baixando juros para facilitar o refinanciamento dos passivos privados de forma a evitar uma deflação de débitos etc. Assim, a resposta de Minsky à pergunta "Pode Acontecer de Novo?" (referindo-se à Grande Depressão) nos EUA é simplesmente: não! Minsky percebeu muito bem que o Estado capitalista americano aprendeu "o truque", como dizia Kalecki[43].

• Hicks e o Déficit Externo Americano: fraqueza ou força?

Vejamos agora o último argumento sobre uma possível crise do dólar que pode ocorrer se o déficit em conta-corrente americano começar a crescer de forma indesejável.

Há muitos anos atrás Hicks (1989) já se perguntava se o papel de moeda internacional poderia adequadamente ser desempenhado por uma moeda "fraca" como o dólar americano – "fraca" no sentido de ser a moeda de um país com uma tendência crônica de incorrer em déficits externos na conta-corrente. Nesse ponto, é útil distinguir entre três aspectos diferentes desta questão central.

O primeiro aspecto pode ser resumido na seguinte pergunta: seria razoável supor que outros países vão deixar de aceitar dólares como pagamento de exportações para os EUA no futuro próximo? Como os EUA ainda são o maior mercado do mundo para a maior parte dos bens e serviços,

---

[43] Ver ensaios reunidos em Minsky (1982).

não aceitar dólares significa, na prática, ser excluído deste mercado – a não ser que todos os demais países exportadores para os EUA se recusem a aceitar dólares ao mesmo tempo, de forma coordenada. Além disso, estimativas oficiais recentes mostram que, pelo menos um terço do déficit em conta-corrente americano é, na realidade, gerado por exportações do exterior para os EUA de firmas multinacionais americanas. Estas empresas (por motivos óbvios) não vão recusar pagamentos em dólares, além do que, a estas, devemos certamente somar toda sua rede de fornecedores locais. Em todo caso é improvável, especialmente dada a atual superioridade militar americana, que os EUA não encontrem países em desenvolvimento que aceitem pagamentos em dólares em troca de petróleo e outras matérias-primas. Portanto, é altamente provável que os EUA continuem, no futuro próximo, a pagar suas importações diretamente em dólares, o que torna automático o financiamento de sua conta-corrente.

Nas condições atuais, somente uma grande inflação nos EUA poderia reduzir substancialmente o papel do dólar como meio de pagamento internacional, pois enfraqueceria substancialmente o poder de compra do dólar nos mercados de bens e serviços tanto internos, nos EUA, quanto internacionais, o que poderia começar a tornar conveniente fazer transações em outras moedas.

O segundo aspecto da questão de Hicks nos leva a uma segunda questão: e se o déficit da conta-corrente crescer demais? Usualmente o acúmulo de déficits em conta-corrente leva a um crescimento exponencial (a taxas de juros compostas) da renda líquida dos fatores, enviada ao exterior. Isto ainda não aconteceu nos EUA basicamente porque a taxa de retorno dos ativos americanos no exterior tem sido muito superior à taxa de retorno do passivo externo líquido americano. Mas é bem possível que venha a ocorrer.

Não obstante, ao contrário dos outros países onde a maior parte (quando não o total) dos passivos externos é denominada em outras moedas, os EUA detêm a prerrogativa de reduzir o serviço financeiro de sua dívida "externa" meramente através de uma redução das taxas de juros domésticas. Uma redução dos juros americanos tenderia a levar a uma desvalorização do dólar que, por sua vez, ajudaria também a reduzir o déficit comercial.

Isto nos traz ao terceiro aspecto da questão do dólar encapsulado na seguinte pergunta: o que ocorreria se por algum motivo os residentes dos demais países começassem a vender seus ativos em dólar? Se os agentes privados, e/ou o governo de um único país, resolvessem vender em massa seus ativos em dólar, a moeda daquele país certamente iria se valorizar drasticamente em relação ao dólar. Mas isto provavelmente significaria que este país perderia parcelas de mercado de exportação nos EUA e em outros mercados internacionais dolarizados. Além disso, esta grande valorização da moeda local de um país que é credor líquido dos EUA provavelmente levaria também a uma crise financeira interna, pois o valor na moeda local dos ativos externos dos detentores da dívida externa americana seria reduzido. Não é nem um pouco claro que seja do interesse do Estado, das empresas e dos bancos deste país deixar que tal valorização cambial ocorra.

Os analistas que prevêem a crise do dólar devido à venda de ativos em dólares de estrangeiros parecem esquecer que algo próximo disso já aconteceu nos anos 80, quando o Japão entrou em crise a partir da grande valorização do yen, e é o que ambos, o Japão e a China, estão tentando a todo custo evitar, como vimos acima, na primeira década do século XXI[44]. Por seu lado, os países da Eurolândia protestam por não estar conseguindo fazer o mesmo que os asiáticos.

É importante notar que a desvalorização do dólar em relação a apenas uma moeda, mesmo que substancial, tende a não ter um efeito significativo nos preços internacionais em dólar ou na inflação americana, precisamente porque os outros países usam esta oportunidade para roubar parcelas de mercado de exportações deste país.

Portanto, somente um movimento coletivo de venda de ativos em dólar razoavelmente coordenado entre diversos países ao mesmo tempo, poderia gerar preços internacionais em dólar bem mais altos e pressões inflacionárias nos EUA, o que nos parece muito improvável nas condições geopolíticas atuais. Mesmo assim, somente se o impacto deste possível choque externo detonasse um processo inflacionário mais persistente e crônico nos EUA e nos preços internacionais em dólar, seria provável que o dólar realmente começasse a perder seu papel atual. Mas, como vimos acima, a inflação nos EUA só pode se acelerar de forma persistente se, de alguma forma, os trabalhadores voltarem a reagir com aumentos de salários nominais às perdas advindas de choques inflacionários, o que necessitaria de uma mudança substancial no poder de barganha da classe trabalhadora nos EUA.

Portanto, devemos concluir que, dadas as relações de poder internas (que se manifestam como baixa resistência salarial e inércia inflacionária) e externas (em termos econômicos, políticos e especialmente militares), o padrão dólar flexível deve se manter por mais algum tempo, até que haja mudanças mais estruturais nestas relações. Hicks parece, afinal (mais uma vez), ter se enganado. Na realidade, o dólar pode ser "fraco" justamente porque é a moeda internacional.

---

[44] Note que autores, outrora ortodoxos, como Ronald Mckinnon (ver Mckinnon & Schnabl 2004) perceberam bem este aspecto do novo sistema (ver também Dooley Folkerts-Landau & Garber, 2003). Para uma análise crítica da visão de Mckinnon, ver Medeiros (2004b, neste volume).

Referências Bibliográficas

ABRENA, M.; EPSTEIN, G. & POWER, D. (2003). Trends in the rentier income share. In: OECD Countries, 1960-2000. *Working paper series*, n. 58a, Political Economy Research Institute, University of Massachusetts Amherst.

ASPROMOURGOS, T. (1996). *On the origins of classical economics*: distribution and value from William Petty to Adam Smith. Londres: Routledge.

AYOUB, A. (1994). Oil: economics and politics. *Energy Studies Review*, vol. 6, n. 1, Canadá.

BAGHLI, M., CETTE, G. & SYLVAIN A. (2003). *Les determinants du taux de marge en france et quelques autres grands pays industrialises: analyse empirique sur la periode 1970-2000*. Janvier, Notes d'études et de recherche, Banque de France.

BUNZEL, H. & VOGELSANG, T. (2003). Powerful trend function tests that are robust to strong serial correlation with an application to the Prebisch-Singer hypothesis. Iowa State University [Mimeo.].

CASHIN, P. & McDERMOTT, C. (2002). The long-run behaviour of commodity prices: small trends and big variability. *IMF Staff Papers*, vol. 49.

CAVALIERI, T.; GAREGNANI, P. & LUCII, M. (2004). La sinistra e l'occupazione: anatomia di una sconfitta. *La Rivista Del Manifesto*, n. 48, março.

CESARATTO, S.; SERRANO, F. & STIRATI, A. (2003). Technical change, effective demand and employment. *Review of Political Economy*, vol. 15, n. 1.

CHADIA, J. & DIMSDALE, N. (1999). A long view of real rates. *Oxford Review of Economic Policy*, vol. 15, n. 2.

CICCONE, R. (1991). Review of Growth, distribution and uneven development by A. Dutt. *Contributions to Political Economy*.

DE LONG, J. & EICHENGREEN, B. (2001). Between Meltdown and Moral Hazard: The International Monetary and Financial Policies of the Clinton Administration. *NBER Working Paper*, n. 8.443, agosto.

DE LONG, J. (1999). *America's historical experience with low inflation*. University of California. Berkeley [Mimeo.].

_____ (1995a). *Keynesianism, Pennsylvania-avenue style*: some economic consequences of the 1946 Employment Act. University of California. Berkeley [Mimeo.].

_____ (1995b). *America's only peacetime inflation:* the 1970s. University of California. Berkeley [Mimeo.].

DOOLEY, M.; FOLKERTS-LANDAU, D. & GARBER, P. (2003). An essay on the revived Bretton Woods system. *NBER Working Papers*, n. 9.971, setembro.

EPSTEIN, G. & POWER, D. (2003). Rentier incomes and financial crises: an empirical examination of trends and cycles in some OECD countries. *Working paper series*, number 57. Amherst: Political Economy Research Institute, University of Massachusetts.

GAREGNANI, P. (1978/1979). Notes on consumption, investment and effective demand. In: EATWELL, J. & MILGATE (eds.). *Keynes's economics and the theory of value and distribution*. Londres: Duckworth, 1983.

GODLEY, W. & IZURIETA, A. (2004). *Balances, imbalances and fiscal targets a new cambridge view*. CERF – Cambridge endowment for research in finance University of Cambridge, Cambridge [Mimeo.].

HICKS, J. (1989). *A market theory of money*. Oxford: Clarendon.

_____ (1974). *The crisis in Keynesian economics*. Nova York: Basic Books.

KALDOR, N. (1989). The role of commodity prices in economic recovery. In: KALDOR, N.; TARGETTI, F. & TIRWALL, A. (eds.). *Further essays on economic theory and policy*. Londres: Duckworth.

_____ (1976). Inflation and recession in the world economy. *Economic Journal*, vol. 86.

KALECKI, M. & KOWALIK, T. (1971). Observations on the "crucial reform". In: OSIATYNSKI, J. (ed.). *Collected works of Michal Kalecki*. vol. II, Oxford. Inglaterra: Clarendon Press, 1991.

KALECKI, M. (1971). Class struggle and distribution of national income. In: OSIATYNSKI, J. (ed.). *Collected works of Michal Kalecki*, vol. II, Oxford. Inglaterra: Clarendon Press, 1991.

_____ (1943). Political aspects of full employment. In: OSIATYNSKI, J. (ed.). *Collected works of Michal Kalecki*. vol. I, Oxford. Inglaterra: Clarendon Press, 1990.

KOTZ, D.; MCDONOUGH, T. & REICH, M. (1994). *Social structures of accumulation*: the political economy of growth and crisis. Cambridge: Cambridge University Press.

KRUEGER, A. (1999). Measuring Labor's Share. *NBER Working Paper*, n. 7.006, março.

LABINI, P. (1984). Preços rígidos, preços flexíveis e inflação. In: LABINI, P. *Ensaios sobre desenvolvimento e preços*. Rio de Janeiro: Forense.

MARGLIN, S. & SCHOR, J. (1990). *The golden age of capitalism*: reinterpreting the postwar experience. Oxford: Clarendon Press.

MARGLIN, S. (1990). Lessons of the golden age: an overview. In: MARGLIN, S. & SCHOR, J. (eds.). *The Golden Age of capitalism*: reinterpreting the postwar experience. Oxford: Clarendon Press, 1990.

MARTIN, B. & ROWTHORN, B. (2004). Will stability last? *UBS Research Paper*.

MCKINNON, R. & SCHNABL, G. (2004). The east asian dollar standard, fear of floating and original sin. *Review of Development Economics*, agosto.

MEDEIROS, C. (2004a). *O desenvolvimento tecnológico americano no pós-guerra como um empreendimento militar*, neste volume.

_____ (2004b). *A economia política da internacionalização sob liderança dos EUA*: Alemanha, Japão e China, neste volume.

_____ (2001). Rivalidade estatal, instituições e desenvolvimento econômico. In: FIORI, J.L. & MEDEIROS, C. (orgs.). *Polarização e mundial e crescimento*. Petrópolis: Vozes.

MEDEIROS, C. & SERRANO, F. (1999). Padrões monetários internacionais e crescimento. In: FIORI, J.L. (org.). *Estados e moedas no desenvolvimento das nações*. Petrópolis: Vozes.

MINSKY, H. (1982). *Can "it" happen again? essays on instability and finance*. Armonk: ME Sharpe Inc.

NAU, H. (1992). *O mito da decadência dos EUA*. Rio de Janeiro: Jorge Zahar.

NELSON, E. (2004). The great inflation of the seventies: what really happened? Federal Reserve Bank of St. Louis, *Working Paper*, January.

NORDHAUS, W. (1972). The worldwide wage explosion. *Brookings Papers on Economic Activity*, 2.

O'CONNELL, A. (2001). *The return of vulnerability and Raul Prebisch's early thinking on 'El ciclo económico argentino*. CEPAL [Mimeo.].

OCAMPO, J. & PARRA, M. (2004). *The commodity terms of trade and their strategic implications for development*. CEPAL [Mimeo.].

PANIC, M. (1995). The Bretton Woods system: concept and practice. In: MICHIE, J. & SMITH, J. *Managing the global economy*. Oxford University Press.

PARBONI, R. (1981). *The dollar and its rivals*. Londres: Verso.

PETRI, F. (1997). On the theory of aggregate investment as a function of the rate of interest. *Quaderni del dipartimento di economia politica*, n. 215, Siena.

_____ (1993). Critical notes on kaleckis's theory of investment. In: MONGIOVI, G. & RUHL, C. (eds.). *Macroeconomic theory*: diversity and convergence. Cheltenham: Edgar Elgar.

PICCIONI, M. & RAVAGNANI, F. (2001). Absolute rent and the 'normal price' of exhaustible resources. *Centro Piero Sraffa, Universitá RomaTre*. Roma [Mimeo.].

PIKETTY, T. & SAEZ, E. (2001). Income inequality in the United States, 1913-1998. *NBER Working Paper*, n. 8.467, setembro.

PIVETTI, M. (2002). Vanno oltre il petroleo le ragioni della guerra. *Giano Pace, ambiente e problemi globali*. n. 42, setembro-dezembro.

_____ (1992). Military spending as a burden on growth: an "underconsumptionist" critique. *Cambridge Journal of Economics*, n. 16, Cambridge.

_____ (1991). *An essay on money and distribution*. Londres: Macmillan.

POLLIN, R. (2002). *Wage Bargaining and the US Phillips Curve*: was Greenspan right about traumatized workers in the 90s? Political Economy Research Institute, University of Massachusetts Amherst [Mimeo.].

POTERBA, J. (1997). The rate of return to corporate capital and factor shares. *NBER Working Paper*, n. 6.263.

RONCAGLIA, A. (2003). Energy and market power: an alternative approach to the economics of oil. *Journal of Post Keynesian Economics*, 25 (4).

RUTLEDGE, I. (2003). Profitability and supply price in the US domestic oil industry: implications for the political economy of oil in the twenty-first century. *Cambridge Journal of Economics*, 27, Cambridge.

SCHULMEISTER, S. (2000). Globalization without global money: the double role of the dollar as national currency and world currency. *Journal of Post Keynesian Economics*, 22 (3).

SERRANO, F. (2002). Do ouro imóvel ao dólar flexível. *Economia e sociedade*. vol. 11, n. 2 (19), Campinas.

_____ (1996). *The Sraffian supermultiplier*. Inglaterra: Universidade de Cambridge [Tese de doutorado (não publicada)].

_____ (1993). Review of Pivetti's essay on money and distribution. *Contributions to Political Economy*.

_____ (1988). *Teoria dos preços de produção e o princípio da demanda efetiva*. Rio de Janeiro: Instituto de Economia, UFRJ [Dissertação de mestrado (não publicada)].

SOLOMON, R. (1982). *The international monetary system*: 1945-81. Nova York: Harper & Row.

STIRATI, A. (2001). Inflation, unemployment and hysteresis: an alternative view. *Review of Political Economy*, outubro.

STIRATI, A.; CESARATTO S. & SERRANO, F. (1999). Is technical change the cause of unemployment? In: BELLOFIORE, R. (ed.). *Global money, capital restructuring and the changing patterns of labour*. Cheltenham: Edward Elgar.

TAVARES, M.C. (1993). Ajuste e reestruturação nos países centrais: a modernização conservadora. In: TAVARES, M.C. & FIORI, J.L. *Desajuste global e modernização conservadora*. Rio de Janeiro: Paz e Terra.

_____ (1985). A retomada da hegemonia norte-americana. In: TAVARES, M.C. & FIORI, J.L. (orgs.). *Poder e dinheiro, uma economia política da globalização*. Petrópolis: Vozes, 1997.

TAVARES, M.C. & BELLUZZO, L. (1986). Uma reflexão sobre a natureza da inflação contemporânea. In: REGO, J. (org.). *Inflação inercial, teorias sobre inflação e plano cruzado*. Rio de Janeiro: Paz e Terra, 1986.

III

ESTRUTURAS E PODERES

Carlos Aguiar de Medeiros

O Desenvolvimento Tecnológico Americano no Pós-guerra como um Empreendimento Militar*

Introdução

A concepção básica de política industrial e tecnológica foi desenvolvida a partir de estudos históricos sobre estratégias nacionais em economias de industrialização retardatária voltadas à redução dos desníveis tecnológicos. Muito embora na abordagem predominante neoshumpeteriana sobre política industrial, a introdução de novas tecnologias seja considerada como um processo em que as instituições públicas possuem importante função na produção de novos conhecimentos, os incentivos para a inovação e a difusão de tecnologias são, em geral, considerados como processos governados pelas forças de mercado. Para um país como os EUA, desde o pós-guerra esta concepção analítica parece ser bastante inadequada.

Seguindo a tradição dos historiadores americanos da tecnologia, este capítulo argumenta que as inovações básicas que conformaram a tecnologia moderna americana depois da II Guerra Mundial (e rapidamente difundiu-se pelo mundo como o avião a jato, o transistor, as fibras óticas, a energia nuclear, o computador, a internet) foram concebidas, desenvolvidas e dirigidas como um empreendimento militar (Roe Smith, 1985). O "complexo-militar-industrial-acadêmico" criou, nos EUA, um abrangente processo de inovação liderado pelos descobrimentos científicos, voltado simultaneamente, para vencer a Guerra Fria com a União Soviética e impulsio-

---

* Uma versão deste texto foi publicada em *Contributions to Political Economy* (2003). Agradeço a Franklin Serrano, as inúmeras discussões que tivemos.

nar a fronteira da ciência de forma a consolidar a liderança tecnológica americana no mundo. A doutrina de que a superioridade tecnológica nas armas é fator decisivo na vitória militar, afirmou-se como visão dominante dos militares americanos desde o pós-guerra e manteve-se inalterada mesmo quando esta visão revelou-se totalmente inadequada às guerras locais, como eloquentemente demonstrada no Vietnã.

O "complexo militar-industrial-acadêmico" gerou, em diferentes momentos, um estímulo tanto de demanda quanto de oferta ao processo de inovações e criou uma rede descentralizada e coordenada de instituições e comunidades tecnológicas sem rival no mundo contemporâneo. Dada esta característica específica, a influência dos militares na tecnologia não foi circunscrita à provisão de recursos ao processo de P&D e às compras de governo aos fabricantes de armas, mas incluiu a montagem de instituições voltadas ao deslocamento da fronteira científica e à aceleração do progresso tecnológico. Mais do que as armas criadas por este esforço, este objetivo político tornou-se um traço marcante da ciência e tecnologia americana.

A influência militar sobre a mudança tecnológica nos EUA conformou, nos "anos dourados" do pós-guerra, uma especialização produtiva em setores baseados na ciência, muito distinta das prioridades desenvolvidas no Japão e outros sistemas nacionais de inovação centrados na difusão a baixo custo de inovações da fronteira tecnológica. Durante os anos 70, este aspecto estrutural, ao lado de significativa redução nos gastos de defesa, deu início a uma mudança na política industrial e tecnológica dos militares americanos. Com o grande esforço de guerra do período Reagan, o "complexo militar-industrial-acadêmico" ganhou a Guerra Fria. Depois do colapso da União Soviética, a contração do Orçamento de Defesa foi acompanhada por novas iniciativas e novas formulações sobre guerras futuras. O ataque terrorista de 11 de setembro e o extraordinário aumento dos gastos militares que lhe sucedeu conferiu significativo momento às novas questões militares que parecem estar empurrando, hoje, como ocorreu no passado, a ciência americana para uma nova onda de inovações.

Além desta introdução, este capítulo contém cinco seções. A primeira descreve brevemente algumas formulações usuais sobre o processo de inovação e de invenção, situando a abordagem a ser seguida neste trabalho. A segunda descreve a montagem do sistema americano de inovações. A terceira e a quarta exploram algumas de suas características, bem como as mudanças dos anos 70; e a última seção considera algumas tendências recentes deste sistema a partir da extinção da União Soviética e como as novas concepções de guerra estão estimulando a criação de novas tecnologias.

Invenção e Tecnologia.

Nosso conhecimento histórico sobre as interações entre o empreendimento militar, a moderna administração e o sistema empresarial americano permanece espantosamente vago e incompleto. A despeito dos militares constituírem uma das mais antigas burocracias do mundo, os historiadores econômicos e das empresas são geralmente relutantes em conferir, a estes, maior crédito na inovação administrativa. Ao contrário, eles atribuem a ascensão da administração moderna ao jogo de forças do mercado. Um amplo conjunto de literatura existe sobre crescimento econômico e desenvolvimento industrial nos EUA, mas eles revelam pouco sobre a participação militar. Por quê? Uma razão é a persistência de uma tradição muito profunda que enaltece a livre-empresa e condena a interferência do governo na economia.

Merrit Roe Smith, 1985, apud Cypher, 1987.

O que distingue a abordagem neoshumpeteriana sobre o desenvolvimento econômico não é propriamente o reconhecimento de que a inovação e o progresso técnico constituem o seu fator essencial. Adam Smith e Karl Marx defenderam e exploraram esta tese sob diversos aspectos. O principal traço desenvolvido pela escola neoshumpeteriana[1] é a forma específica em que o progresso técnico é concebido como uma força endógena do crescimento estimulado pela concorrência capitalista. A maior crítica desta escola à economia neoclássica diz respeito à natureza exógena do progresso técnico tal como este é concebido na teoria convencional do crescimento e na forma como as teorias neoclássicas mais recentes buscam endogenizá-lo. Contudo, o que é endógeno, e como o progresso técnico é concebido, não é sempre uma questão muito clara.

Um influente estudo histórico defendendo uma abordagem endógena sobre a mudança tecnológica foi desenvolvido por Schmookler (1966). Em seu livro, argumenta que não apenas na difusão das invenções existentes, mas a própria atividade de invenção poderia ser explicada por forças econômicas. Ele mostrou, através de dados sobre patentes nos EUA, que as atividades inventivas seguiam com algum atraso os investimentos e concluía que elas poderiam ser razoavelmente explicadas como decorrentes das forças de demanda. Como Rosemberg resumiu, a composição da demanda,

---

[1] Ver Freeman, 1994.

(...) através de sua influência no tamanho do mercado para tipos específicos de invenções é um fator determinante para a alocação do esforço inventivo. (...) é a mudança na demanda dos consumidores ao longo do tempo o fator primário na determinação das mudanças na direção do esforço inventivo (Rosemberg, 1974: 93).

Schmookler não desprezou a importância da ciência e tecnologia, muito pelo contrário, ele considerava que a existência de uma ampla base de conhecimento poderia expandir a fronteira tecnológica em múltiplos campos. Neste contexto, a ciência e a tecnologia não assumiam uma força independente influenciando a atividade de invenção. De forma simplificada, a abordagem de Schmookler sobre a inovação poderia ser assim resumida:

(...) um milhão de dólares gastos num tipo de bem é capaz de induzir tanta invenção quanto a mesma soma gasta em qualquer outro bem (Schmookler, 1966: 96).

A principal crítica a esta abordagem do progresso técnico endógeno (endógeno no sentido de que é o nível de renda e a sua composição que, através do investimento, condiciona o progresso técnico) baseia-se na consideração de que o estoque de conhecimento útil não pode ser assumido como um idêntico insumo a ser usado em qualquer espécie de produto ou setor produtivo. Existe uma lógica interna à ciência e ao progresso técnico que é independente da necessidade econômica, gerando consequências sobre as oportunidades do processo inventivo. Contudo, uma abordagem do progresso técnico em que as invenções são "empurradas pela ciência" não constitui uma alternativa à abordagem centrada na demanda[2]. Estas abordagens captam dimensões distintas do progresso técnico. Invenções que podem ser bem sucedidas, isto é, as inovações parecem ser governadas pelas duas forças. No longo prazo, o conjunto de engenheiros e cientistas respondem aos investimentos e à demanda por seus serviços, mas na medida em que nos aproximamos da fronteira do conhecimento, a formulação de novas questões, e as suas respostas, abrem novos paradigmas tecnológicos (entendidos como padrões de solução a problemas selecionados) que não podem ser liderados pelas forças do mercado, na medida em que não existe demanda para eles.

Devido a seus custos relativos ou dificuldades práticas, invenções e inovações básicas não podem ser consistentemente explicadas por forças econômicas. Sua dependência às descobertas científicas confere ao progresso

---

[2] *(...) allocation of inventive resources has in the past been determined jointly by demand forces, which have broadly shaped the shifting payoffs to successful invention, together with supply side forces which have determined both the probability of success within any particular time frame as well as the prospective cost of producing a successful invention* (Rosemberg, 1974: 103).

técnico um caráter exógeno. Naturalmente que, quanto mais distante estivermos das inovações básicas ou dos estágios iniciais da inovação, a abordagem centrada na demanda, tal como é considerada por Schmookler, possui maior poder explicativo (Freeman, 1994). O que parece ser endógeno ao crescimento econômico é a difusão das inovações onde o aprimoramento das inovações numa dada trajetória tecnológica (progresso técnico num dado paradigma) é realizado.

Na maioria dos estudos analíticos neoshumpeterianos sobre o crescimento econômico, a difusão das inovações através de subsequentes melhorias em invenções é considerada o fato mais importante do desenvolvimento econômico. O progresso técnico é concebido como uma força endógena de uma forma bastante distinta da considerada por Schmookler. A ênfase não é posta nas forças da demanda em que as inovações seguem a estrutura dos investimentos, mas nas forças do lado da oferta em que as inovações dependem principalmente do comportamento das empresas. Nesta concepção, a concorrência através de seus estímulos aos esforços inovativos cria mecanismos assimétricos alterando a participação de cada firma no mercado, em uma dinâmica onde a inovação tecnológica surge como o motor do desenvolvimento. A ênfase recai sobre o comportamento das empresas em seu esforço contínuo de adaptação de novos produtos e processos. Nesta abordagem, a distinção qualitativa entre inovações básicas e inovações incrementais numa dada trajetória, de certa forma, é atenuada.

O que se tornou conhecido como sistema nacional de inovação (Nelson, 1993) inclui muitos outros atores institucionais além do empresário e do banqueiro (os atores principais considerados por Schumpeter) na configuração de sistemas de inovação que se desenvolveram entre os países industrializados no pós-guerra. Dosi, Pavitt & Soete (1990) observaram a fraqueza das forças de mercado na seleção de "descontinuidades tecnológicas radicais" e reconheceram a importância de forças extramercado na provisão das condições para novos desenvolvimentos científicos e na seleção *ex-ante* das inovações com potenciais mais amplos. A influência de instituições não reguladas pelo mercado aproximando a ciência dos desdobramentos tecnológicos e provendo incentivos aos inovadores potenciais é, deste modo, um fato amplamente aceito. Mas a despeito de sua importância, a instituição que assume a função central nos estudos nacionais sobre progresso técnico é o laboratório de P&D das empresas[3].

---

[3] Rosemberg & Nelson (1993) sustentaram, em um amplo estudo comparativo sobre diferentes países, o papel do laboratório de P&D das empresas como o *lócus* principal do processo de inovação.

Embora, nos estudos históricos sobre tecnologia, a influência dos militares na configuração do sistema nacional de inovação dos EUA seja amplamente reconhecida, a visão mais aceita é a de que o "Capitalismo do Pentágono" teria apresentado elevado custo de oportunidade nas décadas que se seguiram ao final da guerra. Ao deslocar a pesquisa civil, considerada mais útil e produtiva, a pesquisa militar é concebida, não raro, como um desperdício com efeitos negativos em longo prazo sobre o progresso tecnológico. Mesmo nos estudos históricos que reconhecem uma influência positiva da tecnologia militar na liderança tecnológica americana (Mowery & Rosemberg, 1993) a ideia comum é que, dos anos 70 aos dias de hoje, este sistema de inovações estaria exibindo retornos decrescentes. Com uma maior parcela dos investimentos em P&D (ver seções seguintes) os laboratórios industriais estariam liderando o processo de inovação numa direção determinada pelas forças de mercado. Com a revolução nas tecnologias da informação, a difusão tecnológica estaria se dando crescentemente dos esforços civis de P&D para esforços tecnológicos militares e não mais na direção inversa como teria sido no passado. Esta inversão no fluxo tecnológico foi considerada um importante fator nas hipóteses construídas sobre o (suposto) declínio da liderança tecnológica americana.

Nas seções seguintes buscar-se-á argumentar que nos EUA a influência de um ator exógeno, o Departamento de Defesa (DOD), não se limitou a prover amplo financiamento e encomendas aos produtores de armas, mas influenciou o processo de seleção, difusão e indução das modernas tecnologias no pós-guerra. A velocidade do progresso técnico foi, por seu turno, fortemente influenciada pela competição pelas armas. Nesta última direção, Pivetti (1992) fez duas observações que merecem atenção. Em primeiro lugar, na esfera militar, a velocidade em que os problemas são criados e resolvidos não possuem paralelo na esfera civil. O compromisso de manter uma superioridade estratégica sobre o adversário e as penalidades decorrentes de um atraso tecnológico impõe um ritmo único ao processo inovativo. A segunda observação diz respeito ao ciclo de inovações e de difusão tecnológica. A viabilidade tecnológica, e não os seus custos ou riscos, afirma-se como o único constrangimento para a adoção de um armamento superior. Consequentemente, o período de tempo entre as distintas fases do processo inovativo é encurtado favorecendo o processo de difusão. O corolário desta dinâmica é a desaceleração do progresso técnico, uma vez terminada a competição pelas armas..

> (...) ocorrerá uma queda na velocidade em que os novos problemas técnicos e suas soluções são criados, assim, é razoável acreditar que a velocidade do progresso técnico será diminuída (Pivetti, 1992: 380).

Tendo em vista estas considerações buscar-se-á argumentar, ao longo deste texto, que a disposição de ganhar a Guerra Fria contra a União Soviética através do desenvolvimento de armas tecnologicamente superiores foi o *primum móbile* para o progresso científico e para a maioria das invenções e inovações básicas que pavimentaram a trajetória tecnológica dos EUA no pós-guerra. Depois do colapso da União Soviética, importantes mudanças institucionais ocorreram, mas uma nova concepção de guerra vem gerando novos desafios, demandando esforços científicos e acelerando o progresso tecnológico.

A Montagem do "Complexo Militar-Industrial-Acadêmico".

Para Holley (1983), apenas a partir da II Guerra Mundial tornou-se essencial, para a política militar americana, a tese de que a guerra é decidida pela arma tecnologicamente superior. Superioridade em armas, segundo este autor,

> (...) baseia-se não apenas na seleção das melhores ideias da tecnologia moderna, mas também num sistema que relaciona as ideias selecionadas com a doutrina ou conceito de sua aplicação tática ou estratégica, isto é, com a concepção de missão a ser desempenhada pela arma (Holley, 1983: 14).

Esta concepção sobre a arma superior combina tanto as características tecnológicas dos artefatos quanto a concepção estratégica de guerra, e confere prioridade central às inovações tecnológicas fundamentais e às ideias estratégicas sobre a utilização dos novos armamentos[4].

O comprometimento militar americano com a pesquisa científica foi decorrência da II Guerra Mundial. Durante a I Guerra Mundial, a grande inovação foi o avião e devido ao relativo atraso desta indústria nos EUA e às características do seu sistema industrial, a ênfase recaiu na produção padronizada e não na busca de um avião de performance superior. O National Advisory Comitte for Aeronautics (NACA, o precursor da NASA) organizado pela Força Aérea em 1915 criou um centro de pesquisa interno à aeronáutica, mas não alterou essencialmente as prioridades estratégicas.

Durante a II Guerra Mundial, os esforços de pesquisa e desenvolvimento não estiveram mais confinados aos laboratórios militares, como

---

[4] Como sublinhado por Milward: *The production of modern armaments beyond a certain level of complexity is only possible in states, which possess the best equipped, largest, and most innovative engineering industries. Since it is also in such countries that most of the technological innovations in armaments design take place, the process is selfreinforcing one in which most powers can only struggle to maintain a level of a armaments technology which does not to fall far behind the best* (Milward, 1977: 171).

ocorreu na I Guerra Mundial. A criação do National Defense Research Council (NDRC), em 1941, estabeleceu uma nova estrutura para a ciência e engenharia criando uma ampla rede de pesquisas junto às universidades. Como resultado destes esforços, as inovações desenvolvidas nos laboratórios industriais criaram uma nova geração de armas e equipamentos. A concorrência pelas armas com a Alemanha acelerou enormemente esta mudança institucional[5].

Com os mísseis alemães e com a bomba atômica, a penalidade decorrente de um atraso na corrida armamentista poderia ter consequências devastadoras. Para obter superioridade na busca de uma arma superior era necessário estender a fronteira tecnológica através do alargamento das comunidades científicas numa velocidade, dimensão e direção distintas da que decorreria da concorrência industrial. O projeto MANHATTAN foi o mais importante marco desta nova era.

O que foi denominado por Dwight Eisenhower como complexo industrial-militar foi, desde o seu começo, um "complexo militar-industrial-acadêmico", como mais tarde foi reconhecido pelo Senador William Fulbright (Leslie, 1993). O National Research Council (NRC) criado em 1941, bem como seu sucessor, o Office Defense Research Council (ODRC), foram dirigidos por Vannevar Bush, decano de engenharia do Massachusetts Institute of Technology (MIT). Este foi o arquiteto e criador do novo sistema de inovação dos EUA. Como foi recentemente recordado,

> (...) o ODRC baseava-se na nova concepção de que exceto em casos muito especiais, a pesquisa para fins militares seria melhor desenvolvida se os cientistas e engenheiros permanecessem com seu status civil em instituições acadêmicas e industriais. Isto é, as organizações acadêmicas e industriais trabalhariam em parceria com o governo federal, mas não sob seu controle direto. Devido o acesso direto que Bush possuía com o presidente Roosevelt, ele pôde convencê-lo (...) da maior eficácia de um sistema descentralizado sobre o modelo prevalecente na I Guerra Mundial para a mobilização dos recursos científicos aos objetivos de defesa nacional (NSF, 2000: 10).

Nesta concepção, as universidades constituíam o centro vital da pesquisa científica. De fato, nos anos imediatos que se seguiram à guerra, o

---

[5] No início da guerra, a estratégia militar da Alemanha estava baseada no lançamento de ataques concentrados, os Blitzkrieger, decorrente de duas considerações: guerras longas seriam autodestrutivas e o uso massivo de equipamentos seria mais adequado à Alemanha devido a sua maior dependência de matérias-primas. (Milward, *op. cit.*). A guerra na Rússia derrotou esta estratégia que foi substituída, no final da guerra, por forte pesquisa sobre novas armas. O principal resultado deste esforço foram as armas secretas, os mísseis V1 e V2 que provocaram perplexidade nos militares americanos, como foi notado por Holley, 1983, *op. cit.*

MIT obteve isoladamente 117 milhões de dólares em P&D, o Instituto de Tecnologia da Califórnia (CALTECH) obteve 83 milhões de dólares. Estes contratos podem ser contrastados com os 17 milhões de dólares recebidos pela AT&T ou com os 8 milhões de dólares recebidos pela GE (Leslie, 1983). Os bem-sucedidos casos do Laboratório de Radiação do MIT e do ultrassecreto laboratório de Los Alamos, onde a primeira bomba nuclear foi obtida a partir de um contrato entre o exército e a Universidade da Califórnia, são importantes marcos desta nova estratégia. Depois da guerra, este sistema teve um desenvolvimento revolucionário. A rede era tão vasta que o diretor do laboratório de Oak Ridge National escreveu, em 1962, que:

> Tornava-se crescentemente difícil dizer se o MIT era uma universidade com muitos laboratórios do governo ou um conjunto de laboratórios de governo em uma excelente instituição de ensino (Leslie, 1993: 14).

Indústrias fornecedoras de armas como a Lockheed, General Electric, Boeing, General Dynamics, AT&T destacaram-se entre as maiores, do mesmo modo o MIT, a Universidade da Califórnia, Stanford, Harvard e Columbia foram os principais institutos que depois da guerra fizeram a tecnologia americana.

A vitória da estratégia da arma superior como um legado da II Guerra Mundial transformou-se, a partir da demonstração da capacitação militar da União Soviética, numa vigorosa política tecnológica e expansão de novos conhecimentos. Este objetivo foi claramente reconhecido pelo Defense Research Board, criado em 1947 por um renovado DOD e estabelecido de forma não ambígua pelo Defense Science Board em 1956, com o objetivo de,

> (...) buscar periodicamente as necessidades e as oportunidades apresentadas pelas novas descobertas científicas para sistemas de armamentos radicalmente novos (NSF, 2000: 6).

O Advanced Research Projects Agency (ARPA), subordinado ao DOD, teve especial liderança na criação de novas tecnologias. Para este esforço, o fator limitante não era a disponibilidade de recursos financeiros. Depois da guerra, os militares obtiveram amplo apoio financeiro e as políticas de compra do DOD criaram uma vigorosa demanda protegida para as principais indústrias fornecedoras de armamentos. O fator limitante era o estoque de conhecimento e a estrutura operacional do sistema de inovações. Deste modo, a tarefa não se circunscrevia à provisão de incentivos para P&D nas indústrias ou nas universidades, mas na montagem de um extenso e dinâmico sistema de inovação. O desafio era reduzir o período de tempo entre as invenções e inovações acelerando o progresso técnico e dirigindo-o para a produção de "armamentos radicalmente novos". Este desafio foi assumido pelo DOD. Em termos de nossa discussão prévia, não apenas o lado da oferta (expansão do estoque do conhecimento), mas também o lado da demanda (as encomendas tecnológicas), foram guiados pelos esforços militares na busca das melhores armas e das melhores ideias sobre sua utilização. Como resultado, os militares funcionaram como a maior força autônoma na configuração e na direção do processo inventivo nos EUA.

Politicamente, a percepção de que os EUA estavam tecnologicamente atrasados na concorrência armamentista foi usada como argumento para fortalecer o orçamento militar e criar as coalizões políticas favorecedoras das inovações e da ruptura da inércia burocrática, aspectos decisivos para a construção de instituições adequadas ao esforço científico e tecnológico. Os mísseis alemães e a bomba atômica durante a II Guerra Mundial criaram o ODRC e viabilizaram a instauração do "complexo militar-industrial-acadêmico"; o sucesso do Sputnik em 1951 foi essencial para a expansão dos recursos fiscais e para a criação do Defense Science Board em 1956 e da NASA em 1958; a aceleração da concorrência armamentista de forma a conter e derrotar a União Soviética no governo Reagan gerou um crescimento extraordinário do orçamento militar. Estes ciclos podem ser observados nos dados abaixo:

Os dados mostram quatro momentos distintos: as duas décadas posteriores à guerra, a descontinuidade dos anos 70, os anos 80 e a última década do século XX. Vamos considerar, nesta seção, as duas primeiras décadas, os anos iniciais deste sistema de inovação.

Evolução do Orçamento de Defesa e da Pesquisa em Desenvolvimento Militar (em milhões de dólares de 2002)

Anos	Total	Crescimento Real (média de 5 anos)	P&D	Crescimento Real (média de 5 anos)
1955	295,676	-	17,076	-
1960	290,346	- 0.32	29,221	3.4
1965	318,145	1.9	32,537	2.1
1970	371,530	3.3	31,175	- 0.6
1975	285,385	- 4,6	25,726	- 3.8
1980	306,939	1.4	25,897	0
1985	436,206	8.5	45,840	16.0
1990	394,524	- 2.1	45,066	0
1995	301,018	- 4.7	38,462	- 3.1
2000	303,879	0.1	40,181	1.0
2001	309,764	0.3	41,749	0.5
2002	329,151	1.3	47,429	2.9

Fonte: DOD, EUA. Values Total Obligational Authority. Termo financeiro que expressa o valor do orçamento apropriado pelo programa de defesa no ano fiscal.

O sucesso da "estratégia do armamento superior" requer organizações capazes de administrar sistemas complexos, reunir informações e resolver conflitos operacionais e políticos. Trata-se de uma questão de poder, do poder das organizações sobre a complexidade e os desafios das novas tarefas. O "complexo militar-industrial-acadêmico", liderado pelos militares nos EUA, foi uma realização não menos importante do que os seus resultados tecnológicos, tais como o avião a jato, a bomba atômica, o míssil, o transistor ou o computador. Ao lidar com inovações básicas na busca de novas máquinas, a seleção das melhores ideias depende de como as decisões são tomadas. Seguindo os passos de Hughes (1998), a montagem deste sistema de inovações se deu a partir de alguns projetos notáveis.

O projeto SAGE (Semiautomatic Ground Enviroment) foi um claro exemplo da importância das organizações no processo de inovação. Este projeto foi baseado numa concepção conservadora sobre a potencial ameaça ao espaço aéreo americano. De acordo com a visão dominante da Força Aérea americana sobre a importância do caça e do bombardeiro na vitória dos aliados na guerra, o objetivo do projeto, endossado pelo Conselho de Segurança Nacional em 1949, era preparar os EUA para um eventual ataque de bombardeios de longa distância. Quando o projeto ficou pronto, o míssil intercontinental, uma arma muito mais poderosa, constituía a verdadeira ameaça[6]. A vitória desta estratégia revela como um momento tecnológico conservador, ou a força da inércia, emerge não apenas das ideias, rotinas e organizações, mas também das "características específicas dos objetos físicos" (como sublinhado por Hughes).

Mas mesmo baseado numa concepção equivocada, o projeto SAGE possuiu efeitos duradouros na tecnologia americana. Ele criou uma rede extensa conectando laboratórios estatais, universidades (a parte principal deste projeto milionário, comparável ao projeto MANHATTAN foi desenvolvido pelo MIT com colaboradores como John von Neumann do Instituto de Altos Estudos de Princeton e muitas outras instituições como o CALTECH e a Universidade de Harvard) e laboratórios industriais (como o Bell, Polaroid etc) envolvidos num trabalho multidisciplinar e de longo fôlego. Uma consequência não intencional do projeto foi o desenvolvimento de muitas inovações em computadores, comunicações e administração. Por exemplo, a grande novidade dos anos 50 não foi a simples existência dos computadores, mas a forma em que estes foram usados. O projeto SAGE,

> (...) mostrou ao mundo como um computador digital poderia funcionar como centro de processamento de informações em tempo real para sistemas comple-

---

[6] Para uma análise detalhada, ver Hughes, 1998.

xos de comando e controle. O SAGE demonstrou que os computadores poderiam ser mais do que calculadores aritméticos e que eles poderiam funcionar como centros automáticos de controle para operações tanto industriais quanto militares (Hughes, 1998: 16).

Esta foi uma ideia revolucionária sugerida por Norbert Wiener em 1948 e aplicada pelos engenheiros do MIT ao sistema de defesa aéreo. Para obter informações processadas em tempo real era necessária uma mudança do sistema analógico para o sistema digital (ocorrido após a solução de uma série de problemas com os computadores ENIAC construídos durante a guerra) e intensos esforços na introdução de novos componentes, incluindo os transistores (a memória era o problema mais crítico). Nos anos subsequentes, um comando computadorizado e sistemas de comunicações e controle (como os posteriormente desenvolvidos no sistema de controle aéreo para a OTAN) foram desenvolvidos segundo a direção aberta pelo projeto SAGE.

O projeto SAGE não possuía uma estrutura de decisão adequada à sua complexidade e diversidade. O seu maior organizador Jan Forrester do MIT observou que,

> (...) as responsabilidades estavam espalhadas em todas as seções da Força Aérea sem coordenação geral exceto no nível maior. (...) Era uma situação similar a de construir um grande edifício com muitas empresas subcontratadas sem uma empresa encarregada da operação global (ibidem: 59).

Este projeto mostrou a dificuldade sistêmica da "grande ciência" em grandes empreendimentos onde "os problemas administrativos eram tão complexos quanto os problemas operacionais" (Hughes, *op. cit.*). Neste sentido, a experiência crucial veio muito cedo com o projeto ATLAS, o primeiro projeto bem-sucedido de mísseis intercontinentais iniciado em 1954, envolvendo "17 empresas diretamente contratadas, 200 subcontratadas e uma força de trabalho de 70.000 pessoas" (Hughes, op. cit.).

O míssil intercontinental era uma realidade nova e uma arma tecnologicamente avançada, dependendo de intensa pesquisa científica tal como antevista pela Research and Development Corporation (RAND Corporation).

> Eu vejo uma Força Aérea sem homens... (...) Por vinte anos a Força Aérea foi construída em torno de pilotos, pilotos e mais pilotos. (...) A próxima Força Aérea será construída em torno de cientistas e robôs (Gal Henry Arnold *cit. in* Hughes, 1998: 72).

Bernard Schriever (engenheiro de Stanford e piloto da Força Aérea), diretor do projeto, considerava que "o aspecto técnico predominante do projeto era o sistema operacional e sua estreita relação da física com a engenharia" (Hughes, op. cit.).

A RAND Corporation, criada em 1948, ganhou reputação em pesquisa operacional, análise de sistemas e engenharia de sistemas. Sua estrutura multidisciplinar e não burocrática, era um traço marcante desta instituição. As questões formuladas pela RAND eram mais holísticas do que as usuais. Por exemplo, como deveria ser a resposta a um ataque nuclear iniciado pela União Soviética? O uso de muitas variáveis, jogos e simulações (de novo Von Neumann) formavam o núcleo do sistema de análise desenvolvido pelos engenheiros da RAND. Esta abordagem foi posteriormente aplicada por Robert McNamara nos anos 60, revolucionando as políticas do DOD.

Do mesmo modo exerceu importante influência sobre o MIT e outras instituições de excelência. A engenharia de sistemas e de pesquisa operacional desenvolvida em projetos como o SAGE e o ATLAS transformaram-se nos exemplos da "grande ciência", um termo usado pela primeira vez por Alvin Weinberg do Oak Ridge National Laboratory para descrever a conexão estreita entre a física e a engenharia em grandes projetos militares. Uma conexão que dissolvia as fronteiras entre a ciência e a engenharia acelerando a sequência das fases do processo de inovação. A engenharia de sistemas foi uma inovação fundamentalmente militar.

No projeto ATLAS, a administração da complexidade não estava limitada à solução de desenhos complexos em hidrodinâmica e aerodinâmica, mas na delimitação de especificações contratuais, no monitoramento da performance dos equipamentos e nos testes de uma rede altamente descentralizada de fornecedores e universidades. Quem toma a decisão e em que nível? Como coordenar as inovações e resolver conflitos entre produtores e usuários? Diferentemente do que ocorreu no projeto SAGE, as soluções destes problemas foram dadas de forma menos burocrática pela Força Aérea. Mas como descobrir a melhor solução? A resposta apresentada pelos diretores do ATLAS foi uma "competição de fornecedores" requerendo instrumentos administrativos complexos.

A corrida armamentista estabeleceu o calendário e a trajetória das inovações tecnológicas nos EUA. A mudança de prioridades na pesquisa básica da física de micro-ondas para a física do estado sólido acelerou a revolução microeletrônica e foi motivada pelos projetos dos mísseis e pelo projeto APOLLO da NASA nos anos 60. Os laboratórios eletrônicos criados em Stanford e no MIT eram especialmente voltados aos objetivos militares[7].

A influência desses laboratórios e, em particular a do Laboratório Eletrônico de Stanford (SEL) foi de grande importância para o Vale do Silício.

---

[7] *(...) the most basic theoretical research which made them possible, and from academic laboratories and classrooms trained future electronics engineers to the local defense contractors that hired most of them.* (Leslie, 1993: 46).

No início foi a eletrônica da micro-onda, demandada pelo radar e pela comunicação eletrônica, a responsável pela transformação das instituições acadêmicas da Califórnia nos principais contratados do DOD e pela formação de um conjunto de indústrias em torno de Stanford. Contudo, em poucos anos, o programa de engenharia do estado sólido dominou os anos 60 refletindo a mudança das prioridades militares que, a este tempo, concentrava-se no desenvolvimento de uma microeletrônica compacta, confiável e necessária aos mísseis, sistemas de comunicação e às "armas inteligentes" (Leslie, 1993: 73). O orçamento do SEL era completamente dominado pelos contratos individuais com o Exército, Marinha, Força Aérea e com a NASA.

A percepção de que os EUA estavam atrás da União Soviética na indústria aeroespacial depois do lançamento do Sputnik criou a força política para o lançamento de um imenso esforço em ciência e engenharia liderado pela NASA, nas administrações Kennedy e Johnson, voltado para a conquista da lua. No projeto SAGE, os EUA subestimaram a capacitação tecnológica da União Soviética. Na corrida espacial, inversamente, a capacitação tecnológica da União Soviética foi amplamente exagerada. Nos dez anos seguintes, durante os quais o projeto APOLLO liderou o maior esforço tecnológico desde o projeto MANHATTAN, a corrida terminou com a vitória para os EUA; o seu sucessor, o ônibus espacial era um esforço muito menos ambicioso e foi concebido para sustentar a existência da NASA (Lambrigth, 2002). Mas do mesmo modo do ocorrido no projeto SAGE, diversas inovações tecnológicas em balística, resistência dos materiais, computadores, microeletrônica e fotografia, foram produtos desta corrida.

O notável no projeto APOLLO, um projeto bilionário envolvendo 400.000 pessoas, foi a administração de um sistema de pesquisa altamente descentralizado. Um exemplo de engenharia onde a organização e a coordenação eram o grande desafio.

A pesquisa microeletrônica de estado sólido foi essencial para transistores e semicondutores. O projeto SAGE mostrou como computadores podiam constituir uma formidável ferramenta de processamento de informações para o comando e a centralização de decisões. A Advanced Research Projects Agency (ARPA) subordinada ao DOD criou, em 1969, o ARPANET, "uma rede nacional de computadores em tempo real" (Hughes, *op. cit.*), conectando principalmente as universidades.

Uma rede de computadores era uma nova ideia sobre como usar computadores. Uma ideia originada da concorrência armamentista e voltada para ampliar os mecanismos de controle de informações. De fato, a ideia original veio da RAND Corporation, visando a montagem de uma rede de comunicações que poderia sobreviver a um ataque nuclear e viabilizar um contra-ataque de mísseis. Para este objetivo, o sistema deveria ser descentralizado e não hierárquico.

O projeto original do ARPANET era o de criar uma rede que poderia compartilhar o tempo e os altos custos da base de dados e dos programas sofisticados requeridos na solução de problemas complexos. Este sistema de compartilhamento de muitos terminais interligados a um computador central foi concebido para resolver problemas de processamento, tais como os envolvidos no armazenamento e na recuperação de informações. O verdadeiro desafio para a expansão do sistema foi a criação de um protocolo de reconhecimento dos usuários. Uma vez resolvido pelos engenheiros da Universidade da Califórnia, do MIT e por algumas companhias de alta tecnologia, o projeto tornou-se operacional e a ARPA transferiu a administração da rede para a Agência de Comunicações do DOD, que guiou o futuro desenvolvimento do ARPANET.

A ARPA e os engenheiros que dirigiram o seu Escritório de Técnicas de Informação e Processamento conceberam a arquitetura básica da Internet. O primeiro passo foi conectar o ARPANET com outras redes criadas pela ARPA. O aspecto mais complicado na conexão de redes com diferentes características, foi o desenvolvimento de um protocolo de reconhecimento. Existiam, até 1983, dois padrões conflitantes. Este conflito foi decidido pelo DOD quando este estabeleceu que todos os computadores, vinculados ao ARPANET, deveriam usar o protocolo TCP/IP gerando, a partir daí, um padrão para a Internet.

Os anos subsequentes foram tecnologicamente dominados pela difusão destas tecnologias para usos civis. Ao longo destes anos, muitas transformações na corrida armamentista, no apoio político para os gastos militares e na natureza do progresso técnico resultaram em mudanças significativas no sistema americano de inovações. Nestas mudanças o DARPA, sucessor da ARPA, manteve a liderança. Antes de investigar esta transformação é importante resumir alguns traços deste sistema de inovação e de seus mecanismos de difusão.

A Difusão de Tecnologia no Sistema Americano de Inovação.

> O estilo da inovação de alta tecnologia ilustrado pelo transistor tem sido uma força permanente no período do pós-guerra. Em áreas diversas como a computação gráfica, inteligência artificial e máquinas de controle numérico, os empreendimentos militares alteraram significativamente o ambiente tecnológico.
>
> Thomas Misa, 1985: 287.

Devido sua abrangência, não é tarefa fácil avaliar o peso e a influência das inovações militares no conjunto das inovações básicas que moldaram a economia americana no pós-guerra. Se considerarmos como inovações básicas, aquelas que criam novos setores na indústria (como por exemplo fez Mensch, 1979), e se mantivermos a classificação industrial de Pavitt[8], é possível dizer que o "complexo militar-industrial-acadêmico" criou as inovações básicas em todas as novas indústrias baseadas em ciência (aeroespacial, computadores, equipamentos de telecomunicação) e manteve a liderança em muitas indústrias baseadas em fornecedores especializados (tais como máquinas de controle numérico e outros bens de capital) indústrias que, ao lado da farmacêutica, dos serviços de empresas e dos bancos, formam os principais setores de alta tecnologia.

Mas como foi observado, não apenas as máquinas, mas as ideias sobre como utilizá-las, como no caso da Internet, foram desenvolvidas para projetos militares em redes de instituições especialmente construídas e apoiadas pelo DOD. Estas indústrias nascentes estiveram concentradas nos anos 50 e 60, e foram estimuladas através da provisão de financiamento e compras governamentais sem preocupações de custos[9].

O "complexo militar-industrial-acadêmico" possui uma singularidade que o distingue de outros sistemas nacionais de inovação. Devido ao papel protagonista dos laboratórios acadêmicos, a rede descentralizada de pesquisadores e a motivação dos principais formuladores de política tecnológica, a difusão comercial da tecnologia militar se deu através de firmas emergentes. Instituições como o DARPA ou a NASA, por exemplo, assumiram aqui a função de *venture capitalist*. Cientistas e engenheiros usaram seus conhecimentos acumulados nos laboratórios públicos para criar novas empresas explorando as novas tecnologias. O Laboratório Eletrônico Lincoln do MIT, tal como analisado por Leslie (1993) viabilizou a criação de dezenas de novas companhias de alta tecnologia que se beneficiaram dos contratos e do conhecimento prévio dos engenheiros deste laboratório.

---

[8] Ver Dosi, Pavitt & Soete, 1990.

[9] *The Army employed three related strategies to build up a large production capacity for transistors. One was to finance new plants directly. In 1953, for example, the Signal Corps underwrote the construction of a huge Western Electric transistor plant. (...) In addition to Western Electric, Raytheon, Radio Corporation of America and Sylvania benefited from such military support. A second Army program stressed engineering development. (...) A third Army initiative influenced the cohesion of the emerging transistor industry. In mid-1953 the Sign Corps sponsored a conference aimed at standardizing the operating characteristics of transistor.* (Misa, 1985: 275).

Como foi observado anteriormente, os estudantes que criaram as novas tecnologias no Vale do Silício foram majoritariamente treinados em Stanford, e foram criados e apoiados por contratos militares. Quando as inovações se conectaram em computadores e programas, este tipo de transferência de tecnologia tornou-se cada vez mais importante. Como relatado por Hughes (1998), a companhia escolhida para o desenho e a construção da rede física do projeto ARPANET foi uma pequena empresa de Massachusets formada por pessoas de Harvard e do MIT, dirigida por um engenheiro do MIT e principal estrategista da rede de cientistas do projeto ARPANET.

Ao lado desta forma de transferência de tecnologia através da aprendizagem e dos conhecimentos incorporados em indivíduos, a transferência de tecnologia diretamente para as grandes empresas fornecedoras e indiretamente para os seus fornecedores especializados constituiu a principal forma de difusão de novas tecnologias. Na medida em que as incertezas e os riscos comerciais foram provisoriamente suspensos pelo apoio militar, o ciclo de vida do processo de inovações foi encurtado e as oportunidades de exploração comercial foram asseguradas pela acumulação de capacitação técnica dos laboratórios industriais[10].

Tecnologias de fronteira com memória magnética e circuitos eletrônicos foram diretamente passadas do Lincoln para a IBM. A influência do projeto SAGE na construção de sistemas de reservas na aviação civil é outro exemplo importante. Histórias semelhantes repetem-se na AT&T em sistemas de comunicação de informações e em muitas grandes empresas em setores baseados em ciência.

Como na citação de Thomas Misa no início desta seção, o empreendimento tecnológico militar enviesou, nos EUA, a mudança tecnológica estimulando e selecionando variantes específicas das novas tecnologias. A "estratégia da arma tecnologicamente superior" demanda elevada exigência em performance e eficiência. Na disputa por contratos milionários, as empresas são aceitas ou eliminadas de acordo com a qualidade do seu laboratório industrial e com o atendimento às rígidas especificações.

Esta exigência cria padrões distintos daqueles voltados para a simplificação e redução dos custos necessários à produção em massa. Mas a tensão entre qualidade e quantidade não é trivial. Um padrão é um bem público e provê as instruções necessárias para a produção em massa e a padronização

---

[10] Um bom exemplo examinado por Cypher (1987) foi o caso do laboratório da Bell Telephone. Outro caso importante foi o da IBM, grande beneficiária da pesquisa eletrônica liderada pelo Laboratório Lincoln sob encomenda dos militares (Leslie, 1993).

das características operacionais, tais como as demandadas na tecnologia militar (um excelente exemplo é o da indústria de semicondutores analisada por Misa, 1985). Neste sentido, ao estimular o progresso técnico e a padronização dos equipamentos, a demanda militar por um alto desempenho age simultaneamente na criação e na difusão de tecnologia.

Mas a criação de padrões não se resume à qualidade dos equipamentos, mas ao conjunto de especificações segundo a sua utilização principal. No caso do transistor americano, a exigência de alta performance dos sistemas eletrônicos incluía a resistência a elevadas temperaturas (necessárias aos mísseis e aviões de guerra) forçando produtores, como a Texas Instruments, a buscar novos e mais caros transistors. Este padrão na indústria eletrônica distinguiu a experiência americana de outros sistemas nacionais de inovação[11].

Embora não exista um único uso para o novo conhecimento, a direção do progresso técnico moldado pela concorrência pelas armas criou um viés em custos, ausente nas tecnologias de uso comercial, tais como as desenvolvidas pelo bem-sucedido sistema japonês de inovação. Um exemplo importante ocorreu com as máquinas de controle numérico. Esta era uma inovação demandada pela Força Aérea nos anos 50, desenvolvida para aviões de alta velocidade e mísseis intercontinentais. Seus componentes deveriam suportar altas temperaturas e apresentar alto desempenho. A tecnologia destas máquinas foi rapidamente difundida na economia mundial nos anos 70, mas ao contrário das máquinas americanas, os equipamentos desenvolvidos pelo Japão enfatizaram simplicidade e baixo custo, adequados ao uso comercial. Como resultado, em 1978, a indústria americana transformou-se num importador líquido de máquinas de controle numérico.

Este viés tecnológico, ao lado da maturidade da indústria eletrônica e o forte corte no orçamento militar ocorrido nos anos 70, foram aspectos importantes na mudança da liderança militar americana sobre o seu sistema de inovações.

---

[11] *When coupled to the development process, military needs promoted the high-performance diffused transistor in the 1950s, the integrated circuit in the early 1960s, and the very-high-speed integrated circuit in the early 1980s. The driving force behind the semiconductor industry in Japan, in contrast, has been the powerful Ministry of International Trade an Industry (MITI). In electronics MITI has emphasized not ultra-high-technology products lines but rather the large scale, coordinated expansion of the semiconductor market* (Misa, 1985: 286).

MANTECH, DARPA, Mudança da Política Militar na Tecnologia Americana.

(...) o programa MANTECH colocou o Departamento de Defesa numa posição central na mudança da ordem econômica internacional. No passado, o controle numérico e outros projetos como o laser atenderam a necessidades militares e foram racionalizados com base em argumentos de eficiência do processo produtivo. Mas hoje, com a maior importância dos interesses dos EUA na economia mundial, o DOD busca promover através do MANTECH a presença industrial americana nos mercados internacionais e a sua liderança tecnológica. O MANTECH objetiva promover a competitividade de todo o setor industrial americano e não apenas os seus setores de defesa.

Raymond Larsen *cit. in* Cypher, 1987.

Em dólares constantes de 2002, o orçamento de defesa de 1975 foi inferior ao de 1955, e os gastos militares com P&D foram inferiores à metade do valor orçado naquele ano. Como pode ser visto na tabela apresentada anteriormente, o declínio nos gastos militares de P&D começaram nos anos 60 e atingiram seu nível mais baixo em 1975. Depois de 1980, no período Reagan, o orçamento de defesa cresceu fortemente atingindo o seu clímax em 1985, os gastos com P&D também cresceram espetacularmente. Durante os anos 60, a NASA injetou bilhões de dólares em pesquisas e encomendas, consequentemente, a grande mudança no orçamento militar ocorreu nos anos 70. De fato, nesta década, como consequência da Guerra do Vietnã e do Watergate, o apoio político para projetos militares grandiosos foi fortemente reduzido. Em torno dos melhores campus universitários, o envolvimento dos cientistas em projetos militares foi duramente criticado.

Depois das revolucionárias inovações tecnológicas dos anos 50 e 60, o momento tecnológico havia mudado. Se naqueles anos a introdução de inovações básicas em novas armas era o desafio real, nos anos à frente, devido à rapidez das inovações eletrônicas, a novidade dos novos dispositivos eletrônicos envelhecia num período mais rápido do que os artefatos militares. O desafio passou a ser o de introduzir continuamente estas inovações nas armas e equipamentos de comunicação existentes.

A procura militar não era mais a única fonte de demanda e de incentivos para a indústria de alta tecnologia. A indústria eletrônica, a de computadores pessoais, a de equipamentos de telecomunicação, tinham se difundido mundialmente exercendo uma extraordinária demanda pela tecnologia moderna. As inovações nesses setores originariamente liderados por objetivos militares adquiriram autonomia na medida em que a indústria adquiria maturidade. Adaptar para fins militares as inovações obtidas num mercado muito mais vasto e canalizar esforços de pesquisa de laboratórios industriais muito mais ricos para uma tecnologia de uso dual (civil e militar) constituía as novas prioridades dos militares.

Como pode ser observado nos dados abaixo, transformações importantes na distribuição dos gastos em P&D ocorreram desde os anos 70.

Gastos estimados de P&D por Fontes em Anos Selecionados

Anos selecionados	Total % (1998 milhões $)	Indústria	Governo	Universidade	Outros
1947	7,645 100	38.8	53.9	3.9	3.4
1957	50,345 100	35.0	62.9	0.5	1.6
1967	99,326 100	34.9	62.4	0.9	1.9
1977	103,258 100	45.2	51.0	1.3	2.5
1987	171,309 100	49.6	46.4	1.8	2.2
1998	227,173 100	65.9	29.5	2.2	2.5

Fonte: NSF. Science & Engineering Indicators, 2000.

Durante os anos 70, os militares buscaram uma nova abordagem para as políticas tecnológicas voltadas à produção de armas sofisticadas. O programa de Tecnologia Industrial (MANTECH) sob a direção do comando do sistema da Força Aérea (AFSC)[12] iniciado na metade da década faz parte desta nova política. Sua origem está associada com a evolução da máquina de controle numérico e o programa da Força Aérea para a construção de fábricas computadorizadas (ICAM).

Como observado anteriormente, a rápida difusão de novos equipamentos eletrônicos demandava uma tecnologia militar mais equilibrada e preocupada com custos. A expansão da importação de produtos de alta tecnologia e a difusão da automação na indústria japonesa a um ritmo mais rápido do que o observado nos EUA, estavam na base desta nova abordagem. A automação mais lenta da indústria metalmecânica nos EUA (e consequentemente do projeto de automação industrial sonhado pela Força Aérea) era atribuída aos elevados custos de uma tecnologia exclusivamente militar. Para reduzir os custos das novas armas era necessário obter uma transição mais rápida da tecnologia de uso militar para uso civil e canalizar a pesquisa comercial para

---

[12] Ver Cypher, *op. cit.*

projetos militares. Para este objetivo era necessário um amplo processo de modernização industrial e a criação de uma tecnologia de uso dual. Como exposto recentemente num documento do programa MANTECH:

> Os soldados em guerra necessitam de base industrial que responda com tecnologias avançadas e processos que reduzam os custos e o tempo de elaboração em cada fase do desenho, do desenvolvimento, da produção e do apoio aos sistemas de campo. Obter redução de custos e reduzir o ciclo do processo inovativo constituem os objetivos predominantes do MANTECH (ManTech, Five-Year Plan, 2001).

A principal política de financiamento do programa MANTECH foi (e prossegue sendo) a de apoiar novos projetos em áreas sem interesse comercial, mas considerada essencial para a tecnologia de defesa e promover uma rápida transição desta tecnologia para uma aplicação ampla. O programa não foi concebido para o desenvolvimento de novas ideias (um projeto financiável deve ser considerado exequível ao nível de laboratório) ou para a compra de equipamentos, mas como um *venture capitalist* o objetivo era o de prover fundos para encorajar "o gasto de pesquisa das empresas em novas tecnologias de interesse e o de guiar os setores militares em sua política industrial" (ManTech, Five-Year Plan, 2001: 5).

A ênfase recai no desenvolvimento e na engenharia em metalúrgica, novos materiais, eletrônica, energia, munições para novas armas, redução de custos e introdução de melhores técnicas em setores que os EUA encontrem-se abaixo do estado das artes. Um claro aspecto desta política é a concepção de que a indústria da defesa forma uma intrincada rede de *subsetores* e fornecedores, um Advanced Manufacturing Enterprise[13] requerendo políticas voltadas a aumentar a produtividade e a qualidade do conjunto industrial.

A despeito de ter sido criada nos anos 70, o programa assumiu maior relevância nos anos 90 quando, depois de um extraordinário crescimento nos anos 80, o orçamento militar declinou substancialmente até os últimos dois anos. A MANTECH foi criada para canalizar recursos de P&D de grandes laboratórios para projetos militares. Projetos de fabricação de novos sensores desenvolvidos pelo Exército com parceria da Raytheon Systems, de novos sistemas de transmissão em parceria com a ITT Research Institute Industry Consortium, de sistemas de empacotamento e microondas; uma parceria da Marinha com a Lockheed Martin, de novas turbinas; uma par-

---

[13] AME, ou complexo industrial na literatura mais convencional.

ceria da Força Aérea com a Howemet Company são alguns exemplos de projetos da MANTECH (ManTech, Five-year Plan, 2001).

O DARPA, uma renovada agência do DOD cuja importância histórica já foi observada, ainda que compartilhe com esta nova abordagem da política industrial é bastante mais ambiciosa em termos de liderança científica e tecnológica. Respondendo diretamente à Secretaria de Defesa, ela possui total independência da estrutura convencional de P&D dos militares. Tal como em outras instituições inovadoras como a RAND Corporation e o DARPA, o pessoal qualificado é recrutado entre os engenheiros e cientistas das melhores universidades e laboratórios de pesquisa. Administrando um orçamento maior do que o do MANTECH (cerca de 2 bilhões de dólares anuais) com maior flexibilidade de contrato, o seu principal objetivo é o de "criar inovações radicais voltadas à segurança nacional" (Fernandez, 2002) através de descobertas científicas e tecnológicas. A maior importância de instituições como o DARPA é, como foi visto no passado, a formulação de novas questões de guerra e a coordenação dos novos projetos tecnológicos que lhe sejam adequados.

Depois da União Soviética: Guerra Assimétrica, Corrida Armamentista e Tecnologia.

Com a extinção da União Soviética e da principal ameaça nuclear, o orçamento de defesa dos EUA contraiu-se fortemente. Em 2002, depois do ataque terrorista de 11 de setembro de 2001, o orçamento militar teve um crescimento extraordinário. Mas mais importante do que esta evolução é investigar se, com a extinção da concorrência armamentista com a União Soviética, o estímulo ao progresso técnico decorrente da busca incessante por novas armas sofreu alguma solução de continuidade.

No passado, a bomba atômica, os mísseis transcontinentais e a conquista da lua foram resultados de grandes projetos que levaram a radicais inovações na microeletrônica, computadores, novos materiais, máquinas inteligentes etc. A iniciativa de defesa estratégica (Guerra nas Estrelas) de Reagan objetivava explorar a liderança americana na tecnologia espacial expandindo o teatro de guerra para o espaço com estações que pudessem anular a ameaça dos mísseis soviéticos. Devido à capacitação tecnológica de sua indústria, este esforço gerou ampla expansão das compras de armas e a introdução de novidades, em particular os equipamentos invisíveis (*stealth aircraft*).

Na corrida armamentista que se extinguiu com o fim da União Soviética houve características notáveis. Um aspecto essencial era a natureza assimétrica do adversário e uma simétrica concepção de luta e definição dos alvos. A aposta americana na alta tecnologia como forma de ganhar a guerra era especialmente concebida como um enfrentamento de guerra entre competidores que se rivalizam na concorrência por equipamentos cada vez mais destrutivos. A inadequação desta estratégia a guerras localizadas, como eloquentemente demonstrada na derrota americana no Vietnã, não abalou as convicções dos militares americanos na estratégia de guerra centrada na busca da superioridade tecnológica nas armas. Convém explorar esta questão, ainda que de uma forma bastante resumida.

O conflito do Vietnã resultou na mais contundente derrota da estratégia militar dos EUA contra uma guerra insurrecional no Terceiro Mundo. Os EUA enfrentaram o desafio militar apostando sempre em sua massiva superioridade militar convencional e no seu arsenal tecnológico. Se na Guerra da Coreia o número de toneladas de munição por homem foi superior ao da II Guerra Mundial em oito vezes, na Guerra do Vietnã este número foi de 26 vezes superior! (Kolko, 1985). Para os EUA, a guerra foi essencialmente uma questão de despejar toneladas e toneladas de bombas visando destruir as forças de um inimigo tenaz e elusivo, e criar as condições para a vitória dos seus (despreparados e desmotivados) aliados. Ao lado dos aviões B-52, a grande inovação criada a partir da Guerra da Coreia foi o uso massivo do helicóptero, que devido a sua mobilidade foi considerada a arma especial para o conflito insurrecional. A utilização do Napalm, dos desfolhantes e dos sensores eletrônicos compôs, juntamente com as novas aeronaves, o arsenal tecnológico que os EUA contavam ser capazes de assegurar a vitória do exército regular do Vietnã do Sul. Uma guerra em que a aviação respondia por mais do que um terço dos seus custos.

A escalada da guerra mostrou dois importantes dilemas técnicos e políticos associados à "estratégia da arma tecnologicamente superior", em conflitos locais e de conquista de território. Em primeiro lugar, a constatação de que a contrapartida da alta mobilidade assegurada por helicópteros exigia um número crescente de mão de obra em posições estáticas de atividades de logística que se revelavam alvos frágeis para a ação de sabotagem do adversário e, em segundo lugar, o dilema formado pela incapacidade dos EUA em fazer uma guerra barata ou a de sustentar politicamente uma guerra longa e cara.

Com efeito, na segunda metade dos anos 60, a Guerra do Vietnã consumia cerca de 37% do orçamento militar, algo como 30 bilhões de dólares anuais. Devido ao regime monetário do dólar/ouro, esta expansão dos gastos da guerra convencional se dava em detrimento dos gastos considerados necessários às novas armas. Esta oposição entre sustentar uma guerra cara e expandir o orçamento para novas armas tecnologicamente superiores foi parcialmente desfeita com a ruptura dos EUA em 1971, do padrão monetário do dólar atrelado ao ouro[14]. Mas a estratégia Nixon/Kissinger contemplava uma outra racionalidade. A Guerra do Vietnã não só era cara, difícil de ser ganha e politicamente desastrada, a hipótese principal desta estratégia era a de que ela deveria ser ganha no palco da grande diplomacia, explorando as contradições da rivalidade sino-soviética. Por outro lado, considerava-se que era contra a União Soviética que o cenário principal da guerra deveria se concentrar. Esta proposição se reforçava com o anúncio, em 1973, dos testes bem-sucedidos dos mísseis soviéticos de ogivas múltiplas. O desgaste interno de uma guerra baseada numa *unattractive public image* dos bombardeios e no fracasso da vietnamização do conflito (com as sucessivas derrotas de um débil e corrompido exército) levaram à saída dos americanos do Vietnã.

Do ponto de vista militar, a estratégia Nixon/Kissinger de enfrentamento da União Soviética, acirrando a concorrência pela "arma tecnologicamente superior" é plenamente retomada no final da década por Reagan e aprofundada por Bush na primeira guerra contra o Iraque sem que os EUA tivessem criado uma "doutrina confiável para guerras limitadas e capacitação tecnológica para intervenção nos países do terceiro mundo" (Kolko, 1985: 545). Esta questão encontra-se, hoje, no centro dos acontecimentos.

Com a extinção da União Soviética e mesmo antes do ataque terrorista de setembro de 2001, os desafios de segurança formulados pelos militares americanos mudaram radicalmente. Com uma expansão sem precedentes de seu poder imperial, o governo dos EUA, através do DOD e do DARPA, desenvolveu uma nova concepção de guerra, uma nova estratégia demandando novas realizações científicas e novas tecnologias. Como foi exposto no Quadriennial Defense Review Report (QDRR), preparado imediatamente antes de setembro de 2001, e publicado alguns dias depois; para os EUA, uma nova concorrência armamentista já começou.

Esta nova estratégia considera que, com a extinção da União Soviética, não existe mais um adversário que rivalize o poder militar dos EUA, mas a emergência de potências regionais (na Ásia), a globalização dos interesses americanos, a difusão de tecnologia militar e a crescente importância de

---

[14] Em suas memórias, Kissinger sublinhava que: *I was fighting a desperate but losing struggle against the Pentagon's desire to redeploy air and naval forces out of Southern Asia in order to devote scarce funds to the procurement of new weapons* (Kolko, 1985: 471).

O Desenvolvimento Tecnológico Americano no Pós-Guerra como um Empreendimento Militar

atores não estatais, abriram novos cenários de guerra. De acordo com esta nova concepção de guerra[15], a estratégia para uma guerra assimétrica deve basear-se mais na avaliação de como um adversário potencial poderá atacar do que na identificação deste ou do lugar do ataque.

Diferentemente do antigo cenário de guerra, esta nova estratégia considera um teatro de operações difuso e disperso em ambientes distantes e hostis, com um mínimo apoio por terra. Para este "modelo baseado na capacitação" é essencial antecipar e simular a capacitação de ataque a um inimigo potencial. Este ataque potencial aos EUA e a seus aliados é considerado, tanto em termos de armas convencionais de destruição em massa quanto de armas biológicas e químicas, ou ainda, na forma de um ataque na estrutura de informações do sistema de defesa.

O núcleo desta estratégia é adquirir um permanente controle do espaço e a sua exclusão aos adversários – a interrupção das comunicações das tropas iraquianas na Guerra do Golfo é um marco na importância das novas tecnologias de informação para fins militares –, prover ataques precisos (evidentes no Afeganistão em significativo contraste com os ataques massivos e ineficientes no Vietnã nos anos 60) e obter superioridade operacional em áreas de acesso negado. Trata-se de uma combinação de bombardeios e comando em operações externas e um novo tipo de fortificação na defesa dos espaços internos. Como analisado pelo DARPA e pelo DOD, para enfrentar as novas exigências de defesa que emergem desta concepção de ataque são necessárias inovações radicais em sensores móveis como inteligência de imagens, sinais, computação, criptografia, tradução, comunicação, aviões e plataformas invisíveis, veículos não pilotados, sistemas de localização etc.

> Se a questão é o reconhecimento de comportamento impróprio e detectar algo nocivo no ambiente e prontamente removê-lo, a biologia possui grande alcance quando combinada com novos sensores e dispositivos eletrônicos (Fernandez, 2002: 5).

O principal desafio nesta ciência "Bio/Info/Micro" é integrar os sistemas biológicos com os sistemas físicos e a tecnologia de informação,

> (...) de forma a criar algoritmos, softwares e a arquitetura de defesa adequada às necessidades do DOD no futuro. A maior parte dos planos futuros do DOD envolve grandes redes de homens e robôs capazes de reagir às agressões e criar o domínio operacional para os soldados no futuro (ibidem).

---

[15] Não é nosso objetivo aqui analisar quão real e exagerada é a avaliação do DOD sobre a capacitação de ataque dos novos adversários. Nosso objetivo aqui é apenas o de extrair algumas consequências tecnológicas que emergem desta doutrina.

Alguns projetos revolucionários podem ser vistos na tabela abaixo:

Agência de Projetos Avançados de Pesquisa de Defesa
(Encomendas planejadas)

Descrição do Programa	Cronograma
Expansão Cognitiva através de sistemas de simbiose homem-computador em simulações de combate.	5 anos
Sistemas de Computação de Alta produtividade, computação quântica e tecnologias inovadoras	9 anos
Jogos de Guerra e Ambiente Assimétrico, criação de modelos de comportamentos automáticos e adaptativos visando adversários assimétricos, redes neurais programação evolucionária, técnicas híbridas de raciocínio.	5 anos
Próxima Geração, sistemas voltados para melhoras revolucionárias na comunicação militar, tecnologias de sistemas integrados em microeletrônicas e em forma de ondas.	5 anos
Sistema de Comunicação provendo informações visuais de alta qualidade aos combatentes no ar, terra e debaixo da água. Aumento da capacidade de comunicação dos operadores de submarino.	4.5 anos
Interfaces Cérebro-Máquina através da criação de novas tecnologias aumentando a performance humana através de códigos de acesso em tempo real integradas com sistemas operacionais periféricos.	5 anos
Sistemas Biológicos de insumo-produto, desenho de módulos de DNA que permita o uso de organismos (plantas, micróbios) como sentinelas remotos na detecção de ambientes químicos ou biológicos.	3 anos
Conceitos de Interface Biomagnéticos, desenvolvimento de programas que permitam integração de magnetismo e biologia e descoberta de mecanismos para a detecção, manipulação e controle e biomoléculas e célula. Sensores magnéticos e descoberta de novos microscópios óticos.	3 anos

Fonte: DARPA, Planned Procurements, December 2001.

O ataque terrorista conferiu grande prioridade ao desenvolvimento desta nova concepção, o orçamento da defesa aumentou e a abordagem do DARPA conquistou grande apoio. O ritmo das inovações industriais que emergirá destas ideias não é conhecido, mas o que pode ser dito é que hoje, como no passado, as questões de guerra estão colocando novos desafios científicos e tecnológicos conformando a trajetória tecnológica americana.

REFERÊNCIAS BIBLIOGRÁFICAS

CYPHER, J.M. (1987). Military Spending, Technical Change and Economic Growth: a Distinguished From Industrial Policy? *Journal of Economic Issues*, vol. XXI, n. 1. Nova York.

DOD (2002). National Defense Budget. *Estimates for FY 2002*. Washington, D.C.

_____ (2001). *Quadrennial Defense Review Report*. Washington, D.C., 30 de setembro.

DOD & DARPA (2001). *Planned Procurement*. Washington, D.C., dezembro.

DOSI, G.; PAVITT, K. & SOETE, L. (1990). *The Economics of Technical Change and International Trade*. Hertfordshire, Grã-Bretanha: Harvester, Wheatsheaf.

FERNANDEZ, F. (2002). *Meetings Goals for Focus 2000*. DARPA, DOD, [Disponível em www.darpa.mil].

FREEMAN, C. (1994). The Economics of Technical Change. *Journal of Economics*, vol. 18, n. 5, Cambridge.

HOLLEY Jr., I.B. (1983). *Ideas and Weapons*. Washington D.C.: Office of Air Force History.

HUGHES, T.P. (1998). *Rescuing Prometheus*. Nova York: First Vintage Books.

KOLKO, G. (1985). *Anatomy of a War, Vietnam, The United States and the Modern Historical Experience*. Londres: Phoenix Press.

LAMBRIGHT, H. (2002). *Managing America to the Moon*: a Coalition Analysis [Disponível em www.nasa.chapter].

LESLIE, S.W. (1993). *The Cold War and the American Science*. Nova York: Columbia University Press.

MANTECH (2001). *Five-Year Plan (FY02-FY06) for Manufacturing Technology*. Washington D.C.: Department of Defense, outubro.

MENSCH, G. (1979). *Stalemate in Technology*. Cambridge, Mass.: Ballinger.

MILWARD, A.S. (1977). *War, Economy and Society, 1933-1945*. Grã-Bretanha: Allen Lane.

MISA, T.J. (1985). Military Needs, Commercial Realities and the Development of the Transistor, 1948-1958. In: SMITH, R. (1985). *Military Enterprise and Technological Change*. Cambridge, Mass.: The MIT Press.

MOWERY, D. & ROSENBERG, N. (1993). The U.S. National Innovation System. In: NELSON, R. (1993). *National Innovation Systems*: a Comparative Analysis. Nova York: Oxford University Press.

NSF – National Science Foundation. *Science & Engineering Indicators, 2000*. Nova York.

NELSON, R. (1993). *National Innovation Systems*: A Comparative Analysis. Nova York: Oxford University Press.

NOBLE, D. (1985). Command Performance: A Perspective on Military Enterprise and Technological Change. In: SMITH, R. (1985). *Military Enterprise and Technological Change*. Cambridge, Mass.: The MIT Press.

PIVETTI, M. (1992). Military Spending as a Burden on Growth: an "underconsumptionist" critique. *Journal of Economics*, n. 16, Cambridge.

ROE SMITH, M. (1985). *Military Enterprise and Technological Change*. Cambridge, Mass.: The MIT Press.

ROSEMBERG, N. & NELSON, R. (1993). Technical Innovation and National Systems. In: NELSON, R. (1993). *National Innovation Systems*: a Comparative Analysis. Nova York: Oxford, University Press.

ROSEMBERG, N. (1974). Science, Invention and Economic Growth. *The Economic Journal*, vol. 84, n. 333.

SCHMOOKLER, J. (1966). *Invention and Economic Growth*. Cambridge, Mass.: Harvard University Press.

José Carlos de Souza Braga e Marcos Antonio Macedo Cintra

Finanças Dolarizadas e Capital Financeiro: exasperação sob comando americano

Introdução

A supremacia do sistema financeiro americano é resultante de uma combinação própria, historicamente construída, pelo poder de Estado, pelo capital financeiro e pela moeda fiduciária da *financeirização*[1] que, além das funções conhecidas, cumpre a de ser instrumento mundial de valorizações fictícias. A existência desse sistema e a do dólar como dinheiro mundial sem lastro são indissociáveis e foi como tal que ergueram uma potência e amplitude jamais vistas na história do capitalismo. As seguintes características, entre outras, compõem a estrutura e a dinâmica desse poder financeiro:

1) um mercado de capitais conexo ao sistema creditício que serve de ambiente internacionalizado tanto à canalização de poupança financeira entre atores superavitários e deficitários, como à criação e destruição, inflação e deflação de ativos. Trata-se de um amplo mercado financeiro com investidores tecnicamente sofisticados, que se configura como principal praça financeira mundial e importante porto da riqueza global, atraindo grande parte dos capitais na forma de depósitos e de aplicações de curto prazo e, simultaneamente, patrocinando parte dos fluxos de investimento e de financiamento de longo prazo;

---

[1] No início dos anos 1990, os puristas de nosso idioma consideravam esse termo um ruído inaceitável. À época, um dos autores deste capítulo, Braga (1990 e 1992), advertia que se tratava de um neologismo inevitável diante dos fatos em curso no capitalismo. Alguns anos mais tarde, seu uso tornou-se frequente na literatura econômica em português e em francês diante da avassaladora folia financeira do capitalismo global.

2) espaço propício ao desenvolvimento pleno do capital financeiro sob variadas formas de combinação do lucro operacional com o lucro financeiro no interior dos centros decisórios privados – industriais, comerciais, bancários e dos investidores institucionais;

3) estágio avançadíssimo da centralização do capital (fusões e aquisições), mediante a consolidação dos conglomerados financeiros transnacionais – por meio de megafusões – e de gigantescas massas de recursos nos investidores institucionais (US$ 34,7 trilhões nos países da Organização para a Cooperação e Desenvolvimento Econômico (OCDE), correspondendo a 147,2% do PIB desses países em 2001);

4) grau e diversidade de inovações financeiras incluindo desdobramentos institucionais;

5) mudanças no papel do Federal Reserve – e dos demais bancos centrais – (*Big Bank*), bem como das finanças públicas (*Big Government*) na sanção da dinâmica de dominância financeira, mesmo nas décadas recentes de liberalismo difundido, com jeito ladino, a partir do próprio Centro americano;

6) superação da "relíquia bárbara" – o ouro – e consequente constituição mundial da primeira moeda fiduciária sem qualquer lastro – moeda internacional administrada;

7) manejo da taxa de juro básica de curto prazo (*federal funds rate*) pelo banco central americano, como instrumento precípuo do funcionamento do sistema monetário e financeiro americano e, consequentemente, internacional, uma vez que desencadeia movimentos de capitais globais, dada a segurança, liquidez e profundidade do sistema americano;

8) predominância dos mecanismos de gestão de ativos, em investimentos de portfólios, mediante avaliação diária dos estoques, conformando um padrão profundamente instável de gestão da riqueza;

9) proeminência na determinação das práticas das instituições multilaterais (Fundo Monetário Internacional, Banco Internacional para a Reconstrução e o Desenvolvimento e Banco Interamericano de Desenvolvimento), desde a década de 1950, e na definição das "regras" de funcionamento do sistema monetário e financeiro mundial;

10) ampla extensão territorial da penetração monetário-financeira no mundo.

Ao se examinar o poder das finanças dos Estados Unidos da América, é necessário considerar a rede na qual estão entrelaçados os interesses do capital financeiro de distintas origens nacionais, o que acaba por reforçar internacionalmente o próprio poder financeiro da nação americana expresso, em última análise, na atração exercida pelo dólar e na força de seus mercados de capitais e de crédito.

Face à dinâmica financeira em questão, qualquer "dedução", em quaisquer das claves mecanicistas, a partir de momentos passados e de protagonistas (países, governos, empresas) pretéritos, tais como a identificação desse movimento com os ciclos financeiros (sic!) históricos anteriores do capitalismo (Arrighi, 1994) está fadada à descrença intelectual, aos desmentidos dos fatos, razão pela qual se impõe uma reflexão sobre o que está acontecendo efetivamente há algumas décadas.

Este capítulo é composto por quatro partes, após essa introdução. Na primeira parte, procura-se recuperar as raízes históricas do capitalismo financeiro dos EUA e descrever como ele foi disciplinado após a Grande Depressão dos anos 1930. Na segunda parte, trata-se de verificar as conexões entre o presente e o passado desse sistema, examinando-se o engendramento das finanças diretas dolarizadas, as transformações no sistema bancário e o papel do dólar. Na terceira parte, analisa-se a forma de gestão da riqueza, seus atores, instrumentos e sua conexão global por meio do balanço de pagamentos dos EUA. Na quarta, diante de tanta instabilidade e conscientes da incerteza reinante lançam-se algumas hipóteses sobre tendências, porém mantendo-se a cautela recomendada.

Raízes Históricas do Capitalismo Financeiro e sua Regulação como Resposta à Grande Depressão.

As finanças americanas são poderosas, desde logo, porque estão ancoradas em uma sólida base técnico-econômica. É justamente essa interdependência das finanças e da produção que instaurou seu poder econômico sob a égide dos interesses financeiros gerais. A base produtiva engendrou ao longo do século XX uma economia nacional com grandes grupos, liderando a acumulação de capital e a inovação industrial e financeira. Essa economia também enfrentou a reestruturação competitiva da produção quando isso se fez necessário, como no período posterior ao primeiro choque do petróleo em que se manifestava a preeminência do padrão industrial japonês e alemão dos anos 1960 e 1970. É desse modo que se vem mantendo, há mais de um século, em posição de liderança na divisão internacional do trabalho. Por essa performance, pioneiramente, Hobson (1894) detectara, na última década do século XIX, o caráter moderno e expansionista da forma de organização dos capitais americanos. Schumpeter (1942) assinalara sobre o automatismo da inserção dinâmica do progresso tecnológico por parte das corporações do "capitalismo trustificado", chegando até mesmo a uma visão otimista discutível, mas com inequívoca razão quanto à tendência de introdução de inovações de produtos e processos para o "êxito econômico" do capitalismo contra as previsões estagnacionistas.

Hobson (1894) esclareceu a solidariedade de interesses entre os trustes industriais, os financistas e os capitalistas das ferrovias na formatação do originário capital financeiro americano que impulsionava a acumulação de capacidade produtiva na agricultura e na indústria, ao mesmo tempo em que cuidava atentamente de seus negócios financeiro-especulativos. O financiamento interno do aparato produtivo e os sucessivos aumentos de produtividade iam assegurando estabilidade monetária e desenvolvimento, simultaneamente.

O poder financeiro e produtivo articulados impulsionou o investimento estrangeiro direto de suas corporações, seja na fase em que se reproduziam (ao menos parcialmente) os sistemas industriais existentes nos países desenvolvidos nos países periféricos, fase das industrializações tardias, como as latino-americanas; seja no período recente, em que o padrão de ação produtiva internacional dessas corporações pende para o chamado *outsourcing* com perfil *pro-trade*. Foram investir no exterior e ao mesmo tempo receberam investimentos estrangeiros diretos beneficiando-se duplamente e sem "ameaças" ao controle decisório dos processos econômicos (Teixeira, 1999).

Nos anos 1960/1970 foi destacado o movimento dos bancos americanos para a constituição e evolução do euromercado de moedas, no qual ocorreram práticas que, posteriormente, seriam "aperfeiçoadas" e ampliadas na chamada globalização financeira, tal como o envolvimento dos bancos com o financiamento de posições nos mercados de capitais e em operações *off balance sheet* – fora do balanço –, o que resultou em um elevado grau de "alavancagem" das instituições financeiras.

O Estado e suas finanças foram estratégicos para a moldagem do poder em discussão na medida em que o gasto público, civil e militar, e a dívida pública, sempre mantiveram e mantêm interação dinâmica com a acumulação privada de capital, seja a relacionada com a produção de bens e serviços, seja a financeira. Sem o *Big Government* e o *Big Bank* o papel mundial do dólar e das finanças internacionais a ele referidas é incompreensível e insustentável.

No plano internacional é necessário mencionar que as finanças americanas se fortalecem quando, após a II Guerra Mundial, nos anos 1950 e 1960, os EUA foram decisivos para a reconstrução tanto dos países europeus vencedores, como dos vencidos, além de terem cunhado papel estratégico no reerguimento do Japão e, consequentemente, na Ásia.

A força monetário-financeira dos EUA fica evidente na dinâmica do balanço de pagamentos. Os EUA têm administrado com grandes resultados para seus interesses, tanto situações de saldos comerciais e de conta-corrente positivos quanto situações em que, desde 1971, com breves interrupções, essas contas tornaram-se crescentemente negativas.

O sistema financeiro americano que prevaleceu em sua primeira fase hegemônica nasceu das entranhas e das mazelas humanas da Grande Depressão dos anos 1930. Foi a regulação conhecida como sistema de Bretton Woods que disciplinou a dinâmica financeira e monetária que esteve entre as causas daquela tragédia. A própria crise dos 30 já era, de uma certa forma, expressão dramática do desequilíbrio mundial que transcorria com a transição do poder financeiro mundial da Inglaterra – padrão libra-ouro – para os EUA, futuro *hegemon* do brevíssimo padrão dólar-ouro (1944-1971/73).

É preciso examinar rapidamente como os EUA reorganizaram seu sistema financeiro face à devastação que havia ocorrido através de falências financeiras de grande monta e alcance vasto na destruição de parte do aparato produtivo. O perfil institucional do sistema financeiro americano foi reconstruído pelo Glass-Steagall Act (1933) e pelo Securities Exchange Act (1934). Essa estruturação fundou-se em três princípios: a) proteção estatal que inclui o sistema de seguro dos depósitos e mecanismos de supervisão; b) restrições à competição exacerbada entre instituições financeiras; c) intenção de dar transparência na gestão dos negócios.

Ergueu-se um sistema financeiro nacional supostamente "anticrise", baseado na especialização, regionalização e segmentação. O suposto implícito era o de que a Grande Depressão dos anos 1930 teria sido causada por um sistema financeiro que permitia interação creditícia e especulativa interorganizações financeiras e entre bancos e indústria etc. Esse é um diagnóstico evidentemente equivocado, ainda que, como é usual, a especulação tenha exercido seu papel perturbador. Em nome dele, a ideologia liberal buscou algo que fosse o contrário do modelo alemão de banco universal ou do amálgama de interesses financeiros e industriais como no *zaibatsu* antigo e atual *keiretsu* japonês. Informação, transparência, democratização (sic!) do capital, via ações supostamente dispersas por inúmeros proprietários, auditores independentes e fiscalização pública garantiriam um sistema financeiro hígido.

Os controles para evitar exacerbação da concorrência assumiram formas distintas. Em primeiro lugar, o Federal Reserve estabeleceu um teto para as taxas de juros sobre depósitos a prazo captados e empréstimos concedidos pelos bancos, bem como proibiu o pagamento de juros sobre os depósitos à vista (*Regulation Q*). Em segundo lugar, o McFadden Act de 1927 já havia instituído rigorosas restrições, quer à ampliação das redes bancárias interestaduais existentes, quer à constituição de novas redes interestaduais. Em terceiro lugar, a segmentação também restringiu a concorrência tanto no ativo como no passivo das instituições. No ativo, as associações de poupança e empréstimos e os bancos de poupança mútua se especializaram em crédito hipotecário (residencial); os bancos comerciais, em empréstimos de capital de giro às empresas. No passivo, apenas os bancos comerciais tinham permissão para oferecer contas correntes (depósitos à vista); as instituições de poupança se concentraram em depósitos a prazo. As outras instituições financeiras – bancos de investimento, companhias de seguro, fundos de pensão – não tinham autorização para oferecer contas de depósitos a prazo e seus passivos não estavam sujeitos ao seguro de depósito.

A legislação instituiu também importantes mecanismos que limitavam a liberdade dos bancos comerciais em assumirem riscos: requerimento de capital mínimo; proibição de certos tipos de empréstimos e limites para a concessão de crédito a determinados tomadores; proibição de entrarem nas atividades de subscrição de ações, bônus e seguros; e proibição de deterem ações e bônus de empresas nos seus portfólios. Os bancos comerciais podiam subscrever e negociar apenas títulos públicos (federais, estaduais e municipais). As operações de *underwriting* ficaram circunscritas aos bancos de investimento e corretoras de títulos e valores mobiliários.

Esse arcabouço institucional, montado nos anos 30, operou eficientemente no imediato pós-guerra. Os títulos públicos relacionados com o esforço de guerra e com taxas de juros fixadas pelo Federal Reserve dominavam os portfólios privados, tanto dos bancos comerciais, como das corporações. Porém, a ampla aceitabilidade e ausência de risco dos títulos públicos, que podiam ser facilmente trocados por moeda, com pequena variação de preço, determinaram uma elevada liquidez no sistema financeiro. Ademais, o Federal Reserve instituiu uma política que beneficiava os devedores (a manutenção de uma taxa de juros baixa), ao mesmo tempo em que favorecia a expansão dos ativos dos bancos comerciais, principal grupo credor da economia (Guttmann, 1994: 87-88). A liquidez das instituições financeiras, o relativamente baixo nível do endividamento privado e o seguro de depósito mantiveram as taxas de juros em níveis baixos e estáveis. Nesse contexto, as incertezas sobre os custos de captação das instituições de depósito foram reduzidas e facilitou-se a expansão dos empréstimos a taxas de juros fixas.

Essa estrutura financeira, fundada na estabilidade e na rentabilidade controlada do sistema bancário, ou ainda do sistema de crédito como um todo, contribuiu para o longo período de crescimento econômico do pós-guerra. Nesse breve "balanço histórico" há que se ter presente que, em 1944, a partir do papel hegemônico (militar, diplomático, produtivo e financeiro) desempenhado pelos EUA, materializou-se uma nova ordem monetária internacional, fundamentada em quatro pilares. Em primeiro lugar, acordou-se um regime de câmbio fixo, mas ajustável em função de desajustes estruturais. Em segundo lugar, estabeleceu-se o ouro como ativo de reserva internacional. Dessa forma, uma moeda nacional somente poderia ter aceitação internacional quando garantisse seu lastro em ouro e sua conversibilidade automática para essa mercadoria. A instituição de um padrão câmbio-ouro tinha subjacente a possibilidade de apoiar o sistema em uma base material que limitasse a expansão da liquidez. Vale dizer, o ouro deveria desempenhar uma espécie de "freio automático" contra a ampliação sem limites do volume monetário no sistema financeiro internacional. Em terceiro lugar, definiu-se a livre-conversibilidade de uma moeda nacional para outra, garantindo a plena mobilidade dos capitais privados entre os países. Contudo, permitia-se a existência de controles sobre os fluxos de capitais de curto prazo para conter os movimentos especulativos, característicos dos anos 20. Em quarto lugar, criou-se o Fundo Monetário Internacional (FMI) como órgão básico dessa ordem monetária para o cumprimento das regras cambiais, coordenar as revisões estruturais, estender financiamentos compensatórios e supervisionar as correções nas políticas macroeconômicas dos países deficitários em seus balanços de pagamentos. Criou-se também o Banco Mundial – Banco Internacional para a Reconstrução e o Desenvolvimento (Bird) – para auxiliar na reconstrução da Europa, necessária para viabilizar a nova ordem monetária internacional. Todavia, desde o início, o papel dessa instituição foi secundário (Baer et al., 1995).

A ordem monetária que vigorou, de fato, no pós-guerra, se afastou em muito dessas convenções instituídas em Bretton Woods. Um dos aspectos relevantes nesses desdobramentos foi o princípio da conversibilidade ao ouro. À medida que o acordo de Bretton Woods determinou o ouro como ativo de reserva internacional, pela situação assimétrica existente no imediato pós-guerra dado que os EUA detinham 2/3 das reservas mundiais de ouro, sancionou o predomínio do dólar como moeda internacional. O dólar era a única moeda que podia garantir sua livre-conversibilidade ao ouro em montantes significativos. Efetivou-se, então, a aceitação da moeda do país dominante como unidade de conta, meio de pagamento e reserva de valor. Isso fez com que os outros países, em vez de acumularem ouro como reserva de valor internacional, mantivessem suas reservas diretamente em dólar, consolidando a moeda americana como referencial monetário internacional. Esse processo é, ao mesmo tempo, causa e resultado da confiança dos mercados no sistema bancário e no banco central do país hegemônico. Dessa forma, o acordo de Bretton Woods concretizou a hegemonia dos EUA em âmbito monetário internacional. Isso deitou raízes tão poderosas que nem mesmo o declínio daquelas regras reduziu o domínio do dólar nem o controle americano sobre o FMI e o Bird, que exercem papel relevante nos empréstimos e coadjuvante significativo nas condicionalidades aos países "desequilibrados" e necessitados de recursos.

A aceitação do dólar como moeda internacional, apoiada por essa institucionalidade, significou que a gestão monetário-financeira mundial estava sujeita aos ditames da política americana. Segundo a lógica do padrão-dólar, a massa monetária mundial se encontrava totalmente determinada pelos EUA. Ou seja, caberia aos EUA a expansão e a gestão da liquidez internacional, condição precípua para sustentar o comércio e o crescimento econômico. Porém, a crescente circulação internacional do dólar, para satisfazer a demanda por liquidez, era contraditória com as regras de câmbio-ouro instituídas em Bretton Woods. Essa contradição foi solucionada em favor das necessidades de liquidez internacional e com isso tornou a conversibilidade ao ouro, de fato, letra morta. Para que o dólar cumprisse a função de circulação internacional, os EUA acabaram incorrendo em renitentes déficits em seu balanço de pagamentos, suprindo as necessidades de liquidez mundial através da exportação de capitais: inicialmente, por meio de gastos militares e do Plano Marshall (1947); em seguida, pela internacionalização do capital privado americano para Europa, Ásia e América Latina.

Foram, então, os persistentes déficits no balanço de pagamento americano que viabilizaram a expansão da liquidez internacional e as condições monetário-financeiras do crescimento nos países capitalistas. Porém, esse mesmo crescimento da economia americana e mundial, posterior à Grande Depressão e à II Guerra, modificou as condições em que a estrutura institucional do sistema financeiro dos EUA operava. Com isso o arranjo da estabilidade virtuosa transformou-se em um obstáculo. O nível do estoque de dívidas privadas aumentou e reduziu a importância relativa dos títulos públicos nos portfólios das instituições financeiras. A primeira crise financeira do pós-guerra ocorreu em 1966 (Minsky, 1986). Em meados dos anos 60, a inflação e as taxas de juros começaram a subir, minando alguns elementos estruturais do sistema financeiro dos EUA.

Desregulamentação e Livre-multiplicação da Riqueza.

Tanto por razões internas ao seu próprio êxito como por razões "externas", o esquema de regulação foi se desfazendo. O que isso significa? Significa que, além das tensões sistêmicas internas, a capacidade de disciplina financeira que o sistema obteve interessava apenas parcialmente aos gestores das corporações e bancos que, compelidos pela concorrência internacional, buscavam as diversas possibilidades de ganhos operacionais e com diferentes moedas, títulos financeiros, *commodities* etc.

• A Desregulamentação Doméstica: em direção às Finanças Diretas.

O teto das taxas de juros tornou-se um problema concreto para as instituições de depósito. Enquanto as taxas de juros permaneceram baixas, os tetos tinham promovido a estabilidade, pois limitava a concorrência entre as instituições. Contudo, sob taxas de juros altas e com tendência de elevação, os tetos desencadearam a chamada "desintermediação financeira". Essa redução do papel do crédito bancário tradicional, entretanto, não correspondeu à perda de posição dos bancos no novo jogo da finança direta, uma vez que eles próprios cada vez mais metamorfoseados em "supermercados financeiros" mantiveram ou ampliaram sua rentabilidade. A chamada desintermediação representou a transferência de recursos das instituições de depósito para os mercados monetários (*money markets*), em que maiores taxas de retornos poderiam ser obtidas, uma vez que não estavam sujeitos aos tetos de captação e à proibição de pagamento de juros sobre depósitos à vista.

As inovações financeiras e tecnológicas aprofundaram a "desintermediação" nos anos 70, estimulando o desenvolvimento dos fundos mútuos do mercado monetário (*money market mutual funds* – MMMFs). Esses fundos proporcionavam taxas de retorno de mercado (acima dos tetos) para um grande número de sócios que depositavam seus recursos e que investiam em instrumentos do mercado monetário. Os MMMFs desafiaram o monopólio das contas a prazo das instituições de depósito. Na verdade, com essas contas de curto prazo que rendiam juros, lastreadas em títulos públicos e privados, inventou-se um substituto próximo da moeda e dos depósitos, as chamadas quase-moedas (*near-monies*), que se proliferaram também no interior das instituições de depósitos (*NOW-Accounts, ATS-Accounts, SUPER NOW-Accounts*).

Enquanto as inovações foram transformando, o sistema financeiro, os legisladores e órgãos reguladores foram desmantelando os controles quantitativos que constituíam uma das principais características do sistema financeiro americano. Dessa forma, as alterações implementadas pelo Legislativo e/ou órgãos reguladores foram *ad hoc*, tornando *de jure* uma situação *de facto*, até a plena formação dos *full-service banking*, mantendo formalmente separadas suas distintas jurisdições e reforçando os limites para as conexões patrimoniais do sistema financeiro com os setores produtivos. Atente-se, contudo, para o possível movimento *de facto* que pode estar ocorrendo no entrelaçamento, sob várias modalidades, entre empresas financeiras e as outras, e que não poderá ser analisado aqui.

O Quadro 1 (anexo) resume as principais modificações na estrutura institucional do sistema financeiro americano. Em 1980, o Depository Institutions Deregulation and Monetary Control Act (1980) extinguiu a *Regulation Q*, que regulamentava os tetos sobre as taxas de juros nos depósitos das instituições depositárias, que foram autorizadas a oferecer contas de depósitos no mercado monetário (*money market deposit accounts*), instrumentos semelhantes aos fundos mútuos, sendo garantidas pelo Federal Deposit Insurance Corporation (FDIC).

Tangidos pela concorrência, os bancos intensificaram o processo de concentração bancária (controle dos líderes de crescimento sobre maiores fatias de mercado) e de expansão internacional[2]. Nos anos 90 ocorreram gigantescas operações de fusões e aquisições bancárias. Isso parece demonstrar que uma força primordial de impulso ao movimento de fusão e consolidação do setor bancário americano foi a gradual remoção das restrições estaduais e federais à expansão geográfica, permitindo o nascimento de uma estrutura bancária de âmbito nacional (*nationwide interstate banking*).

Os estados foram progressivamente flexibilizando as restrições para a expansão de agências e bancos interestaduais, mediante acordos de reciprocidade. O Riegle-Neal Interstate Banking and Branching Efficiency Act (1994) eliminou as restrições geográficas às filiais interestaduais (McFadden Act de 1927), facultando aos bancos a possibilidade de formar uma rede nacional de filiais em todos os estados (*coast-to-coast branch banking*), bem como aceitar depósitos interestaduais que estavam sendo removidos na prática. O levantamento das restrições geográficas sobre a atividade bancária representou um fator importante na transformação (concentração) do setor, pois criou um ativo mercado de controle corporativo bancário (*market for corporate control in banking*).

A aprovação do Gramm-Leach-Bliley Financial Modernization Act (1999) consolidou a expansão dos grandes bancos comerciais para as atividades típicas de bancos de investimento (negociação de *securities*), administração de ativos e operação no mercado de seguros mediante a formação

---

[2] Entre 1980 e 1998, houve 7.985 operações de fusões (correspondendo a 55% do total de bancos em 1980), envolvendo ativos de US$ 2,4 trilhões (em termos nominais). Em termos reais (dólar de 1996), os ativos adquiridos somaram US$ 2,7 trilhões. Isso perfaz uma média de 420 fusões por ano. Particularmente notável entre 1990 e 1999 foi o aumento no valor dos ativos envolvidos nas maiores fusões da história bancária americana: BankAmerica com Security Pacific, Chemical Corp. com Chase Manhattan, BancOne com First Chicago/NBD e NationsBank Corp. com BankAmerica (que passaram a controlar 10,7% dos ativos bancários domésticos em 1998) (Rhoades, 2000). As megafusões prosseguiram nos primeiros anos do século XXI: Bank of America com Fleet-Boston, JP Morgan Chase e BankOne, Wachovia e SouthTrust.

de uma *holding* financeira (*financial holding companies*)[3]. Legitimaram-se, assim, a concentração e a centralização do capital bancário mediante as *multibank holding companies*, com os grandes bancos comerciais absorvendo as funções dos bancos de investimento e companhias de seguro. A despeito das separações institucionais, as *multibank holding companies* são, de fato, geridas em termos consolidados: estratégias, procedimentos e importantes decisões sobre negócios são realizadas no âmbito da *holding company*. As *multibank holding companies* passaram a controlar cerca de 75% dos ativos bancários totais.

Enfim, as barreiras geográficas e de produtos foram varridas. Os grandes bancos americanos estenderam suas atividades para além dos tradicionais empréstimos bancários, passando a administrar fundos mútuos e oferecer serviços de gestão de ativos através de seus vários departamentos. Buscaram ainda escapar das regras prudenciais, promovendo a securitização dos créditos. Para enfrentar a concorrência, os bancos reivindicaram e foram se transformando em supermercados financeiros, terminando com a separação das funções entre os bancos comerciais e de investimento, imposta pelo Glass-Steagall Act (1933). Desde os anos 1970 os grandes bancos americanos já eram dominantes no mercado internacional de moedas estrangeiras e passaram a liderar as emissões de títulos, ações, operações de fusões e aquisições no mercado internacional de capitais (Group of Ten, 2001). Seus bancos de investimento tornaram-se líderes mundiais em todos esses mercados. Mais recentemente, os grandes conglomerados financeiros desenvolveram um nicho altamente arriscado, mas que se tem mostrado rentável – dadas suas relações com o prestamista de última instância. Passaram a fornecer instrumentos que podem ser utilizados para posições especulativas ou para realizar seguros financeiros (*hedge*) como *dealers* no mercado de derivativos e ofertar linhas de crédito nas emissões de *commercial paper* e outros títulos de dívida no mercado de capitais. O tamanho e a importância do mercado de câmbio e de derivativos sob o comando dos grandes bancos americanos asseguram que o Federal Reserve deve intervir para sustentar posições desses bancos em momentos de turbulência, evidenciando que a continuidade do padrão de *financeirização* da riqueza envolve uma cumplicidade público-privada no reiterado movimento de valorização/desvalorização.

---

[3] A lei foi aprovada após a fusão entre o Citicorp e o Travelers Group em abril de 1998, consolidando o maior conglomerado americano em serviços financeiros, reunindo operações bancárias tradicionais, crédito ao consumidor, cartão de crédito, banco de investimento, corretora de valores mobiliários, administração de recursos de terceiros e atividades de seguros.

- O Regime Monetário-Financeiro dos EUA no Mundo.

No início dos anos 60, os recursos gerados pelos déficits do balanço de pagamento americano promoveram o surgimento de um mercado de crédito em dólar fora dos EUA, bem como estimularam a internacionalização financeira. O banco central americano funcionou como regulador do sistema de crédito em que se transformou o regime monetário internacional. Enfim, foi sob a liderança dos EUA que se desenvolveu um intenso processo de internacionalização dos capitais privados.

Em primeiro lugar, ocorreu o movimento das operações realizadas entre residentes e não residentes, em direção aos centros internacionais *off-shore* – nas principais praças financeiras internacionais ou em paraísos fiscais. Em segundo lugar, houve a instalação dos grandes bancos internacionais nesses centros financeiros, levando à formação e expansão do euromercado. Os instrumentos de captação de recursos foram, principalmente, os certificados de depósitos[4] e títulos com taxas de juros flutuantes, conjugados a um enorme dinamismo do mercado interbancário. Esse circuito financeiro internacionalizado e operado pelos grandes bancos comerciais, sobretudo americanos – à margem de qualquer regulamentação ou supervisão dos bancos centrais – acentuou sua tendência à superexpansão do crédito.

Com o surgimento de um mercado de dólar fora dos EUA, a sua retenção nos portfólios privados dependia da manutenção de uma taxa de juros em eurodólar acima daquelas pagas pelos principais mercados monetários europeus. Cada vez que a taxa do eurodólar baixava, devido a uma recessão nos EUA, ou a uma política monetária mais expansiva, ocorria uma avalanche de dólares que eram depositados nas reservas dos bancos centrais europeus, devendo ser obrigatoriamente convertidos, a fim de manter as taxas cambiais fixas. As reservas oficiais, além dos fundos de transação, eram mantidas pelos bancos centrais estrangeiros na forma de depósitos no mercado de eurodólar ou no mercado monetário americano e não apenas na forma de depósito no Federal Reserve. A decisão dos bancos centrais estrangeiros sobre a forma em que desejavam manter suas reservas em dólar era crucial para se avaliar a confiança no sistema. Assim, na forma particular de funcionamento do padrão ouro-dólar, toda perturbação monetária nos EUA, considerada inquietante para o dólar, desencadeava uma especulação nas taxas de câmbio que deveria ser contrabalançada pelos principais bancos centrais.

---

[4] No euromercado, os certificados de depósito negociáveis (CDs) foram lançados em 1966, inicialmente pelo Citibank, a partir de sua filial em Londres, oferecendo alternativas de aplicações mais rentáveis no mercado internacional aos clientes da matriz, contornando as restrições domésticas.

A progressiva objeção das autoridades monetárias dos principais países industrializados a continuarem acumulando reservas internacionais em dólares, e as crescentes necessidades de financiamento monetário dos EUA para sustentar o conflito militar no Vietnã minaram, definitivamente, o padrão ouro-dólar construído em Bretton Woods. Além disso, a rápida deterioração do balanço de pagamentos americano exacerbou um intenso processo especulativo dos capitais privados internacionalizados, que já vinham atuando desde 1961. Nos anos 1968 e 1969, esses capitais especulativos foram atraídos pelo diferencial positivo nas taxas de juros americanas e sustentaram o dólar, pois garantiram um influxo de capitais para os EUA. Em seguida, com a reversão da política monetária americana (1970-1971), foram determinantes na irrupção da crise do dólar.

Diante da ação desses capitais de curto prazo e da falta de coesão política entre os principais países industrializados, a Alemanha, por exemplo, permitiu a flutuação da sua moeda em maio de 1971, os EUA declararam unilateralmente a inconversibilidade do dólar ao ouro em agosto do mesmo ano (Helleiner, 1994). Em dezembro de 1971, através do Smithsonian Agreement promoveu-se um realinhamento das taxas de câmbio, num novo sistema de paridade entre as principais moedas, com uma desvalorização do dólar em torno de 8,7%. No início de 1973, os EUA abandonaram definitivamente os esforços para reordenar as paridades cambiais, o dólar foi desvalorizado em mais 10% e as taxas de câmbio passaram a flutuar livremente.

A crise de confiança no dólar, decorrente de elevados déficits no balanço de pagamentos dos EUA, financiados por uma política monetária lassa, sustentava a especulação contra a moeda americana e continuava a ameaçar seu papel como padrão monetário internacional. Isto é, a função de reserva internacional da moeda americana continuou sendo desgastada pela percepção de que havia um desequilíbrio estrutural no balanço de pagamentos. No plano interno, a aceleração da inflação, acompanhada de taxas de juros reais negativas, estimulava a fuga dos ativos financeiros e o financiamento especulativo. Em outubro de 1979 o presidente do Federal Reserve, Paul Volcker, iniciou, sob a forma de "choque monetário-financeiro" um processo de recuperação do papel do dólar como moeda internacional através da conhecida "diplomacia do dólar forte", pela qual significativo diferencial de juros a favor dos ativos em dólar conduziria à sua apreciação (Tavares & Melin, 1997). Desde então, o sistema monetário internacional passou a se basear num dólar "flexível e fiduciário", em um regime de câmbio flutuante e na crescente liberalização dos movimentos de capitais – os controles sobre os fluxos de capitais americanos haviam sido eliminados em 1974 (Serrano, 2002 e Teixeira, 2000).

Com a política monetária restritiva associada a uma política orçamentária expansionista (indispensável à realização dos projetos do presidente Reagan), baseada na venda de títulos do Tesouro americano e oferecendo a garantia aos investidores financeiros, detentores dos títulos de dívida que desfrutariam de taxas de juros reais positivas num ambiente de crescente mobilidade dos capitais, houve a deflagração das finanças de mercado, que se mundializaram a partir dos EUA. No seu bojo internacionalizou-se o padrão de dominância financeira (Braga, 2000) na gestão capitalista, criação americana *par execellence*: processo responsável pela multiplicação da massa de valores que gira diariamente nos mercados de capitais e na especulação cambial e monetária. Papel decisivo nesse processo coube à ampliação do endividamento público americano, de maior qualidade, para garantir as carteiras e evitar o colapso dos bancos envolvidos no sobreendividamento dos anos 70. A dívida interna americana passou a servir de lastro ao mercado monetário e financeiro de *Wall Street* e se transformou em dívida externa (expansão da posição devedora líquida americana) através de sua absorção por investidores estrangeiros, a partir da elevação da taxa de juros e da valorização do dólar (1980-1985).

Esse processo de globalização e dominância financeira pressupõe a internacionalização e a liberdade dos movimentos de capitais, porém envolve um movimento adicional, qual seja, a integração dos mercados financeiros e de capitais domésticos e *off-shore*. Exige, portanto, a aproximação entre a legislação e a regulamentação das instituições e normas domésticas. A globalização financeira garante o acesso dos investidores ao conjunto de instrumentos negociados nas diversas economias, permitindo o monitoramento global dos riscos (Ferreira & Freitas, 1990). Ademais, ela amplifica as oportunidades de gestão financeirizada da riqueza, incluídas as operações de arbitragens e de especulação, devido ao aprofundamento dos mercados secundários.

Gradualmente foi ocorrendo uma profunda integração dos mercados domésticos, como no mercado de moedas e de títulos públicos e privados. No caso dos mercados de títulos públicos dos principais países da OCDE, uma parcela cada vez maior dos títulos dos tesouros nacionais foi sendo mantida em poder dos investidores estrangeiros, que podem liquidar suas posições a qualquer momento nos mercados secundários. Em outras palavras, a mundialização ou globalização financeira foi se processando com a estreita interconexão dos mercados nacionais, nascida com a liberalização dos movimentos de capitais e da desregulamentação. É o caso dos mercados de Bolsas de Valores, que entraram no processo de internacionalização por volta de 1985-1986. No final dos anos 1980 e início dos anos 1990, os investidores institucionais (fundos de pensão, fundos de investimento, companhias de seguro e *hedge funds*) começaram a diversificar suas carteiras de investimentos com ações e títulos emitidos na maioria dos países, inclusive nos "mercados emergentes", o último segmento a participar do processo (Chesnais, 1996: 23-29). Enfim, a integração financeira foi acompanhada pela abertura em graus variados dos diferentes tipos de mercados – de câmbio, de crédito, de títulos, de ações etc. – determinando a dinâmica da expansão creditícia em um mundo financeiramente cada vez mais integrado, ainda que organizado de forma assimétrica e hierárquica. A abertura e a desregulamentação do sistema monetário e bancário, assim como dos mercados de capitais nacionais, constituíram um espaço financeiro verdadeiramente global, sob o comando dos EUA (Cintra, 1997), que deu asas às variadas versões organizacionais do capital financeiro como aquele que reúne, em seu interior, a realização simultânea de lucros operacionais e financeiros e impõe sua dominância sistêmica.

Esses elementos evidenciam a especificidade das transformações contemporâneas dentro do movimento permanente de internacionalização do capital. A marca distintiva do atual movimento de internacionalização capitalista é a forma em que se deu a globalização das finanças, viabilizada pelas políticas de desregulamentação dos mercados, iniciada pelos EUA e alavancada pelo sistema de taxas de câmbio flutuante. As finanças passaram a operar num "espaço mundial", hierarquizado a partir do sistema financeiro americano e viabilizado pela política monetária do Estado hegemônico, imitadas, de imediato, pelos demais países industrializados[5].

Desde então, o crescimento dos mercados financeiros americanos tornou-os inigualáveis em suas dimensões, mas também em sua diversidade. A retomada do valor do dólar e a atratividade, qualitativamente superior, das possibilidades de aplicação, bem como das facilidades de transações do mercado financeiro americano em relação a todos os outros, estabeleceram os alicerces de um capitalismo dominado pelas finanças e o lugar ocupado pelos EUA nesse processo. Na Tabela 1 anexa, pode-se observar que o mer-

---

[5] Sobre os procedimentos de intervenção do *Federal Reserve* nos mercados monetários são evidenciadas três tendências. Em primeiro lugar, identifica-se uma restrição ao recurso do sistema bancário a créditos automáticos, ou um reforço do caráter punitivo das operações de redesconto pela transformação dessa taxa no limite superior do espectro de taxas de curto prazo do mercado monetário. Em segundo lugar, verifica-se a diminuição do coeficiente de reservas exigido do sistema bancário e o uso limitado desse coeficiente como instrumento de política monetária. Em terceiro lugar, observa-se o emprego crescente de operações de mercado aberto e de outros instrumentos de sintonia fina para administrar a oferta de reservas e minimizar os impactos sobre a liquidez sistêmica. Essas transformações sintetizam a busca de maior flexibilidade na administração da taxa de curto prazo, dotando a política monetária de instrumentos para lidar com choques adversos, volatilidade de expectativas e pressões do mercado cambial.

cado de capitais – capitalização do mercado acionário, estoque de dívidas securitizadas e ativos dos bancos comerciais – dos EUA representa 33% do mercado mundial e sua lógica de funcionamento se impôs como paradigma para o resto do mundo.

Dinâmica Financeira e Balanço de Pagamentos.

O triunfo dessa forma financeira, cujo principal intento é mais a apropriação de riqueza do que sua criação mediante ampliação da produção, foi fortemente facilitado pelo surgimento de novas formas internacionalizáveis de centralização do capital-dinheiro. Os investidores institucionais, mencionados acima, cresceram amplamente e administram massas financeiras gigantescas, procurando valorizar-se por meio de formas e critérios puramente financeiros e definindo as características do regime de finanças diretas globalizadas, no qual têm sido ampliadas as assimetrias interpaíses e o grau de subordinação das nações menos desenvolvidas à força do poder e do dinheiro.

Em seguida, faz-se uma abordagem com mais detalhe, dos atores, instrumentos financeiros e conexões entre o sistema financeiro americano e o resto do mundo, por meio de seu balanço de pagamento. Quanto aos atores, cabe considerar as instituições financeiras (bancos comerciais e de investimento, investidores institucionais etc.), as corporações capitalistas e as autoridades monetárias. Como são suas ações sob essa lógica financeira geral de valorização, de centralização de capitais, fusões e aquisições e de difusão mundial dos seus poderes? Sobre os instrumentos financeiros, resta entendê-los nesse novo padrão em que se interpenetram os mercados de crédito e de capitais sob as forças da securitização, desregulamentação, internacionalização etc. E no âmbito do balanço de pagamentos procura-se, sinteticamente, identificar as interações do sistema financeiro americano líquido e profundo, fornecendo fluxos de capitais de longo prazo para o resto do mundo e, simultaneamente, captando recursos de curto prazo. Dessa forma, as finanças americanas, operando em dólar, equilibram o balanço de pagamentos e provêem a liquidez do sistema monetário internacional.

• A Securitização de Ativos e os Investidores Institucionais.

A partir da crise de 1982, que fragilizou os grandes bancos comerciais americanos – os mais ativos na intermediação financeira dos anos 70, financiando setores e agentes produtivos tanto nos países industrializados, especialmente nos EUA, como nos países em desenvolvimento, sobretudo na América Latina –, os tomadores de primeira linha intensificaram suas operações no segmento de bônus, *commercial papers*, notas etc. Vale dizer, as grandes corporações passaram a emitir diretamente títulos (*securities*), para o financiamento de capital de giro, utilizando-se de seu baixo risco de crédito ou de sua excelente classificação de risco de crédito (*high-credit-quality rating*). Empresas com elevado risco de crédito e outros participantes do mercado de fusões e aquisições também passaram a emitir seus títulos diretamente. Com o apoio dos bancos de investimentos, tais agentes financiaram suas atividades com títulos de elevado risco (*high-yield bonds* ou *junk bonds*). Assim, muitos tomadores de recursos transferiram suas operações do mercado de crédito associado às instituições de depósito para a emissão direta nos mercados de títulos (*securities*).

O papel desempenhado pelas *Credit Rating Agencies* foi fundamental à expansão dessas operações[6]. As Agências de Classificação de Risco fornecem indicadores comparativos do risco de crédito relativo a um universo de títulos de dívida. Não fornecem garantias contra perdas, apenas um espectro comparativo de avaliação de risco, que os investidores podem utilizar para monitorar as perdas potenciais de suas carteiras de investimento. Do ponto de vista do investidor, as classificações de risco desempenham um papel relevante no processo de estabelecimento do rendimento esperado dos títulos ou prêmio de risco que devem demandar a fim de compensar investimentos mais arriscados.

Além disso, os detentores de poupança financeira se deslocaram para os mercados de títulos (*securities*), sobretudo para aqueles com mercados secundários organizados e para os sistemas de poupança programada: fundos de pensão, seguradoras, fundos de investimento dos mais diversos etc. As famílias e as empresas aumentaram a utilização desses instrumentos como veículo de poupança, ocupando as funções das instituições de depósito como receptoras das poupanças familiares e como carregadoras dos contratos de crédito. Assistiu-se, então, a um crescimento dos chamados investidores institucionais, que aplicam grande parte de seus recursos nos mercados de capitais, em títulos de renda fixa, ações, moedas, *commodities*

---

[6] O sistema de classificação de risco de crédito foi introduzido no mercado de bônus americano por John Moody, em 1909. Porém, atingiu uma participação importante somente após a Grande Depressão dos anos 1930, quando o governo instituiu restrições a alguns investidores. Os fundos públicos de pensão e as companhias de seguro não poderiam investir em títulos abaixo de nível considerado "prudente" (*investment grade*). Atualmente, as agências de classificação de riscos são muito concentradas devido à elevada economia de escala no processamento de dados para atribuição das classificações e à reputação necessária para se expandir no ramo. Em escala internacional, só existem três agências significativas, a Moody's Investors Service; a Standard & Poor's que surgiu em 1923 e; a Fitch-IBCA resultado da aquisição, em 1997, de uma agência americana, criada em 1922, por uma inglesa.

etc. A expansão dos ativos à disposição dos *money managers* desencadeou um processo de "institucionalização das poupanças".

Nesse momento, ocorreu uma intensa flexibilização dos ativos das instituições bancárias, isto é, sua transformação em instrumentos negociáveis, como reação à crescente instabilidade e ao risco de crédito associado a ativos de médio e longo prazo. Em muitos casos, as operações financeiras continuavam a ser planejadas, arquitetadas, custodiadas e comercializadas pelo setor bancário. Esse processo ficou conhecido como securitização das dívidas. A securitização é, portanto, o resultado de um duplo movimento: de um lado, os credores líquidos procuram evitar os passivos bancários, e de outro lado, os devedores buscam os mercados de capitais como alternativa mais barata de endividamento e capitalização. Como resultado, os bancos transformam ativos não negociáveis em títulos negociáveis no mercado. Ademais, a deterioração dos ativos bancários após 1982 levou o Federal Reserve a exigir uma redução do grau de alavancagem. Ou seja, que os bancos operassem com menor coeficiente entre os ativos e o capital próprio. Consequentemente, as instituições bancárias aumentaram a capitalização para manter o mesmo nível de operações. Essa situação foi um importante estímulo para que os bancos desenvolvessem operações com instrumentos que não constassem de seus balanços (*off-balance sheet*), como por exemplo, os vários instrumentos derivativos financeiros.

Durante esse processo, grande parte da gestão da riqueza e do crédito migrou das instituições de depósito (bancos comerciais, instituições de poupança e uniões de crédito) para os investidores institucionais (fundos de pensão, companhias de seguro e outras formas de investimento coletivo). A participação dos ativos das instituições de depósito caiu de 62,3% dos ativos totais do setor financeiro americano em 1950 para 23,2% no primeiro trimestre de 2004 (Tabela 2 anexa). Por sua vez, a participação dos investidores institucionais no total de ativos financeiros cresceu de 41,6% em 1980 para 54,8% em 2000, caindo para 49,5% no primeiro trimestre de 2004 (Tabela 3 anexa). Em termos da participação no PIB, os ativos dos investidores institucionais saltaram de 70% em 1980 para 206% em 2000 e 191% no primeiro trimestre de 2004. Consequentemente, os investidores institucionais americanos passaram a concentrar, em seus portfólios, grande parte das ações e dos bônus emitidos pelos diferentes agentes, transformando-se em um dos principais mecanismos de poupança financeira e fonte de financiamento do investimento na economia americana.

O aumento da participação relativa dos investidores institucionais americanos desencadeou uma expansão simétrica do papel desempenhado pelo mercado de capitais, uma vez que as *securities* (títulos e ações) eram os principais ativos detidos por esses investidores. Em princípio, esses mercados teriam a virtude de combinar as vantagens da melhor circulação das informações, da redução dos custos de transação e da distribuição mais racional do risco. Entretanto, como os ajustes nesses mercados ocorrem por desvalorização dos estoques, a dinâmica do sistema torna-se mais instável.

Como os investidores institucionais aumentaram suas demandas por instrumentos do mercado de capitais, as corporações tomaram menos recursos dos bancos e emitiram substancialmente mais bônus, notas, *commercial papers* e ações. O crédito e a poupança das famílias também se moveram para o mercado de capitais. A participação relativa dos empréstimos bancários no estoque total de dívida caiu de 9,7% em 1980 para 3,7% no primeiro trimestre de 2004. Por sua vez, a participação dos bônus corporativos praticamente duplicou, aumentando de 10,7% para 19,2% no mesmo período. A participação das hipotecas flutuou em torno de 24%-30% durante todo o período. O estoque total de dívidas alcançou US$ 34,6 trilhões (três vezes o PIB) em março de 2004.

Houve também o conhecido processo de "exuberância irracional" das Bolsas de Valores americanas, sobretudo dos setores de alta tecnologia (telecomunicações, fibras óticas, internet, mídia etc.). O valor de mercado das ações, a despeito das oscilações de curto prazo, cresceu de US$ 1,5 trilhão em 1980 para US$ 19,5 trilhões em dezembro de 1999. A partir de março de 2000, as cotações das ações americanas passaram a se desvalorizar, caindo o valor de mercado para US$ 11,4 trilhões em março de 2003, uma queda de US$ 8,1 trilhões. Desde então, o mercado acionário americano recuperou parte das perdas, com o valor de mercado das corporações voltando para US$ 15,8 trilhões.

As agências federais ligadas ao financiamento de imóveis residenciais (Federal National Mortgage Association, Government National Mortgage Association e Federal Home Loan Mortgage) passaram a securitizar empréstimos para aquisição de moradia (hipotecas), utilizando as mesmas técnicas para a compra de automóveis e outros recebíveis (fatura do cartão de crédito, por exemplo). Nessas transações, os empréstimos para compra de residências eram repassados para um conjunto de investidores que compravam títulos com determinada rentabilidade, cuja garantia colateral era o próprio imóvel, e que podiam ser negociados no mercado secundário. A garantia colateral ou colaterização expandiu-se para um amplo espectro de operações denominadas *asset-backed securities* ou *loan-backed*. Entre 1980 e 2004 os ativos das agências federais aumentaram de US$ 309 bilhões para US$ 6,3 trilhões, acumulando 14,3% dos ativos totais do sistema financeiro americano (Tabela 2 anexa). Durante esse período, os ativos dos emissores de Asset-Backed Securities (ABS – *securities* garantidas por ativos) atingiram US$ 2,4 trilhões, um mercado inexistente em 1980.

- O *corporate governance*.

A despeito de mudanças recentes, o aparato legal e regulatório dos EUA limita as participações societárias das instituições financeiras nas corporações (sociedades anônimas). O Glass-Steagall Act (1933) e o Banking Holding Company Act (1956) efetivamente proibiam os bancos comerciais, membros do Federal Reserve, de manter ações (*corporate stock*) em seus ativos, ainda que pudessem fazê-lo por meio de um departamento fiduciário (*bank trust department*). Porém, esses últimos não poderiam investir mais de 10% de seus recursos em uma empresa específica. As *holdings* bancárias (*bank holding companies*) não poderiam deter mais de 5% das ações ordinárias (com direito a voto) de uma corporação (Quadro 2 anexo). Por sua vez, o objetivo dos principais investidores institucionais é obter resultados financeiros satisfatórios, mediante a diversificação dos portfólios (*prudent man rule*), e não se envolver ativamente na gestão das corporações. Na verdade, a participação desses investidores deve circunscrever-se exclusivamente à administração do patrimônio de seus cotistas. Há também impedimentos legais para as corporações adquirirem grandes posições em outras empresas. As normas tributárias sobre a distribuição de dividendos procuram desestimular a interpenetração patrimonial entre corporações. A lei antitruste tem sido hostil às ligações interempresas que significam a posse de grandes volumes de ações.

Num sentido estrito, ao qual restringe-se o presente texto, *corporate governance* refere-se ao padrão de relações dos acionistas com as corporações, dada a separação entre a propriedade das ações e a administração das empresas[7]. Trata-se, então, do arcabouço institucional e legal que governa a gestão das corporações definindo o papel dos executivos (CEO – *Chief Executive Officer*), as relações entre executivos e acionistas, a função do conselho administrativo (*board of directors*), o exercício do direito de voto nas assembleias de acionistas, o pagamento de dividendos, as relações com os mercados de crédito e de capitais etc.

De modo geral, a administração das empresas americanas fica delegada aos executivos. Os acionistas podem comprar e vender as ações nos mercados secundários altamente líquidos, respeitando as regras de informações privilegiadas (*inside information*), de acordo com a performance da empresa (expectativa de distribuição de dividendos) e a expectativa de valorização ou desvalorização das ações. Dessa forma, os preços das ações atuam como um termômetro do grau de aprovação da gestão da empresa (*appro-*

---

[7] O movimento efetivo que, independentemente do aparato jurídico-institucional, possa estar ocorrendo com as participações societárias das instituições financeiras nas corporações, tal como se deu com as mudanças bancárias, sancionadas *post festum*, não será objeto deste capítulo. A despeito de ser analiticamente desejável aprofundar a relação entre finanças e gestão das corporações para maior abrangência na compreensão do poder financeiro em pauta, não é possível fazê-lo no âmbito deste artigo. Ver Cintra & Freitas (1998).

val rating). Se a corporação for mal gerenciada (*under-performing management*) e/ou se os dividendos forem negligenciados, os investidores reagirão, vendendo as ações. Consequentemente, seus preços se deprimirão e a empresa ficará exposta a processos de ofertas de aquisição hostil (*takeovers*). Essas operações de tomada de controle acionário hostil são ofertas de compra das ações, sem a necessidade de aprovação dos executivos. De posse da maioria das ações poder-se-ia, então, mudar os executivos e a forma de administração da empresa. De modo geral, esse procedimento pode ser mais barato do que uma tentativa para se alterar a direção da empresa, através do exercício da procuração para voto nas assembleias dos acionistas. Rigorosamente, o direito dos acionistas significa pouco mais do que o direito de vender as ações para um ofertante hostil.

Assim, uma das principais características do *corporate governance* americano é a confiança no mercado de controle corporativo (*market for corporate control*) através de ofertas de aquisição hostil, como fator decisivo no monitoramento do comportamento dos executivos, forçando-os a desempenhar uma performance condizente com os interesses dos acionistas. Diante da magnitude desse fenômeno, as operações de tomadas de controle acionário são percebidas como um mecanismo de mercado capaz de melhorar a rentabilidade da empresa e alinhar os interesses dos executivos e dos acionistas, ou seja, capaz de impor uma disciplina à atuação dos executivos (*market-based discipline*).

Dentro desse paradigma, se uma subsidiária não estiver atendendo às expectativas ou se uma unidade não funcionar de acordo com o último plano estratégico, busca desfazer-se rapidamente dela. Abandonam-se as unidades não essenciais e fortalecem-se os negócios principais ficando, portanto, no *core business*, antes de se tornar alvo de uma oferta de aquisição hostil. Essa dinâmica forma um sistema empresarial extremamente competitivo, por parte dos atores financeiramente potentes, ágil e dinâmico na incorporação de novos empreendimentos e na introdução de inovações de produtos e processos[8].

---

[8] A emissão de ações em uma oferta pública de venda inicial (OPVi) da empresa Netscape no Nasdaq, em agosto de 1996, demonstra a agilidade do mercado de capitais americano. Formalmente, o faturamento anual dessa empresa não ultrapassava os US$ 17 milhões, sem nunca ter obtido lucro. A cotação da ação na OPVi situava-se nos US$ 28,00 e havia 5 milhões de ações à venda (cerca de 14% do capital social). No primeiro dia de venda, os corretores receberam pedidos para mais de 100 milhões de ações e, em apenas um minuto, a cotação das ações no mercado disparou para US$ 71,00. A esse preço, a Netscape tinha um valor de mercado de cerca de US$ 2,7 bilhões e os investidores que compraram ações na OPVi obtiveram um lucro da ordem de US$ 215 milhões. Esse comportamento do mercado de capitais é muito frequente nos EUA, onde há investidores de risco (*venture capital*) que detêm carteiras de ações de empresas de diversos setores em crescimento (como biotecnologia, redes de telecomunicações, informática etc.).

A operacionalidade desse sistema de gestão empresarial presume transparência nos dados financeiros das empresas, um fluxo contínuo de informações (balanços trimestrais), rígidas regras de negociação e mercados secundários líquidos. As grandes corporações, com capital disperso entre milhares de acionistas e com administrações profissionais, são minuciosamente monitoradas por analistas financeiros, bancos de investimentos, investidores e Agências de Classificação de Risco. Essa dispersão do capital, é claro, não implica que o processo decisório quanto às estratégias empresariais deixe de ser conduzido por poucos e grandes proprietários-acionistas das empresas atuando em conjunto com os administradores. De todo modo, o sistema de gestão das empresas americanas é estruturado para maximizar as taxas de retorno dos acionistas – *shareholder value based system of corporate governance* – ou seja, agregar valor ao patrimônio dos acionistas. Os executivos exercem uma influência dominante nos rumos das empresas, interpretando sinais sobre o comportamento desejado pelos mercados de capitais que avaliam a lucratividade corrente (balanços trimestrais) e eleva a sensibilidade do preço das ações.

O aumento da participação do mercado de capitais no financiamento das corporações americanas (instrumentos de dívida e ações) elevou a capacidade de indução dos investidores institucionais sobre o comportamento das empresas (*shareholder value*), a fim de maximizar o valor dos acionistas. As decisões de alocação de investimento dos investidores institucionais são tomadas por investidores profissionais. Individualmente, esses investidores profissionais não têm nenhum poder sobre os gestores das empresas. Entretanto, eles influenciam o comportamento das corporações mediante um poder de opinião coletivo manejado pelos diferentes agentes que operam nos mercados de capitais, na era da tecnologia da informação, valorizando ou desvalorizando as ações e os bônus.

Esse processo de valorização e desvalorização toma lugar no permanente escrutínio da comunidade dos investidores, pois as regras e padrões possibilitam abstrair das especificidades das corporações. A maioria dos investidores institucionais não tem conhecimento das empresas, cujas ações eles colocam em seus diversificados portfólios. A governança corporativa requer tão somente informações transparentes e previsões sobre as perspectivas de lucros futuros. A performance das empresas é comparada ao padrão (*benchmark*), mediante uma feroz competição (Aglietta, 2000). Os executivos das corporações enfrentam, portanto, um código abstrato: a lógica de um amplo sistema de avaliação. Simultaneamente, a necessidade de gerar expectativas futuras de lucros incessantes pode gerar "distorções", tais como o caso em que quase mil empresas tiveram de reapresentar seus balanços, objeto de uma "contabilidade agressiva"; procedimentos duvidosos de auditores internos e externos e de suas respectivas empresas; conflitos de interesses no relacionamento de empresas com os bancos de investimento, bem como entre investidores, analistas e intermediários financeiros (corretoras, bancos etc.) (Farhi & Cintra, 2002). Um desvio completo das regras de transparência que supostamente ancoram a credibilidade dos mercados de capitais[9]. De todo modo, a estrutura difusa do mercado de ações e de bônus, bem como a capacidade de mobilizar grandes somas de recursos líquidos nos mercados, são fontes de poder dos investidores institucionais.

Todavia, os gestores dos investidores institucionais também ficam sujeitos a rigorosos critérios de performance, as normas padrões de referências dos mercados (*benchmark*), a fim de apresentar elevados rendimentos aos detentores das cotas finais dos investimentos, determinando um comportamento míope e de manada desses atores financeiros. Esse comportamento homogêneo dos gestores leva-os a procurar reproduzir os principais índices dos mercados bursáticos (Índice Dow Jones, Nasdaq), dos mercados de títulos emergentes (Emerging Market Bonds Index, EMBI+, calculado pelo JP Morgan/Chase) em suas estratégias de investimento. Isso determina ordens de compra e venda dos mesmos ativos, gerando processos cumulativos de euforia e pessimismo renitentes dos mercados financeiros.

A despeito desse mercado de capitais extremamente ativo, inclusive na oferta de capital de risco (*venture capital*), no agregado, as corporações americanas utilizam basicamente a acumulação de fundos internos – lucros não distribuídos, depreciação do capital fixo, lucros recebidos do exterior – para financiar seus investimentos. Isso faz com que a principal fonte de poupança privada seja a depreciação acelerada do capital fixo, aproveitando incentivos fiscais de monta (Gentry & Hubbard, 1998).

As corporações americanas também ampliaram a posse de ativos financeiros, e não apenas como reserva de capital, para efetuar futuros investimentos produtivos. A acumulação de ativos financeiros ganhou caráter permanente na gestão da riqueza capitalista. Esse constitui um dos aspectos da *financeirização* da riqueza contemporânea caracterizada por Braga (1997). Os ativos tangíveis das corporações caíram de 72% do total dos ativos em 1980 para 48% no primeiro trimestre de 2004 (Tabela 4 anexa). Por sua vez, a participação dos ativos financeiros subiu de 28% do total de ativos para 52% no mesmo período. Isso significa que, no início do século XXI, a proporção de ativos financeiros (gerando ganhos de capital em dife-

---

[9] O presidente do Federal Reserve, Alan Greenspan, chegou a afirmar que "a falsificação e a fraude destroem o capitalismo e a liberdade de mercado; os fundamentos da nossa sociedade" (Comissão de Finanças do Senado, 16 de agosto de 2002).

rentes ativos, moedas e mercados) das corporações ultrapassou os ativos reais. Pode-se apreender também que o endividamento das corporações quase duplicou. A relação entre o estoque de dívidas e o patrimônio líquido das corporações subiu de 28,9% em 1980 para 49% em março de 2004, a despeito do acentuado processo de valorização das ações. Em 1999, as ações chegaram a valer 186,8% do patrimônio líquido das corporações.

Enfim, os mecanismos de mercado – oscilações nos preços das ações, ameaças de tomada de controle acionário, dispersão dos acionistas, diversificação de portfólio – característicos dos mercados de crédito e de capitais dos EUA, encurtaram o horizonte dos executivos. E os processos de reestruturação através de tomada de controle acionário hostil desenvolveram um genuíno mercado de controle das corporações, altamente especulativo. É essa forma de controle do mercado de corporações e de gestão da riqueza que Minsky (1992: 32) denominou *money manager capitalism*, sendo que os gestores de portfólios (dominados pelos investidores institucionais, mas também por bancos universais) passaram a desempenhar papéis de protagonistas. Na verdade, o crescimento dos gestores de ativos determinou alterações importantes, nem de longe concluídas, nas formas de entrelaçamento entre as finanças e a indústria. Esses investidores exacerbaram o padrão de gestão das corporações americanas prescrevendo seus critérios às corporações, cujos capitais e dívidas passaram a controlar, consagrando a supremacia da lógica financeira de valorização. Vale dizer que a empresa passou a ser gerenciada segundo critérios predominantemente financeiros para alcançar os objetivos de rentabilidade financeira de curto prazo dos organismos de gestão coletiva de poupança, como também para operacionalizar estratégias de gestão da riqueza líquida concebidas por seu corpo diretivo. Dentro desse sistema, que se desenvolveu a partir dos EUA, mas que se expandiu globalmente, consolidou-se o poder dos administradores dos diversos fundos de investimento, considerados os representantes dos acionistas (famílias, corporações, governos etc.).

• Os Derivativos Financeiros.

O surgimento dos contratos de derivativos financeiros, assim denominados porque seu valor determinado para vencimentos futuros deriva do preço à vista de ativos, tais como ações, moedas, *commodities* etc., decorre da instabilidade das taxas de juros, de câmbio e de inflação prevalecentes após a ruptura do padrão monetário internacional em 1971-1973, assim como do afã capitalista intrínseco de, dadas as circunstâncias, inovar nas práticas da especulação e das apostas financeiras. Eles responderam ao propósito de se tentar neutralizar os riscos de variação dos preços dos ativos financeiros. A primeira operação desses instrumentos de *hedge* ocorreu em 1972, através da criação de contratos futuros de moedas estrangeiras, no âmbito do *International Monetary Market* (IMM) filiado à *Chicago Mercantile Exchange*. Em 1973 surgiram os contratos de opções sobre ativos financeiros na *Chicago Board Options Exchange* subordinada à *Securities and Exchange Commission* (SEC); em 1975 os contratos futuros de taxas de juros; em 1979 o IMM começou a negociar contratos futuros com bônus do Tesouro americano de 90 dias; em 1982 foram lançados os contratos futuros de índices de Bolsas de Valores (através do *Index and Options Market*, divisão especialmente criada pela *Chicago Mercantile Exchange*, tendo como ativo subjacente o índice *Standard and Poor's* 500).

Atualmente, pode-se apostar na valorização ou desvalorização de moedas – dólar *versus* euro, iene, libra etc. –, na elevação ou queda das taxas de juros, no índice de valorização das Bolsas de Valores etc. Uma empresa americana que pretende garantir o preço de sua compra (de metais) no mercado londrino, vai ao mercado e faz uma opção de compra. Para evitar perdas com a variação da libra em relação ao dólar, vai a uma corretora europeia e faz um contrato futuro de moedas. Caso tenha utilizado dinheiro emprestado, tenta se proteger de elevações nas taxas de juros no mercado futuro de juros. Nas outras pontas dessa cadeia pode estar uma empresa de petróleo saudita, um banco latino-americano e uma corretora japonesa. Ocorre, então, um processo de transferência de risco de preço. O agente, que procura fazer *hedge*, passa o risco para frente, mas o risco em si não deixa de existir. O agente que o assumiu tenta se proteger através de operações semelhantes, formando uma extensa rede de transações. Enfim, o risco não é destruído, mas meramente espalhado em todas as direções.

As oscilações de alguns pontos percentuais nas taxas de juro, de câmbio, de inflação e no preço das ações, ao longo de um mês, de uma semana ou mesmo no decorrer do mesmo dia, constituem a matéria-prima utilizada pelos especuladores para obterem ganhos de capital. Qualquer variação percentual, por menor que seja, representa oportunidades de ganho com a aposta de tendência. A volatilidade das variáveis macroeconômicas possibilita que os especuladores lucrem com posições em diversos mercados (mercado internacional de moedas, mercado de taxas de juros nos EUA, mercado futuro de taxas de juros, índice de ações *Standard & Poor's* 500 etc.). Em suma, a volatilidade está na origem da criação desses mercados, retroalimenta-os e permite seu crescimento. Há vários mercados que perderam a liquidez quando a volatilidade se reduziu, uma vez que não há necessidade de mecanismos de *hedge* em mercados estáveis, onde tampouco existe a possibilidade de ganhos especulativos.

Todas essas operações têm em comum o fato de serem contratadas no presente e se referenciarem à evolução futura do valor do ativo financeiro em que são denominadas ou de que derivam. Assim, os instrumentos derivativos oferecem cobertura de risco de preço dos ativos subjacentes e de crédito para *hedgers*, vale dizer, para agentes em busca de proteção, em troca de um prêmio, no caso de *swaps* e opções. Na verdade, trata-se de uma tentativa de o mercado transformar incertezas financeiras em riscos passíveis de serem gerenciados e transferidos a outros agentes. Ademais, os derivativos possibilitam a realização de ganhos de capital, por isso as operações de *hedge* vão se afastando das definições clássicas de aversão aos riscos e passam a constituir uma forma suplementar de realizar lucros (Farhi, 1997). Diante da simetria imperfeita entre as necessidades de cobertura dos *hedgers*, a transferência de risco supõe sua recepção por operadores especiais – os agentes que "formam o mercado" (*market-makers*) – responsáveis pelas compras ou vendas residuais quando necessárias e/ou que assumem os riscos nas operações (especuladores).

A expansão do processo de securitização só foi possível com o desenvolvimento paralelo dos mercados e mecanismos de proteção de riscos contra as variações de preços dos ativos. Essa proteção era uma demanda tanto dos aplicadores em títulos, como dos tomadores de recursos, pois o *hedge* permitia maior segurança ao investimento. Porém, o próprio mecanismo de *hedge*, ao ampliar a segurança do aplicador, também facilita o processo especulativo, aumentando a volatilidade dos mercados de ativos. Assim, a conjunção do processo de securitização com os mecanismos de transferência de risco passou a determinar a dinâmica dos mercados financeiros dos EUA, caracterizados por uma extrema flexibilidade em termos de instrumentos, taxas de remuneração, prazos, moedas etc.

• Um Supermercado Financeiro Global.

Durante os anos 1970, as atividades *offshore* dos bancos americanos cresceram explosivamente. As instituições americanas aproveitaram os elevados *spreads* disponíveis nos mercados externos, dada a ausência de requerimento de reserva e de outras restrições aos fluxos de crédito. O crescimento das operações no mercado de eurodólar induziu o Federal Reserve (e outros bancos centrais) a relaxar ou remover os controles quantitativos, a fim de moderar a transferência de depósitos e empréstimos do mercado doméstico para o internacional. Nos EUA (e em outros países industrializados), os controles quantitativos também foram pressionados por movimentos políticos em favor da liberalização financeira, uma vez que mercados livres alocariam o crédito de forma mais eficiente (Walter, 1991 e Helleiner, 1994).

Como sugerido, a progressiva liberalização dos fluxos de capitais foi gestando um mercado unificado de dinheiro e ativos financeiros em escala global, sob o comando do sistema financeiro americano. Kindleberg (1987: 43) entendia que, após a II Guerra, os EUA desempenhavam o papel de banco comercial do mundo (*The U.S. as a bank*). Isso porque o sistema financeiro americano atuava como banco "comercial" global, atraindo e emprestando recursos. Serrano (2002: 9) lembra que "a analogia correta é a de que os EUA, ao controlar a emissão da moeda internacional, faziam o papel de banco *central* do mundo[10]". Atualmente, as finanças dolarizadas encontram mais semelhança com os bancos múltiplos que atuam como supermercados financeiros, sob a proteção do Federal Reserve. Diante das potencialidades dos mercados financeiros americanos, em termos de liquidez, profundidade, sofisticação, introdução de inovações e custos de emissão, o sistema financeiro dos EUA e o padrão dólar flexível atuam como o mercado de crédito e de capitais planetário, por ser o mais internacionalizado de todos os "mercados nacionais" e comandar o dinheiro que tem sido o verdadeiro dinheiro mundial. Nesse sentido, até o surgimento de novas evidências, a riqueza mundial está americanizada, enquanto seu sistema financeiro segue exercendo, nas mais diversas conjunturas, uma força centrípeta exasperante.

A partir de 1982, a conta-corrente do balanço de pagamento dos EUA tornou-se deficitária (exceção ao ano recessivo de 1991), sendo financiada mediante a atração de capitais estrangeiros. O Gráfico 1 revela que a entrada de capitais (de curto e de longo prazo) foi capaz de financiar o déficit em conta-corrente e a saída de capitais americanos, mesmo em momentos de fraudes contábeis, seguidas por pedidos de concordatas (Enron, WorldCom etc.) e acentuadas desvalorizações nas cotações das Bolsas de Valores, bem como taxas de juros muito baixas (1% entre junho de 2003 e junho de 2004). De acordo com o FMI (IMF, 2004: 163), o déficit em conta-corrente dos EUA representou 71,5% dos déficits em conta-corrente mundiais, financiado pelo superávit da Alemanha e da França, dos países asiáticos (Japão, China, Formosa, Hong Kong, Singapura etc.) e dos exportadores de petróleo (Arábia Saudita, Rússia, Noruega etc.), durante o ano de 2003. Todavia, a necessidade de influxos de capitais estrangeiros de mais de US$ 2 bilhões por dia útil, bem como sinais de desaceleração da taxa de crescimento da economia americana, desencadearam a desvalorização do dólar.

---

[10] Ver também, Solomon (1977: 31): "entre 1949 e 1959, os Estados Unidos assumiram o importante papel de banco central do mundo, preenchendo assim, uma função não especificada nos acordos de Bretton Woods: os Estados Unidos criaram moeda internacional ao expandir suas dívidas líquidas para com o resto do mundo".

Gráfico 1 – Balanço de Pagamento dos EUA – US$ bilhões

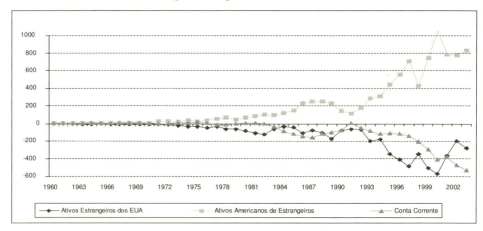

Fonte: United States Department of Commerce, Bureau of Economic Analysis, *U.S. International Transactions* (http://www.bea.gov).

Os elevados déficits em conta-corrente alteraram a posição líquida de investimento internacional dos EUA, de credor até 1988, para devedor. A diferença entre os estoques de ativos estrangeiros detidos por americanos e os estoques de ativos americanos detidos por investidores estrangeiros tornou crescentemente deficitária: de US$ 47 bilhões (ou 0,9% do PIB em 1989) para US$ 2,6 trilhões (ou 24,1% do PIB em 2003). De um lado, os investimentos americanos no exterior somaram US$ 7,9 trilhões (71,6% do PIB): US$ 2,7 trilhões em investimento direto; US$ 2,5 trilhões em ações e títulos de dívida; e US$ 1,7 trilhão em operações dos bancos americanos (Gráfico 2). De outro lado, os investimentos estrangeiros nos EUA alcançaram US$ 10,5 trilhões (95,7% do PIB): US$ 2,4 trilhões em investimento direto; US$ 3,4 trilhões em ações e bônus corporativos; US$ 1,9 trilhão em captação dos bancos americanos mediante suas filiais no exterior; US$ 1,5 trilhão em ativos de bancos centrais estrangeiros; e US$ 542,5 bilhões em títulos da dívida pública americana.

Essa parece ser a grande vantagem para os EUA da ausência de conversibilidade em ouro: "a eliminação pura e simples da sua restrição externa. Agora, os EUA podem incorrer em déficits em conta-corrente, permanentes e crescentes, sem se preocupar com o fato de seu passivo externo líquido estar aumentando, uma vez que este passivo 'externo' é composto de obrigações denominadas na própria moeda e não conversíveis em mais nada" (Serrano, 2002: 10). O sistema financeiro americano desregulado e liberalizado, sem limite à capacidade de endividamento da economia americana, fornece a liquidez do sistema monetário internacional (Metri, 2003).

Gráfico 2 – Posição dos investimentos internacionais
nos EUA em % de PIB

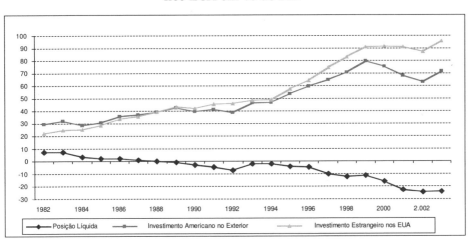

Fonte: United States Department of Commerce, Bureau of Economic Analysis, *U.S. International Transactions* (http://www.bea.gov).

A atração de capitais mundiais para o sistema financeiro americano, centro principal de valorização e desvalorização da riqueza americana e de grande parte da riqueza financeira mundial, pode ser observado também pelos estoques de ativos que os investidores estrangeiros passaram a deter nos EUA. No mercado de ações, os investidores estrangeiros possuíam 5% do estoque em 1980, saltando para 10,5% no primeiro trimestre de 2004 (Tabela 5 anexa). No mercado de dívida corporativa, o salto foi de 7,3% para 24,3% no mesmo período. Em relação aos títulos do Tesouro americano em mercado, os investidores estrangeiros mantinham US$ 127,4 bilhões em seus portfólios em 1980, representando 17,5% do total. Em 2004, passaram a deter US$ 1,6 trilhão, correspondendo a 39,9% do total. Os países asiáticos, liderados pelo Japão e China e seguidos por Hong Kong, Coreia do Sul e Formosa, passaram a acumular os maiores estoques de títulos da dívida pública americana em mercado[11]. Juntos detinham US$ 1 trilhão de títulos públicos americanos em maio de 2004 (Tabela 6 anexa).

---

[11] Deve-se salientar que os dados apresentados pelo U.S. Treasury não refletem necessariamente a nacionalidade do último detentor do título negociado. Muitos investidores – privados ou oficiais – estrangeiros de títulos públicos americanos podem manter seus títulos em contas fora de seus próprios países, a fim de preservar o sigilo nas suas transações. Seguramente, essa decisão contribui para o grande volume de títulos públicos americanos arrolados ao Reino Unido, um grande centro financeiro mundial, bem como nos centros financeiros *offshore* do Caribe.

O Reino Unido, os Centros Bancários do Caribe (centro *offshore* sob o comando dos grandes bancos americanos) e os países produtores de petróleo também figuram entre os grandes detentores de títulos da dívida pública americana. A Alemanha, principal detentora de títulos públicos americanos nos anos 70, reduziu sua posição relativa. Em maio de 2004, acumulava US$ 49,7 bilhões em títulos do Tesouro americano. Deve-se enfatizar ainda que grande parte desses títulos compõe as carteiras das instituições oficiais (bancos centrais) dos respectivos países.

Assim, a participação dos investidores estrangeiros no mercado de ativos financeiros americanos (ações, bônus corporativos, títulos do Tesouro e de agências federais) duplicou no período considerado. Passou de 8,2% dos ativos financeiros americanos no mercado em 1980 para 17,2% em 2004. Isso significa que um volume de riqueza estrangeira da ordem de US$ 5,6 trilhões (49,1% do PIB) é valorizado e desvalorizado dentro dos EUA, sob o comando do seu sistema financeiro. Do ponto de vista dos fluxos, o setor externo assumiu papel relevante de oferta de crédito para os tomadores americanos, influenciando o volume e a alocação de novos empréstimos no mercado de dívida doméstica. Os investidores estrangeiros forneceram 12,9% do fluxo total dos fundos alocados nos diferentes mercados de dívida dos EUA em 1994, passando para 41,2% em 2004 (US$ 1,15 trilhão). Dessa forma, as compras de investidores estrangeiros de ações e instrumentos de dívida nos EUA desempenharam papel importante no acentuado processo de inflação de ativos financeiros e imobiliários, bem como estimularam o crédito ao consumo e a superacumulação produtiva na década de 1990. Mais do que quaisquer outros investidores, os estrangeiros compraram bônus emitidos pelas corporações que recompravam suas ações, estimulando as cotações. Ao se tornar um dos principais *fundings* para a expansão das agências federais, os investidores estrangeiros estimularam o mercado de hipotecas, fomentando uma possível bolha no mercado de imóveis residenciais.

Mas, o sistema financeiro americano atuou também como "banco múltiplo", atraindo, ampliando e redistribuindo capitais pelo mundo[12]. Atra-

---

[12] No mercado global de bônus, 44,5% do estoque total de títulos (US$ 42,8 trilhões) foram emitidos por agentes americanos; 23,8%, por agentes da área euro; 16,2%, por japoneses; e apenas 5,6%, por mercados emergentes (IMF, 2004: 71). Essa participação ínfima dos mercados emergentes explicita uma das faces assimétricas do sistema financeiro global, sob o comando do sistema financeiro americano. Dos US$ 19 trilhões de bônus emitidos por agentes americanos, 85,7% foram emitidos no mercado doméstico e 14,3% no mercado internacional. Os títulos emitidos pelo setor público americano (Tesouro e agências federais) representam papéis de alta qualidade e, assim, lastreiam as operações do mercado monetário e fornecem o *benchmark* para as taxas de juros de longo prazo, respondendo por 10,6% do estoque global de bônus.

vés das contas de capital dos principais mercados financeiros (EUA, Canadá, Japão, Reino Unido, área do euro e mercados emergentes), pode-se observar que o sistema financeiro americano realizou a intermediação de 32,7% do fluxo bruto global de entrada de capitais e 11,7% do fluxo de saída. De acordo com os dados do FMI (IFM, 2004: 184-185) em 2003, entraram na conta de capital dos EUA US$ 829,2 bilhões e saíram US$ 283,4 bilhões, resultando em um saldo líquido positivo de US$ 545,8 bilhões (Tabela 7, 8 e 9 no anexo). Na conta de capital do Japão, por sua vez, entraram US$ 121,5 bilhões e saíram US$ 242,3 bilhões, acumulando um saldo negativo de US$ 120,8 bilhões. Processos semelhantes ocorreram na área do euro e no Canadá.

Um grave problema dessa ordem financeira mundial, sob o comando dos EUA, é a incapacidade de os mercados livres e desregulados manterem os fluxos de recursos para os países e devedores de maior risco. Pode-se observar na Tabela 7, 8 e 9 que retratam as contas de capitais dos principais centros financeiros, que os mercados emergentes receberam um fluxo líquido positivo de recursos entre 1991 e 1998, facilitado por mecanismos de arbitragens criados pela combinação de taxas de juros locais elevadas e regimes de taxas de câmbio fixa ou quase fixa. A partir da crise asiática de 1997, os bancos e os investidores de títulos e ações passaram a reduzir suas exposições aos mercados emergentes. Mesmo mantendo o volume de investimento estrangeiro direto em patamares relativamente elevados, o fluxo líquido tornou-se negativo a partir de 2000. Desde então, o conjunto dos países em desenvolvimento passou a apresentar superávits em conta-corrente, liderados pelos países asiáticos e produtores de petróleo (Tabela 10). Isso significa que os países em desenvolvimento tornaram-se emprestadores líquidos de capital para o sistema financeiro internacional (Cintra & Farhi, 2003). Em grande parte, esses fluxos de saída começaram com a fuga abrupta dos bancos das economias em desenvolvimento em 1997-1998, inicialmente dos países asiáticos, e desencadeando grande volatilidade nos preços dos ativos e desvalorização das moedas. Após a fuga dos credores, as empresas e os governos dos países em desenvolvimento procuraram repagar as dívidas acumuladas e aumentar os depósitos externos (reservas dos bancos centrais e de outros agentes privados), a fim de amortecer os efeitos deletérios da desvalorização das moedas e garantir capacidade de importação de insumos, máquinas etc.

Nesse sentido, o mercado global de capitais, liderado pelos EUA, tornou-se "desfuncional" para os mercados emergentes (Scandiucci Filho, 2000 e Davidson, 2002). A experiência dos países asiáticos parece indicar que a obtenção de saldos comerciais expressivos e a acumulação de reservas permitem a adoção de políticas monetárias mais lassas que favorecem a expansão do crédito doméstico, da produção e do emprego. A acumulação de reservas – mediante saldos comerciais elevados e não pela contratação de novas dívidas – atende a demanda por liquidez em moeda forte e assegura a estabilidade da taxa de câmbio (Belluzzo & Carneiro, 2003).

Enfim, os EUA, usufruindo seu poder militar e financeiro, impõem a predominância de sua moeda, ao mesmo tempo em que mantêm um déficit elevado e persistente em conta-corrente e uma posição devedora externa. Isso significa que os mercados financeiros parecem dispostos a aceitar, a despeito das flutuações do valor do dólar, que os EUA exerçam, dentro de limites bastante elásticos, o privilégio da senhoriagem internacional. Dessa forma, os EUA cumprem um papel fundamental na gestão da *financeirização* global: "o *hot money* conta, nos EUA, com um mercado amplo e profundo, onde imagina poder descansar das aventuras em praças exóticas. A existência de um volume respeitável de papéis do governo americano, reputados por seu baixo risco e excelente liquidez, tem permitido que a reversão dos episódios especulativos – com ações, imóveis ou ativos estrangeiros – seja amortecida por um movimento compensatório no preço dos títulos públicos americanos. Os títulos da dívida pública americana são vistos, portanto, como um refúgio seguro nos momentos em que a confiança dos investidores globais é abalada (como na crise mexicana de 1994 e dos países asiáticos em 1997). Isso significa que o fortalecimento da função de reserva universal de valor, exercida pelo dólar, decorre fundamentalmente das características de seu mercado financeiro e do papel crucial desempenhado pelo Estado americano como prestamista e devedor de última instância" (Belluzzo, 1997: 8, grifo nosso).

Uma Perspectiva Belluzziana: inconclusões infligidas pela valorização politizada do valor dolarizado[13].

As transformações analisadas constituíram, nos EUA, um amplo mercado financeiro estratégico para as diferentes formas capitalistas de apropriação de riqueza. A expansão de sua lógica de valorização iniciou a montagem de um novo esquema de fluxos financeiros que sintetiza quatro grandes movimentos. Isto é, a desregulamentação e a liberalização, comandadas pelas políticas americanas com o Federal Reserve na posição de ponta de lança, promoveram a interligação dos diferentes mercados nacionais, confor-

---

[13] Trata-se de prestar homenagem a Luiz Gonzaga de Mello Belluzzo, um apreciado mestre que, na suposta conclusão do artigo "Dinheiro e as transfigurações da riqueza" perpetrou o seguinte: "Inconclusões definitivas" (Belluzzo, 1997: 184).

mando um "grande mercado global", a "institucionalização da poupança financeira", o processo de "securitização" das dívidas e os "derivativos financeiros". Noutras palavras, a liberalização monetária e financeira, seguida pela desregulamentação dos mercados financeiros nacionais, pelo processo de securitização e pelos instrumentos derivativos constituiu um espaço financeiro verdadeiramente mundial, hierarquizado a partir do sistema financeiro americano. A conjunção desses processos foi provocando uma maior homogeneidade nas estruturas das instituições provedoras de crédito (grandes conglomerados), dos instrumentos utilizados (bônus, derivativos etc.), da participação dos créditos em diferentes moedas internacionais, da maturidade dos contratos (predomínio de transações de curto prazo) e das taxas de juros prevalecentes nas relações de débito e crédito.

Diante das transformações nos instrumentos e nos canais utilizados para a poupança e o investimento, apreende-se que as atividades das instituições financeiras mudaram significativamente. A gestão de ativos tornou-se a função predominante do mercado financeiro americano de forma que a sua negociação (*trading*) transformou-se na principal atividade. O circuito financeiro predominante nesse sistema é expressivamente mais complexo do que qualquer outro prevalecente na história. Nesse circuito participa um maior número de agentes. O agente superavitário (família, corporações, governos etc) deposita seus recursos nas instituições de administração de ativos (fundos mútuos, fundos de pensão, fundos de investimentos, *hedge funds*, companhias de seguro etc.). Essas mantêm em suas carteiras de ativos não apenas *securities* diversas (títulos, notas, *commercial papers*, ações) emitidas pelos tomadores de recursos, mas também moedas, ouro, *commodities* etc. As emissões de *securities* pelos tomadores (empresas produtivas, Estados soberanos, bancos internacionais ou de países em desenvolvimento) são realizadas através dos bancos de investimento que operam como *broker* (atuam como corretores de títulos e valores mobiliários, geralmente cobrando uma comissão).

Os riscos de prazos e de crédito tendem a ser bancados pelos investidores institucionais que compõem suas carteiras de ativos de forma a conseguirem carregar instrumentos de prazos mais longos através de depósitos de diferentes prazos. Os investidores institucionais figuram como emprestadores finais de recursos, enquanto os poupadores são os detentores das quotas. Assim sendo, os riscos de perda do principal acabam pulverizados na malha de cotistas (famílias, corporações etc.). Todos os agentes (bancos, corporações e investidores institucionais) passam a utilizar os derivativos financeiros, e outros instrumentos de transferência de risco, procurando dispersar ou assumir riscos de preços (oscilações nas taxas de juros, câmbio, inflação, índices de bolsas etc.). Vale dizer, procuram realizar proteção contra riscos ou tomar posição para realizar ganhos de capital. Procuram, ainda, adotar técnicas de gestão de recursos, como a alavancagem, utilizando derivativos e empréstimos para aumentar a rentabilidade esperada dos investimentos. As agências de classificação de risco passam a participar ativamente desse circuito. Sua função é montar parâmetros para a classificação de riscos dos diferentes agentes emissores de *securities* e de alguns tipos de derivativos. A remuneração oferecida para cada instrumento financeiro lançado nesses mercados é estabelecida a partir dessa classificação. Essas transformações ampliaram a sensibilidade das decisões dos possuidores de riqueza diante das mudanças nas expectativas de flutuações nos preços dos ativos, tornando seus preços muito mais voláteis. O funcionamento do sistema induz, também, a concentração, a centralização e a universalização das instituições bancárias.

Os contratos de derivativos financeiros desempenham um papel extremamente relevante em todo esse processo. De modo geral, a introdução dos derivativos possibilita um melhor gerenciamento microeconômico da posição credora e devedora das instituições financeiras e não financeiras, face às oscilações nas taxas de inflação, de juros e de câmbio, nos preços das matérias-primas e dos produtos finais. Os derivativos permitem transformar parte das incertezas financeiras em riscos, na medida em que o *hedge* constitui uma forma de seguro. Assim, propiciam um aumento da *previsibilidade* à medida que se opera o futuro no presente. Empregados como instrumentos de *hedge*, os derivativos financeiros permitem a redução dos riscos contidos nas posições de seus ativos subjacentes, exercendo uma influência estabilizadora nos respectivos mercados, melhorando a liquidez e propiciando um ajuste mais rápido dos preços às novas informações.

Os derivativos financeiros criados para permitir a redução e o gerenciamento dos riscos decorrentes da volatilidade dos ativos financeiros são também, e contraditoriamente, fonte de riscos mais intensos, tanto no plano microeconômico da gestão das instituições financeiras e não financeiras que os utilizam, como no plano macroeconômico. No que se refere aos aspectos microeconômicos, o elevado grau de alavancagem, que caracteriza a maioria desses instrumentos, faz com que sejam ideais para se tentar obter ganhos extraordinários (especulativos). São inúmeras as estratégias conduzidas pelas tesourarias dos bancos e dos administradores de portfólio para imunizar seus investimentos quanto ao risco e/ou, simultaneamente, para desenvolver ganhos de capital. O problema é que apenas uma transação primária (empréstimo, exportação, investimento etc.) induz uma cadeia de operações em que não se conhecem as posições (especulativas) assumidas por determinada contraparte, introduzindo um elevado risco sistêmico, em âmbito macroeconômico.

Em suma, os instrumentos derivativos apresentam aspectos contraditórios. Por um lado, aumentam a previsibilidade dos agentes econômicos, pois possibilitam um processo de transferência de risco de preço e cumprem um papel de estabilização e coordenação das expectativas viabilizando, mesmo frente a incertezas, decisões do ponto de vista microeconômico. Por outro lado, uma vez que embutem elevada alavancagem em seus mecanismos generalizam o "espírito especulativo" dos agentes, e como estão relacionados com amplas redes de transmissão, possuem um potencial para exacerbar a instabilidade dos mercados, do ponto de vista macroeconômico. A saber, há uma falácia de composição pela qual o menor risco dos investidores não é produtor de menor risco sistêmico, podendo até ampliá-lo e, na sequência, agravar o próprio risco microeconômico. Semelhante, aliás, ao que ocorre com a dinâmica da demanda efetiva em que a redução microeconômica do investimento não reduz a ociosidade das plantas produtivas podendo, como consequência do resultado macroeconômico declinante, agravar a situação particular das empresas.

Formou-se então, a partir dos EUA, um sistema financeiro aberto e integrado. No sistema de crédito característico do pós-guerra, o relevante era a manutenção dos fluxos de financiamento pelos bancos comerciais e pelo *Federal Reserve*; nos mercados de capitais contemporâneos, o relevante é a permanente avaliação dos estoques, pois o ajuste ocorre na variação dos preços dos ativos. A gestão dos estoques de ativos fica submetida a uma grande vulnerabilidade das taxas de juros às expectativas de inflação, a fim de manter um retorno real positivo. A taxa de inflação constitui uma ameaça permanente de desvalorização da massa de riqueza financeira. É essa dinâmica financeira característica dos mercados de capitais americanos, profundamente instáveis, que comanda a gestão da riqueza e do crédito americano, bem como de grande parte da riqueza mundial. Ela se impôs como paradigma ao resto do mundo, fornecendo a dinâmica da globalização financeira, ancorada nos títulos do Tesouro americano, na dimensão e sofisticação dos seus mercados de ativos privados (ações, títulos e moedas), nos portfólios diversificados dos investidores institucionais, nas operações cambiais estruturadas com instrumentos derivativos pelos bancos e na atuação das grandes empresas americanas que se transnacionalizaram, levando suas formas de produção e de gestão. O *corporate governance* de maximização das taxas de retornos dos acionistas implementado mediante um amplo sistema de avaliação, do qual participam diversos atores privados e públicos (Securities and Exchange Commission, por exemplo), vai se difundindo. A despeito de regulamentações diferenciadas nos diversos países, essa forma de gestão dos ativos se generalizou pelos diferentes sistemas financeiros e produtivos.

Dessa forma, os EUA se tornaram o epicentro da globalização e da dominância financeiras no capitalismo. Compreende-se, então, porque as decisões sobre as taxas de juros nos EUA afetam os mercados do mundo todo. A riqueza financeira mundial está extremamente concentrada em títulos denominados na moeda americana e as decisões do Federal Reserve e do Tesouro são cruciais para os atores privados em seus processos decisórios sobre rentabilidade, liquidez e risco.

O sistema financeiro americano é o *lócus* principal tanto do financiamento da demanda agregada, como do processo de valorização e desvalorização da riqueza em termos mundiais. É deste seu âmbito que parte decisiva da poupança financeira mundial é mobilizada, seja para financiar gastos em consumo e investimento seja para alimentar os diversos circuitos de ampliação e destruição da riqueza de papel, isto é, dos títulos representativos de direitos de propriedade.

Esse sistema financeiro que, como nenhum outro no mundo, impulsiona tanto a acumulação produtiva quanto a fictícia de capital produz, assim, uma dinâmica em que os EUA exercem, internacionalmente, de forma inusitada e combinada, o papel de principal determinante da demanda efetiva, o de devedor de ponta, o de emissor do dinheiro para todos os usos (e abusos) e o de prestamista de última instância.

Os mercados de crédito e de capitais e seu banco central – o Federal Reserve – viabilizam amplos graus de liberdade para que os EUA exerçam suas políticas macroeconômicas: cambial, fiscal e monetária. Isto é, desfrutam, sem ameaças profundas à performance macroeconômica, da possibilidade de deixar flutuar em intervalos elásticos o valor do dólar, de ir rapidamente do superávit ao déficit fiscal, da alta à queda expressiva da taxa real de juros, do baixo ao elevado endividamento. As forças centrípetas de seu sistema monetário-financeiro impedem que os investidores fujam, de maneira radical, do dólar, dos débitos e dos déficits de balanço de pagamentos.

O dólar e seu inseparável sistema financeiro americano, em instância última, continuam dominantes mundialmente, tanto pelos interesses nacionais dos EUA quanto pelos interesses privados dos gestores globalizados de riqueza, assim como pela anuência – em graus diferenciados de subordinação, de uma forma ou de outra – dos bancos centrais da grande maioria dos países do globo.

Essa supremacia das finanças americanas globalizadas está de tal forma definida que sua compreensão e as condições de sua possível superação só podem dar-se no movimento mais geral de determinação do poder político-econômico mundial, forjado por múltiplas determinações de caráter dinâmico, estrutural e histórico num nível analítico e, noutro nível, por fatores geopolíticos, geoeconômicos, militares; hipótese interpretativa geral deste livro.

Em suma, a supremacia das finanças americanas globalizadas está longe de ser unicamente uma questão de fluxos e estoques monetário-financeiros, ajustes globais de balanços de pagamentos etc. Trata-se de uma dinâmica sistêmica e não apenas de flutuações, pois estas dizem respeito tanto às expectativas quanto aos intermitentes momentos de apreciação e depreciação da taxa de câmbio, às mudanças nas taxas de juros e às perspectivas da taxa de lucro "desejada". E essa dinâmica sistêmica que se forja em torno das finanças dolarizadas é de "longa duração" e sobrevive às turbulências setoriais e transitórias. Isso limita o alcance, insiste-se, das hipóteses de fuga de capitais, corrida contra o dólar, desfinanciamento internacional da economia americana, ou até mesmo do já visualizável, segundo alguns, "declínio americano", entre outras suposições, cuja validade é precária quanto à temporalidade histórica.

Tais hipóteses, para ocorrerem e provocarem maiores consequências, dependem de uma "administração ruinosa" por parte do Federal Reserve e demais bancos centrais relevantes diante de movimentos de valorização/desvalorização de riqueza. Isso significaria desconhecer toda a história capitalista de flutuações e crises que tem infligido dilemas graves e recorrentes às autoridades monetárias de todo o mundo. Evidentemente, um quadro político-militar bastante adverso aos EUA, hipótese remota nas trajetórias historicamente perceptíveis em nosso tempo, produziria o hipotético declínio. Ainda, valeria construir uma hipótese de trajetória virtuosa pela qual ocorreria politicamente a configuração de novas fontes e forças nacionais de evolução produtivista, desenvolvimentista, que possibilitaria o controle público sobre as finanças e o deslocamento de parte do poder financeiro americano, impondo uma coordenação global. Essa última formulação tem, como pressuposto, a interpretação de que o capital financeiro, tal como existe, não evoluiria privadamente para a superação do padrão sistêmico de riqueza vigente.

Enfim, o capitalismo americano engendrou, desde a década de 1970 do século passado, o "moderno" capital financeiro que vai tornando-se "cânone" da organização capitalista e dá curso globalmente, e de modo exasperante, à combinação e tensão entre produtivismo e *financeirização*, enriquecimento e exclusão social, desenvolvimento e subdesenvolvimento.

REFERÊNCIAS BIBLIOGRÁFICAS

AGLIETTA, M. (2000). Shareholder value and corporate governance: a comment and some tricky questions. *Economy and Society*, vol. 29, n. 1, Londres: Routledge – Taylor & Francis Group, p. 146-159.

AGLIETTA, M. & ORLÉAN, A. (2002). *La monnaie entre violence et confiance*. Paris: Odile Jacob.

ARRIGHI, G. (1994). The long twentieth century. Rio de Janeiro: Contraponto e São Paulo: Unesp, 1996 [Tradução brasileira *O longo século XX:* dinheiro, poder e as origens de nosso tempo].

BAER, M.; CINTRA, M.A.M.; STRACHMAN, E. & TONETO Jr., R. (1995). Os desafios à reorganização de um padrão monetário internacional. Cebrap/Funag/SGPL/PNUD. *Revista Economia e Sociedade*, n. 4, junho, p. 79-126, Campinas.

BELLUZZO, L.M & CARNEIRO, R. (2003). Globalização e integração perversa. *Boletim Política Econômica em Foco* n. 1 (Introdução). Campinas: IE/Unicamp (Boletim Quadrimestral do Centro de Conjuntura e Política Econômica), maio/agosto, p. 1-11 [Disponível em http://www.eco.unicamp.br].

BELLUZZO, L.M. (1999). Finança global e ciclos de expansão. In: FIORI, J.L. (org.). *Estados e moedas no desenvolvimento das nações*. Petrópolis: Vozes, p. 87-117.

_____ (1997). Dinheiro e as transfigurações da riqueza. In: TAVARES, M.C. & FIORI, J.L. (orgs.). *Poder e dinheiro:* uma economia política da globalização. Petrópolis: Vozes, p. 151-193.

_____ (1995). O declínio de Bretton Woods e a emergência dos mercados "globalizados". *Revista Economia e Sociedade*, n. 4. Campinas: IE/Unicamp, p. 11-20.

BERGER, A.N.; KASHYAP, A.K. & SCALISE, J. (1995). The transformation of the U.S. banking industry: what a long, strange trip it's been. *Brookings Papers on Economic Activity*, n. 2. Washington, D.C.: Brookings Institution, p. 55-218.

BRAGA, J.C.S. (2000). *Temporalidade da riqueza*: teoria da dinâmica e financeirização do capitalismo. Campinas: Unicamp/Instituto de Economia.

_____ (1997). Financeirização global: o padrão sistêmico de riqueza do capitalismo contemporâneo. In: TAVARES, M.C. & FIORI, J.L. (orgs.). *Poder e dinheiro:* uma economia política da globalização. Petrópolis: Vozes, p. 195-242.

_____ (1992). A financeirização da riqueza (A macroestrutura financeira e a nova dinâmica dos capitalismos centrais). *Textos para Discussão*. São Paulo: IESP-Fundap, n. 5, novembro.

_____ (1990). A "financeirização" do capitalismo desenvolvido. *Folha de S. Paulo,* São Paulo, 22 de julho de 1990, p. A3.

CHESNAIS, F. (2004). Le capital de placement: accumulation, internationalisation, effets économiques et politiques. In: CHESNAIS, François (org.). *La finance mondialisée*: racines sociales et politiques, configuration, conséquences. Paris: La Découverte, p. 15-50.

_____ (1996). Introduction Générale. In: ID. La mondialisation financière: genèse, coût et enjeus. Paris: Syros. São Paulo: Xamã, 1998, p. 11-33 [Tradução brasileira *A mundialização financeira*: gênese, custos e riscos].

CINTRA, M.A.M. (1997). *As transformações na estrutura do sistema financeiro dos EUA*: a montagem de um novo regime monetário-financeiro (1980-1995). Campinas: IE/Unicamp [Tese de doutoramento].

CINTRA, M.A.M. & FARHI, M. (2003). Os limites da inserção internacional dos países emergentes no limiar do século XXI. *Ensaios FEE*. Vol. 24, n. 2. Porto Alegre: Fundação de Economia e Estatística Siegfried Emanuel Heuser, p. 351-402.

CINTRA, M.A.M. & FREITAS, M.C.P. (orgs.) (1998). *Transformações institucionais dos sistemas financeiros*: um estudo comparado. São Paulo: Fundap/Fapesp.

D' ARISTA, J. (2002). Restoring global growth and financial stability. *Capital Flows Monitor*, April 26. Philamont: Financial Markets Center [Disponível em http://www.fmcenter.org].

DAVIDSON, P. (2002). *Financial markets, money and the real world*. Northampton, MA: Edward Elgar Publishing, Inc.

DUMÉNIL, G. & LÉVY, D. (2004). Le néolibéralisme sous hégémonie états-unienne. In: CHESNAIS, F. (org.). *La finance mondialisée*: racines sociales et politiques, configuration, conséquences. Paris: La Découverte, p. 71-98.

FARHI, M. (2002). *Novos instrumentos e práticas na finança internacional*. Campinas: Instituto de Economia e São Paulo: Fapesp [Relatório de Pesquisa de Pós-doutoramento].

FARHI, M. & CINTRA, M.A.M. (2002). Informação dos investidores: classificação de riscos, contabilidade e conflitos de interesses. *Ensaio FEE*, vol. 23, n. 2. Porto Alegre: Fundação de Economia e Estatística Siegfried Emanuel Heuser, p. 761-786.

FARHI, M. (1997). *O futuro no presente: um estudo dos mercados de derivativos financeiros*. Campinas: IE/Unicamp [Tese de doutoramento].

FERREIRA, C.K. & FREITAS, M.C.P. (1990). *Mercado internacional de crédito e inovações financeiras*. São Paulo: Fundap/Iesp [Estudos de Economia do Setor Público, n. 1].

FOLKERTS-LANDAU, D. & ITO, T. et al. (1995). *International capital markets. Developments, prospects, and policy issues*. Washington: IMF [World Economic and Financial Surveys].

GENTRY, W.M. & HUBBARD, R.G. (1998). Fundamental tax reform and corporate financial policy. *NBER Working Paper Series*, n. 6.433. Cambridge:

National Bureau of Economic Research [Disponível em www.nber.org paper w6433].

GROUP of Ten (2001). *Task force on the impact of financial consolidation on monetary policy*. Basle: Bank for International Settlements (Report on consolidation in the financial sector) [Disponível em http://www.bis.org].

GUTTMANN, R. (1994). *How credit-money shapes the economy*. The United States in a global system. Armonk, N.Y.: M.E. Sharpe.

HELLEINER, E. (1994). *States and the emergence of global finance*. Ithaca: Cornell University Press.

HOBSON, J.H. (1894). The evolution of modern capitalism: a study of machine production. São Paulo: Nova Cultural, 1985 (Os economistas). [Tradução brasileira *A evolução do capitalismo moderno*: um estudo da produção mecanizada].

IMF (2004). *Global financial stability report*: market developments and issues. Washington, D.C.: International Monetary Fund, setembro (World Economic and Financial Surveys) [Disponível em http://www.imf.org].

IMF (2002). *Global financial stability report*: market developments and issues. Washington, D.C.: International Monetary Fund, setembro (World Economic and Financial Surveys) [Disponível em http://www.imf.org].

KINDLEBERGER, C.P. (1987). *International capital movements*: based on the Marshall Lectures given at the University of Cambridge 1985. Cambridge: Cambridge University Press.

McCAULEY, R.N.; RUUD, J.S. & WOOLDRIDGE, P.D. (2002). Globalising international banking. *BIS Quarterly Review*, March. Basle: Bank for International Settlements, p. 41-51.

MENDONÇA, A.R.R. (1994). *Inovações financeiras e o papel da autoridade monetária* – Um estudo a partir da economia americana. Campinas: IE/Unicamp [Dissertação de mestrado].

METRI, M.M. (2003). *Hierarquia e competição entre Estados nacionais no atual sistema monetário internacional*. Rio de Janeiro: IE/UFRJ [Dissertação de mestrado].

MINSKY, H.P. (1992). Reconstituting the United States' financial structure: some fundamental issues. *Working Paper*, n. 69. Nova York: The Jerome Levy Economics Institute.

MINSKY, H.P. (1986). *Stabilizing an unstable economy*. New Haven: Yale University Press.

OECD (2000). Financial modernisation. *OECD Economic Surveys 1999-2000 – United States*. Paris.

OECD (1996). U.S. corporate governance: the market as monitor. *OECD Economic Surveys 1995-1996* – United States. Paris.

PRATES, D.M. (2002). *Crises financeiras nos países "emergentes"*: uma interpretação heterodoxa. Campinas: Instituto de Economia, Universidade de Campinas, dezembro [Tese de doutoramento em Economia].

RHOADES, S.A. (2000). Bank mergers and banking structure in the United States, 1980-1998. *Staff Study*, No. 174. Washington, D.C.: Board of Governors of the Federal Reserve System, agosto [Disponível em http://www.federalreserve.gov].

SAUVIAT, C. (2004). Les fonds de pension et les fonds mutuels: acteurs majeurs de la finance mondialisée et du nouveau pouvoir actionnarial. In: CHESNAIS, F. (org.). *La finance mondialisée*: racines sociales et politiques, configuration, conséquences. Paris: La Découverte, p. 99-124.

SCANDIUCCI FILHO, J.G. (2000). *Hegemonia, estados e mercado nos arranjos de Bretton Woods*. Campinas: Instituto de Economia/Unicamp [Tese de doutoramento].

SCHUMPETER, J.A. (1942). Capitalism, socialism and democracy. George Allen & Unwin Publishers Ltd. Rio de Janeiro: Zahar Editores, 1984 [Tradução brasileira *Capitalismo, socialismo e democracia*].

SERRANO, F. (2002). Do ouro imóvel ao dólar flexível. *Revista Economia e Sociedade*, vol. 11, n. 2 (19). Campinas: Instituto de Economia da Unicamp, p. 237-253.

SOLOMON, R. (1977). *The international monetary system*: 1945-1976. Nova York: Harper and Row.

STIGLITZ, J.E. (2003). *The roaring nineties*: a new history of the world's most prosperous decade. São Paulo: Companhia das Letras, 2003 [Tradução brasileira. *Os exuberantes anos 90:* uma nova interpretação da década mais próspera da história].

TAVARES, M.C. & MELIN, L.E. (1997). Pós-escrito 1997: a reafirmação da hegemonia norte-americana. In: TAVARES, M.C. & FIORI, J.L. (orgs.). *Poder e dinheiro*. Uma economia política da globalização. Petrópolis: Vozes, p. 55-86.

TEIXEIRA, A. (2000). O império contra-ataca: notas sobre os fundamentos da atual dominação norte-americana. *Revista Economia e Sociedade*, no. 15. Campinas: IE/Unicamp, p. 1-13.

_____ (1999). EUA: a "curta macha" para a hegemonia. In: FIORI, J.L. (org.). *Estados e moedas no desenvolvimento das nações*. Petrópolis: Vozes, p. 155-190.

WALTER, A. (1991). *World power and world money*. Londres: Harverster Wheetsheaf.

ANEXO

Quadro 1 – Mudanças Institucionais no Sistema Financeiro Americano (1980-1999)

1. Bancos

1980 – Depository Institutions Deregulation and Monetary Control Act (DIDMCA) de 1980 eliminou os tetos sobre as taxas de juros nas instituições depositárias, expandiu o poder das instituições de poupança (*thrift institutions*) e aumentou o limite do seguro de depósito de US$ 40 mil para US$ 100 mil.

1982 – Garn-St. Germain Depositary Institutions Act de 1982 autorizou as contas de depósitos remuneradas (*money market deposity accounts*) e flexibilizou as restrições sobre empréstimos das instituições de poupança.

1987 – Competitive Equality Banking Act (CEBA) de 1987 recapitalizou o fundo de seguro das instituições de poupança (*thrifts*) e outras providências para a proteção das instituições depositárias.

1987-1996 – Em 1987, o Federal Reserve Board permitiu às *bank holding companies* exercer limitadas funções (*underwriting and dealing*) com quatro tipos de dívida (*commercial papers, municipal revenue bonds, conventional residential mortgage-related securities, securitized consumer loan*), flexibilizando a chamada "Seção 20" (Section 20, Glass-Steagall Act). As receitas geradas por essas atividades não poderiam ultrapassar 5% do rendimento total da organização. As *bank holding companies* foram abarcando gradativamente outros tipos de dívidas e ações. A receita proveniente dessas atividades subiu para 10% em 1989 e 25% em 1996.

1989 – Financial Institutions Reform, Recovery, and Enforcement Act (FIRREA) de 1989 autorizou o uso de fundos públicos para solucionar a crise das instituições de poupança. A lei também eliminou a estrutura regulatória das instituições de poupança, transferindo para o Federal Depositary Institution Commission (FDIC) o controle sobre os fundos de seguro das instituições de poupança, e estabeleceu níveis de reserva para os fundos de seguro.

1991 – Federal Deposity Insurance Corporation Improvement Act (FDICIA) de 1991 procurou monitorar e resolver a crise das instituições de poupança.

Anos 90 – A grande maioria dos Estados foi eliminando as restrições sobre a atuação das filiais bancárias interestaduais. As legislações estaduais também passaram a permitir o aumento de bancos interestaduais, mediante acordos de reciprocidade. Assim, as *bank holding companies* ampliaram as opções para possíveis estratégias de expansão, mediante operações de aquisição.

1994 – Riegle-Neal Interstate Banking and Branching Efficiency Act de 1994 permitiu a expansão das filiais e dos bancos interestaduais.

1999 – The Gramm-Leach-Bliley Financial Modernization Act de 1999 expandiu substancialmente a amplitude das *bank holding companies*, permitindo companhias de seguro e bancos de investimento (*securities firms*) dentro da estrutura da *holding*.

2. Securities

1975 – A *Securities and Exchange Commission* (SEC) aboliu a taxa fixa de comissão de corretagem por ações negociadas. Os corretores passaram a estabelecer (e negociar) livremente a taxa de corretagem com os clientes.

1982 – Foi introduzida a Regra 415 *no Securities and Exchange Act* (1933) para capacitar as empresas para uso do "registro de prateleira" *(shelf registration)*, que permite que certas empresas registrem uma certa quantidade predeterminada de ações e títulos para venda na SEC, em um tempo indeterminado no futuro.

1978-1996 – Ampliaram-se as possibilidades de negociação de títulos de dívida e ações das *bank holding companies* (Section 20).

1990 – A Regra 144A do *Securities and Exchange Act* (1933) foi adaptada pela SEC para liberalizar e aumentar a liquidez dos mercados de dívida privados (*private placement markets*).

1999 – The Gramm-Leach-Bliley Financial Modernization Act de 1999.

3. Seguros

1999 – The Gramm-Leach-Bliley Financial Modernization Act de 1999.

Fonte: FDIC Banking Review, V. II, N. 1, 1998; OECD (2000), Cintra (1997).

Quadro 2 – Principais Restrições à Composição do Portfólio das Instituições Financeiras Americanas

Instituição	Restrições	Fonte
Bancos	1. Proibida a posse de ações. 2. No máximo 15% de seu capital podem ser alocado em um cliente específico.	*Glass-Steagall Act (1933)*
Bank Holding Companies (a)	No máximo 5% das ações com direito a voto de qualquer instituição não bancária.	*Bank Holding Company Act (1956)*
Bank Trust Funds (b)	No máximo 10% dos seus ativos podem ser alocado em qualquer empresa.	*Bankruptcy Law (1984)*
Seguro de Vida	1. No máximo 2% dos seus ativos podem ser concentrados numa empresa. 2. No máximo 20% dos ativos totais podem ser em ações. 3. Permite a alocação de até 10% dos ativos totais em *securities* estrangeiras.	*New York Insurance Law*
Outros Cias. de Seguro	Só podem controlar empresas relacionadas ao sistema de seguro.	
Fundos Mútuos (abertos)	1. No máximo 5% dos ativos do fundo podem se concentrar nas ações de qualquer empresa e o fundo não pode deter mais de 10% das ações de uma empresa. Limites sujeitos a penalidades. 2. Deve conseguir aprovação prévia da SEC para ação conjunta entre fundos, em que deteriam mais de 5% das ações de uma empresa. 3. Não podem manter mais de 15% dos seus ativos em instrumentos ilíquidos. 4. Não há restrições sobre investimentos em ativos estrangeiros.	*Investment Company Act (1940) e Hart-Scott-Rodino Act (1976)*

Fundos de Pensão Privados	1. Não podem investir mais do que 10% dos seus ativos na(s) empresa(s) patrocinadora(s). 2. Sujeitos a uma norma de prudência (*prudent man rule*), que estimula a diversificação e a liquidez. 3. Os diretores dos fundos estão sujeitos a uma norma de desempenho (*low-level business judgement rule*). 4. Não há restrições à manutenção de ações, bônus, moedas e ativos estrangeiros.	ERISA (1974)
Fundos de Pensão Públicos	Os investimentos são bastante regulamentados, sendo alguns tipos proibidos. Em alguns estados, devem obrigatoriamente efetuar investimentos em projetos habitacionais e de desenvolvimento econômico. Atualmente, muitos fundos públicos estão adotando a norma de prudência federal (*federal prudent-expert rule*), que se aplica ao fundos privados, para definir seus investimentos.	São regulados por legislações estaduais, municipais e distritais.

Fonte: OECD (1996: 121) e Folkerts-Landau & Ito *et alii* (1995: 170).

Notas: (a) Sociedade que controla dois ou mais bancos ou outras *holdings* de bancos; (b) Instituição encarregada da administração e realização de espólios ou administração e curadoria de bens de terceiros.

Tabela 1 – Indicadores Selecionados do Tamanho do Mercado de Capitais Global, 2003

	PIB	Reservas (a)	Capitalização do mercado acionário	Dívidas Securitizadas (b)			Ativos Bancos Comerciais	Total (c)	Total em %	Total em % do PIB
				Pública	Privada	Total				
Mundo	36.163,4	3.142,3	31.202,3	20.242,4	31.722,7	51.965,1	40.627,8	123.795,2	100,0	342,3
União Europeia	10.513,1	285,3	7.754,0	6.276,7	10.436,8	16.713,5	18.148,7	42.616,2	34,4	405,4
Reino Unido	1.798,6	41,9	2.460,1	513,7	1.890,4	2.404,1	4.000,5	8.864,7	7,2	492,9
Área do Euro	8.202,0	186,6	4.882,8	5.480,0	7.966,2	13.446,2	13.136,1	31.762,5	25,7	387,3
Alemanha	2.408,6	50,7	1.079,0	1.165,0	2.881,4	4.046,4	2.890,1	8.015,5	6,5	332,8
França	1.754,3	30,2	1.237,6	1.045,8	1.538,9	2.584,7	3.495,9	7.318,2	5,9	417,2
Estados Unidos	10.985,5	74,9	14.266,0	5.025,0	15.987,7	21.012,7	5.700,0	40.978,7	33,1	373,0
Japão	4.301,8	663,3	4.904,6	6.154,0	2.260,8	8.414,8	6.218,7	19.538,1	15,8	454,2
Mercados Emergentes	8.356,5	1.937,7	3.947,3	1.889,3	1.223,7	3.113,0	6.532,4	13.592,8	11,0	162,7
Ásia	3.871,2	1.248,2	2.942,8	795,4	930,1	1.725,5	4.347,0	9.015,3	7,3	232,9
América Latina	1.728,4	195,7	608,1	634,6	212,3	846,9	776,4	2.231,3	1,8	129,1

US$ bilhões

Fonte: IMF, *Global Financial Stability Report*, September 2004, Washington, D.C., p. 187.

Notas: (a) Exclui reservas em ouro; (b) Inclui bônus emitidos por governos, instituições financeiras e corporações no mercado financeiro internacional; (c) Soma da capitalização do mercado acionário, dívidas securitizadas e ativos dos bancos comerciais.

Finanças Dolarizadas e Capital Financeiro: exasperação sob comando americano

Tabela 2 – Ativos do Sistema Financeiro Americano (1950-2004, anos selecionados)

Em percentagem

	1950	1960	1970	1980	1990	1999	2000	2002	2004 I Tri
Instituições de Depósito	**62,3**	**54,7**	**49,9**	**49,3**	**34,5**	**21,5**	**22,0**	**24,1**	**23,2**
Bancos Comerciais	49,1	36,0	32,8	31,2	23,6	17,0	17,5	19,2	18,2
Instituições de Poupança	12,9	17,6	16,0	16,7	9,4	3,3	3,3	3,5	3,5
Uniões de Crédito	0,3	1,0	1,1	1,4	1,5	1,2	1,2	1,5	1,4
Cias. de Seguro	**24,4**	**22,4**	**15,9**	**13,6**	**13,3**	**11,2**	**10,8**	**11,0**	**11,1**
Vida	20,5	18,2	12,7	9,8	9,6	8,7	8,5	8,6	8,7
Outras	3,9	4,2	3,2	3,8	3,8	2,5	2,3	2,4	2,4
Fundos de Pensão	**6,0**	**11,8**	**13,4**	**16,6**	**19,6**	**21,5**	**20,3**	**16,5**	**17,0**
Privados	2,3	6,4	7,8	10,8	11,5	12,9	12,0	9,1	9,6
Públicos (a)	3,6	5,3	5,6	5,8	8,1	8,6	8,4	7,4	7,4
Fundos de Investimentos	**1,7**	**3,7**	**3,4**	**3,1**	**8,2**	**18,0**	**17,5**	**15,9**	**16,4**
Mercado Monetário	0,0	0,0	0,0	1,6	3,5	4,5	4,9	5,8	4,5
Fundos Mútuos	1,1	2,7	3,0	1,3	4,3	12,9	12,0	9,4	11,1
Fundos Mútuos Fechados	0,7	1,0	0,4	0,2	0,4	0,5	0,6	0,7	0,9
Agências Federais	**1,1**	**1,9**	**3,3**	**6,5**	**10,6**	**11,4**	**12,1**	**14,8**	**14,3**
GSE (b)	1,1	1,8	3,0	4,1	3,4	4,9	5,3	6,6	6,4
Federally R. Mortgage Pools (c)	0,0	0,0	0,3	2,4	7,2	6,5	6,7	8,2	7,9
Finance + Mortgage companies	**3,2**	**4,6**	**4,5**	**4,5**	**4,2**	**2,9**	**3,2**	**3,2**	**3,2**
Cias. Financeiras	3,0	4,3	4,0	4,1	3,9	2,9	3,1	3,1	3,2
Mortgage Companies	0,2	0,3	0,4	0,3	0,3	0,1	0,1	0,1	0,1
Security Brokers and Dealers	**1,3**	**1,1**	**1,0**	**1,0**	**1,9**	**2,9**	**3,3**	**3,5**	**3,9**
Outros	**0,0**	**0,0**	**8,7**	**5,6**	**7,7**	**10,6**	**10,8**	**11,0**	**10,8**
Bank Personal Trust and Estates	0,0	0,0	8,3	5,2	3,7	3,1	2,9	2,1	2,1
Asset - Backed Securities	0,0	0,0	0,0	0,0	2,0	4,4	4,7	5,7	5,5
REITs	0,0	0,0	0,2	0,1	0,2	0,2	0,2	0,2	0,3
Funding Corporations	0,0	0,0	0,1	0,3	1,8	2,8	3,0	3,0	2,9
TOTAL	**100,0**	**100,0**	**100,0**	**100,0**	**100,0**	**100,0**	**100,0**	**100,0**	**100,0**

Fonte: Federal Reserve Bank, *Flow of Funds of the United States*, vários números.
Notas: (a) Inclui federais, estaduais e municipais; (b) Inclui Federal Home Loan Banks, Federal National Mortgage Association, Federal Home Loan Mortgage Corporation, Farm Credit System, Financing Corporation, Resolution Funding Corporation, Student Loan Marketing Association (Sallie Mae); (b) GNMA, FNMA, FHLMC, Farmers Home Administration Pools.

Tabela 3 – Ativos dos Investidores Institucionais dos EUA (1980-2004, anos selecionados)

US$ bilhões/Estoque, em fim de período

Ativos	1980	1985	1990	1995	1999	2000	2002	2004 I Trim.
Companhias de Seguro	646,3	1.094,7	1.884,9	2.803,9	3.940,6	3.997,7	4.253,8	4.917,3
Seguro de Vida	464,2	796,1	1.351,4	2.063,6	3.067,9	3.135,7	3.335,0	3.848,8
Outras	182,1	298,6	533,5	740,3	872,7	862,0	918,8	1.068,5
Companhias de Investimento	146,1	496,6	1.154,6	2.728,4	6.303,3	6.454,9	6.115,1	7.238,5
Abertas (a)	138,2	488,3	1.101,7	2.594,1	6.117,3	6.247,4	5.862,3	6.862,3
Fechadas	7,9	8,3	52,9	134,3	186,0	207,5	252,8	376,2
Fundos de Pensão	709,6	1.625,0	2.435,1	4.226,7	7.574,2	7.511,1	6.373,8	7.514,7
Privados (b)	513,0	1.226,3	1.626,7	2.923,4	4.571,2	4.422,3	3.513,4	4.259,2
Públicos (c)	273,8	570,8	1.141,0	1.844,7	3.003,0	3.088,8	2.860,4	3.255,5
Outras Formas de Poupança Institucional	444,9	707,1	1.097,6	1.480,5	2.175,5	2.267,8	2.056,4	2.219,9
Bank Personal Trusts	244,8	358,3	522,1	774,9	1.104,1	1.067,8	807,9	921,5
Companhias Financeiras	196,9	338,4	547,0	672,3	1.003,0	1.140,1	1.192,6	1.401,4
Cias. Investimento Imobiliário (REITs)	3,2	10,4	28,5	33,3	68,4	62,1	92,8	133,1
TOTAL	**1.946,9**	**3.923,4**	**6.572,2**	**11.239,5**	**19.993,6**	**20.231,5**	**18.799,1**	**21.890,4**
Memorandum								
Ativos Totais do Sistema Financeiro	4.675,1	8.927,70	13.779,8	21.791,0	35.127,1	36.926,7	38.564,6	44.160,8
Ativos Totais/Investidores Institucionais	41,6	43,9	47,7	51,6	54,1	52,5	48,7	49,6
PIB nominal	2.795,6	4.213,0	5.803,2	7.400,5	9.268,5	9.817,0	10.480,9	11.459,6
Ativos Totais Investidores Institucionais/PIB	**69,6**	**93,1**	**113,3**	**151,9**	**215,7**	**206,1**	**179,4**	**191,0**

Fonte: Federal Reserve, *Flows of Fund Account of the United States*.

Notas: (a) Inclui fundos mútuos do mercado monetário; (b) Inclui planos de benefício definido e contribuição definida (401K Plans);
(d) Inclui federais, estaduais e municipais.

Finanças Dolarizadas e Capital Financeiro: exasperação sob comando americano

Tabela 4 – Balanço das Corporações Americanas (US$ bilhões, 1980-2004 anos selecionados)

	1980	1985	1990	1995	1999	2000	2002	2004 I Trim.
ATIVO	5.159,9	7.475,6	9.754,5	11.735,6	16.520,9	18.870,1	19.258,9	20.565,3
Tangíveis	3.716,8	5.011,0	6.179,1	6.777,1	8.427,1	9.097,6	9.325,9	9.879,5
Imóveis	2.057,0	2.829,4	3.385,4	3.317,7	4.238,8	4.671,2	4.770,5	5.118,2
Financeiros	1.443,0	2.464,6	3.575,5	4.958,5	8.093,8	9.772,5	9.933,1	10.685,8
PASSIVO	2.011,2	3.308,2	4.729,4	6.009,5	8.407,3	9.611,4	9.944,9	10.292,1
Instrumento de dívida	909,1	1.615,5	2.533,3	2.909,1	4.181,6	4.538,8	4.807,6	5.030,8
Commercial Papers	28,0	72,2	116,9	157,4	230,3	278,4	126,0	95,5
Bônus	365,6	578,2	1.008,2	1.344,1	2.067,7	2.230,3	2.711,0	2.899,3
Empréstimos	230,3	424,1	545,5	601,8	813,0	861,0	661,9	607,0
P. LÍQUIDO	3.148,7	4.167,4	5.025,1	5.726,0	8.113,6	9.258,8	9.408,6	10.273,2
MEMO								
Valor do Estoque de Ações	1.346,3	1.916,9	2.967,1	6.414,1	15.155,6	12.678,8	7.906,9	10.206,6
Tangíveis/Ativo	72,0	67,0	63,3	57,7	51,0	48,2	48,4	48,0
Financeiro/Ativo	28,0	33,0	36,7	42,3	49,0	51,8	51,6	52,0
Valor Estoque de Ações/PL	42,8	46,0	59,0	112,0	186,8	136,9	84,0	99,4
Dívidas/PL	28,9	38,8	50,4	50,8	51,5	49,0	51,1	49,0
Dívidas/Valor Estoque Ações	67,5	84,3	85,4	45,4	27,6	35,8	60,8	49,3

Fonte: Federal Reserve System, *Flows of Fund Accounts of the United States*

Tabela 5 – Valor de Mercado dos Ativos Americanos Detidos por Investidores Estrangeiros, por tipo de instrumento

(US$ bilhões; valor dos estoques, em fim de período, sem ajuste sazonal)

	1970	1975	1980	1985	1990	1995	1999	2000	2002	2004 I Trim
Ações										
Estoque Total	841,4	845,7	1.494,9	2.270,4	3.542,6	8.474,8	19.522,8	17.627,0	11.870,9	15.782,9
Estoque Detido por Estrangeiros	27,2	33,4	74,7	136,8	243,8	549,5	1.611,5	1.625,6	1.222,7	1.655,4
Participação dos Estrangeiros	3,2	3,9	5,0	6,0	6,9	6,5	8,3	9,2	10,3	10,5
Dívida corporativa										
Estoque Total	204,3	336,4	507,6	883,1	1.720,2	2.902,0	4.553,0	4.924,0	5.942,3	6.629,5
Estoque Detido por Estrangeiros	2,7	4,6	36,9	126,4	217,2	361,5	752,1	920,6	1.291,9	1.611,2
Participação dos Estrangeiros	1,3	1,4	7,3	14,3	12,6	12,5	16,5	18,7	21,7	24,3
Títulos do Tesouro em mercado (1)										
Estoque Total	289,9	434,9	730,0	1.586,6	2.465,8	3.608,5	3.652,7	3.357,8	3.609,8	4.143,8
Estoque Detido por Estrangeiros	3,0	68,0	127,4	226,4	438,4	820,2	1.080,4	1.026,1	1.214,2	1.652,7
Participação dos Estrangeiros	1,0	15,6	17,5	14,3	17,8	22,7	29,6	30,6	33,6	39,9
Títulos de Agências do Governo Federal										
Estoque Total	51,4	115,2	278,3	628,9	1.445,9	2.405,0	3.912,2	4.344,8	5.525,4	6.116,4
Estoque Detido por Estrangeiros	19,8	2,5	8,3	14,9	50,0	146,2	300,2	445,2	669,4	708,8
Participação dos Estrangeiros	38,5	2,2	3,0	2,4	3,5	6,1	7,7	10,2	12,1	11,6
Total										
Estoque Total	1.387,0	1.732,2	3.010,8	5.369,0	9.174,5	17.390,3	31.640,7	30.253,6	26.948,4	32.672,6
Estoque Detido por Estrangeiros	52,7	108,5	247,3	504,5	949,4	1.877,4	3.744,2	4.017,5	4.398,2	5.628,1
Participação dos Estrangeiros	3,8	6,3	8,2	9,4	10,3	10,8	11,8	13,3	16,3	17,2

Fonte: Federal Reserve, *Flows of Fund*, Table L.4 e L.107, June 2004.

Tabela 6 – Maiores Detentores Estrangeiros de Títulos do Tesouro Americano (a)

US$ bilhões/Dados em fim de período

País	1994	1995	1996	1997	1998	1999	2000	2001	2003	2004 (b)
Japão	152,6	196,9	263,3	277,6	276,7	320	317,7	319,6	551,9	668,1
China	21,1	35,5	47,2	47,9	46,4	51,8	60,3	78,6	158	164,1
Reino Unido	55,4	88	155	251,3	264,7	242,7	50,2	45,1	77,6	113,2
C.B. do Caribe (c)	-	-	-	-	-	58,1	43,8	46,1	54,8	72,2
Hong Kong	11,5	16,5	22,6	35	44,1	46,7	38,6	47,7	49,6	52,7
Países da OPEP	25,1	27,4	43,5	52,4	38,9	41,3	47,7	46,8	44,8	48,4
Coreia do Sul	5,6	7,2	9,9	5,2	18	26,1	29,6	32,8	63,2	58,7
Alemanha	57,1	56,4	75,2	93,9	95,1	96,8	49	47,8	45	49,7
Formosa	29,3	27,4	35,5	33,2	31,3	29,3	33,4	35,3	51,4	57,3
México	9,1	17,6	21,1	19,2	21	17,9	15,3	19,3	32,5	41,7
Suíça	34,9	39,4	33,7	28	33,7	26,3	16,4	18,7	46,3	49,3
Singapura	22,2	30	39,6	35,2	43,1	30,7	27,9	20	21,2	26,4
França	14,9	14,5	14,9	13,3	30	31	25,1	20,6	17,3	11
Tailândia	12,2	17	19	12	10,5	10,7	13,8	15,7	11,7	10,9
Espanha	25,6	17,1	44,1	51,7	41,2	22,2	19	15,6	11,9	10,4
Canadá	11	11,5	11,3	11,5	12,4	18,6	14,2	12,9	23,9	33
Outros	139,2	175,1	198,6	201,4	214,7	118,8	122,9	144,8	114,8	118,1
Total	**640,7**	**814,2**	**1.087,5**	**1.230,5**	**1.273,8**	**1.244,9**	**1.015,2**	**1.042,0**	**1.535,1**	**1.754,7**

Fonte: U.S. Department of the Treasury (http://www.ustreas.gov).
Notas: (a) Inclui títulos negociáveis e não negociáveis de curto e de longo prazo em fim de período.
A partir de março de 2000, o Tesouro passou a publicar uma nova série, não passível de comparação direta;
(b) Posição em maio; (c) Inclui Bahamas, Bermudas, Ilhas Caiman, Antilhas Holandesas e Panamá.

Tabela 7 – Fluxo Global de Entrada de Capitais (US$ bilhões)

	1991	1992	1993	1994	1995	1996	1997	1998	1999	2000	2001	2002	2003
Estados Unidos													
Investimento Direto	23,2	19,8	51,4	46,1	57,8	86,5	105,6	179,0	289,4	321,3	167,0	72,4	39,9
Portfólio	57,5	72,0	111,0	139,4	210,4	332,8	333,1	187,6	285,6	436,6	428,3	427,9	544,5
Outros (1)	30,1	78,9	119,7	120,5	170,4	131,8	268,1	57,0	165,2	289,0	187,5	268,0	244,8
Fluxo Total de Capital	110,8	170,7	282,1	306,0	438,6	551,1	706,8	423,6	740,2	1.046,9	782,9	768,2	829,2
Canadá													
Investimento Direto	2,9	4,8	4,7	8,2	9,3	9,6	11,5	22,7	24,8	66,1	27,5	20,9	6,3
Portfólio	27,5	20,5	41,4	17,2	18,4	13,7	11,7	16,6	2,7	10,3	24,6	13,4	13,2
Outros (1)	-0,3	-2,2	-6,7	16,0	-3,9	15,7	28,0	5,4	-10,8	0,8	7,5	5,0	10,9
Fluxo Total de Capital	30,2	23,1	39,4	41,4	23,9	39,1	51,2	44,8	16,6	77,2	59,7	39,3	30,3
Japão													
Investimento Direto	1,3	2,8	0,1	0,9	0,0	0,2	3,2	3,3	12,3	8,2	6,2	9,1	6,2
Portfólio	127,3	9,6	-6,1	64,5	59,8	66,8	79,2	56,1	126,9	47,4	60,5	-20,0	81,2
Outros (1)	-108,2	-105,2	-32,7	-5,6	97,3	31,1	68,0	-93,3	-265,1	-10,2	-17,6	26,6	34,1
Fluxo Total de Capital	20,4	-92,9	-38,7	59,8	157,1	98,1	150,4	-34,0	-125,9	45,4	49,1	15,7	121,5
Reino Unido													
Investimento Direto	16,5	16,6	16,5	10,7	21,7	27,4	37,4	74,7	89,5	122,2	53,8	29,2	15,5
Portfólio	18,2	16,2	43,6	47,0	58,8	68,0	43,5	35,2	185,5	255,6	69,6	76,6	149,3
Outros (1)	18,5	96,4	191,4	-10,8	106,2	254,4	328,5	103,9	83,6	423,2	333,2	91,1	410,4
Fluxo Total de Capital	53,2	129,1	251,6	46,9	186,7	349,7	409,2	213,7	357,1	801,0	456,6	196,9	575,3
Área Euro (2)													
Investimento Direto	...	...	...	...	...	...	...	...	209,7	404,8	182,5	138,2	117,9
Portfólio	...	...	...	...	...	...	...	...	282,9	270,7	311,3	273,7	342,7
Outros (1)	...	...	...	...	...	...	...	...	208,3	337,2	241,1	62,6	185,3
Fluxo Total de Capital	...	...	...	...	...	...	...	...	700,8	1.012,7	734,8	474,6	645,9
Mercados Emergentes													
Investimento Direto	39,4	48,6	70,0	95,7	124,0	145,0	182,3	179,4	207,5	213,5	224,0	166,5	175,7
Portfólio	26,6	52,1	94,7	93,5	37,5	113,4	86,2	35,0	113,3	74,7	-8,1	-22,0	62
Outros (1)	35,2	70,5	40,2	18,8	137,7	86,7	168,4	-108,5	-64,4	-11,6	-43,6	25,5	95
Fluxo Total de Capital	101,2	171,3	204,9	208,0	299,1	345,1	437,0	105,9	256,3	276,6	172,3	170,0	332,8

Fonte: IMF (2002: p. 22 e 2004: p. 184-185).
Nota: (1) Inclui empréstimos bancários e depósitos;

Tabela 8 – Fluxo Global de Saída de Capitais (US$ bilhões)

	1991	1992	1993	1994	1995	1996	1997	1998	1999	2000	2001	2002	2003
Estados Unidos													
Investimento Direto	-37,9	-48,3	-84,0	-80,2	-98,8	-91,9	-104,8	-142,6	-224,9	-159,2	-142,4	-134,8	-173,8
Portfólio	-45,7	-49,2	-146,2	-63,2	-122,4	-149,8	-116,9	-124,2	-116,2	-121,9	-84,6	15,9	-72,3
Outros (1)	13,4	19,1	31,0	-40,9	-121,4	-178,9	-262,8	-74,2	-171,2	-288,4	-134,9	-75,4	-38,8
Ativos de Reserva	5,8	3,9	-1,4	5,3	-9,7	6,7	-1,0	-6,7	8,7	-0,3	-4,9	-3,7	1,5
Fluxo Total de Capital	-64,4	-74,4	-200,5	-178,9	-352,4	-413,4	-485,5	-347,8	-503,7	-569,8	-366,8	-198,0	-283,4
Canadá													
Investimento Direto	-5,8	-3,5	-5,7	-9,3	-11,5	-13,1	-23,1	-34,1	-17,3	-44,5	-36,2	-26,5	-22,2
Portfólio	-10,2	-9,8	-13,8	-6,6	-5,3	-14,2	-8,6	-15,1	-15,6	-43,0	-24,4	-15,9	-9,1
Outros (1)	0,9	-3,5	-0,4	-20,4	-8,3	-21,1	-16,2	9,4	10,2	-4,2	-10,5	-8,5	-20,6
Ativos de Reserva	1,8	4,8	-0,9	0,4	-2,7	-5,5	2,4	-5,0	-5,9	-3,7	-2,2	0,2	3,3
Fluxo Total de Capital	-13,2	-12,1	-20,8	-35,9	-27,9	-53,9	-45,4	-44,8	-28,5	-95,4	-73,3	-50,7	-48,7
Japão													
Investimento Direto	-31,6	-17,4	-13,8	-18,1	-22,5	-23,4	-26,1	-24,6	-22,3	-31,5	-38,5	-32,0	-28,8
Portfólio	-81,6	-34,0	-63,7	-92,0	-86,0	-100,6	-47,1	-95,2	-154,4	-83,4	-106,8	-85,9	-176,3
Outros (1)	26,5	46,6	15,1	-35,1	-102,2	5,2	-192,0	37,9	266,3	-4,1	46,6	36,4	149,9
Ativos de Reserva	8,4	-0,6	-27,5	-25,3	-58,6	-35,1	-6,6	6,2	-76,3	-49,0	-40,5	-46,1	-187,2
Fluxo Total de Capital	-78,4	-5,4	-90,0	-170,4	-269,4	-154,0	-271,7	-75,8	13,4	-168,0	-139,2	-127,7	-242,3
Reino Unido													
Investimento Direto	-16,8	-19,7	-27,3	-34,9	-45,3	-34,8	-62,4	-122,1	-201,6	-245,4	-59,7	-34,2	-51,2
Portfólio	-56,9	-49,3	-133,6	31,5	-61,7	-93,1	-85,0	-53,2	-34,2	-97,1	-124,7	1,2	-56,3
Outros (1)	35,3	-60,5	-68,5	-42,4	-74,9	-217,8	-276,0	-29,8	-92,8	-417,5	-254,7	150,5	-432,3
Ativos de Reserva	-4,7	2,4	-1,3	-1,5	0,9	0,7	3,9	0,3	1,0	-5,3	4,5	0,6	2,6
Fluxo Total de Capital	-43,0	-127,0	-230,5	-47,4	-181,0	-345,1	-419,6	-204,9	-327,5	-765,3	-434,6	-182,9	-537,1
Área Euro (2)													
Investimento Direto	...	...	...	...	...	...	...	...	-338,2	-404,9	-283,1	-141,9	-133,9
Portfólio	...	...	...	...	...	...	...	...	-330,5	-385,2	-252,8	-162,6	-321,8
Outros (1)	...	...	...	...	...	...	...	...	-31,0	-166,2	-244,0	-224,2	-265,7
Ativos de Reserva	...	...	...	...	...	...	...	...	11,6	16,2	16,5	-2,6	35,1
Fluxo Total de Capital	...	...	...	...	...	...	...	...	-688,1	-940,1	-763,3	-531,3	-686,4
Mercados Emergentes													
Investimento Direto	-6,9	-9,9	-16,1	-14,8	-23,5	-28,6	-37,3	-24,2	-33,6	-36,5	-32,8	-23,5	-28,7
Portfólio	1,5	-2,0	1,1	-1,4	-14,1	-31,5	-33,1	0,5	-53,2	-81,6	-95,7	-86,1	-105,2
Outros (1)	29,2	-19,2	-25,0	-65,9	-53,3	-95,5	-140,6	37,5	-76,5	-145,9	11,9	-6,1	-114,7
Ativos de Reserva	-46,3	-58,4	-64,2	-68,2	-130,7	-90,6	-103,6	-34,0	-92,3	-115,1	-113,3	-196,7	-366,6
Fluxo Total de Capital	-22,5	-89,5	-104,2	-150,3	-221,6	-246,3	-314,6	-20,2	-255,7	-379,1	-229,9	-312,4	-615,2

Fonte: IMF (2002: p. 22 e 2004: p. 184-185).
Nota: (1) Inclui empréstimos bancários e depósitos;

Tabela 9 – Fluxo Líquido Global de Capitais (US$ bilhões)

	1991	1992	1993	1994	1995	1996	1997	1998	1999	2000	2001	2002	2003
Estados Unidos													
Investimento Direto	-14,7	-28,5	-32,6	-34,1	-41,0	-5,4	0,8	36,4	64,5	162,1	24,6	-62,4	-133,9
Portfólio	11,8	22,8	-35,2	76,2	88,0	183,0	216,2	63,4	169,4	314,7	343,7	443,8	472,2
Outros (1)	43,5	98,0	150,7	79,6	49,0	-47,1	5,3	-17,2	-6,0	0,6	52,6	192,6	206,0
Ativos de Reserva	5,8	3,9	-1,4	5,3	-9,7	6,7	-1,0	-6,7	8,7	-0,3	-4,9	-3,7	1,5
Fluxo Total de Capital	46,4	96,3	81,6	127,1	86,2	137,7	221,3	75,8	236,5	477,1	416,1	570,2	545,8
Canadá													
Investimento Direto	-2,9	1,3	-1,0	-1,1	-2,2	-3,5	-11,6	-11,4	7,5	21,6	-8,7	-5,6	-15,9
Portfólio	17,3	10,7	27,6	10,6	13,1	-0,5	3,1	1,5	-12,9	-32,7	0,2	-2,5	4,1
Outros (1)	0,6	-5,7	-7,1	-4,4	-12,2	-5,4	11,8	14,8	-0,6	-3,4	-3,0	-3,5	-9,7
Ativos de Reserva	1,8	4,8	-0,9	0,4	-2,7	-5,5	2,4	-5,0	-5,9	-3,7	-2,2	0,2	3,3
Fluxo Total de Capital	17,0	11,0	18,6	5,5	-4,0	-14,8	5,8	0,0	-11,9	-18,2	-13,6	-11,4	-18,4
Japão													
Investimento Direto	-30,3	-14,6	-13,7	-17,2	-22,5	-23,2	-22,9	-21,3	-10,0	-23,3	-32,3	-22,9	-22,6
Portfólio	45,7	-24,4	-69,8	-27,5	-26,2	-33,8	32,1	-39,1	-27,5	-36,0	-46,3	-105,9	-95,1
Outros (1)	-81,7	-58,6	-17,6	-40,7	-4,9	36,3	-124,0	-55,4	1,2	-14,3	29,0	63,0	184,0
Ativos de Reserva	8,4	-0,6	-27,5	-25,3	-58,6	-35,1	-6,6	6,2	-76,3	-49,0	-40,5	-46,1	-187,2
Fluxo Total de Capital	-58,0	-98,3	-128,7	-110,6	-112,3	-55,9	-121,3	-109,8	-112,5	-122,6	-90,1	-112,0	-120,8
Reino Unido													
Investimento Direto	-0,3	-3,1	-10,8	-24,2	-23,6	-7,4	-25,0	-47,4	-112,1	-123,2	-5,9	-5,0	-35,7
Portfólio	-38,7	-33,1	-90,0	78,5	-2,9	-25,1	-41,5	-18,0	151,3	158,5	-55,1	77,8	93,0
Outros (1)	53,8	35,9	122,9	-53,2	31,3	36,6	52,5	74,1	-9,2	5,7	78,5	241,6	-21,9
Ativos de Reserva	-4,7	2,4	-1,3	-1,5	0,9	0,7	3,9	0,3	1,0	-5,3	4,5	0,6	2,6
Fluxo Total de Capital	10,2	2,1	21,1	-0,5	5,7	4,6	-10,4	8,8	29,6	35,7	22,0	14,0	38,2
Área Euro (2)													
Investimento Direto	...	...	...	...	...	...	...	...	-128,5	-0,1	-100,6	-3,7	-16,0
Portfólio	...	...	...	...	...	...	...	...	-47,6	-114,5	58,5	111,1	20,9
Outros (1)	...	...	...	...	...	...	...	...	177,3	171,0	-2,9	-161,6	-80,4
Ativos de Reserva	...	...	...	...	...	...	...	...	11,6	16,2	16,5	-2,6	35,1
Fluxo Total de Capital	...	...	...	...	...	...	...	...	12,7	72,6	-28,5	-56,7	-40,5
Mercados Emergentes													
Investimento Direto	32,5	38,7	53,9	80,9	100,5	116,4	145,0	155,2	173,9	177,0	191,2	143,0	147,0
Portfólio	28,1	50,1	95,8	92,1	23,4	81,9	53,1	35,5	60,1	-6,9	-103,8	-108,1	-43,2
Outros (1)	64,4	51,3	15,2	-47,1	84,4	-8,8	27,8	-71,0	-140,9	-157,5	-31,7	19,4	-19,7
Ativos de Reserva	-46,3	-58,4	-64,2	-68,2	-130,7	-90,6	-103,6	-34,0	-92,3	-115,1	-113,3	-196,7	-366,6
Fluxo Total de Capital	78,7	81,8	100,7	57,7	77,5	98,8	122,4	85,7	0,6	-102,5	-57,6	-142,4	-282,4

Fonte: IMF (2002: p. 22 e 2004: p. 184-185).

Nota: (1) Inclui empréstimos bancários e depósitos;

Tabela 10 – Fluxo Líquido de Capitais Privados e Resultado em Conta Corrente dos Países Emergentes

US$ bilhões

	1994	1995	1996	1997	1998	1999	2000	2001	2002	2003	2004 [a]
F. Líquido Capital Privado	151,7	206,4	217,8	177,6	77,4	86,6	42,2	20,6	47,0	131,2	162,9
Inv. Estrangeiro Direto	80,6	95,0	116,0	144,0	153,0	171,2	175,0	189,1	139,3	119,3	135,5
Portfólio	113,0	48,8	85,0	62,8	38,4	66,0	6,1	-95,7	-98,6	-87,5	-43,9
Outros [b]	-41,9	64,6	16,8	-29,2	-114,0	-150,6	-139,0	-72,8	145,8	99,3	71,2
Conta Corrente (Emergente)	-84,6	-93,5	-95,4	-80,8	-51,4	38,8	128,9	88,1	114,3	207,3	162,5
Ásia	-19,0	-42,1	-38,6	9,2	48,9	48,1	45,4	38,1	68,1	61,8	51,1
América Latina	-52,2	-37,4	-39,1	-66,8	-91,2	-57,0	-47,0	-54,5	-15,8	3,8	-7,2
Oriente Médio	-2,3	0,2	11,4	10,3	-25,3	11,5	69,6	38,1	29,0	51,7	43,8
África	-11,1	-16,6	-5,5	-6,5	-19,5	-15,9	5,4	-1,5	-7,4	-3,9	-8,2
Memorandum											
Exportadores de Petróleo	-2,5	2,5	27,8	20,1	-32,4	10,6	99,6	48,7	34,1	62,7	52,0
Países em Transição [c]	-3,3	-5,3	-18,6	-20,2	-18,2	-25,4	-31,7	-14,8	-22,2	-31,7	-36,5

Fonte: IMF, *World Economic Outlook*, September 2002, April 2004, Table 1.2 e Table 27 of the Statistical Appendix (http://www.imf.org).

Notas: (a) Projeções; (b) Inclui empréstimos bancários, emissão de bônus, *commercial papers*, notes etc.; (c) Europa Central e Oriental, exclui a Rússia, que apresenta superávit em conta-corrente desde 1999.

Ernani Teixeira Torres Filho

O Papel do Petróleo na Geopolítica Americana*

Introdução

No final do século XIX, o querosene substituiu o óleo de baleia como principal fonte de iluminação domiciliar em todo o mundo. Com isso, o petróleo passou a integrar definitivamente a moderna cesta de consumo de massas. Desde então, a generalização do uso dos motores a gasolina e a diesel levou o "ouro negro" à posição de principal fonte internacional de energia. O petróleo é hoje responsável pelo funcionamento de praticamente todo o sistema de transporte, tanto em terra quanto no mar e no ar. Em particular, como foi percebido por Winston Churchill[1], no início do século XX, é o combustível mais eficiente para mover as forças armadas.

Historicamente, foi sua importância militar – e não a econômica – a que primeiro colocou o petróleo no centro da geopolítica internacional. Tudo começou com um navio militar alemão ameaçando, em julho de 1911, o porto de Agadir no Marrocos francês[2]. O episódio convenceu Churchill de que uma guerra entre a Inglaterra e a Alemanha era um fato iminente. Ao mesmo tempo, tornou patente que, neste caso, a manutenção da liderança inglesa nos mares requereria, a exemplo do que outros países estavam fazendo, a conversão da armada britânica, até então movida a carvão – combustível abundante na Grã-Bretanha – para o petróleo – um produto à épo-

---

* Agradeço os comentários de Maria da Conceição Tavares e de José Luís Fiori.

[1] Antes de ser Primeiro-Ministro, Churchill chegou a ser o Primeiro Lorde do Almirantado inglês, principal posto civil da Marinha de Guerra Britânica.

[2] O Incidente de Agadir serviu, para a Alemanha que também tinha interesses coloniais no Marrocos obter, de ingleses e franceses, compensações territoriais em outra parte da África.

309

ca basicamente produzido nos EUA ou em países "exóticos", distantes e politicamente inseguros[3]. Os navios de guerra movidos a petróleo, já naquela época, alcançavam maior velocidade e apresentavam substancial economia em termos de espaço e mão de obra.

Uma vez decidida a conversão, o governo inglês, no intuito de garantir suprimentos estáveis e baratos para sua nova marinha de guerra, adotou a medida complementar – inusitada para a época – de adquirir uma empresa de petróleo – que posteriormente deu lugar à atual BP (British Petroleum). Os almirantes britânicos não confiavam em um mercado sob controle de poucas empresas americanas e da Shell. Esta última, apesar de contar com grande participação acionária inglesa, era efetivamente comandada por holandeses[4].

As batalhas da I Guerra Mundial (1914-1919) consagraram a relevância militar do petróleo. Cavalos e locomotivas a carvão perderam lugar para os veículos movidos por motores a gasolina ou a diesel. A defesa de Paris, em setembro de 1914 foi, por exemplo, feita por tropas francesas deslocadas da cidade até o *front* por táxis. Na II Guerra (1939-1945), o petróleo passou a ter um valor estratégico ainda maior. O controle de fontes estáveis de suprimento de óleo foi um elemento marcante do desenrolar do conflito, tanto no Pacífico quanto na Europa. O ataque a Pearl Harbor em 1941 foi uma resposta imediata do Japão ao embargo de petróleo imposto pelos EUA, seu tradicional fornecedor[5]. Com a destruição, naquela batalha, da frota americana do Pacífico, o Japão ficou livre para tomar os ricos campos de óleo da Indonésia, então colônia holandesa, sem correr o risco de sofrer, no curto prazo, uma retaliação militar dos EUA. Do mesmo modo, a invasão da União Soviética e do Norte da África pelos alemães visava o controle dos poços do Cáucaso e do Irã. A escassez de petróleo foi um dos grandes fatores que frearam as máquinas de guerra japonesa e alemã, enquanto a

---

[3] Até hoje, as principais fontes de petróleo estão situadas nos EUA e em regiões "exóticas", distantes ou politicamente instáveis (Rússia, Oriente Médio, Venezuela, África etc).

[4] A história veio a mostrar que os almirantes ingleses tinham razão em manter suspeitas sobre a "lealdade" da Shell; apesar de a empresa ter apoiado a Inglaterra durante a I Guerra, seu fundador e principal gerente por várias décadas, o holandês Henri Deterding, quando já aposentado da presidência da empresa nos anos 1930, aderiu abertamente ao movimento nazista alemão.

[5] Ao final da década de 1930, os EUA forneciam cerca de 75% do petróleo consumido pelo Japão e as exportações americanas de óleo para aquele país só foram suspensas, mesmo assim de forma indireta (congelamento dos fundos do governo japonês nos EUA), em 25 de julho de 1941, 4 anos após o início da invasão da China e somente depois da total ocupação nipônica da Indochina. O Presidente Roosevelt temia abrir um flanco militar no Pacífico, adicional ao europeu, se decidisse proibir o embarque de óleo para os japoneses. Ver Yergin, 1992.

abundância do óleo americano abriu caminho para que a vitória dos Aliados pudesse se concretizar mais rapidamente.

A experiência da II Guerra levou os estrategistas americanos a, no imediato pós-guerra, terem claro a importância do petróleo na remontagem do sistema de relações internacionais. De acordo com Klare (2001),

> [Ao final da II Guerra Mundial] o acesso ao petróleo era considerado pelos estrategistas americanos algo particularmente importante por ter sido um fator essencial para a vitória dos Aliados sobre as potências do Eixo. Embora as explosões nucleares sobre Hiroshima e Nagasaki tenham determinado o fim da guerra, foi o petróleo que serviu de combustível para os exércitos que derrotaram a Alemanha e o Japão. O petróleo moveu o enorme contingente de navios, tanques e aviões que deram às forças Aliadas uma vantagem decisiva sobre seus adversários, que não dispunham de fontes seguras de óleo. Por esse motivo, disseminou-se a ideia de que o acesso a amplas fontes de petróleo seria um fator crítico para o sucesso dos EUA em quaisquer conflitos no futuro[6].

Nas décadas seguintes, o petróleo foi um elemento presente em quase todas as grandes crises internacionais. O início da Guerra Fria foi marcado, em 1946, pela pressão anglo-americana pela imediata desocupação das tropas soviéticas dos campos de petróleo do norte do Irã. A descolonização e a retomada do nacionalismo nos anos seguintes tiveram, como um de seus principais panos de fundo, a eliminação da Inglaterra do centro político do mundo do petróleo. A tentativa fracassada de retomada do Canal de Suez – principal rota do petróleo árabe destinado à Europa – pela Inglaterra, França e Israel em 1956 marcou o fim do mundo colonial europeu e a ascensão do nacionalismo árabe. As várias guerras árabe-israelenses, os choques de 1973 e 1979, a Revolução Iraniana, o conflito entre Irã e Iraque e a crise mais recente do Oriente Médio – que se iniciou com a invasão iraquiana do Kuwait em 1991 e chega até os dias de hoje com a invasão americana do Iraque – são todos importantes eventos que têm relação com o controle estratégico sobre as principais regiões produtoras, as rotas de distribuição e as reservas mundiais de petróleo.

Paralelamente à sua importância geopolítica, o petróleo foi responsável por alguns dos mais relevantes capítulos da história econômica do capitalismo moderno. Tornou-se a mais líquida das mercadorias e a mais difun-

---

[6] *American strategists considered access to oil especially important because it was an essential factor in the Allied victory over Axis powers. Although the nuclear strikes on Hiroshima and Nagasaki ended the war, it was oil that fueled the armies that brought Germany and Japan to their knees. Oil powered the vast numbers of ships, tanks, and aircrafts that endowed Allied forces with a decisive edge over their adversaries, which lacked access to reliable sources of petroleum. It was widely assumed, therefore, that access to large supplies of oil would be critical to US success in any future conflicts.*

dida de todas as *commodities*[7]. A generalização do uso de carros, aviões, navios e trens, movidos a gasolina ou diesel, confundiu-se com a reorganização espacial das indústrias e das cidades, permitindo a integração física de uma economia crescentemente urbanizada e internacionalizada. A existência de enormes reservas, aliadas a seu baixo custo de extração e às vantagens econômicas de sua utilização, tornou o "ouro negro" a principal fonte de energia global.

O petróleo também propiciou o surgimento de grandes companhias, entre as quais algumas das maiores, mais sofisticadas e mais emblemáticas do mundo moderno[8]. As petroleiras, por seu tamanho e experiência, são responsáveis por financiar e gerenciar investimentos que isoladamente envolvem bilhões de dólares e horizontes de retorno que podem se estender por décadas. Comandam uma enorme massa de recursos que vai migrando ao longo do globo terrestre de áreas em declínio para novas fronteiras de produção.

É comum, nos dias de hoje, se ouvir que o petróleo não tem mais um elevado valor estratégico. Teria se tornado apenas mais uma entre as várias *commodities*[9] transacionadas nos mercados à vista, a futuro, de derivativos, etc. Há, nesse tipo de observação, no mínimo, um certo exagero. O fato de ser atualmente comprado e vendido com base em estruturas flexíveis de mercado não é condição suficiente para sustentar essa afirmação. Do ponto de vista do mundo desenvolvido, e dos EUA em particular, o petróleo foi, é e continuará a ser um item importante de sua agenda de segurança nacional, não só em termos da garantia de sua oferta no longo prazo, mas também, e principalmente, do ponto de vista de seu fluxo corrente de suprimento.

Diante deste cenário, esse texto tem por objetivo analisar a geopolítica norte-americana do petróleo a partir da II Guerra Mundial. Para tanto, vamos apresentá-lo seguindo os três padrões de ordenação do mercado internacional que vigoraram no período. O primeiro, que se estende de 1945 até 1973, caracterizou-se pela consolidação da hegemonia americana no Oriente Médio e pela liderança de mercado das grandes petroleiras dos EUA. O se-

---

[7] O petróleo responde hoje por cerca de 10% do comércio mundial. Ver Weston, Johnson & Siu, 1999.

[8] De acordo com a revista Fortune 500, edição Global 2000 – ver Fortune (2001) – a maior empresa do mundo em vendas era a empresa de petróleo Exxon, enquanto a Shell e a BP eram, respectivamente, a 6ª e a 7ª maiores, pelo mesmo critério.

[9] Uma *commodity* pode ser definida como um bem fungível e genérico cujas quantidades podem ser vendidas a um preço estabelecido em um mercado competitivo centralizado; o termo é também utilizado, como aqui o fazemos, para ressaltar um mercado, não só onde modernamente são transacionadas operações à vista, à futuro e seus derivativos, mas onde a determinação do preço da mercadoria reflete basicamente os fundamentos de sua oferta e de sua demanda.

gundo, que abrangeu os anos entre 1973 a 1985, teve seu início marcado pela 1ª Crise do Petróleo, ou seja, pela ruptura da ordem existente por quase três décadas no contexto das repercussões da crise do sistema monetário internacional pós-Bretton Woods e da derrota americana no Vietnã. Seguiram-se tentativas fracassadas de reordenação de mercado, abortadas, entre outros motivos, pela Revolução Iraniana de 1979. Finalmente, no período mais recente, observou-se a constituição, a partir de 1985, de um novo sistema de ordenação do mercado internacional de petróleo, baseado em sua "financeirização[10]", em um ambiente marcado pela retomada da hegemonia americana[11].

O Mercado Petrolífero do Pós-Guerra (1945-1973).

A "época de ouro" de crescimento da economia internacional, que se estendeu do final da II Guerra Mundial em 1945 até 1973 foi, pode-se assim dizer, "movida a óleo". O petróleo tornou-se a principal fonte de energia do mundo, tomando a posição detida pelo carvão desde o início da I Revolução Industrial. A Europa, o Japão e até mesmo os EUA eram, até meados do século XX, economias basicamente movidas a carvão. Essa mudança no paradigma energético decorreu da ação de vários fatores, tais como: preços mais baratos, menor dano ao meio ambiente e o aumento da motorização. Entretanto, o maior uso do óleo também foi promovido por motivos políticos. Governos e indústrias perceberam que era uma forma de reduzir a força dos até então poderosos e atuantes sindicatos de trabalhadores das minas de carvão. O resultado foi que a demanda de petróleo cresceu, por quase três décadas, a taxas superiores a 7% ao ano. Em 1945, o mercado internacional demandava 7,1 milhões de barris por dia (bpd). Em 1974, o mundo queimava 55,9 milhões de bpd, quase oito vezes mais. O petróleo, então, já havia se tornado o *big business* internacional, como é conhecido nos dias de hoje.

Esse aumento da demanda de óleo foi atendido por uma oferta crescente originada de fontes externas aos EUA (ver o Gráfico I). Entre 1948 e 1972, a produção americana aumentou de 5,5 milhões para 9,5 milhões de bpd. Mesmo assim, a participação desse país na produção mundial reduziu-se de 64% para 22%. O espaço deixado pelos americanos foi avidamente ocupado

---

[10] O termo "financeirização" foi cunhado por Braga (1997) para dar conta do padrão global "de valorização e concorrência (que opera) sob a dominância da lógica financeira", que passou a dominar a economia internacional mais claramente a partir dos anos 80 e que, no mercado de petróleo, submeteu, a partir de 1985, empresas e países a uma lógica de formação de preços e contratos diferente, baseada em mercados flexíveis.

[11] Ver Tavares (1997).

pelo Oriente Médio. No mesmo período, a produção de óleo proveniente daquela região cresceu mais de dez vezes, de 1,8 milhão para 18,5 milhões de bpd. Enquanto a demanda global de petróleo explodia, as reservas internacionais dos países não comunistas cresciam ainda mais rapidamente, cerca de nove vezes. O resultado é que, a despeito do vigor da demanda internacional, o preço do petróleo apresentou ao longo de todo o período uma tendência permanente à queda, ou seja, "o mundo nadava em óleo".

A estabilidade do mercado de petróleo durante a "época de ouro" foi baseada em dois importantes arranjos institucionais. O primeiro era os acordos firmados na década de 1940 entre as grandes empresas para estabelecer as regras de sua operação conjunta no Oriente Médio. O segundo mecanismo importante era os contratos de concessão, firmados entre as grandes empresas e os países da região[12]. Esses instrumentos, ademais de garantirem às empresas o controle da produção e do preço de venda, tinham como peça mais importante a regra de partilha de resultados, então fixada em 50% para cada parte – empresas e governos. Com base nesses contratos, fluíram os recursos financeiros necessários ao desenvolvimento de novos campos, investimentos de elevada densidade de capital, bem como para a instalação de novas plantas de refino e para a ampliação das redes de distribuição. A esses dois pilares institucionais agregava-se o poder de mercado dos EUA de "ofertante em última instância", graças à elevada capacidade de produção ociosa existente em seu território.

GRÁFICO I

Produção Mundial de Petróleo

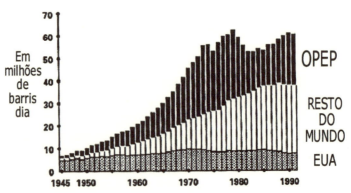

Fonte: Yergin (1992).

---

[12] O único país produtor relevante de óleo no Oriente Médio que aboliu o sistema de concessão antes do final dos anos 1960, foi o Irã, em 1954; mas, mesmo assim, os contratos de operação dos campos foram entregues às grandes empresas anglo-americanas.

A segurança militar e política do Oriente Médio era então objeto de um condomínio anglo-americano. A Inglaterra era a antiga potência colonial que, no início do século XIX, havia eliminado os piratas e imposto a paz aos xeiques locais. O fim do Império Otomano na I Guerra Mundial havia permitido expandir a zona de influência britânica do Golfo Pérsico em direção à Mesopotâmia, à Península Arábica e, no Mediterrâneo, à Palestina. O Egito, por causa do Canal de Suez, era um país onde a presença inglesa também havia sido estabelecida durante o século XIX.

A entrada dos EUA no Golfo Pérsico só se concretizou a partir do fim da II Guerra. Foi consequência, de um lado, do interesse das empresas americanas em controlar diretamente parte das enormes reservas de petróleo da região. De outro, foi uma resposta a um convite de governantes locais interessados em reduzir a influência imperial da Inglaterra sobre seus países. O valor estratégico das promissoras reservas sauditas, mais do que a defesa dos interesses das empresas americanas de petróleo já instaladas naquele país, levou o presidente dos EUA, Franklin Roosevelt, a ter, em 1945, um encontro com o rei Ibn Saud da Arábia Saudita, em sua viagem de retorno da Conferência de Yalta no Irã. O sucesso do evento selou uma aliança que vem perdurando, a despeito de momentos ocasionais de fratura. O sentimento antibritânico dos árabes garantiu, com a benção do Departamento de Estado dos EUA, a exclusividade das concessões sauditas às grandes empresas americanas – Jersey (Esso), Socony (Mobil), Texaco e Socal (Chevron) – que ainda hoje são operadores dos campos sauditas.

A história da entrada dos EUA no Irã é também bastante ilustrativa da transição política que se operou no Oriente Médio a partir da II Guerra Mundial. Originalmente, o país se formou na fronteira entre as zonas de influência dos impérios russo e inglês. Seus campos de petróleo foram desenvolvidos pela BP, então empresa estatal inglesa. Durante a II Guerra, americanos e ingleses depuseram o Xá por sua aproximação com a Alemanha nazista, substituindo-o por seu filho, Mohammed Reza Pahlavi. O país foi ainda palco do primeiro grande conflito da Guerra Fria. Em 1946, os soviéticos foram intimados por ingleses e americanos a retirar suas tropas do norte do país – zona de produção de petróleo. Em 1950, no início da Guerra da Coreia, troca de tiros na fronteira entre forças iranianas e soviéticas levou os EUA a fazer planos de contingência para responder a uma eventual invasão russa do Irã. O país, na época, representava 40% da produção total do Oriente Médio.

O fim da II Guerra também fez com que o Irã viesse a ter maior relevância para a sustentação econômica da Inglaterra. Sendo zona de influência inglesa, as importações de petróleo iraniano pelo Reino Unido podiam ser liquidadas em libras esterlinas e não em dólares norte-americanos, então extremamente escassos. Além disso, o Tesouro inglês recebia somente em impostos, sem contar os dividendos, mais do que o governo iraniano em *royalties*. Por esses motivos, o processo de descolonização centrou-se no Irã na questão da nacionalização das reservas de petróleo. A medida foi implementada em 1954. Pela primeira vez, o exemplo mexicano de 1937 fazia escola[13]. A subsequente derrubada do governo nacionalista de Mossadegh, em meio a uma tentativa de deposição do Xá, foi um dos fatos marcantes da Guerra Fria. Americanos, ingleses e soviéticos envolveram-se diretamente no episódio. Mesmo com o retorno do monarca ao poder, os campos de petróleo não foram devolvidos à BP nem novamente concedidos a outras empresas estrangeiras. Chegou-se a um acordo: a propriedade dos bens e das reservas seria mantida por uma empresa estatal iraniana, mas, em troca, a operação dos campos e a comercialização do óleo seriam entregues a um consórcio formado por grandes empresas, particularmente dos EUA. A forte presença dos capitais americanos no empreendimento era vista, pelos iranianos, como uma garantia de que o passado colonial inglês não seria retomado.

O sistema de ordenamento econômico do mercado de petróleo no pós-guerra baseado em contratos de concessão entre governos locais, particularmente dos países árabes, e empresas – principalmente americanas – livres para fixar preços e quantidades, mostrou-se extremamente robusto até a segunda metade dos anos 1950. Sua primeira grande fratura decorreu da ação competitiva de companhias excluídas dos acordos dos anos 1940, mas desejosas de terem acesso próprio às fontes do Oriente Médio. Um ator importante nesse processo de ruptura foi o governo italiano, um *newcomer*, agindo por meio de sua estatal, ENI. Enrico Mattei, presidente da empresa, propôs a alguns dos governantes da região – particularmente ao Irã – um acordo de partilha de resultados na base de 25% para a ENI e o restante 75% para o país concedente. A reação das grandes empresas anglo-americanas à iniciativa italiana foi tão contundente que levou Mattei a acusá-las de formação de cartel, batizando-as de "Sete Irmãs[14]". O caminho aberto por Mattei foi logo seguido pelos japoneses e por empresas independentes norte-americanas. O primeiro pilar do ordenamento do mercado internacional – a divisão baseada em 50% para cada parte – estava definitivamente comprometido.

---

[13] O México foi o segundo país, depois da União Soviética em 1920, a nacionalizar, em 1937, seus campos de petróleo.

[14] O grupo das chamadas "Sete Irmãs" era formado pelas 4 empresas americanas operando na Arábia Saudita através da ARAMCO – Jersey (Exxon), Socony-Vacuum (Mobil), Standard of California (Chevron) e Texaco – além da Gulf (americana), Shell (anglo-holandesa) e BP (inglesa) que operavam conjuntamente no Kuwait.

O segundo fator gerador de forte perturbação foi o retorno, ao mercado internacional de petróleo, da União Soviética, exportadora tradicional que havia se retirado desde a II Guerra. Entre 1955 e 1960, a produção soviética havia dobrado, graças à entrada em produção de novas áreas. A URSS rapidamente se tornou o segundo produtor mundial, retomando uma posição detida pela Rússia no início do século. Suas exportações de óleo foram reiniciadas em 1955 e tornou-se uma fonte relevante de instabilidade para o mercado internacional, já em 1958, o que chegou a ser visto por estrategistas do governo americano como um movimento agressivo de natureza econômica no âmbito da Guerra Fria.

Diante do quadro de excesso estrutural de oferta, os preços começaram a ceder. Inicialmente, todo o custo desse ajuste foi absorvido pelas empresas. A participação dos governos dos países exportadores nos resultados era calculada sobre um preço oficial que não levava em conta os descontos praticados no mercado. Assim, tradicionalmente, perdas ou ganhos "extraordinários" só afetavam os resultados das concessionárias. Entretanto, o ônus das empresas aumentou substancialmente quando o governo americano, a exemplo do que havia feito na década de 1930, decidiu proteger a renda de seus produtores, impondo, a partir de 1959, cotas para o petróleo importado. Os preços, fora dos EUA, desabaram.

Frente à aceleração da queda de preços internacionais, as grandes empresas, na tentativa de repassar parte de suas perdas, começaram a reduzir seus preços oficiais. No início de 1959, a BP cortou em 10% seu preço, colocando em marcha uma reação dos países exportadores pela defesa de sua renda nacional. Em agosto de 1960, a Jersey (Exxon) decidiu acompanhar a BP e reduziu o preço do seu óleo em 7%. Em resposta, cinco países – Venezuela, Arábia Saudita, Irã, Iraque e Kuwait – que representavam 80% das exportações mundiais decidiram fundar em 14 de setembro de 1960, a Organização dos Países Exportadores de Petróleo (OPEP), com o intuito de sustentar o preço internacional do petróleo.

O modelo que serviu de base a OPEP foi copiado da Texas Railroad Commission (TRC) americana. Entre 1931 e 1971, essa agência reguladora do estado do Texas assumiu, por força de lei, o controle da oferta de óleo no estado[15]. A decisão do governo texano de intervir foi uma resposta à situação desesperadora em que os produtores locais se encontravam no início dos anos 1930. O mercado, já deprimido por um excesso de produção

---

[15] Antes da Texas Railroad Commission e de outras agências estaduais americanas, o petróleo americano era objeto de regulação de preços, através da Standard Oil, truste privado dissolvido judicialmente em 1911.

que vinha desde a década de 1920, viu a situação se agravar com a Crise de 1929. O colapso definitivo veio com a descoberta, no início de 1931, de um campo gigante no estado, o East Texas. Poucos meses depois, o barril de óleo texano, que havia sido negociado a US$ 1,85 em 1926, chegou a ser cotado a US$ 0,15. Nesse cenário, a TRC foi encarregada de fixar cotas de produção para as diferentes empresas de petróleo, com o objetivo imediato de elevar o preço mínimo do barril para US$ 1. A TRC era a principal comissão reguladora de preços do petróleo nos EUA e seu exemplo foi seguido por outros estados americanos[16].

O modelo operacional utilizado com sucesso pela TRC foi estudado pelo venezuelano Juan Pablo Perez Alfonso, durante seu exílio nos EUA no início dos anos 1950. Com o fim da ditadura militar em seu país, Peres Alfonso aceitou o convite para ser o novo Ministro das Minas e Hidrocarbonetos. Nessa posição, foi obrigado, em 1959, a retornar a Washington para negociar a decisão americana de impor cotas de importação para o petróleo, que eram muito restritivas para a Venezuela. O mercado americano representava 40% das vendas de óleo de seu país. Ademais, México e Canadá haviam sido isentos das mesmas limitações, sob o argumento de serem importantes para a segurança nacional dos EUA. Inicialmente, os venezuelanos propuseram um acordo interamericano que, à semelhança do que se fazia para outras *commodities*, estabelecesse cotas de importação por países – e não deixasse as empresas decidirem de quem comprariam. Afinal, a Venezuela havia garantido o suprimento aos EUA durante a II Guerra. Ademais, os mexicanos, e não eles, haviam nacionalizado as empresas americanas de petróleo.

Rapidamente, Peres Alfonso percebeu que, para os EUA, o petróleo não merecia o mesmo tratamento dado ao café ou ao açúcar, e que uma fronteira comum fazia uma enorme diferença para a sua segurança nacional. Washington nem chegou a responder oficialmente a suas propostas. Frustrado, buscou novas alianças no Cairo, onde se realizava uma reunião de ministros dos países árabes exportadores de petróleo, então irritados com a recente iniciativa das empresas, particularmente da BP, de lhes repassar as perdas com a redução nos preços internacionais. A proposta venezuelana de se criar um organismo internacional que defendesse os interesses das nações exportadoras, a exemplo do que a TRC fazia há quase três décadas nos EUA, sofreu, inicialmente, algumas resistências. Entretanto, a chegada da notícia de que a Jersey (Exxon) acabara de reduzir unilateralmente seus preços foi a gota d'água que faltava para que a criação da OPEP fosse viabilizada.

---

[16] No estado americano do Oklahoma, a Comissão de Comércio já dispunha de poderes para regular a produção de petróleo, com o objetivo de manter preços mínimos, desde 1915.

O Papel do Petróleo na Geopolítica Americana

Nos primeiros anos, as conquistas da Organização foram muito limitadas. O cenário não era propício a grandes avanços. As importações para os EUA estavam sujeitas a um regime de cotas, o óleo soviético inundava o mercado, os países árabes rivalizavam-se militarmente e o petróleo dos países exportadores era de propriedade das empresas concessionárias. Mesmo assim, houve dois ganhos relevantes. As empresas, antes de tomarem decisões importantes sobre o petróleo, passaram a consultar os governos locais individualmente, evitando caracterizar a OPEP como interlocutor. Além disso, não tiveram mais coragem de mudar unilateralmente os preços sobre os quais se calculavam as receitas dos países concedentes.

O último dos três pilares econômicos do sistema de ordenação do mercado de petróleo do imediato pós-guerra – a posição norte-americana de "ofertante de última instância" – foi ruindo ao longo dos anos 1960. O quadro de permanente abundância que reinara desde os anos 1930 foi sendo superado graças ao aumento da demanda internacional. Era o auge do processo de generalização do padrão manufatureiro e de consumo norte-americanos, que tinha como uma de suas principais características a intensificação da demanda de petróleo. Em 1970, a produção dos EUA atingiu seu máximo histórico: 11,3 milhões de bpd. No ano seguinte, a TRC eliminava as restrições à produção do óleo texano. Dois anos depois era abolido o sistema de cotas de importação de óleo, estabelecido em 1959. A capacidade ociosa americana, que atingira, no início dos anos 1960, a 4 milhões de bpd para uma demanda mundial de cerca de 20 milhões, reduziu-se a menos de 1 milhão em 1972, para uma demanda global de 44 milhões[17].

Diante desse quadro, o governo americano, em 1968, informou oficialmente seus parceiros europeus que não poderiam mais contar, como havia acontecido até então, com as reservas americanas de petróleo para garantir a segurança energética da Europa Ocidental em momentos de crise. A notícia foi recebida com surpresa e preocupação. O primeiro embargo promovido pelos países do Oriente Médio por ocasião da Guerra dos Seis Dias contra os israelenses havia ocorrido há menos de um ano. Nessa oportunidade, a garantia de oferta americana havia sido crucial para forçar o recuo árabe. Somando-se a esse fato, o governo inglês, diante de mais uma crise de balança de pagamentos, oficializou, no mesmo ano, a intenção de se retirar definitivamente de suas bases militares a leste de Suez, com medida de "redução de seu déficit fiscal". A determinação inglesa não era, no entanto, motivada por redução de despesas, já que esses gastos militares eram da ordem de apenas £ 12 milhões por ano. Para Londres, o aumento do naciona-

---

[17] Ver Yergin (1992: 567) e Gráfico I.

lismo no Oriente Médio desaconselhava a manutenção de sua presença militar na área[18]. As últimas tropas inglesas embarcaram de volta em novembro de 1971, deixando para trás um perigoso vácuo de poder em uma região que produzia 32% do petróleo do mundo capitalista e que possuía 58% das reservas internacionais. Do aumento de demanda de óleo ocorrido na década de 1960, de mais 21 milhões de bpd, 13 milhões tinham sido provenientes do Oriente Médio.

Os EUA, que começavam a se tornar importantes importadores de petróleo, ficaram preocupados com a saída das tropas inglesas. Entretanto, diante do clamor da sua opinião pública contra o envolvimento militar de seu país no Vietnã, Washington evitou envolver-se diretamente com a segurança do Oriente Médio. Seguindo a Doutrina Nixon imperante na época, o papel de mantenedor do equilíbrio de poder regional deveria ser atribuído a uma potência local "amistosa". Aos olhos dos americanos, o Irã era a melhor opção para suceder os ingleses. Os sonhos de grandeza do Xá e suas relações pessoais com o presidente e o *establishment* americanos garantiram-lhe a posição de "chefe de polícia" da região.

A derrocada final da ordem internacional do petróleo do pós-guerra veio com a onda de revisões nos contratos de concessão, que varreu o Oriente Médio nos primeiros anos da década de 1970. As iniciativas de Mattei, dos japoneses e dos independentes americanos haviam aberto a porta para que as novas concessões não precisassem seguir o princípio do *fifty-fifty*. Entretanto, os acordos dos anos 1940, bem como outros firmados posteriormente nessas mesmas bases, não havia, até então, sido objeto de renegociação. O quadro mudou quando, em setembro de 1970, o novo governo líbio, liderado pelo jovem Coronel Qaddafi conquistou o aumento para 55% na participação de seu país nos resultados de um contrato já firmado, ameaçando uma empresa independente americana de nacionalização.

A falta de reação imediata das demais empresas de petróleo e dos governos ocidentais à iniciativa líbia levou outros países a competirem entre si pela obtenção do maior percentual de participação nos contratos de concessão já firmados. Diante desse "motim", as grandes empresas, com o apoio do governo americano, exigiram que as negociações fossem feitas em bloco – e não por empresa – forçando que a interlocução, com os governos locais, fosse unificada através da OPEP. O resultado foi o Acordo de Teerã, de abril de 1971, que pactuava a generalização da regra de 55% – 45% de participação e um aumento geral no preço do barril de US$ 0,35.

---

[18] Ver Yergin (1992: 566).

Em troca, os países garantiram às empresas que não fariam novas demandas de aumento de preço pelo prazo de cinco anos.

A calmaria, no entanto, durou pouco. Diante da instabilidade do sistema monetário internacional, os países exportadores voltaram à mesa de negociações, exigindo compensações pelas desvalorizações do dólar. A disputa por preço, no entanto, deu lugar a um novo tipo de demanda por parte dos governos: a "participação direta" ou seja, a compra pelo país concedente de parte dos direitos sobre suas reservas de petróleo. Era a mudança mais radical no *status quo* do mercado desde o início do século. "Participação direta" era um eufemismo para diferenciar as intenções dos países da OPEP das nacionalizações ocorridas no passado, na Rússia, México e Irã. Era também uma estratégia, basicamente defendida pelos saudits, para evitar que os países fossem obrigados a concorrer entre si pelos mercados consumidores[19].

Na prática, vários países – como Argélia, Líbia, Iraque e Venezuela – partiram imediatamente para a nacionalização total. Arábia Saudita e Kuwait negociaram um esquema através do qual a participação de seus governos atingiria 51% em um curto espaço de tempo[20]. O Irã, que já era dono do seu petróleo, aproveitou a oportunidade e transferiu as operações de seus campos para sua empresa estatal.

Com as nacionalizações, desapareceu o último dos três pilares econômicos do sistema de ordenamento do pós-guerra: a estabilidade dos contratos de concessão que garantiam às empresas o poder de fixar quantidades e preços. Mesmo assim, o mercado, nos meses seguintes, continuou funcionando com pouca instabilidade, como que por inércia. A situação, no entanto, se aproximava rapidamente de uma grave crise. Em 1973, a capacidade ociosa no mundo era de apenas 500.000 bpd, cerca de 1% da demanda do mundo ocidental. Com o início de uma nova guerra árabe-israelense, a Guerra de Outubro de 1973, o mercado entrou em colapso e o preço internacional triplicou. Era o fim de uma era na história do petróleo.

Do Condomínio Americano-Saudita-Iraniano ao Caos (1973-1985).

A redução da capacidade ociosa, devido a uma demanda em forte expansão, fez com que os preços do petróleo dobrassem entre 1970 e 1973.

---

[19] Defendendo a estratégia de participação contra a de nacionalização o xeique Yamani, ministro do petróleo da Arábia Saudita, argumentou em 1969 que "se nos tornarmos operadores e comercializadores de nosso próprio óleo, nos veremos enfrentando uma corrida competitiva que levará a um colapso dramático da estrutura de preços" (Yergin, 1992: 583).

[20] A total nacionalização foi alcançada poucos anos depois do 1º Choque do Petróleo.

Esse cenário aumentou a intensidade de um debate público que já vinha sendo travado a respeito da possibilidade de uma crise energética. Em pouco tempo, a situação evoluiu para um pânico. Em agosto de 1973, empresas japonesas, europeias e americanas independentes buscaram, ao mesmo tempo, reforçar seus estoques, pressionando um mercado já sujeito a uma severa restrição de oferta.

Como resultado, pela primeira vez em mais de 20 anos, os preços de mercado passaram a superar os oficiais, ou seja, aqueles que serviam de base para as empresas calcularem as receitas dos governos locais[21]. Na prática, isso significava que as empresas estavam se apropriando da maior parte dos ganhos extraordinários. Para piorar o cenário, o dólar havia sido desvalorizado duas vezes, reduzindo abruptamente o valor dos ativos financeiros de alguns países árabes muito expostos à moeda americana, como a Arábia Saudita. Em um cenário de desvalorização cambial era melhor deixar o óleo sob a terra do que acumular ativos financeiros. A reação dos países exportadores não tardou. Enquanto se processava a "queda de braço" com as empresas, Kuwait e Líbia impuseram restrições quantitativas às suas exportações. Esse tipo de medida também entrou em discussão na Arábia Saudita.

Paralelamente, os países árabes – juntamente com as grandes empresas americanas – começaram a pressionar Washington para mudar sua política de apoio a Israel. O rei da Arábia Saudita, normalmente uma figura avessa a aparições na imprensa, fez uma declaração para a televisão norte-americana avisando que, a despeito de os árabes não terem interesse em restringir suas exportações de óleo para os EUA, "o apoio integral da América ao Sionismo e contra os interesses árabes torna extremamente difícil, para nós, continuar a suprir os Estados Unidos de petróleo, ou mesmo de nos mantermos amigos[22]". Estava armada a "bomba de petróleo" para ser acionada no momento mais oportuno.

Apesar das declarações de líderes árabes à imprensa e da informação dos soviéticos de que a situação no Oriente Médio caminhava para uma nova guerra, os americanos ignoraram todos os avisos. Foram pegos de surpresa, no dia 6 de outubro de 1973, quando o Egito e a Síria lançaram um ataque conjunto e surpresa contra Israel. Diante do apoio direto americano a Tel-Aviv, os países árabes impuseram um embargo às exportações de óleo

---

[21] Os aumentos dos preços postais, em função da inflação americana, ficaram muito aquém dos praticados pelo mercado *spot*.

[22] *We have no wish to resrict out oil exports to the United Sates in any way (but) America's complete support to Zionism and against the Arabs makes it extremely difficult for us to continue to supply the United Sates wit oil, or even to remain friends with the United States* (Yergin, 1992: 596-597).

para o Ocidente e romperam as negociações com as empresas[23]. Deste momento em diante, fixariam o preço do seu petróleo autonomamente. De imediato, impuseram um aumento de 70%, igualando o preço oficial ao praticado no mercado aberto, de US$ 5,12 por barril. Os cortes de produção e o pânico levaram a uma nova rodada de negociações. Em dezembro de 1973, o barril de petróleo passou a valer US$ 11,65, o quádruplo do preço vigente três meses antes (ver o Gráfico II). Diferentemente do embargo de 1967, os países árabes dessa vez viram suas receitas aumentarem, a despeito do corte na produção. A posição de "ofertante em última instância" do mercado era agora detida pela Arábia Saudita e não mais pelos EUA.

Os EUA limitaram-se a reagir ao embargo com ações políticas. Buscavam apoio para que os embarques de petróleo fossem retomados no mais curto espaço de tempo possível. Os sauditas receberam bem a iniciativa, mas fizeram ver que a viabilidade da proposta dependeria da posição de outros líderes árabes, em particular do presidente egípcio, Anwar Sadat. Fechado o acordo entre os EUA e o Egito, o embargo foi oficialmente levantado em março de 1974. Mesmo assim, o mundo jamais voltaria a ser o mesmo de antes. A "bomba de petróleo" havia sido acionada com sucesso. O peso político das empresas e dos países na decisão dos destinos do mercado havia se alterado definitivamente. O sistema de alianças entre os países da região e a potência hegemônica, os EUA, passava a ser ditado por novos princípios.

Passado o grande susto de 1973-1974, o mercado de petróleo parecia estar caminhando em direção a uma nova ordem. A regulação do mercado, particularmente a administração dos preços e dos suprimentos, estava sendo feita diretamente pelos países exportadores, através do seu "cartel", a OPEP. As empresas deixaram de ter voz ativa nesses assuntos. As concessões foram substituídas por contratos de compra e venda de longo prazo – pactuando preços e quantidades – que permitiam que o equilíbrio entre a oferta e a demanda fosse obtido no âmbito de cada uma das grandes empresas. Paralelamente, a segurança do Oriente Médio seria garantida pelos acordos de militares firmados entre os EUA e as quatro principais potências regionais: o Irã, a Arábia Saudita, o Egito e Israel. Os americanos teriam o papel de mediar os conflitos locais e proteger a região de inimigos externos, particularmente dos soviéticos[24]. No mais, imaginava-se que tudo voltaria a ser *business as usual*, só que com preços do petróleo mais elevados.

---

[23] Na mesma data em que iniciava a Guerra de Outubro, uma reunião entre países e empresas estava ocorrendo na sede da OPEP em Viena na qual os exportadores pediram um aumento de 100% – cerca de mais US$ 3 por barril.

[24] Os soviéticos, que haviam se tornado aliados dos egípcios durante o período nasserista, foram expulsos do país pelo novo regime de Anwar Sadat.

323

GRÁFICO II
Evolução Mensal do Preço Internacional do Petróleo

Fonte: Energy Information Administration, Departamento de Energia dos EUA (2003).

Obs: Preço oficial do petróleo saudita leve até 01/1974 e custo de aquisição do petróleo importado pelos refinadores dos EUA, dessa data em diante.

A história mostrou que o mundo não caminhou nessa direção. O Choque de 1973 marcou o fim do "período de ouro" do pós-guerra. As economias desenvolvidas se viram diante de um longo período de estagflação, onde baixo crescimento e inflação imperaram simultaneamente. Os países em desenvolvimento sofreram desequilíbrios externos estruturais, que vieram a ser financiados pelos bancos privados internacionais. Pressionados pelo aumento de preço e pela recessão mundial, a demanda de petróleo passou a crescer mais lentamente. Ademais, o saldo global em transações correntes dos países exportadores de petróleo, que se supunha permanente, desapareceu em menos de cinco anos. Para o conjunto da OPEP, o superávit de US$ 67 bilhões de 1974 foi minguando até dar lugar a um déficit de US$ 2 bilhões em 1978.

Na prática, a instabilidade política e econômica não permitiu que se consolidasse uma ordem estável a partir dos acordos de 1974. A rivalidade entre os principais países produtores fez com que a OPEP, na prática, não funcionasse como um cartel. Era apenas um fórum de articulação dos países exportadores onde se digladiavam os dois atores mais relevantes: o Irã e a Arábia Saudita. Para o Xá, o Choque de 1973 era uma obra sua e abria

O Papel do Petróleo na Geopolítica Americana

a oportunidade para seu país tornar-se a 5ª maior potência industrial do mundo, seguindo o caminho dos "milagres econômicos" do pós-guerra. Para os iranianos, o preço do petróleo deveria, portanto, ser o mais elevado possível no curto prazo de forma a permitir o financiamento externo de seu programa de industrialização. Já os sauditas tinham objetivos diferentes. Seu país detinha uma população pequena e sujeita a um regime tradicionalista, avesso a modernizações. Estrategicamente, estavam mais preocupados com as ameaças que os elevados preços internacionais podiam gerar para os países demandantes e para a economia internacional. Outra fonte de tensão para os sauditas era a relativa "carta branca" que os EUA haviam dado ao Irã do ponto de vista militar. O Xá, a despeito de ser o paladino dos aumentos de preço no curto prazo, podia adquirir qualquer tipo de armamento americano, mesmo os mais modernos tecnologicamente, desde que não fossem nucleares. Em meados dos anos 1970, o Irã respondia por quase metade das vendas externas de armamentos dos EUA.

Nesse cenário, o novo governo americano (Carter), que havia chegado ao poder em 1977, pareceu inicialmente conseguir consolidar o modelo de ordenamento do mercado de petróleo deixado por Nixon e Kissinger. Preocupado com a instabilidade da economia iraniana, encharcada em petrodólares, e com a pressão pelos direitos humanos da nova administração americana, o Xá adotou uma postura mais moderada na questão dos aumentos de preço. Em troca, os EUA continuaram a lhe dar carta branca para a compra de armamentos. Na visão americana, o poder de mercado do Irã e da Arábia Saudita, que controlavam em conjunto 48% da produção da OPEP, seria, com o apoio americano, suficiente para determinar com facilidade o rumo do preço internacional do petróleo. O arranjo anterior, relativamente precário, já havia sido capaz de limitar a dois os aumentos do preço do barril – para US$ 11,46 em 1975 e para US$ 12,70 em 1977, abaixo da inflação americana (ver o Gráfico II). A adesão iraniana à tese da estabilidade dos preços deveria ser suficiente para consagrar a estratégia Nixon-Kissinger como o novo sistema de ordenamento do mercado no longo prazo.

Washington não tinha, no entanto, conhecimento do estado avançado de esfacelamento pelo qual passava o regime do Xá. Em um clima de surpresa, os EUA assistiram, ao longo de 1978, à rápida e irreversível deterioração do quadro político no Irã. Em janeiro de 1979, o Xá foi obrigado a abandonar Teerã, no meio de uma onda revolucionária que levaria ao poder o clero xiita, liderado pelo aiatolá Khomeini. O projeto de ordem do mercado baseado em um condomínio EUA-Irã-Arábia Saudita estava definitivamente enterrado.

O choque gerado pela Revolução Iraniana lançou o mercado internacional de petróleo no caos. De imediato, a produção iraniana foi interrom-

325

pida gerando uma redução de oferta de cerca de 4 milhões de bpd. A Arábia Saudita e outros produtores aumentaram suas exportações em mais de 2 milhões de bpd, em uma tentativa de reduzir o impacto negativo da suspensão da produção iraniana. A princípio, parecia que a situação poderia ser administrada. Para um mercado de 50 milhões de bpd, o impacto efetivo de uma redução líquida de 2 milhões representava menos de 5% da demanda global. Mesmo assim, os preços explodiram, passando de US$ 13 para US$ 34 por barril (ver o Gráfico II). O mundo já estarrecido pelos acontecimentos no Irã estava novamente em pânico.

O caráter tradicionalista e antiamericano da Revolução Iraniana lançaram dúvidas quanto a sustentabilidade dos regimes políticos de outros países da região. Afinal, o fundamentalismo muçulmano também era uma força política crescente em países como a Arábia Saudita, o Egito e até mesmo a Argélia. Diante desse cenário, os países ocidentais e o governo americano, em particular, pareciam poder fazer pouco para garantir o funcionamento estável do mercado. Ao mesmo tempo, o controle das empresas sobre a produção havia desaparecido com as nacionalizações. Havia sido substituído por contratos de longo prazo que em pouco tempo foram denunciados por motivos de "força maior" (*force majeure*). De um lado, empresas se utilizavam dessa cláusula para deixarem de atender seus clientes por falta de petróleo iraniano. De outro, países produtores arguiam o mesmo direito para suspenderem fornecimentos contratados e aumentar *de facto* os preços.

A escassez de óleo atingiu assimetricamente os diferentes atores, ao mesmo tempo em que as convenções de mercado desapareciam. Na prática, todos os demandantes – empresas integradas, refinadores independentes e distribuidores – estavam tentando se proteger, aumentando simultaneamente seus estoques. Esse "efeito manada" da incerteza fez com que o excesso de demanda não fosse de apenas 2 milhões de bpd mas de 5 milhões, ou seja 10% do mercado global. Nesse cenário, os mercados *spot*, que até então haviam sido absolutamente marginais, passaram a ocupar uma posição de destaque no processo de formação de preços. Diante desse turbilhão, a OPEP não fez mais do que sancionar a realidade. Formalmente seus membros foram liberados para cobrarem o que lhes "parecesse justo à luz das circunstâncias".

Diante desse ambiente caótico, a Arábia Saudita manteve-se como a única voz dissonante na OPEP em favor de os países exportadores combaterem em conjunto a crise de mercado, praticando uma política de estabilização dos preços. Os aumentos iam contra o interesse da Organização na medida em que estimulavam o aparecimento de novos competidores, a substituição do petróleo por outras fontes e a redução da demanda por racionalização do uso. O Golfo Pérsico voltaria a ser um mero fator de ajuste de mercado. Der-

O Papel do Petróleo na Geopolítica Americana

rotados, os sauditas anunciaram que manteriam seus preços oficiais. Em compensação, diminuiriam sua produção para os níveis normais, 8,5 milhões de bpd, uma vez em que a produção iraniana retornava ao mercado.

A ida do Xá aos EUA para tratamento de saúde provocou, em novembro de 1979, a invasão da embaixada americana em Teerã. Os funcionários americanos foram aprisionados e mantidos como reféns. Os americanos sofreram enormes prejuízos em sua imagem como potência hegemônica. A incapacidade do governo Carter em lidar com a situação prejudicou sua reeleição. A libertação dos prisioneiros, depois de uma tentativa fracassada de resgate, só ocorreu no dia em que o novo presidente americano, Ronald Reagan, tomou posse em 1981.

O início da guerra entre Irã e Iraque, em setembro de 1980, pareceu anunciar um terceiro choque. Em pouco tempo, 4 milhões de barris deixaram de abastecer o mercado a cada dia. O preço do óleo leve árabe subiu a seu máximo histórico, US$ 42 por barril. Dessa vez, no entanto, a reação foi diferente. O pânico foi evitado pelos elevados níveis dos estoques, pela coordenação entre os países industrializados, pelo aumento da oferta de novas fontes – Mar do Norte e Alasca – e, principalmente, pela identificação de que a demanda de petróleo estava em uma firme trajetória descendente. Outubro de 1981 marcou a data da última vez em que a OPEP aumentou seus preços em uma década. O caos começava a se dissipar.

Uma parte da redução da demanda de petróleo tinha origem estrutural. Era decorrente das políticas de conservação de energia desenvolvidas ao longo dos anos 1970. O aumento na eficiência em petróleo entre 1973 e 1985 atingiu 32% nos EUA e 51% no Japão. Outra parcela, no entanto, devia-se à mudança na política monetária americana. Diante da aceleração inflacionária nos EUA, o Federal Reserve elevou sua taxa básica de juros até 21,5% ao ano, o nível máximo jamais praticado, levando a economia dos EUA à pior recessão do pós-guerra. O choque de juros forçou as demais economias desenvolvidas a se ajustarem a um novo quadro recessivo. Simultaneamente, lançou os países em industrialização – principal fonte de crescimento da demanda internacional – na pior crise de sua história. Como resultado, a demanda dos países não comunistas limitou-se a 45,7 milhões de bpd em 1983, 6 milhões a menos do que em 1979.

A posição dos países exportadores também foi enfraquecida pelo aumento da produção fora da OPEP (ver o Gráfico III). A participação da Organização, em menos de cinco anos, havia se reduzido de quase 2/3 para menos de 50% do mercado do mundo não-comunista. Novos campos estavam entrando em operação no lado inglês do Mar do Norte. A União Soviética também estava aumentando suas exportações. Todo esse petróleo adicional era vendido através dos mercados *spot*.

327

Em pouco tempo, os preços nesses mercados estavam abaixo dos oficiais da OPEP. A Organização, no primeiro momento, negou-se a acompanhar os mercados à vista, por medo de estimular uma aceleração do processo de redução de preços. Para defender essa posição, teve que cortar a produção. Em março de 1982, o limite máximo foi fixado em 18 milhões de bpd, com cotas para todos seus membros, exceto para a Arábia Saudita. Aos sauditas, caberia o papel de ajustar automaticamente suas vendas como forma de sustentar o preço oficial. Era uma mudança substancial no cenário. Em 1979, o limite estabelecido pela OPEP havia sido de 31 milhões. O corte era de 13 milhões. Parecia que, finalmente o sonho de Peres Alfonso estava se materializando. A OPEP estava finalmente funcionando como um cartel, em bases semelhantes às da TRC.

A despeito dessas medidas, a "queda de braços" entre os países da OPEP e seus competidores, continuou. O principal concorrente da Organização era a Inglaterra, graças ao óleo do Mar do Norte. Em 1983, os britânicos produziram mais do que Argélia, Líbia e Nigéria juntos e, em vários momentos, lideraram reduções de preços. Diante da realidade da concorrência, a OPEP foi forçada a fixar preços e cotas de produção cada vez menores. A consequente queda nas receitas dos países exportadores levou-os a uma situação de estrangulamento fiscal e de balança de pagamentos. A luta por cotas no âmbito da Organização tornou-se dramática. Mesmo com a Guerra Irã-Iraque em andamento, o mundo voltava a "nadar em óleo".

Em um contexto de excesso de oferta, as mudanças no modo de funcionamento do mercado avançaram rapidamente. Diante das nacionalizações e da insegurança decorrente do rompimento unilateral dos contratos de fornecimento de longo prazo, as grandes empresas, que controlavam as atividades de refino, distribuição e revenda, abandonaram a antiga estratégia de operação integrada – equilíbrio entre oferta e demanda no interior da própria empresa – em favor da desintegração comercial. As compras de petróleo[25] passaram a ser feitas com base em mercados *spot*. Essa mudança teve apoio do governo americano então envolvido na "desregulamentação" de seu próprio mercado. Até 1981 foram eliminados os controles que, por muitas décadas, haviam limitado a integração de seu mercado interno de petróleo ao internacional. Os EUA representavam o maior consumidor isolado além de responderem por 25% da oferta global. Era uma base grande e segura o suficiente para o desenvolvimento de uma ordem econômica apoiada em mercados à vista.

---

[25] Outros serviços de natureza até então estratégica também foram terceirizados e organizados em bolsa, como foi o caso do aluguel de petroleiros.

GRÁFICO III
Participação dos Principais Países Produtores na
Oferta Mundial de Petróleo
(1965-2002)

Em percentagem

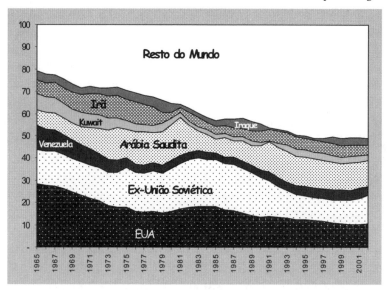

Fonte: BP (2003).

O passo seguinte foi a institucionalização dos mercados de futuros. A Nymex[26] iniciou suas operações com *futures* de petróleo e seus derivados em março de 1983. Em pouco tempo, empresas de petróleo e instituições financeiras estavam ativamente transacionando em grande escala na Nymex com papéis relacionados com óleo. Outra consequência da liberalização do mercado americano e da *financeirização*[27] do mercado foi lançar as empresas em uma onda de fusões e aquisições.

A queda nos preços internacionais em um ambiente liberalizado fragilizou muito as empresas. Companhias menores começaram a quebrar, refinanciamentos junto aos bancos tornaram-se corriqueiros até que crises bancárias – como a que ocorreu no Texas – obrigaram as autoridades ameri-

---
[26] Bolsa de Mercadorias de Nova Iorque – New York Mercantile Exchange.
[27] Ver Braga, 1991 e 1997.

canas a intervir para evitar que o problema se propagasse. O colapso do Continental Illinois, o 7º banco americano, por causa de sua exposição ao setor de energia, trouxe o problema da crise financeira das empresas de petróleo para as primeiras páginas dos jornais. Apesar da nacionalização do Continental ter impedido sua falência, o pânico levou à suspensão de novos financiamentos para as companhias do setor e à queda no valor de seus ativos.

Se as empresas e bancos envolvidos com petróleo estavam em crise, o mesmo se aplicava a alguns grandes países exportadores extremamente endividados. O México era o principal foco de observação. Sua enorme dívida externa estava concentrada em alguns poucos grandes bancos norte-americanos. À época, a exposição dos nove maiores *money center banks* dos EUA frente ao México alcançava 44% do capital dessas instituições. O pior era que a exposição desses mesmos bancos frente ao conjunto dos países latino-americanos alcançava 250% de seu capital. Qualquer problema de solvência mexicana afetaria o crédito para toda a região e consequentemente a saúde do sistema financeiro americano. A moratória mexicana de 1982 desencadeou a maior crise da dívida externa já vivida no continente, dando início à "década perdida" da América Latina.

O problema da dívida externa mexicana foi apenas uma das facetas do processo de estrangulamento financeiro por que passavam os países exportadores de petróleo. No âmbito da OPEP, a situação já não permitia à Arábia Saudita operar como "ajustador" do mercado, ou seja, variar sua produção para sustentar o preço estabelecido pela Organização. Os custos dessa política estavam acima de sua capacidade financeira. De uma receita de US$ 119 bilhões em 1981, o reino viu-se reduzido a US$ 36 bilhões em 1984. O pior, no entanto, era o custo que esse processo estava exigindo em termos de participação no mercado. Em meados de 1985, a produção saudita chegou a ser inferior à inglesa (ver o Gráfico III).

O Mercado Flexível de Petróleo e o "Guarda-Chuva" Militar Americano sobre o Oriente Médio.

Diante do insucesso dos acordos da OPEP de 1982, a Arábia Saudita decidiu, em 1985, mudar radicalmente sua estratégia. Em lugar de continuar ajustando sua produção para manter um determinado preço, fixaria um determinado volume de produção, independentemente do preço de mercado. Os preços oficiais foram abolidos e os contratos com óleo saudita passaram a adotar o princípio do *netback,* acompanhando os preços praticados no mercado à vista, menos de uma margem pré-estabelecida[28]. Os demais países da Organização tiveram que acompanhar a política saudita. Os preços agora deixavam de ser fixados através de negociações no âmbito da OPEP para flutuar ao sabor da ação de milhares de contratos negociados nos mercados *spot* e a futuro. Para os produtores independentes – em particular a Inglaterra – a decisão eliminava as vantagens de serem *free-riders*, gozando das vantagens da estratégia da Organização de manutenção de preços sem incorrerem nos custos de limitar sua própria produção. Ademais, um colapso nos preços iria afetá-los mais que aos países árabes. Os sauditas detinham – e continuam a deter – os menores custos de produção em todo o mundo.

Em poucas semanas, os preços internacionais colapsaram. O barril do West Texas Intermediate, caiu de um máximo de US$ 31,75 em novembro de 1985, para menos de US$ 11,50 em abril de 1986. Os países exportadores independentes, diante da crise, decidiram negociar com a OPEP. Era o início da consolidação da nova ordenação de mercado, baseada nos preços flexíveis. Novamente, havia uma autoridade com poder entre os grandes produtores: a Arábia Saudita.

O problema de um sistema de mercado flexível é que os preços podem ficar sujeitos a grande volatilidade, o que não se coaduna com a natureza estratégica e de longo prazo da indústria do petróleo. Mesmo assim, os sauditas se renderam a uma nova realidade internacional em que as taxas de câmbio e as taxas de juros assim como outros preços importantes também estavam sujeitas a grandes flutuações. Não havia sentido em fixar o preço do petróleo em moeda americana, quando o próprio dólar estava sujeito a grandes flutuações, frente às demais moedas conversíveis. Para mitigar esse problema foi necessário atribuir à OPEP, sob a liderança da Arábia Saudita, o papel de regulador do mercado, a partir de um preço politicamente decidido. Esse passo adicional não foi difícil de ser dado.

A perspectiva de uma situação prolongada de preços muito baixos preocupava, não só os produtores, mas também os grandes consumidores. A pressão para deter a espiral deflacionária veio inicialmente do governo americano. Apesar da retórica liberal da administração Reagan, seu Vice-Presidente, George Bush, era um homem do petróleo, além de representante dos eleitores texanos. Nos preparativos para uma viagem ao

---

[28] O *netback pricing* refere-se a um sistema em que o preço de oferta de um bem – no caso o petróleo cru – é estabelecido com base em seu preço de demanda final – o dos derivados de petróleo (gasolina, diesel, óleo combustível etc.) – menos uma margem que remunere os custos ao longo da cadeia – transporte, revenda, distribuição e, até mesmo, refino.

Oriente Médio em abril de 1986, Bush declarou: "Acredito, e sempre acreditei, que uma indústria doméstica americana (de petróleo) forte está nos interesses de segurança nacional, nos interesses vitais deste país[29]". Com custos marginais muito elevados frente aos sauditas, os produtores americanos – e toda sua cadeia de fornecedores, instituições financeiras e governos estaduais – estavam sofrendo mais com a redução dos preços internacionais do que os países do Golfo. Os EUA eram então o segundo maior país produtor mundial de petróleo, atrás da União Soviética. Em reunião com o governo saudita, Bush alertou para a possibilidade de os EUA, Japão e Europa aproveitarem a oportunidade dos preços baixos para aumentar a taxação sobre o petróleo importado. Haveria assim uma transferência de recursos dos Tesouros dos países exportadores para os dos importadores. Era, portanto, urgente estabilizar os preços no mercado internacional.

Com o sinal verde americano, os sauditas buscaram, com sucesso, atrair outros países exportadores preocupados com a perspectiva de enfrentarem uma crise financeira, para uma ação coletiva em favor da estabilização do preço internacional. A Arábia Saudita se recusava a voltar a ser o elemento de ajuste marginal do mercado. A saída era os grandes exportadores em conjunto administrarem sua produção de acordo com as flutuações da demanda global, dentro de uma regra de proporcionalidade no interior da OPEP. Para surpresa, todos, inclusive os países beligerantes, Irã e Iraque, aderiram ao acordo. Faltava ainda ouvir os independentes. A adesão de uma União Soviética, pressionada pela necessidade de divisas, viabilizou o acordo[30]. A queda dos preços internacionais, comandada pela Arábia Saudita, havia colocado em cheque a política de abertura econômica (*Perestroika*) comandada por Gorbachev.

Faltava apenas fixar o preço de referência. O valor de US$ 18 por barril foi consensualmente aceito por produtores e consumidores. Era baixo o suficiente para estimular o crescimento econômico e a recuperação da demanda de óleo, e elevado o necessário para garantir uma renda satisfatória aos produtores, particularmente os americanos, inibindo as pressões por aumento das taxas sobre importações nos EUA e em outros países ricos. O acordo foi sacramentado em dezembro de 1986 pela OPEP. Na prática, o "preço de referência" de US$ 18 representava o limite superior de uma banda, que tinha US$ 15 como piso mínimo. Preços superiores ou inferiores aos estipulados seriam combatidos com aumentos ou reduções nas cotas de

---

[29] *I happen to believe, and always have, that a strong domestic U.S. (oil) industry is in the national security interests, vital interests of this country* (Yergin, 1992: 756).

[30] Os soviéticos, à época, se comprometeram a reduzir suas exportações em 100.000 bpd.

produção dos países membros – bem como de seus aliados independentes. O mercado de petróleo, a exemplo do que ocorre nos mercados de câmbio, estaria sujeito a uma "flutuação suja[31]".

Com esse acordo, o mundo do petróleo deu início a uma nova era de relativa estabilidade. O mercado flexível permitiu que a inter-relação entre produtores e consumidores fosse dispersa em uma rede de contratos à vista, a futuro e derivativos, transacionados em tempo real. A relação entre o preço de demanda e de oferta passou a ser integrada com base no princípio do *net-back*. Aos demais elementos da cadeia de produção, foi garantida uma certa "renda fixa", que cobrisse seus custos de operação. A OPEP e seus associados independentes seriam responsáveis pela administração da banda de preços.

Para completar a sustentação desse novo sistema de ordenamento, faltava resolver o problema da fragilidade político-militar do Oriente Médio. A saída foi transferir diretamente aos EUA, sem intermediários locais, a administração da questão. Os EUA, politicamente fortalecidos ao longo da administração Reagan, viram sua posição hegemônica sobre o mundo tornar-se incontestável, diante do desaparecimento da União Soviética em 1989. Os acordos militares bilaterais com Arábia Saudita, Emirados do Golfo, Egito e Israel permitiram-lhe finalmente ocupar diretamente o vácuo deixado pela saída das tropas inglesas no início dos anos 1970. O estabelecimento de bases militares americanas na região foi uma mera questão de tempo, uma vez que o fantasma do Vietnã já não amedrontava a opinião pública americana. O primeiro passo foi dado pelo pedido do governo kuwaitiano de proteção militar para seus navios-tanques diante das ameaças iraquianas. Os petroleiros do Kuwait passaram a navegar com bandeira americana, escoltados por navios de guerra dos EUA. Poucos meses depois, a frota americana já patrulhava rotineiramente o Golfo.

O fim da guerra de oito anos entre o Irã e o Iraque em julho de 1988 parecia anunciar que a região, depois de mais de quinze anos de conflitos, caminhava na direção da paz. Entretanto, menos de dois anos depois, em agosto de 1990, tropas iraquianas invadiam o Kuwait. A tomada definitiva do pequeno país vizinho representaria, para o Iraque, o controle sobre 20% da produção e das reservas mundiais. O poder de Saddam Hussein no mundo do petróleo aumentaria substancialmente. Havia ainda o risco de a anexação ser estendida a outro país árabe ainda mais importante: a Arábia Saudita. A reação à invasão iraquiana uniu, sob a liderança americana do recém-empossado presidente George Bush, quase todo o mundo árabe.

---

[31] A "flutuação suja" refere-se à capacidade de intervenção explícita ou potencial do Banco Central de se contrapor, dentro de certos limites, a tendências indesejadas da taxa de câmbio.

O conflito fez com que, de imediato, 4 milhões de barris deixassem de ser produzidos por dia. O preço internacional, diante da ameaça de invasão da Arábia Saudita, chegou a superar US$ 40 por barril no mercado futuro, o dobro de antes. Em dezembro, no entanto, outros produtores haviam ocupado o espaço deixado pelos iraquianos. Os sauditas haviam aumentado sua exportação em 3 milhões de bpd. Os preços começaram a ceder, até mesmo por desaceleração da demanda. Em janeiro de 1991 os americanos, à frente de uma coalizão de 33 países, lançaram um ataque maciço ao Iraque. A resposta do mercado foi imediata. O preço do barril caiu para US$ 20. Ao final de fevereiro, os iraquianos assinavam um cessar fogo. Diferentemente do Vietnã e da intervenção no Líbano, as perdas americanas dessa vez foram mínimas.

Passado o episódio Iraque-Kuwait, o mercado voltou ao *business as usual*. Havia ainda a necessidade de reparar os danos deixados por Saddam Hussein. Cerca de 6 milhões de bpd estavam sendo consumidos por incêndios provocados pelos iraquianos antes da retirada. Além disso, as vendas do Iraque passaram a ser controladas diretamente pela ONU. O sistema de regulação de mercado implementado a partir de 1986 havia sido revigorado pelos acontecimentos. A liderança americana na região havia se consolidado, inclusive com a instalação de bases permanentes em território saudita.

Entre 1992 e 1998, os preços flutuaram dentro de um padrão de relativa normalidade. A demanda global voltou a crescer sustentadamente a taxas de 1,4% ao ano, basicamente devido ao aumento do consumo verificado nos países asiáticos. Em 1996, o mercado novamente estava diante de uma situação de falta de capacidade ociosa. Nesse meio tempo, os venezuelanos, desafiando a liderança da Arábia Saudita, descumpriram suas cotas e retomaram a posição de principal exportador para o mercado americano, em detrimento dos sauditas. Simultaneamente, como os preços passaram a atingir o limite superior da banda, a OPEP decidiu aumentar suas cotas de produção em dezembro de 1997, sem se aperceber das elevadas proporções que a crise econômica em curso na região da Ásia-Pacífico já havia tomado. Além disso, 1 milhão de bpd de petróleo iraquiano entrou no mercado ao longo de 1998. O resultado foi um acúmulo de estoques e a queda nos preços. O barril de óleo cru importado nos EUA caiu de uma média de US$ 23,22 em dezembro de 1996 para US$ 9,39 em dezembro de 1998 (ver o Gráfico II). Uma das maiores vítimas da queda de preços foi a Rússia. Já em situação financeira frágil, o país foi desestabilizado pela perda das divisas provenientes da venda de petróleo. O resultado foi a atabalhoada desvalorização do rublo.

Outra consequência do mesmo processo foi a onda, tardia do ponto de vista dos demais setores da economia, de fusões e aquisições no mercado de petróleo. A grande operação inicial envolveu a compra da Amoco pela BP em agosto de 1998. Logo em seguida vieram as fusões entre Exxon e Mobil, entre BP-Amoco e ARCO e entre empresas francesas e belga, TotalFina-Elf. Posteriormente, se seguiram as incorporações da Texaco pela Chevron e da Conoco pela Philips. Esse movimento de centralização do capital foi decorrente de vários fatores. Do ponto de vista da evolução de longo prazo do setor, haviam ocorrido substanciais reduções de custo na década anterior, graças a inovações gerenciais e tecnológicas. Entre 1980 e 1992, o emprego direto nas oito maiores empresas do setor havia sido reduzido de 800.000 para 300.000 postos. Simultaneamente, o custo de novas descobertas havia caído de mais de US\$ 20 por barril de óleo equivalente em 1979-1981 para menos de US\$ 5 em 1993-1995. O custo médio de produção ao longo da segunda metade da década de 1980 havia sido reduzido de US\$ 7,20 para US\$ 4,10 por barril. Esses ganhos se distribuíram desigualmente e refletiram-se no valor de mercado das empresas. Foram as maiores e mais capitalizadas companhias que comandaram as aquisições. Finalmente, a elevada liquidez dos mercados e a bolha especulativa do fim dos anos 1990 haviam elevado substancialmente o preço das ações, tornando atrativa a venda de algumas empresas por seus controladores.

Para responder à queda de preços, a OPEP decidiu realizar dois cortes de produção: de 3,2 milhões de bpd em 1998 e, novamente, em março de 2000 de mais 2,1 milhões. O problema é que a Ásia retomou o crescimento e, consequentemente, a demanda de petróleo. Mesmo assim, a oferta continuou limitada. A meta dos países exportadores até o momento era manter o preço do barril em torno a US\$ 25, em uma estratégia de recuperar parte das perdas de 1998. O quadro de falta de capacidade ociosa ainda persiste, mas as expectativas atuais são de que não devem perdurar por muito tempo. Diante desse quadro, qualquer acontecimento relevante pode lançar os preços em curto prazo para patamares superiores a US\$ 30 ou até mesmo US\$ 40 por barril. A greve que ocorreu em janeiro de 2003 na Venezuela e a redução abrupta em suas exportações para os EUA é um exemplo. Os preços limitaram-se a atingir pontualmente US\$32 graças ao aumento das importações de petróleo mexicano e do Oriente Médio. Seu impacto não foi tão dramático uma vez que era um fato já esperado pela inteligência dos EUA e pelas grandes petroleiras.

Um evento absolutamente imprevisto neste cenário foi os ataques ao World Trade Center de Nova Iorque em 11 de setembro de 2001. Um de seus efeitos foi aumentar a preocupação dos EUA com sua segurança energética, particularmente com sua dependência de fornecimento de petróleo do Oriente Médio. A nova postura americana passou a considerar mais facilmente a hipótese de um conflito militar direto com regimes inamistosos na região.

Até então, argumentava-se que os mecanismos de mercado estavam funcionando bem e, desse ponto de vista, o único aspecto de preocupação militar relevante era a segurança dos oleodutos e dos governos da região.

De acordo com Johnson (2004), uma das principais razões para a existência das mais de 725 bases americanas no mundo é a crescente dependência americana do suprimento de petróleo estrangeiro. Segundo os dois autores, "muitos dos destacamentos (americanos) estão em países estrangeiros para defender as concessões de petróleo (americanas) de seus competidores ou para prover proteção policial para os oleodutos, apesar de (o governo americano) sustentar que têm propósitos completamente distintos – lutar a "guerra contra o terrorismo" ou a "guerra contra as drogas", ou treinar soldados estrangeiros, ou ainda engajar-se em alguma forma de intervenção "humanitária". "(...) em alguns casos, o petróleo é a *única* explicação plausível para a aquisição de novas bases. Nesses casos, o governo (americano) produziu elaboradas versões para dissimular os fatos (*cover stories*) para o que parece ser o uso de recursos públicos e de forças armadas para proteger interesses privados capitalistas. A invasão do Afeganistão e a rápida expansão de bases no Sudoeste e no Centro da Ásia então entre os melhores exemplos".

O regime talibã no Afeganistão mostrou que existe a possibilidade de países estrategicamente importantes no Oriente Médio serem conduzidos de "forma irracional", deixando de responder às regras de mercado. Nesse caso, a hipótese de uma intervenção militar direta passou a ser considerada um mal necessário. A invasão e ocupação do Iraque por tropas americanas a partir de março de 2003 representam um passo mais além nessa perspectiva. Deixou de ser tolerável que um ativo estratégico para os EUA – no caso o petróleo iraquiano – permanecesse sob controle de um regime que conteste, viole ou perturbe em demasiado a ordem internacional – particularmente os mercados flexíveis de petróleo. Cada ator deve cumprir seu papel. À OPEP, liderada pela Arábia Saudita, cabe garantir o ajuste entre oferta e demanda, dentro de uma banda de preços que atualmente varia entre US$ 22 e US$ 28 por barril. As empresas devem sustentar a expansão da oferta em longo prazo. Ao governo americano, corresponde-lhe garantir o funcionamento ordenado dos mercados e de seus principais agentes.

Perspectivas

O Choque de 1973 marcou o fim do período de crescimento acelerado do mercado internacional de petróleo. Com o 2º Choque, em 1979, o problema se acentuou. Desde então, as taxas de crescimento da demanda foram inferiores a 0,9% ao ano, pouco mais de undécimo do que havia sido durante

O Papel do Petróleo na Geopolítica Americana

o pós-guerra. Em 2003, o consumo mundial limitou-se a 79,2 milhões de bpd, apenas 23,1% mais do que os 64,3 milhões demandados em 1979.

A despeito da relativa estagnação após 1973, a composição regional do mercado se alterou substancialmente. Nos EUA, Europa e Japão, que em conjunto respondiam por 70% do consumo mundial em 1974, o aumento da demanda foi absolutamente marginal, graças à ação de fatores como baixas taxas de crescimento econômico, inovações tecnológicas e programas bem-sucedidos de racionalização do uso de energia. Nos países que sucederam a antiga União Soviética, a regressão do mercado foi extremamente aguda. A crise econômica gerada pelas reformas "pró-mercado" reduziu a demanda regional de 8,5 milhões de bpd em 1980 para 3,4 milhões em 2002, uma contração de 60%. Em compensação, o consumo dos países da América Latina e, principalmente daqueles em rápida industrialização na costa asiática do Pacífico, cresceu a taxas que chegaram a superar 6% ao ano por toda a década de 1990. O mercado da China, por exemplo, mais que dobrou no período, aumentando de 2,2 milhões em 1990 para 5,3 milhões de bpd em 2002.

Do ponto de vista da oferta também houve uma importante desconcentração geográfica. Novas áreas entraram em produção, como os campos ingleses e noruegueses do Mar do Norte. A União Soviética e os EUA, dois países historicamente líderes, perderam participação relativa e, até mesmo, em termos absolutos. Aumentou a importância do óleo oriundo do Oriente Médio, particularmente da Arábia Saudita, para o suprimento da economia global. Os sauditas ocuparam parte do mercado deixado pelos americanos – crescentemente importadores líquidos a partir de 1970 – e por dois de seus grandes concorrentes na exportação para o mercado internacional – os russos e os venezuelanos[32].

A participação saudita na produção internacional, de pouco menos de 11,8% em 2002, não justifica por si só a importância estratégica e de mercado que o país passou a deter nas últimas décadas. O poder da Arábia Saudita decorre de três outras características de seu petróleo. A primeira é a proporção extremamente elevada que detém das reservas internacionais. Hoje, o petróleo já identificado é capaz de suprir a atual demanda mundial por mais de 40 anos – uma situação bastante confortável. Entretanto, a distribuição regional desse óleo é bastante assimétrica. Ao final de 2002,

---

[32] Em 2002, 9 países respondiam por cerca de 70% da produção mundial dos quais os três maiores – Arábia Saudita, EUA e Rússia – representavam pouco mais de 32%. Em 1965, cinco países forneciam os mesmos 70% – para um mercado que era menos da metade do atual – sendo que os três maiores – EUA, União Soviética e Venezuela – produziam mais de 50% das necessidades mundiais.

337

65,2% das reservas provadas do mundo estavam localizadas no Oriente Médio, das quais 25 pontos percentuais em território saudita[33].

A segunda característica estratégica importante dos sauditas é o controle sobre a maior parte da capacidade ociosa de petróleo existente no mundo, o que, ao longo dos anos 1980 e 1990, lhes garantiu a posição de "supridor de petróleo de última instância". Entre os membros da OPEP, a capacidade ociosa estimada varia atualmente entre 7,3 e 7,8 milhões de bpd dependendo do horizonte de reativação dos campos[34]. Deste total, a Arábia Saudita responde por 2,6 a 3,1 milhões de bpd. Pode parecer pouco para um mercado que movimenta cerca de 75 milhões de bpd, mas é uma quantidade elevada o suficiente para poder alterar, no curto prazo, a situação dos estoques e, consequentemente, os preços internacionais, particularmente pelo prazo extremamente curto em que pode ser posta em operação[35].

Uma terceira vantagem dos sauditas é o baixo custo de produção de seu óleo, inferior a US$ 2 por barril, enquanto o petróleo pesado venezuelano, de muito pior qualidade, pode custar até cinco vezes mais e o russo até três vezes mais. Esse diferencial tem enorme importância em termos da capacidade de sustentação de estratégias prolongadas de disputa por mercados. Em cenários prolongados de baixo preço, os sauditas tendem a sofrer menos que seus competidores – todos dependentes da exportação de petróleo para financiar contas fiscais e cambiais.

Esses três fatores explicam o sucesso da liderança da Arábia Saudita sobre a OPEP e, consequentemente, sobre o mercado de petróleo. Entre 1985 e 1997, os preços internacionais se situaram entre US$ 15 e 20 o barril durante 2/3 de todo o período (ver o Gráfico II). O único momento de maior sobressalto foi durante a invasão do Kuwait pelo Iraque em 1991.

Entre os países desenvolvidos, o desafio mais importante no longo prazo, particularmente por suas consequências estratégicas, é o aumento da dependência externa dos EUA[36]. Hoje as importações são responsáveis por 53% da oferta do mercado americano e as perspectivas apontam para um

---

[33] Além da Arábia Saudita, os principais detentores de reservas provadas no Oriente Médio são: o Iraque, com 10,7%, o Kuwait com 9,2% e o Irã com 8,6%; juntos os quatro países respondem por 53.5% do total mundial. Ver BP, 2003.

[34] A capacidade ociosa do Iraque não deveria ser somada diretamente a esse total uma vez que a decisão sobre sua utilização, desde o fim do conflito com o Kuwait em 1991, não depende dos dirigentes do país.

[35] De acordo com a Agência de Informação de Energia dos Estados Unidos (EIA), 2002 (a), "a Arábia Saudita é o único país com capacidade para promover um aumento significativo de oferta no prazo de 90 dias".

[36] A dependência europeia do Oriente Médio também tende a aumentar devido à tendência à redução da produção no Mar do Norte.

aumento desse percentual para 62% em 2020[37]. Embora as principais fontes de suprimento de petróleo para os EUA estejam situadas nos continentes americano e africano, o mercado flexível opera de forma absolutamente integrada e tem seu centro de oferta no Golfo Pérsico. Desse ponto de vista, a presença militar direta americana nessa região é uma garantia importante tanto da manutenção do *status quo* nesses países quanto de seu alinhamento aos interesses dos EUA.

Este cenário tende a se alterar, mas não substancialmente, com o aumento das exportações russas. O potencial da Rússia no curto prazo é grande e representa uma moeda de troca importante no relacionamento desse país com os EUA e, em particular, com a Europa, por causa da maior proximidade geográfica. Existe uma possibilidade de a Rússia vir a utilizar seu petróleo e seu gás natural como meio para, até mesmo, legitimar uma maior aproximação se não uma candidatura plena à União Europeia. Nesta última hipótese, pouco provável, as consequências para a posição hegemônica americana no longo prazo poderiam ser dramáticas. Como afirmou Sir Halford Mackinder em 1904, "um império mundial estará em vias de se concretizar, no dia em que a Alemanha se alie à Rússia de forma duradoura[38]". O mesmo tema voltou a ser tratado por Henry Kissinger, noventa anos depois. Na conclusão de seu livro *Diplomacy,* afirmou: "não é do interesse de nenhum país que a Alemanha e a Rússia se fixem, quer na condição de principais parceiros quer na de principais adversários. Se se tornarem muito próximos, levantarão temores de um "condomínio"; se brigarem, envolverão a Europa em uma escalada de crises[39]".

A continuidade do crescimento asiático poderá abrir novas possibilidades de acomodação entre russos e árabes. Existe a perspectiva de a Rússia vir a abastecer a China e do Japão com gás e petróleo, até como forma de redução da dependência quase que absoluta que os países da Ásia-Pacífico têm dos suprimentos árabes. A economia chinesa, se mantidas as projeções de crescimento que são usadas para traçar os atuais cenários de longo prazo, também poderá gerar efeitos importantes sobre o mercado de petróleo. Sua demanda tende a aumentar rapidamente enquanto a oferta local deverá ser mantida nos níveis atuais. Consequentemente, a China será levada a se tornar um novo ator no mundo do petróleo, a exemplo das demais potências importadoras. Desse ponto de vista, já se assiste a um aumento da aproximação entre os chineses e algumas das repúblicas da ex-União Soviética,

---

[37] Ver EIA, 2003.

[38] Citado em Fiori (2002).

[39] Ibidem.

particularmente as situadas próximas de sua fronteira[40]. Certamente isso implicará em uma maior presença política chinesa, tanto no Cáspio quanto no Oriente Médio. Do mesmo modo, não está descartada uma aproximação maior entre a China e a Rússia, em torno do uso dos recursos energéticos russos localizados na zona asiática daquele país. Novamente, uma aproximação entre os russos e a China e, até mesmo, o Japão pode, como no caso do cenário europeu, gerar temores ou aflições nos demais países, em particular nos EUA.

Conclusões

Desde o fim da II Guerra, o mercado de petróleo atravessou três fases, cada uma marcada por um padrão específico de ordenamento (ver Quadro Resumo ao final). Na primeira (1945-1973), o centro das decisões eram as grandes empresas anglo-americanas. As "Sete Irmãs" estabeleciam preços estáveis e operavam individualmente o equilíbrio entre oferta e demanda, integrando no seu interior os diferentes segmentos da cadeia, desde o "poço (de petróleo) até o posto (de gasolina)[41]". Suas decisões e ações eram suportadas por contratos de concessão com os governos dos países produtores e por acordos interempresas que estabeleciam áreas geográficas rígidas de atuação, eliminando a concorrência na exploração e na produção. O mercado apresentava uma tendência de rápido crescimento, 7% ao ano, e a oferta era estruturalmente excessiva, desde a década de 1920. A segurança global do mercado era baseada em um condomínio anglo-americano. À Inglaterra, antiga potência colonial, cabia a responsabilidade direta pela segurança interna e externa dos países do Oriente Médio, inclusive por meio da presença de tropas estacionadas na área. Os EUA eram os "ofertantes de última instância" e garantiam não só sua própria segurança energética, mas também a da Europa.

Na segunda fase (1973-1982), o mercado de petróleo estagnou devido à recessão internacional e aos elevados preços. As grandes empresas petroleiras perderam o controle da produção para os governos dos países exportadores. Mantiveram, no entanto, o domínio sobre as atividades de refino e distribuição e continuaram a promover o "equilíbrio de mercado" no seu

---

[40] Existe um oleoduto de 2.350 km de extensão sendo construído entre o Cazaquistão e a China envolvendo diretamente empresas estatais dos dois países.

[41] A indústria do petróleo é normalmente descrita como composta por dois segmentos: o *upstream* que inclui as atividades de exploração e desenvolvimento de campos de petróleo e o *downstream*, que inclui o refino, o transporte, a distribuição e a revenda.

interior, através de frágeis contratos de compra e venda de longo prazo, que prefixavam preços e quantidades. A falta de capacidade ociosa e a sucessão de crises na economia internacional e no Oriente Médio tornaram letra morta esses novos contratos de longo prazo, sujeitando os preços e a disponibilidade do petróleo à grande instabilidade. A Arábia Saudita tornou-se, a partir de 1973, o "ofertante de última instância". Disputou a liderança de mercado, inicialmente, com o Irã e, posteriormente, com a União Soviética. As tentativas da OPEP e da Arábia Saudita de estabelecerem preços estáveis redundaram, na prática, no aumento do *market-share* dos países independentes em detrimento dos sauditas, graças ao aumento da oferta de óleo em outras regiões, como o Mar do Norte, em um contexto de demanda global cadente. Com a retirada das tropas britânicas, a segurança dos países do Golfo Pérsico passou a ser administrada inicialmente pelo Irã e pela Arábia Saudita, a partir de acordos bilaterais com os Estados Unidos. Este sistema entrou em colapso a partir da Revolução Iraniana (1979).

A terceira fase (1985 ....) vem sendo caracterizada por um baixo crescimento da demanda e pela existência de relativa capacidade ociosa, concentrada na Arábia Saudita. As petroleiras ampliaram sua desintegração operacional, aumentando a terceirização e a "comoditização". As relações entre empresas e países exportadores passaram a ser multilaterais e flexíveis. Os preços passaram a ser formados a partir de milhares de contratos transacionados em mercados *spot* e a futuro, na medida em que os países produtores se sujeitaram ao princípio do *netback*. A formação do mercado flexível de petróleo foi iniciada nos EUA, no início da década, com as medidas de *deregulation* do governo Reagan. Foi completada pela Arábia Saudita, a partir de uma "guerra de preços", que submeteu seus parceiros da OPEP e seus concorrentes independentes – União Soviética, Noruega, México – ao novo sistema de preços flexíveis. O gerenciamento de curto prazo – *fine tuning* – é feito através de um sistema, estabelecido por pressão dos EUA, de cotas de produção e de banda de preços administrado pela OPEP. A segurança do Golfo Pérsico passou a ser diretamente administrada pelos EUA que, com uma defasagem de 20 anos, substituíram, com suas próprias tropas, o vácuo deixado pela saída dos soldados britânicos.

Há uma correspondência entre cada um dos três padrões de ordenamento do mercado de petróleo verificados desde 1945 e as mutações atravessadas pela hegemonia americana nos mesmos períodos. O cenário internacional entre 1945 e 1973 caracterizou-se por uma hegemonia completa dos EUA, apesar de crescentemente contestada. Entre a vitória da II Guerra e a derrota do Vietnã, o mundo ocidental submeteu-se ao poder militar e econômico dos EUA em um contexto de Guerra Fria. A supremacia do dólar fixo era garantia suficiente para a formação de contratos de longo prazo com preços estáveis, dadas as condições de superabundância de oferta de petróleo. Simultaneamente, as petroleiras americanas invadiam espaços antes dominados pelos europeus, particularmente os ingleses, expulsos por um processo de descolonização apoiado por Washington. O rompimento desse ordenamento foi decorrência da crescente contestação da hegemonia americana. Enquanto o dólar sujeitava-se a desvalorizações e o exército americano era derrotado no Vietnã, as petroleiras eram obrigadas a ceder seus direitos sobre as fontes de produção para os governos nacionais concedentes. O fim relativamente abrupto – mas previsível – das condições estruturais de excesso de oferta de petróleo, vigentes desde a década de 20, consolidou e amplificou esse processo de desestruturação global da ordem internacional. Não é por acaso que o 1º Choque do Petróleo é tido como o marco do fim do chamado "período de ouro" do capitalismo do pós-guerra.

A incapacidade de os EUA conseguirem, de imediato, impor um novo padrão de ordenamento internacional deixou o mercado de petróleo – bem como todos os demais mercados relevantes – sujeito à grande instabilidade. A fraqueza da moeda americana, aliada a uma situação de escassez estrutural de oferta, tornou impossível a retomada de um relacionamento estável – garantia de oferta a preços e em quantidades fixas no longo prazo – entre petroleiras e países exportadores. Ao mesmo tempo, a tentativa de suprir o vácuo militar deixado pela retirada das tropas inglesas do Golfo Pérsico com uma *gendarmeria* local, no caso iraniana, teve um final breve e surpreendente com a ascensão dos aiatolás ao poder em Teerã, em 1979.

Um novo ordenamento estável do mercado de petróleo só conseguiu ser obtido a partir de meados dos anos 1980, pela conjugação de dois elementos novos. A retomada do dólar como padrão monetário internacional a partir de 1979 em um novo ambiente flexível teve como corolário a rerregulação dos principais mercados de *commodities* em consonância com esses princípios. A integração do mercado de petróleo ao processo de financeirização global teve início nos EUA, principal mercado consumidor e grande produtor. Em lugar de quantidades e preços prefixados, os contratos passaram a ser regidos por expectativas voláteis em um ambiente de incerteza. O princípio do *netback*, posteriormente aceito pela Arábia Saudita e pela OPEP, submeteu os produtores aos preços de curto prazo bem como às curvas de preço a futuro, baseadas em expectativas de desempenho e de liquidez globais da economia mundial, sob comando norte-americano. O cartel dos países exportadores, sob liderança saudita, transformou-se no gerenciador da oferta de forma a garantir que o preço do "ouro negro" se mantivesse dentro de bandas de flutuação prefixadas, pactuadas com os EUA[42].

Desde então, o novo padrão flexível do mercado de petróleo – a exemplo dos demais mercados – tem se mostrado extremamente resistente a crises sendo um dos elementos básicos de suporte e de estabilidade do poder americano. A menos de um problema pontual durante a Guerra do Golfo, o único evento de maior gravidade foi o colapso abrupto na demanda, por consequência da crise cambial asiática, na segunda metade dos anos 90. Mais recentemente, nos primeiros meses de 2004, o mercado assistiu novamente a banda de preços ser rompida. A diferença é que neste episódio, além de um aumento exagerado e imprevisto da demanda global, também contribuiu um aumento do risco de oferta diante das ameaças a instalações de petróleo na Arábia Saudita e da crescente contestação da ocupação militar americana do Iraque. Como o dólar sofreu recentemente desvalorizações frente às demais moedas conversíveis e a capacidade ociosa do setor está conjunturalmente muito limitada, estão em curso pressões para a banda de preços ser revista para cima, pela segunda vez desde sua criação em meados nos anos 1980[43].

A despeito do quadro de escassez relativa de oferta nos primeiros meses de 2004, as perspectivas de crescimento de médio e longo prazo da demanda de petróleo são medíocres, quando comparadas às do pós-guerra. Em contrapartida, a possibilidade de uma superação tecnológica do petróleo, como combustível básico do sistema de transportes, ainda é remota em um horizonte de duas décadas. Nesse cenário, o atual sistema flexível de mercado, mesmo com o aumento da dependência externa dos EUA, não deverá sofrer soluções de continuidade no futuro próximo.

É, no entanto, possível que venha a ocorrer um aumento substancial da volatilidade de preços, em decorrência do aumento da fragilidade política interna e externa no Oriente Médio. A forma como os EUA vêm respondendo às crises do Afeganistão, Palestina e Iraque indica que o caminho inicialmente escolhido pela potência hegemônica para garantir a segurança interna e externa dos países ao redor da região do Golfo Pérsico é o enfren-

---

[42] Segundo Odell (2004), "a banda de preços foi objeto de um "monitoramento conjunto – embora disfarçado – das relações de oferta e demanda pela OPEP e a Agência Internacional de Energia (o que permitiu restabelecer) rápida e efetivamente a estabilidade do mercado dentro da faixa de preço preferida. Foi a primeira vez que essas organizações atuaram de forma cooperada".

[43] A expectativa é de algo em torno a US$ 25 a US$ 32 o barril.

343

tamento direto permanente – ou, pelo menos, a real ameaça de enfrentamento direto. Esse posicionamento já provocou respostas dramáticas como a destruição do World Trade Center de Nova Iorque em 2001.

Essa estratégia, baseada em intervenções militares múltiplas, dificilmente será capaz de dar sustentação a um ordenamento estável para o Oriente Médio e, consequentemente, para o mercado de petróleo. Será provavelmente mais um "blowback[44]" na política externa americana. Em particular, as relações americano-sauditas podem sofrer abalos que venham a dificultar a retomada da ação coordenada entre os dois países que prevaleceu nas duas últimas décadas. O conflito palestino-israelense, além de minar a legitimidade da presença americana no Oriente Médio, gera, ademais, desgastes importantes na base de sustentação dos regimes políticos dos países árabes, particularmente para os sauditas. A questão palestina, junto com a presença de bases americanas na Arábia Saudita, foi parte da argumentação utilizada por Bin-Laden, líder da Al-Qaeda, para justificar os atos terroristas de 11 de setembro de 2001.

De qualquer modo, o principal fator para a manutenção do atual ordenamento do mercado de petróleo continuará sendo a capacidade de os EUA sustentarem o dólar, de forma inquestionável, como a moeda do comércio e do capital internacionais. Deste ponto de vista, não há indicações, para um horizonte de tempo razoável, de o dólar vir a ter algum concorrente em seu papel hegemônico.

Assim, é de se esperar que o mercado de petróleo continue, no futuro próximo, a manter para os EUA duas características relevantes. De um lado, será sempre um *lócus* que repercutirá disrupções no ordenamento internacional, quer originado de uma fratura de natureza econômica quer político-militar. Qualquer contexto de ruptura mais profunda pode ademais ser potencializado por limitações na oferta de óleo no curto prazo. Neste caso, o mercado de petróleo pode vir a se constituir um fator amplificador dessas fraturas e, até mesmo, por períodos limitados, um elemento autônomo de desordem, caso venha a ser capturado como instrumento de pressão por interesses contrários aos EUA.

---

[44] É um termo utilizado pela Agência Central de Inteligência dos Estados Unidos para se referir a consequências indesejadas ou não buscadas pelas políticas ou ações militares americanas através do mundo. Ver Fiori (2002).

QUADRO RESUMO
Tipologia dos Sistemas de Ordenamento do Mercado de Petróleo no Pós-Guerra

Características Básicas dos Sistemas de Ordenamento	Consolidação da Hegemonia Americana (1945-73)	Condomínio Saudita-Americano-Iraniano (1973-1985)	Mercado Flexível com Presença Militar Americana no Golfo (1985-2002)
Tendência do Mercado	Crescimento Rápido	Estagnação com flutuação	Crescimento Lento
Formação dos Preços	Estáveis e postais, fixados pelas empresas	Instáveis, fixados pelos países exportadores	Flutuantes, com banda administrada pela OPEP, sob comando saudita
Capacidade Ociosa	Estruturalmente excessiva	Muito restrita	Relativamente restrita
Instrumentos de Suporte ao Funcionamento do Mercado	Acordos entre empresas sobre áreas exclusivas de exploração e Contratos de Concessão com os países produtores	Contratos Venda de Longo Prazo entre empresas e países, exportadores, fixando quantidades e preços	Mercados Flexíveis, baseados em múltiplos contratos à vista, a futuro e seus derivativos
"Equilíbrio" de Mercado	Por empresa, integrado do "poço ao posto"	Integrado por empresa, com base em contratos de suprimento de longo prazo	Desintegração das empresas e "comoditização"
"Ofertante" em última instância	Estados Unidos	Arábia Saudita	Arábia Saudita
Segurança interna e externa do Golfo Pérsico	Condomínio Anglo-Americano, com presença militar inglesa até 1971	Acordos bilaterais entre EUA e países locais, sendo o Irã o *gendarme* principal até 1979	Presença militar direta dos EUA, a partir de 1991

BIBLIOGRAFIA

BERGSTEN, C.F. (2004). Foreign Economic Policy for the Next President. *Foreign Affairs*, março/abril, Nova York.

BRAGA, J.A. (1997). Financeirização da riqueza, economia do setor público. *Textos para discussão*, ano 6, n. 3, FUNDAP, São Paulo, 1991.

_____ (1997). Financeirização Global. In: TAVARES, M.C. & FIORI, J.L. (orgs.). *Poder e dinheiro*. Petrópolis: Vozes.

BP. (2002) e (2003). *Statistical review of world energy*.

EBEL R.E. (2002). *Geopolitics of Energy into the 21st Century*. US Department of State, 30 de abril [Disponível em www.state.gov/s/p/of/proc/tr/10187.htm].

EIA. DEPARTMENT OF ENERGY OF THE UNITED STATES/Energy Information Administration. (2003). *US Crude Oil, Most Recent Data*, fevereiro.

_____ (2002a). *OPEC Fact Sheet*, junho.

_____ (2002b). *Energy Internacional Perspectives 2002*. Washington.

_____ (2000). *Energy Internacional Perspectives 2000*. Washington.

FIORI, J.L. (2002). Blowback. *Correio Brasiliense*, 15 de setembro, Brasília.

FORTUNE. (2001). *Fortune 500*. São Paulo: Edição Global 2000.

JAFFE, A.M. & MANNING R.A. (2000). The Shocks of a World of Cheap Oil. *Foreign Affairs*, janeiro/fevereiro, Nova York.

JOHNSON, C. (2004). *The Sorrows of Empire*: Militarism, Secrecy, and the End of the Republic. Nova York: Metropolitan Books.

KLARE, M.T. (2001). The Geopolitics of War. *The Nation*, 5 de novembro, Nova York.

MORSE, E.; RICHARD J. (2002). The Battle for Energy Dominance. *Foreign Affairs*, março/abril, Nova York.

NEWSWEEK, (2002). *The Future of Oil*, 8 de abril, Nova York.

ODELL, P. (2004). Anarquia Não Pode Ditar Preços do Petróleo. *Folha de S. Paulo*, 17 de maio, São Paulo.

STANISLAW, J.A. (2004). Energy Competition or Cooperation: Shifting the Paradigm. *Economic Perspectives*, maio [Disponível em www.state.gov/journals/ites/0504/ijee/Stanislaw.htm].

TAVARES, M.C. (1997). A Retomada da Hegemonia Americana. In: TAVARES, M.C. & FIORI, J.L. (orgs.). *Poder e dinheiro*. Petrópolis: Vozes.

THE ECONOMIST, (2001). *Addicted to Oil. Editorial*. 13 de dezembro, Londres.

WESTON. J.F.; JOHNSON, B. & SIU, J.A. (1999). *Mergers and Restructuring in the World Oil Industry*. Los Angeles: UCLA.

YERGIN, D. (2002). *Oil Supplies Key to World Economy*. USA Today, 18 de setembro.

_____ (2000). *What Energy Crisis?* CERA, 17 de outubro, Cambridge.

_____ (1992). *The Prize*. Nova York: Touchstone.

XU, X. (1998). *Oil and Gas Linkages between Central Asia and China*: A geopolitical perspective. China: The Petro Strategy.

*Gloria Moraes**

Telecomunicações e Poder Global dos EUA

Vivemos no tempo curto, o tempo de nossa própria vida, o tempo dos jornais, do rádio, dos acontecimentos, como na companhia dos homens importantes que mandam no jogo, ou pensam mandar. É o tempo, no dia a dia, de nossa vida que se precipita, se apressa, como que para se consumir depressa e de uma vez por todas, à medida que envelhecemos. Na verdade, é apenas a superfície do tempo presente, as ondas ou as tempestades do mar. Porém, abaixo das ondas, há as marés. Abaixo dessas, estende-se a massa fantástica das águas profundas.

Braudel, 2002, p.369.

No início dos anos 1980 a hierarquia do sistema mundial foi modificada por dois movimentos de reafirmação da hegemonia dos EUA: no plano geoeconômico, com a diplomacia do dólar e no geopolítico, através da diplomacia das armas (Tavares & Melin, 1997: 55). Na superfície do debate que se seguiu sobre as relações internacionais, a ideia de globalização ocupou lugar de destaque e passou a representar a utopia de um mundo sem fronteiras, idealizado, no qual o desenvolvimento capitalista dever-se-ia, primordialmente, à liberdade dos mercados. Como se as relações entre o poder político e o poder do dinheiro não fossem o motor das decisões que promoveram a onda liberal conservadora que varreu o mundo a partir dos anos 1980. No cerne do debate sobre a política internacional, os limites das interações entre estados e mercados, entre a nova ordem unipolar e a ordem consorciada estabelecida em Bretton Woods, entre hegemonia e império (Fiori, 1997).

A crise da hegemonia norte-americana abrira o debate cuja referência histórica recaiu sobre os dois períodos em que, claramente, houve um *hegemon* na ordem capitalista: entre 1870 e 1914, com a Inglaterra, e entre 1945 e 1970, com os EUA. Como cenário, o fim da Guerra Fria, as novas diretrizes liberais-conservadoras e a expansão do 'modelo' para os principais países europeus e para a periferia do sistema, aparentemente abrindo caminho para uma nova gestão dos EUA como *hegemon*. Como desfecho, a de-

---

* Agradecimentos a Dinaldo Almendra, meu auxiliar de pesquisa, pelo minucioso trabalho realizado.

sestruturação do mundo socialista e o redesenho da política externa norte-americana, calcada em uma série de decisões unilaterais, colocando por terra os argumentos dos que defendiam a coordenação hegemônica dos EUA. Apontando para o futuro, uma gestão imperial marcada por total superioridade militar, demonstrada já na I Guerra do Iraque, com pretensões de reorganizar o mundo à sua imagem e semelhança e com explícita proteção aos seus segmentos produtivos e financeiros (Fiori, 1997).

É nesse contexto que as telecomunicações, que pouco apareciam nos debates sobre as relações internacionais, começaram a ocupar lugar de destaque. Até então, atendendo o grande capital, as infraestruturas nacionais de telecomunicações pareciam apenas servir de suporte para a prestação de serviços necessários à sua expansão sistêmica[1]. No debate setorial, pautado pelo jogo das aparências e ofuscado pelos benefícios ilimitados da globalização, as telecomunicações ganharam relevância. Dadas as transformações profundas que o setor sofreu em suas bases técnicas e regulamentares, o argumento central dos que seguiram essa direção fundamentou-se em esquemas analíticos de cunho neoschumpeteriano.

A mudança da tecnologia analógica para digital e as inovações decorrentes amalgamaram *hardware* e *software,* tornando quase que inseparáveis o transporte e o armazenamento de informações. Igualmente, promoveram profundas transformações no modo de prestação de serviços e ampliaram o leque de aplicações. Por sua vez, a desregulamentação dos mercados nacionais, o acirramento da competição e o aumento da oferta e da demanda de serviços globais, para alguns preconfigurando futuras *commodities,* impulsionaram a acumulação e a centralização do capital. No maremoto que reestruturou o setor globalmente, muitos autores consideraram grande parte das variáveis em análise como endógenas ao setor de telecomunicações[2].

Na contramão dos argumentos que predominam na literatura setorial, neste artigo reiteramos a convicção de que as telecomunicações, desde a sua

---

[1] Por telecomunicações entendemos um conjunto de dispositivos e técnicas voltado para a transmissão de informações instantâneas a longa distância. Essas informações podem ser na modalidade de voz, sinais gráficos, dados, imagens ou sinais de televisão. Todas essas modalidades têm os mesmos princípios fundamentais, mas diferem na sua produção e nos meios utilizados para a transmissão, tais como sistemas de telegrafia, telefonia, televisão e redes de dados informatizados que transmitem informações por meio da radiocomunicação, transmissão por cabo, por satélites artificiais e por fibras ópticas. Hoje, a digitalização das redes e a convergência tecnológica permitem a transmissão das várias modalidades por um único meio de transmissão e recepção.

[2] Entendemos por *commodity* um bem fungível e genérico cujas quantidades, usualmente, são comercializadas em um mercado competitivo centralizado. Nesse tipo de mercado são transacionadas operações à vista, à futuro e seus derivativos, e o preço determinado reflete, principalmente, os fundamentos de sua oferta e de sua demanda.

origem, estiveram relacionadas à área de defesa nacional e que hoje, mais do que nunca, constituem uma estrutura global de poder da qual os EUA dependem para a manutenção e expansão do seu poder imperial, no campo das armas, da moeda, da produção, das ideias e do conhecimento. Sem ignorar as transformações do setor que se alastram para além da primazia da condução da sua trajetória tecnológica, nossos argumentos apontam para a estrutura de poder que as telecomunicações hoje representam[3].

Em contraposição aos que consideram as transformações do setor de telecomunicações como uma reação 'natural' dos mercados, reiteramos os argumentos de Susan Strange, em *States and Markets*, de que um mercado por si só não determina o seu regime tecnológico e muito menos constitui um poder dominante, a não ser que a ele seja permitido, por quem quer que detenha o poder ou a autoridade, o exercício desse papel. (Strange, 1994). É imperativo reconhecer que, da competição acirrada que adentra o século XXI, emergiu um exuberante mercado de equipamentos, serviços e aplicações, envolvendo poderosas estruturas de P&D e aportes elevados de capitais. Mas por baixo dele, como parte de uma 'agenda escondida', encontra-se o poder que determina o relacionamento entre autoridade e mercado.

Usando como referência o padrão do setor nos EUA, na primeira parte apresentaremos um pequeno histórico das telecomunicações, essencial para entendermos as diferenças entre o 'modelo europeu' e o 'modelo norte-americano', formado à sombra do projeto expansivo dos EUA. Na segunda parte, destacaremos o papel que, depois da II Grande Guerra, a bipolaridade com a União Soviética e a doutrina da superioridade das armas tiveram na articulação da imensa rede de pesquisas que se formou nos EUA, origem das principais mudanças tecnológicas e regulamentares que impulsionaram a competição setorial. Na terceira, aprofundaremos a expansão de um novo modelo internacional, concomitante ao processo de retomada da hegemonia norte-americana, e que permite aos EUA a manutenção do seu poder estrutural, conforme definido por Strange. Finalmente, na quarta seção, abordaremos o papel estratégico que as telecomunicações possuem

---

[3] O progresso técnico pode ser relacionado a descobertas científicas que promovem rupturas, acarretando novas concepções para a produção e/ou para produtos. Essas rupturas, por sua vez, acabam por traçar trajetórias tecnológicas naturais que apontam para desenvolvimentos técnicos subsequentes. Nelson & Winter (1982) irão considerar que o fato de podermos traçar trajetórias tecnológicas naturais não significa assentir que, a partir de determinado ponto dessa trajetória, seu desenvolvimento seja perfeitamente previsível, mas que é possível haver um certo grau de previsibilidade. A introdução e difusão das inovações dependerão, também, da estratégia de competição de outras firmas de uma mesma indústria e da estrutura de mercado existente. O conceito de trajetória tecnológica pode ser aprofundado em Dosi (1984 e 1988).

na estrutura de segurança global, decisiva para a manutenção do poder imperial dos EUA.

O Mundo das Telecomunicações até a II Grande Guerra.

Nos países centrais, em meados do século XIX, as redes nacionais de telegrafia desenvolveram-se seguindo a trajetória do grande capital. Dando suporte ao comércio de mercadorias e ao capital financeiro, as redes nacionais de telegrafia acompanharam a expansão das ferrovias e das Bolsas. Porém, no século seguinte, o advento do telefone ampliou o escopo das comunicações e difundiu-as para além do mundo dos negócios, atingindo o mundo das famílias. A capacidade da indústria elétrica de produzi-lo em escala e a expansão das redes de suporte transformaram os serviços telefônicos em serviço de massa, padronizados em escala global. Entretanto, a tecnologia de propagação de ondas hertzianas e o rádio fizeram com que as telecomunicações deixassem de ser uma simples infraestrutura voltada para atender às necessidades dos mercados e a atrelaram, incontestavelmente, às estruturas geopolíticas de poder.

Independente de a sua operação ser pública ou privada, as infraestruturas nacionais de telecomunicações, quase sempre permaneceram sob o controle dos Estados nacionais. Fosse por conta do caráter estratégico que possuem para a expansão de poder, econômico e militar, ou devido ao volume de investimentos requeridos para a obtenção de ganhos progressivos de escala, às inovações tecnológicas contínuas e às necessidades de integração sistêmica, as telecomunicações desenvolveram-se à sombra dos governos e de seus projetos expansivos[4]. Por sua vez, a indústria de telequipamentos tornou-se o braço industrial da infraestrutura que suportava, traçando a trajetória tecnológica do setor e caracterizando um regime tecnológico específico[5].

---

[4] Por ser um setor *science based* , desde a sua origem, cientistas e inventores tiveram papel relevante em seu processo de expansão. Pavitt (1984) classifica as indústrias de acordo com o processo de geração e de difusão tecnológica no seu interior e apresenta 4 tipos de indústrias: a *supplier-dominated*; a *scale-intensive*, a *specialized-suppliers* e a *science based*.

[5] O regime tecnológico existente em determinada indústria nos fornecerá um instrumental fundamental para compreendermos o ritmo e a direção do seu progresso técnico, ampliando o leque de informações disponíveis. Isto se faz importante para a análise do processo decisório acerca dos investimentos das firmas, das barreiras à entrada existente e da estabilidade da estrutura de mercado em estudo. Regimes tecnológicos diferenciados acarretam relações também diferenciadas, entre gastos em P&D e aumento de produtividade e, igualmente, nos indicam haver diversidade de políticas tecnológicas e industriais compatíveis com aumentos no ritmo de incorporação de progresso técnico ou à ampliação da capacitação tecnológica.

O telégrafo foi criado em 1794, na França, mas só em 1837, quando Samuel F. B. Morse exibiu o primeiro aparelho telegráfico com fios, nos EUA, iniciou-se a trajetória tecnológica da infraestrutura que, posteriormente, denominaríamos de telecomunicações[6]. Para que suas limitações técnicas fossem superadas e para que se difundisse o seu uso comercial, decorreram 30 anos. Inaugurado o primeiro cabo submarino transatlântico para transmissões telegráficas, ligando a Europa aos EUA, mais uma década se passaria para que o primeiro serviço de informações funcionasse com regularidade. Entretanto, nos dois continentes, a expansão dessa infraestrutura tomaria trajetórias diferenciadas.

Na Europa do século XIX, os serviços de telegrafia eram ofertados pela iniciativa privada aos mercados financeiros e de mercadorias, em plena expansão. Apesar da primazia do pensamento liberal, houve um movimento por maior participação do Estado na operação das redes, devido às tarifas elevadas e à péssima qualidade dos serviços. Por outro lado, a forte competição interestatal levou também os Estados nacionais a compreenderem que a centralização e o controle de suas redes de informação, fossem nos territórios nacionais ou nas colônias, era crucial para a expansão de seus projetos imperiais. Ao mesmo tempo em que atendiam às necessidades da indústria e do comércio, intensificando o controle sobre a produção, o desenvolvimento e a expansão das redes telegráficas passaram a subordinar-se também a objetivos geopolíticos. Na Inglaterra e na França, ainda em meados do século, as redes telegráficas foram nacionalizadas[7]. Na Prússia e na Áustria, e posteriormente na Rússia e na Alemanha, na virada do século, formaram-se redes telegráficas integradas e controladas pelo Estado.

As infraestruturas que se formavam nacionalmente, no território europeu, tomaram feições monopolistas e evoluíram para o formato das Postal Telegraph and Telephone – PTT's, autarquias governamentais que regulavam e operavam sistemas integrados, definindo objetivos estratégicos e especificações de sistemas e de equipamentos. As PTT's, ao garantirem a demanda, financiaram os investimentos em P&D e a expansão das indústrias de telequipamentos europeias. A essa forma de estruturação e regulamentação do setor, monopólio do Estado, calcada em parâmetros operacionais integrados

---

[6] O primeiro sistema de telégrafo óptico foi inventado por Claude Chappe, na França, em 1794, e a invenção do Código Morse data de 1844.

[7] Na Grã-Bretanha, em 1865, a Câmara de Comércio de Edimburgo iniciou o processo de nacionalização dos serviços. Contando com a adesão de parte do segmento financeiro, em 1868, o Parlamento estatizou as companhias privadas que prestavam os serviços de telegrafia. Na França, pressionada por comerciantes e banqueiros que desejavam maior regularidade dos serviços e segurança das informações, em 1850 a Assembleia Nacional viu-se obrigada a conceder o acesso a uma rede nacional de telegrafia, de uso exclusivo do Estado.

351

dotados de grande conectividade e capilaridade, com objetivos de universalização dos serviços básicos, denomina-se genericamente, de 'modelo europeu'. Dada a estrutura mundial de poder, o 'modelo europeu' prevaleceu em quase todos os países tardiamente, em meados do século XX, lançaram-se em processos industrializantes coordenados por seus Estados nacionais.

Nos EUA durante o século XIX, tal como na Europa, o curso das ferrovias e do grande capital serviu de guia para a expansão das redes telegráficas. Nos estados do sul, a produção de algodão, exportada principalmente para as indústrias têxteis da Inglaterra e da França, requeria regularidade e integração dos serviços telegráficos com o outro lado do Atlântico. Mas foi no norte, durante a Guerra de Secessão, que o Departamento de Estado confrontou-se com a importância estratégica do setor para a defesa e para o projeto expansivo norte-americano. Os unionistas, sob o comando de Lincoln, num cerco dos confederados, durante vários dias foram privados das comunicações telegráficas, ficando isolados da capital e de seu exército.

Após esse episódio, em 1861, o Departamento de Estado passou a discutir a necessidade de controle e de integração da infraestrutura de comunicações. Pouco depois, em 1868, as redes telegráficas independentes foram incorporadas ao monopólio da Western Union Co. e, a partir de então, sempre que interessou ao Estado, o Congresso dos EUA aprovou subsídios para a expansão de novas linhas, principalmente em direção ao Oeste. Na virada do século, já estava formada a primeira empresa de transmissão telegráfica sem fios, a American Wireless Telegraph Company e, uma década depois, os EUA estabeleciam um serviço via cabo submarino com a Telegraph News Japans, expandindo seu poder em direção à Ásia.

O telefone, inventado nos EUA por Alexander Graham Bell, em 1876, depois de incorporar inovações incrementais como o disco e a numeração, difundiu-se via redes locais para famílias e pequenos comerciantes. Em 1901 foi criada a 'gigante' das telecomunicações, a American Telephone and Telegraph Company – AT&T. Pouco depois, o primeiro presidente da AT&T, alegando que os serviços de telefonia eram de interesse público, advogou junto ao Congresso a necessidade de universalização dos serviços e de integração das redes. Associada ao capital dos Morgan, a AT&T expandiu o Bell Laboratories, adquiriu uma fábrica de equipamentos, a Western Eletric Corporation, incorporou empresas telefônicas locais e construiu, ainda na primeira década do século XX, um monopólio privado nacional de telefonia e de telegrafia, integrado verticalmente, com uma forte estrutura de P&D, que perduraria até os anos 1970, contra todas as leis antitruste norte-americanas (Dantas, 1996).

O rádio, apresentado por Marconi no ano de 1896 em Londres, a praça comercial e financeira mais importante do mundo, foi fruto do esforço de cientistas de vários países[8]. Foi também em Londres que se realizou a primeira transmissão transcontinental, em 1901, utilizando o código Morse. Dominada a transmissão de voz, foi grande a adesão de radioamadores, mas o destino que se pretendia dar ao novo equipamento não era o das comunicações pessoais, e sim o das comunicações comerciais. A ida de Marconi para os EUA dinamizou a produção de equipamentos de rádio e a sua difusão e, um pouco depois, em 1907, as primeiras transmissões comerciais via rádio cruzavam o Atlântico, monitorando a rota dos transatlânticos envolvidos no intenso comércio entre a Europa e a periferia exportadora de matérias-primas.

Também nos EUA, em 1909, uma nova mercadoria despertou o interesse mundial: a cobertura e a distribuição de notícias. A United Press International – UPI, pioneira no novo ramo de negócios relacionados às comunicações, pouco depois já possuía escritórios nas principais capitais europeias e, rompendo o monopólio da Inglaterra, oferecia um serviço independente para periódicos de qualquer nação, enviando notícias mediante pagamento. Em um mundo em crise, em que a expansão da Alemanha ameaçava a Inglaterra e a França, a informação tornava-se uma mercadoria valiosa e estratégica.

Deflagrada a I Guerra, em todo o mundo os sistemas de comunicações ficaram subordinados aos órgãos relacionados à defesa e, nos EUA, o controle das transmissões telegráficas e de rádio ficou a cargo da U.S. Navy. Finda a guerra, na qual as operações de radiotelegrafia e de radiotelefonia desempenharam papel decisivo nas linhas de frente, a U.S. Navy tomou a dianteira da condução das políticas de P&D. Cientes do papel que os EUA projetavam para si na estrutura de poder mundial, cada vez mais a trajetória tecnológica das telecomunicações passou a ser traçada pelos órgãos relacionados ao seu sistema de defesa. Articulavam-se agentes públicos, como o Laboratório Naval de Pesquisa da U.S. Navy e o National Advisory Comitte for Aeronautics (NACA) da U.S. Air Force, com agentes privados, como o Laboratório da Westinghouse, o Bell Telephone Laboratories da AT&T, e centros de pesquisas de universidades, como a de Harvard[9]. Em conjunto, cientistas militares e civis lançaram-se na condução da trajetória tecnológi-

---

[8] O rádio foi inventado, em 1894, pelo italiano Guglielmo Marconi e muitos cientistas interessaram-se em aprimorar e desenvolver as potencialidades da telegrafia sem fios, pois ainda não se imaginava que o rádio poderia transmitir mensagens de voz através do espectro magnético. Na melhoria do rádio atuaram cientistas como Oliver Lodge da Inglaterra, Ernest Branly da França, Lee Forest dos EUA, Von Lieben da Alemanha e o Padre Landell de Moura do Brasil. Até hoje alguns historiadores defendem que a invenção do rádio foi obra do brasileiro Padre Landell de Moura.

[9] O National Advisory Comitte for Aeronautics – NACA, voltado para pesquisas aeroespaciais, foi criado em 1915 e mais tarde daria origem à NASA.

353

ca do setor de telecomunicações, essencial para o projeto de defesa nacional e para que os EUA se tornassem a grande potência mundial, capaz de conduzir o mundo segundo seus princípios.

A guerra deu escala e produtividade à indústria de telequipamentos norte-americana e, ao seu final, a Westinghouse Co., pioneira na fabricação de rádios, possuía um estoque considerável de equipamentos. Instalando uma antena de transmissão no pátio de sua unidade, a Westinghouse passou a transmitir informações culturais e do noticiário local, com grande sucesso. Dado o alcance de suas transmissões, para financiar-se, passou a vender parte do tempo de transmissão a outras empresas. Tal como a AT&T fizera antes, a Westinghouse também pressionou o Congresso e, ainda na segunda década do século XX, constituiu um monopólio privado, a National Broadcasting Corporation (NBC), viabilizando suas transmissões em todo o território norte-americano através da malha de linhas telefônicas da AT&T. A centralização imposta pelo Congresso refreou os pedidos de licenças para a operação de emissoras independentes e, em 1926, a NBC já agregava 24 estações transmissoras, formando a primeira rede de *broadcasting* do planeta. (Dantas, 1996). Garantida a escala de produção e diminuídos os custos, o novo 'eletrodoméstico' passou a ocupar um lugar de destaque nos lares norte-americanos veiculando, além da música e do noticiário, a propaganda. O rádio tornara-se um poderoso veículo de comunicação de massas, impulsionando a indústria e o comércio.

Quase ao mesmo tempo, em 1921, prenunciando o papel que os EUA teriam no redesenho geopolítico mundial, para viabilizar internacionalmente as transmissões radiotelegráficas, foi criada a Radio Corporation of America (RCA). Fruto de uma intervenção direta do presidente Woodrow Wilson, logo após a assinatura do armistício, os EUA obrigaram o grupo Marconi Wireless, de capital inglês, a desfazer-se de sua filial norte-americana e se associar à RCA, formada com capitais da AT&T, da Westinghouse Co. e da General Eletric Co.[10]. Em 1921, a RCA detinha a propriedade de cerca de 2.000 patentes relativas às comunicações, pois além do poder sobre as redes de transmissão, nacionais e internacionais, o controle sobre o conhecimento e as estruturas de P&D tornava-se igualmente estratégico.

Em pouco tempo, o espectro magnético, ocupado desordenadamente pela rede de *broadcasting* da NBC e por estações independentes, perdia escala e apresentava baixa qualidade nas transmissões. Para ordená-lo, o Departamento de Justiça procurou uma saída pelas 'leis de mercado', estabelecen-

---

[10] "Essa manobra, tipicamente política, demonstra que o governo norte-americano, já no final do primeiro conflito mundial, tinha total consciência da importância estratégica, militar e política das comunicações para a manutenção da soberania nacional" (Dantas, 1996:36).

do o princípio de 'prioridade de uso' e, em seguida, tentou regulamentar o uso das faixas médias, igualmente sem sucesso[11]. Durante o governo de Calvin Coolidge, em 1926, com a economia norte-americana "em marcha forçada", aumentavam as pressões dos grandes grupos para que o Congresso interferisse diretamente nas transmissões radiofônicas[12]. Por outro lado, o Departamento de Estado requisitara reserva de faixas para as transmissões estratégicas, principalmente para os sistemas de defesa da U.S. Navy e da U.S. Air Force. No ano seguinte, apesar da exuberância de seu mercado, os EUA promulgaram a Lei do Rádio e criaram a Federal Radio Agency (FRA), uma autarquia governamental com as atribuições de conceder, administrar e fiscalizar a ocupação do espectro magnético. Além de otimizar os limites tecnológicos das transmissões, atendendo às necessidades das grandes emissoras e fabricantes por ganhos de escala, com a FRA, os EUA domavam o seu mercado e submetiam o uso do espectro magnético aos interesses governamentais, principalmente ao Departamento de Defesa (DOD). Doravante, a exploração da radiodifusão dar-se-ia mediante concessão governamental e o argumento do Congresso para justificar a intervenção em um mercado que pretendia ser uma estrutura de concorrência perfeita, com muitos entrantes, foi que 'as ondas eletromagnéticas pertenciam ao público', portanto, sua ocupação deveria atender a objetivos nacionais, só possíveis de serem assegurados por uma autarquia governamental (Dantas, 1996).

No ano seguinte, dadas as barreiras institucionais, estações independentes formaram a Columbia Broadcasting System (CBS), a segunda rede de *broadcasting* nacional. A terceira rede, desmembrada da pioneira NBC, seria formada no pós-Guerra, em 1948, dando a configuração do setor: um mercado privado, com estrutura concorrencial oligopolizada. Estado e *corporations*, com interesses associados, definiam os critérios de entrada no mercado e impulsionavam o seu desenvolvimento. Às vésperas da II Guerra Mundial, os EUA disputavam a dianteira da trajetória tecnológica das telecomunicações e abriam uma nova vertente em suas pesquisas: a transmissão de imagens[13].

Ainda em 1925, o Laboratório de Pesquisa Naval fizera uma demonstração de sinais de TV, via rádio, entre a base naval de Anacostia e Washington D.C. Por sua vez, o segmento privado, com seus laboratórios, respondera apresentando ao governo a evolução de suas pesquisas. Em 1931, a

---

[11] Pelo princípio da 'prioridade de uso', o primeiro transmissor seria o 'dono' da frequência e os demais deveriam transmitir, obrigatoriamente, em frequências mais esparsas.

[12] O termo "marcha forçada" aplicado à economia norte-americana foi usado por Teixeira (1999: 178-179).

[13] A TV origina-se da invenção do iconoscópio, em 1923, algo parecido com os televisores atuais, por Vladimir Kosma Zworykin, um russo naturalizado norte-americano.

355

CBS e a RCA possuíam total domínio sobre a tecnologia de transmissão de sinais de televisão em suas redes. Apesar das muitas patentes, a amplitude e a qualidade das transmissões demandavam melhorias e a indústria de equipamentos não alcançara a viabilidade econômico-financeira necessária. Por outro lado, a coordenação dos vários segmentos relacionados às telecomunicações tornava-se vital para a projeção geopolítica dos EUA.

O New Deal de Franklin Roosevelt promoveu a regulamentação de vários setores e o Departamento de Estado empenhou-se para integrar as várias modalidades de serviços e redes de telecomunicações. Em 9 de julho de 1934, o Congresso promulgou o Communication Act e criou a Federal Communications Commission (FCC), uma autarquia responsável pelas concessões, padronização de equipamentos e transmissões, além da fiscalização dos vários agentes em suas atribuições[14]. Os EUA reforçavam seu marco regulatório adotando uma estrutura concorrencial entre oligopólios privados, na indústria e em *broadcasting*, e monopolista na prestação de serviços de telefonia e de telegrafia. Estado, *corporations* e laboratórios de P&D alavancavam o setor em um mercado regulado, com barreiras legais a novos entrantes. Em contrapartida, nos países europeus constituíam-se redes de *broadcasting* estatais e as redes de telefonia e telegrafia eram integradas pelas PTT's[15]. No campo internacional, para normatizar padrões e garantir a conectividade das redes, foi criada a International Telecomunications Union (ITU), referendando o conceito de 'monopólio natural' e o 'modelo europeu'[16].

---

[14] Além da regulamentação dos novos serviços, a FCC agregaria as atribuições da antiga FRA.

[15] Em 1922, a Inglaterra formava a British Broadcasting Company que, somente cinco anos mais tarde, se transformaria na British Broadcasting Corporation (BBC), uma autarquia governamental. Em 1923 seria a vez da Itália e da França nacionalizarem suas redes de *broadcasting*, e logo depois a Suécia constituiria uma rede integrada, priorizando o seu uso para fins educativos. Em 1926 seria vez do Japão nacionalizar a sua rede, formando a Nippon Hoso Kyukai (NHK), e impedir seu uso para fins comerciais, abolindo de sua programação a comercialização de publicidade. Nas transmissões de TV, a pioneira seria a Alemanha, seguida pela França que, em 1935, fizeram suas primeiras transmissões; a elas seguiu-se a Inglaterra, em 1936; e em 1938 foi a vez da União Soviética.

[16] A UIT foi criada durante a Conferência Internacional de Radiotelegrafia, realizada em Madri, em 1934. Nesta conferência referendou-se o conceito de monopólio natural. O conceito de monopólio natural é utilizado para os serviços públicos como o de fornecimento de água, esgotamento etc. Seus princípios de universalização de rede requerem grandes estruturas em malha física, para atingir o usuário final. Devido aos investimentos requeridos, domínio tecnológico, risco e baixo retorno, dado que deverão atingir a todas as faixas de renda, não é atrativo ao capital privado esse tipo de investimento ficando, pois, a cargo do Estado viabilizar e otimizar esse tipo de infraestrutura. À época de sua formulação, a malha telefônica era quase integralmente formada por fios de cobre e o rádio era utilizado, remotamente, para as transmissões entre centrais.

Às vésperas da II Guerra Mundial, a economia norte-americana operava próxima do pleno emprego, com um dinamismo invejável em todo o mundo. No mercado externo, a ascensão do dólar à condição de moeda de reserva internacional reafirmava a posição dos EUA, que passara de receptor líquido de capitais a investidor líquido, e de devedor a credor no sistema mundial, expandindo seu controle sobre o fluxo de mercadorias e de capitais. A entrada dos EUA na II Guerra aumentou a conexão existente entre Estado e *corporations,* criando uma estrutura coesa na área de pesquisas e um novo marco institucional para o desenvolvimento científico e tecnológico norte-americano. Esse tipo de articulação, antes mesmo da guerra, já apontava para a formação do "complexo militar-industrial-acadêmico que, posteriormente daria, aos EUA, a dianteira da trajetória tecnológica em inúmeros segmentos relacionados à segurança, dentre esses o de telecomunicações[17].

Principalmente depois da criação do National Defense Research Council (NDRC), em 1941, as indústrias fornecedoras de armas e equipamentos, como a Westinghouse, a AT&T, a General Electric, a General Dynamics e a IBM, passaram a trabalhar articuladas a projetos desenvolvidos pelo DOD, sobretudo depois que a Alemanha utilizou as temidas bombas V1 e V2. Um pouco depois do ataque japonês à Pearl Harbour, marcando a entrada dos EUA na II Guerra, o USS Helena, potentado da U.S. Navy, lançou no Pacífico bombas munidas de dispositivos de disparo acionados à distância, utilizando a tecnologia rádio, igualmente fundamental para a monitoração de navios e aviões por radares.

No esforço de guerra estreitavam-se, ainda mais, os laços entre o mercado e o Estado intermediados pelo DOD que incentivava cada *corporation,* em seus centros de P&D, a apostar em tecnologias diferentes. Igualmente, a FCC agilizava os registros de patentes relacionadas às telecomunicações no National Bureau of Standards. Ao estimular a pesquisa, com projetos concorrentes, os EUA criavam uma base de patentes sem precedentes, com inovações essenciais para municiar e ampliar o seu sistema de defesa. Além do poderoso complexo que montavam, os EUA atraíram e asilaram cientistas europeus de destaque, como o alemão Werner Von Braun criador das temíveis V1 e V2, e os incorporaram ao seu sistema de pesquisas.

Ao final da II Guerra, os EUA detinham a maioria das patentes sobre a tecnologia de transmissão de imagens e o poder coercitivo das redes de *broadcasting* se fez sentir quando da sua regulamentação, em 1945, pela FCC. Entre as transmissões em banda VHF, limitada a sete canais de frequência, e a UHF, com capacidade de abrigar mais de 60 canais, a FCC defi-

---

[17] Tema aprofundado em artigo de Medeiros (2004).

niu-se pela primeira tecnologia. Tal como ocorrera quando da regulamentação dos serviços telefônicos e das redes de *broadcasting*, a FCC criou barreiras legais, impedindo a entrada de empresas independentes locais. Referendado o padrão das *corporations*, a indústria norte-americana expandiu-se interna e externamente. Por razões óbvias, só mais tarde a indústria europeia entraria na disputa dos mercados periféricos, com o sistema PAL, alemão, consagrado como o padrão europeu[18].

Também o segmento de máquinas de escritório, classificado como metal-mecânico, sofreu uma inflexão brutal a partir da II Guerra, quando passou a atender à demanda de segmentos militares. Ainda no final do século XIX, Herman Hollerith, para agilizar os resultados do censo de 1890, descobrira o que mais tarde originaria os sistemas computadorizados e que o levaria, algum tempo depois, a criar a International Business Machines Corporation (IBM). Ao iniciar a produção de poderosos computadores, decisivos para aperfeiçoar os sistemas de controle e agilizar o processamento de informações, também a IBM passava a integrar o complexo sistema inovativo norte-americano voltado para a defesa. No mercado mundial internacionalizado, a IBM World Trade Co., criada em 1949, comercializaria não apenas suas máquinas, mas também um modo de gerenciamento e de controle organizacionais totalmente novo, difundindo o padrão norte-americano de gestão.

A trajetória das telecomunicações nos EUA confunde-se com a própria história do padrão norte-americano de produção, consolidado a partir dos *roaring twenties*. Apesar da crise de 1929 esse padrão continuou a expandir-se, com suas *corporations* beneficiando-se do aporte de capitais dos grandes bancos e de um vigoroso sistema de crédito ao consumidor e, na formação do exuberante mercado de consumo de massa norte-americano, as emissoras de rádio tiveram um papel decisivo[19]. Terminada a guerra, era inegável a superioridade dos EUA no campo militar, na produção e nas finanças e, ao redesenhar a sua política externa, a ela incorporou a difusão de

---

[18] Na condução da trajetória tecnológica da televisão, os EUA e a Alemanha se destacaram. O primeiro criando, em 1954, o padrão National Television Standards Commitee (NTSC), acrescentando cores ao já existente branco e preto. Na Alemanha, em 1967, o padrão PAL seria consagrado, aperfeiçoando alguns problemas existentes na tecnologia americana e que prevaleceria em toda a Europa.

[19] "Acima de tudo, no entanto, foi nesses anos que surgiu uma indústria nova, com produtos novos, nunca imaginados até então, produzidos a partir de novas matérias-primas: o automóvel, o rádio, a geladeira, o telefone, o cinema – bens de consumo, mas duráveis, introduzindo profundas mudanças no padrão de consumo da sociedade. O investimento desses setores – que assumem a liderança na nova estrutura industrial – gera poderosos efeitos encadeados, para frente e para trás" (Teixeira, 1999: 176).

valores econômicos, políticos e culturais. A expansão de novos produtos e da forma de gestão de suas *corporations* confundir-se-ia com o *american way of life* e faziam parte do seu projeto de 'deseuropeização' do mundo.

O Poder das Telecomunicações no Período da Guerra Fria.

Após Hiroshima e Nagasaki, quando o presidente Truman anunciou a rendição dos japoneses, era consenso entre os países aliados que as catástrofes econômicas e políticas causadas pela desenfreada competição interestatal, deveriam ser evitadas. A gestão hegemônica dos EUA, diferente da inglesa no século XIX, baseou-se em princípios de cooperação e cercou-se de uma complexa rede de instituições supranacionais afirmadas em Bretton Woods, em 1944. Para a coordenação do sistema econômico-financeiro mundial foram constituídos o GATT, o BIRD e o FMI, insituições supranacionais voltadas para a supervisão do comércio, do sistema monetário e do equilíbrio dos balanços de pagamentos dos países consorciados[20]. Legitimada por pactos regionais de segurança coletiva, montou-se uma vasta rede de bases militares em zonas consideradas de segurança, posteriormente ocupadas por tropas da OTAN. Para a gestão política dos conflitos interestatais e controle da escalada da violência internacional foram criados a ONU e o seu Conselho de Segurança[21].

O liberalismo do pós-guerra seria mais condescendente e aceitaria um novo papel para o Estado como regulador da economia e promotor dos pactos sociais que engendraram as bases do *welfare state* e construíram democracias de massa nos países centrais. Segundo Fiori, "(...) a complacência do hegemon só pode ser explicada a partir da forma que assumiu a competição interestatal a partir do fim da Segunda Guerra. (...) Neste novo cenário, e sobretudo depois de 1947, a ordem política mundial assentou-se sobre uma nova polaridade de poder, mas agora associada a dois projetos contrapostos de organização da economia e da sociedade, referendados por arsenais atômicos gigantescos. Uma competição ideológica e militar direta, entre os EUA e a União Soviética e que só mais tarde assumiu a forma de competição tecnológica" (Fiori, 1997: 103-104).

---

[20] Nas relações comerciais, por ocasião da ocasião da Carta de Havana em 1947, em que ficou acertado o Acordo Geral sobre Tarifas e Comércio (GATT), os EUA se posicionaram contrariamente à criação de uma Organização Internacional do Comércio, proposta original, argumentando que tal grau de regulamentação afetaria sua autonomia e interesses.

[21] Giovanni Arrighi denominou os aspectos econômicos da nova forma de hegemonia dos EUA de "aspectos substantivos" e ao arranjo institucional de "aspecto formal" (Fiori, 1997: 102).

359

No pós-guerra, as empresas multinacionais ocuparam lugar de destaque no funcionamento sistêmico do capitalismo e o poder coercitivo destas se fez sentir em toda a periferia do sistema, ao impor padrões tecnológicos e de consumo e sobrepô-los aos interesses dos estados nacionais periféricos. Entretanto, no segmento de telecomunicações, as operadoras estrangeiras não se interessaram em atualizar as redes de telecomunicações, ainda mais que o eixo Norte-Sul tornava-se cada vez menos relevante, contraposto à zona de segurança Leste-Oeste. Apesar das estratégias norte-americanas estarem assentadas na ideia de *containment* global, os impasses nas negociações com a União Soviética foram aos poucos redesenhando a nova ordem imposta pelos EUA.

As dificuldades em relação à unificação da Alemanha e ao destino dos territórios ocupados na Europa Central, posteriormente as intervenções contra movimentos comunistas na Grécia e na Turquia, ambas em 1947, e o golpe comunista de 1948, na Tchecoslováquia, foram acontecimentos decisivos para a criação da OTAN e para o anúncio do Plano Marshall. Mais tarde, com a crise do Canal de Suez, em 1956, dissolvendo o velho colonialismo europeu e formadas as bases de seu controle sobre regiões petrolíferas no Oriente Médio, a partir de Israel e da Arábia Saudita, os EUA completaram o redesenho geopolítico do tabuleiro europeu. O redesenho da Ásia ocorreria mais tarde, concomitante com o projeto de reconstrução do Japão, com a ampliação das bases militares norte-americanas e, principalmente, com as guerras que os EUA envolveram-se para conter a expansão comunista, na Coreia, no Vietnã, no Laos e no Cambodja.

Diante do avanço soviético, no novo equilíbrio de poder, não mais caberia a cooperação que existiu durante a II Guerra entre a União Soviética e os aliados e o moderno sistema mundial foi condicionado por uma estrutura bipolar na qual os arranjos políticos e as alianças, econômicas ou não, submeteram-se ao eixo da segurança Leste-Oeste, polarizado pelas duas superpotências: EUA X URSS. Daí para frente os parâmetros da política externa norte-americana seriam ditados pela Guerra Fria, cuja tese central baseava-se em estratégias de contenção ao avanço comunista e na convicção de que armamentos tecnologicamente superiores eram decisivos para a manutenção do poder global.

Com a Guerra Fria, o termo "defesa nacional" tornava-se insuficiente para descrever o amplo alcance da política externa norte-americana e o DOD ganhou maior importância, expandindo a doutrina da "segurança nacional" para vários segmentos. A partir de então, o DOD estaria mais presente na coordenação das atividades de P&D e na formação do "complexo-militar-industrial-acadêmico", configurando o 'modelo norte-americano' de difusão e de desenvolvimento tecnológico, conforme descrito por Medeiros (2004). A origem do National Research Council, ainda em 1941, está intimamente relacionada ao Massachussets Institute of Technology (MIT) quando, ao final da guerra, o domínio da tecnologia nuclear e de mísseis exigiu maior coesão entre pesquisa científica, engenharia e segurança[22]. Em 1947 já estava criado o Defense Research Board e, posteriormente, em 1956, foi criado o Defense Science Board, intituições subordinadas ao DOD, com objetivos de articular conhecimentos científicos que pudessem alimentar o projeto de superioridade bélica dos EUA.

Em pouco tempo os protagonistas da Guerra Fria conduziram sua disputa para o espaço e o lançamento do Sputinik, em 1957, levou a U.S. Navy a colocar em órbita o satélite Vanguard I, em 1958, e a fazer demonstrações públicas da utilização da Lua como refletor de sinais de rádio enviados da Terra. A aparente superioridade bélica da União Soviética resultou na criação da National Aeronautics and Space Administration (NASA), originada da NACA. Posteriormente, em 1969, o Projeto Apollo levaria o homem à Lua e mobilizaria, coordenado pela NASA, cerca de 350 mil pessoas e um imensurável montante de recursos. O projeto exigiu uma complexa rede de sistemas integrados de telecomunicações, desenvolvidos para atender à demanda militar.

Antes, em 1950, para atender à demanda da U.S. Air Force, que necessitava de equipamentos e sistemas para controlar o espaço aéreo norte-americano, foi criado o projeto Semiautomatic Ground Enviroment (SAGE). Para atender à U.S. Air Force, a pesquisa sobre um sistema de processamento de informações em tempo real para sistemas de comando e controle passou a ser uma das prioridades do SAGE e, depois de testadas várias opções, fez-se necessária a mudança da tecnologia analógica para a digital, além da ampliação dos sistemas de memória. A engenharia de sistemas evoluiria a partir do SAGE e de suas aplicações voltadas para a área militar migrando, posteriormente, para aplicações empresariais. A descoberta de novos materiais e semicondutores, aliados aos avanços tecnológicos na área de transmissão de dados, dava aos EUA a primazia da condução da trajetória tecnológica em comunicação de dados e duas vertentes revelar-se-iam cruciais: o domínio da tecnologia satélite e o controle sobre redes de informações. Ambas desenvolvidas e aperfeiçoadas nos EUA, diretamente relacionadas entre si e à área de segurança.

---

[22] A primeira bomba nuclear foi obtida no laboratório de Los Alamos e contou com o conhecimento gerado no Laboratório de Radiação do MIT, fruto de um contrato entre a U.S. Army e a Universidade da Califórnia.

A corrida espacial mal começara e, na esteira da doutrina da segurança nacional, os EUA criavam o Advanced Research Projects Agency (ARPA), uma rede descentralizada voltada para a pesquisa com fins militares principalmente, mas que também proporcionaria a vários segmentos industriais tomarem a dianteira da competição pelas telecomunicações[23]. A rede coordenada pelo DOD reunia centros de pesquisas das principais universidades norte-americanas, centros de P&D de empresas como a AT&T, General Eletric, IBM, Lockheed, General Dinamics e outras *corporations* tradicionais. Ao projeto, posteriormente, agregar-se-ia uma série de pequenas empresas recentes, especializadas, algumas fundadas por acadêmicos que se dedicavam a pesquisas de ponta e que contavam com aportes de recursos do governo.

Em 1960, a necessidade de unificar os sistemas de comunicação da U.S. Army, da U.S. Air Force e da U.S. Navy levara à criação do Defense Communications Systems (DCS), coordenado pela Defense Communications Agency (DCA), também subordinada ao DOD. Unificados os sistemas de comunicações militares voltados para a segurança, restava integrar, também em tempo real, a dispersa rede de pesquisadores, geradora de conhecimentos de ponta. A gestão e integração de redes de informação em tempo real, elas próprias inovações nos sistemas de transmissão de dados, exigiram esforços e recursos e o projeto era prioridade da ARPA. Avançando nessa direção, em 1961, a teoria de comutação por pacotes, *packet-switching*, foi apresentada e logo após o conceito da Intergalactia Network, origem do nome Internet, envolvendo interações sociais distribuídas, foi exposto por cientistas do MIT. Em pouco tempo, as pesquisas do MIT Lincoln Laboratories sobre redes cooperativas eram patrocinadas pela ARPA, usando linhas telefônicas dedicadas para a transmissão de dados.

Em 1966, o projeto ARPA Netwoks (ARPANET) também em parceria com o MIT, ampliou ainda mais a escala e o escopo de seus colaboradores e, no ano seguinte, experimentava a rede, ela própria um laboratório de pesquisas[24]. A ela interligavam-se os nós da Universidade da Califórnia Los Angeles (UCLA), da Stanford Research Institute (SRI), da Universidade da

---

[23] *Advanced Research Projects Agency was formed with an emphasis towards research, and thus was not oriented only to a military product. The formation of this agency was part of the U.S. reaction to the then Soviet Union's launch of Sputnik in 1957.* (ARPA draft, III-6). *ARPA was assigned to research how to utilize their investment in computers via Command and Control Research (CCR). Dr. J.C.R. Licklider was chosen to head this effort. Licklider came to ARPA from Bolt, Beranek and Newman, (BBN) in Cambridge, MA in October 1962.* (ARPA draft, III-6) www.arpa.mil

[24] O documento que explicitou o ARPANET foi elaborado por cientistas do MIT, denominado "Towards a Cooperative Network of Time-Shared Computers".

Califórnia Santa Bárbara (UCSB) e o nó da Universidade de Utah. Ao mesmo tempo, a Universidade de Michigan e a Wayne State University colocavam no ar uma outra rede, com protocolo X.25, para uso universitário. Em 1972, a ARPANET estava conectada à Universidade do Hawai e a AT&T, sobre a sua malha telefônica, ampliava a nova rede costa a costa, referendando o Network Control Protocol (NCP).

O advento do *e-mail* pela Bolt, Beranek and Newman Technologies (BBN) foi decisivo para o bom funcionamento da rede, agilizando a comunicação em tempo real entre os centros de produção científica e tecnológica dispersos por todo o território norte-americano, consagrando a Internet e o sinal @[25]. No rastro da Internet, a AT&T, gigante das telecomunicações norte-americanas também evoluía no segmento de transmissão de dados. Na Conferência Internacional sobre Comunicações de Computadores, realizada em Washington D.C., a tecnologia Terminal Interface Processor (TIP) foi ratificada e o International Network Working Group (INWG) referendou a liderança dos EUA no desenvolvimento das comunicações digitais de dados em rede[26].

Dada a importância estratégica da rede e das informações que nela trafegavam, em 1975 a gestão operacional da Internet foi transferida oficialmente para a Defense Communications Agency (DCA). Um pouco depois, difundiu-se a tecnologia satélite para a transmissão de dados e, em conjunto, o DOD e a ARPA referendaram a divisão de protocolos de controle para a sua operação. O Transmission Control Protocol (TCP) foi dividido em TCP e IP – Internet Protocol, um *gateway* para o livre-trânsito de informações, usado até hoje na Internet[27]. Quando a Alemanha e a Coreia se conectaram à rede, em 1983, a ARPANET já estava desmembrada em ARPANET e em MILNET, esta integrada totalmente à Defense Data Network (DDN), que carregou para a área de segurança, 68 dos 113 nós que a rede possuía[28].

---

[25] O sinal @ foi utilizado por que ele significa *at* (em) mostrando que o usuário está em rede. O *e-mail* é fruto de dois programas já existentes, o de *e-mail* intramáquinas – SENDMSG e um de transferência de arquivo – CPYNET.

[26] Em 1973, as primeiras ligações internacionais da ARPANET incluíram no projeto a University College of London e a NORSAR, uma agência de cooperação científica voltada para a defesa entre os EUA e a Noruega.

[27] Mais tarde, com a promulgação do Freedom of Information Act (FOIA), de 04 de setembro de 1998, a gestão operacional da Internet passou para a Defense Information Systems Agency (DISA).

[28] No mesmo ano a Europa ainda montava a sua rede de pesquisas, a European Academic and Research Network (EARN), dotada de um *gateway* com tecnologia e financiamento da IBM, posteriormente o Japão montava a Japan Unix Network (JUNET) com a tecnologia do Bell Laboratories, a UUCP, e o Canadá iniciava esforços para colocar em rede suas universidades através da NetNorth Network, conectada a BITNET, em Ithaca, via Toronto.

Se na corrida armamentista contra a União Soviética os EUA ganhavam a dianteira, no plano internacional as relações com seus aliados europeus deterioravam-se desde os anos 1960. Enquanto a Inglaterra alinhava-se à política externa norte-americana, aceitando a condição de potência 'subordinada' ao *hegemon*, a França de De Gaulle questionava a liderança dos EUA e reagia à presença das tropas norte-americanas em território francês, abandonando a OTAN em 1966, e decidindo-se por uma estratégia própria na área nuclear. Em 1967, a criação dos Special Drawing Rights (SDRs) surgiu como alternativa ao padrão dólar-ouro, forçando uma nova ordem europeia através do eixo franco-alemão. Ao mesmo tempo em que a França aproximava-se da China, por sua vez, a Alemanha de Willi Brandt aproximava-se dos países socialistas do Leste, com sua *Ostpolitik*. Mas foi na Indochina que o *hegemon* sofreu o maior desgaste de sua política externa (Fiori, 1997).

A derrota no Vietnã, contornada pela assinatura dos Acordos de Paris, em 1973, não diminuiu o grau de isolamento dos EUA. Pelo contrário, deixou exposto à comunidade internacional que a política externa do *hegemon* sofrera uma inflexão profunda sob a liderança de Nixon, assessorado por Kissinger no Conselho de Segurança Nacional. Abdicando dos princípios doutrinários de Wilson e Truman, a *Realpolitik* posta em prática pelos EUA orientava-se exclusivamente por seus interesses. Internamente, a violência das investidas dos EUA na Indochina provocou reações na sociedade norte-americana e a divisão do seu *establishment,* enfraquecendo o governo. O escândalo de Watergate, no qual ficou patente que as agências de informação abusavam de escutas, levou à renúncia de Nixon, em 1974, e à aliança entre liberais e conservadores, contrários à agressividade e ao isolamento dos EUA na condução de sua política externa.

Nos meados dos anos 1970 parecia inevitável uma revisão da política externa norte-americana. Pressionados por seus eleitores e pela comunidade internacional, democratas e republicanos, apesar de irmanados em torno da manutenção da liderança dos EUA contra o comunismo, fragmentaram-se no redesenho de sua política externa. Era inviável a repetição das experiências na Ásia, nas quais as tropas norte-americanas bombardearam aldeias, promovendo um verdadeiro genocídio, e milhares de norte-americanos perderam as vidas. O acirramento do conflito entre a Índia e o Paquistão, que culminou com o massacre de Bangladesh, no qual estima-se que de meio milhão a três milhões de pessoas morreram, agravou a crise internacional e colocou em cheque o papel dos EUA[29]. Além disso, o desastre

---

[29] O papel dos EUA foi questionado por não reconhecer o resultado de uma eleição direta, democrática; por não impedir a deflagração de uma política genocida; por ter fomentado uma crise internacional muito perigosa envolvendo a Índia, o Paquistão e a China.

da política de "dois trilhos", fomentada pelo Departamento de Estado para apoiar golpes militares totalitários anticomunistas, em países da América Latina, mormente o caso do Chile, repercutiu muito mal na comunidade internacional. Os excessos cometidos enfraqueciam a legitimidade do *hegemon* e resultavam em movimentos de resistência à sua liderança[30].

O final dos anos 1970 prenunciava um tempo de desordem, com a União Soviética invadindo o Afeganistão e expandindo sua influência militar sobre vários países africanos. Na América Central, as guerras civis de El Salvador, Guatemala e Nicarágua pareciam apontar para o avanço socialista. Na Europa, a queda de governos conservadores e autoritários alternava-se no noticiário com o embrutecimento da escalada terrorista. No Oriente Médio, os países da OPEP impunham um novo golpe ao ocidente, atualizando o preço de seus ativos e embargando a oferta de petróleo no mercado internacional. Dispostos a retomar a sua hegemonia, os EUA deixavam para trás as teorias geopolíticas de Nixon e Kissinger pois não bastava ser superior e combater o inimigo, mas derrotá-lo era agora imperativo.

Daí para frente, a nova etapa da Guerra Fria dependeria, cada vez mais, de uma infraestrutura de telecomunicações em escala global. Estar na vanguarda da tecnologia de redes, satélite, cabos e rádio não era suficiente, eram necessários equipamentos menores, móveis e dotados de grande capacidade, que permitissem monitorar o inimigo e fazer a guerra à distância, sem que a perda de vidas minasse o apoio que o *hegemon* necessitava, interna e externamente. Em um ambiente mais próximo do schumpeteriano, como uma grande onda de destruição criadora, a indústria de telequipamentos e as operadoras norte-americanas adequaram suas estruturas de pesquisas às novas demandas militares.

O alargamento do mercado interno acirrou a competição entre as indústrias norte-americanas e serviu de motor de propulsão para os fabricantes de equipamentos mundiais. Chegara a vez de a indústria confrontar os *mainframes*, grandes computadores com imensa capacidade de armazenamento, e os terminais remotos de arquitetura aberta, com capacidade de ge-

---

[30] A política de "dois trilhos" caracterizou-se por haver duas políticas externas em curso no Departamento de Estado norte-americano. Uma diplomática, oficial e ostensiva, e a outra que obedecia designações nem sempre de conhecimento do corpo diplomático, posta em prática com o auxílio da CIA e de outros agentes contratados. No caso do Chile, quando elegeu-se, por vias democráticas, o socialista Salvador Allende, a política de "dois trilhos" programou a desestabilização do governo, o rapto e o assassinato do general René Schneider para provocar um golpe militar que impedisse a sua posse. "Relações estreitas com militares dos países vizinhos foram favorecidas, tanto para facilitar a pressão contra o Chile como para gerar oposição dentro do país. De maneira geral, isso prefigura o desenrolar da Operação Condor, um conluio secreto entre as ditaduras militares do hemisfério, orquestrado com o conhecimento e a indulgência dos Estados Unidos" (Hitchens, 2002: 99).

renciamento e armazenamento de dados ainda limitados; de desenvolver arquiteturas abertas ou fechadas; de melhorar a performance dos cabos de fibras ópticas; de apostar em transmissores Ligth Emitter Diode (LED) ou Light Amplification by Stimulated Emission of Raditionde (LASER); de comprovar a eficácia das comunicações *wireless*. Nos EUA disputavam poder aqueles que acumularam recursos, que detinham o conhecimento e, principalmente, aqueles agentes que estiveram envolvidos com as questões de segurança e estreitaram suas relações com a ARPA[31].

Enquanto nos EUA a rede evoluía através do "complexo-militar-industrial-acadêmico", na Europa as pesquisas em comunicações de dados evoluíam principalmente para grandes bases públicas, redes integradas em alta velocidade e aplicações comerciais[32]. Apesar de as PTT's estimularem a indústria e os investimentos em P&D, estas estiveram quase sempre comprometidas com os objetivos de universalização do *welfare state* e não por acaso, até hoje, a densidade telefônica por habitante na Europa é superior à do resto do mundo. Apesar do dinamismo do mercado interno de telecomunicações norte-americano não ser alcançado pelos demais, ao final dos anos 1970 a Inglaterra, a Alemanha, a França e a Suécia, juntamente com o Canadá e o Japão, passaram a disputar os mercados de equipamentos e a primazia da condução da trajetória tecnológica das telecomunicações com os EUA. Novamente os países que estiveram no epicentro da II Guerra, no campo das telecomunicações, disputavam poder no cenário internacional. A União Soviética, envolvida com seu projeto expansivo e com a corrida espacial, não disputaria no mesmo campo a condução da nova trajetória tecnológica das telecomunicações.

O Poder Estrutural das Telecomunicações e a Expansão do "Modelo Norte-Americano".

O desfecho da crise da hegemonia norte-americana deixou à mostra a fragilidade do equilíbrio de poder articulado em Bretton Woods. Depois de

---

[31] As empresas do Vale do Silício foram beneficiadas por alunos das universidades articuladas pela ARPA. A transferência de tecnologia entre empresas e uma elite de profissionais foi fundamental para que empresas pequenas pudessem entrar nesse mercado, com times especializados nos melhores centros de pesquisas tecnológicas, e tivesse como principal capital, o conhecimento.

[32] Procurando avançar na tecnologia digital e na de comutação por pacotes, além dos novos suportes, os países europeus também construíam sistemas avançados de P&D. Em 1967, o National Physical Laboratory, em Middlessex, Inglaterra, desenvolveu um projeto de denominado de NPL Data Network, utilizando linhas de 768 kbps para a transmissão de dados. A Noruega, por sua vez, deixaria a rede para se tornar uma ligação da Internet via TCP/IP, por meio da SATNET, via satélite.

um período de sucessivas derrotas externas e de fragilidade interna, em 1979, o governo Reagan, através da diplomacia do dólar e das armas, criou as condições para a retomada da hegemonia dos EUA. A nova política externa norte-americana avançaria, cada vez mais, em direção à doutrina da estratégia preventiva, conduzindo os EUA a confrontos decisivos com a União Soviética, impigindo-lhe derrotas sucessivas até a derrocada final. A política externa de Reagan conduziu os EUA a apoiar as forças anticomunistas em todas a frentes que existiam, e a derrotá-las impiedosamente. Reforçando a doutrina da Mutually Assured Destruction e o projeto da Strategic Defense Initiative (SDI), a segunda Guerra Fria transformava-se em Guerra nas Estrelas, rompendo fronteiras terrestres e espaciais. O restabelecimento das relações diplomáticas com a China, estratégia iniciada ainda na gestão Nixon-Kissinger, foi conclusivo para a fragmentação do mundo comunista e para o redesenho geopolítico da Ásia (Fiori, 1997: 1818-119).

No campo da moeda, a restauração liberal-conservadora imposta pela diplomacia do dólar definiu as bases ideológicas e os interesses de classe que assolariam os pilares do estado keynesiano e do *welfare state*. Frente à desvalorização do dólar no mercado de eurodivisas, a condução da política monetária norte-americana que marcou a Guerra Fria cedeu lugar a uma política rígida, restabelecendo a hegemonia do dólar e devolvendo o comando financeiro a Wall Street. A eleição dos governos conservadores de Mrs. Tatcher, na Inglaterra, e de Helmut Koll, na Alemanha, abriram os caminhos para a globalização e para a hegemonia do pensamento liberal. Globalmente, transformava-se em valores universais a primazia do equilíbrio fiscal, a desregulação dos mercados, a abertura das economias nacionais e a privatização dos serviços públicos. Depois da recessão que assolara o mundo entre 1981 e 1984, embalados pelas flutuações cambiais e securitização das operações financeiras, os fluxos de capitais movimentaram-se livremente aportando nas praças financeiras internacionalizadas.

A partir de 1985, a liberalização dos mercados financeiros e a desregulação das taxas de juros, promovidas pelo FED e por seus aliados europeus, seguidas da valorização "compulsória" imposta ao yen, promoveram uma verdadeira "financeirização da riqueza[33]". Na periferia do sistema, com balanços de pagamentos comprometidos por duas crises do petróleo, o aumento das taxas de juros internacionais provocado pelos EUA foi o limite de trajetórias desenvolvimentistas, cujo padrão de financiamento era ex-

---

[33] O termo foi cunhado por Braga (1997) para dar conta do padrão global "de valorização e concorrência (que opera) sob a dominância da lógica financeira" que passou a dominar a economia internacional mais claramente a partir dos anos 80, impulsionados sob a hegemonia do dólar flexível.

terno. Também ela submetia-se, no processo de renegociação de suas dívidas externas, às políticas da restauração liberal-conservadora[34].

A abertura dos mercados, seguida da integração e descentralização de unidades produtivas das empresas globais e os requisitos do segmento bancário-financeiro, em expansão, ampliaram a concorrência e intensificaram o uso dos serviços de telecomunicações, principalmente nos EUA, na Europa, e no Japão que, com o dinamismo de sua economia, arrastara parte da Ásia. O domínio de novos materiais e condutores, a diminuição de custos e do tamanho dos componentes, aliados ao desenvolvimento da microeletrônica, criava novos serviços e aplicações que se difundiram globalmente, promovendo um crescimento do tráfego internacional[35]. Dotados de maior poder, os mercados conduziram a indústria e a prestação de serviços de telecomunicações em direção a um novo ciclo de crescimento e acumulação, no qual a periferia teria papel relevante.

Até o início dos anos 1970, sob a égide desenvolvimentista, a periferia do sistema, genericamente, reconfigurou suas infraestruturas nacionais de telecomunicações usando como referência o 'modelo europeu'. Na falta de investidores privados que aportassem recursos, no processo de integração de suas redes, precárias e fragmentadas, os países periféricos nacionalizaram algumas operadoras, a maior parte de capital inglês e norte-americano, gerando conflitos contornados pela diplomacia[36]. Brasil, Argentina, México, Coreia e outros países não bem-sucedidos em seus projetos industrializantes, para integrar seus territórios e suas economias em expansão com o centro capitalista, modernizaram e expandiram suas infraestruturas nacionais e internacionais, constituindo-se numa demanda garantida para os fornecedores de equipamentos americanos, europeus e japoneses.

Ao final dos anos 1980, o ambiente de inovação contínua de competição acirrada e de alargamento dos mercados promoveu uma profunda rear-

---

[34] J. Williamson, em 1989, denominou de Consenso de Washington a um conjunto de recomendações para a periferia do sistema que incluíam a consecução de metas inflacionárias muito baixas, próximas de zero; controle dos gastos públicos; abertura comercial e financeira; e privatização de serviços públicos.

[35] Entre 1978 e 1981, o tráfego internacional dos serviços de telecomunicações na Europa, Japão e EUA era, respectivamente, de 11,4; 31,0; e 7,5, e entre 1986 e 1991 passou para 12,6; 33,0; e 10,1. O tráfego nacional, nos mesmos períodos, permaneceu quase constante. Fonte: ABN AMRO (1993) *in* Wohlers (2000).

[36] "O enfoque estratégico que as telecomunicações passaram a ter, despertou interesses na potência hegemônica, a ponto de desencadear uma crise nas relações entre Brasil e EUA, que, vale dizer, neste mesmo ano lançava seu primeiro satélite de comunicações. A situação veio a ser contornada durante a visita de João Goulart àquele país, através da assinatura de um acordo padrão para futuras compras ou indenizações a outras concessionárias" (Mattos, 1994: 77).

rumação na forma de prestação de serviços de telecomunicações. *Hardware* e *software* tornavam-se parte de um mesmo *design;* a digitalização das redes básicas passou a ser objetivo estratégico de todos os países; a convergência tecnológica deixou de ser um futuro distante; e a teleinformática migrou para todos os setores produtivos, aumentando a demanda por serviços de telecomunicações. No centro, como em toda a periferia, segmentos tradicionais e emergentes requisitavam novos serviços, principalmente os relativos à comunicação de dados e às novas tecnologias da informação.

Depois de um período de sucessivas inovações, em *hardware* e em *software*, a indústria e as prestadoras de serviços necessitavam de escala global para suportar o ritmo das inovações e o resultante aumento da concorrência. Nos EUA, as empresas do Vale do Silício, remanescentes da ARPA, largaram na frente seguidas de perto pela AT&T. Entretanto, em vários segmentos, como no *high-tech*, de eletrônicos de consumo, de materiais de escritório e de processamento de dados, as empresas norte-americanas viram-se em desvantagem com seus concorrentes, principalmente com a indústria japonesa. Apesar das pressões dos EUA, a agressividade das políticas industrial e comercial do Japão favorecia a indústria de telequipamentos e a NTT, que praticavam preços diferenciados para os mercados interno e externo. Abertamente, o mercado de fibras ópticas e de componentes eletroeletrônicos usava mecanismos protecionistas e davam vantagens aos produtos japoneses. Entretanto, a valorização "compulsória" do yen, imposta pelos acordos Plaza-Louvre, em 1985, colocou um freio no projeto expansivo japonês[37].

No debate sobre a economia política internacional, poucos analistas perceberam que o diagnóstico do declínio da hegemonia dos EUA era equivocado. Em artigo publicado em 1985, denominado "A retomada da hegemonia norte-americana", Maria da Conceição Tavares alertou que o movimento protagonizado pelas políticas monetária e externa de Reagan fortalecia o *hegemon* (Tavares, 1997). No campo das telecomunicações, dado o diagnóstico sobre o declínio do poder dos EUA, ao final dos anos 1980 foi comum acreditar-se que as *corporations* norte-americanas encontravam-se

---

[37] A Nippon Telegraph and Telephone Public Company (NTT), durante os anos 1970, incentivou a indústria de telequipamentos como a Sumitomo, Furakawa e Fujikura a burlarem a patente de fibras ópticas, cuja propriedade era dos EUA, criando uma tecnologia similar. A NTT também passou a fazer encomendas muito acima de suas necessidades, ganhando escala. No mercado interno, a NTT pagava acima do preço internacional garantindo à sua indústria competitividade nos mercados externos. Essa mesma política de compras foi utilizada pela NTT para impulsionar a Nippon Eletronics Co. (NEC) que, desde 1963, possuía ações na NYSE e se expandia velozmente no México, Brasil e Austrália, além da própria Ásia.

em desvantagem em relação a seus concorrentes, pois a velocidade e a intensidade das inovações promoviam rupturas sem precedentes. Para explicá-las, predominaram esquemas analíticos de cunho neoschumpeteriano, que viam emergir do dinamismo do mercado global as variáveis que impulsionavam as transformações.

No entanto, por mais que aparentem emergir do mercado e que existam variáveis endógenas, a gênese e o epicentro das mudanças profundas que ocorreram no setor de telecomunicações estão relacionados à política externa norte-americana. A história das telecomunicações nos EUA caracteriza-se por períodos de centralização de poder, seguidos por períodos de alargamento dos mercados, com acirramento da competição, durante os quais o acúmulo de conhecimentos e o rumo e ritmo das inovações foram dados pela entrada do DOD na coordenação das pesquisas setoriais. A Guerra Fria e a posterior evolução do programa Guerra nas Estrelas foram decisivos para a manutenção dos EUA na dianteira da condução da trajetória tecnológica das telecomunicações mundiais e, sobretudo, disponibilizaram o estoque de tecnologia para a projeção de seu poder global. Concomitante à expansão da doutrina da segurança nacional, os EUA transferiram poder aos mercados para que desenvolvessem equipamentos e aplicações comerciais, acelerando a competição do setor em nível global. A esse tipo de poder, próprio do *hegemon*, Strange, em *States and Markets*, denominou de poder estrutural.

Strange afirma que, além do poder coercitivo explícito que o *hegemon* possui de coagir outros Estados, seja pelo uso das armas ou pela diplomacia, existe um outro tipo de poder, igualmente coercitivo, que conforma as estruturas da economia política global. O poder estrutural do *hegemon* leva outros Estados, suas instituições políticas, econômicas, públicas e privadas, e as 'cabeças pensantes', aí incluídos cientistas e profissionais qualificados, a agirem e a operarem segundo parâmetros dados e reproduzidos exogenamente (Strange, 1994). Esse tipo de poder estende-se para muito além do simples poder de estabelecer e impor as agendas de discussão ou mesmo o de desenhar o regime internacional de regras e costumes que governarão as relações econômicas internacionais[38]. "O poder estrutural confere, basicamente, o poder de decidir como serão os procedimentos econômicos, a capacidade de compor as estruturas dentro da qual os estados vão se relacionar uns com os outros, com as pessoas ou com as corporações" (Strange, 1994: 25).

---

[38] O conceito de regime internacional foi definido por Stephen Krasner, como sendo um conjunto de princípios explícitos ou implícitos, normas, regras e procedimentos de tomada de decisão a cerca dos quais as expectativas do ator social convergem e que os regimes eram uma variável interveniente entre o poder estrutural e os resultados alcançados. O conceito ocupou um lugar central na economia política dos EUA (Krasner, 1983).

Igualmente, as mudanças de ordem regulamentar que ocorreram no setor de telecomunicações em meados dos anos 1980, uma após a outra, em escala global, também se inscrevem nesse projeto de ampliação de poder estrutural dos EUA. Apesar de serem interpretadas por diversos autores como endógenas e resultantes das mudanças de base tecnológica e da impropriedade do conceito de 'monopólio natural', a desregulamentação dos mercados, que se inicia nos EUA e amplia-se para a Europa e para a periferia do sistema, insere-se no projeto de retomada da hegemonia norte-americana. A origem dessas mudanças remonta à Guerra Fria, quando a AT&T requisitou à FCC licença para explorar comercialmente a tecnologia satélite. Negada a solicitação, a FCC promulgou a Lei de 1962, que regulamentou o uso do espaço aéreo orbital e deu poderes à Homelands Security Agency, subordinada ao DOD, para analisar os pedidos de concessão comercial de satélites. Regulamentado o uso do espaço orbital, posteriormente, vários consórcios, associando capitais privados e estatais, em escala internacional surgiriam, mas a primazia desse tipo de empreendimento que ocupou a órbita terrestre ficou sob o poder dos EUA[39].

Por outro lado, sob pressões de empresas que surgiram com a ARPA, desde 1974, o Departamento de Justiça movia uma ação antitruste contra a AT&T que, além de almejar estender seus negócios para o espaço, detinha o monopólio sobre os serviços de telefonia e obtinha vantagens em custos na prestação dos serviços de comunicação de dados, principalmente na longa distância. A ação prolongou-se até 1982, quando foram acordadas as diretrizes para uma nova estrutura de mercado e de regulamentação das telecomunicações abrindo a concorrência nos mercados locais. A *divestiture* da AT&T ocorreu em 1º de janeiro de 1984 e as operadoras regionais foram reunidas em sete *holdings* independentes, as Regional Bell Operating Companies – as REBOCs ou Baby Bells. Permanecendo apenas na longa distância, a AT&T manteve o controle da Western Eletric, seu braço industrial e do Bell Labs, o maior laboratório de P&D do setor, e redirecionou sua estratégia para ampliação de mercados, interno e externo, mormente os que demandavam tecnologias da informação (Dantas, 1996).

---

[39] "Sua pretensão foi vetada pois lhe daria um enorme poder econômico e político (Hanson, 1982: 246). Abriu-se um debate burocrático-parlamentar sobre a regulamentação das comunicações por satélite, do qual resultou a Lei de 1962, liberando o espaço (supostamente, aquele acima do território norte-americano) para a livre-competição, mediante concessão de frequências e de posições orbitais pela FCC. A mesma Lei criou a Comsat, um consórcio semiestatal que teria a missão de organizar e explorar comercialmente as comunicações orbitais. (...) Através da Comsat e junto com os governos europeus e o japonês, os Estados Unidos organizaram o Intelsat, entidade semi-empresarial e semipolítica que deveria impulsionar as comunicações mundiais por satélites, conforme pactos internacionalmente acertados" (Dantas, 1996: 55).

No rastro da AT&T, as operadoras globais norte-americanas rompe-ram fronteiras e expandiram-se em paralelo ao projeto de retomada da hegemonia dos EUA. A liberalização dos mercados de capitais exigia uma infraestrutura global de telecomunicações integrada em escala global, essencial para a realização de operações financeiras em tempo real[40]. Auxiliados pelas instituições supranacionais originadas em Bretton Woods, os EUA coagiram os demais governos a adotarem, um após o outro, o seu modelo de telecomunicações: um mercado privado, aberto à concorrência na prestação de serviços locais e na longa distância, regulados por uma agência governamental. Ao expandir o seu modelo, os EUA reforçavam seu poder estrutural e destituíam o 'modelo europeu' de sua primazia.

Tal como ocorrera no campo da moeda, em que os EUA contaram com a Inglaterra para a desregulamentação dos mercados financeiros, nas telecomunicações a parceria foi mantida. Em 1984, o governo liberal de Mrs. Tatcher iniciou o processo de privatização da British Telecom vendendo 49% de suas ações, sob forte oposição sindical e do Partido Trabalhista. A mesma lei que privatizou a British Telecom criou também o Office of Telecommunications (OFTEL), uma autarquia governamental nos moldes da FCC norte-americana, com atribuições de regular a competição na indústria, de garantir licenças e de fiscalizar as operadoras, além de estabelecer os critérios de reajustes tarifários na prestação de serviços essenciais.

Estabelecido o regime de duopólio, a entrada da Mercury Communications na City londrina justificava-se pela falta de agilidade da British Telecom, condicionada a decisões políticas não compatíveis com o ritmo do mundo dos negócios, principalmente do mercado financeiro recém-desregulado. Apesar do controle de *sharehold* da Britsh Telecom ficar em mãos ministeriais, o processo decisório passou a ser mediado por relatórios financeiros e pelos movimentos de preços de suas ações, imprimindo uma 'gestão profissional guiada por indicadores de mercado'. Para torná-la mais competitiva, haja vista a presença de operadoras globais norte-americanas

---

[40] A perda de competitividade da indústria de telequipamentos norte-americana no período deve-se, em parte, à estrutura de mercado e ao fato de que, desde 1956, o Departamento de Justiça sofria pressões para impedir a entrada da poderosa AT&T na área de informática, o que não ocorria na Alemanha e no Japão. "Dessa maneira, ao impedir o desenvolvimento das sinergias de P&D e a realização de economias de escopo entre telecomunicações e informática, pode-se dizer que a estrutura regulamentar norte-americana vigente até 1984 estava na "contramão" da convergência tecnológica que produziu a telemática. Ironicamente, o Bells Lab da AT&T produzia inovações decisivas na área de TI, mas que não podiam ser produtivamente absorvidas pela própria AT&T – sendo então comercializadas para países concorrentes. De certa forma, a reforma regulamentar posta em prática em 1984 contribuiu para corrigir esta situação, mas num momento em que certos países industrializados, particularmente o Japão e também os Nics asiáticos, já estavam avançando na área das TI" (Wohlers, 1994: 73).

em território europeu, medidas de eficiência foram tomadas e, dentre estas, a redução da força de trabalho. Enfraquecia-se, na base, um dos pilares do *welfare state*, pois a Britsh Telecom, além de ser uma das maiores empresas de telecomunicações europeias, era também uma das maiores empregadoras do setor público. (Batstone, Ferner & Terry, 1984).

Privatizada a British Telecom, em pouco tempo o mercado do Reino Unido abria-se à concorrência. Em 1987, empresas de televisão a cabo entraram no mercado de telefonia local e, na década de 1990, novas empresas foram licenciadas para operar redes de *links* fixos, entre estas a AT&T. (Souter, 1993). Para enfrentar a concorrência, a Britsh Telecom segmentou seu mercado em Business Communications e Personal Communications, ficando a rede de infraestrutura sob a responsabilidade da Worldwide Networks, tal como era o padrão das norte-americanas. Para desenhar sua estratégia global, a British Telecom apontou para as áreas de maior desenvolvimento econômico, como a América do Norte, a Europa Ocidental e o bloco do Pacífico, visto em longo prazo como de maior potencial de crescimento do que o regulado mercado doméstico. Logo a British Telecom acertaria uma *joint venture* com a norte-americana MCI, para provimento de serviços para corporações globais e, a partir de 1995, desenvolveria outras na Alemanha, na Itália, na Espanha e na Suíça[41]. Ao mesmo tempo, a inglesa Vodafone despontava como uma das principais operadoras de telefonia móvel no território europeu.

Atrelada às exigências dos mercados e de seus novos acionistas, a British Telecom abriu o caminho para a expansão do modelo norte-americano solapando os princípios do *welfare state*. Para as demais PTT's, a defesa do 'monopólio natural' tornou-se inviável pois os segmentos empresariais, usuários de serviços sofisticados de dados e de telefonia internacionais, sofriam o assédio direto das empresas globais norte-americanas e inglesas, que ofertavam tarifas mais baixas, incentivando a prática do *call back* e a modalidade *one stop shopping*, principalmente via satélite, para todo o território europeu[42].

---

[41] Em *The Retreat of the State*, Strange afirma que, além do poder de controle sobre as informações, *Technological change has not only been rapid, and increasingly so. It has been expensive. The combination of shortening life cycles of new tchnology and increasing cost of investment in development raises the ante in the competitive game between enterprises in the market. It is these aspects of technology that account for the paradox that the old national telecoms, in order to survive, are almost forced to forge strategic alliances with enterprises of different nationalities – to create, in effect, genuine "multinationals"* (Strange, 1996: 102).

[42] Pelo *call back*, o usuário chamava a concessionária que o chamava de volta. Assim, era possível realizar ligações telefônicas internacionais a tarifas mais baixas, pois elas eram computadas como chamadas recebidas. O conceito de *one stop shopping* permite que uma empresa contrate serviços de telecomunicações com uma operadora em um determinado mercado e que em outras partes do mundo possa utilizar serviços prestando contas a essa única operadora global.

Comprometidos com as estratégias do Green Paper, da Comunidade Europeia, e com objetivos do *welfare state*, os países europeus gradativamente elaboravam diretrizes para a reestruturação das telecomunicações e de suas PTT's. Entretanto, os processos de abertura dos mercados, seguidos da privatização das infraestruturas nacionais de telecomunicações na periferia, agilizaram as mudanças em curso, pois as PTT's, uma a uma, entraram no jogo. Para concorrerem com as norte-americanas, tanto na periferia quanto no território europeu, viram-se obrigadas a abrir o controle de capital e formaram *joint ventures*. Nos mercados globalizados, a expansão da demanda por serviços de telecomunicações impulsionou a integração de serviços e aumentou o uso de serviços *wireless*. A difusão da telefonia móvel nos mercados europeus, norte-americano e japonês deu ao "celular" o *status* de bem de consumo durável[43].

Nas regiões mais pobres do planeta, sem recursos para instalar malhas físicas para a universalização da telefonia fixa, a demanda reprimida constituiu-se em mercado garantido para a expansão das operadoras globais de serviços móveis. Na América Latina, com infraestruturas nacionais defasadas tecnologicamente, as privatizações representavam a possibilidade de novos fluxos de capitais[44]. Na agenda em pauta: a péssima qualidade dos serviços prestados; a falta de recursos para novos investimentos e atualização tecnológica; a baixa densidade telefônica; e a rigidez da estrutura operacional devida, em parte, às dimensões da força de trabalho e ao monopólio estatal. Na 'agenda escondida': obrigações financeiras com fornecedores e operadoras; renegociação das dívidas externas com bancos credores; e empréstimos com o FMI.

Para tornarem-se atrativas ao capital estrangeiro, as combalidas operadoras estatais digitalizaram suas redes em detrimento de investimentos para a melhoria da universalização dos serviços básicos. No campo institucional, o desmonte do 'modelo europeu' exigiu gastos com a reestruturação constitucional do setor, cujo novo marco regulatório espelhou a FCC[45]. Para desenhar os novos modelos, as licitações e os contratos de concessão e de operação, contratou-se consultorias estrangeiras, principalmente nor-

---

[43] A transmissão telefônica por células é uma das tecnologias utilizadas pela telefonia móvel e sua origem é norte-americana, onde foram desenvolvidas a Code Division Multiple Access (CDMA), analógica, e a Time Division Multiple Access (TDMA), digital. A tecnologia europeia é de origem italiana, a Global System for Mobile Communications (GSM), digital, e adotada por todas as operadoras europeias.

[44] *La triste historia de las privatizaciones en Latinoamérica, Las privatizaciones en Latinoamérica*, Lic. José Eduviges Rivas, El Salvador, 1998. epifania@excite.com

[45] Williamson (1985).

te-americanas e inglesas, com conhecimentos acumulados na reestruturação[46]. Ao mesmo tempo em que prestavam serviços aos governos dos países periféricos, determinando inclusive preços mínimos, as consultorias atuavam nos mercados de capitais em que operavam futuros acionistas.

Para a globalização de seu modelo, os EUA contaram com o braço do FMI, que em seus contratos impôs condições relativas às telecomunicações. Igualmente, a OMC criada em 1995, depois da reformulação do GATT, condicionou o fechamento dos acordos de serviços à assinatura do Acordo Geral sobre Telecomunicações. Para tal, promoveu uma profunda redefinição dos conceitos de serviços públicos e privados: em detrimento da ótica pública, prevaleceram valores inerentes à economia de livre-mercado; ao invés de estratégias nacionais e subsídios, a crença nos mercados autorregulados[47]. Acadêmicos, *policy makers* e agentes financeiros utilizaram os mesmos conceitos nas reestruturações que ocorreram, nos países centrais e na periferia. Ao sabor das ondas liberais, as telecomunicações surgiam como "o novo Eldorado", pois a riqueza emanava da liberdade dos mercados. Detentor de grande parte das patentes do setor; dominando o espaço orbital com uma vasta rede de satélites; reproduzindo o seu modelo em escala global; colocando a seu serviço organismos como o FMI e a OMC; os EUA protagonizaram um outro movimento. Como fizeram em outros segmentos, ao mesmo tempo em que acelerava a concorrência entre

---

[46] No Brasil atuaram as consultorias: McKinsey/Sundfeld Advogados, a Dresner Kleiworth Benson, Lehman Brothers, Arthur Andersen e outras. Candidataram-se às concessões as empresas norte-americanas Sprint, Bell South, Air Touch, SouthWestern Bell e MCI; as europeias Telefónica de España, France Telecom, Stet International de Italia, Portugal Telecom y British Telecom; as asiáticas NTT Mobile Comunication Network Inc. e Itochu Corporation; além de grupos nacionais associados. Genericamente, nas privatizações latino-americanas, as operadoras dos EUA privilegiaram o segmento de telefonia móvel e as europeias a longa distância, para depois entrarem na telefonia móvel. O México e o Chile são considerados os casos mais bem-sucedidos de privatização, e a Argentina o mais desastroso. A Teléfonos de México – Telmex foi comprada pelo grupo Carlos Slim, associado à SouthWestern Bell e à France Telecom. A Telmex, associada à Sprint, tentou entrar no mercado norte-americano e, apesar da aprovação da FCC, sofreu a dura oposição da AT&T e da MCI, que tinham participação na AVANTEL mexicana.

[47] Para a OMC, as privatizações foram medidas de eficiência, pois a taxa de crescimento do setor em mercados monopolizados, em grande parte, operados e controlados pelo Estado, era de cerca de 5,2% anuais, enquanto nos mercados abertos, a cargo da iniciativa privada, ou seja, nos EUA, essa taxa alcançou mais do que o dobro. De 1984 até 1997 foram privatizadas 44 operadoras, movimentando cerca de US$ 159 bilhões. As decisões sobre os limites da privatização da Telebrás foram também definidas durante as rodadas para o fechamento do acordo de serviços na OMC, em 1997, na qual os EUA impuseram a abertura sem salvaguardas à participação do capital estrangeiro ou a políticas industriais de longo prazo. A entrada da China na OMC foi também condicionada à abertura das telecomunicações, exigida simultaneamente pelos EUA e pela UE.

competidores tradicionais, os EUA estimularam a entrada no mercado de novas empresas de telecomunicações e informática, surgidas com a ARPA. O jogo seria jogado também com novos entrantes, pois a velha estrutura de mercado das *corporations* já não era suficiente para dinamizar o setor para dentro e para fora do território norte-americano. As novas empresas de alta tecnologia, principalmente as 'ponto.com', imprimiram vigor às bolsas e ao mercado de derivativos, promovendo fusões e aquisições, valorizando ao máximo suas ações e acelerando a financeirização da riqueza. Por trás dos benefícios de um mundo globalizado, democratizado e integrado pela informação, iniciou-se um poderoso ciclo de expansão e de centralização de capital cujo epicentro emanava dos EUA.

Segundo estudo de Carvalho (2002), as telecomunicações nos EUA, bem como na Europa, além do aporte financeiro dos grandes bancos, originaram um novo padrão de endividamento, extraordinariamente elevado. Expostas ao risco, a maioria das operadoras globais foi obrigada a redefinir estratégias em função da redução de suas dívidas. Quase a metade dos empréstimos concedidos pelas instituições do setor financeiro nos EUA e na Europa destinou-se a empresas envolvidas com telecomunicações e a Moody's estimou que cerca de 80% de todas as *high-yields* ou *junk bonds* emitidas nos EUA, no frenesi do *boom*, foram para operadores de telecomunicações. Igualmente, na última década, as cinco das dez maiores fusões e aquisições da história também envolveram empresas de telecomunicações. "De acordo com a Thomson Financial Financial Securities, entre 1996 e 2001, os bancos emprestaram 890 mil milhões de dólares através de empréstimos sindicados; cerca de 480 mil milhões de dólares de dívida foram fornecidas pelos mercados obrigacionistas e 500 mil milhões foram obtidos a partir de aumentos de capital próprio e emissões no mercado acionista" (Carvalho, 2002: 2).

Além desses valores, também os financiamentos e participações em *blue-chips* rentáveis, que se lançaram elas próprias nos mercados financeiros, devem ser contabilizados. A crença que uma explosão da Internet e em suas aplicações criaria uma procura quase infinita por acessos de banda larga e por serviços de valor adicionados, ofertados por empresas globais, levou o mercado financeiro a movimentar cifras astronômicas. Depois do otimismo global, com o NASDAQ ultrapassando os 5.000 pontos na primeira quinzena de março de 2000, levando Alan Greenspan, o presidente do FED, a considerar que era uma "exuberância irracional", ao final do mês a bolha das 'ponto.com' estourou. Em apenas dois meses houve uma quebra de cerca de 2.000 pontos no NASDAQ, alastrando-se para todos os mercados mundiais que viram as ações de empresas de tecnologias da informação, mídia e telecomunicações perderem valor. A queda do NASDAQ e o escândalo da MCI/WorldCom minaram a confiança infinita que acionistas e investidores depositavam no setor, e as principais agências de crédito começaram a fazer *downgrades* nos *ratings* das principais operadoras de telecomunicações, fundamentalmente das Competitive Local Exchange Carriers, aquelas que emergiram no *boom* e que financiaram-se através da emissão de obrigações *high-yield* e *leveraged loans*[48].

No primeiro semestre de 2001, mais de 31 operadoras de telecomunicações entrou em processos de falência, parte delas nos EUA, onde muitos entrantes gastaram centenas de milhões de dólares na construção de redes, muitas das quais sequer foram ativadas. Dadas as dificuldades da economia mundial, algumas operadoras globais norte-americanas e europeias acreditam que não cumprirão seus cronogramas para a oferta da 3ª geração de telefonia móvel e começam, lentamente, a deixar os mercados pouco promissores, dentre estes, alguns latino-americanos e do leste europeu. Apesar do cenário pouco promissor, Carvalho considera que as operadoras dos EUA encontram-se em uma posição bem mais vantajosa que as europeias, dado o seu padrão de financiamento que é mais sólido e pulverizado, ainda mais que capitais do mundo todo foram atraídos pela "irracionalidade" do mercado norte-americano.

Formou-se um intrincado jogo em que capitais provenientes de grandes bancos, mega-investidores e empresas de outros segmentos alavancaram as ações das empresas do setor em todas as praças financeiras relevantes. O jogo ainda está em curso, e dele participam aqueles que se constituíram antes ou no momento em que as novas regras foram ditadas, parecendo não haver espaço para novos entrantes. Além das operadoras tradicionais e da indústria de telequipamentos, grande parte das entrantes vinha de experiências bem sucedidas no mercado interno norte-americano, alimentadas pelo vigor do mercado financeiro e pelo acelerado processo de fusões e aquisições. Essa é a história da MCI, da WorldCom, da Sprint e de muitas outras que não lograram chegar ao topo. Depois de um período de liberdade financeira exagerada e dos escândalos que abalaram Wall Street, a tendência em longo prazo aponta para a concentração em torno de quatro ou cinco das grandes operadoras de telecomunicações para provimento dos meios de transmissão em nível global, todas disputando o acesso ao usuário final.

Os dados disponíveis na UIT, grande parte relativos a 1999, mostram que, entre as vinte maiores operadoras de telefonia local, as cinco maiores norte-americanas (SBC, Bell Atlantic, GTE, Bell South e U.S. West) agre-

---

[48] Os reguladores definem estes empréstimos como sendo aqueles em que o devedor contrai uma dívida pelo menos três vezes e meia superior ao respectivo capital social.

gam 171.236 milhões de acessos, ficando à frente da China Telecom, detentora de 108.716 milhões de acessos. No *ranking* das operadoras globais, a que apresenta maior receita é a NTT, com US$ 97.953 milhões, entretanto, quando agrupamos as norte-americanas (AT&T, SBC, MCI/WorldCom, Bell Atlantic, GTE, Bell South, Sprint e U.S. Western) a receita delas atinge a US$ 232.436 milhões, enquanto as europeias (Deutsch Telecom, British Telecom, France Telecom, Telecom Italia, Telefónica e Vodafone Air Touche) apuraram US$ 126.795 milhões. No *ranking* das vinte maiores da indústria de telequipamentos, as norte-americanas (Lucent, Motorola, Cisco, Hughes, 3COMd, IBM, HP e Qualcom) faturaram em vendas US$ 78 bilhões, ultrapassadas em pouco pelas europeias (Alcatel, Siemens e Bosch) quando agregadas à sueca Ericsson e à finlandesa/inglesa Vodafone, com o montante de US$ 78,9 bilhões. As japonesas NEC, Fujitsu e Matsushita perfazem apenas US$ 22,6 bilhões[49].

Ao longo da extensa cadeia de valor que conformam as telecomunicações, na qual incluem-se componentes, equipamentos de transmissão de redes públicas e privadas, *private e public switches*, telefonia fixa e móvel, os EUA possuem larga superioridade na tecnologia satélite. Entretanto, no campo da transmissão móvel, de redes e em *switches*, os EUA perdem poder para os europeus e, em eletrônica de consumo, perdem a competição para o Japão[50]. Em compensação, quando adentramos nas áreas da Internet e das ferramentas de gestão, ou seja, em *e-business*, em todos os segmentos, sem exceção, os EUA estão à frente de seus concorrentes (Carvalho, 2002: 164).

Ao analisarmos os dados sobre a Internet e seus provedores, não restam dúvidas sobre a supremacia do "poder brando" dos EUA nesse segmento, de acordo com o termo definido por Joseph Nye (2002) em "O Paradoxo do Poder Americano[51]". Dentre os vinte maiores provedores mundiais, sete são norte-americanos, cinco são europeus e dois são japoneses. Entretanto,

---

[49] A UIT tem tido alguma dificuldade para a atualização dos dados relativos ao setor, haja vista que as informações encontram-se descentralizadas, dado o emaranhado de agentes e a velocidade com que as parcerias e posições financeiras são trocadas. Hoje, a maior fonte de dados sobre o setor encontra-se nos bancos e agentes financeiros.

[50] O descompasso na difusão da telefonia móvel nos EUA em relação aos países europeus e asiáticos deveu-se, em parte, a decisões políticas tomadas no âmbito da União Europeia que decidiu usar em todos os países a tecnologia GSM digital, e com maior capacidade de roaming em todo o território.

[51] Joseph S. Nye Jr., em "O Paradoxo do Poder Americano, Porque a Única Superpotência do Mundo não Pode Prosseguir Isolada", questiona a política externa dos EUA, principalmente após os atentados de 11 de setembro de 2001. Confrontando os argumentos dos que defendem o unilateralismo com os que abraçam o multilateralismo, Nye cria um esquema analítico no qual propõe a distinção entre dois tipos de poder: *o hard power* (poder bruto) e o *soft power* (poder brando).

a diferença entre eles é brutal, ficando os EUA com cerca de 58,7% dos acessos providos pelas *top* mundiais e com cerca de 70% do tráfego da Internet. Os EUA, nesses segmentos, criaram mecanismos capazes de financiar seus investimentos, aportando recursos púbicos e privados, com forte componente de risco, pois a inovação e sua rápida difusão para o mercado são essenciais, dado o pequeno ciclo de vida dos produtos. O pólo do Sillicon Valley, que emergiu da ARPA, é um exemplo claro do estreito relacionamento entre governo e agentes privados e da sinergia existente entre empresas que precisam do conhecimento e de um pólo comum para a rápida expansão de seus produtos. O domínio avassalador das empresas norte-americanas no desenvolvimento de aplicações e de soluções que constituem a infraestrutura do *e-business* projetam a economia dos EUA e o seu modo de gestão para o futuro.

Ao projetar a infraestrutura de telecomunicações para fora de seu território, em direção ao espaço orbital e para outros países, os EUA impuseram globalmente o seu modelo, mas, sobretudo, padronizaram e ampliaram uma forma de gestão do capital e da produção que o mundo todo absorveu. Os *softwares* e as ferramentas de gestão, independentes de serem ou não produzidos nos EUA, reproduzem um padrão global cuja gênese encontra-se e permanece na potência hegemônica. Nessa competição acirrada, que adentra o século XXI, construiu-se uma imensa infraestrutura de teleinformática e um exuberante mercado de equipamentos, serviços e aplicações, mas na 'agenda escondida', conforme ensinou Strange, encontra-se o poder que determina o relacionamento entre autoridade e mercado.

O esquema analítico de Strange, apresentado em *States and Markets*, configura-se em uma pirâmide, cuja base é um tetraedro, na qual cada lado corresponde às quatro fontes de poder: o controle da segurança, o controle da produção, o controle do crédito e o controle do conhecimento, das crenças e das ideias. Quando conjugadas, essas quatro estruturas reafirmam o poder de um dado Estado nacional. "(...) usando este modelo de análise estrutural, a conclusão inevitável parece ser a de que os Estados Unidos e as corporações que dele dependem não perderam, de fato, poder estrutural no sistema e sobre ele. Eles podem ter mudado de mentalidade quanto a forma de usar este poder, mas eles não o perderam. Tomando as quatro estruturas de poder juntas, também não parece que eles vão perder este poder num futuro próximo" (Strange, 1994: 28).

A hipótese defendida por Strange veio contrapor-se àquelas que afirmavam que os EUA estavam perdendo poder hegemônico no sistema mundial e que estaríamos vivendo uma crise sistêmica, própria do declínio do poder norte-americano. Apesar das apostas contrárias, a interpretação de Strange aponta para a ampliação do poder estrutural dos EUA. Além do monopólio sobre o poder político e sobre o conhecimento, decisivos para a manutenção de sua doutrina de segurança nacional, o *hegemon* detém também o poder econômico e as condições para provê-lo financeiramente. Para controlar o poder político, é imprescindível que seja mantido o controle sobre o poder de compra, sobre o poder da produção e sobre o poder da mobilização do capital. Para a manutenção do seu poder econômico é essencial que o *hegemon* detenha a sanção da autoridade política, pois é através do controle sobre a segurança legal e física que este garantirá o seu poder estrutural.

O Poder das Telecomunicações na Estrutura Global de Segurança dos EUA.

Principalmente depois dos atentados de 11 de setembro, em que os EUA foram atacados em seu território, a feição imperial da política externa norte-americana ficou mais explícita ou, pelo menos, parte da população do planeta tomou conhecimento da "doutrina preventiva", desenhada ainda no governo de George Bush. Se durante o governo Clinton a aparência fora a de um grande 'consórcio', acobertado pelo avanço das políticas liberais conservadoras, o governo de George W. Bush não mais se importaria de mostrar ao mundo que o Império lutaria para preservar seus interesses. Aos questionamentos da ONU e de parte da comunidade internacional, a política externa norte-americana respondeu com mais truculência, manipulando provas, bombardeando o Iraque e propagando os princípios da 'guerra preventiva', uma guerra santa, na qual o bem se antepunha sob as asas do Império, e prevenia o mal.

Apesar da onda de nacionalismo que assolou o *establishment* e do consenso em relação ao combate incessante ao terrorismo, o debate polarizou-se. Em um dos extremos, situamos Joseph Nye Jr., vice-Secretário de Defesa do governo Clinton, e autor, dentre outros, de *Bound to Lead,* escrito em 1989, e de "O Paradoxo do Poder Americano", em 2002. Para Nye, é inegável que os EUA ocupam hoje no cenário internacional o lugar de superpotência, com total primazia no campo da guerra, das finanças e da produção, exercendo um tipo de poder unipolar, só comparável ao que a Grã-Bretanha exerceu "no auge do período vitoriano, mas com um alcance global ainda maior" (Nye, 2002: 11).

No seu livro mais recente Nye destaca que se muitos, no próprio *estabilishment,* acreditam que o poder unipolar dos EUA é grande e duradouro, finalizando uma era de 'equilíbrio de poder', ao mesmo tempo essa vocação de líder nato acarreta uma reação contrária ao excessivo poder norte-americano. Nye, um dos arautos da Globalização, reconhece o poder coercitivo dos mercados, entretanto, ressalva sua insuficiência para a manutenção da liderança incondicional dos EUA sobre o mundo, haja vista que alguns países, ao rebelarem-se contra os 'excessos' do *hegemon*, passariam a priorizar suas próprias questões nacionais. Para Nye, o poder militar dos EUA continua a ser crucial para a manutenção da estrutura de poder global, mas o *hard power* (poder bruto), ao se apoiar na indução (a cenoura), não pode abandonar as ameaças (o porrete), provocando reações contrárias.

Para neutralizá-las, Nye contrapõe o exercício de um outro tipo de poder, indireto, que induza as demais nações a cooperarem em sua 'missão' de liderar, seja porque admiram seus valores, seja porque desejam imitá-lo em sua grandeza, aspirando à prosperidade e à liberdade, existentes em sua sociedade. "Neste sentido, é igualmente tão importante estabelecer a agenda na política mundial e atrair os outros quanto forçá-los a mudar mediante a ameaça ou o uso das armas militares ou econômicas. A este aspecto do poder – levar os outros a querer o que você quer –, dou o nome de poder brando. Ele coopta as pessoas em vez de coagi-las" (Nye, 2004: 36).

Para melhor exercitar seu poder brando, capaz de seduzir e atrair 'liderados', Nye afirma que a política externa norte-americana deveria favorecer-se da expansão das sociedades em rede, fruto da difusão das tecnologias da informação, da Internet e da Globalização. Nye, em seu esquema analítico, define três dimensões para o ciclo das informações em relação à política internacional: os fluxos de informações estatísticas ou de notícias; aquelas utilizadas para a obtenção de vantagens competitivas; e as informações estratégicas (o conhecimento do plano de jogo dos concorrentes). A vantagem dos EUA nas três dimensões, justificaria a necessidade deste influenciar o resto do mundo, utilizando o poder brando como sua força de atração.

No multilateralismo cooperativo, imaginado por Nye, os EUA não devem, entretanto, abrir mão de sua vocação de liderança e de seus interesses nacionais, mesmo que para tal o poder bruto tenha que ser exercido unilateralmente. Os EUA "por vezes serão obrigados a agir sozinhos, mas sem nunca perder de vista a necessidade de legitimação de suas ações" (Nye, 2002: 262). "Estando corretas, os Estados Unidos continuarão sendo o país número um, porém, mesmo assim, na era da informação global, ser o número um já não é o que era. Para ter êxito nesse mundo, o nosso país deve, não só conservar o poder bruto, como também expandir o poder brando e saber combinar os dois na defesa dos interesses nacionais e globais" (Nye, 2002: 273).

No outro extremo do debate destacamos a posição de Charles Krauthammer, quando afirmou no início de 2001, antes dos atentados, que "depois de uma década em que Prometeu se fez de pigmeu, a tarefa mais urgente da nova administração é reafirmar a liberdade de ação americana. "Nós devemos nos recusar a bancar o "dócil cidadão internacional (...) O novo unilateralismo reconhece a unicidade do mundo unipolar que atualmente habitamos e, desse modo, assinala o verdadeiro começo do pós-Guerra Fria na política externa dos EUA" (Krauthammer, appud Nye, 2002: 26). Krauthammer endossava a fala do presidente George Bush, quando do festivo retorno das tropas que combateram na I Guerra do Iraque, em 1991, ao declarar que era 'o início de um novo século americano'. Depois que as redes de televisão e agências de notícias do mundo todo mostraram o bombardeio da cidade de Bagdá, um espetáculo bélico-tecnológico até então nunca transmitido em tempo real, os vencedores da Guerra Fria reivindicavam para si o título de senhores do mundo.

Desde o começo da Guerra Fria, a amplitude da política externa norte-americana descatara a concepção de "defesa nacional", substitutindo-a pela doutrina da "segurança nacional". Dado o entendimento que o bem-estar americano dependia do funcionamento da economia global e da aderência mundial a certas normas, a ideia de defesa pareceu arcaica e, sob a égide da segurança, liderados pelo DOD, os arquitetos da política externa dos EUA puderam expandir a escala e o escopo de suas políticas. Assim, o comércio e as relações de trocas, a lavagem de dinheiro *offshore*, o preço do petróleo, refugiados, degradação ambiental, violação dos direitos humanos, cartéis de drogas e *hackers* de computadores tornaram-se tópicos da política de segurança nacional. Em um mundo regido por mudanças contínuas e assolado por perigos mutantes, emergiu a crença na importância de um forte braço militar para a proteção dos interesses políticos e econômicos dos EUA (Bacevich, 2003).

Segundo Bacevich, as diferentes ameaças letais que rondam permanetemente os EUA levaram Madeleine Albright concluir que as estratégias de defesa norte-americanas não poderiam mais ser concebidas como outrora, durante a Guerra Fria, na qual havia uma única e poderosa ameaça. O período pós-Guerra Fria mostrava-se mais tenebroso, e o avanço do terrorismo com os atentados do World Trade Center (1993), de Oklahoma City (1995), do Khobar Towers (1996), das embaixadas dos EUA no Kenya e na Tanzânia (1998), o do USS Cole (2000) e novamente no World Trade Center (2001), atestavam a vulnerabilidade dos EUA e exigiam o recrudescimento da sua política de segurança nacional. Segundo William Cohen, secretário de Defesa de Bill Clinton, a grande pergunta que pautava a sociedade norte-americana, bem como sua política externa, passou a ser, não o fato de algum tipo de atentado vir a ocorrer, mas sim, quando ocorreria?

Em *American Empire*, Bacevich considera que o endurecimento da política externa norte-americana conduziu os EUA para a posição de um "Estado guarnição", cuja política de segurança nacional tem como premissa básica a convicção de que o risco e a vulnerabilidade são contínuos, portanto, seu controle deve ser o mesmo que exige uma doença crônica, cujo tratamento é ininterrupto. Endossada pela retórica da política e reforçada pela mídia, a doutrina da ação preventiva propagou a ideia de que é essencial para a segurança nacional delinear-se um futuro possível e previamente imaginado, antecipando-se e avaliando-se todos os riscos para que as ações defensivas sejam capazes de neutralizá-los. Para tal, não basta que os EUA detenham uma força militar poderosa e superior a todas as outras, mas deve ter um potencial militar que lhe permita manter sua superioridade frente a todas as combinações possíveis de adversários.

Endossada por liberais e conservadores, por democratas e republicanos, a doutrina preventiva amplia-se com a crença de que ela é necessária não apenas para proteger os interesses norte-americanos, mas como se os EUA desempenhassem o papel de guardião da segurança global. Após a queda do muro de Berlin, a estratégia de engajamento do Pentágono deixou clara a intenção de "modelar o ambiente internacional" para acomodar os interesses políticos dos EUA. Desde então, o seu poder militar globalmente vem sendo utilizado para tranquilizar, antecipar, intimidar, prevenir, influenciar, guiar e controlar, rotineira e continuamente, o resto do mundo, estando presente em todas as situações em que se entendeu ser necessário para defender os interesses norte-americanos. Em regiões consideradas de menor importância para sua geopolítica, a projeção de poder militar dos EUA ocorre em ações de duração limitada, como exercícios de demonstração de força militar[52]. Segundo Bacevich, o DOD transmutou-se em um verdadeiro Departamento de Projeção de Poder dos EUA e o alcance e a diversidade das atividades patrocinadas pelo DOD são hoje compatíveis com aquelas "de um império em que o sol nunca se põe" (Bacevich, 2003: 127).

Para Bacevich, as premissas da política militar dos EUA, depois da Guerra Fria, podem ser assim resumidas: um amplo consenso sobre o desejo inerente de poder militar; o comprometimento com a manutenção perpétua da supremacia militar norte-americana; a maximização da utilidade de sua força e do seu poder militar sob uma ambiciosa agenda; e a convicção de que o engajamento militar dos EUA é decisivo para a manutenção da ordem internacional e para que o processo de Globalização tenha continuidade, levando o povo norte-americano a lucrar com a sua política. Con-

---

[52] Segundo o Secretário de Defesa, William Perry, as ações pela manutenção da paz e os exercícios multilaterais no Cazaquistão, na Croácia, na Nigéria, no Uzbequistão, na Turquia e no Egito, são elementos que compreendem um programa desenhado para gerar abertura e confiança entre as nações.

forme o Secretário de Defesa, William Cohen, "economistas e soldados dividem o mesmo interesse pela estabilidade" (Bacevich, 2003: 128).

Segundo Chalmers Johnson, em *The Sorrows of Empire*, apesar de não possuir colônias como os antigos impérios europeus, os EUA estão convencidos de que são um bom Império e que suas forças militares encontram-se distribuídas pelo planeta apenas para a manutenção da estabilidade e garantia da segurança mútua. Igualmente, sua presença é fundamental para promover uma ordem liberal mundial, baseada em eleições livres, no estilo norte-americano, e em mercados abertos. Para Johnson, tal como os impérios do passado, o Império dos EUA expande o seu modo de vida e assegura, para as altas patentes militares que servem fora do território norte-americano, imunidade e garantia de que suas tropas não serão responsabilizadas por possíveis crimes cometidos contra os habitantes locais.

Ao constituir-se como um Império de bases militares, os EUA fundaram um novo modelo de imperialismo militar mantendo, para seus guerreiros, condições para a preservação de sua cultura e do modo de vida norte-americano, tal como se estivessem na *homeland*. Além das características clássicas, comuns a qualquer império, marcadas por rituais militares e afirmação de supremacia racial, os EUA colocam à disposição de seus legionários todas as facilidades do seu complexo-militar-industrial, tais como pesquisas universitárias e centros de desenvolvimento, refinarias de petróleo e distribuidoras, inumeráveis escritórios internacionais, fabricantes de munição para pequenos exércitos, corporações multinacionais e o trabalho barato que estas usam, bancos de investimento, fundos de defesa, especuladores de todos os tipos e inúmeros advogados da globalização. Enfim, como afirma Johnson, o Império garante suportes teóricos e práticos para todos aqueles que se engajam no processo de obrigar outras nações a abrirem-se para a exploração e para o modelo capitalista dos EUA.

Ao analisar a expansão das bases militares norte-americanas, Johnson mostra que a atividade militar pressupõe qualidades e instituições requeridas por uma nação para lutar em uma guerra por sua defesa. Já o militarismo não pressupõe a existência da guerra e é um fenômeno tipicamente norte-americano, no qual suas instituições e as forças militares estão concentradas em torno dos objetivos de segurança nacional ou até mesmo do compromisso com a integridade da estrutura governamental da qual eles fazem parte. O militarismo sobrepõe-se às negociações feitas pela esfera civil e explicaria o fato da CIA converter-se em um exército privado do presidente americano, utilizada secretamente para projetos que ele e seu Departamento de Estado desejam conduzir à margem do processo decisório institucional. Outra característica do militarismo é a predominância de oficiais militares e de representantes da indústria bélica em altos postos do governo, como Collin Powell e outros militares do governo George W. Bush.

Para Johnson, o militarismo norte-americano não foi gestado durante nenhuma guerra em particular, mas foi formando-se aos poucos, entre uma guerra e outra, embalado pelo crescimento gigantesco de sua indústria bélica. Dada a insuficiência da extensão de suas bases militares pelo mundo para a segurança do Império, também o controle do espaço sideral torna-se cada vez mais decisivo. No bombardeio aéreo sobre a Sérvia, entre 24 de março e 3 de junho de 1999, os invisíveis bombardeiros B-52 foram utilizados intensamente e as missões saíram direto do Missouri para os Balcãs, voltando logo em seguida. Na campanha, apenas duas aeronaves foram abatidas sem que houvesse baixa de combatentes. Segundo o general Richard B. Myers, então chefe do Comando Espacial dos EUA, o Kosovo foi uma guerra espacial e criou um novo paradigma para o futuro: os satélites militares e o sistema de ocupação do espaço orbital permitiram que os EUA realizassem bombardeios razoavelmente precisos, com ataques de mísseis guiados, mantendo suas tropas fora da zona de perigo. Igualmente, no Afeganistão, após os atentados de 11 de setembro, o ataque realizado em represália utilizou o suporte espacial e, apesar do Pentágono afirmar que os "danos colaterais" foram pequenos, entenda-se morte de civis, morreram tantos afegãos quantos foram os norte-americanos no World Trade Center.

A ideia de que os EUA podem controlar o mundo através da dominação estratégica e planejada do espaço saiu fortalecida depois dos atentados de 2001. O abandono dos acordos de cooperação política e militar, a afirmação de sua supremacia e o domínio que possui sobre o espaço, passaram a ser argumentos centrais da política externa norte-americana, reforçando o seu poder imperial. Sobretudo, é o poder militar *cybertech* que está retroalimentando e redesenhando as estratégias geopolíticas globais norte-americanas, para as quais a provisão de serviços de banda larga, em altíssima velocidade, via satélite, tornou-se crucial para municiar de inteligência e de informações suas forças de segurança. A determinação de militarizar o espaço sideral, a partir de estações orbitais municiadas de armamentos a *lasers* de alta energia, permitiria atingir alvos na Terra ou alvejar satélites de outras nações. Foi nesse contexto que o Pentágono elaborou o projeto Joint Vision 2010/2020, com o objetivo de criar um novo modelo conceitual para as forças armadas norte-americanas.

Com a promessa de criação de uma força militar persuasiva na paz, decisiva na guerra e proeminente em toda e qualquer forma de conflito, o Joint Vision, em suas estratégias, delineou para o novo militarismo o uso intensivo das tecnologias da informação. No cerne do Joint Vision reside a convicção de que os EUA têm a possibilidade de alterar a própria natureza da guerra, concentrando o seu poder de combate e dispensando a atual necessidade de que as forças militares estejam agrupadas em um único lugar físico. Em suas bases, a crença de que o potencial das tecnologias da informação garantirá às forças norte-americanas, agindo unilateralmente ou com aliados, derrotar seus adversários em qualquer tipo de operação militar, sejam guerras convencionais ou não. De acordo com o secretário Cohen, "a tecnologia garante agora aos Estados Unidos uma oportunidade que nenhuma outra força armada jamais teve: a habilidade de ver através da 'neblina' da guerra mais claramente e alvejar com precisão objetivos a longa distância. Isso significa poder lutar com invisibilidade, de maneira secreta, furtiva e surpresa, garantindo eficiência a um baixo risco" (Bacevich, 2003: 133). No coração do Joint Vision, a ideia de que é possível a promoção de uma Revolution in Military Affairs (RMA), representada pela convergência de poderes, entre planejamento e tecnologias da informação, da qual emergisse de sua base digital única, em prol da dominação global onipresente, o controle de uma economia política integrada e unificada em todos os seus pilares.

O Comando Espacial do Joint Vision afirma que a Globalização da economia mundial vai continuar e que a missão do Pentágono é dominar a operação espacial das missões militares e proteger os interesses norte-americanos e seus investimentos, "em um mundo cada vez mais antiamericano". Não é por acaso que a política externa dos EUA, tanto no governo Clinton quanto no de George W. Bush, foi contrária a todos os tratados que cerceiam o controle sobre as armas e tem dificultado o acesso espacial a outros países. Ao depender cada vez mais das comunicações via satélite, os EUA argumentam que ficou vulnerável à espionagem de seus adversários, que poderiam desenvolver armas antissatélites e interferir em suas transmissões. A lógica que impera no projeto de militarização do espaço é a mesma de todos os impérios anteriores: proteger seu território e suas capacidades, pois o espaço aéreo não tem fronteiras e sua ocupação e militarização hoje é prioridade dos EUA.

Como afirma Johnson, para "pensar o impensável", em prol de uma nova estratégia de dominação global, fundamentada no espaço sideral e na transformação do poder militar nas próximas décadas, e defender-se dessa catástrofe imaginada, foi criado o 614º Esquadrão de Inteligência Espacial, na Base Aérea de Vanderburg, na Califórnia. Como parte fundamental deste programa, no qual os EUA pretendem impedir outras nações de coabitar o espaço, foi criado o Ballistic Missil Defense – BMD, cujo objetivo é construir, preventivamente, sistemas de defesas contra mísseis balísticos de outros países. Por baixo dessa imensa rede militarizada, que se expande pela Terra e rompe suas fronteiras em direção ao espaço, encontra-se uma poderosa infraestrutura de telecomunicações e o domínio absoluto das tecnologias da informação que suportam o seu sistema de segurança global.

Conclusão

As telecomunicações, mais do que nunca, fazem parte da infraestrutura global de poder do Império norte-americano. Entretanto, é imposível negar que a indústria de telequipamentos e que as operadoras globais imprimiram um dinamismo, até então desconhecido, no setor de telecomunicações globalmente, destruindo e gerando riquezas. Após anos seguidos de investimentos em P&D, é fato que os equipamentos transformaram-se em eletroeletrônicos de consumo e conquistaram os consumidores do mundo todo com suas diversificadas aplicações. Ao longo da história das telecomunicações, esse foi e continua a ser o processo natural dos seus ciclos inovativos. No entanto, o enfoque que esse artigo procurou manter, encontra-se na esfera da ampliação de poder. É com esse sentido que afirmamos que as telecomunicações e a imensa infraestrutura global que se formou para além das fronteiras terrestres, dominando o espaço sideral, inscrevem-se em um processo mais profundo, escondido pelas aparências de um exuberante mercado global. O projeto imperial norte-americano depende dessa infraestrutura e ela própria constitui o coração desse projeto. O controle do poder estrutural, conforme definição de Strange, é crucial para a manutenção do poder político e os EUA não têm poupado esforços para a preservação de ambos.

O governo Clinton apostou suas fichas na liderança incondicional dos EUA, suportada pela prosperidade infinita alardeada com a Globalização. Entretanto, seu imperialismo humanitário não se furtou em empregar forças militares sempre que julgou ser necessário coagir ou punir adversários que violassem as normas prescritas para o mundo sob o seu comando. Além de fazer cumprir o seu poder coercitivo em todos os campos da economia, a cada vez que os interesses norte-americanos foram ameaçados usou o seu poderio bélico, dotado das vantagens das tecnologias da informação. Durante os anos 1990, o presidente Clinton fez também dos ataques de longo alcance e de alta precisão um dos pilares da política externa norte-americana.

Foi assim na operação Desert Strike contra o Iraque, após Saddam Hussein bombardear os curdos, em setembro de 1996. Repetiu-se em 1998, com a Operação Raposa do Deserto, que perdurou durante os anos de 1999 e 2000, e justificou a presença dos EUA no Golfo Pérsico. Novamente, em 1998, quando as embaixadas norte-americanas no Kenya e na Tanzânia sofreram atentados terroristas, a U.S. Navy impiedosamente bombardeou campos de treinamento no Afeganistão e uma fábrica farmacêutica em Khartoun. A gestão Clinton não se furtou a usar mísseis teleguiados para derrotar e retalhar seus adversários, mas sobretudo, fez com que os americanos se acostumassem e considerassem natural o uso do poder aeroespacial como instrumento de diplomacia coercitiva.

Com a gestão de George W. Bush, principalmente depois do 11 de setembro, a previsão do Império é de que a Guerra contra o terrorismo será cara, prolongada, talvez por décadas, e que esta não é apenas uma guerra norte-americana, mas é uma guerra do mundo civilizado. Assim os EUA têm coagido a diplomacia internacional a posicionar-se a seu favor. Conforme pontuou Donald Rumsfeld, o terrorismo criou um tipo de oportunidade que permitiu aos EUA avançar no redesenho do mundo e de alargar o alcance das políticas de abertura de mercados e fronteiras. O presidente George W. Bush reafirmou que o comércio, em si mesmo, é uma arma e que a Globalização e a abertura continuarão a ser a estratégia da América. As operações Justiça Infinita e Liberdade Duradoura têm como objetivos, além de eliminar o inimigo, preservar a liberdade e os valores da democracia norte-americana.

Não restam dúvidas que os EUA expandem o seu projeto imperial e que ampliam suas bases militares pelo planeta, almejando o espaço sideral. Nesse processo, os EUA ganharam o acesso a bases no Afeganistão, Paquistão, Uzbequistão e Turkmenistão, vitais para a condução da campanha aeroespacial e, como moeda de troca, deram o seu apoio econômico e a assistência nas áreas de segurança. Em sua luta contra o mal, pouco a pouco os EUA fincaram os pés na Ásia Central, desfrutando de privilégios e ajuda para carregar o fardo de quem está fadado a liderar. Na sua trajetória em direção ao espaço sideral, o poder das tecnologias da informação e da infraestrutura global de telecomunicações deve ampliar-se e garantir a sua supremacia, integrando o seu projeto militarista.

Para aqueles que situam a gênese das transformações nas telecomunicações como endógenas ao próprio mercado, recordamos Braudel: "É verdade que toda a comparação entre o passado e a atualidade nos seduz e orienta, mas é preciso desconfiar das demonstrações que se pretendam válidas, indiferentemente, nas duas vertentes do tempo" (Braudel, 2002: 34). Apesar de na superfície tudo indicar que o dinamismo e a concorrência dos mercados de telecomunicações perdurarão por um bom tempo, nas profundezas encontra-se a origem do poder estrutural que se expande e que, como sempre, pois assim a história nos ensinou, tenderá para a centralização de capital e de poder.

REFERÊNCIAS BIBLIOGRÁFICAS

ARON, R. (1962). *Paz e guerra entre as nações*. Brasília: Ed. Universidade de Brasília.

ARRIGHI, G. (1982). A Crisis of Hegemony. In: AMIM, S., ARRIGHI, G. et al. *Dynamics of Global Crisis*. Londres: The MacMillan Press LTD.

ARRIGHI, G. (1996). *O longo século XX*. Rio de Janeiro: Contraponto/UNESP.

BACEVICH, A.J. (2003). *American Empire, The Realities and Consequences of U.S. Diplomacy*. Harvard University Press, 4 edition, Cambridge, Massachusetts/ Londres.

BAGDIKIAN, B.H. (1973). *Máquinas de informar*. Rio de Janeiro: Civilização Brasileira.

BATSTONE, E., FERNER A. & TERRY, M. (1984). *Consent and Efficiency*: Labour Relations and Manegement Strategy in the State Enterprise. Oxford: Blackwell.

BNDES. (2001). *Cadernos de Infraestrutura*. Rio de Janeiro.

BRAUDEL, F. (1987). *A dinâmica do capitalismo*. Rio de Janeiro: Rocco.

_____ (2002). *Reflexões sobre a história*. São Paulo: Martins Fontes.

CARR, E.H. (2001). *The Twenty Years Crisis*: 1919-1939. Nova York: Perennial.

KINDELBERGER, C. (1973). *The World in Depression, 1929-1939*. University of California Press, Los Angeles, 2001.

CARVALHO, P.S. (2002). *Tecnoeconomia* [Disponível em www.dpp.pt/pt/Tecnoeconomia. htm] Portugal.

COSTA, G.M. (1995). *Panorama geral das telecomunicações*: A conquista de mercado pelas grandes corporações. Embratel – Publicação Interna – Rio de Janeiro.

COSTA, G.M.M (2000). *A reestruturação do setor de telecomunicações no Brasil*: Um novo padrão de intervenção do estado liberal. COPPE-UFRJ.

DANTAS, M. (1996). *A lógica do capital informação*. 1. ed. Rio de Janeiro: Contraponto.

DANTAS, M. (1998). Uma alternativa para as telecomunicações, no cenário da globalização: A Brasil Telecom. *Revista de Comunicação & Política*, vol. 1, nova série, janeiro – abril, p. 7/48.

DENMEAD, M., AKNAI, P. & ABLETT, S. (1994). *Global Networks Coporate Telecoms Requirements*. Cambridge: Analysys.

DOSI, G. (1984). *Technical Change and Industrial Transformation*. Inglaterra: MacMillan.

_____ (1988). *Technical Change and Economic Theory*. Londres: Pinter Publishers.

ELIAS, N. (1976). *O processo civilizador*. Vol. 2. Rio de Janeiro: Jorge Zahar.

FERRER, A. (1998). La Globalización y la Contribuición Histórica de la CEPAL. In: Seminário Internacional Modelos e Políticas de Desenvolvimento – *Tributo a Aníbal Pinto*. Junho de 1998. Inter American Development Bank – BNDES. Rio de Janeiro.

FIORI, J.L. (1997). Globalização, hegemonia e império. In: TAVARES, M.C. & FIORI, J.L. (orgs.). *Poder e dinheiro*. 2. ed. Petrópolis: Vozes.

FIORI, J.L. (1999). De volta à questão da riqueza de algumas nações. In: FIORI, J.L. (org.). *Estados e moedas no desenvolvimento das nações*. Petrópolis: Vozes.

FIORI, J.L. (1999). Estados Moedas e Desenvolvimento. In: FIORI, J.L. (org.). *Estados e moedas no desenvolvimento das nações*. Petrópolis: Vozes.

GILPIN, R. (1972). The politics of transnational economic relations. In: KEOHANE R.O. & NYE J.S. (eds.). *Transnational Relations and World Politics*. Cambridge: Harvard University Press.

HAWKINS, R. (1995). Infraestrutura de Informação e Comunicações: Ambições Globais e Realidades Regionais. In: COUTINHO, L., CASSIOLATO, J.E. & SILVA, A.L. (orgs.). *Telecomunicações, globalização e competitividade*. Campinas: Papirus.

HITCHENS, C. (2002). *O julgamento de Kissinger*. São Paulo: Boitempo.

JOHNSON, C. (2004). *The Sorrows of Empire, Militarism, Secrety, and the End of the Republic*. Nova York: Metroplitan Books Henry Holt and Company.

KATZ, H.C. (1997). *Telecommunications Restructuring Work and Employment Relations Worldwide*. Cornell University, Itahaca, EUA.

KEOHANE, J. & NYE, J. (1995). *Power and Interdependence*: World Politics in Transition. Boston: Little Brown.

KRASNER, S. (1983). *International Regimes*. Ithaca/Nova York: Cornell University Press.

LIMA, V.A. (1998). Política de Comunicações no Brasil: Velhos e Novos Atores. *Contato – Revista de Comunicação, Arte e Educação*, Ano 1, n. 1, out./dez., Brasília.

LIMA, V.A. (1998). Globalização e Políticas Públicas no Brasil: a privatização das comunicações 1995/1998. *Revista Brasileira de Política Internacional*, ano 41, n. 2, Brasília.

MATTOS, J.B.B. (1994). *Inter-Relações entre telecomunicações, distribuição de renda e desenvolvimento econômico*. Rio de Janeiro: IE/UFRJ [Mimeo. – Tese M. Sc.].

MEDEIROS, C.A. (2004). *O desenvolvimento tecnológico americano no pós-guerra como um empreendimento militar*. [Neste volume].

MORONEY, J. & MATTHEWS, J. (1995). *Applications for the Superhighway*. Londres: OVUM Reports.

NELSON, R., WINTER, S. (1982). *An Evolutionary Theory of Economic Change*. Cambridge, Mass.: Harvard University Press.

NYE Jr., J.S. (2002). *O paradoxo do poder americano*. São Paulo: UNESP.

PAVITT, K. (1984). Sectoral patterns of technological change; toward a taxonomy and a theory. *Research Policy*, n. 13. Amsterdã: Elsevier Science Publishers.

PRATES, L.R.P. NIN (1992). *Tecnologias da informação*: A trajetória tecnológica da nova infraestrutura de teleinformática a nível mundial e no Brasil. Rio de Janeiro: IE/UFRJ [Mimeo. – Tese M. Sc.].

RIVAS, J.E. (1998). *La triste historia de las privatizaciones en Latinoamérica, Las privatizaciones en Latinoamérica*. Lic. José Eduviges Rivas, El Salvador. Epifania @excite.com

SOUTER, D. (1993). Regulation Telecommunications. The British Experience. *Report for PITI*, Londres.

STRANGE, S. (1994). *States and Markets*. Second edition. Londres: Publisher.

STRANGE, S. (1996). *The Retreat of the State*. Cambridge: Cambridge University Press.

TAVARES, M.C. (1997). A retomada da hegemonia norte-americana e Pós-escrito 1997: a reafirmação da hegemonia norte-americana. In: FIORI, J.L & TAVARES, M.C. *Poder e dinheiro*: Uma economia política da globalização. Petrópolis: Vozes.

TAVARES, M.C. (1999). Império, território e dinheiro. In: TAVARES, M.C. & FIORI, J.L. (orgs.). *Estados e moedas no desenvolvimento das nações*. Petrópolis: Vozes.

TAVARES, M.C. & MELIN, L.E. (1997). Pós-escrito 1997: a reafirmação da hegemonia norte-americana. In: TAVARES, M.C. & FIORI, J.L. (orgs.). *Poder e dinheiro*. Petrópolis: Vozes.

TEIXEIRA, A. (1999). Estados Unidos: A "Curta Marcha" Para a Hegemonia. In: FIORI, J.L. *Estados e moedas no desenvolvimento das nações*. Petrópolis: Vozes.

TILLY, C. (1993). *Coerção, capital e estados europeus*. São Paulo: Unesp.

TREVIÑO, L.C. (1999). *Teorias Económicas de la Tecnología*. México: JUS.

WALLERSTEIN, I. (1974). *The Modern World System*. Nova York: Academic Press.

WILLIAMSON, O. (1985). *The Economic Institutions of Capitalism*: Firms, Markets, Relational Contracts. Nova York: Free Press.

WOHLERS, M.A. (1994). *Reestruturação, internacionalização e mudanças institucionais das telecomunicações*: lições das experiências internacionais para o caso brasileiro. Campinas. IE/UNICAMP [Tese D. Sc.].

WOHLERS, M.A. (1995). *Concorrência, privatização e re-regulamentação nas telecomunicações*: Desafios e Mitos. Campinas: Paper, abril, IE/UNICAMP.

WOHLERS, M. & PLAZA C. (2000). *Informe anual 2000, telecomunciações e tecnologias da informação*. São Paulo: CELAET/UNIEMP.

SITES CONSULTADOS

www.arpa.mil

www.defenselink

www.dei.isep.ipp.pt/docs/arpa.html

www.fcc.gov

www.omc.org

www.whitehouse.gov

Gabriel Palma*

Gansos Voadores e Patos Vulneráveis**: a diferença da liderança do Japão e dos Estados Unidos, no desenvolvimento do Sudeste Asiático e da América Latina***

> *The world of foreign trade is one of change. It makes a great difference to the trade of different countries, and to the impact of trade on them, whether they are capable of changing with the world. [...] Capacity to transform is capacity to react to change, originating at home or abroad, by adapting the structure of foreign trade to the new situation in an economic fashion.*

> C. Kindleberger

> *Wild-geese are said to come to Japan in autumn from Siberia and again back to north before spring, flying in inverse V shapes, [...]". "The less-advanced 'wild geese' are chasing those ahead of them, some gradually and others rapidly, following the course of industrial development in a wild-geese-flying pattern.*

> K. Akamatsu

> *[...] the obsession with competitiveness is not only wrong but dangerous, skewing domestic policies and threatening the international economic system.*

> P. Krugman

---

* Gostaria de agradecer a Stephanie Blankenburg, José Luís Fiori e Jorge Fiori, Richard Kozul-Wright, Carlos Lopes, Julie McKay, Carlota Perez e Bob Sutcliffe, e particularmente a Ignes Sodré por seus comentários pertinentes. Agradeço também aos participantes dos seminários em Bilbao, Cambridge, Cidade do Cabo, Genebra, Cidade do México, Londres, Santiago, Rio de Janeiro e Tóquio por seus comentários construtivos da versão anterior (Palma, 1998). Os erros e omissões remanescentes são de minha exclusiva responsabilidade.

** No original "Flying-Geese" e "Lame-Ducks", respectivamente (N.T.).

*** Tradução: Renata Lins. Revisão técnica: Carlos Fernando Lopes.

Introdução

Durante a campanha presidencial americana de 1992, o principal assessor econômico do Presidente Bush foi questionado sobre o aparente declínio do conteúdo tecnológico das exportações de seu país; ele respondeu que não via nenhuma diferença em exportar batatas chips em vez de microchips. Este artigo trata de dois pontos decorrentes desta controvérsia. O primeiro consiste em saber se existem de fato diferenças importantes – em particular para o potencial de crescimento do próprio setor exportador e o da economia como um todo, bem como para a relação de trocas – entre exportar um ou outro desses (tipos de) produtos. O segundo refere-se à questão de saber se a dinâmica regional – e, especificamente, o papel do poder regional – é um componente importante da probabilidade de países menos desenvolvidos (PMD) exportarem um ou outro tipo de produto. Sobre o primeiro ponto, a conclusão a que chegamos é que as disparidades econômicas vinculadas ao tipo de produto exportado pelos PMD são substanciais tanto com relação à oferta quanto à demanda. Sob a ótica da oferta, a diferença fundamental encontra-se não somente na discrepância entre os potenciais de produtividade de cada uma das categorias de produtos exportáveis, mas também – e de igual importância, mesmo em economias abertas com setores exportadores de peso – na capacidade distinta de cada categoria de produtos para induzir um crescimento da produtividade de médio e longo prazo na economia como um todo (por exemplo através de processos de causação cumulativos). Em outras palavras, alguns produtos de exportação parecem ter uma capacidade muito maior de gerar um crescimento do PIB "induzido pelo comércio exterior" do que outros. Já sob a ótica da demanda, a maior diferença surge do fato da demanda internacional, por algumas categorias de produtos (produtos com alto ou médio conteúdo tecnológico, e alguns produtos de origem natural em estágio avançado da cadeia de valor adicionado), ter crescido muito mais rapidamente – e é provável que continue – do que a demanda por outros (como a maioria dos produtos de baixo conteúdo tecnológico, e os produtos de origem natural com baixo grau de processamento). Quase que inevitavelmente, assimetrias importantes (e crescentes) na demanda internacional devem ter uma influência significativa nas relações de troca e, portanto, nos ganhos de bem-estar do comércio internacional (a partir de um efeito sobre a taxa de crescimento do poder de compra internacional do PIB do país[1]).

---

[1] No original "command-GDP", conceito que mede o crescimento real do PIB ponderado pela evolução dos termos de troca (N.T.).

Quanto à segunda questão – o provável papel da dinâmica regional e, especificamente, o papel do poder regional na especialização comercial –, a conclusão deste artigo é que existe um volume significativo de evidências apontando para o fato de que a dinâmica regional pode ter um papel de destaque no perfil exportador dos PMD, e nas vantagens em termos de bem-estar que conseguem obter a partir do comércio internacional.

A questão geral "batatas chips versus microchips" será analisada a partir do estudo das diversas trajetórias de crescimento e de evolução das exportações na América Latina e no Leste Asiático desde os anos 60. Meu argumento é que a experiência destas duas regiões apoia ao menos duas hipóteses. A primeira é de que o crescimento do PIB e o papel das exportações neste parece ser ao mesmo tempo dependente do produto e um fenômeno institucional; isto é, quanto às exportações, sua capacidade de gerar crescimento do PIB (induzido pelo comércio exterior) parece estar intimamente ligada tanto à composição da pauta de exportações como a seu grau de "enraizamento" efetivo à economia doméstica, e à capacidade do estado de implementar políticas comerciais e industriais adequadas. Mais precisamente, os dados sugerem que o crescimento muito superior do Leste Asiático está diretamente associado a seu esforço continuado, tanto por parte do governo como do setor industrial, de agregar valor à oferta (ao longo da chamada "curva de aprendizado") e adaptar à demanda externa (seguindo as mudanças incessantes da demanda internacional) sua produção para exportação. Em segundo lugar, que a dinâmica regional, particularmente o tipo de liderança exercido pelo Japão no Leste Asiático, tiveram um papel importante neste resultado favorável.

Crescimento Econômico: diversidades regionais.

O gráfico 1 mostra que, com a notável exceção da China e da Índia, na era da globalização houve uma significativa redução do crescimento econômico tanto na América Latina quanto no Leste Asiático – de fato, uma redução na maioria dos países do mundo –, e que houve uma elevação na instabilidade do modesto crescimento obtido.

Segundo os dados do WDI, e com as notáveis exceções da China e da Índia (e Bangladesh), há uma clara tendência declinante na taxa de crescimento dos países em desenvolvimento após 1980, e uma elevação relativa na instabilidade deste crescimento. O quadro A do Gráfico 1 ilustra várias questões correlatas. Primeiro: a taxa média de crescimento do produto mundial declinou de 4,6% entre 1960 e 1980 para 2,8% entre 1980 e 2000. Portanto, se no primeiro período de vinte anos o produto mundial aumentou duas vezes e meia, no segundo só conseguiu crescer 1,7. Segundo: um dos conjuntos de países onde a redução do crescimento foi mais marcante foi o G6: sua taxa de crescimento caiu mais da metade – de 5,1% para 2,4%. Terceiro: mesmo nos EUA – e apesar da prosperidade da era Clinton – a taxa média de crescimento no segundo período de vinte anos ficou abaixo da taxa do primeiro: 3,5% e 3,2% respectivamente. Quarto: apesar do tamanho e das admiráveis taxas de crescimento de Índia e China, a taxa global de crescimento do produto nos 59 PMD incluídas nesta amostra caiu de 5,5% para 4,5%. Quinto: esta queda, é claro, torna-se muito mais pronunciada se forem excluídas China e Índia da amostra; neste caso, a queda é de 5,8%

GRÁFICO 1

Crescimento do PIB e PIB per capita, com seus respectivos coeficientes de variação, 1960-1980 e 1980-2000

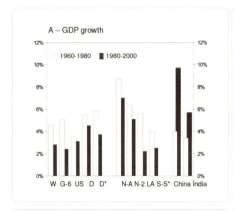
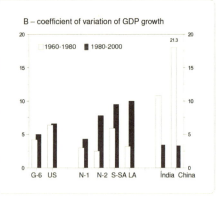
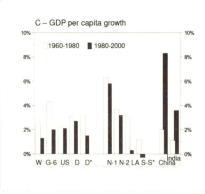
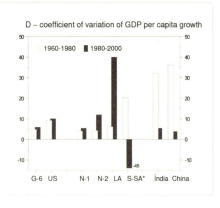

• Taxas de crescimento em US$ de 1995. *G6* = Canadá, França, Alemanha, Itália, Japão e Reino Unido. *US* = Estados Unidos. *D* = produto agregado de 59 países em desenvolvimento, incluídos na base de dados do WDI. *D** = D, exceto China e Índia. *N-1* = NICs de primeira geração (países de industrialização recente[2] do Leste Asiático: Hong Kong, República da Coreia, Singapura e Taiwan). *N-2* = NICs de segunda geração (Indonésia, Malásia, Filipinas e Tailândia). *LA* = América Latina e Caribe (Argentina, Bolívia, Brasil, Chile, Colômbia, Costa Rica, Jamaica, México, Peru, Uruguai e Venezuela). *NA* = África do Norte (Argélia, Egito, Marrocos e Tunísia). *S-SA* = 29 países subsaarianos. *S-SA** = S-SA, exclusive África do Sul.

• *Fonte*: Banco Mundial, World Development Indicators, WDI (2003); também para o G7, esta base de dados fornece informações para 59 PMD para o período 1960-2000. A menos de menção em contrário, os dados de crescimento deste artigo provêm desta fonte. Todos os coeficientes de variação estão multiplicados por dez. Quando os dados são referentes a uma região ou conjunto de países, tratam do seu produto <u>agregado</u>.

para 3,7%. Sexto: dos cinco grupos de países em desenvolvimento identificados no gráfico, foi a América Latina que teve a queda mais marcada em sua taxa de crescimento: de 5,6% para 2,2%; então, se no primeiro período de vinte anos a América Latina triplicou seu produto agregado, no segundo só atingiu a metade dessa expansão. Sétimo: em somente doze dos cinquenta e nove PMD da amostra houve uma elevação da taxa de crescimento no segundo período – só um país da América Latina (o Chile); três da Ásia (China, Índia e Bangladesh); e oito países subsaarianos (Benin, Burkina Faso, Chade, Gana, Guiné Bissau; Ilhas Maurício; Senegal e Sudão). Finalmente, apesar de somente um em cada cinco países ter sido capaz de acelerar sua taxa de crescimento no segundo período, entre estes países encontram-se três dos cinco maiores PMD; entretanto, os outros nove países que aceleraram sua taxa de crescimento do produto no segundo período são relativamente pequenos, e representam menos de 7% da população remanescente dos PMD.

Além disso, o gráfico B do gráfico 1 ilustra que não somente a tendência global do crescimento é claramente declinante, como também – e, novamente, as exceções são China e Índia – que houve uma elevação da instabilidade do crescimento no G7, nos NICs (primeira e segunda geração) na África Subsaariana e (especialmente) na América Latina.

Os gráficos C e D indicam que o mesmo fenômeno, em particular as assimetrias entre China, Índia, Bangladesh e praticamente todos os outros países, encontra-se (em ainda maior extensão) no crescimento do produto per capita nestes dois períodos. De fato, se, a partir de outras fontes, forem adicionados aos dados do WDI números para os quinze países subsaarianos restantes (na maioria conturbados) para o período 1980-2000, a <u>mediana</u>

---

[2] Em inglês, Newly Industrializing Countries (N.T.).

do crescimento do PIB per capita para o segundo período de vinte cai praticamente a zero.

No gráfico C pode ser visto que, primeiro, a taxa média de crescimento do PIB per capita global, e apesar do declínio da taxa de crescimento da população, caiu pela metade nesses dois períodos (de 2,6% para 1,3%). Como resultado, enquanto nos primeiros vinte anos este indicador cresceu 67%, no segundo período seu crescimento foi menor que 30%. Além disso, no G6 a desaceleração foi significativa, com o crescimento do PIB per capita reduzindo-se de 4,3% para 2%. Terceiro: de novo, até nos EUA houve um declínio na taxa média de crescimento do PIB per capita nos dois períodos (2,3% e 2,1%). Quarto: apesar do impressionante desempenho de Índia e China, e da drástica redução no crescimento populacional dos PMD, a taxa de crescimento do PIB per capita nos cinquenta e nove PMD incluídos nesta amostra caiu de 3,1% para 2,7%. Quinto: excluindo China e Índia, o dado correspondente para os cinquenta e sete PMD restantes cai de 3,2% para 1,5%. Sexto: de todos os grupos e regiões, a rapidamente liberalizante, globalizante e reformista América Latina teve de longe o maior declínio no crescimento do PIB per capita: de 3% entre 1960 e 1980 para um reles 0,4% entre 1980 e 2000. Se, durante a maior parte do primeiro período, a América Latina estava quase conseguindo acompanhar o crescimento do PIB per capita do G7, no segundo teve uma taxa que representa apenas um quinto da do G7 (que, como visto acima, já não era tão impressionante). Além disso, se com a primeira taxa seriam necessários menos de vinte e cinco anos para que a região dobrasse sua renda per capita, à taxa do segundo período seriam precisos cento e setenta e cinco anos para que isso acontecesse! Sétimo: até algumas das mais dinâmicas economias do Leste Asiático tiveram um crescimento do PIB per capita mais baixo durante o segundo período – um fenômeno, porém, em grande medida, explicado pela crise financeira asiática de 1997. Finalmente, com uma taxa média de crescimento do PIB per capita de 8,3%, 3,6% e 2,6% durante o segundo período considerado, China, Índia e Bangladesh, cujas populações somadas chegam a 2,4 bilhões, estiveram entre o pequeno grupo de países que melhoraram significativamente seu desempenho no segundo período de vinte anos.

Finalmente, os gráficos 2, 3 e 4 mostram com mais detalhe o desempenho relativo de alguns PMD de renda média e baixa, *vis-à-vis* o do G7.

GRÁFICO 2

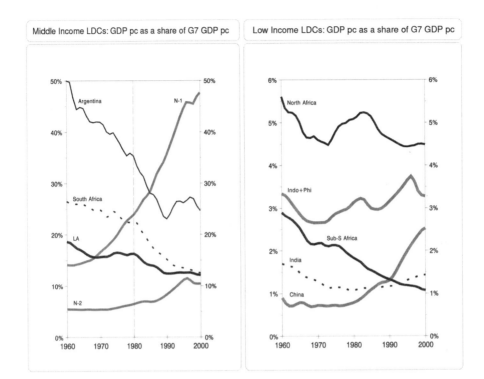

• *Fonte:* regiões e países como no gráfico 1. pc = per capita. G7 = G6 e os EUA; N-1 = primeiro geração dos NICs (República da Coreia, Singapura e Taiwan); N-2 = Segunda geração dos NICs (Malásia e Tailândia); LA = América Latina e Caribe; Indo+Phil = Indonésia e Filipinas; Sub S África = países da África Subsaariana.

O desempenho econômico superior do Leste Asiático tanto nos países de renda média como baixa torna-se ainda mais evidente no gráfico 2. Em particular, alguns países latino-americanos, como a Argentina (mesmo antes de sua wagneriana crise de 2001 e 2002), parecem ter-se movido exatamente na direção oposta da dos NICs-1. Mas o gráfico 3 mostra que na América Latina, a Argentina não estava solitária neste processo.

O gráfico 4 mostra, porém, que pelo menos Brasil e México, durante a maior parte do primeiro período, e o Chile depois de meados dos anos 80, conseguiram episódios marcantes de recuperação com relação ao G7. No entanto, como os períodos de baixo crescimento e recessão foram igualmente notáveis em sua intensidade, sobretudo para as duas maiores economias da América Latina após a crise da dívida de 1982, nenhum desses três países chegou ao ano 2000 na mesma posição relativa que tinha em 1960.

GRÁFICO 3

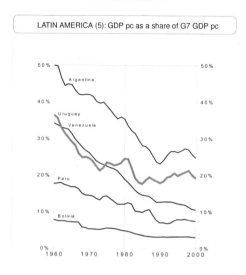

GRÁFICO 4

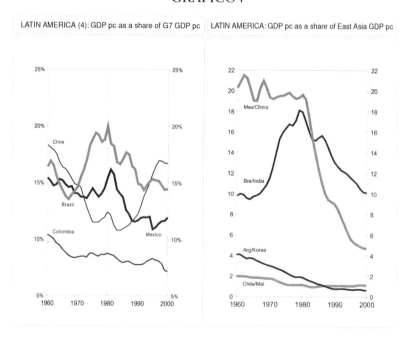

• *Mex/China* = PIB per capita do México com relação ao da China; *Bra/Índia* = PIB per capita do Brasil *vis-à-vis* o da India; *Arg/Coreia* = PIB per capita da Argentina sobre o da Coreia; *Chile/Mal* = PIB per capita do Chile sobre o da Malásia.

No final das contas, nesta parte do mundo, não houve *catching up* de longo prazo! Por sua vez, dos nove países do Leste Asiático do WDI, somente as Filipinas – o país latino-americano honorário da Ásia – deixa de se equiparar ao G7 neste período. O restante deste artigo propõe-se a analisar algumas questões de comércio internacional relativas a este crescimento regional assimétrico, sua dimensão geográfica, e particularmente o papel cumprido por seu líder regional.

Aumento da Integração Econômica Internacional na Economia Mundial.

Uma das principais características da economia internacional pós-Segunda Guerra tem sido o crescimento no percentual de exportações sobre o PIB de grande parte dos países, particularmente da OCDE e do Leste Asiático. O gráfico 5 ilustra este fenômeno e o contraste com a América Latina.

GRÁFICO 5

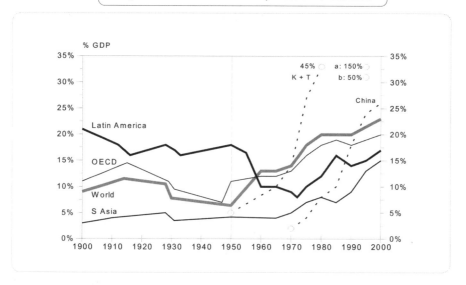

• S Asia = Sul da Ásia; K+T = Coreia e Taiwan; a = Singapura, Hong Kong e Malásia; b = países produtores de petróleo do Oriente Médio.

• *Fonte*: Banco Mundial e WDI (2003); preços correntes.

Como o gráfico 5 mostra, a tendência em direção a uma elevação do grau de integração da economia foi diferente segundo a região, com alguns países do Leste Asiático crescendo mais rápido, e a América Latina entre 1950 e 1973 tendo o maior declínio na parcela exportada de seu PIB; como resultado, mostra o gráfico 6, as parcelas relativas no comércio internacional (medidas agora como participação percentual nas importações da OCDE[3]) modificaram-se significativamente durante este período.

GRÁFICO 6

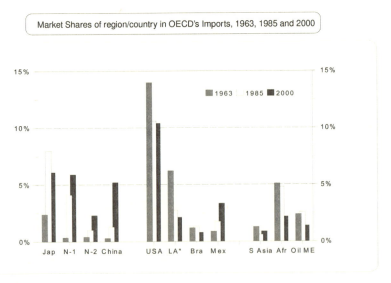

- *Jap* = Japão; N-1 = Coreia, Singapura e Taiwan (daqui em diante, Hong Kong será excluído dos NICs-1, devido a sua conversão em centro financeiro); *N-2* = Malásia e Tailândia (na análise que segue, NICs-2 corresponde a estes dois países); *LA** = América Latina e Caribe (excluindo México e Brasil); *Bra* = Brasil; *Mex* = México; *S Asia* = Sul da Asia (inclui Índia e Paquistão); África inclui África subsaariana, África do Sul, e Norte da África; e *Oil ME* = Produtores de petróleo do Oriente Médio (inclui Irã, Iraque e Arábia Saudita).
- *Fonte*: Trade CAN[4]

---

[3] Ver nota 4.
[4] O programa CAN foi originalmente desenvolvido por Ousmene Mandeng na CEPAL, nos anos 80; foi atualizado periodicamente pela CEPAL e o Banco Mundial, com a última edição indo até o ano 2000. CAN é um programa de base de dados que processa dados de comércio para vários países (de 88, na primeira edição, até 215 na última; que infelizmente-exclui Taiwan) e 239 grupos de mercadorias classificadas segundo a CUCI (Classificação Uniforme do Comércio Internacional), revisão 2, ao nível de 3 e 4 dígitos. A fonte dos dados é o Com-trade das Nações Unidas, e o programa funciona com uma média móvel de três anos. Como os burocratas estatísticos não gostam de facilitar a vida, diferentes versões do programa e suas atualizações cobrem diferentes períodos: o primeiro de 1963 até 1990, o segundo de 1977 até 1995, e o terceiro de 1985 até 2000. Assim, uma análise do período total 1963-2000 só pode ser feito pela (solução menos que ideal) junção de dados das diferentes versões do programa. Além disso, como a versão original só inclui exportações para

O gráfico 6 mostra que tanto países industrializados como os do Terceiro Mundo experimentaram mudanças significativas em sua participação relativa nas importações da OCDE durante este período. Entre os países industrializados, as mudanças na sorte dos EUA e do Japão se destacam. Entre os países não produtores de petróleo do Terceiro Mundo as diferenças entre América Latina e Leste Asiático são provavelmente as mais notáveis – com a América Latina (excluindo Brasil e México) tendo reduzido sua participação nas importações da OCDE em mais da metade em apenas vinte e dois anos – passando de uma participação de 6,22% em 1963 para só 2,75% em 1985; e novamente para 2,14% em 2000. O gráfico 6 também mostra as semelhanças relativas ao declínio da fatia de mercado desta região e dos EUA.

Leste Asiático versus América Latina em Termos de Desempenho Exportador.

As diferenças entre as políticas econômicas – particularmente políticas comerciais e industriais – que orientaram a América Latina e o Leste Asiático a partir de 1960 já foram extensivamente analisadas[5]. O maior benefício dessas políticas para o Leste Asiático foi permitir que estes países elevassem maciçamente tanto seu percentual de exportações como de produtos manufaturados no PIB. Por contraste, a América Latina, que tinha sido a região com o maior percentual do mundo de exportações sobre o PIB durante a primeira metade do século (e que em 1963 ainda exportava para a OCDE mais do que o Japão em 2000), quando da primeira crise do petróleo estava com suas exportações reduzidas a quase metade do nível de 1950 em termos de participação no PIB (ver gráfico 5). Esta queda foi consequência tanto de uma demanda fraca por produtos primários nos mercados da OCDE depois da guerra da Coreia como de uma política comercial caracterizada por um viés antiexportador. A CEPAL e os grupos políticos no poder na maior parte da América Latina nos anos 50 e 60 tinham uma ideologia econômica caracterizada por um profundo pessimismo quanto ao potencial impulsionador do crescimento de exportações de produtos primários

---

e importações de países da OCDE, a análise se restringirá a exportações para estes países; em 2000, as exportações mundiais para a OCDE foram responsáveis por aproximadamente dois terços do total do comércio mundial. No entanto, no caso da América Latina, esta parcela eleva-se para 80%. A menos de afirmativa em contrário, este programa é a fonte de todas as estatísticas de comércio citadas neste texto, e todos os grupos de exportações correspondem ao CUCI, versão 2, agregação a 3 dígitos.

[5] Sobre os NICs, ver por exemplo, UNCTAD, 1996; Singh, 1995; e Chang, 1994. Sobre a América Latina, ver Ffrench-Davis, Muñoz & Palma, 1994; e Palma 2004a.

não processados, e um alto grau de otimismo quanto ao crescimento potencial a partir de uma decidida reorientação da economia para um processo de industrialização por substituição de importações (ISI)[6] liderado pelo Estado. Como resultado, apesar do importante crescimento ocorrido em alguns países, particularmente Brasil e México, a elevação da participação de produtos manufaturados no PIB a partir do ISI ocorreu em detrimento da participação de exportações no PIB[7]. O gráfico 7 ilustra o fenômeno.

GRÁFICO 7

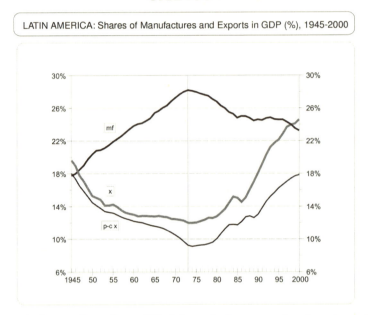

- *[mf]* parcela de manufaturados no PIB; *[x]* parcela de exportações; *[p-c x]* parcela de exportações primárias não-petróleo. Preços de 1980. média móvel de três anos. Exclui Venezuela (e México após a descoberta de petróleo) – o petróleo foi excluído para evitar a distorção devida ao alto preço do petróleo do ano 1980.

- *Fonte*: Palma (2004a, com dados do Depto. de Estatística da CEPAL).

A CEPAL havia predito que o impacto negativo inicial da ISI nas exportações de produtos primários da América Latina seria logo compensado

---

[6] Na maioria dos países, esse pessimismo quanto às exportações e otimismo quanto ao ISI remonta aos anos 30, e no caso do Chile pode ser encontrado desde a Primeira Guerra. Ver Palma (2000a e b).

[7] Para uma discussão detalhada desses temas, ver por exemplo Ffrench-Davis, Muñoz & Palma, 1994; e Palma, 2004a. Para uma visão geral do desenvolvimento da América Latina ao longo do século XX, ver Ocampo (2004).

por um processo de diversificação das exportações, que permitiria à região a mudança da sua pauta de exportações, abandonando os produtos primários não processados e passando a incluir manufaturas; este processo deveria acontecer, primeiramente, a partir da rápida integração regional. No entanto, após anos de implementação, esta orientação teve um sucesso apenas parcial. A partir da crise do petróleo de 1973, mas essencialmente a partir de 1982 (como resultado da crise da dívida e da rápida mudança do ambiente ideológico regional), a América Latina embarcou em uma das mais drásticas guinadas de política econômica da história do Terceiro Mundo, afastando-se da política de ISI liderada pelo Estado em direção a um intenso processo de "liberalização" econômica e desregulamentação. A nova ortodoxia latino-americana revelou-se, porém, de natureza bem diversa daquela que havia surgido nos países industrializados não Anglo-saxões e nas outras regiões do Terceiro Mundo, particularmente o Leste Asiático.

A América Latina foi vítima de uma série de choques externos negativos no fim dos anos 70 e no começo dos 80, quando a região já se encontrava numa posição extremamente vulnerável devido a seus volumosos déficits de conta-corrente e ao nível elevado da dívida externa. Há quatro razões principais para isso. Primeiro, as taxas de juros internacionais elevaram-se rapidamente a partir de 1979 (após o aperto da política monetária de Paul Volcker no Federal Reserve, o que levou as taxas de juros a triplicarem nos EUA e teve efeito similar sobre a dívida externa latino-americana, indexada pela LIBOR). Em segundo lugar, a relação de troca dos países não exportadores de petróleo da região desabou no fim dos anos 70 (ver gráfico 13 abaixo). Em terceiro, com a declaração de insolvência do México em 1982, o crédito voluntário para a América Latina cessou abruptamente na segunda metade deste ano. E, finalmente, a recessão e o protecionismo crescente na maior parte do Norte durante os anos 80 tornou ainda mais complexo o ambiente econômico no qual as economias latino-americanas precisavam recuperar seu equilíbrio macroeconômico interno e externo, posteriormente à crise da dívida de 1982[8].

Como havia acontecido nos anos 30, um choque externo massivo e contínuo, que encontrou a América Latina numa posição extremamente vulnerável, não somente acarretou a necessidade de um doloroso ajuste macroeconômico interno e externo, mas também lançou as fundações para uma mudança radical e amplamente difundida no pensamento econômico local. A transformação ideológica resultante acabou por acarretar uma mudança generalizada do paradigma econômico da região. Neste

---

[8] Ver, por exemplo, Diaz-Alejandro (1984), Marcel e Palma (1988), e Ocampo (2004).

caso, foi caracterizado por um movimento extremo em direção à liberalização comercial e financeira, com privatizações no atacado e desregulamentação dos mercados, ao longo da trajetória seguida pelo Chile a partir de 1973. Neste sentido, um elemento-chave para o entendimento dessas reformas, particularmente a forma "fundamentalista" com que foram implementadas na região, é o fato de que foram levadas a cabo por conta da fragilidade substancial dessas economias. Em outras palavras, eram uma tentativa desesperada de reverter a fuga de capitais, reduzir a inflação descontrolada e tirar as economias da recessão. O discurso geral acabou tendo como bússola um "norte magnético" que consistia simplesmente na reversão do maior número possível de aspectos da estratégia de desenvolvimento anterior[9]. A mera ideia de que alternativas podiam existir era recebida com um misto de divertimento e desprezo[10]. Este fato ajuda a entender a rigidez com que as reformas foram implementadas na América Latina, por oposição ao Leste Asiático.

Como já argumentei em outros textos (Palma 2004 a e b), não é que o Leste Asiático não tenha realizado reformas econômicas parcialmente desnecessárias (e também como consequência da pressão política do governo dos EUA para tais reformas); mas suas fragilidades econômicas eram de natureza e intensidade bem diversas das existentes na América Latina. Como é sabido, a partir dos anos 60 os países do Leste Asiático integraram suas economias no mundo cada vez mais complexo da divisão do trabalho de forma muito diferente da América Latina. Em lugar de aceitar suas vantagens comparativas tradicionais como dados "exógenos" (isto é, dados pela existência de dotações, e não por seu potencial – o que seria um maior estímulo ao crescimento), adquiriram um tipo diferente de vantagens comparativas endogenamente geradas, basicamente pela criação de um ambiente institucional que lhes permitia seguir um padrão de "gansos voadores" na produção e no enobrecimento da pauta[11]. Seguindo o exemplo do Japão, este resultado foi obtido a partir do aumento da penetração de suas exportações no mercado da OCDE para produtos manufaturados, dentro de um contexto de regionalização da produção claramente liderado pelo Japão (ver particularmente o

---

[9] Até no Brasil, que o ISI transformou numa das mais pujantes economias do mundo, a atitude era a mesma. Segundo Gustavo Franco, presidente do Banco Central até a crise de 1999: "[nossa tarefa principal] é desfazer quarenta anos de besteira" (Veja, 15/11/1996).

[10] Franco novamente: "[A alternativa na América Latina hoje] é sermos neoliberais ou neoburros". Adam Smith disse uma vez que "sem concorrência não há progresso". A quase total ausência de debate econômico na América Latina nos anos 90 mostra que isso também se aplica à ideologia neoliberal...

[11] Ver por exemplo McKay (2002), Kasahara (2004) e Palma (1998).

gráfico 19 abaixo). O extraordinário sucesso das economias do Leste Asiático baseou-se nos seguintes fatores: no setor externo, a abertura dos mercados da OCDE, especialmente o americano, para suas exportações de manufaturados (com a exceção do México pós-NAFTA, esta abertura claramente não incluía a América Latina – sobretudo o Brasil), e a rápida taxa de expansão do comércio internacional destes produtos. Na área interna, a capacidade de elaborar uma estrutura de direitos de propriedade, uma organização política e um arcabouço institucional que lhes permite produzir manufaturas globalmente competitivas; a capacidade de sofisticar crescentemente sua pauta de exportações pela via do padrão de "gansos voadores" acima mencionado (o que lhes possibilitou, principalmente aos NICs de primeira geração, o desenvolvimento de uma notável interação entre aumentos de produtividade e crescimento dos salários); a possibilidade de geração dos altos níveis de investimento e poupança requeridos para este enobrecimento das exportações; e a concretização de uma coordenação efetiva dos investimentos através de diversas combinações de políticas industriais e comerciais, que conseguiram <u>simultaneamente</u> isolar os mercados domésticos e incentivar a produção de bens comercializáveis para a exportação.

No fim dos anos 80 e começo dos 90, entretanto, surgiram problemas para várias das economias do Leste Asiático. Um dos mais importantes era decorrente do seu próprio sucesso: alguns dos produtos de maior peso em sua pauta de exportações, particularmente eletroeletrônicos, começaram a sofrer excesso de oferta e preços em queda rápida. Em parte, isso também era resultado da crescente padronização (ou *"commoditização"*) dos insumos para a indústria eletrônica e microeletrônica, em que muitos desses países tinham concentrado suas exportações. Como resposta, o setor corporativo expandiu drasticamente o investimento em ampliação da capacidade produtiva, numa tentativa de se beneficiar da queda dos preços com o aumento de suas fatias de mercado. Na verdade, o resultado desses dois impulsos foi a exacerbação do excesso de oferta global, fazendo ainda mais pressão para a baixa dos preços[12]. Uma vítima óbvia dessa guerra intensa por fatias de mercado foi a lucratividade – e a lucratividade declinante levou à mudança na composição da estrutura de financiamento dos investimentos, reduzindo o peso dos lucros retidos e elevando o de financiamento por dívida (interna e externa). Isso se refletiu claramente numa elevação da relação dívida/capital próprio, que particularmente na Coreia atingiu pín-

---

[12] Por exemplo, em parte como resultado do excesso de oferta decorrente da elevação intensa da produção em Taiwan, o preço de chips de memória caiu para um quinto do preço original somente em 1996; a Coreia foi particularmente afetada, já que um volume significativo de suas exportações consistia de chips dessa natureza.

caros tais que, mesmo nesta parte do mundo, deveriam ter dado vertigem. Esta necessidade de aceder a um volume cada vez mais elevado de financiamento gerou, sem dúvida, uma pressão interna fundamental para o impulso em direção à liberalização financeira.

Outro problema foi que, no mesmo período, a China tornou-se um formidável competidor em vários dos mercados cruciais para o grupo dos NICs da segunda geração, um processo que também afetou sua lucratividade e levou a uma necessidade maior de financiamento externo. Ao mesmo tempo, dadas as mudanças na divisão internacional do trabalho, algumas dessas economias, como a Malásia e a Tailândia, chegavam a um ponto em que novos aumentos do enobrecimento das exportações pela produção de bens com maior valor adicionado tornavam-se cada vez mais difícil. Especificamente, era cada vez mais complicado abandonar um tipo de industrialização "sub-contratada" e avançar na direção da forma de desenvolvimento industrial característica dos NICs da primeira geração. Assim, e de maneira mais pragmática do que a América Latina, esses países passaram a estudar atentamente formas progressivas de liberalização comercial e financeira, assim como de desregulamentação econômica, vistas como formas de fortalecer e acelerar sua ambiciosa e já existente estratégia de crescimento.

Já na América Latina, o ambiente econômico em que se desenrolavam as reformas era bem diferente. Era caracterizado por uma atitude de "jogar a toalha" no que se referia à sua estratégia de crescimento anterior, a partir da substituição de importações liderada pelo Estado. Como resultado, difundiu-se na região um tipo de neoliberalismo "fundamentalista", que buscava reverter totalmente cada aspecto da estratégia de crescimento previamente seguida na região[13]. Por exemplo, não somente tomava-se como dado que a liberalização comercial e financeira conduziria quase que automaticamente o motor do crescimento em direção ao investimento privado – de financiamento interno – em produção exportável; supunha-se também que o equilíbrio orçamentário e sinais de um mercado desregulamentado constituiriam condições suficientes para o equilíbrio macroeconômico e a eficiência microeconômica. A nível macro, acreditava-se que uma redução da estrutura progressiva de tributação, junto com o equilíbrio fiscal, liberaria inevitavelmente a poupança privada para usos mais produtivos pelo setor privado; e, a nível micro, a desregulação do mercado e a liberalização do comércio não apenas estimulariam a produção de bens comercializáveis como também elevaria significativamente o investimento privado, enquanto taxas de juros mais altas impulsionariam a poupança doméstica e reverteriam as fugas de capitais.

---

[13] Ver por exemplo notas 6 e 7 acima.

Até agora, este processo de reformas revelou-se bem mais complexo do que previsto, e seus resultados são, na melhor das hipóteses, ambíguos. O maior feito das novas políticas consistiu num relaxamento temporário da restrição financeira externa. Isto levou a notáveis quedas na inflação e ao final do longo período de recessão que sucedeu à crise da dívida de 1982 (apesar de que em vários países, particularmente o Brasil, o crescimento foi de curta duração). Houve também um significativo fluxo de investimentos externos diretos, muitas vezes direcionados (como no caso do Brasil) para a aquisição de empresas privatizadas. As exportações de vários produtos primários elevaram-se consideravelmente e houve reduções drásticas dos déficits públicos (novamente com a exceção do caso brasileiro)[14].

Estas reformas, porém, também tiveram vários efeitos negativos. Em particular, a liberalização financeira não somente aumentou grandemente a probabilidade dos choques, mas (basicamente por ter sido implementada na ordem errada, isto é, simultaneamente a um drástico programa de liberalização e estabilização) alterou os fundamentos da economia de um modo que tirou do eixo a estratégia de crescimento liderado pelas exportações. Em outras palavras, os países que transferiram seus desequilíbrios domésticos para o setor externo através do uso da taxa de câmbio nominal como âncora foram justamente aqueles em que os resultados positivos das reformas mostraram-se menos sustentáveis. Sua política cambial levou a uma apreciação substancial de suas moedas, que distorceu por completo a estratégia de crescimento liderado pelas exportações – levando o motor do crescimento para longe do esperado investimento doméstico em produção de bens comercializáveis, em direção ao consumo privado, bolhas especulativas, e investimento financiado com moeda estrangeira em bens e serviços não-comercializáveis. Esta mudança de rumo, acoplada às expectativas excessivamente otimistas de crescimento futuro (geradas essencialmente pelo fácil acesso a crédito e pelo forte impulso em direção às reformas econômicas, dado tanto internamente como pelas instituições de Washington), teve várias consequências negativas, particularmente no tocante ao balanço de pagamentos, à poupança interna, ao investimento não-residencial e ao emprego – e, especificamente no Brasil, também nas contas públicas. Como resultado, as economias latino-americanas em geral acabaram ficando mais vulneráveis aos choques externos e internos que em qualquer período posterior aos anos 20[15].

---

[14] Para uma discussão detalhada das peculiaridades da experiência brasileira de liberalização e desregulação, ver Lopes (2004); e Palma (2001 e 2002).

[15] Ver Arantes (2004) e Palma (2004b).

> ➤ A Mudança no Grau de Competitividade Exportadora na América Latina e no Leste Asiático.

A maior limitação ao uso de estatísticas de comércio tradicionais (como as disponíveis na base de dados do Com-trade das Nações Unidas e no programa CAN) para estudar temas relativos à competitividade exportadora e ao crescimento induzido pelo comércio exterior é que elas dispõem de dados de valor <u>bruto</u> de exportações e não de valor adicionado ou exportações líquidas. Este problema é particularmente importante no estudo da chamada indústria "maquila" (ou operações de montagem para exportação) do México e de algumas partes da América Central; de fato, o uso desses dados distorceria completamente a análise comparativa que se pretende fazer entre América Latina e Leste Asiático. Por conseguinte, não há outra opção senão excluir o México na maior parte da análise comparativa que segue, que trata do enobrecimento da oferta e da adaptação à demanda internacional nas duas regiões (exceto pela breve análise que segue na seção a seguir), e analisar separadamente o peculiar crescimento liderado pelas exportações do México; este estudo é realizado em outro texto (Palma 2003).

• Breve resumo das exportações "maquila" do México.

Um resultado até certa medida inesperado da liberalização generalizada do comércio entre os PMD foi um aumento da concentração das exportações em poucos países, particularmente as exportações de manufaturados – de fato, em 2002, apenas nove países são responsáveis por aproximadamente 90% de todas as exportações de manufaturados dos PMD (um dos nove é o México, com uma cifra bem acima de 150 bilhões de dólares em 2002)[16]. Entretanto, o México é o caso mais extremo de uma relação assimétrica ou "desequilibrada" entre a expansão das exportações e o crescimento do PIB neste grupo "de sucesso" de exportadores dos PMD. As reformas econômicas e o NAFTA com certeza impulsionaram o "motor do crescimento" do México em direção ao setor exportador; para qualquer motor ser eficiente, porém, é necessário que a energia gerada por ele seja adequadamente aproveitada, e – como ilustrado no gráfico 8 – isso certamente não aconteceu até agora no México.

No caso da economia mexicana, a incapacidade de empregar eficazmente o potencial gerado pela notável expansão de suas exportações parece ser

---

[16] Para a fonte de todas as estatísticas mexicanas citadas no texto, ver Palma (2003). Os nove PMD (e seus respectivos percentuais de exportações) são: China (23%), Coreia (14%), Taiwan (13%), México (12%), Singapura (11%), Malásia (7%), Tailândia (4%), Filipinas (3%) e Indonésia (3%).

seu mais importante fracasso econômico desde que o presidente De la Madrid implementou sua radical política de liberalização no começo dos anos 80. De fato, como mostra o gráfico 8, após 1981, não somente quase desapareceu a duradoura relação de 1 para 1 entre exportações e PIB (construída durante o período de ISI), como a brusca <u>aceleração</u> da taxa de crescimento das exportações correspondeu a uma drástica <u>redução</u> da taxa de crescimento da economia, que levou ao colapso o "multiplicador de exportações" implícito – de 0,9 (no período de 1970 a 1981) para 0,1 (entre 1981 e 2001). Ou seja, não era exatamente a terra prometida dos defensores das reformas[17]!

GRÁFICO 8

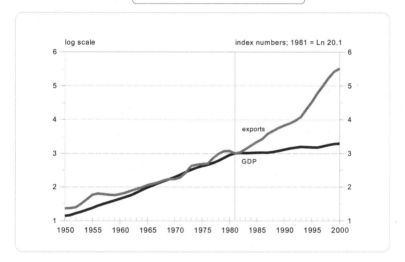

- Exportações não-petróleo; preços de 1980. Antes de serem transformados em logaritmos, os dados originais foram transpostos para uma média móvel de 3 anos e em números-índice com 1981 como ano-base (igual a 20,1; o Ln deste número é 3).

- *Fonte*: Palma (2003).

---

[17] Ver em especial PRONAFICE (1984). "Multiplicador das exportações" é entendido aqui como a relação entre as taxas de crescimento das duas variáveis. Curiosamente, na antiga tradição mexicana, este quadro não apenas contradiz todas as previsões do Consenso de Washington como também aquelas de uma das mais importantes escolas de pensamento heterodoxo, a brigada (kaldoriana) do crescimento "produto-específico". Ao menos no papel, o México moveu-se em direção à produção e exportação justamente dos produtos considerados mais intensivos em "efeitos de encadeamentos cumulativos"! No entanto, como a análise mais detalhada da experiência mexicana de crescimento liderado por exportações mostra, a menos que estas indústrias estejam firmemente "enraizadas" na economia doméstica, sua capacidade de estimular o crescimento evapora (ver Palma, 2003).

A proximidade dos EUA e do NAFTA abriu oportunidades para que as corporações transnacionais multiprodutos transferissem parte da sua complexa cadeia de valor adicionado para o México, em particular para os estados de fronteira. Estas oportunidades advindas do NAFTA provocaram uma resposta dinâmica "de tipo Lewis", baseada tanto na quase ilimitada oferta mexicana de trabalho barato (e pouco qualificado), e num montante elevado de investimento sem preocupação com o retorno imediato 'complementary investment' (na forma de infraestrutura, telecomunicações, energia, serviços etc.) realizado em sua maior parte pelo setor público durante o período de ISI. Após vinte anos, como o modelo de Lewis prediz, até este crescimento particularmente dinâmico (16% ao ano, tendo atingido 80 bilhões de dólares em 2000 – uma cifra bem mais elevada do que o total das exportações brasileiras de bens e serviços neste mesmo ano) ainda pode ser inteiramente realizado a partir de trabalho adicional; de fato, não houve nenhum crescimento de produtividade nem crescimento de salários associado a ele.

O gráfico 9 ilustra com clareza as maiores fragilidades do estilo mexicano de indústria "maquila" – os níveis relativamente baixos de valor adicionado e de insumos domésticos associados a este.

GRÁFICO 9

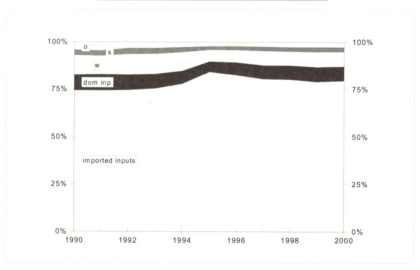

• *dom inp* = insumos domésticos; *w* = remuneração dos operários; *s* = remuneração dos trabalhadores de escritório; *o* = excedente operacional. Estes três componentes adicionados compõem o valor adicionado bruto.

• *Fonte*: Palma (2003).

É difícil imaginar outra atividade que tenha efeitos de encadeamento (para frente e para trás) tão fracos; por exemplo, Carrillo (2002), num estudo da indústria de televisores em Tijuana mostra claramente os dois lados do "milagre" das exportações mexicanas de manufaturados. Por um lado, em 2001 o México produziu nada menos que 30 milhões de aparelhos de televisão, 90% dos quais foram exportados para os EUA (representando 78% do total de importações de televisores dos EUA). Por outro, os cálculos de Carrillo mostram que 98% dos insumos da indústria de televisores mexicana eram importações diretas ou indiretas (ou seja, insumos fornecidos por outras firmas operando no México, que por sua vez importam a quase totalidade de seus insumos). Na verdade, as empresas mexicanas só fornecem os 2% restantes dos insumos (essencialmente embalagens de papelão e de plástico, e manuais de uso). Este é um dos principais motivos que fazem com que a maioria das atividades de "maquila" seja tão móvel (itinerante) entre os países, tendo uma parte substancial se reinstalado tão facilmente na China a partir de 2000. È também um dos principais motivos porque uma política industrial nova e criativa, que encoraja o uso de insumos locais no setor de "maquila", seja tão essencial para o México, no sentido de "enraizar" e "aprofundar" estas atividades de montagem do final da cadeia de valor adicionado. De fato, do ponto de vista da economia mexicana como um todo, até agora, o valor adicionado dessas atividades concentrou-se basicamente em salários para o setor serviços (para um grande número de trabalhadores) e atividades do setor serviços incorporadas nos produtos (transporte, seguro, financiamento, telefone, água, eletricidade etc).

Em resumo, a contribuição deste tipo de atividade à economia mexicana destaca-se unicamente em termos de geração de empregos (1,3 milhões em meados de 2001, contra um pouco mais de 100 mil em 1980), e exportações líquidas (nada menos que 18 bilhões de dólares em 2000, em exportações líquidas). Há pouco mais do que isso, porém – especialmente em termos de demanda por insumos domésticos e de tributos. Este é o modelo de uma atividade extremamente dinâmica, com pouco efeito de encadeamento (direto ou indireto) e pouco efeito multiplicador a partir das exportações. Ao contrário, no Leste Asiático, por contraste com a "maquila" mexicana, o percentual de insumos domésticos utilizada, por exemplo, na China, em empresas equivalentes é normalmente bem alto; ou seja, na China, a montagem dos produtos tende a estar integrada numa cadeia de produção doméstica bem mais ampla[18]. Frente a esta realidade, a inclusão do México na análise que segue, que utiliza estatísticas de comércio padrão para o valor bruto da produção, iria distorcer a análise comparativa entre América Latina e Leste Asiático.

---

[18] Ver por exemplo Nolan (2001).

- A Mudança no Grau de Competitividade nas Exportações (excluindo "maquila") da América Latina e do Leste Asiático.

Uma diferença importante entre as exportações da América Latina e do Leste Asiático (pelo menos até os anos 90 – ver seção 6 abaixo) encontra-se em seu diferente grau de competitividade – medido aqui como a capacidade de elevar sua participação nas importações da OCDE. Isto fica evidente não apenas na evolução diversa de sua participação total no mercado na OCDE durante este período (já comentada acima, ver gráfico 6), como também na distribuição dos produtos em que cada uma das regiões ganhou ou perdeu mercado, como indicado no gráfico 10.

GRÁFICO 10
Exportações competitivas e não-competitivas do Leste Asiático e da América (exportações onde o produtor ganhou ou perdeu parcela de mercado em importações da OCDE, 1963-85 e 1985-2000)[19]

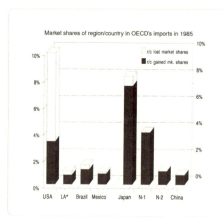
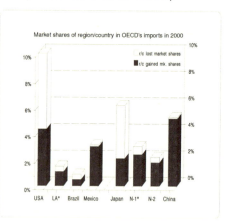

- Regiões e países como no gráfico 6; *LA** = América Latina (excluindo México e Brasil); *N-1** (gráfico da direita) = N-1 excluindo Taiwan (dados não disponíveis no CAN para o período); r/c = região ou país. Exportações não-petróleo.

- Gráfico da esquerda: parcelas de mercado nas importações da OCDE de produtos em que parcelas foram ganhas ou perdidas entre 1963 e 1985; gráfico da direita: o mesmo, entre 1985 e 2000. A soma das barras representa, pois, o total em parcela de mercado da região/país em importações não-petróleo da OCDE em 1985 e 2000. Os números para o México no gráfico da direita incluem exportações "maquila".

---

[19] 1985 será definido como linha divisória, devido não apenas à conveniência – a última versão do CAN só cobre o período 1985 a 2000 – mas também porque este ano (com o início do processo de liberalização comercial do México) reflete basicamente o início da aplicação generalizada das reformas "liberalizantes" na América Latina.

O gráfico 10 mostra que, junto com a intensa expansão das exportações da China e do México, os EUA e o Japão tiveram uma experiência contrastante nos dois períodos; enquanto os EUA mantêm sua fatia do mercado global e aumenta um pouco seu grau de competitividade no período de 1985 a 2000, o Japão perde significativamente nas duas frentes. Ao mesmo tempo, os NICs da primeira e da segunda geração também perderam (basicamente para a China) seu nível de competitividade anteriormente extremamente elevado. Finalmente, na América Latina há uma virtual inversão de desempenho entre o Brasil e o resto da região (excluindo o México). Enquanto o Brasil perde 60% da sua fatia de mercado em importações não-petrolíferas da OCDE durante o segundo período de quinze anos (caindo de 1,5% para 0,9%), o resto da região aumenta a sua de 1% para 1,5%.

No entanto, como se sabe, as exportações brasileiras alcançaram um desempenho melhor em termos relativos nos mercados fora da OCDE durante os anos 90, particularmente em suas exportações para o Mercosul; mesmo assim, a fatia de mercado do Brasil, até em mercados fora da OCDE, incluindo o Mercosul, também caiu (menos abruptamente) entre 1985 e 2000 – de 1,5% para 1,3%. Como resultado, a fatia de mercado do Brasil no total do comércio mundial caiu de aproximadamente um terço neste período, de 1,4% para 0,9%. Apesar disso, e numa nota mais positiva, as exportações brasileiras começaram a recuperar seu dinamismo após a crise e a desvalorização de 1999 (com um desempenho particularmente bom em 2003), tendo crescido entre 2000 e 2003 a uma taxa nominal anual média de 9,9% – mais alta do que a das exportações mundiais. Por conseguinte, como será discutido abaixo (particularmente nos gráficos 23 e 24), o problema das exportações latino-americanas após a liberalização comercial parece ser cada vez menos de "competitividade" em seus produtos de exportação tradicionais (deixando a questão de porquê estes produtos demoraram tanto a reagir à nova política em quase todos os países da região para outro artigo[20]), e cada vez mais um problema de incapacidade de "se reinventar" (ou seja, adaptar à demanda e aprimorar a oferta), como os do Leste Asiático, de maneira a serem capazes de beneficiar-se mais efetivamente de um ambiente institucional e tecnológico em mudança permanente.

A Capacidade de "Adaptar à Demanda" o Perfil Exportador de um País, num Contexto de Transformação Dinâmica da Estrutura de Demanda da OCDE.

Uma das mais conhecidas características do comércio internacional desde a II Guerra Mundial é o ritmo dinâmico de mudanças da estrutura da

---

[20] Ver Palma (2004a).

demanda nos mercados mundiais; entretanto, o grau considerável destas mudanças não é normalmente compreendido em sua totalidade. Este fenômeno levanta a primeira questão crucial de uma abordagem de criação endógena de vantagens comparativas (por exemplo, do tipo "gansos voadores") no contexto de uma estratégia de crescimento liderado pelas exportações: como desenvolver a capacidade de adaptação contínua da capacidade produtiva aos padrões em permanente transformação da demanda internacional.

Desde o desenvolvimento da hipótese "Prebisch-Singer" dos anos 50 e do trabalho da CEPAL nos anos 60, os PMD passaram a se preocupar com a natureza mutável da demanda internacional, e em particular com a baixa elasticidade-renda e preço da demanda por produtos primários não elaborados nos mercados da OCDE[21]. O gráfico 11 mostra as mudanças consideráveis na estrutura da demanda da OCDE por importações durante este período, e seu incessante viés antiprodutos primários não elaborados – exceto pelas mudanças erráticas relativas ao petróleo.

GRÁFICO 11

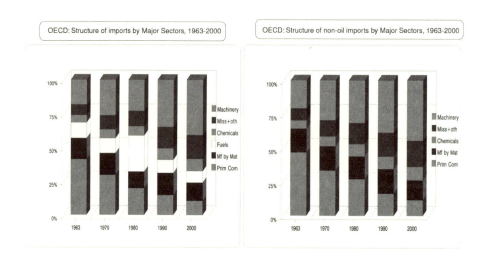

• *Prim Com* = produtos primários (CUCI grupos 0,1,2 e 4); *Mf by Mat* = bens manufaturados classificados por matéria-prima (CUCI grupo 6); *combustíveis* = combustíveis e óleos minerais e correlatos (CUCI grupo 3); *Miss + oth* = outros produtos e serviços não classificados (CUCI grupos 8 e 9); e *Machinery* = máquinas e equipamento de transportes (CUCI grupo 7).

---

[21] Sobre a hipótese "Prebisch-Singer", ver Ocampo e Parra (2004) & Palma (1988 a e b).

Como fica claro a partir do gráfico 11, a mais importante característica da estrutura de importações da OCDE durante o período de trinta e seis anos para o qual a base de dados do UM-Com-trade e o programa CAN fornece informações é o colapso da participação de produtos primários não petrolíferos (CUCI grupos 0, 1, 2 e 4). Estes produtos perderam em torno de três quartos de sua participação nas importações da OCDE durante este período – caindo de 41,1% do total em 1963 para apenas 10,6% em 2000 (ou de 46,6% para 11,6%, se os combustíveis forem excluídos do total – ver quadro à direita do gráfico 11). A extensão impressionante desta queda provavelmente ultrapassou até as piores expectativas de Prebisch e Singer! Apesar disso, produtos primários mais elaborados (como por exemplo bens manufaturados classificados por matéria-prima, CUCI grupo 6) conseguiram ao menos manter sua participação nas importações da OCDE num nível relativamente estável (em torno de 15% do total). Assim, o percentual agregado dos dois grupos (produtos primários elaborados e não elaborados, exceto combustíveis) caiu de 57% em 1963 para 24% em 2000 – ou de nada menos que dois terços do total de importações da OCDE (exclusive combustíveis) para apenas um quarto (ver quadro à direita do gráfico 11). Por contraste, as importações de máquinas e equipamentos de transporte (CUCI grupo 7) mais do que dobraram sua participação em importações da OCDE durante este mesmo período (de 18,4% para 41%), enquanto as de "outros produtos não-classificados" (CUCI grupos 8 e 9) elevaram sua participação de 7,8% para 17,7%.

De fato, dos 75 grupos de produtos identificados como "produtos primários não-combustíveis" pela classificação do CUCI (isto é, grupos 0, 1, 2 e 4) somente 8 tiveram um aumento de sua participação nas importações da OCDE entre 1963 e 2000[22]. O gráfico 12 ilustra duas questões relativas a isso.

Como pode ser visto no lado direito do gráfico 12, as importações de manufaturados da OCDE cresceram de 152 bilhões de dólares (de 1995) para 3,7 trilhões de dólares (de 1995) em 2000, ou a uma taxa média anual de 8,4% enquanto as de produtos primários passou de um ponto de partida quase idêntico – 153 bilhões de dólares (de 1995) para apenas 877 bilhões de dólares (de 1995) em 2000 – ou à taxa anual de 4,4%.

---

[22] Trata-se dos grupos de bens 098, 036, 048, 034, 122, 111, 022 e 073 (isto é, seis do setor alimentício, mais fumo manufaturado e bebidas não-alcoólicas; portanto, nenhum mineral elevou sua parcela de mercado durante este período). A parcela agregada desses oito produtos primários "dinâmicos" elevou-se de 1,1% do total de importações da OCDE em 1963 para 2% em 2000.

Mesmo deixando de lado por enquanto diferenças cruciais no lado da oferta entre estes dois tipos de produtos, se as exportações devem ser o "motor do crescimento" para um PMD com uma estratégia de crescimento liderado pelas exportações, as vantagens de possuir um motor que tem o dobro da potência do outro deveriam ser bastante óbvias.

GRÁFICO 12

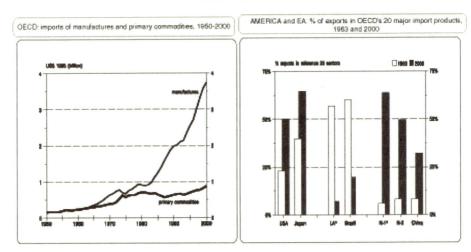

- *EA* = Leste Asiático. O gráfico do lado esquerdo inclui petróleo; o do lado direito exclui petróleo. Regiões e países como nos gráficos 6 e 10[23].
- *Fontes*: base de dados da OCDE e CAN.

O apresentado acima deixa poucas dúvidas quanto ao fato de que uma das mais importantes características da economia do pós-guerra – e um dos elementos-chave nas assimetrias de distribuição dos ganhos de bem-estar derivados do comércio nesse período – é a diferença (particularmente em

---

[23] Excluindo combustíveis, os vinte maiores setores de importações em 1963 foram os seguintes grupos do CUCI: 268, 781, 071, 057, 641, 682, 061, 248, 931, 011, 281, 263, 784, 674, 251, 287, 673, 651, 112 e 041. Sua parcela agregada foi de 30% do total de importações da OCDE nesse ano. Os de 2000 foram: 781, 776, 752, 764, 931, 759, 784, 541, 778, 792, 772, 583, 641, 874, 713, 749, 821, 893, 728 e 894. Sua parcela agregada foi de 41% do total de importações da OCDE no referido ano. Só há quatro grupos de produtos (781, 931, 784 e 641; isto é, veículos de passageiros, transações especiais não-classificadas em outro lugar, partes e componentes de veículos a motor, e papel, cartão e cartolina) que se encontram nas duas listas. O viés anti-produtos primários não-elaborados nas importações não-petróleo da OCDE também pode ser observado no fato de que, na lista de 1963 nada menos que doze dos vinte principais grupos de produtos eram produtos primários, enquanto em 2000 não havia um único produto primário não-combustível nos "vinte mais"!

valor) entre as taxas de crescimento da demanda da OCDE por produtos manufaturados e por produtos primários. Deveriam ser igualmente óbvias para a América Latina algumas consequências de sua teimosa insistência em exportar o mesmo tipo de produtos, sem considerar o quadro de rápidas transformações da demanda mundial. De fato, o quadro do lado direito do gráfico 12 mostra como a América Latina deixou de ser um grande exportador de produtos importantes para se tornar um exportador de peso de produtos marginais[24].

Uma das mais evidentes e mais conhecidas diferenças entre exportar para mercados dinâmicos ou para os de crescimento lento (ou até em queda) é o nível resultante dos termos de troca, bem como sua volatilidade.

GRÁFICO 13

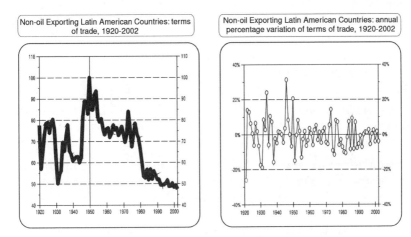

• O gráfico da direita mostra a relação líquida de troca em termos de produto. Os dados do gráfico da direita são calculados a partir da dedução da relação de troca do ano "t-1" da do ano "t", dividida pela relação de troca de "t-1" (expressos em percentagens).

• *Fonte*: Depto. de Estatística da CEPAL.

Além do problema dos potenciais de crescimento diversos que os manufaturados e os produtos básicos podem ter, como mostram os termos de troca dos produtos não-petróleo da América Latina, que se inserir na divisão internacional do trabalho através da exportação de produtos caracteri-

---

[24] Em 2000, por exemplo, apesar do crescimento significativo das exportações chilenas e de sua diversificação (horizontal), dois terços de suas exportações ainda consistiam de produtos incluídos na lista de 1963 dos "vinte mais" da pauta de importações da OCDE, enquanto somente 2,6% de suas exportações pertenciam aos "vinte mais" da pauta de 2000.

zados por mercados de crescimento lento – ou, em muitos casos, mercados em declínio –, não parece favorável do ponto de vista da participação nos ganhos de bem-estar a partir da especialização internacional. Na verdade, durante a segunda metade do século XX, os termos de troca das exportações não petróleo da América Latina caíram pela metade a partir do pico ocorrido durante a guerra da Coreia, atingindo um nível inferior ao que se seguiu à crise de 29. O que os formuladores de política latino-americanos, bem como seus assessores econômicos, parecem esquecer é que as exportações são somente uma forma indireta de produzir importações, e que se aferrando "estaticamente" a uma pauta de exportações pouco atraente para a demanda mundial, conduzem a um resultado declinante dos termos de troca, que faz com que a produção (indireta) das importações fique ainda mais cara (em termos do *quantum* de exportações necessário para obtê-las). De fato, num sentido ricardiano, a própria elevação da eficiência exportadora da região pode agir às vezes como um "gol contra", porque a elevação da competitividade pode ajudar o crescimento do PIB – mas se for em detrimento dos termos de troca, pode não colaborar muito para a elevação do poder de compra deste crescimento do PIB (ou seja, o padrão de vida, que depende da produção interna mas também de seu poder de compra com relação às importações, pode até cair, já que em casos limite o crescimento doméstico pode ser mais do que compensado pela queda dos termos de troca)[25].

Como se o problema do nível decrescente dos termos de troca dos produtos não-petróleo da América Latina já não fosse sério o suficiente, a instabilidade desses termos de troca aumenta a incerteza da vida econômica da região – a variação percentual média dos termos de troca não petróleo na América Latina atingiram 6,7% ao ano durante este período de oitenta e dois anos (ver gráfico quatro do quadro 13). Para dar uma indicação da magnitude deste problema de instabilidade (supondo uma participação média das exportações na renda nacional de um terço, tudo o mais constante), um país frente a esse nível de instabilidade em seu mercado exportador sofrerá uma flutuação errática de sua renda nacional de em torno de 2,2% ao ano, exclusivamente por este motivo!

Apesar disso, sob a ótica da dinâmica da demanda nos mercados internacionais a questão não é somente uma simples escolha entre exportar produtos primários *versus* bens manufaturados. Existe também, desse ponto de vista, uma diversidade significativa internamente ao próprio conjunto das manufaturas.

---

[25] Ver nota 43 abaixo. Ver também Krugman (1994).

O Gráfico 14 mostra que o rápido crescimento da demanda da OCDE por manufaturados concentra-se, na verdade, em dois tipos de produtos: aqueles com alto conteúdo tecnológico e um grupo de média intensidade de conteúdo tecnológico – veículos rodoviários, incluindo motores e autopeças não eletroeletrônicas). Estes dois grupos de produtos tiveram uma elevação de sua parcela setorial de 317% e 159%, respectivamente. Outros produtos manufaturados de médio conteúdo tecnológico viram sua parcela setorial crescer de apenas 14% nestes 37 anos, enquanto a parcela setorial dos manufaturados com baixo conteúdo de tecnológico caíram 23%. A seu turno, os produtos básicos sofreram uma queda em sua participação de 71% – não muito alvissareiro para países, tais como a maior parte dos latino-americanos, em que a única "estratégia" de política comercial é elevar a "competitividade" deste conjunto de produtos!

GRÁFICO 14

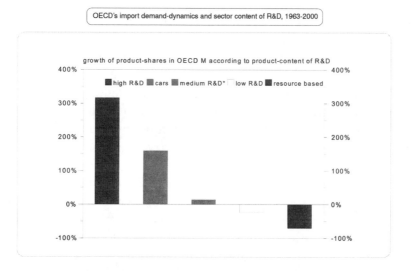

• *R&D* = Pesquisa e Desenvolvimento. As indústrias estão agrupadas segundo sua intensidade tecnológica (definida como a proporção de gasto de P&D na produção), na área da OCDE como um todo. *Cars* = veículos rodoviários, motores e autopeças não eletroeletrônicas (CUCI grupos 713, 714 e 78@); *medium R&D** = produtos com conteúdo tecnológico médio, exceto veículos e motores.

• *Fonte*: OECD (1994, com a classificação CUCI versão 2) Alto conteúdo tecnológico= grupos 541, 75@, 76@, 77@ e 792. Médio conteúdo tecnológico = 5@@ – 541, 62@, 68@, 71@, 72@, 73@, 74@, 78@ e 791. Baixo conteúdo tecnológico = 09@, 1@@, 6@@ – 62@ – 68@, 793, 821, 831, 84@ e 851. Produtos básicos = 0@@ – 09@, 2@@, 32@, 341, 351 e 4@@.

Escrevendo no início do período tratado neste artigo, Kindleberger (1962: 10 – ver citação em epígrafe) estava a um só tempo testemunhando as rápidas transformações na estrutura do comércio mundial e prevendo que haveria uma aceleração dessas transformações; consequentemente, a questão crucial referente ao comércio internacional seria "a capacidade de mudar com o mundo". Deste ponto de vista, um indicador que pode ser elaborado (a partir dos dados do programa CAN) para ter uma ideia da capacidade de reação de um país às transformações na demanda mundial é o indicador de "adaptabilidade à demanda".

O gráfico 15 apresenta este indicador, para diferentes regiões e países, nos dois períodos analisados no presente texto: 1963-1985 e 1985-2000. Este indicador foi construído a partir da parcela de mercado de um país ou grupo de países nos setores de demanda dinâmica (ajustados pelo peso dos setores de demanda dinâmica no conjunto dos setores de importações da OCDE), com relação à sua parcela de mercado nos setores de demanda lenta ou "pouco dinâmica" (também ajustados pelo peso desses setores nas importações da OCDE). Assim o valor de 1 neste indicador no último ano de um período (1985 ou 2000, no caso) significaria que nos anos precedentes (1963-1985 ou 1985-2000) o país foi capaz de adaptar integralmente à demanda sua estrutura de exportações segundo as mudanças na demanda dos mercados da OCDE; ou seja, acabou o período refletindo perfeitamente a estrutura das importações da OCDE em termos de produtos de demanda dinâmica e de demanda lenta[26].

Como esperado a partir da análise acima, as diferenças em termos de "adaptabilidade da demanda" entre América Latina e Leste Asiático são notáveis. Além disso, este indicador já aponta para o padrão "gansos voadores" no Leste Asiático (assunto do segundo item da seção a seguir). Na América Latina, por contraste, o indicador para o período 1985-2000 está inclusive levemente abaixo do da África Subsaariana. É como se a demanda mundial fosse um alvo em rápido movimento, mas a América Latina insistisse em atirar num alvo fixo (a elevação da competitividade da sua tradicional pauta de produtos). Ao contrário, o Leste Asiático vem desenvolvendo a destreza em manter o alvo em movimento sob sua mira.

---

[26] Em 2000, por exemplo, 54% de todas as importações da OCDE concentravam-se em setores de demanda dinâmica entre 1985 e 2000, e 46% em setores de demanda lenta; assim, o indicador de 1 para um país em 2000 significa que sua própria participação nas importações da OCDE em 2000 tinha essa mesma estrutura (54%/46%) entre essas duas categorias de produtos.

GRÁFICO 15

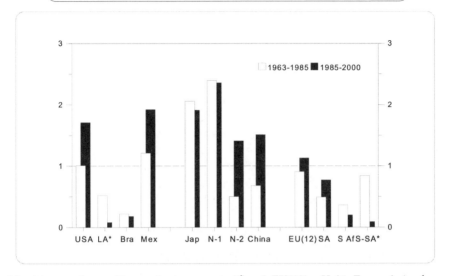

- M = importações; regiões e países como no gráfico 6; $EU(12)$ = União Europeia (os doze membros que a organização tinha em meados dos 80). SA = Sul da Ásia (Índia e Paquistão); $S\ Af$ = África do Sul; $S\text{-}SA$ = África Subsaariana, exceto África do Sul. O indicador para o México (que incorpora exportações "maquila" mas exclui petróleo) entra somente para mostrar que o México, diferentemente do resto da América Latina, já tinha alto indicador de "adaptabilidade à demanda" durante o período de ISI compreendido entre 1963 e 1985 (isto é, bem antes da liberalização do comércio, do NAFTA e do desenvolvimento da indústria "maquila" de exportações).

Essas assimetrias na estrutura das parcelas de mercado entre os produtos de demanda dinâmica e os de demanda lenta dificilmente podem ser creditadas passivamente ao fato de que a América Latina é mais rica em recursos naturais do que o Leste Asiático, e que "inesperadamente" esses produtos caracterizaram-se por uma demanda fraca nos mercados da OCDE. O primeiro ponto não pode ser considerado condição suficiente para o fato de que a América Latina tenha feito tão poucos esforços para, ao menos, elevar o nível interno de elaboração de seus produtos primários. Quanto ao segundo ponto, excetuando o baixo potencial de crescimento da produtividade em longo prazo que, em geral, caracteriza as exportações de produtos primários não-elaborados, dificilmente pode-se argumentar que não houve aviso amplo sobre como esse tipo de inserção na divisão internacional do trabalho tendia a deixar a região numa posição vulnerável com relação à probabilidade de redução da sua parcela de ganhos na especialização internacional, devido à baixa demanda nos mercados da OCDE, e aos instáveis e declinantes termos de troca. Em outras palavras, uma dotação rica em recursos naturais não poderia ser culpada pelo fato de um país escolher ser um "pato vulnerável" em vez de um "ganso dinâmico" – um argumento que segue na linha da tese da "maldição dos recursos naturais", tão em voga hoje em dia em alguns setores do Consenso de Washington[27]. Uma forma óbvia de avançar para os países ricos em produtos primários consiste em elevar o grau de elaboração desses produtos, como mostraram os países escandinavos e alguns países do Leste Asiático. Se esta forma de avançar não for financeira ou tecnologicamente factível, uma outra é o aprimoramento sistemático da capacidade exportadora através de um movimento de "ganso voador" na "escada tecnológica". Esses dois caminhos são o tema da próxima seção deste artigo.

A Capacidade de Aprimoramento da Oferta Exportadora de um País.

➤ Aprimorando as Exportações de Base Primária.

Uma forma óbvia de impulsionar para frente os países ricos em recursos naturais em termos da busca de uma estrutura de exportações caracterizada por produtos de maior potencial de crescimento (não somente em si, mas para a economia como um todo), sendo ao mesmo tempo de demanda mais dinâmica nos mercados internacionais, é tentar elevar seu valor a partir do aumento do grau de elaboração de suas exportações de base primária. O gráfico 16 mostra a "solução escandinava" que permite simultaneamente alguns passos importantes ao longo da "curva de aprendizado" e uma melhor adaptação à demanda. Em primeiro lugar, as diferenças em termos de crescimento potencial da produtividade entre esses produtos (digamos, entre o segmento de cavacos – lascas de madeira – da indústria e o segmento moveleiro e de manufaturas) são bem-conhecidas. Em segundo lugar, na indústria de madeira processada existem diferenças substanciais quanto ao dinamismo da demanda no mercado de importações da OCDE: enquanto a fatia setorial no total das importações de cavacos da OCDE caiu de 54% e o de polpa de madeira de 71% entre 1963 e 2000, a demanda de manufaturados de madeira cresceu 74%, a do segmento moveleiro 400% no mesmo período. Estas assimetrias no dinamismo de mercado afetaram, evidentemente, os preços de forma significativa.

No entanto, as altas fatias de mercado escandinavas nas importações de maior conteúdo tecnológico desse setor por parte da OCDE não estavam pre-

---

[27] Para uma discussão e uma crítica lúcida desta literatura, ver DiJohn (2004).

sentes desde sempre: foram conquistadas no tempo, enquanto esses países moviam-se progressivamente ao longo da "curva de aprendizagem de valor adicionado" da indústria. O gráfico 16 mostra o caso da Finlândia entre 1963 e 2000.

GRÁFICO 16

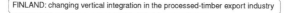

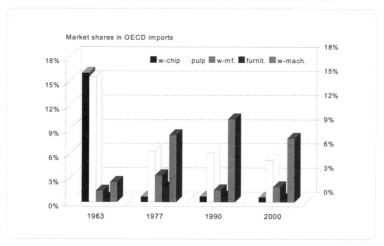

• *w-chip* = cavacos; *pulp* = polpa e sobras de papel; *w-maf* = manufaturados de madeira; *furnit.* = mobiliário; *w-mach* = máquinas de produção de papel e polpa. Grupos CUCI 246, 251, 635, 821 e 725, respectivamente. A Finlândia também conseguiu uma participação substancial nas importações europeias de papel e papelão (segmento 641, não incluído no gráfico) atingindo um valor de 14,5% e 13,5% em 1990 e 2000 respectivamente.

Pode-se observar claramente no gráfico que uma parte substancial das exportações finlandesas deste setor consistiam nos anos 60 simplesmente (como ocorre com o Brasil e o Chile hoje, ver gráfico 17 abaixo) de cavacos e polpa. No entanto, já durante os anos 70, a Finlândia tinha praticamente parado de exportar cavacos, e tinha reduzido substancialmente suas exportações de polpa – passando a utilizar domesticamente estes produtos como insumos para a elevação da produção e das exportações de papel e papelão, manufaturas de madeira e mobiliário. Além disso, nesse período, as exportações de maquinário para a produção de papel e polpa já tinham atingido mais de 8% do total das importações dessa categoria de máquinas na OCDE – ou seja, um resultado substancial para um país tão pequeno[28].

---

[28] É interessante observar que um dos motivos para a pequena queda da Finlândia na participação no mercado desses produtos nos anos 90 é que a Nokia, uma das empresas mais dinâmicas do setor, particularmente na produção de papel e papelão, vendeu sua participação nesta indústria para concentrar-se no desafio maior representado pela indústria de telefones celulares.

Como é sabido, a Suécia possui uma capacidade similar de aprimorar a oferta de suas exportações de madeira processada – no ano 2000 sua participação nas importações da OCDE representava apenas 0,7% das importações de cavacos, mas atingia 4,4% das de manufaturados de madeira, 9,5% das de papel e papelão, e 6,1% das de máquinas de papel e polpa. O gráfico 17 mostra uma profunda divergência entre a América Latina e o Leste Asiático em termos do *upgrade* na indústria de madeira processada.

GRÁFICO 17

Chile, Brasil, Taiwan e Malásia: a mudança na integração vertical na indústria de madeira processada, 1963-2000

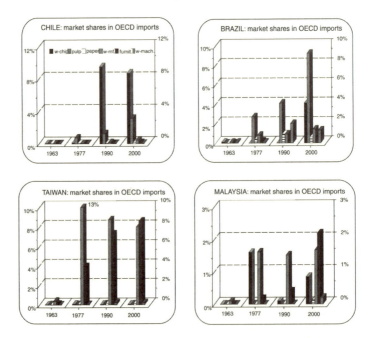

- *w-chip* = cavacos; *pulp* = polpa e sobras de papel; *paper* = papel e papelão; *w-maf* = manufaturados de madeira; *furnit.* = mobiliário; *w-mach* = máquinas de produção de papel e polpa. Grupos CUCI 246, 251, 635, 821 e 725, respectivamente.

Nos anos 60, e apesar do fato de que três desses quatro países possuíam recursos naturais abundantes nesse setor, nenhum deles contava com uma indústria de exportação de madeira processada. Na tentativa de replicar o sucesso obtido por Taiwan, durante esta década a Malásia implementou uma política industrial de sucesso que restringia as exportações de lascas de madeira (cavacos) e estimulava as de manufaturas de madeira e mobiliário. Em 2000, enquanto as exportações do Chile deste setor ainda consistiam inteiramente de produtos de baixo processamento (cavacos e polpa), e as exportações brasileiras também se concentravam em polpa, as exportações da Malásia e de Taiwan de madeira processada consistiam quase que inteiramente de manufaturas de madeira e móveis[29].

A agregação de valor à oferta na indústria de base madeireira é, sem dúvida, um fenômeno complexo, abarcando indivisibilidades de investimento, volumosas economias de escala, intrincada engenharia financeira, habilidades específicas, complexidades tecnológicas e questões ambientais. Mesmo a operação relativamente simples de deixar a produção e exportação de cavacos para promover a de estantes de madeira MDF requer investimentos de porte e arranjos institucionais minuciosos[30]. O fundo da questão é que se pode facilmente acabar no negócio de transformar belas peças de madeira em mesas feias (e difíceis de vender). De fato, os leitores mais velhos e os interessados em história do desenvolvimento econômico podem lembrar a enorme quantidade de relatórios do Banco Mundial e de publicações acadêmicas intrigados pelo fato de que as corporações japonesas pretendiam transformar aço e outros insumos de primeira categoria em carros de padrão inferior, que só podiam ser vendidos para consumidores domésticos cativos, ou exportados a preços altamente subsidiados (subsidiados pelo "sobrelucro" obtido através da supervaloração dos preços num mercado doméstico fechado). E porque as empresas coreanas queriam fazer tudo de novo nos anos 80! Qual poderia ser a racionalidade possível em montar linhas de produção de valor adicionado baixo e até mesmo negativo, utilizando lucros indevidos de mercados cativos, apenas para subsidiar exportações deficitárias? Quem voluntariamente compraria um carro coreano, exceto um consumidor doméstico sem alternativas, ou um comprador estrangeiro com recursos apenas suficientes para comprar um produto fortemente subsidiado? E no entanto, nem foi preciso tanto tempo para que as indústrias automobilísticas japonesa e coreana virassem completamente a mesa, face aos seus concorrentes.

Apesar de ser fato conhecido que o número de países que fracassaram na tentativa de aprimorar sua indústria dessa maneira é maior do que o daqueles que foram bem-sucedidos, muita pesquisa ainda se faz necessária no sentido de entender de fato por que as empresas do Leste Asiático desenvolveram o hábito de serem vitoriosas; por que as empresas da América Latina

---

[29] Produzidos na Malásia a partir de seus próprios recursos naturais, e em Taiwan a partir de insumos importados.

[30] Sobre os problemas tecnológicos envolvidos, ver particularmente Perez (2003).

pós-reformas nem chegam a tentar;[31] e por que, quando os investidores externos diretos decidem envolver-se com este tipo de cadeia de valor adicionado, tendem a investir em extração de matérias-primas na América Latina e em processamento de matérias-primas no Leste Asiático?[32]

Uma diferença similar quanto à integração vertical em uma indústria de base primária se encontra no setor de siderurgia e metalurgia. Neste setor, as assimetrias na dinâmica da demanda por importações da OCDE também se encontram em linha com o descrito acima: enquanto a participação das importações de minério de ferro no total da OCDE caiu de 82% em valor entre 1977 e 2000, as de máquinas de metal elevaram sua posição relativa. As diferenças no potencial de crescimento em cada um dos segmentos do setor também parecem bastante óbvias.

GRÁFICO 18
Chile, Brasil, Coreia e Taiwan: mudança na integração vertical na indústria de minério de ferro e aço, 1963-2000

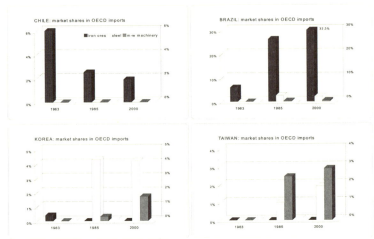

• Minério de ferro = CUCI grupo 281; aço = grupos 672, 674, 677, 678 e 679; m-w machinery = máquinas de metal (todos os 73 grupos de produtos, inclusive máquinas-ferramentas para a indústria metalúrgica).

---

[31] No Chile, por exemplo, a maior empresa na indústria de base madeireira, com grandes operações de cavacos, polpa e alguns tipos de papel de qualidade básica, continua a investir horizontalmente em vez de tentar atingir linhas de produção de maior valor adicionado. Há uma década, por exemplo, esta empresa optou por comprar uma hidrelétrica estatal em vez de usas seus substanciais recursos para elevar a qualidade de algumas de suas linhas de produção. Novamente, agora, está levando adiante um enorme projeto de investimentos para iniciar a produção de cavacos em larga escala na Argentina. Não se encontra, aqui, muita evidência do espírito schumpeteriano das corporações da Malásia e Taiwan – ver, especialmente, os gráficos 23 e 24 abaixo.

[32] Ver especialmente Amsden (2001).

Nesta indústria de base, novamente, as assimetrias entre a América Latina e o Leste Asiático estão evidentes. Apesar de a dotação natural de recursos da América Latina ser bem mais rica, isto não justifica o fato de que o Chile exporta apenas minério de ferro, nem o fato de o Brasil ter uma participação nas importações da OCDE de minério de ferro 15 vezes maior do que sua participação em ferro e aço processados. É claro que as políticas protecionistas dos EUA nesta área não ajudam, mas estas não estão direcionadas contra o Brasil. Na Coreia, ao contrário, apesar de inicialmente existir alguma exportação de minério de ferro, a indústria de exportação rapidamente concentrou-se em aço, e depois foi além, exportando equipamentos metalúrgicos. Taiwan, por sua vez, já tinha um volume significativo de exportações de equipamentos metalúrgicos nos anos 80.

Na verdade, a América Latina pós-reformas não somente não se move para cima na "escada tecnológica" em termos de processamento das exportações, mas em muitos casos o movimento observado é o inverso. O Chile pós-73, por exemplo, não somente abandonou sua agenda pró-industrialização anterior e embarcou num processo drástico de reformas econômicas visando a liberalização comercial e financeira, mas acabou reduzindo significativamente a parcela de valor adicionado pelo processamento em seu principal item exportado (o cobre), sendo a parcela de cobre refinado drasticamente reduzida em favor dos bem mais primitivos "concentrados" de cobre[33].

> Enobrecimento da Oferta em Países Pobres em Recursos Naturais: o Fenômeno dos "Gansos Voadores".

O economista japonês Akamatsu criou o termo "gansos voadores" para caracterizar o modelo industrial de aprimoramento da qualidade da oferta do Leste Asiático. Para ele, como visto em epígrafe ao texto, "Os 'gansos selvagens' menos avançados perseguem os da frente, [...] seguindo o percurso do desenvolvimento industrial num padrão de voo de gansos selvagens" (1962: 17-18). No entanto, a análise que segue distinguirá entre dois componentes distintos desse fenômeno de "gansos voadores" (até onde eu sei, não diferenciados por Akamatsu), embora os dois tenham um elemento importante em comum, no fato de que praticamente todos os produtos sejam de demanda dinâmica sob a perspectiva do comércio internacional. A maior característica do primeiro componente desse processo de industrialização de "gansos voadores" – daqui em diante chamado de "movimento sequencial ao longo da curva de aprendizado" – é que envolve produtos que

---

[33] Ver nota 43 abaixo.

deixaram de pertencer à pauta de produção e exportações japonesa, seja porque são intensivos em trabalho ou porque o país esgotou o crescimento potencial de sua produtividade – ver quadro da esquerda do Gráfico 19.

GRÁFICO 19

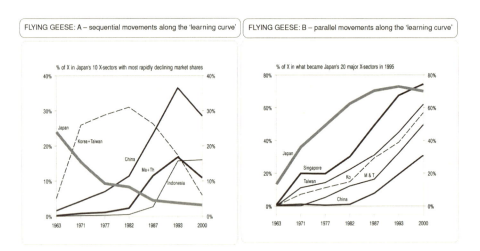

• Para uma lista dos dez setores exportadores do Japão cuja parcela de mercado é mais declinante entre 1963 e 2000 (quadro A), ver nota 34[34]; para a lista dos vinte maiores setores exportadores do Japão em 1995 (quadro B) ver nota 35[35].

No componente de "movimento sequencial" do padrão de industrialização de "gansos voadores", inicialmente os NICs de primeira geração substituem as exportações japonesas no mercado mundial, para depois o mesmo fenômeno acontecer entre este grupo e os NICs de segunda geração mais a China, etc. Em termos de parcela das exportações, este processo cria uma sequência de "Us invertidos". Esses produtos tendem a não estar num nível muito alto da "curva de aprendizado", mas (como mencionado acima), praticamente todos ainda são de demanda dinâmica sob a ótica das importações da OCDE. A característica essencial é que a capacidade produtiva das exportações é transferida sucessivamente do Japão para os NICs-1, em seguida dos NICs-1 para os NICs-2, a China e outros países asiáticos.

O segundo componente do fenômeno "gansos voadores" – aqui chamado "movimento paralelo à curva de aprendizado", ver quadro à direita

---

[34] CUCI grupos 843, 851, 037, 034, 894, 899, 666, 842, 761 e 762. Para a análise detalhada desses grupos, ver Palma (1998).

[35] CUCI 781, 752, 764, 784, 776, 759, 778, 713, 763, 894, 782, 785, 751, 772, 749, 898, 874, 882, 728 e 736.

no Gráfico 19 – trata dos produtos em que os países do Leste Asiático, com uma defasagem maior ou menor segundo seu nível comparativo de desenvolvimento, tentam seja imitar – e competir com – o Japão (em vez de apenas substituir o Japão como no conjunto anterior de produtos), ou integrar seus próprios produtos e capacidades exportadoras com as do Japão em produtos relacionados. O que encontramos em termos de parcela das exportações neste segundo componente do padrão de produção "gansos voadores" não são mais "us invertidos" e sim trajetórias paralelas. Neste conjunto de produtos, o Japão não abandona mais tão facilmente sua capacidade produtiva, seja porque os produtos ainda mantêm um potencial de crescimento da produtividade significativo, seja porque estes produtos estão entre aqueles de maior dinamismo da demanda no comércio mundial. No entanto, em algum momento, a parcela das exportações do Japão nesses vinte setores começa a declinar sob a pressão competitiva dos outros gansos asiáticos – mesmo nesses mercados de demanda extremamente dinâmica, não há espaço ilimitado para mais e mais entradas asiáticas. Algumas vezes, este processo é colocado em movimento pela tentativa do Japão de diversificar a integração vertical de sua capacidade produtiva nessas categorias de produtos dentro do Leste Asiático.

Em 1963, os vinte setores que se tornariam os maiores setores exportadores do Japão em meados dos anos 90 representavam uma porção bem pequena de suas exportações, apenas 13% (ver quadro B do gráfico 19); naquele momento, esses produtos também perfaziam uma participação combinada no total de importações da OCDE de somente 10%. No final dos anos 90, totalizavam três quartos do total de exportações japonesas, e um terço do total de importações da OCDE. Os NICs-1, NICs-2 e a China praticamente não exportavam esses produtos em 1963 – representavam menos de 1% do total exportado por cada um deles[36]. No entanto, não apenas o Japão elevou prontamente a proporção de suas exportações nesses setores, como primeiro os NICs-1, em seguida os NICs-2 e finalmente a China fizeram o mesmo. Em 2000, essas exportações já representavam em torno de 70% das exportações do Japão, 75% das de Singapura, 62% das de Taiwan, 57% das coreanas, 50% das exportações da Malásia e da Tailândia e 31% das chinesas.

Uma das primeiras vítimas do padrão asiático de "imitação com defasagem" (ou "movimento paralelo à curva de aprendizagem") – com sua

---

[36] O caso de Hong-Kong é levemente diverso pois trata-se de um "NIC-1 precoce", capaz de ter uma estrutura de exportações similar à do Japão numa data anterior ao dos outros NICs-1; em 1963, por exemplo, esses vinte setores exportadores já representavam 8,2% de suas exportações acima, no Japão essa, enquanto em Singapura representavam apenas 0,8%, na Coreia 0,3% e em Taiwan 0,2% das exportações daquele ano.

parcela de mercado <u>incremental</u> – foram os EUA (ver quadro à direita do gráfico 20).

Não foi o caso com o outro componente da industrialização de gansos voadores – o movimento "sequencial" (ver quadro à esquerda), visto que a parcela de mercado agregada do Leste Asiático pouco cresceu durante a transferência de capacidade produtiva entre os países.

GRÁFICO 20

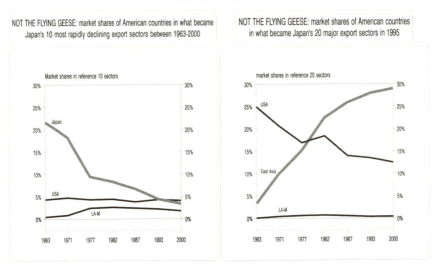

• *LA-M* = América Latina exceto México; *East Asia* = parcelas de mercado combinadas do Japão, NICs-1, NICs-2 e China nos vinte maiores setores exportadores do Japão em 1995 (para uma lista desses setores, ver notas 29 e 30).

O contraste entre o Leste Asiático e as Américas nos dois componentes do padrão "gansos voadores" de industrialização não poderia ser mais marcado. De um lado, em termos dos setores declinantes do Japão, os EUA e a América Latina não-México mantêm parcelas de mercado notavelmente estáveis pela maior parte do período. Do outro lado, entretanto, os EUA perderam <u>metade</u> de sua parcela de mercado nas importações da OCDE referentes ao segundo grupo de produtos entre 1963 e 2000; enquanto a América Latina excluindo o México parece pertencer a outro planeta em termos de capacidade produtiva, no que se refere a esses produtos.

Pode-se argumentar com razão, porém, que para testar se há algum padrão "gansos voadores" na América ou não, as exportações latino-americanas deveriam ser comparadas com as dos EUA, e não com as do Japão. O gráfico 21 se encarrega disso.

GRÁFICO 21

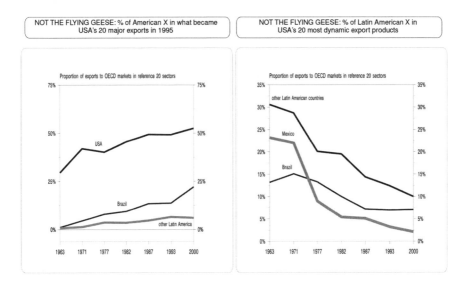

- X = Exportações. Para uma lista dos vinte maiores setores exportadores dos EUA em 1995, ver nota 37[37]; para os vinte setores exportadores mais dinâmicos entre 1963 e 2000, ver nota 38[38].

Uma peculiaridade quanto aos vinte maiores setores exportadores dos EUA (ver gráfico 21, quadro à esquerda) é que a parcela de mercado de suas exportações cresceu a uma taxa bem mais baixa do que a dos vinte maiores setores exportadores do Japão: enquanto nos EUA estes setores tinham em 2000 uma parcela de mercado só 23% maior que em 1963, no caso do Japão os vinte maiores eram responsáveis por uma parcela de mercado 60% maior em 2000 do que em 1963.

No entanto, um importante elemento em comum entre os "vinte mais" dos EUA e do Japão é que também no caso dos EUA os produtos da lista eram bastante dinâmicos em termos de sua participação nas importações da OCDE – sua parcela elevou-se de 14% do total de importações da OCDE em 1963 para 30% em 2000. Na América Latina, o Brasil é o único país que

---

[37] CUCI grupos 792, 752, 784, 759, 781, 776, 874, 714, 764, 713, 931, 541, 778, 898, 772, 598, 749, 222, 322 e 892.
[38] CUCI grupos 246, 785, 034, 289, 112, 035, 061, 323, 014, 634, 036, 659, 248, 001, 871, 072, 223, 247, 287 e 291. Para evitar taxas espúrias no cálculo dos setores de exportação mais "dinâmicos" da economia dos EUA, um filtro foi utilizado, incluindo somente os setores exportadores cuja parcela de exportações era pelo menos 0,3% sobre o total em 1993.

teve um lento mas constante crescimento na participação de suas exportações nos "vinte mais" dos EUA, tendo atingido 22% das exportações em 2000; mais de 20% dessa participação de 2000 vem de um único produto, que além do mais é um produto primário: a soja! O restante da América Latina (excetuando a indústria "maquila") não teve nenhum avanço significativo na parcela exportada desses produtos (apesar de a Argentina também ter aumentado rapidamente suas exportações de soja perto do final do período considerado).

Uma outra diferença básica entre os EUA e o Japão como líderes regionais é que os EUA (apesar de ter elevado sua parcela de exportações em seus próprios vinte maiores setores exportadores) perderam um espaço significativo em termos de participação nas importações da OCDE desses produtos – sua fatia de mercado na OCDE caiu pela metade, de 29% para 14,5%. Novamente, o Leste Asiático foi a maior beneficiária desse declínio na parcela de mercado dos EUA, elevando a sua própria participação nesses produtos de 18% para 41% entre 1985 e 2000. A América Latina, por sua vez (excluindo o México, mas incluindo o Brasil), também perdeu participação de mercado nesses produtos (uma queda de 1,2% em 1985).

Não é o que se poderia chamar de industrialização regional do tipo "gansos voadores", seja com base na industrialização "sequencial" ou "paralela", entre os EUA e a América Latina. Além do mais, como mostra o quadro da direita do gráfico 21, pelo menos no tocante aos 20 setores exportadores mais <u>dinâmicos</u> dos EUA entre 1963 e 2000, esse padrão de exportações regionais tem um "ganso líder", os EUA, que está voando <u>na direção inversa</u>: ou seja, tentando penetrar mercados abandonados pelos supostos "gansos seguidores" latino-americanos! De fato, nos vinte setores em que os EUA tiveram o mais alto crescimento em termos de participação nos mercados da OCDE, é que surge um dos aspectos mais bizarros do poder regional dos EUA.

Primeiramente, dos vinte setores exportadores mais dinâmicos dos EUA, nada menos do que 16 consistem de produtos primários e combustíveis. Não é de surpreender que a participação setorial combinada desses vinte setores no total de importações da OCDE tenha caído continuamente de 10,4% em 1963 para apenas 4,4% em 2000. Que diferença com relação aos vinte mais dinâmicos do Japão: enquanto os produtos "de oferta dinâmica" dos EUA perdiam metade de sua parcela global nas importações da OCDE no período, os do Japão dobravam a sua.

Em segundo lugar, como o quadro da direita do gráfico 21 mostra, os EUA elevaram sua participação em produtos em que a América Latina estava reduzindo rapidamente a sua. Em outras palavras, pelo menos nesse grupo de produtos "dinâmico", em vez de um padrão de sucessão de tipo "gansos voadores", as Américas apresentam um cenário apropriado ao "realismo fantástico", em que o líder opta por seguir os seguidores...[39]

É claro que essas evidências devem ser analisadas junto com o gráfico 15, que mostra que o indicador de adaptabilidade da demanda da economia dos EUA em 2000 (para o período de 1985 a 2000) é quase tão alto quanto o do Japão para o mesmo período (1,71 e 1,91, respectivamente); evidentemente, características como o tamanho e a dotação de recursos naturais permitem aos EUA ter uma estrutura exportadora mais diversificada do que a do Japão, sendo capaz, simultaneamente de, na média, adaptar-se relativamente bem a mudanças na demanda da OCDE. Além disso, como mostra o gráfico 24 abaixo, durante os anos Clinton os EUA moveram-se no sentido oposto da "maré de maturidade" de outras economias avançadas da OCDE. O quadro da direita do gráfico 21 mostra também que ao menos um grupo importante de produtos – os vinte mais dinâmicos em termos de crescimento da parcela de exportações dos EUA – nas Américas parece haver um padrão "sequencial" inverso de sucessão (vis-à-vis o do Leste Asiático).

A penetração de mercados de "alta tecnologia" é um exemplo específico do contraste entre as duas dinâmicas regionais, e entre as funções do "líder", no segundo componente do padrão de sucessão de tipo "gansos voadores" (o "movimento paralelo ao longo da curva de aprendizado") – ver gráfico 22.

GRÁFICO 22

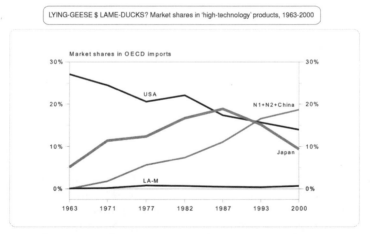

• N1 + N2 + China = NICs de primeira e segunda geração mais China; LA-M = América Latina (exceto México). Para uma definição e classificação de produtos de "alta tecnologia", ver gráfico 14.

---

[39] Não é de surpreender que, numa série de novos acordos comerciais assinados recentemente entre os EUA e outros países latino-americanos, uma das principais preocupações dos EUA foi a abertura dos mercados de produtos primários latino-americanos (em especial o agrícola) à concorrência dos EUA.

Gabriel Palma

De novo, a construção "paralela" da capacidade produtiva exportadora no Leste Asiático (levando posteriormente a um padrão de sucessão), o deslocamento resultante dos EUA nos mercados da OCDE, e a *"siesta"* tranquila dos mercados "não-maquila" da América Latina ficam bastante evidentes. Em termos de participação nas importações da OCDE, os EUA perdem metade de sua participação nos produtos de alto conteúdo tecnológico durante esse período. E novamente, na América Latina, o quadro geral não pode ser associado de forma nenhuma a um tipo de industrialização e exportações de "gansos voadores".

O gráfico 23 compara as mudanças nos níveis globais de competitividade na América Latina e no Leste Asiático entre os anos 60 e 90, e sua capacidade de se movimentar em direção a produtos de alto conteúdo tecnológico.

GRÁFICO 23

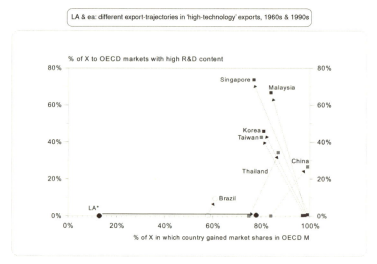

- *LA* = América Latina; *EA* = Leste Asiático; *X* = Exportações; *M* = Importações; *LA** = Argentina, Bolívia, Chile, Colômbia, Equador, Paraguai, Peru, Uruguai e Venezuela.

- *Primeira observação* (usando a primeira versão do CAN): perfil exportador do país ou região entre 1963 e 1971[40]. *Segunda observação* (usando a última versão do CAN): entre 1990 e 2000. *Eixo vertical:* percentual de exportações com alto conteúdo de P&D em 1963 e 2000 (ver gráfico 14 para a definição de alto conteúdo de P&D, para os grupos de produtos incluídos nesta definição, e para a fonte da classificação). *Eixo horizontal:* percentual do total de exportações (independente do conteúdo de P&D) em que a respectiva região ou país ganhou parcelas de mercado nas importações da OCDE entre 1963 e 1971 (primeira observação) e entre 1990 e 2000 (segunda observação).

---

[40] Para os anos 60, a primeira versão do CAN fornece apenas dados para (com média móvel de três anos) 1963; e para os anos 70, apenas para os anos de 1971 e 1977. Assim, para o primeiro período (aqui chamado "anos 60"), temos dados apenas para os anos de 1963 a 1971.

O gráfico 23 ilustra várias questões relacionadas. Primeiro, mostra que em 1963 a América Latina, os NICs (de primeira ou segunda geração) e a China não exportavam praticamente nenhum produto de alta tecnologia. Segundo, que todos os países do Leste Asiático eram extremamente competitivos nos produtos que exportavam então (que eram muito similares, em termos genéricos, aos exportados pela América Latina). Terceiro, que entre os países latino-americanos nos anos 60, somente o Brasil e o México (não incluído no gráfico) conseguiram conquistar parcelas de mercado numa proporção significativa de suas exportações (58% das exportações, em ambos os países); isto é, o viés antiexportador do ISI latino-americano dos anos 60 só afetou a competitividade exportadora dos países pequenos e médios da região (inclusive Argentina). Quarto, que durante os anos 90 (ou seja, após a liberalização comercial) os países latino-americanos – exceto o Brasil – foram capazes de aumentar significativamente seu grau de competitividade nos mercados da OCDE – passando de 13% de suas exportações ganhando participação no mercado da OCDE para 78% nos anos 90. O Brasil, ao contrário, só conseguiu obter um crescimento marginal de seu grau de competitividade, já bastante alto (enquanto o México elevou sua parcela de exportações competitivas, incluindo exportações "maquila", de 58% para 90%). Quinto, confirmando o anteriormente apresentado, apesar de a América Latina ter conseguido atingir os níveis de competitividade do Leste Asiático durante os anos 90 – e sem nenhum tipo de impulso auxiliar como o japonês vindo dos EUA –, foi apenas nos produtos de exportação tradicionais que isso ocorreu[41]. Se pelo menos a demanda internacional não tivesse discriminado de forma tão extrema os produtos tradicionais latino-americanos desde a guerra da Coreia, e se pelo menos esses produtos tivessem obtido o mesmo tipo de potencial de crescimento da produtivida-

---

[41] O Brasil conseguiu elevar sua parcela de exportações em produtos de alta tecnologia, de 0,3% em 1963 para 3,8% em 1985 e 9,4% em 2000; no entanto, dois terços dessas exportações em 2000 consistiam de apenas um produto (apesar de importante): aeronaves (CUCI grupo 792). Esta concentração confirma o fato de que em 2000 nenhum outro produto de alta tecnologia tinha uma parcela exportada que atingisse 1% das exportações totais. Na indústria aeronáutica, a (altamente subsidiada) estatal EMBRAER inicialmente conseguiu penetrar o mercado de aeronaves de passageiros, com o silencioso e econômico Bandeirante, e no mercado militar entrou com o Tucano, avião de treinamento. Também desenvolveu um conjunto de outros modelos para exportação, e entrou em "joint ventures" no campo civil e militar com vários governos e empresas estrangeiras. A empresa estatal foi privatizada em meados dos anos 90 e seu sucesso exportador subsequente veio com os jatos ERJ-145 (ver Palma, 2004c). Na verdade, o sucesso exportador dessa empresa – vista por muito tempo por críticos no Brasil e no exterior como um típico "elefante branco" estatal de Terceiro Mundo, que tentava fazer produtos de demonstração *high-tech* a custos elevados – mostra que o desenvolvimento tecnológico iniciado com subsídio estatal pode às vezes produzir uma história de sucesso na América Latina também.

de em longo prazo, como os mais altos na cadeia de valor adicionado, se teria configurado uma vitória regional incontestе – teria sido muito bom para a América Latina se esta fosse a situação real; infelizmente (como tantos previram), não aconteceu assim! Sexto, o gráfico 23 mostra também como os países do Leste Asiático foram capazes de "se reinventar" a partir dos anos 70, elevando a parcela de produtos de alta tecnologia em suas exportações de forma notável; fizeram-no, além do mais, com a manutenção simultânea da maior parte de seus já extremamente altos níveis de competitividade das exportações.

Trajetórias Exportadoras Regionais entre os Anos 60 e 90: movendo-se em sentido anti-horário?

Finalmente, o gráfico 24 compara a competitividade exportadora da América com a do Leste Asiático (e União Europeia), entre as décadas de 60 e 90, e sua capacidade de se mover em direção a produtos "de demanda dinâmica" em geral (não somente produtos de alta tecnologia, como acontecia no gráfico 23).

No que se refere à América Latina, o gráfico 24 mostra que o notável crescimento da competitividade das exportações na região entre a década de 60 e a de 90 – o rápido movimento do 1° para o 2° quadrante – não apenas não incluiu produtos de alta tecnologia (gráfico 23), mas também deixou de fora vários outros produtos "de demanda dinâmica"[42]. Também mostra uma semelhança impressionante entre as trajetórias dos EUA e da América Latina – mas no caso dos EUA, o movimento ocorre do 4° para o 3° quadrante (numa trajetória levemente descendente). No Leste Asiático, ao contrário, indica um aspecto curioso do padrão "gansos voadores" de industrialização e exportação: isto é, as diferenças na trajetória dos países "jovens" (NICs-2 e China), com relação aos "de meia-idade" (NICs-1) e aos

---

[42] Algumas vezes o crescimento das exportações foi tão rápido que mesmo nos poucos casos onde o produto exportado é de fato "de demanda dinâmica", trata-se também de uma história de preços que despencam. Por exemplo, o crescimento das exportações de pescados do Chile foi tão súbito (22% por ano entre 1985 e 2000) que os preços no mercado mundial despencaram, apesar do fato de que a demanda da OCDE por salmão e outros produtos no grupo CUCI 034 (pescado, fresco, vivo ou morto, resfriado, congelado ou seco) cresceu a uma taxa anual de 7,9%, mais alta do que o crescimento médio das importações da OCDE durante este período (7,5%). De fato, salmão e outros pescados no grupo 034 do CUCI eram os únicos produtos "de demanda dinâmica" no rol de seus 22 principais produtos exportados para os mercados da OCDE durante este período (a participação agregada desses 22 produtos correspondia a 84% do total; cada um tinha uma participação nas exportações chilenas de no mínimo 0,7% do total).

mais "maduros" (Japão). Basicamente, o rápido movimento dos NICs-2 e da China em direção a produtos dinâmicos, e seu alto grau de competitividade – ou seja, seu rápido movimento do 2° para o 3° quadrante – destrói uma parte importante do grau de competitividade dos NICs-1, empurrando-os em direção ao 4° quadrante (apesar de conseguirem manter-se no 3°). Este processo se repete entre os NICs-1 e o Japão. Portanto, a pressão competitiva agregada dos NICs-1, NICs-2 e China (além, evidentemente, de outros problemas internos no Japão) empurra o Japão do 3° quadrante para o 4°. Novamente, o crescimento intenso dos produtos "de demanda dinâmica" no Leste Asiático, associado a seu alto grau de competitividade, não apenas empurra as exportações da União Europeia do 3° para o 4° quadrante, mas também reduz a parcela "dinâmica" das exportações da UE (uma queda de 65% em 1971 para 52,6% em 2000).

GRÁFICO 24

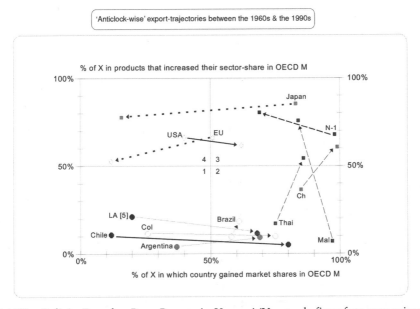

- *LA[5]* = Bolívia, Equador, Peru, Paraguai e Uruguai (Venezuela ficou fora para evitar o efeito de mudanças erráticas no preço do petróleo) *Thai* = Tailândia; *Mal* = Malásia; *Ch* = China; *N-1* = média de Coreia, Singapura e Taiwan (devido a restrições no programa CAN, a segunda observação de Taiwan refere-se à sua parcela de produtos "de demanda dinâmica" em 1995, e a seu grau de competitividade exportadora entre 1990 e 1995). *EU* = União Europeia (incluída para reforçar o quadro de um movimento "anti-horário" nesse período; refere-se aos 12 países-membros em meados da década de 1980).

- *Primeira observação:* perfil exportador do país ou região entre 1963 e 1971. *Segunda observação:* o mesmo, entre 1990 e 2000. *Eixo vertical:* participação em 1971 dos produtos "de demanda dinâmica" nas importações da OCDE entre 1963 e 1971 (primeira observação); e em 2000 dos produtos "dinâmicos" entre 1990 e 2000 (segunda observação: os produtos "dinâmicos" são simplesmente aqueles cuja parcela nas importações da OCDE elevou-se no período). *Eixo horizontal:* percentual dos produtos exportados em que a região ou país elevou sua participação nas importações da OCDE entre 1963 e 1971 (1ª observação) e entre 1990 e 2000 (2ª observação).

• Portanto, *1º quadrante:* país "não-competitivo" / produtos exportados "não-dinâmicos"; *2º quadrante:* país "competitivo" / produtos exportados "não-dinâmicos"; *3º quadrante:* país "competitivo" / produtos exportados "dinâmicos"; *4º quadrante:* país "não-competitivo" / produtos exportados "dinâmicos".

À exceção dos EUA nos anos Clinton, o padrão global que do gráfico 24 é uma trajetória claramente "anti-horária". A América Latina vai do 1º para o 2º quadrante; os NICs-2 e a China, do 2º para o 3º; os NICs-1 movem-se no interior do 3º quadrante, em direção ao 4º; e Japão e União Europeia vão do 3º para o 4º.

Quanto à América Latina, é claro, o tema mais candente de política comercial é o de saber se existem forças de mercado "endógenas" em operação, que levariam a região a um movimento ascendente do 2º para o 3º quadrante; ou se a região estaria fadada a, no melhor dos casos, tornar-se mais e mais competitiva em produtos cada vez mais marginais (em termos de valor) nos mercados mundiais. Até agora, existe pouca evidência, se é que existe alguma, dessas forças "endógenas"; fica, pois, bastante evidente (ao menos para este autor) que a região também necessitará das forças "exógenas" (políticas comercial e industrial de peso) que caracterizaram o movimento "do 2º para o 3º" na maioria dos países do Leste Asiático. Além do mais, e fundamentalmente, se essas políticas forem algum dia implementadas, para que sejam na América Latina tão efetivas quanto no Leste Asiático, a região precisaria do tipo de arranjos institucionais que tornou possível sua efetividade na Ásia. Se estas políticas e arranjos institucionais não forem implementados, o impulso potencial de crescimento do PIB a partir de novas elevações da competitividade exportadora na América Latina continuará restrito tanto pelo baixo crescimento potencial da produtividade das exportações de produtos primários não-processados (em alguns casos, após um primeiro impulso sem continuidade), e por seu nível baixo de encadeamento com o crescimento da produtividade no resto da economia. O efeito potencial de impulso do crescimento da renda dada por novas elevações na competitividade exportadora da região também ficaria restrito pela provável tendência declinante nos termos de troca, advinda principalmente (mas não exclusivamente) da baixa demanda nos mercados mundiais[43]. Na

---

[43] Ver Ocampo & Parra (2004).

ausência de políticas comerciais e industriais adequadas – e dos arranjos institucionais absolutamente essenciais para o bom funcionamento dessas políticas – a região tende a envolver-se cada vez mais num tipo de comércio internacional em que os resultados em termos de ganhos de bem-estar advindos desse comércio são crescentemente frustrantes (ou seja, um comércio cada vez mais caracterizado por jogos de soma zero, ou jogos "ganha-perde").

Quanto à América Latina, a evidência até agora indica que as forças de mercado "globalizadas" estão apenas criando incentivos a uma maior penetração no 2° quadrante. Apesar de sempre haver a possibilidade de uma mudança no futuro, particularmente devido a problemas relativos a recursos exauríveis e incertezas políticas, como no caso dos combustíveis – certamente não seria a primeira vez em que o mundo real decide ser original –, até agora são tênues as evidências de mudanças nos incentivos de mercado, na estrutura de direitos de propriedade, nos arranjos institucionais domésticos, e acordos políticos locais que pudessem ajudar a região a mover-se "para cima" na direção do 3° quadrante. Um exemplo é o Chile, o país de maior sucesso na América Latina pós-reformas, cuja trajetória exportadora não é nem uma de movimento "oeste-leste" (do 1° para o 2° quadrante), mas, como em outros países da região, mostra uma leve tendência "sudeste", isto é, uma competitividade exportadora cada vez mais alta aliada a um mergulho no eixo horizontal do gráfico 24. No caso das exportações de cobre, por exemplo, entre 1994 e 2000, a produção de cobre no Chile cresceu a uma média de 400 mil toneladas ao ano, uma cifra quatro vezes maior do que a média de crescimento anual da produção mundial nos vinte anos anteriores. Como a economia mundial era obviamente incapaz de absorver tal crescimento, a elevação dos estoques levou o preço do cobre a uma queda brutal, tendo caído pela metade em apenas cinco anos (1995-2000)[44]. Além disso, o Chile pós-1973 não somente abandonou sua "agenda pró-industrialização" anterior e embarcou num drástico processo de reformas econômicas para a liberalização comercial e financeira, mas (como mencionado acima) até acabou por reduzir drasticamente a parcela de exportações de cobre processadas, de maior valor adicionado, tendo diminuído drasti-

---

[44] Posteriormente, foi necessária uma combinação particular de fatores internos e externos, especialmente i) a própria redução da produção de cobre chilena após 2000 – em 2002, parte como resultado do colapso dos preços, parte devido a problemas com a Argentina, a produção chilena era 160 toneladas mais baixa do que em 2000; ii) a instabilidade política internacional e a incerteza após o 9/11/2001 levou ao crescimento da especulação em commodities básicas; e iii) a expansão incessante da economia chinesa, para que o preço do cobre iniciasse sua recuperação a partir de meados de 2003.

camente a participação do cobre refinado em favor da forma bem menos elaborada de "concentrados de cobre": a participação destes nas exportações totais de cobre aumentaram de 3% no período da liberalização comercial e financeira no começo dos anos 70, para 17% em 1990 e em torno de 40% em 2002[45]. Existem amplos indícios de que parte da forte redução no crescimento do país desde o fim da década de 1990 é o preço que já está sendo pago pelo subinvestimento em diversificação produtiva "para cima"[46].

Finalmente, se algo emerge claramente da análise dos últimos quarenta anos de comércio internacional é que a transição retardatária da América Latina em direção ao 3° quadrante tem pouco a esperar em termos de "ajuda impulsionadora" por parte dos EUA, como tiveram os países do Leste Asiático de seu "ganso líder"[47].

Conclusões

Correndo o risco de repetir o óbvio, do ponto de vista do crescimento do produto, o que importa para um PMD cuja economia é liderada pelas exportações – ou seja, em que se espera que as exportações sejam o "motor" do crescimento – é que as exportações tenham capacidade de elevar tanto o crescimento da produtividade quanto a absorção de mão de obra. Sua contribuição para a melhora da qualidade de vida da população como um todo representa, porém, uma questão bem mais complexa, com um componente crítico (adicional) de poder de compra.

Do lado do crescimento do produto, a contribuição das exportações para o crescimento real do PIB depende não somente da sua capacidade de absorção de mão de obra e da sua própria taxa de crescimento da produtividade, mas também, crucialmente, da sua capacidade de induzir o crescimento da produtividade no restante da economia. Do lado da renda real, a questão crítica adicional para uma economia liderada pelas exportações está em seus termos de troca, já que este é o elo vital entre o crescimento real do PIB e o crescimento do seu poder de compra internacional (*"com-*

---

[45] Sobre o assunto, ver Caputo (1996), C. Tomic (1999), Lagos (2000), e The Economist (2001).

[46] Ver particularmente Moguillansky (1999).

[47] Além do mais, por conta de sua natureza assimétrica (ver por exemplo Stiglitz, 2003, e Bhagwati, 2003), a proliferação dos já mencionados acordos de comércio entre os países da região e os EUA (como aqueles assinados pelo Chile e pelos EUA em 2003, e alguns países da América Central e os EUA em 2004), tornaria a transição do 2° para o 3° quadrante ainda menos provável – a menos, é claro, que se considerasse (contra todas as evidências; ver Palma, 2003a e b) que exportações "maquila" são uma panaceia.

mand-GDP"). Quanto ao crescimento do produto, na América Latina pós-reformas (com a exceção do Chile – e mesmo nesse país apenas durante um período que cobre em torno da metade de seus anos pós-reformas), o principal fato estilizado ligado ao crescimento do PIB é que até nos países que tiveram sucesso em acelerar rapidamente a taxa de crescimento de suas exportações – incluindo o México –, a taxa de crescimento do produto tem sido extremamente frustrante (ver gráficos 1 a 4 acima). Além disso, melhorias no padrão de vida têm sido ainda mais insatisfatórias. É claro que, para os países que não conseguiram nem melhorar a competitividade de suas exportações, a situação econômica posterior às reformas se mostrou bem pior.

A principal hipótese deste artigo é que o crescimento liderado pela exportação na América Latina pós-reformas tem tido, no melhor dos casos, benefícios limitados. Apesar de ao menos algumas atividades exportadoras (como exportações "maquila") terem sido capazes de absorver um volume significativo de mão de obra, caracterizaram-se por um crescimento baixo ou nulo da sua própria produtividade, estando menos ainda associados ao crescimento de produtividade do resto da economia. Quando chegaram a ter rápido crescimento de produtividade em sua própria atividade (é o caso da mineração e de alguns produtos agrícolas), há poucos indícios de que este crescimento poderá ser sustentado no tempo – e não um fenômeno pontual.

Além disso, e em particular devido à natureza dos produtos exportáveis desenvolvidos, há ainda menos indícios de que esse crescimento da produtividade exportadora tenha tido qualquer "efeito de encadeamento" com relação ao crescimento do resto da economia. E sob a ótica do crescimento do poder de compra internacional do PIB ("*command-GDP*"), com muito poucas exceções, quando as exportações são ajustadas pelos preços das importações, a capacidade do crescimento das exportações de elevar o poder de compra do PIB tem sido ainda mais decepcionante.

Usando a terminologia de Krugman, a América Latina pós-reformas pode ser um caso paradigmático em que a "obsessão" pelo aumento da competitividade levou os formuladores de políticas e seus assessores econômicos a esquecerem que o que de fato importa para o crescimento da renda real nas economias lideradas pelas exportações são os ganhos em termos de poder de compra a partir da especialização. E, como insiste Krugman, a ênfase estreita na "competitividade é uma obsessão extremamente perigosa, que tende a enviesar políticas econômicas domésticas[48]. É claro que existem outros problemas na América Latina pós-reformas que demonstraram ser muito mais sérios do que este – como a criação de um novo

---

[48] Ver particularmente Krugman 1997, capítulos 1 e 2.

acordo político-institucional em que a nova coalizão distributiva foi vitoriosa na imposição de uma nova estrutura de direitos de propriedade e incentivos que permitiu à oligarquia tradicional, e a seus recentes aliados populistas emergentes, formas extravagantes de capitalismo predatório, especulação improdutiva e emasculação econômica do Estado.

Isto não significa que em economias abertas a "competitividade" não importa; mas quando os termos de troca são desfavoráveis, "ganhos competitivos" significam algo diferente de "ganhos de produtividade", porque o poder de compra pode crescer bem mais lentamente do que o produto. Apesar de que no curto prazo o grau de penetração no mercado internacional que um país consegue atingir com um dado produto possa ser fundamental, a partir de uma perspectiva de médio e longo prazo a questão chave para a política de comércio internacional de um país é como maximizar tanto o potencial de crescimento global da economia induzido pelo comércio exterior como os ganhos de bem-estar em termos de poder de compra advindos da especialização das exportações. Assim, ser capaz de elevar a competitividade internacional de um produto específico – ou seja, ser capaz de elevar sua parcela de mercado para um bem ou serviço no mercado internacional, quando tanto os preços domésticos como os internacionais estão "corretos" – não é nem uma condição necessária nem suficiente para que se continue a concentrar esforços nesse produto específico de exportação no longo prazo – de fato, não se deve esquecer que no começo da década de 1960 não parecia haver nada errado com a seda coreana (então o principal produto de exportação do país).

A questão estratégica chave de comércio exterior consiste em como redirecionar o crescimento das exportações do 2º para o 3º quadrante. Evidentemente, não apenas o desenho dessas políticas é bastante difícil em termos teóricos, como sua implementação concreta o é num nível bem mais elevado – particularmente devido a fatores tais como restrições institucionais, tecnológicas e financeiras. Entretanto, mesmo deixando de lado por enquanto diferenças cruciais relativas à oferta entre concentrar as exportações em produtos primários não-processados em vez de concentrá-las em produtos de maior valor adicionado, se as exportações devem ser o "motor do crescimento" para um PMD numa estratégia de desenvolvimento liderado pelas exportações, seria melhor ter um motor (demanda mundial) de alguma "potência" (crescimento da demanda). Isto pode constituir a diferença necessária para que o comércio internacional se torne um jogo de soma positiva – e não um de soma zero.

A insistência teimosa da América Latina em continuar exportando produtos deixados para trás por uma demanda mundial crescentemente volátil levou a região a perder sua categoria de grande exportador em mercados importantes para tornar-se um grande exportador em mercados marginais. Se isso tivesse sido resultado de um esforço de buscar nichos em mercados segmentados que emergiram da disseminação do novo paradigma tecnológico (caracterizados por uma "sociedade do conhecimento", com técnicas de produção flexíveis), esta mudança poderia na verdade ter sido um fenômeno muito positivo. No entanto, no caso da América Latina, esta mudança somente reflete a obsessão da região com produtos cada vez menos atraentes do ponto de vista da demanda internacional, em que novos ganhos "competitivos" só podem ser obtidos por uma crescente produção em massa, aperfeiçoamentos de rotinas, uma padronização cada vez maior e largas economias de escala[49]. A América Latina é como um time de futebol que joga cada vez melhor, mas cuja divisão fica relegada a uma posição cada vez mais baixa; enquanto o Leste Asiático – por aprimorar constantemente seu leque de produtos através de seu sempre crescente investimento (sobre-investimento?) em diversificação produtiva e capacidade de produção flexível – consegue fazer com que seu time seja sistematicamente promovido para divisões mais altas. De fato, num sentido ricardiano, a elevação da competitividade exportadora da América Latina pode às vezes funcionar como um "gol contra", pois o padrão de vida pode na verdade cair se o crescimento do produto interno for mais do que compensado pela deterioração dos termos de troca.

Como mencionado acima, a obsessão com a competitividade levou a América Latina a continuar mirando num alvo fixo, apesar de a demanda mundial ser um alvo em rápido movimento; ao contrário, o Leste Asiático – não somente ajudada por seus próprios esforços em construção institucional, investimento, poupança, educação etc., mas também altamente auxiliada pela liderança regional do Japão – foi bastante eficiente em aperfeiçoar sua habilidade de atirar no alvo móvel. Além disso, como visto nos dados acima, a adaptação à demanda internacional e o enobrecimento da oferta são dois fenômenos estreitamente vinculados; portanto, ao menos em teoria a previsão da trajetória desse alvo móvel não parece ser uma tarefa tão difícil (apesar das rápidas mudanças de paradigma tecnológico). Infelizmente, como mencionado acima, o desenho e a implementação do conjunto apropriado de políticas industriais e exportadoras são outro problema.

---

[49] Em 2000, por exemplo, apesar do fantástico crescimento das exportações chilenas e de sua diversificação (horizontal), um terço de suas exportações ainda consistiam de produtos incluídos na lista de "vinte mais" das importações da OCDE de 1963, enquanto apenas 2,6% de suas exportações pertenciam à lista de "vinte mais" de 2000.

Uma das características de boa parte da literatura referente a comércio internacional, mesmo na versão da "Nova Teoria do Comércio[50]", é que foi lenta em incorporar esse tipo de questão. Por exemplo, quando os autores da "Nova Teoria do Comércio" criticam a tradicional teoria de comércio internacional neoclássica, tratam apenas de temas como o fato de ter ignorado a possibilidade de que um conjunto de preços "corretos" pode ainda gerar múltiplos equilíbrios devido às incertezas do sistema econômico (onde as decisões são tomadas de forma descentralizada); ou porque ignora a possibilidade de emergência de vários tipos de ineficiências no processo social de aprendizagem, que por sua vez poderia produzir resultados econômicos ineficientes. Estes poderiam acontecer, por exemplo, porque a estrutura de informações é determinada pela natureza e a extensão dessas incertezas, pelo grau de comunicação entre os agentes, pela relevância em termos de recompensa das decisões a serem tomadas e pelas alternativas existentes para os agentes. Em outras palavras, através desse tipo de crítica à teoria neoclássica do comércio internacional, a "Nova Teoria do Comércio" tentou frequentemente identificar, e dar a devida importância a temas como o processo social de aprendizagem e o quadro institucional macro do setor exportador. Foi enfatizado o contexto concreto em que os agentes devem aprender, e como isso é muito determinado pelo contexto institucional. Endogeneizou o processo de aprendizagem para um contexto institucional supostamente "exógeno", e discutiu como, nesse sentido, diferentes trajetórias exportadoras poderiam surgir. O conceito de trajetória exportadora "ótima", porém, apesar de relativizado, ainda é determinado pela maximização do desempenho exportador a partir da dotação <u>atual</u> de recursos e um conjunto de preços (aproximadamente) "corretos" do presente. Mas não é nem um pouco óbvia a forma com que o dado conjunto de preços poderá sinalizar mudanças de médio e longo prazo, nem como esses preços, ou o ambiente institucional interno "exógeno", irá incentivar a diversificação de exportações com base na maximização intertemporal de ganhos de especialização. Nesse sentido, a "nova" literatura remete à mesma questão de como atingir o grau máximo de "competitividade", dadas as dotações internas existentes e as restrições externas correntes (incluindo "imperfeições" de mercado), mas com uma forma muito mais rica de compreender a dinâmica pela qual isso pode (ou não) ser atingido.

Uma abordagem alternativa do comércio internacional em PMD deveria insistir no fato de que, uma vez tendo os agentes e instituições, aprendido a mover-se de fato nos mercados internacionais "de verdade", permane-

---

[50] "New Trade Theory" (N.T.).

ce a necessidade de algum tipo de estímulo exógeno em direção a uma capacidade produtiva exportadora flexível (isto é, uma política comercial e industrial ativa), que pode maximizar retornos de "vantagens comparativas" num mundo de padrões de demanda voláteis e rápidas mudanças tecnológicas. Dessa forma, poder-se-ia maximizar ao mesmo tempo o potencial de crescimento do produto induzido pelo comércio exterior, obtido a partir de uma estratégia de crescimento liderada pelas exportações, e os ganhos de bem-estar obtidos através do comércio internacional. Como Stiglitz repetidamente demonstrou, os mercados, por si sós, não levam necessariamente a esse tipo de resultado eficiente[51].

Existem, é claro, muitos outros temas relacionados que não poderão ser discutidos aqui, como o de recursos exauríveis (crucial até para os países ricos em recursos); a política de taxação ótima ("royalties") com relação à exportação de recursos não renováveis; o viés anti-latino-americano do investimento externo direto quanto ao processamento local de insumos básicos; e o aprimoramento da qualidade e "enraizamento" de linhas de produção na região; a natureza rentista da oligarquia latino-americana – que incorpora inclusive a parcela de renda de outros grupamentos sociais; sua falta de espírito schumpeteriano, e em particular, o motivo pelo qual parece ter vertigem todas as vezes que o investimento privado interno atinge 15% do PIB; porque as forças democráticas da região aceitaram felizes essa institucionalidade de camisa de força como preço a pagar pelo retorno da democracia – e/ou porque quase que imediatamente após o retorno à democracia, esses grupos progressivos tornaram-se os novos porta-estandartes da ortodoxia neoliberal.

Será possível que as oligarquias latino-americanas acreditem que podem se dar ao luxo de serem tão avessas ao risco em termos de adaptação à demanda e de aprimoramento da oferta por serem tão eficientes em criar – antes e depois do período de ISI promovido pelo Estado – estruturas de direitos de propriedade e incentivos a partir dos quais outros fluxos de renda absurdamente altos podem ser gerados? Afinal, de acordo com as estatísticas do Banco Mundial, em 2000 os 10% da população de renda mais alta na América Latina detinham uma parcela de 45% da renda total, enquanto na Malásia e na Tailândia 35%, e na Coreia apenas 25%![52] Na verdade, exemplos de novas formas de "rent-seeking" por parte da elite econômica criada no período de "liberalização" são abundantes. Por exemplo, sua capacidade

---

[51] Ver, por exemplo, Stiglitz 2002.

[52] Para uma análise comparativa das distribuições de renda regionais, ver Palma (2002b e 2003c).

de transformar formas de distribuição de renda extremamente desiguais, criadas durante os regimes ditatoriais, em elementos permanentes da sociedade é quase legendária – as forças democráticas no Chile só conseguiram vencer no plebiscito de 1988 realizado por Pinochet quando implicitamente concordaram que a era pós-Pinochet seria caracterizada por "Liberté, Inegalité, Inanité"[53]. Além disso, o processo de privatização do patrimônio público na região, particularmente na Argentina e no México, compete com o da Rússia pós-comunista. Ao mesmo tempo, a criação de um ambiente institucional posterior às reformas em que grandes corporações podem usufruir do poder de monopólio de forma quase irrestrita, incluindo mercados de trabalho "flexíveis para baixo"; os volumosos resgates financeiros de empresas nacionais à beira da falência, tanto na indústria como no setor financeiro; e as fugas de capitais a taxas de câmbio altamente subsidiadas ajudaram a transferir um volume significativo de recursos para esses grupos de alta renda[54].

Em resumo, as assimetrias em termos de aprimoramento da qualidade das exportações e de ganhos a partir da especialização entre a América Latina e o Leste Asiático (resultantes principalmente da duradoura propensão latino-americana a subinvestir em diversificação da capacidade produtiva do setor exportador) fazem pensar que se os formuladores de políticas e seus assessores econômicos na América Latina algum dia se questionassem sobre essas assimetrias nos termos da famosa pergunta de Marilyn Monroe (como Sugar Kowalski em " Quanto mais quente, melhor") – "por que será que eu sempre acabo com o lado errado do pirulito?" –, podem chegar a se dar finalmente conta de que parte da resposta é que o resto do aporte nutricional da elite econômica latino-americana não é exatamente "sem açúcar".

REFERÊNCIAS BIBLIOGRÁFICAS

AKAMATSU, K. (1962). A Historical Pattern of Economic Growth in Developing Countries. *The Developing Economies*, Issue n. 1, março-agosto.

---

[53] Krugman, em um contexto bem diverso, define como "Liberté, Egalité, Inanité" a primeira política econômica de Mitterand; ver 1999: 4.

[54] Antes da crise financeira de 2001, por exemplo, o estoque de ativos estrangeiros de residentes na Argentina elevava-se a aproximadamente US$100 bilhões; esta cifra equivalia a 75% da dívida externa, e a 125% do total de dívida externa contraída desde a primeira eleição de Menem em 1989.

AMSDEN, A. (2001). The Rise of "the Rest". *Challenges to the West from late-industrializing economie*. Oxford University Press.

ARANTES, P. (2004). *Estado de sítio*. [Mimeo.].

BHAGWATI, J. (2004). Testimony to the U.S. House of Representatives Committee on Financial Services Subcommittee on Domestic and International Monetary Policy. *Trade and Technology*. Tuesday, abril 1.

CAN (2003). *Competitive Analyses of Countries*. ECLAC-World Bank.

CAPUTO, O. (1996). *La sobreproducción mundial de cobre creada por Chile*. Su impacto en la economía nacional. ARCIS-CETES.

CARRILLO, J. (2002). Foreign direct investment and local linkages: experiences and the role of policies. *The case of the Mexican television industry in Tijuana*. UNCTAD [Mimeo.].

CHANG, H-J. (1994). *The Political Economy of Industrial Policy*. Macmillan.

DIAZ-ALEJANDRO, C. (1984). *Latin American Debt*: I don't think we are in Kansas anymore. Brookings Papers on Economic Activity, 2.

DIJOHN J. (2004). *Mineral Resource Rents, Rent-Seeking and State Capacity in a Late Developer*: The Political Economy of Industrial Policy in Venezuela 1920-1998. University of Cambridge [Ph D Thesis].

FFRENCH-DAVIS, R.; MUÑOZ & PALMA G. (1994). The Latin American Economies, 1950-1990. *Cambridge History of Latin America*, 6, CUP.

KASAHARA, J. (2004). The Flying Geese Paradigm. *UNCTAD Discussion Papers*, n. 169.

KRUGMAN, P. (1997). *Pop Internationalism*. MIT Press.

LOPES, C. (2004). *A High Interest Rate Trap: the making of the Brazilian crisis*. Cambridge University [Ph D Thesis].

MARCEL, M. & PALMA, G. (1989). Kaldor on the discreet charm of the Chilean bourgeoisie. *Cambridge Journal of Economics*, April. Also In: LAWSON, T.; PALMA, J.G. & SENDER, J. Kaldor's Contribution to Political Economy, Academic Press, 1989, *El Trimestre Económico*, October 1989 and Colección Estudios, CIEPLAN, março de 1990.

MCKAY, J. (2002). *Export Structures in a Regional Context and the Flying Geese Paradigm*. University of Cambridge. [Ph D Thesis].

MOGUILLANSKY, G. (1999). *La Inversión en Chile: ¿el fin de un ciclo en expansión?* Fondo de Cultura Económica – CEPAL.

NOLAN, P. (2001). *China and the Business Revolution*. Palgrave.

OCAMPO, J.A. & PARRA, M.A. (2004). *The commodity terms of trade and their strategic implications for development.* ECLAC [Mimeo.].

OCAMPO, J.A. (2004). *Latin America in the long 20th Century.* UN [Mimeo.].

PALMA, G. (2004a). Latin American during the second half of the 20th Century: from the "age of extremes" to the age of "end-of-history" uniformity. In: CHANG, H-J. *Rethinking Development Economics*, Anthem Press.

_____ (2004b). The "three routes" to financial crises: Chile, Mexico, and Argentina [1]; Brazil [2]; and Korea, Malaysia and Thailand [3]. In: CHANG, H-J. *Rethinking Development Economics*, Anthem Press. Also In: R.E. ALLEN (ed.). *The Political Economy of Financial Crises*, Elgar, 2004.

_____ (2004c). The 1999 Brazilian financial crisis: how to create a financial crisis by trying to avoid one. In: FFRENCH-DAVIS, R. & STIGLITZ, J. (ed.). *Macroeconomic Policy in Developing Open Economies,* forthcoming, Oxford University Press.

_____ (2003a). Trade liberalisation in Mexico: its impact on growth, employment and wages. *ILO Employment Paper*, n. 55, Genebra.

_____ (2003b). Four sources of de-industrialisation and a new concept of the Dutch Disease. In: OCAMPO, J.A. (ed.). *New Challenges for Latin American Development*, ECLAC-World Bank.

_____ (2003c). National inequality in the era of globalisation: what do recent data tell us? In: MICHIE. J. (ed.). *Handbook of Globalisation*. Edward Elgar.

_____ (2002a). The magical realism of Brazilian economics: how to create a financial crisis by trying to avoid one. In: EATWELL J. & TAYLOR, L. International Capital Markets – *Systems in Transition*, Oxford University Press, 2002.

_____ (2002b). The Kuznets curve revisited. *International Journal of Development Issues*, vol. I, n. 1, agosto.

_____ (2001). A Brazilian-style Ponzi. In: ARESTIS, P.; BADDELEY, M. & MCCOMBI, J. (eds.). *What Global Economic Crisis?* Palgrave.

_____ (2000a). Trying to "tax and spend" oneself out of the Dutch Disease. The Chilean economy from the War of the Pacific to the Great Depression'. In: CÁRDENAS, E.; OCAMPO, J.A. & THORP, R. (eds.). *An Economic History of Latin America, Vol. 1, The Export Age.* Palgrave.

_____ (2000b). Chile 1918-1935: from an exported to an import substituting economy. In: CÁRDENAS, E. OCAMPO, J.A. & THORP, R. (eds.). *An Economic History of Latin America*, vol. 2. Latin America in the 1930s. Palgrave.

_____ (1998). *Does it make a difference to export micro-chips rather than potato-chips? Comparing export structures in East Asia and Latin America.* UNCTAD [Mimeo.].

_____ (1988a). "Raúl Prebisch", *The New Palgrave: A Dictionary of Economic Theory and Doctrine*, Macmillan, 1988. Also in *The New Palgrave*. Selected Reprints on Economic Development, Macmillan and Norton Inc.

_____ (1988b). "Structuralism". *The New Palgrave*: A Dictionary of Economic Theory and Doctrine, Macmillan, 1988. Also in *The New Palgrave*. Selected Reprints on Economic Development, Macmillan and Norton Inc.

PÉREZ, C. (2002). *Technological Revolutions and Financial Capital*, Elgar.

PRONAFICE (1984). *Programa nacional de fomento industrial y comercio exterior, 1984-1988*. México: Secretaria de Comercio y Fomento Industrial.

LAGOS, J.F. (2000). *Chile, de Exportador de Cobre Refinado a Gran Exportador de Concentrados*: la segunda fase exportadora? Santiago do Chile [Mimeo.].

SINGH, A. (1995). Openness and the market friendly approach to development learning; the right lessons from the development experience. *World Development* 22, n. 12.

STIGLITZ, J. (2004). *The Free Trade Agreement between Chile and the USA*. [Mimeo.].

_____ (2002). *Globalization and its Discontent*. Penguin.

THE ECONOMIST (2003). *The Sucking sound from the East*: Does Mexico really want to move up the development ladder? 24 de julho, 2003.

TOMIC, C. (1999). *El cobre debe ser refinado en Chile*. Santiago do Chile: [Mimeo.].

UNCTAD (1996). *Trade and Development Report*. Genebra.

WDI (2003). World Bank, *World Development Indicators*.

Gabriel Palma

ANEXO
Tradução do conteúdo dos gráficos

OBS: quando os gráficos têm vários painéis sem numeração, aparece entre parêntesis a posição do quadro traduzido – (esquerda), (direita), (interno).

Número do gráfico	Tradução do conteúdo
Gráfico 1	A. crescimento do PIB B. coeficiente de variação do crescimento do PIB C. crescimento do PIB per capita D. coeficiente de variação do crescimento do PIB per capita
Gráfico 2	(esquerda) PMD de renda média: PIB pc como parcela do PIB pc do G7 (direita) PMD de renda baixa: PIB pc como parcela do PIB pc do G7
Gráfico 3	América Latina (5): PIB pc como parcela do PIB pc do G7
Gráfico 4	(esquerda) América Latina (4): PIB pc como parcela do PIB pc do G7 (direita) América Latina (4): PIB pc como parcela do PIB pc do Leste Asiático
Gráfico 5	Tendência de longo prazo da relação Exportações/PIB, 1900-2000
Gráfico 6	Parcela de mercado da região/país nas importações da OCDE, 1963, 1985 e 2000
Gráfico 7	América Latina: parcela de manufaturados e exportações no PIB (%), 1945-2000
Gráfico 8	México: PIB e exportações, 1950-2000
Gráfico 9	México: estrutura das exportações "maquila" (%), 1990-2000
Gráfico 10	(esquerda) Parcelas de mercado da região/país nas importações da OCDE – 1985; (quadrado branco) r/p parc.merc.perdidas; (quadrado cinza) r/p parcelas de mercado ganhas. (direita) Parcelas de mercado da região/país nas importações da OCDE – 2000; (quadrado branco) r/p parc.merc.perdidas; (quadrado cinza) r/p parcelas de mercado ganhas.
Gráfico 11	(esquerda) OCDE – Estrutura de importações por setores principais, 1963-2000. (direita) OCDE – Estrutura de importações não-petróleo por setores principais, 1963-2000.
Gráfico 12	(esquerda) OCDE – importações de manufaturados e produtos primários, 1950-2000 (direita) América e Leste Asiático: % das exportações nos 20 principais produtos importados na OCDE, 1963 e 2000

Gráfico 13	(esquerda) Países latino-americanos não exportadores de petróleo: termos de troca, 1920-2002 (direita) Países latino-americanos não exportadores de petróleo: variação % anual dos termos de troca, 1920-2002
Gráfico 14	OCDE: dinâmica da demanda por importações e conteúdo setorial de P&D, 1963-2000 (interno) Crescimento da participação nas importações da OCDE segundo conteúdo de P&D
Gráfico 15	"Adaptabilidade da demanda" à estrutura dinâmica das imports. Da OCDE, 1963-85 e 1985-00 indicador = parcela de mercado de um país ou grupo de países nos setores de demanda dinâmica (ajustados pelo peso dos setores de demanda dinâmica no conjunto dos setores de importações da OCDE), com relação à sua parcela de mercado nos setores de demanda lenta ou "pouco dinâmica" (também ajustados pelo peso desses setores nas importações da OCDE)
Gráfico 16	Finlândia: mudanças na integração vertical da indústria de exportações de madeira processada (interno) Participação nas importações da OCDE
Gráfico 17	(esquerda, alto) Chile: participação nas importações da OCDE (direita, alto) Brasil: participação nas importações da OCDE (esquerda, baixo) Taiwan: participação nas importações da OCDE (direita, baixo) Malásia: participação nas importações da OCDE
Gráfico 18	Chile, Brasil, Coreia e Taiwan: mudanças na integração vertical da indústria siderúrgica e metalúrgica, 1963-2000 (esquerda, alto) Chile: participação nas importações da OCDE (direita, alto) Brasil: participação nas importações da OCDE (esquerda, baixo) Coreia: participação nas importações da OCDE (direita, baixo) Taiwan: participação nas importações da OCDE
Gráfico 19	(esquerda) Gansos Voadores A– Movimento sequencial ao longo da curva de aprendizado (esquerda, interno) % de X nos 10 setores exportadores japoneses de mais rápido declínio (direita) Gansos Voadores B– movimentos paralelos à curva de aprendizado (direita, interno) % de X nos que se tornaram os 20 maiores setores exportadores em 1995
Gráfico 20	(esquerda) Não gansos voadores: participação dos países americanos nos que se tornaram os 10 setores exportadores mais declinantes do Japão entre 1963 e 2000 (esquerda, interno) Participação nos 10 setores de referência (direita) Não gansos voadores: Participação dos países americanos nos que se tornaram os 20 maiores setores exportadores do Japão em 1995 (direita, interno) participação nos 20 setores de referência

Gráfico 21	(esquerda) Não gansos voadores: % das X da América nos que se tornaram os 20 maiores setores exportadores dos EUA em 1995 (esquerda, interno) Proporção das exportações para a OCDE nos 20 setores de referência (direita) Não gansos voadores: % das X latino-americanas nos 20 produtos de exportação mais dinâmicos dos EUA (direita, interno) Proporção das exportações para os mercados da OCDE nos 20 setores de referência
Gráfico 22	Gansos Voadores e Patos Vulneráveis. Participação em produtos de alta tecnologia, 1963-2000 (interno) Participação nas importações da OCDE
Gráfico 23	AL e Leste Asiático: trajetórias exportadoras diversas em produtos de alta tecnologia, décadas de 1960 e 1990 (interno, alto) % de X nos mercados da OCDE com alto conteúdo de P&D (interno, baixo) % de X em que o país ganhou mercado nas M da OCDE
Gráfico 24	Trajetórias de exportações "em sentido anti-horário", entre as décadas de 1960 e 1990 (interno, alto) % de X em produtos que aumentaram sua parcela setorial em M da OCDE (interno, baixo) % de X em que o país ganhou mercado em M da OCDE

AUTORES

José Luís Fiori
Professor do Instituto de Economia da Universidade Federal do Rio de Janeiro e do Instituto de Medicina Social da Universidade do Estado do Rio de Janeiro.

Maria Conceição Tavares
Professora Emérita da Universidade Federal do Rio de Janeiro.

Luiz Gonzaga Belluzzo
Professor do Instituto de Economia da Universidade de Campinas.

Carlos Aguiar de Medeiros
Professor do Instituto de Economia da Universidade Federal do Rio de Janeiro.

Franklin Serrano
Professor do Instituto de Economia da Universidade Federal do Rio de Janeiro.

José Carlos de Souza Braga
Professor do Instituto de Economia da Universidade de Campinas.

Marcos Antonio Macedo Cintra
Professor do Instituto de Economia da Universidade de Campinas.

Ernani Teixeira Torres Filho
Professor do Instituto de Economia da Universidade Federal do Rio de Janeiro.

Gloria Moraes
Professora de Economia da Escola Superior de Propaganda e Marketing do Rio de Janeiro.

Gabriel Palma
Professor da Faculdade de Economia e Política da Universidade de Cambridge.

CULTURAL
Administração
Antropologia
Biografias
Comunicação
Dinâmicas e Jogos
Ecologia e Meio Ambiente
Educação e Pedagogia
Filosofia
História
Letras e Literatura
Obras de referência
Política
Psicologia
Saúde e Nutrição
Serviço Social e Trabalho
Sociologia

CATEQUÉTICO PASTORAL
Catequese
Geral
Crisma
Primeira Eucaristia

Pastoral
Geral
Sacramental
Familiar
Social
Ensino Religioso Escolar

TEOLÓGICO ESPIRITUAL
Biografias
Devocionários
Espiritualidade e Mística
Espiritualidade Mariana
Franciscanismo
Autoconhecimento
Liturgia
Obras de referência
Sagrada Escritura e Livros Apócrifos

Teologia
Bíblica
Histórica
Prática
Sistemática

REVISTAS
Concilium
Estudos Bíblicos
Grande Sinal
REB (Revista Eclesiástica Brasileira)
SEDOC (Serviço de Documentação)

VOZES NOBILIS
Uma linha editorial especial, com importantes autores, alto valor agregado e qualidade superior.

PRODUTOS SAZONAIS
Folhinha do Sagrado Coração de Jesus
Calendário de mesa do Sagrado Coração de Jesus
Agenda do Sagrado Coração de Jesus
Almanaque Santo Antônio
Agendinha
Diário Vozes
Meditações para o dia a dia
Encontro diário com Deus
Guia Litúrgico

VOZES DE BOLSO
Obras clássicas de Ciências Humanas em formato de bolso.

CADASTRE-SE
www.vozes.com.br

EDITORA VOZES LTDA.
Rua Frei Luís, 100 – Centro – Cep 25689-900 – Petrópolis, RJ
Tel.: (24) 2233-9000 – Fax: (24) 2231-4676 – E-mail: vendas@vozes.com.br

UNIDADES NO BRASIL: Belo Horizonte, MG – Brasília, DF – Campinas, SP – Cuiabá, MT
Curitiba, PR – Fortaleza, CE – Goiânia, GO – Juiz de Fora, MG
Manaus, AM – Petrópolis, RJ – Porto Alegre, RS – Recife, PE – Rio de Janeiro, RJ
Salvador, BA – São Paulo, SP